Rechnungswesen für Berufsfachschulen

Finanzbuchhaltung
Kosten- und Leistungsrechnung
Betriebswirtschaftliche Auswertungen

Einführung und Praxis

von

Dipl.-Kfm. Dipl.-Hdl.
Manfred Deitermann

Dipl.-Hdl.
Wolf-Dieter Rückwart

Winklers

Vorwort

Das vorliegende Lehrbuch **„Rechnungswesen für Berufsfachschulen"** entspricht dem **Lehrplan** und berücksichtigt in Aufbau und Inhalt die Eckdaten für das Fach Rechnungswesen des Landes Nordrhein-Westfalen. Dem Lehrbuch liegt der **Schulkontenrahmen** zugrunde, der weitgehend dem Industriekontenrahmen IKR entspricht.

Das Buch zeichnet sich dadurch aus, dass

- am Beispiel eines Großhandelsunternehmens grundlegende Fragen der Finanzbuchhaltung – einschließlich der Abläufe in den bedeutenden Funktionsbereichen –, des Jahresabschlusses und der betriebswirtschaftlichen Auswertungen sowie der Kosten- und Leistungsrechnung praxisnah und anschaulich behandelt werden,
- einführende Situationsschilderungen, ausführliche Erläuterungen und viele Belege Zusammenhänge deutlich machen und eigenständiges Lernen ermöglichen,
- Zusammenfassungen am Ende eines jeden Kapitels und zahlreiche Aufgaben unterschiedlicher Art und Schwierigkeit zur Sicherung des Lernerfolges beitragen.

Zwei Beleggeschäftsgänge, die sowohl **konventionell** als auch unter Verwendung einer entsprechenden **FIBU-Software** bearbeitet werden können, vermitteln Einblick in die buchhalterische Praxis und erfüllen die Forderung nach praktischem **Einsatz der EDV im Unterricht.**

Die Vermittlung **beruflicher Handlungsfähigkeit** erfüllen die Autoren durch

- **komplexe, praxisgerechte Aufgabenstellungen,**
- **Bearbeitung realistischer Belege im Beispielunternehmen,**
- **Darstellung der Inhalte anhand durchgehender Situationen,**
- **umsatzsteuer- und EDV-gerechte Buchungen** (Umsatzsteuerverprobung).

Das Lehrbuch enthält im **Kapitel 8 die wichtigsten Rechnungslegungsvorschriften nach HGB,** die als sinnvolle Ergänzung und Vertiefung im Unterricht eingesetzt werden können.

Das **Arbeitsheft** (ISBN 978-3-8045-**6478**-7) erleichtert die Arbeit des Lernenden.

Vorwort zur 8. Auflage

Durch das **Bilanzrechtsmodernisierungsgesetz** (BilMoG) vom 9. März 2009 wird das **Bilanzrecht im Handelsgesetzbuch** für alle Unternehmen gleich welcher Rechtsform grundlegend geändert. Soweit die Neuerungen das vorliegende Lehrbuch betreffen, sind sie entsprechend berücksichtigt, ebenso das **„Wachstumsbeschleunigungsgesetz".**

Manfred Deitermann
Wolf-Dieter Rückwart

8., durchgesehene Auflage, 2010

Westermann Schroedel Diesterweg
Schöningh Winklers GmbH
Postfach 33 20, 38023 Braunschweig
Telefon: 01805 996696 Telefax: 0531 708-664
service@winklers.de
www.winklers.de
Lektorat: Erika Grimm
Redaktion: Norbert Knur
Druck: westermann druck GmbH, Braunschweig
ISBN: 978-3-8045-**6476**-3

1 Einführung in das System der Buchführung

Einführung in das System der Buchführung 1

Buchführung und Kosten- und Leistungsrechnung als Grundlagen des Rechnungswesens 1.1

Vorbemerkung

In den folgenden Ausführungen wollen wir Sie mit den wesentlichen Bereichen des Rechnungswesens bekannt machen. Aus der Überschrift können Sie ersehen, dass die **Buchführung** sowie die **Kosten- und Leistungsrechnung** zu den bedeutenden Bereichen des Rechnungswesens gehören. Der Name **„Rechnungswesen"** ist also eine zusammenfassende Bezeichnung für „Buchführung" und „Kosten- und Leistungsrechnung". Die Buchführung wird auch als „Finanzbuchhaltung" bezeichnet. Weil es einfacher ist, kürzen wir vielfach die Bezeichnung „**F**inanz**b**uchhaltung" mit **FB** und „**K**osten- und **L**eistungs**r**echnung" mit **KLR** ab.

Um Ihnen die wesentlichen Inhalte der Buchführung bzw. Finanzbuchhaltung sowie der Kosten- und Leistungsrechnung näher zu bringen, gehen wir folgendermaßen vor:

- Zunächst stellen wir Ihnen das Unternehmen kurz vor, das Sie bei Ihren Lernschritten durch die FB und KLR begleiten soll.
- Danach verdeutlichen wir Ihnen an typischen Beispielen die wichtigsten Aufgaben der FB und der KLR.
- Jedes Kapitel schließen wir mit einer Zusammenfassung und mit kurzen Aufgaben zur Übung und Wiederholung ab.

Das Beispielunternehmen Papiergroßhandlung Katja Kern e. Kffr.[1] 1.1.1

Im Folgenden beschreiben wir in groben Umrissen das Unternehmen, an dem wir typische Situationen des Rechnungswesens darstellen wollen. Wir geben Ihnen damit die Möglichkeit, sich die Vorgänge besser vorstellen zu können, die in einem Unternehmen ablaufen und die in der Finanzbuchhaltung und/oder in der Kosten- und Leistungsrechnung erfasst werden müssen.

Ausgangssituation[2]

- Frau Katja Kern ist alleinige **Inhaberin** der Papiergroßhandlung Kern.
- **Sitz des Unternehmens** ist Köln. Die Anschrift lautet: „Katja Kern e. Kffr., Papiergroßhandlung, Bonner Wall 45–55, 50677 Köln". Telefon 0221 543375-0, Telefax 0221 543375-80; Internet: www.kern-wvd.de, E-Mail: service@kern-wvd.de.
- Das Unternehmen hat ein **Geschäftskonto** bei der Sparkasse KölnBonn, Kontonummer 723 544 32, Bankleitzahl 370 501 98, IBAN: DE58 3705 0198 0072 3544, BIC: SPAK DE51EBC.
- Die Papiergroßhandlung Kern gliedert sich in folgende **Abteilungen:**

Einkauf	Lager	Verkauf	Verwaltung	Fuhrpark	Versand

- **Personal.** In den Abteilungen Einkauf, Lager, Verkauf und Verwaltung arbeiten 8 Angestellte. 13 Arbeiter/Kraftfahrer sind in den Abteilungen Lager, Fuhrpark und Versand beschäftigt.
- **Hauptzweck** des Unternehmens sind
  - **Einkauf,** ▸ **Lagerung** und ▸ **Verkauf**

  von zurzeit **drei Warengruppen:**

1 Aus Gründen des besseren Leseflusses wurde im laufenden Text hin und wieder auf den lt. Handelsrecht vorgeschriebenen Firmenzusatz verzichtet.
2 Siehe auch S. 13–15, 19.

Das Beispielunternehmen Papiergroßhandlung Katja Kern e. Kffr.

- **Druckpapier,** das vor allem von Zeitungs- und Buchverlagen benötigt wird,
- **Kopierpapier,** das von Industrie- und Handelsbetrieben, von Behörden und Schreibwaren-Einzelhändlern verlangt wird,
- **Umschlagkarton,** der an weiterverarbeitende Betriebe verkauft wird.

▶ Von folgenden **Lieferanten** erhält die Papiergroßhandlung Kern ihre Waren:
- Druck und Papier GmbH, Hagen, liefert Druckpapier,
- die Hein OHG, Köln, liefert Kopierpapier,
- die Deutsche Papier AG, Leipzig, liefert Umschlagkarton.

▶ An folgende **Großkunden** liefert die Papiergroßhandlung Kern Waren:

– Druckpapier an:	Reichenbach GmbH, Druckerei, Duisburg, Druckcenter GmbH, Leipzig,
– Kopierpapier an:	Kaufkette AG, Köln, Schöner KG, Aachen,
– Umschlagkarton an:	Impak Verpackungsgesellschaft m.b.H., Essen, Schneider OHG, Würzburg.

Verkaufsschlager sind die Druckpapiere, die allein einen Anteil von 50 % des vorjährigen Umsatzes ausmachten. Kopierpapiere hatten einen Anteil von 30 % und die Umschlagkartons von 20 %.

Der vorjährige Umsatz betrug 15.000.000,00 €.

▶ Über folgende **Vermögenswerte** verfügte die Papiergroßhandlung Kern am Ende des letzten Geschäftsjahres (1. Januar bis 31. Dezember . .):

– Grundstücke und Gebäude	1.255.500,00 €
– Betriebs- und Geschäftsausstattung	494.500,00 €
– Warenvorräte insgesamt	2.550.000,00 €
– Forderungen aus Lieferungen und Leistungen (= a. LL)	366.250,00 €
– Guthaben bei der Sparkasse	316.800,00 €
– Kassenbestand	16.950,00 €

▶ An **Schulden** waren am Ende des letzten Geschäftsjahres zu verzeichnen:

– Langfristige Verbindlichkeiten gegenüber Kreditinstituten	1.474.000,00 €
– Kurzfristige Verbindlichkeiten, und zwar aus Lieferungen und Leistungen (= a. LL)	526.000,00 €

AUFGABE

1 Bearbeiten Sie die folgenden Aufgaben mithilfe der obigen Situationsschilderung zum Unternehmen Kern:

1. *Benennen und beschreiben Sie die wesentlichen Aufgaben eines Großhandelsbetriebes.*
2. *Nennen Sie die Abteilungen, in die das Unternehmen Kern aufgeteilt ist.*
3. *Überlegen Sie, welche Tätigkeiten in den einzelnen Abteilungen anfallen könnten.*
4. *Berechnen Sie das Gesamtvermögen, über das die Papiergroßhandlung Kern am Ende des letzten Geschäftsjahres verfügt hat, sowie die Gesamtschulden, die auf dem Unternehmen lasten.*
5. *Wie viel € Umsatz entfielen im vorhergehenden Geschäftsjahr auf jede der drei Warengruppen Druckpapier, Kopierpapier sowie Umschlagkarton?*
6. Nach einer Statistik entfällt im Großhandel auf jeden Mitarbeiter durchschnittlich ein Umsatz von 660.000,00 €. *Wie viel € je Mitarbeiter sind es in der Papiergroßhandlung Kern? Was schließen Sie daraus?* ■

64768

1.1.2 Die Finanzbuchhaltung als System zur planmäßigen Aufzeichnung der Geschäftsfälle

1.1.2.1 Vorgänge im Großhandelsunternehmen Katja Kern e. Kffr., die in der Finanzbuchhaltung aufgezeichnet werden müssen

Situation 1

Die Einkaufsabteilung der Papiergroßhandlung Kern hat bei der Hein OHG, Köln, 200 Paletten (= 4000 Kartons) Kopierpapier im Gesamtwert von 160.000,00 € bestellt. Nach 10 Tagen erhält die Papiergroßhandlung Kern die Ware und zugleich die Rechnung über 160.000,00 €.

Wie wirken sich diese Vorgänge in der Finanzbuchhaltung Kern aus?

Durch die **Bestellung** hat sich das Unternehmen **verpflichtet,** die Ware anzunehmen und zu bezahlen. Dies hat **kein Aufzeichnen** in der Finanzbuchhaltung zur Folge.

Erst durch die **Rechnung des Lieferers** (= **Eingangsrechnung**) wird belegt, dass das Unternehmen Waren (Kopierpapiere) im Wert von 160.000,00 € erhalten hat. Die **Vorräte an Waren** haben also um 160.000,00 € **zugenommen.** Dies muss in der Buchhaltung aufgezeichnet werden.

Zugleich hat das Unternehmen Kern den Gegenwert (vgl. Rechnungsbetrag) für die erhaltenen Waren noch zu bezahlen. Solange es nicht bezahlt hat, hat es **Schulden (= Verbindlichkeiten aus Lieferungen und Leistungen [= a. LL])** gegenüber der Hein OHG, Köln. Auch dies muss in der Buchhaltung verzeichnet werden.

HEIN OHG
FEINPAPIERE
KÖLN

HEIN OHG Feinpapiere · Bergerstraße 48 · 51143 Köln

Katja Kern e. Kffr.
Papiergroßhandlung
Bonner Wall 45 - 55
50677 Köln

Telefon: 0221 72214-0
Telefax: 0221 72214-18
E-Mail: vertrieb@heinpapier-wvd.de
Internet: www.heinpapier-wvd.de
USt-IdNr: DE 234 671 152

Ihr Zeichen, Ihre Nachricht vom	Unser Zeichen, unsere Nachricht vom	Telefon, Name 0221 72214-	Datum
		12	..-11-07

Rechnung 34 579

Ihre Bestellung vom 24. Okt. ..

Wir lieferten Ihnen am 6. Nov. .. durch unseren LKW, frachtfrei

200 Paletten Kopierpapier, holzfrei (= 4 000 Kartons) 160.000,00 €[1]

Zahlungsbedingungen: Der Rechnungsbetrag ist nach spätestens 40 Tagen ohne Abzug zu zahlen.

Deutsche Bank AG, Köln, Konto 234 977 54, BLZ 370 700 60
IBAN: DE58 3707 0060 0023 4977 54, BIC: DEBADE51CAD

Die Rechnung der Hein OHG wird kurz vor Ablauf der Zahlungsfrist **durch Banküberweisung beglichen.** Der **Kontoauszug** und evtl. die **Durchschrift** des Überweisungsvordrucks bilden in der Buchhaltung der Großhandlung Kern die **Belege** für die termingerechte Bezahlung der Liefererrechnung. Es muss aufgezeichnet werden, dass sich die Liefererschulden und das Bankguthaben um 160.000,00 € vermindert haben.

Kontoauszug Sparkasse KölnBonn

Konto-Nr.	Datum	Ausz.-Nr.	Blatt	Buchungstag	PN-Nr.	Wert	Umsatz
723 544 32	..-12-05	126	1				
ÜBERWEISUNG HEIN OHG, KÖLN RE 34 579 VOM 7. NOV. ..				12-05	8744	12-05	160.000,00 S

KATJA KERN E. KFFR.
PAPIERGROSSHANDLUNG
BONNER WALL 45 - 55
50677 KÖLN

Alter Saldo: H 362.290,20 EUR
Neuer Saldo: H 202.290,20 EUR

1 Die Umsatzsteuer wird in den Belegen aus methodischen Gründen erst nach Behandlung des Abschnitts 1.11 (siehe S. 66 ff.) ausgewiesen.

Vorgänge im Großhandelsunternehmen Katja Kern e. Kffr., die in der Finanzbuchhaltung aufgezeichnet werden müssen

Situation 2

Die Verkaufsabteilung der Papiergroßhandlung Kern erhält von der Druckcenter GmbH, Leipzig, eine Bestellung über 100 Paletten (= 1 000 000 Bogen) Druckpapier im Gesamtwert von 203.000,00 €. Der zuständige Sachbearbeiter beauftragt die Versandabteilung mit der Auslieferung der Bogen mit eigenem Lkw und schickt dem Kunden eine Rechnung über 203.000,00 €.

KATJA KERN KÖLN Papiergroßhandlung
e. Kffr.

Katja Kern e. Kffr., Papiergroßhandlung · Bonner Wall 45–55 · 50677 Köln

Telefon 0221 543375-0
Telefax 0221 543375-80
E-Mail service@kern-wvd.de
Internet www.kern-wvd.de
USt-IdNr. DE 135763812

Druckcenter GmbH
Siebenbürger Straße 36
04279 Leipzig

Ihr Zeichen, Ihre Nachricht vom — Unser Zeichen, unsere Nachricht vom — Telefon, Name 0221 543375-27 — Datum ..-11-11

Rechnung 4 711

Ihre Bestellung vom 7. Nov. ..

Wir lieferten Ihnen am 10. Nov. .. durch unseren Lkw frei Haus:

100 Paletten Druckpapier 203.000,00 €[1]

Der Rechnungsbetrag ist innerhalb von 10 Tagen mit 2 % Skonto oder nach 30 Tagen ohne Abzug zu zahlen.

Sparkasse KölnBonn, Konto 723 544 32, BLZ 370 501 98
IBAN: DE58 3705 0198 0072 3544 32, BIC: SPAKDE51EBC

Durch die **Rechnung an den Kunden (= Ausgangsrechnung)** wird belegt, dass ein Verkauf von Waren stattgefunden hat, d. h., es ist ein Umsatz getätigt worden, der zu **Umsatzerlösen** führt. Dies muss in der Buchhaltung vermerkt werden.

Zugleich hat die Großhandlung Kern den Gegenwert (= Rechnungsbetrag) für die an den Kunden gelieferten Waren noch nicht erhalten. Solange sie das Geld nicht bekommen hat, hat sie **Forderungen a. LL** an die Druckcenter GmbH, Leipzig. Auch dies muss in der Buchführung vermerkt werden.

Zahlt der Kunde den Rechnungsbetrag z. B. nach 30 Tagen durch Überweisung auf das Konto der Großhandlung Kern bei der Sparkasse, so müssen der **Zahlungseingang** auf dem Bankkonto und das dadurch bedingte **Erlöschen der Forderung** wiederum in der Buchhaltung aufgezeichnet werden.

Situation 3

Zum Ende des Monats November sind **Lohn- und Gehaltszahlungen** an die 21 Mitarbeiter auf deren Bankkonten zu überweisen. Hierzu erstellt die Sachbearbeiterin im Lohnbüro eine **Sammel-Überweisung** im Gesamtbetrag von z. B. 42.000,00 € mit anhängenden Einzelüberweisungen für jeden Mitarbeiter. Sie leitet diese Überweisungen an die Sparkasse KölnBonn weiter.

Kontoauszug — Sparkasse KölnBonn

Konto-Nr.	Datum	Ausz.-Nr.	Blatt	Buchungstag	PN-Nr.	Wert	Umsatz
723 544 32	..-11-28	321	1				
SAMMELÜBERWEISUNG				11-25	8744	11-25	42.000,00 S

KATJA KERN E. KFFR.
PAPIERGROSSHANDLUNG
BONNER WALL 45 - 55
50677 KÖLN

Alter Saldo: H 296.500,00 EUR
Neuer Saldo: H 254.500,00 EUR

Sobald die Sparkasse die Überweisungen ausgeführt hat, erhält die Großhandlung Kern einen **Kontoauszug**, aus dem hervorgeht, dass 42.000,00 € abgebucht wurden. Diese **Verringerung des Guthabens** bei der Sparkasse muss in der Buchhaltung aufgezeichnet werden.

Zusätzlich sind die **Gründe dieser Verringerung (= Löhne und Gehälter)** aufzuzeichnen: Die Großhandlung Kern hat die Leistungen ihrer Mitarbeiter in Anspruch genommen, um Umsatz zu erzielen; dafür erhalten die Mitarbeiter eine Vergütung in Form von Löhnen und Gehältern.

647610

Vorgänge im Großhandelsunternehmen Katja Kern e. Kffr., die in der Finanzbuchhaltung aufgezeichnet werden müssen

Zusammenfassung

- **Geschäftsfälle.** Aus den vorhergehenden Beispielen wird deutlich, dass in der Finanzbuchhaltung alle Vorgänge **aufgezeichnet** bzw. **gebucht** werden, die **das Vermögen und/oder die Schulden einer Unternehmung verändern.** Diese Vorgänge heißen **Geschäftsfälle.**
- **Belege.** Das **Aufzeichnen** bzw. **Buchen der Geschäftsfälle** geschieht **immer** aufgrund von Unterlagen, die im Unternehmen selbst erstellt werden (z. B. Rechnung an einen Kunden) oder von Geschäftspartnern zugeschickt werden (z. B. Kontoauszug der Bank, Rechnung eines Lieferers). Solche Unterlagen heißen in der Finanzbuchhaltung **Belege.**
- **Ordnung der Buchungen.** Das Buchen der Geschäftsfälle geschieht nicht willkürlich und zufällig, sondern zum einen in der **zeitlichen Reihenfolge,** in der die Belege eintreffen oder erstellt werden, und zum anderen in **sachlicher Ordnung,** d. h., gleiche Vorgänge gehören zusammen (z. B. Forderungen zu Forderungen/Verbindlichkeiten zu Verbindlichkeiten usw.).
- **Zweck der Buchungen.** Durch das geordnete Aufzeichnen bzw. Buchen aller Vermögens- und Schuldenänderungen verschafft sich der Unternehmer eine **Übersicht über seine Vermögens- und Schuldenlage** und kann kritische Entwicklungen (z. B. Zahlungsunfähigkeit, nachlassende Wirtschaftlichkeit und Rentabilität) rechtzeitig erkennen.
- Das geordnete Buchen ermöglicht es dem Unternehmer, den Monats- oder Jahreserfolg seines Unternehmens **(= Gewinn oder Verlust)** schnell und richtig zu ermitteln. Hierzu ist es erforderlich, dass die Finanzbuchhaltung jeweils nach einer bestimmten Zeitperiode (z. B. Monat oder Jahr) **abgeschlossen** wird.
- Durch das geordnete Buchen der Geschäftsfälle erfüllt der Unternehmer auch die gesetzlichen Vorschriften zur Buchhaltung, wie sie z. B. im **Handelsgesetzbuch (HGB)** und in der **Abgabenordnung (AO)** verankert sind. Die Buchhaltung ist damit auch die **Grundlage zur Berechnung der Steuern.**

AUFGABE 2

1. *Erläutern Sie, wie in den drei Situationen aus Kapitel 1.1.2.1 das Vermögen und/oder die Schulden verändert werden und aufgrund welcher Belege aufgezeichnet bzw. gebucht wird.*
2. In der obigen Zusammenfassung wird auf die gesetzlichen Grundlagen verwiesen. *Lesen Sie hierzu die §§ 238, 239 HGB sowie § 145 AO. (Die entsprechenden Gesetze sind in Ihrer Schule vorhanden. Siehe auch Kapitel 8.)*
3. *Denken Sie sich weitere Situationen oder Vorgänge im Unternehmen Kern aus, durch die das Vermögen oder die Schulden verändert werden und die deswegen in der Finanzbuchhaltung aufgezeichnet bzw. gebucht werden müssen.*
4. *Welche Posten des Vermögens und der Schulden eines Großhandelsunternehmens werden durch folgende Geschäftsfälle wie verändert?*
   a) Waren werden für 1.500,00 € gegen Bankscheck eingekauft.
   b) An den Kunden Schneider werden Waren im Wert von 5.600,00 € mit einem Zahlungsziel von 30 Tagen verkauft.
   c) Der Kunde Schneider (Fall b) begleicht die Rechnung termingerecht durch Banküberweisung. ■

1.1.3 Die Kosten- und Leistungsrechnung (KLR) als Instrument zur Preisberechnung und zur Kostenkontrolle

1.1.3.1 Vorgänge im Großhandelsunternehmen Katja Kern e. Kffr., die in der KLR bearbeitet werden

Beispiel 1

Die Papiergroßhandlung Kern erhält von einem Kunden die Anfrage, ob sie Druckpapier einer bestimmten Sorte, z. B. „holzfreie Qualitäten", liefern könne.

Um diese Anfrage so beantworten zu können, dass dem Kunden ein **verbindlicher Preis** genannt werden kann, muss der Sachbearbeiter in der KLR eine **Preisberechnung (= Kalkulation)** durchführen. Diese Berechnung hat ein bestimmtes Schema und umfasst alle Kosten, die dieser Artikel verursacht, zuzüglich eines angemessenen Gewinns.

Beispiel 2

Die eigentlichen, dem **Betriebszweck** dienenden Tätigkeiten im Großhandelsunternehmen Kern, nämlich **der Einkauf, die Lagerung und der Verkauf von Papieren,** verursachen **Kosten** (z. B. Miete, Löhne, Gehälter, Frachtkosten, Reisekosten, Werbung, Versicherungsprämien usw.). Diese Kosten fallen in den einzelnen Abteilungen von Monat zu Monat unterschiedlich hoch an.

Eine Aufgabe der KLR ist es nun, die **Höhe der Kosten in den einzelnen Abteilungen** von Monat zu Monat festzustellen, zu vergleichen und zu prüfen, ob eine „Verschwendung" stattgefunden hat **(= Kostenkontrolle).**

Eine andere Aufgabe der KLR in diesem Zusammenhang ist es, die für **jede Warengruppe** (z. B. Druckpapier) entstandenen Kosten zu berechnen und diese Kosten von den Umsatzerlösen der Warengruppe zu subtrahieren. So kann festgestellt werden, wie hoch der Gewinn (oder Verlust) bei jeder Warengruppe oder auch insgesamt gewesen ist **(= Ermittlung des Betriebserfolges).**

	Erlöse der im Januar verkauften Warengruppe „Druckpapier"	650.000,00 €
–	**Kosten** der im Januar verkauften Warengruppe „Druckpapier"	580.000,00 €
	Gewinn der Warengruppe „Druckpapier" im Januar	**70.000,00 €**

Zusammenfassung

- **Inhalt der Aufzeichnungen in der KLR.** In der KLR wird im Wesentlichen mit **Kosten** und **Umsatzerlösen** gearbeitet. Hierzu ist es erforderlich, die Kosten und Umsatzerlöse geordnet zu sammeln und für die jeweiligen Aufgaben der KLR umzugruppieren.
- **Aufgaben der KLR.** Die wichtigsten Aufgaben der KLR bestehen darin,
  - die Kosten nach **Art** (z. B. Löhne, Miete u. a.), **Zeit** (z. B. Monat) und **Höhe** zu sammeln und zu kontrollieren,
  - **Preise** zu kalkulieren,
  - den **Betriebserfolg** zu berechnen.
- **Quellen für die Zahlen,** mit denen in der KLR gearbeitet wird. Im Wesentlichen greift die Kosten- und Leistungsrechnung auf die Zahlen der Finanzbuchhaltung zurück. So leitet z. B. der Sachbearbeiter im Lohnbüro (= Abteilung innerhalb der FB) die errechneten Löhne an den Sachbearbeiter in der „Kalkulation" (= Abteilung der KLR) weiter, damit er Warenpreise berechnen kann.

Das Unternehmen Katja Kern e. Kffr. ermittelt die Vermögenswerte und Schulden durch Inventur 1.2

§ 240 HGB

Jeder Kaufmann hat zu Beginn seines Handelsgewerbes sowie jeweils für den Schluss eines jeden Geschäftsjahres seine Grundstücke, seine Forderungen und Schulden, den Betrag seines baren Geldes sowie seine sonstigen Vermögensgegenstände genau zu verzeichnen und dabei den Wert der einzelnen Vermögensgegenstände und Schulden anzugeben.

Jedes Unternehmen verfügt über Vermögen und Schulden.

Wesen der Inventur

Handelsgesetzbuch (§ 240 HGB) und **Abgabenordnung** (§ 140 und § 141 AO) verpflichten den Kaufmann, zu bestimmten Anlässen die Höhe seines Vermögens und seiner Schulden zu ermitteln. Die hierzu erforderliche **Tätigkeit der Bestandsaufnahme** nennt man **Inventur** (lat. invenire = vorfinden).

Die Inventur, also die **Bestandsaufnahme aller Vermögensteile und Schulden,** ist

- bei **Gründung** oder **Übernahme** (Kauf) eines Unternehmens,
- regelmäßig zum **Schluss des Geschäftsjahres** (meist zum 31. Dez.) und
- letztlich bei **Auflösung** oder **Verkauf** des Unternehmens erforderlich.

Woraus setzen sich Vermögen und Schulden zusammen? 1.2.1

Das Vermögen besteht aus Anlagevermögen und Umlaufvermögen. Die Schulden bilden das Kapital, das dem Unternehmen von „Fremden", also in der Regel von den Banken und Sparkassen sowie den Lieferern, zur Verfügung gestellt wird. Die **Schulden** bezeichnet man deshalb auch als **Fremdkapital.**

Anlagevermögen

Zum Anlagevermögen der Papiergroßhandlung Kern rechnen alle Güter, die dem Unternehmen **dauernd oder für längere Zeit** zur Verfügung stehen und somit die **Grundlage der Geschäftstätigkeit** bilden. Grundstücke dienen dem Unternehmen ständig, sie nutzen sich jedoch nicht ab. Die Geschäftsgebäude unterliegen dagegen der Abnutzung und haben deshalb für das Unternehmen auch nur eine begrenzte Nutzungsdauer von 25 bis 33 Jahren. Gegenstände der Betriebs- und Geschäftsausstattung, wie z. B. Büro- und Lagereinrichtungen, dienen dem Unternehmen 4 bis 10 Jahre. Bei Geschäftsfahrzeugen geht man meist von einer Nutzungsdauer von 6 bis 9 Jahren aus. Allgemein ist somit zu sagen: Vermögensteile, die **langfristig** im Unternehmen „angelegt" sind, gehören stets zum **Anlagevermögen.**

Zum Anlagevermögen des Großhandelsunternehmens Katja Kern e. Kffr. rechnen lt. Inventur vom 31. Dezember (1. Jahr):

Grundstücke und Gebäude lt. Anlagenverzeichnis AV 1		
– Bebaute Grundstücke, Bonner Wall 45–55	83.500,00 €	
– Geschäftsgebäude lt. AV 1		
Verwaltungsgebäude, Bonner Wall 45–49	740.000,00 €	
Lagergebäude, Bonner Wall 50–52	400.000,00 €	
8 Garagen, Bonner Wall 53–55	32.000,00 €	1.255.500,00 €
Betriebs- und Geschäftsausstattung lt. AV 2		
– Lagereinrichtung	115.100,00 €	
– Automatische Verpackungsanlage	119.400,00 €	
– 4 Gabelstapler	31.000,00 €	
– Fuhrpark: 5 Lkw und 4 Pkw	157.000,00 €	
– Geschäftsausstattung	72.000,00 €	494.500,00 €
Summe des Anlagevermögens		**1.750.000,00 €**

Woraus setzen sich Vermögen und Schulden zusammen?

Umlaufvermögen

Zum Umlaufvermögen zählen alle Vermögensteile der Großhandlung Kern, die sich in ihrer Höhe **kurzfristig** verändern, wie die Warenvorräte, die Kasse (= Bargeld) und das Bankguthaben. Auch die Forderungen an Kunden, die Waren „auf Kredit" bzw. „auf Ziel", also mit einem Zahlungsziel von beispielsweise 30 Tagen, geliefert bekommen haben, gehören zum Umlaufvermögen des Unternehmens. Die Vermögensposten des Umlaufvermögens werden somit **ständig umgesetzt.** Sie befinden sich „im Umlauf": So werden die Waren zunächst auf Kredit (auf Ziel) an die Kunden verkauft, wodurch sich die Warenvorräte vermindern und sich gleichzeitig der Vermögensposten „Forderungen aus Lieferungen und Leistungen" **(= Forderungen a. LL)** erhöht. Wenn die Kunden zum Ende der Zahlungsfrist den Rechnungsbetrag auf das Bankkonto der Großhandlung Kern überweisen, erhöht sich das Bankguthaben. Mit diesem Geld können dann wiederum Waren eingekauft und bezahlt werden.

Die Posten des Umlaufvermögens befinden sich „im Umlauf":

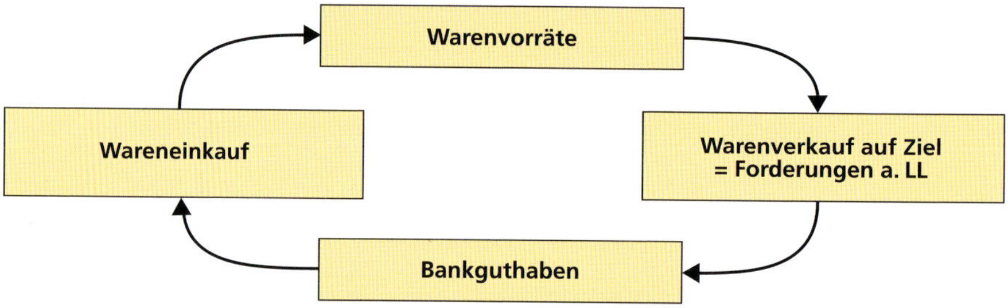

Zum Umlaufvermögen des Großhandelsunternehmens Katja Kern e. Kffr. rechnen lt. Inventur vom 31. Dezember (1. Jahr):

Warenvorräte lt. Warenliste		
– 1 148 Paletten Druckpapier je 1.400,00 €	1.607.200,00 €	
– 916 Paletten Kopierpapier je 800,00 €	732.800,00 €	
– 160 Paletten Umschlagkarton je 1.312,50 €	210.000,00 €	2.550.000,00 €
Forderungen aus Lieferungen und Leistungen		
– Kunde Schneider OHG, Würzburg	115.000,00 €	
– Kunde Kaufkette AG, Köln	86.250,00 €	
– Kunde Druckcenter GmbH, Leipzig	165.000,00 €	366.250,00 €
Kasse (= Bargeld)		16.950,00 €
Guthaben bei der Sparkasse		316.800,00 €
Summe des Umlaufvermögens		**3.250.000,00 €**

Fremdkapital

Die Schulden, also die Verbindlichkeiten oder das **Fremdkapital** eines Unternehmens, können kurzfristig oder langfristig sein.

Langfristige Verbindlichkeiten bestehen meist gegenüber Kreditinstituten, also Banken bzw. Sparkassen. Sie haben eine **Kreditdauer von mindestens einem Jahr.** So muss die Großhandlung Kern beispielsweise zur Bezahlung (= Finanzierung) eines neuen Lagergebäudes bei den Banken **Hypotheken** aufnehmen, die erst im Laufe von 5, 10 oder 20 Jahren getilgt werden. Zur Sicherung des Gläubigers wird die Hypothek im **Grundbuch** eingetragen, das bei dem für das Grundstück zuständigen Amtsgericht geführt wird. Darüber hinaus können bei den Kreditinstituten auch **Darlehen** aufgenommen werden, die in der Regel nach 1, 3 oder 5 Jahren zurückgezahlt werden müssen.

Woraus setzen sich Vermögen und Schulden zusammen?

Kurzfristige Verbindlichkeiten haben lediglich eine **Kreditdauer von höchstens einem Jahr.** Sie entstehen meist gegenüber den Lieferanten der Großhandlung Katja Kern, wenn sie bei ihnen Waren auf Ziel, also mit einem Zahlungsziel von 30, 60 oder gar 90 Tagen, einkauft. Durch diesen **Zieleinkauf** erhöhen sich ihre Warenvorräte und zugleich auch ihre „Verbindlichkeiten aus Lieferungen und Leistungen" **(= Verbindlichkeiten a. LL),** wie man die Schulden bei den Lieferern bezeichnet. Kurzfristig sind natürlich alle Kredite, die Kreditinstitute für wenige Monate, also in der Regel bis zu einem Jahr, einräumen. Sie entstehen auch oft, wenn die Unternehmen kurzfristig ihre Bankkonten im vorher vereinbarten Rahmen „überziehen".

Zu den Schulden des Großhandelsunternehmens Katja Kern e. Kffr. rechnen zum 31. Dezember (1. Jahr):

Langfristige Verbindlichkeiten:		
– Hypothekenschulden bei der Sparkasse	975.000,00 €	
– Darlehen der Deutschen Bank, Köln	499.000,00 €	1.474.000,00 €
Kurzfristige Verbindlichkeiten:		
– Verbindlichkeiten aus Lieferungen und Leistungen:		
Lieferer Deutsche Papier AG, Leipzig	135.000,00 €	
Lieferer Druck und Papier GmbH, Hagen	247.250,00 €	
Lieferer Hein OHG, Köln	143.750,00 €	526.000,00 €
Summe der Schulden		**2.000.000,00 €**

Wie wird die Inventur durchgeführt? 1.2.2

Das Geschäftsjahr eines Unternehmens deckt sich in der Regel mit dem Kalenderjahr. Es ist nun Aufgabe der Inventur, regelmäßig zum Schluss eines Geschäftsjahres, also zum 31. Dezember, die Höhe des Vermögens und der Schulden des Unternehmens zu ermitteln.

Geschäftsjahr

Bei einer Reihe von „körperlichen" Vermögensposten, also Waren, Bargeld u. a., muss man zunächst einmal die **Menge feststellen,** bevor man den Wert des jeweiligen Postens errechnen kann. Diese **„körperliche Inventur" geschieht** je nach Art des Vermögensgegenstandes **durch Zählen, Messen oder Wiegen.**

Körperliche Inventur

Die körperliche Bestandsaufnahme kann bei allen **beweglichen** Anlagegütern (z. B. Fahrzeuge, Schreibtische, Computer u. a.) entfallen, wenn man für jeden Anlagegegenstand in einer Anlagenkartei eine besondere **Anlagenkarte** führt, die den Anschaffungswert, den Zeitpunkt der Anschaffung, die voraussichtliche Nutzungsdauer in Jahren sowie die jährliche Wertminderung, also die Abschreibung[1], und damit den „Buchwert" des Anlagegutes zum 31. Dezember des jeweiligen Geschäftsjahres ausweist. Der Wert des Anlagegutes wird somit buchmäßig korrekt nachgewiesen.

Anlagenkartei

Inventar-Nr.	Bezeichnung der Anlage	Standort (Kostenstelle)
0860/567	EDV-Anlage 486 S	Finanzbuchhaltung
Anschaffungszeitpunkt	**Anschaffungskosten**	**Instandsetzungen**
15. Jan. (1. Jahr)	30.000,00 €	–

Nutzungsjahre: 6		Jährlicher Abschreibungsbetrag: 5.000,00 €	
Datum	**Zugang**	**Abschreibung**	**Buchwert (Restwert)**
15. Jan. (1. Jahr)	30.000,00 €	–	–
31. Dez. (1. Jahr)	–	5.000,00 €	25.000,00 €
31. Dez. (2. Jahr)	–	5.000,00 €	20.000,00 €
usw.			

1 siehe S. 76 f. und S. 189 f.

Wie wird die Inventur durchgeführt?

Bewertung der Menge

Im Unternehmen Kern wurden im Rahmen der körperlichen Inventur der Warenvorräte (siehe S. 14) zuerst die Paletten für Druckpapier (1 148 Paletten), Kopierpapier (916 Paletten) und Umschlagkarton (160 Paletten) gezählt. Danach musste die jeweilige Anzahl der Paletten, also die Warenmenge, bewertet, d. h. in Euro (€) ausgedrückt werden. Dabei ist zu beachten, dass man **von zwei zur Verfügung stehenden Werten,** nämlich den ursprünglichen **Anschaffungskosten** der Palette und dem **Tageswert** am 31. Dezember, **den niedrigsten Wert einsetzt.** Das Handelsgesetzbuch (§ 252 HGB) verlangt von allen Unternehmern eine **niedrige und damit vorsichtige Bewertung der Vermögensteile** (= Niederstwertprinzip).

Beispiel

Die Großhandlung Kern hat zum 31. Dezember des Geschäftsjahres noch 1 148 Paletten Druckpapier auf Lager. Die Anschaffungskosten der einzelnen Palette betrugen 1.400,00 €. Am 31. Dezember ist der Anschaffungswert auf 1.450,00 € gestiegen. Nach dem **Niederstwertprinzip** sind die Paletten mit 1.400,00 € je Stück zu bewerten. **Der Wertansatz beträgt somit:**

1 148 Paletten Druckpapier · 1.400,00 € = 1.607.200,00 €

Buchinventur

Die Werte aller **nicht körperlichen** Vermögensposten und der Schulden ergeben sich zum 31. Dezember aus den entsprechenden **Belegen oder buchhalterischen Aufzeichnungen.** So ergibt sich der Wert des Bankguthabens zum 31. Dezember aus dem vorliegenden **Kontoauszug der Bank.** Die Höhe der Forderungen an unsere Kunden sowie die Höhe der Verbindlichkeiten gegenüber unseren Lieferern wird anhand der **Kunden- bzw. Liefererkartei** ermittelt, in der **für jeden einzelnen Kunden und Lieferer** die Geschäftsbeziehungen kartei- bzw. kontomäßig festgehalten werden. Der Stand der langfristigen und kurzfristigen Bankschulden ergibt sich aus den entsprechenden Kontoauszügen. Der Arbeitsaufwand der buchmäßigen Inventur ist daher im Vergleich zur körperlichen Inventur, wie z. B. bei den Waren, gering.

Kundenkonto-Nr.: 10002 — **Kaufkette AG,** Aachener Str. 4–10, 50674 Köln
Zahlungsbedingungen: 10 Tage: 2 % Skonto oder 30 Tage: netto Kasse

Datum	Beleg	Buchungstext	Zugang (€)	Abgang (€)	Stand (Saldo)
1. Jan. 02[1]	Inventar v. 31. Dez. 01[1]	Anfangsbestand	–	–	87.000,00 t
5. Jan. 02	Kontoauszug 2	Überweisung der Ausgangsrechnung 456	–	75.400,00	11.600,00 t
10. Jan. 02	Ausgangsrechnung 68	Verkauf v. Kopierpapier	23.200,00	–	34.800,00 t

Hypothekendarlehen-Kontoauszug — Sparkasse KölnBonn

Konto-Nr.	Datum	Ausz.-Nr.	Blatt	Buchungstag	PN-Nr.	Wert	Umsatz
723 544 32	01-12-31						

Darlehensstand als Nachweis für das Finanzamt

KATJA KERN E. KFFR.
PAPIERGROSSHANDLUNG
BONNER WALL 45 - 55
50677 KÖLN

Alter Kontostand: 00-12-31 | 1.140.000,00 EUR

Neuer Kontostand: 01-12-31 | 975.000,00 EUR

1 In diesem Lehrbuch bedeuten die Ziffern „00" = Vorjahr, „01" = 1. Jahr, „02" = 2. Jahr usw.

647616

Welche Vereinfachungen gibt es bei der Wareninventur? | 1.2.3

Organisation der Inventurarbeiten

Das Warensortiment eines Großhandelsunternehmens ist in seiner Vielschichtigkeit und Größe von Branche zu Branche sehr unterschiedlich. So hat beispielsweise ein Elektro- oder Lebensmittelgroßhandel ein vielschichtigeres Sortiment als ein Tuchgroßhandel. Die mengenmäßige (körperliche) **Bestandsaufnahme der unterschiedlichen Warengruppen** ist dann mit einem erheblichen Arbeitsaufwand verbunden und bedarf deshalb auch einer **sorgfältigen Vorbereitung des organisatorischen Ablaufs.** In der Regel wird zunächst ein **Inventurleiter** ernannt, der für die praktische Durchführung der Inventurarbeiten einen genauen **Aufnahmeplan** erstellt. Dieser Plan legt zunächst die einzelnen **Inventurbereiche** (z. B. nach Warengruppen) fest, benennt die **Personen** der Aufnahmegruppen und die zu verwendenden **Aufnahmeformulare** und **Hilfsmittel** (z. B. Diktiergeräte) sowie den jeweiligen **Zeitpunkt** für die Durchführung der Inventur. Wichtig ist, dass auch Aufsichtspersonen benannt werden, die durch Stichproben die **Bestandsaufnahmen überprüfen.**

Inventurverfahren

Zur Vereinfachung der Inventur der Warenvorräte sind nach § 241 HGB und Abschnitt 30 EStR (Einkommensteuerrichtlinien) **folgende Verfahren erlaubt:**

Stichtagsinventur = zeitnahe körperliche Bestandsaufnahme

Die körperliche Bestandsaufnahme der Warenvorräte muss nun nicht gerade am Abschluss-Stichtag (z. B. 31. Dezember) erfolgen, sondern kann **zeitnah** durchgeführt werden, und zwar innerhalb einer Frist von

10 Tagen vor oder nach dem Abschluss-Stichtag.

Dieses Verfahren setzt aber voraus, dass **alle Warenzu- und -abgänge** zwischen dem Tag der Inventur, also z. B. 21. Dezember bzw. 10. Januar, und dem 31. Dezember als Abschluss-Stichtag anhand von Belegen (Rechnungen) **mengen- und wertmäßig** auf den 31. Dezember **fortgeschrieben oder zurückgerechnet** werden. Auch wenn die Abschluss-Stichtagsinventur zeitnah in einer **10-Tage-Frist** vorgenommen werden darf, sind bei manchen Unternehmen wegen des großen Warensortiments **Betriebsschließungen** möglich.

Verlegte Inventur = vor- oder nachverlegte körperliche Bestandsaufnahme

In diesem Fall darf die Inventur an beliebigen Tagen innerhalb der letzten

drei Monate vor oder der ersten beiden Monate nach dem 31. Dezember

erfolgen. Ein großer Vorteil besteht nun darin, dass der am Inventurtag ermittelte Bestand an Waren nur noch **wertmäßig,** also nicht mengenmäßig, auf den 31. Dezember fortgeschrieben oder zurückgerechnet werden muss.

	Vorverlegte Inventur am 15. Nov. (1. Jahr)	
	Wert der Waren am 15. Nov.	125.000,00
+	Wert der Zugänge 15. Nov. – 31. Dez.	45.000,00
–	Wert der Abgänge 15. Nov. – 31. Dez.	60.000,00
	Warenwert am 31. Dez. (1. Jahr) ..	**110.000,00**
	Wertfortschreibung	

	Nachverlegte Inventur am 8. Jan. (2. Jahr)	
	Wert der Waren am 8. Jan.	200.000,00
–	Wert der Zugänge 1. Jan. – 8. Jan.	80.000,00
+	Wert der Abgänge 1. Jan. – 8. Jan.	50.000,00
	Warenwert am 31. Dez. (1. Jahr) ..	**170.000,00**
	Wertrückrechnung	

Permanente Inventur = laufende Buchinventur anhand der Lagerkartei

Der **mengenmäßige Bestand** eines Warenartikels kann **jederzeit buchmäßig,** also ohne körperliche Inventur, nachgewiesen werden, wenn man die Menge des jeweiligen Zugangs und Abgangs eines Artikels anhand der Lieferscheine oder Rechnungen auf einer Lagerkarte oder EDV-mäßig erfasst. So ist man in

Welche Vereinfachungen gibt es bei der Wareninventur?

der Lage, aufgrund der Aufzeichnungen täglich den Mengenbestand „buchmäßig" zu erfahren. Allerdings muss der

Buchbestand wenigstens einmal im Geschäftsjahr überprüft

und gegebenenfalls korrigiert werden. Die hierzu erforderliche körperliche Bestandsaufnahme kann **an jedem beliebigen Tag des Jahres** durchgeführt werden. Über die Durchführung dieser Inventur ist ein **Protokoll** (= Beleg!) anzufertigen.

Lagerkartei

Lagerkarte der Papiergroßhandlung Katja Kern e. Kffr.					
Artikel: Kopierpapier **Artikel-Nr.:** 2281	**Lieferer:** Deutsche Papier AG		**Mindestbestand:** 120 Paletten **Höchstbestand:** 600 Paletten		
Datum	**Beleg**	**Preis je Palette**	**Zugang**	**Abgang**	**Bestand**
1. Jan. ..	Anfangsbestand	775,00 €	–	–	**150**
6. Jan. ..	Eingangsrechnung ER 12	775,00 €	80	–	**230**
7. Jan. ..	Ausgangsrechnung AR 16	–	–	40	**190**
8. Jan. ..	Eingangsrechnung ER 18	800,00 €	100	–	**290**
9. Jan. ..	Ausgangsrechnung AR 22	–	–	60	**230**
usw.					

1.2.4 Wie wird das Inventar aufgestellt?

Ergebnisse der Inventur

Die Ergebnisse der Inventur als Bestands**aufnahme** werden in einem besonderen Bestands**verzeichnis,** dem **„Inventar",** zusammengestellt und übersichtlich gegliedert. **Das Inventar besteht aus drei Teilen:**

A. Vermögen
- I. Anlagevermögen
- II. Umlaufvermögen

B. Schulden
- I. Langfristige Schulden
- II. Kurzfristige Schulden

C. Eigenkapital (= Reinvermögen)

Die Posten des Anlage- und Umlaufvermögens werden nach ihrer **Geldnähe oder Flüssigkeit** geordnet, also nach dem Grad, wie schnell sie in Geld umgesetzt werden können. So sind die weniger „flüssigen" (liquiden) Vermögensposten, wie z. B. Grundstücke und Gebäude, im Inventar zuerst und die bereits **liquiden** Mittel, wie Kassenbestand und Bankguthaben, zuletzt aufzuführen.

Die Schulden, also das im Unternehmen arbeitende Fremdkapital, werden nach ihrer **Fälligkeit** in langfristige und kurzfristige Verbindlichkeiten gegliedert.

Das Eigenkapital, das auch als „Reinvermögen" bezeichnet wird, ergibt sich, wenn man die Schulden, also das Fremdkapital, vom Vermögen abzieht. Das Eigenkapital gibt den Betrag an, den der Unternehmer an eigenen Mitteln in das Unternehmen eingebracht hat.

A. Vermögen – B. Schulden = C. Eigenkapital

Aufbewahrung

Inventare sind **10 Jahre** aufzubewahren. Die Aufbewahrung kann auch auf einem **Bildträger** (Mikrofilm) oder auf einem anderen **Datenträger** (Diskette, CD-ROM, DVD) erfolgen. Die Daten müssen **jedoch jederzeit** lesbar gemacht werden können (§ 257 HGB).

INVENTAR

der Papiergroßhandlung Katja Kern e. Kffr., Köln, zum 31. Dezember (1. Jahr)

A. Vermögen	€	€
I. Anlagevermögen		
1. Grundstücke und Gebäude lt. Anlagenverzeichnis AV 1		
Bebaute Grundstücke	83.500,00	
Gebäude		
Verwaltungsgebäude, Bonner Wall 45–49	740.000,00	
Lagergebäude, Bonner Wall 50–52	400.000,00	
8 Garagen, Bonner Wall 53–55	32.000,00	1.255.500,00
2. Betriebs- und Geschäftsausstattung lt. AV 2		
Lagereinrichtung	115.100,00	
Automatische Verpackungsanlage	119.400,00	
4 Gabelstapler	31.000,00	
Fuhrpark: 5 Lkw und 4 Pkw	157.000,00	
Geschäftsausstattung	72.000,00	494.500,00
II. Umlaufvermögen		
1. Waren lt. Warenliste 1–3		
1 148 Paletten Druckpapier je 1.400,00 €	1.607.200,00	
916 Paletten Kopierpapier je 800,00 €	732.800,00	
160 Paletten Umschlagkarton je 1.312,50 €	210.000,00	2.550.000,00
2. Forderungen aus Lieferungen und Leistungen lt. Kundenkartei		
Schneider OHG, Würzburg	115.000,00	
Kaufkette AG, Köln	86.250,00	
Druckcenter GmbH, Leipzig	165.000,00	366.250,00
3. Kassenbestand lt. Kassenbericht		16.950,00
4. Bankguthaben bei der Sparkasse KölnBonn lt. Kontoauszug		316.800,00
Summe des Vermögens		**5.000.000,00**
B. Schulden		
I. Langfristige Schulden lt. Kontoauszügen		
1. Hypothekendarlehen der Sparkasse KölnBonn		975.000,00
2. Darlehen der Deutschen Bank, Köln		499.000,00
II. Kurzfristige Verbindlichkeiten		
Verbindlichkeiten aus Lieferungen und Leistungen lt. Liefererkartei		
Deutsche Papier AG, Leipzig	135.000,00	
Druck und Papier GmbH, Hagen	247.250,00	
Matthias Hein OHG, Köln	143.750,00	526.000,00
Summe der Schulden		**2.000.000,00**
C. Ermittlung des Eigenkapitals		
Summe des Vermögens		5.000.000,00
– Summe der Schulden		2.000.000,00
Eigenkapital (Reinvermögen)		**3.000.000,00**

Wie wird das Inventar aufgestellt?

Zusammenfassung

- **Inventur** ist die **Bestandsaufnahme aller Vermögensteile und Schulden** eines Unternehmens, und zwar **nach Art, Menge und Wert.** Sie ist gesetzlich vorgeschrieben regelmäßig zum Ende des Geschäftsjahres, bei Gründung, Verkauf und Auflösung eines Unternehmens.
- **Das Vermögen** eines Unternehmens gliedert sich in **Anlage- und Umlaufvermögen.** Das **Anlagevermögen** bildet die Grundlage der Geschäftstätigkeit und enthält Vermögensteile mit **langjähriger Nutzungsdauer.** Zum **Umlaufvermögen** gehören alle Vermögensposten, die sich **kurzfristig verändern.** Die Vermögensteile werden nach dem Grad ihrer **Flüssigkeit** geordnet.
- **Die Schulden (Fremdkapital)** werden nach der Fälligkeit in **lang- und kurzfristige** Verbindlichkeiten gegliedert.
- **Die körperliche Inventur** ermittelt den Bestand der körperlichen Vermögensposten **nach Art, Menge und Wert.**
- **Die Buchinventur** erfasst den Bestand aller **nicht körperlichen Vermögensteile und Schulden** anhand der buchmäßigen Aufzeichnungen **nach Art und Wert.**
- **Niederstwertprinzip.** Im Rahmen der Inventur müssen die Vermögensposten nach dem Niederstwertprinzip bewertet werden: **Von zwei Werten,** nämlich Anschaffungswert und Tageswert am Abschlusstag, **ist der niedrigste anzusetzen.** Das entspricht dem wichtigen **Grundsatz kaufmännischer Vorsicht.**
- **Verfahren der Inventurerleichterung.** Die Stichtagsinventur, die verlegte Inventur und die permanente Inventur sind gesetzlich erlaubte Verfahren, die die zeitraubende Bestandsaufnahme der Warenvorräte vereinfachen.
- **Die Stichtagsinventur** darf **zeitnah,** d. h. innerhalb von **10 Tagen vor oder nach dem Abschluss-Stichtag** (z. B. 31. Dezember ..), durchgeführt werden.
- **Die verlegte Inventur** darf innerhalb der letzten **drei Monate vor oder der ersten beiden Monate nach** dem Abschluss-Stichtag erfolgen.
- **Die permanente Inventur** weist durch Erfassung aller Zu- und Abgänge eines Warenartikels jederzeit den Lagerbestand **buchmäßig (Lagerkarte)** nach. Zur Kontrolle muss **einmal im Jahr eine körperliche Inventur** erfolgen.
- **Anlagenkarte.** Die körperliche Inventur der **beweglichen** Anlagegüter kann entfallen, wenn das Unternehmen für jeden Anlagegegenstand in einer Anlagenkartei eine Anlagenkarte führt.
- **Kunden- und Liefererkartei.** Der Bestand der Forderungen und Verbindlichkeiten aus Lieferungen und Leistungen (a. LL) wird buchmäßig anhand der Kunden- und Liefererkartei ermittelt.
- **Kontoauszüge** bilden den Beleg für alle kurz- und langfristigen Kreditverbindlichkeiten und Bankguthaben.
- **Gliederung des Inventars.** Das **Inventar oder Bestandsverzeichnis** ist der schriftliche Niederschlag der Inventur als Bestandsaufnahme. Es **besteht aus drei Teilen:** A. Vermögen, B. Schulden und C. Eigenkapital (Reinvermögen).
- **Das Eigenkapital** ergibt sich als Überschuss des Vermögens über die Schulden. Es stellt das Kapital dar, das der Unternehmer als „eigene Mittel" in das Unternehmen eingebracht hat.
- **Aufbewahrung des Inventars.** Das Inventar ist **10 Jahre** schriftlich oder auf Datenträgern und Mikrofilm aufzubewahren. Es wird nicht unterschrieben.

Zum Geschäftsvermögen des Elektrogroßhandels Rolf Göbel e. K., Leverkusen, gehören zum 31. Dezember eines Geschäftsjahres lt. Inventur folgende Posten: 3

200.000,00 €	Bankguthaben bei der Sparkasse Leverkusen,
1.600.000,00 €	Grundstücke und Gebäude lt. Anlagenverzeichnis 1,
15.000,00 €	Kassenbestand,
172.500,00 €	Forderungen a. LL lt. Kundenkartei,
186.000,00 €	Technische Anlagen und Maschinen lt. Anlagenverzeichnis 2,
226.500,00 €	Betriebs- und Geschäftsausstattung lt. Anlagenverzeichnis 3 und
1.100.000,00 €	Warenvorräte lt. Warenliste.

Ordnen Sie die Vermögensposten nach steigender Flüssigkeit dem Anlage- und Umlaufvermögen zu und ermitteln Sie die Höhe des Geschäftsvermögens des Großhandels Rolf Göbel e. K. ■

Zu den Schulden der Großhandlung Rolf Göbel e. K. (Aufgabe 3) rechnen am 31. Dezember lt. Inventur: 4

800.000,00 €	Hypothekendarlehen der Sparkasse Leverkusen,
130.000,00 €	Steuerverbindlichkeiten beim Finanzamt,
600.000,00 €	Verbindlichkeiten a. LL lt. Liefererkartei und
395.000,00 €	Darlehen der Deutschen Bank, Leverkusen.

Ordnen Sie die Schuldposten nach ihrer Fälligkeit jeweils den lang- und kurzfristigen Verbindlichkeiten zu. Ermitteln Sie die Höhe der Schulden zum 31. Dez. ■

1. *Ermitteln Sie aus den Angaben der Aufgaben 3 und 4 das Eigenkapital der Großhandlung Rolf Göbel e. K.* 5
2. *Erstellen Sie nunmehr für die Großhandlung Rolf Göbel e. K., Leverkusen, zum 31. Dez. .. ein Inventar. Beachten Sie dabei Form und Gliederung des Musterinventars im Lehrbuch auf S. 19.* ■

Das Vermögen der Großhandlung Rolf Göbel e. K. beträgt lt. Inventar vom 31. Dezember ••• €. Dieses Vermögen hat Rolf Göbel mit eigenen Mitteln in Höhe von ••• € finanziert („bezahlt"). Die fremden Mittel in Höhe von ••• € haben ebenfalls einen sehr großen Teil seines Vermögens finanziert. 6

1. *Ermitteln Sie jeweils den Anteil des Eigen- und Fremdkapitals in % am Gesamtvermögen.*
2. *Inwiefern ist es günstiger, wenn das Vermögen eines Unternehmens überwiegend mit eigenen Mitteln finanziert ist? Begründen Sie.*
3. *Ermitteln Sie für das Unternehmen Katja Kern e. Kffr. (siehe Musterinventar) jeweils den Anteil des Eigen- und Fremdkapitals am Gesamtvermögen.*
4. *Vergleichen Sie die Ergebnisse der beiden Unternehmen.* ■

Ein Holzgroßhändler hat am Abschluss-Stichtag lt. Inventur noch 900 Quadratmeter Deckenpaneele auf Lager. Die Anschaffungskosten betrugen 20,00 € je m^2. Der Tageswert am 31. Dez. beträgt 1. 17,50 € und 2. 21,00 € je m^2. 7

Bewerten Sie die Inventurmenge und ermitteln Sie jeweils den Wertansatz für das Inventar. Begründen Sie Ihre Bewertungsentscheidung. ■

Ergänzen Sie die folgenden Aussagen: 8

1. Zum Anlagevermögen rechnen Güter, die dem Unternehmen ••• dienen. Das Umlaufvermögen besteht dagegen aus Gütern, die sich ••• verändern.

AUFGABEN

2. Anlagegüter können einerseits beweglich oder ••• und andererseits abnutzbar oder ••• sein. Abnutzbare Anlagegüter haben nur eine bestimmte Nutzungs•••. Die jährliche Wertminderung eines Anlagegutes wird zum 31. Dezember abgeschrieben, indem man die Anschaffungskosten auf die Nutzungs••• verteilt.[1]
3. Die verlegte Inventur kann innerhalb von ••• Monaten ••• oder ••• Monaten ••• dem Abschluss-Stichtag durchgeführt werden. In diesem Fall wird nicht die Menge des jeweiligen Artikels, sondern nur der ••• anhand der Rechnungen fortgeschrieben oder •••.
4. Die Stichtagsinventur kann zeit••• innerhalb von ••• Tagen ••• oder ••• dem Abschlusstag erfolgen.
5. Die permanente Inventur kann ••• den mengenmäßigen Buchbestand eines Artikels nachweisen. Das geschieht mithilfe der Lager••• durch ••• aller Zu- und ••• des Artikels. Mindestens ••• im Jahr muss aber eine tatsächliche ••• Bestandsaufnahme durchgeführt werden, über die ein ••• anzufertigen ist.
6. Inventur ist die Bestands•••, Inventar ist das Bestands•••.

9

1. Das Vermögen eines Unternehmens beträgt 600.000,00 €. Das Eigenkapital beläuft sich auf 450.000,00 €. *Wie hoch ist das im Unternehmen arbeitende Fremdkapital?*
2. Ein Unternehmen hat ein Eigenkapital von 700.000,00 € und Schulden in Höhe von 500.000,00 €. *Wie hoch ist das Vermögen des Unternehmens?*
3. Das Anlagevermögen eines Unternehmens beträgt 300.000,00 € und das Vermögen 900.000,00 €. *Wie hoch ist das Umlaufvermögen?*
4. Das Vermögen eines Unternehmens beträgt 1.500.000,00 € und das Fremdkapital 700.000,00 €. *Wie hoch ist das Eigenkapital?*
5. Ergänzen Sie:

a) Vermögen	= ••• und •••	c) Fremdkapital	= ••• – •••
b) Eigenkapital	= ••• – •••	d) Anlagevermögen	= ••• – •••

10 *Ermitteln Sie für den Baustoffgroßhandel Wette OHG, Köln, jeweils im Rahmen der vorverlegten und nachverlegten Inventur den Vorratsbestand an Zement 4403 zum 31. Dezember:*

a) Die körperliche Inventur wurde am 1. Oktober des 1. Jahres durchgeführt und ergab einen Bestand an Zement in Höhe von 32.800,00 €. Zwischen dem 1. Oktober und dem 31. Dezember wurde lt. Eingangsrechnungen Zement im Wert von 58.300,00 € eingekauft. Aufgrund der Ausgangsrechnungen wurde im gleichen Zeitraum Zement 4403 für 76.300,00 € verkauft.

b) Die körperliche Inventur erfolgt am 20. Februar des Folgejahres und ergibt einen Bestand an Zement von 43.600,00 €. In der Zeit vom 1. Januar bis 20. Februar des 2. Jahres betrugen die Zementverkäufe insgesamt 22.800,00 € und die Einkäufe 15.200,00 €.

11 Im Baustoffgroßhandel Wette OHG beträgt der Inventurbestand an Fliesenkleber 24 Gebinde zu je 10 kg. Da nicht mehr feststellbar ist, aus welchen Lieferungen der aufgrund der körperlichen Inventur ermittelte Bestand besteht, müssen zunächst die durchschnittlichen Anschaffungskosten je Gebinde aus allen Lieferungen ermittelt werden:

1 siehe auch S. 13, 15, 76 f. und 189 f.

Datum	Menge	Einzelpreis
1. Jan.	14 Gebinde	22,50 €
5. März	40 Gebinde	22,60 €
12. Juni	50 Gebinde	22,80 €

Datum	Menge	Einzelpreis
21. Aug.	30 Gebinde	22,90 €
9. Okt.	40 Gebinde	23,00 €
10. Dez.	20 Gebinde	23,10 €

1. *Ermitteln Sie den Inventurwert des Fliesenklebers aufgrund der durchschnittlichen Anschaffungskosten.*
2. Der Tagespreis zum 31. Dezember beträgt für den Fliesenkleber a) 22,00 € und b) 23,50 €. *Ermitteln Sie den Wertansatz für das Inventar und begründen Sie die Bewertung.* ■

Die Inventur in der Textilgroßhandlung Ulrike Brandt e. Kffr., Essen, ergab zum 31. Dezember (1. Jahr) und zum 31. Dezember (2. Jahr) folgende Werte: 12

	31. Dez. (1. Jahr)	31. Dez. (2. Jahr)
Grundstücke und Gebäude lt. Anlagenverzeichnis 1		
Bebaute Grundstücke	100.000,00	100.000,00
Gebäude: Verwaltungsgebäude	420.000,00	411.600,00
Lagergebäude	135.000,00	132.300,00
Bankguthaben bei der		
Commerzbank Essen	126.700,00	131.000,00
Sparkasse Essen	18.900,00	29.400,00
Warenvorräte lt. Warenliste	483.300,00	541.400,00
Kassenbestand	2.800,00	2.600,00
Technische Anlagen und Maschinen lt. Anlagenverzeichnis 2	170.000,00	236.400,00
Forderungen a. LL lt. Kundenkartei		
Busch GmbH, Bochum	52.800,00	72.800,00
Jutta Kolberg e. Kffr., Duisburg	33.500,00	61.500,00
Hypothekenschulden bei der Sparkasse Essen	290.000,00	260.000,00
Darlehensschulden bei der Commerzbank Essen	281.000,00	210.750,00
Verbindlichkeiten a. LL lt. Liefererkartei	89.500,00	146.800,00
Betriebs- und Geschäftsausstattung lt. Anlagenverzeichnis 3		
Lagereinrichtung	44.500,00	48.700,00
Fuhrpark	45.000,00	38.000,00
Geschäftsausstattung	47.100,00	28.200,00

1. *Erstellen Sie die Inventare der beiden aufeinander folgenden Geschäftsjahre.*
2. *Vergleichen Sie die beiden Inventare und erklären Sie die Veränderungen im Anlage- und Umlaufvermögen, in den Schulden und im Eigenkapital.* ■

1. *Unterscheiden Sie zwischen Buchinventur und körperlicher Inventur.* 13
2. *Nennen Sie die Nachteile der Stichtagsinventur und die Vorteile der permanenten Inventur.*
3. *Erläutern Sie die vor- und nachverlegte Inventur.*
4. *Die körperliche Bestandsaufnahme erfolgt durch Zählen, Messen, Wiegen und gegebenenfalls Schätzen. Nennen Sie jeweils ein Beispiel.*
5. *Was beinhaltet das Niederstwertprinzip für die Inventur?* ■

1.3 Katja Kern ermittelt den Geschäftserfolg durch Eigenkapitalvergleich[1]

Situation

Im Inventar des Unternehmens Katja Kern (siehe S. 19) wurde zum 31. Dezember des 1. Jahres ein Eigenkapital von 3.000.000,00 € ermittelt. Im darauf folgenden Geschäftsjahr, also zum 31. Dezember des 2. Jahres, weist das Inventar ein Eigenkapital von 3.500.000,00 € aus.

Erfolgsermittlung

Eine wichtige Aufgabe der Buchführung ist es, den Erfolg (das Ergebnis) des Geschäftsjahres, also den **Gewinn oder Verlust,** festzustellen. Schließlich will der Unternehmer wissen, ob sich seine Arbeit und der Einsatz seines Kapitals gelohnt haben. Das lässt sich einfach ermitteln, indem man das Eigenkapital aus den Inventaren von zwei aufeinander folgenden Geschäftsjahren miteinander vergleicht. Hat sich das Eigenkapital erhöht, ist das positiv zu sehen und lässt grundsätzlich auf Gewinn schließen. Eine Verminderung des Eigenkapitals deutet dagegen grundsätzlich auf Verlust hin.

	Eigenkapital zum 31. Dezember (2. Jahr)	3.500.000,00 €
–	Eigenkapital zum 31. Dezember (1. Jahr)	3.000.000,00 €
	Mehrung des Eigenkapitals = Gewinn	**500.000,00 €**

Privatentnahmen

Die Mehrung des Eigenkapitals kann aber nur dann als Gewinn bezeichnet werden, wenn die Unternehmerin Kern während des Geschäftsjahres weder Geld noch Waren oder andere Vermögensgegenstände dem Geschäftsvermögen für ihre privaten Zwecke entzogen hat. Hat Frau Kern im **Vorgriff auf den erwarteten Gewinn** für ihren Lebensunterhalt monatlich 5.000,00 € der Geschäftskasse – jeweils gegen Quittung (= Beleg) – entnommen, so fehlen am Ende des Jahres 60.000,00 € in der Kasse. Zum 31. Dezember des 2. Jahres wird somit auch im Inventar die Summe des Vermögens und damit des Eigenkapitals um diesen Betrag geringer ausgewiesen. Will man den Gewinn des Unternehmens korrekt ermitteln, müssen diese Privatentnahmen wieder hinzugerechnet werden. Der Gewinn erhöht sich deshalb um diesen Betrag:

	Eigenkapital zum 31. Dezember (2. Jahr)	3.500.000,00 €
–	Eigenkapital zum 31. Dezember (1. Jahr)	3.000.000,00 €
	Mehrung des Eigenkapitals	500.000,00 €
+	**Privatentnahmen**	**60.000,00 €**
	Gewinn zum 31. Dezember (2. Jahr)	**560.000,00 €**

Privateinlagen

Hat der Unternehmer während des Geschäftsjahres Geld- oder Sachwerte aus seinem Privatvermögen in das Unternehmen eingebracht, so sind diese Werte bei der Ermittlung des Gewinns durch Eigenkapitalvergleich abzusetzen, da sie **nicht vom Unternehmen erwirtschaftet** worden sind. Deshalb muss Frau Kern, die ein geerbtes Grundstück im Wert von 146.000,00 € auf ihr Unternehmen übertragen hat, diesen Betrag wieder abziehen:

	Eigenkapital zum 31. Dezember (2. Jahr)	3.500.000,00 €
–	Eigenkapital zum 31. Dezember (1. Jahr)	3.000.000,00 €
	Mehrung des Eigenkapitals	500.000,00 €
+	Privatentnahmen	60.000,00 €
		560.000,00 €
–	**Privateinlagen**	**146.000,00 €**
	Gewinn zum 31. Dezember (2. Jahr)	**414.000,00 €**

Hat sich der Kapitaleinsatz gelohnt?

Diese Frage stellt sich natürlich Frau Kern nach der Ermittlung des Gewinns zum Schluss des Geschäftsjahres. Deshalb vergleicht sie den erzielten Gewinn in Höhe von 414.000,00 € mit dem zu Beginn des Geschäftsjahres eingesetzten Eigenkapital

1 Lt. § 4 Abs. 1 Einkommensteuergesetz auch „Betriebsvermögensvergleich" genannt.

Katja Kern ermittelt den Geschäftserfolg durch Eigenkapitalvergleich

von 3.000.000,00 € und errechnet daraus **die Verzinsung (= Rentabilität) ihres Eigenkapitals.** Schließlich will sie doch wissen, ob eine langfristige Kapitalanlage bei der Bank oder in Form von Wertpapieren nicht günstiger ist, bei der sie zwischen 4 und 6 % bekommt.

3.000.000,00 € Eigenkapital = 100 %
414.000,00 € Gewinn = x %

$$x\,\% = \frac{414.000{,}00\,€ \cdot 100\,\%}{3.000.000{,}00\,€} = \mathbf{13{,}8\,\%}$$

$$\textbf{Rentabilität des Eigenkapitals} = \frac{\textbf{Gewinn} \cdot \textbf{100 \%}}{\textbf{Eigenkapital}}$$

Zusammenfassung

- Der **Erfolg (das Ergebnis) eines Geschäftsjahres** kann positiv oder negativ sein. Im ersten Fall sprechen wir von **Gewinn,** im zweiten von **Verlust.**
- **Gewinn und Verlust ergeben sich durch Vergleich des Eigenkapitals** vom Ende mit dem vom Anfang des Geschäftsjahres bzw. Ende des vorhergehenden Geschäftsjahres.
- Grundsätzlich bedeuten: **Eigenkapitalmehrung** ⟶ **Gewinn**
  Eigenkapitalminderung ⟶ **Verlust**
- **Privatentnahmen** in Form von Geld- oder Sachwerten stellen einen **Vorgriff auf den erwarteten Gewinn** dar. Sie sind dem Eigenkapital hinzuzurechnen.
- **Privateinlagen** sind kein Gewinn. Sie sind daher vom Eigenkapital abzusetzen.
- **Erfolgsermittlung:**

	Eigenkapital am Ende des Geschäftsjahres
–	Eigenkapital am Anfang des Geschäftsjahres
+	Private Entnahmen
–	Private Einlagen
=	**Gewinn** oder **Verlust**

AUFGABEN

14 Die Werkzeuggroßhandlung Walter Herzberg e. K., Leichlingen, weist im Inventar zum 31. Dezember des 2. Jahres ein Eigenkapital von 580.000,00 € aus. Am 31. Dezember des 1. Jahres betrug das Eigenkapital 530.000,00 €. Im 2. Geschäftsjahr hatte W. Herzberg vom Bankkonto des Unternehmens 72.000,00 € für private Zwecke abgehoben.

1. *Wie hoch ist der Gewinn des Unternehmens zum 31. Dezember des 2. Jahres?*
2. *Mit wie viel Prozent hat sich das Eigenkapital verzinst?* ■

15 Die Tabakwarengroßhandlung Wolfgang Hiebel e. K., Langenfeld, verfügt lt. Inventar vom 31. Dez. des 2. Jahres über ein Eigenkapital von 600.000,00 €. Zu Beginn des Geschäftsjahres, also am 1. Jan. des 2. Jahres, hatte das Unternehmen noch ein Eigenkapital von 690.000,00 €. Für seinen Lebensunterhalt hatte W. Hiebel während des Geschäftsjahres 5.000,00 € monatlich der Geschäftskasse gegen Quittung entnommen. Außerdem hat er Tabakwaren im Wert von 2.000,00 € für sich und seine Familie gegen Beleg dem Lager entnommen. Aus einer Erbschaft hat er 15.000,00 € auf das Bankkonto seines Unternehmens eingezahlt.

Ermitteln Sie den Erfolg des Unternehmens zum 31. Dezember des 2. Jahres. ■

16 Die Privatentnahmen betragen in der Textilgroßhandlung Ulrike Brandt e. Kffr. im 2. Geschäftsjahr 60.000,00 €. Im gleichen Zeitraum belaufen sich die privaten Einlagen auf 30.000,00 €. *Ermitteln Sie auf der Grundlage der beiden Inventare der Aufgabe 12 den Geschäftserfolg zum 31. Dezember des 2. Jahres.* ■

AUFGABEN

17 Die Fahrradgroßhandlung Ulla Eul e. K., Köln, hat zum 31. Dez. des 2. Jahres ein Eigenkapital von 500.000,00 €. Zum 31. Dez. des 1. Jahres betrug das Eigenkapital 460.000,00 €. Im 2. Geschäftsjahr hat U. Eul dem Bankkonto für den eigenen Lebensunterhalt monatlich 4.500,00 € entnommen. Im Mai des 2. Jahres brachte U. Eul ihren Privat-Pkw (Tageswert: 25.000,00 €) in das Unternehmen ein.

1. *Ermitteln Sie den Geschäftserfolg zum 31. Dezember des 2. Jahres.*
2. *Wie hoch ist die Eigenkapitalrentabilität?*

1.4 Katja Kern erstellt aus dem Inventar die Bilanz

Situation Das Inventar ist eine ausführliche Darstellung der einzelnen Vermögens- und Schuldenwerte nach Art, Menge, Einzel- und Gesamtwert, das – je nach Größe des Warensortiments – ganze Bände umfassen kann und dadurch **unübersichtlich** wird. **§ 242 HGB** verlangt deshalb, dass aus dem Inventar (siehe S. 19) noch eine **kurz gefasste Übersicht** über Vermögen und Kapital, die **Bilanz,** erstellt wird.

Bilanz Die Bilanz ist eine Kurzfassung des Inventars, die es erlaubt, mit einem Blick das **Verhältnis zwischen Vermögen und Schulden** eines Unternehmens zu überschauen. In **Form und Umfang** unterscheidet sie sich deutlich vom Inventar. Während im Inventar Vermögen, Schulden und Eigenkapital in **Staffelform,** also untereinander, stehen, werden in der Bilanz **Vermögen und Kapital** (Eigen- und Fremdkapital) in **T-Kontenform** (s. u.) **gegenübergestellt.** Die Bilanz enthält **keine Mengenangaben und Namen** der Banken, Kunden und Lieferer. Außerdem fasst sie **gleichartige** Vermögensteile und Schuldenteile zu einzelnen Bilanzpositionen zusammen, wobei nur deren **Gesamtwert** ausgewiesen wird. So erscheint beispielsweise bei den Warenvorräten und der Betriebs- und Geschäftsausstattung lediglich der jeweilige Gesamtwert.

Aktivseite Die linke oder Aktivseite der Bilanz enthält alle Vermögensteile **(= Aktiva)** des Anlage- und Umlaufvermögens eines Unternehmens. Die **Vermögensposten** werden wie im Inventar **nach steigender Flüssigkeit geordnet.**

Passivseite Die rechte oder Passivseite der Bilanz enthält das Kapital **(= Passiva)** des Unternehmens, das in Eigenkapital und Fremdkapital unterteilt wird. Die **Schulden** werden wie im Inventar **nach lang- und kurzfristiger Fälligkeit gegliedert.**

Unterschreiben der Bilanz Die Richtigkeit (Wahrheit) der Bilanz muss durch Datum und persönliche Unterschrift der Inhaber des Unternehmens bestätigt werden.

BILANZ

der Papiergroßhandlung Katja Kern e. Kffr. zum 31. Dezember (1. Jahr)

Aktiva		Passiva	
Anlagevermögen		**Eigenkapital**	3.000.000,00
1. Grundstücke und Gebäude	1.255.500,00	**Fremdkapital**	
2. Betriebs- und Geschäftsausstattung	494.500,00	1. Hypothekenschulden	975.000,00
Umlaufvermögen		2. Darlehensschulden	499.000,00
1. Waren	2.550.000,00	3. Verbindlichkeiten a. LL	526.000,00
2. Forderungen a. LL	366.250,00		
3. Kasse	16.950,00		
4. Bank	316.800,00		
	5.000.000,00		**5.000.000,00**

Köln, 18. Januar (2. Jahr) *Katja Kern*

Katja Kern erstellt aus dem Inventar die Bilanz

Bilanzwaage

Die Aktivseite der Bilanz weist die Summe des Vermögens aus, die Passivseite die Summe des Kapitals. **Aktiva und Passiva** sind also **summenmäßig gleich hoch. Die Bilanzseiten halten sich die Waage (ital. bilancia = Waage).** Diese rechnerische **Gleichheit beider Bilanzseiten,** also von **Vermögen (Aktiva) und Kapital (Passiva),** kommt mathematisch in der **Bilanzgleichung** zum Ausdruck.

Bilanzgleichung			
Vermögen (Aktiva)	= Kapital (Passiva)		
Vermögen	= Eigenkapital	+ Fremdkapital	
Eigenkapital	= Vermögen	– Fremdkapital	
Fremdkapital	= Vermögen	– Eigenkapital	

Worüber gibt die Bilanz Auskunft?

Die Bilanz der Großhandlung Kern lässt auf einen Blick erkennen, woher das im Unternehmen arbeitende Kapital stammt und wo es im Einzelnen angelegt (investiert) ist:

- **Die Passivseite** der Bilanz zeigt die Herkunft des im Unternehmen arbeitenden Kapitals, nämlich das Eigen- und Fremdkapital als Finanzierungsquellen. Man sagt: Die Passivseite gibt Auskunft über die **Mittelherkunft oder Finanzierung.**
- **Die Aktivseite** zeigt dagegen die Verwendung oder Anlage des Eigen- und Fremdkapitals im Anlage- und Umlaufvermögen des Unternehmens. Die Aktivseite gibt also Auskunft über die **Mittelverwendung oder Investition** der finanziellen Mittel in Vermögenswerte.

Aktiva	**BILANZ**		Passiva
Wo ist das Kapital angelegt?		**Woher** stammt das Kapital?	
Anlagevermögen	1.750.000,00	Eigenkapital	3.000.000,00
Umlaufvermögen	3.250.000,00	Fremdkapital	2.000.000,00
VERMÖGEN	5.000.000,00	KAPITAL	5.000.000,00
MITTELVERWENDUNG		MITTELHERKUNFT	

Bilanzstruktur

Der Aufbau (die Struktur) der Bilanz wird noch deutlicher und damit aussagefähiger, wenn man jeweils den Prozentanteil des Anlage- und Umlaufvermögens am Gesamtvermögen sowie des Eigen- und Fremdkapitals am Gesamtkapital errechnet, wobei die **Bilanzsumme** den Grundwert **(= 100 %)** bildet:

Aktiva	**BILANZSTRUKTUR**				Passiva
VERMÖGENSSTRUKTUR		%	**KAPITALSTRUKTUR**		%
Anlagevermögen	1.750.000,00	35 %	Eigenkapital	3.000.000,00	60 %
Umlaufvermögen	3.250.000,00	65 %	Fremdkapital	2.000.000,00	40 %
Gesamtvermögen	5.000.000,00	100 %	Gesamtkapital	5.000.000,00	100 %

Beurteilung

Die **Kapitalstruktur** der Großhandlung Kern macht deutlich, dass das Unternehmen **überwiegend mit eigenen Mitteln (60 %)** arbeitet. Das Fremdkapital beträgt nur 40 % des Gesamtkapitals. Die Unternehmerin Kern bewahrt damit ihre **Unabhängigkeit gegenüber ihren Gläubigern.** Außerdem ist ihre Zinsbelastung dann nicht so hoch. Die solide Ausstattung des Unternehmens mit Kapital, also die Finanzierung, zeigt sich auch insbesondere darin, dass nicht nur das Anlagevermögen (35 %), sondern auch noch ein großer Teil des Umlaufvermögens (25 %) durch Eigenkapital (60 %) gedeckt bzw. finanziert sind. Aufgrund des **hohen** Eigenkapitals kann das Unternehmen **Krisenzeiten besser überstehen.**

Katja Kern erstellt aus dem Inventar die Bilanz

Zusammenfassung

- **Die Bilanz ist eine Kurzfassung des Inventars in Kontenform.** Grundlage der Bilanzerstellung sind Inventur und Inventar:

  Inventur → Inventar → Bilanz

- **Inventar und Bilanz unterscheiden sich in Form und Umfang** der Darstellung des Vermögens und des Kapitals:

Inventar	Bilanz
– **Ausführliche** Darstellung der einzelnen Vermögens- und Schuldenwerte.	– **Kurz gefasste** überschaubare Darstellung des Vermögens und des Kapitals.
– Angabe der **Mengen, Einzelwerte und Gesamtwerte.**	– **Nur** Angabe der **Gesamtwerte** der einzelnen Bilanzposten.
– Darstellung des Vermögens und des Kapitals **untereinander:**	– Darstellung des Vermögens und des Kapitals **nebeneinander:**
Staffelform	**Kontenform**

- **Bilanzgleichung.** Die Bilanz muss auf der Aktiv- und Passivseite jeweils die gleiche Summe ausweisen. Die Bilanzgleichung lautet stets:

  Aktiva = Passiva oder Vermögen = Kapital.

- **Inhalt der Bilanzseiten.** Die Bilanz zeigt auf ihrer Passivseite die Herkunft des Kapitals (Eigen- und Fremdkapital) und auf der Aktivseite die Verwendung oder Investition dieses Kapitals (Anlage- und Umlaufvermögen).
- **Die Bilanzstruktur** ergibt sich, wenn man Eigen- und Fremdkapital sowie Anlage- und Umlaufvermögen auf die Bilanzsumme (= 100 %) bezieht und die Gewichtung der Posten ermittelt. Dann wird besonders deutlich, ob das Unternehmen vorwiegend mit eigenen oder fremden Mitteln arbeitet und ob das Anlagevermögen überwiegend mit Eigen- oder Fremdkapital finanziert worden ist.
- **Unterzeichnung und Aufbewahrung der Bilanz.** Die Bilanz bildet mit der Gewinn- und Verlustrechnung den **Jahresabschluss** des Unternehmens, der persönlich zu unterzeichnen und 10 Jahre aufzubewahren ist. Es unterschreiben bei der:
  - Einzelunternehmung (e. K. usw.) → Inhaber persönlich
  - Offenen Handelsgesellschaft (OHG) → alle Gesellschafter
  - Kommanditgesellschaft (KG) → alle persönlich haftenden Gesellschafter
  - Aktiengesellschaft (AG) → alle Mitglieder des Vorstandes
  - Gesellschaft mit beschränkter Haftung (GmbH) → alle Geschäftsführer

AUFGABEN

18 Die Bilanz des Tuchgroßhandels Michael Berg e. K. weist zum 31. Dezember .. folgende Gesamtwerte aus:

Anlagevermögen	620.000,00 €	Fremdkapital	500.000,00 €
Umlaufvermögen	1.320.000,00 €	Eigenkapital	? €

1. *Erstellen Sie die Bilanz zum 31. Dezember ..*
2. *Wie viel Prozent der Bilanzsumme (= 100 %) beträgt*
   a) *das Anlagevermögen,* c) *das Eigenkapital und*
   b) *das Umlaufvermögen,* d) *das Fremdkapital?*
3. *Wie beurteilen Sie die Kapitalausstattung des Unternehmens?*
4. *Reicht das Eigenkapital zur Deckung (Finanzierung) des Anlagevermögens aus?*

19 Das Inventar der Elektrogroßhandlung Herbert Heinz e. Kfm., Stuttgart, weist zum 31. Dezember .. folgende Gesamtwerte aus:

Grundstücke und Gebäude	340.000,00	Kasse	3.000,00
Betriebs- und Geschäftsausstattung (BGA)	45.000,00	Bankguthaben	32.000,00
Waren	485.000,00	Darlehensschulden	290.000,00
Forderungen a. LL	35.000,00	Verbindlichkeiten a. LL	50.000,00

1. *Erstellen Sie nach dem Muster auf Seite 26 die Bilanz.*
2. *Mit welchem Gesamt-, Eigen- und Fremdkapital arbeitet das Unternehmen?*
3. *Stellen Sie die Bilanzstruktur in % dar.*
4. *Wie beurteilen Sie das Verhältnis zwischen Eigen- und Fremdkapital?*
5. *Reichten die eigenen Mittel zur Beschaffung des Anlagevermögens aus?* ■

20 Die Werkzeuggroßhandlung Werner Peters e. K., Leverkusen, weist in ihrem Inventar zum 31. Dezember .. folgende Gesamtwerte aus:

Waren	320.000,00	Darlehensschulden	150.000,00
Verbindlichkeiten a. LL	90.000,00	Bankguthaben	96.000,00
Kassenbestand	4.000,00	Hypothekenschulden	210.000,00
Forderungen a. LL	70.000,00	Betriebs- und Geschäftsausstattung	170.000,00
Grundstücke und Gebäude	400.000,00		

1. *Erstellen Sie eine ordnungsmäßig gegliederte Bilanz zum 31. Dezember ..*
2. *Wie beurteilen Sie die Kapitalausstattung bzw. Finanzierung des Unternehmens?*
3. *Stellen Sie die Bilanzstruktur in % dar.*
4. *Wie viel Eigenkapital verbleibt nach Deckung des Anlagevermögens noch für das Umlaufvermögen?*
5. *Welche Vorteile hat es, wenn das Anlagevermögen voll mit eigenen Mitteln finanziert worden ist?* ■

21

1. *Stellen Sie aufgrund der Inventare der Großhandlungen Göbel (Aufgabe 5) und Brandt (Aufgabe 12) jeweils die Bilanz zum Jahresschluss auf.*
2. *Erstellen Sie jeweils die Bilanzstruktur der Großhandelsunternehmen.*
3. *Beurteilen Sie die Mittelherkunft und Mittelverwendung.* ■

22 *Untersuchen Sie folgende Aussagen, ob sie falsch oder richtig sind. Verbessern Sie gegebenenfalls:*

1. Bilanz und Inventar unterscheiden sich nur in der Form.
2. Inventar und Bilanz sind vom Inhaber des Unternehmens persönlich zu unterschreiben.
3. Anlagevermögen + Umlaufvermögen = Eigenkapital – Fremdkapital
4. Die Bilanz ist eine Gegenüberstellung von Vermögen und Kapital.
5. Die Passivseite der Bilanz zeigt die Mittelverwendung, die Aktivseite die Mittelherkunft.
6. Je höher das Eigenkapital im Verhältnis zum Fremdkapital ist, umso abhängiger ist das Unternehmen gegenüber seinen Gläubigern.
7. Fremdkapital = Vermögen – Eigenkapital
8. Die Vermögensteile des Umlaufvermögens sind langfristig angelegt.
9. Es ist für die Sicherheit des Unternehmens wichtig, wenn das Eigenkapital nicht nur das Anlagevermögen, sondern auch einen Teil des Umlaufvermögens (z. B. die Warenvorräte) deckt.
10. Inventar und Bilanz haben nichts gemeinsam. ■

1.5 Geschäftsfälle verändern die Werte in der Bilanz

Situation In der Papiergroßhandlung Kern fallen täglich zahlreiche Geschäftsfälle an. Waren in Form von Druckpapier, Kopierpapier und Umschlagkarton werden bei den verschiedenen Lieferern auf Ziel eingekauft und an die Kunden verkauft. Die Rechnungen der Lieferer und Kunden werden durch Banküberweisungen beglichen. Für die Geschäftskasse wird Bargeld vom Bankkonto abgehoben oder es erfolgen Bareinzahlungen auf das Bankkonto usw.

Allen o. g. **Geschäftsfällen** ist gemeinsam, dass sie **mindestens zwei Posten der Bilanz verändern**. Je nachdem, welche Bilanzseite dabei verändert wird, unterscheidet man **vier Möglichkeiten der Wertveränderung in der Bilanz:**

1. Aktivtausch
2. Passivtausch
3. Aktiv-Passivmehrung
4. Aktiv-Passivminderung

Bilanzidentität Ausgangsbilanz für die folgenden Beispiele ist die Schlussbilanz der Papiergroßhandlung Kern zum 31. Dezember des 1. Jahres, die **gleichzeitig** die Anfangs- oder Eröffnungsbilanz zum 1. Januar des 2. Jahres ist. Beide Bilanzen müssen **inhaltlich identisch (gleich)** sein. Man spricht deshalb auch vom Grundsatz der Bilanzidentität:

Schlussbilanz eines Geschäftsjahres
= Eröffnungsbilanz des nächsten Geschäftsjahres

Aktiva	**Eröffnungsbilanz zum 1. Januar des 2. Jahres**		Passiva
Anlagevermögen		**Eigenkapital**	3.000.000,00
1. Grundstücke und Gebäude	1.255.500,00	**Fremdkapital**	
2. Betriebs- u. Geschäftsausstg.	494.500,00	1. Hypothekenschulden	975.000,00
Umlaufvermögen		2. Darlehensschulden	499.000,00
1. Waren	2.550.000,00	3. Verbindlichkeiten a. LL	526.000,00
2. Forderungen a. LL	366.250,00		
3. Kasse	16.950,00		
4. Bank	316.800,00		
	5.000.000,00		**5.000.000,00**

Aktivtausch

Geschäftsfall		Wertveränderungen in der Bilanz	
Kauf einer EDV-Anlage gegen Bankscheck	15.500,00 €	BGA	+ 15.500,00 €
		Bank	– 15.500,00 €

Der Geschäftsfall löst nur Wertveränderungen auf der Aktivseite aus: Es wird lediglich **zwischen zwei Aktivposten getauscht:** Der Aktivposten „Betriebs- und Geschäftsausstattung (BGA)" nimmt zu, der Aktivposten „Bank" nimmt um den gleichen Betrag ab. **Dadurch verändert sich die Bilanzsumme nicht**:

Aktiva	**Bilanz**		Passiva
Anlagevermögen		**Eigenkapital**	3.000.000,00
1. Grundstücke und Gebäude	1.255.500,00	**Fremdkapital**	
2. Betriebs- u. Geschäftsausstg.	510.000,00	1. Hypothekenschulden	975.000,00
Umlaufvermögen		2. Darlehensschulden	499.000,00
1. Waren	2.550.000,00	3. Verbindlichkeiten a. LL	526.000,00
2. Forderungen a. LL	366.250,00		
3. Kasse	16.950,00		
4. Bank	301.300,00		
	5.000.000,00		**5.000.000,00**

647630

Passivtausch

Geschäftsfall	Wertveränderungen in der Bilanz
Verbindlichkeiten a. LL beim Lieferer Druck und Papier GmbH, Hagen, werden in langfristige Darlehensschulden umgewandelt .... 33.000,00 €	Darlehensschulden .... + 33.000,00 € Verbindlichkeiten a. LL .... – 33.000,00 €

Dieser Geschäftsfall bewirkt einen reinen **Tauschvorgang auf der Passivseite** der Bilanz: Der Passivposten „Verbindlichkeiten a. LL" nimmt ab, der Passivposten „Darlehensschulden" nimmt um den gleichen Betrag zu. Deshalb bleibt auch hier die **Bilanzsumme unverändert:**

Aktiva	Bilanz		Passiva
Anlagevermögen		**Eigenkapital**	3.000.000,00
1. Grundstücke und Gebäude	1.255.500,00	**Fremdkapital**	
2. Betriebs- u. Geschäftsausstg. ..	510.000,00	1. Hypothekenschulden	975.000,00
Umlaufvermögen		2. Darlehensschulden	532.000,00
1. Waren	2.550.000,00	3. Verbindlichkeiten a. LL	493.000,00
2. Forderungen a. LL	366.250,00		
3. Kasse	16.950,00		
4. Bank	301.300,00		
	5.000.000,00		**5.000.000,00**

Aktiv-Passivmehrung

Geschäftsfall	Wertveränderungen in der Bilanz
Kauf von 40 Paletten Druckpapier auf Ziel. Die Rechnung (ER 268) des Lieferers Druck und Papier GmbH, Hagen, lautet über .... 64.400,00 €	Waren .... + 64.400,00 € Verbindlichkeiten a. LL .... + 64.400,00 €

Dieser Geschäftsfall berührt **beide Seiten der Bilanz.** Der Aktivposten „Waren" und der Passivposten „Verbindlichkeiten a. LL" erhöhen sich um den gleichen Betrag. Deshalb muss auch die **Bilanzsumme** um diesen Betrag **zunehmen:**

Aktiva	Bilanz		Passiva
Anlagevermögen		**Eigenkapital**	3.000.000,00
1. Grundstücke und Gebäude	1.255.500,00	**Fremdkapital**	
2. Betriebs- u. Geschäftsausstg. ..	510.000,00	1. Hypothekenschulden	975.000,00
Umlaufvermögen		2. Darlehensschulden	532.000,00
1. Waren	2.614.400,00	3. Verbindlichkeiten a. LL	557.400,00
2. Forderungen a. LL	366.250,00		
3. Kasse	16.950,00		
4. Bank	301.300,00		
	5.064.400,00		**5.064.400,00**

Geschäftsfälle verändern die Werte in der Bilanz

Aktiv-Passivminderung

Geschäftsfall	Wertveränderungen in der Bilanz	
Begleichung der Liefererrechnung ER 234 der Hein OHG, Köln, durch Banküberweisung ... 46.000,00 €	Verbindlichkeiten a. LL ...	– 46.000,00 €
	Bank ...	– 46.000,00 €

Der **Geschäftsfall betrifft beide Bilanzseiten:** Der Aktivposten „Bank" und der Passivposten „Verbindlichkeiten a. LL" nehmen um den gleichen Betrag ab. Deshalb vermindert sich auch die Bilanzsumme um diesen Betrag:

Aktiva	Bilanz		Passiva
Anlagevermögen		**Eigenkapital** ...	3.000.000,00
1. Grundstücke und Gebäude ...	1.255.500,00	**Fremdkapital**	
2. Betriebs- u. Geschäftsausstg. ..	510.000,00	1. Hypothekenschulden ...	975.000,00
Umlaufvermögen		2. Darlehensschulden ...	532.000,00
1. Waren ...	2.614.400,00	3. Verbindlichkeiten a. LL ...	511.400,00
2. Forderungen a. LL ...	366.250,00		
3. Kasse ...	16.950,00		
4. Bank ...	255.300,00		
	5.018.400,00		5.018.400,00

Zusammenfassung

- **Jeder Geschäftsfall verändert wertmäßig mindestens zwei Bilanzposten.** Das Gleichgewicht der Bilanz **(Aktiva = Passiva)** bleibt erhalten.
- **Man unterscheidet vier Möglichkeiten der Wertveränderung in der Bilanz:**

Aktivtausch ...	Tauschvorgang auf der Aktivseite:	
	Aktivposten +	Aktivposten –
Passivtausch ...	Tauschvorgang auf der Passivseite:	
	Passivposten +	Passivposten –
Aktiv-Passivmehrung ...	Mehrung auf beiden Bilanzseiten:	
	Aktivposten +	Passivposten +
Aktiv-Passivminderung ...	Minderung auf beiden Bilanzseiten:	
	Aktivposten –	Passivposten –

- **Bei jedem Geschäftsfall sollte man sich vorab folgende Fragen stellen:**
  1. *Welche Posten der Bilanz werden durch den Geschäftsfall berührt?*
  2. *Handelt es sich dabei um Aktiv- oder/und Passivposten der Bilanz?*
  3. *Erhöht oder vermindert der Geschäftsfall die einzelnen Bilanzposten?*
  4. *Um welche Art der vier möglichen Bilanzänderungen handelt es sich?*

AUFGABEN

23 *Beantworten Sie zu den folgenden Geschäftsfällen die oben gestellten Fragen:*

1. Wir heben von unserem Bankkonto 800,00 € ab.
2. Wir verkaufen eine alte Registrierkasse bar zum Buchwert von 300,00 €.
3. Wir wandeln ein Darlehen in Höhe von 50.000,00 € in eine Hypothek um.
4. Wir kaufen Waren auf Ziel. Die Eingangsrechnung (ER 345) lautet über 57.500,00 €.
5. 5.000,00 € unseres Darlehens tilgen wir durch Banküberweisung.

647632

6. Wir zahlen auf unser Postbankkonto 1.500,00 € bar ein.
7. Einem Kunden verkaufen wir lt. Ausgangsrechnung (AR 567) einen nicht mehr benötigten Computer auf Ziel zum Buchwert von 500,00 €.
8. Kauf eines Schreibtischs für 1.200,00 € gegen Bankscheck.
9. Ein Kunde überweist den fälligen Rechnungsbetrag von 12.000,00 € auf unser Bankkonto.
10. Wir überweisen den fälligen Rechnungsbetrag von 2.500,00 € an einen Lieferer durch die Bank.
11. Zum Ausgleich von ER 345 (Fall 4) überweisen wir 57.500,00 €.
12. Lt. Bankauszug hat der Kunde (Fall 7) AR 567 mit 500,00 € beglichen. ■

Wie wirken sich die 12 Geschäftsfälle der Aufgabe 23 auf die Bilanzsumme aus? ■ **24**

Erstellen Sie nach den folgenden Angaben die Bilanz: **25**

Aktiva: Betriebs- und Geschäftsausstattung (BGA) 120.000,00 €, Waren 250.000,00 €, Forderungen a. LL 57.000,00 €, Kasse 12.000,00 €, Bank 85.000,00 €.

Passiva: Eigenkapital ? €, Darlehensschulden 210.500,00 €, Verbindlichkeiten a. LL 80.500,00 €.

Beantworten Sie zu den folgenden Geschäftsfällen zuerst die oben genannten Fragen 1 bis 4 und machen Sie sich so die Auswirkungen der Geschäftsfälle auf die Bilanzpositionen deutlich. Wie sieht die Bilanz danach aus?

1. Zielkauf von Waren lt. ER 678	46.000,00 €
2. Umwandlung einer Verbindlichkeit a. LL in eine Darlehensschuld	23.000,00 €
3. Kauf einer EDV-Anlage gegen Bankscheck	12.000,00 €
4. Wir begleichen die ER 678 (Fall 1) lt. Bankauszug	46.000,00 €

Erstellen Sie nach den folgenden Angaben die Bilanz: **26**

Grundstücke und Gebäude 840.000,00 €, BGA 520.000,00 €, Waren 350.000,00 €, Forderungen a. LL 120.000,00 €, Kasse 22.000,00 €, Bank 148.000,00 €, Eigenkapital ? €, Hypothekenschulden 410.000,00 €, Darlehensschulden 150.000,00 €, Verbindlichkeiten a. LL 240.000,00 €.

Nennen Sie zu jedem folgenden Geschäftsfall die Art der Wertveränderung. Erstellen Sie nach jedem Geschäftsfall eine neue Bilanz:

1. Ein Darlehen wird in eine Hypothek umgewandelt	70.000,00 €
2. Wir nehmen bei unserer Bank ein neues Darlehen auf	150.000,00 €
3. Wir begleichen Liefererrechnung ER 789. Bankauszug	57.500,00 €
4. Wir zahlen die Tilgungsrate für die Hypothek. Bankauszug	8.000,00 €
5. Wareneinkauf auf Ziel lt. ER 792	46.000,00 €
6. Zielverkauf lt. AR 78: Gebrauchter Gabelstapler zum Buchwert	2.000,00 €

1. *Warum ist die Buchungsweise der Geschäftsfälle in den Aufgaben 25/26 sehr aufwendig?* **27**
2. *Vergleichen Sie in Aufgabe 26 die 6. Bilanz mit der Ausgangsbilanz. Welche wesentlichen Veränderungen stellen Sie auf der Aktiv- und Passivseite fest?* ■

1. *Vervollständigen Sie:* **28**
   Geschäftsfälle verändern zwar die ••• der Bilanzposten, jedoch nicht die Gleichheit von ••• und •••. Das Bilanz••• bleibt also stets gewahrt.
2. *Nennen Sie je zwei Beispiele zu den vier Arten der Bilanzänderung.* ■

1.6 Katja Kern bucht die Geschäftsfälle auf Aktiv- und Passivkonten

Situation

Katja Kern macht sich die Veränderungen im Vermögen und in den Schulden nicht unmittelbar an den Bilanzpositionen klar, sondern verwendet dafür Vermögens- und Schuldenkonten. Jeder Bilanzposten wird somit einzeln in seinen Veränderungen erfasst und abgerechnet.

Für jeden aktiven und passiven Bilanzposten wird ein eigenes Konto (ital. conto = Rechnung) eingerichtet, auf dem der Geschäftsfall zu erfassen, d. h. zu buchen ist. Nach den Bilanzseiten unterscheidet man **Aktivkonten (Vermögenskonten)** und **Passivkonten (Schulden- und Kapitalkonten).**

Übernahme der Anfangsbestände (AB)

Zu Beginn des Geschäftsjahres wird die Eröffnungsbilanz in die einzelnen Aktiv- und Passivkonten aufgelöst. Da Aktivkonten in der Bilanz auf der linken Seite stehen, übernimmt auch jedes Aktivkonto den Anfangsbestand (AB) auf seiner linken Kontoseite, die **Sollseite (S)** genannt wird. Passivkonten stehen in der Bilanz rechts. Deshalb trägt man den Anfangsbestand bei jedem Passivkonto auch auf der rechten Kontoseite – **Habenseite (H)** genannt – ein.

Soll	Aktivkonto Haben	Soll Passivkonto	Haben
Anfangsbestand			Anfangsbestand

Buchung der Mehrungen und Minderungen

Wird der Anfangsbestand durch einen Geschäftsfall erhöht, so bucht man den Betrag stets auf der Seite, wo auch der Anfangsbestand steht. **Bestandsmehrungen** erfasst man deshalb bei **Aktivkonten** auf der **Sollseite** und bei **Passivkonten** auf der **Habenseite. Bestandsminderungen** stehen dann zwangsläufig jeweils auf der anderen Kontoseite, also bei **Aktivkonten** im **Haben** und bei **Passivkonten** im **Soll.**

Soll	Aktivkonto Haben	Soll Passivkonto	Haben
Anfangsbestand	Minderungen	Minderungen	Anfangsbestand
Mehrungen			Mehrungen

Ermittlung der Schlussbestände (SB)

Zum Jahresschluss werden die Aktiv- und Passivkonten abgeschlossen. Dazu muss man zunächst den Schlussbestand (SB) eines jeden Kontos errechnen und mit dem Inventurbestand abstimmen.

Anfangsbestand + Mehrungen – Minderungen = Schlussbestand (SB)

Der **Schlussbestand** bildet den **Saldo**, den man zum **Ausgleich** der beiden Kontenseiten auf die wertmäßig **kleinere** Kontoseite einträgt:

Soll	Aktivkonto Haben	Soll Passivkonto	Haben
Anfangsbestand (AB)	– Minderungen	– Minderungen	Anfangsbestand (AB)
+ Mehrungen	= Schlussbestand (SB)	= Schlussbestand (SB)	+ Mehrungen

Der Schlussbestand im Konto (= Buchbestand) muss der Inventur (= Istbestand) entsprechen. Er wird auf die Aktiv- bzw. Passivseite der Schlussbilanz übertragen.

Buchung der Geschäftsfälle

Die Buchung der vier Geschäftsfälle, die wir auf den Seiten 30 bis 32 in der Bilanz vorgenommen haben, erfolgt nun auf ihren entsprechenden Aktiv- und Passivkonten. Vorab ist die **Eröffnungsbilanz** in die einzelnen Aktiv- und Passivkonten **aufzulösen**. Dabei sind die **Anfangsbestände vorzutragen**. Bei der Buchung der Geschäftsfälle in den Konten wird jeweils das **Gegenkonto angegeben**, damit man die Buchungen besser nachvollziehen kann. **Jeder Buchungsbetrag** ist stets **zuerst im Soll und dann im Haben** zu buchen. Schließlich schreiben wir ja auch sonst von links nach rechts.

Katja Kern bucht die Geschäftsfälle auf Aktiv- und Passivkonten

Von der Eröffnungsbilanz zur Schlussbilanz[1]

Buchung der folgenden vier Geschäftsfälle auf Konten:

❶ Kauf einer EDV-Anlage gegen Bankscheck	15.500,00 €
❷ Umwandlung einer Verbindlichkeit a. LL in eine Darlehensschuld	33.000,00 €
❸ Wareneinkauf auf Ziel lt. ER 268	64.400,00 €
❹ Begleichung der Liefererrechnung ER 234 durch Banküberweisung	46.000,00 €

Aktiva — Eröffnungsbilanz der Papiergroßhandlung Katja Kern e. Kffr. — Passiva

Aktiva		Passiva	
Anlagevermögen		**Eigenkapital**	3.000.000,00
1. Grundstücke und Gebäude	1.255.500,00	**Fremdkapital**	
2. Betriebs- u. Geschäftsausstg.	494.500,00	1. Hypothekenschulden	975.000,00
Umlaufvermögen		2. Darlehensschulden	499.000,00
1. Waren	2.550.000,00	3. Verbindlichkeiten a. LL	526.000,00
2. Forderungen a. LL	366.250,00		
3. Kasse	16.950,00		
4. Bank	316.800,00		
	5.000.000,00		**5.000.000,00**

S — Grundstücke und Gebäude — H

S		H	
AB	1.255.500,00	SB	1.255.500,00

S — Betriebs- u. Geschäftsausstattg. — H

S		H	
AB	494.500,00	SB	510.000,00
❶ Bank	15.500,00		
	510.000,00		510.000,00

S — Waren — H

S		H	
AB	2.550.000,00	SB	2.614.400,00
❸ Verb.a.LL	64.400,00		
	2.614.400,00		2.614.400,00

S — Forderungen a. LL — H

S		H	
AB	366.250,00	SB	366.250,00

S — Kasse — H

S		H	
AB	16.950,00	SB	16.950,00

S — Bank — H

S		H	
AB	316.800,00	❶ BGA	15.500,00
		❹ Verb.a.LL	46.000,00
		SB	255.300,00
	316.800,00		316.800,00

S — Eigenkapital — H

S		H	
SB	3.000.000,00	AB	3.000.000,00

S — Hypothekenschulden — H

S		H	
SB	975.000,00	AB	975.000,00

S — Darlehensschulden — H

S		H	
SB	532.000,00	AB	499.000,00
		❷ Verb.a.LL	33.000,00
	532.000,00		532.000,00

S — Verbindlichkeiten a. LL — H

S		H	
❷ Darl.	33.000,00	AB	526.000,00
❹ Bank	46.000,00	❸ Waren	64.400,00
SB	511.400,00		
	590.400,00		590.400,00

Aktiva — Schlussbilanz — Passiva

Aktiva		Passiva	
Anlagevermögen		**Eigenkapital**	3.000.000,00
1. Grundstücke und Gebäude	1.255.500,00	**Fremdkapital**	
2. Betriebs- u. Geschäftsausstg.	510.000,00	1. Hypothekenschulden	975.000,00
Umlaufvermögen		2. Darlehensschulden	532.000,00
1. Waren	2.614.400,00	3. Verbindlichkeiten a. LL	511.400,00
2. Forderungen a. LL	366.250,00		
3. Kasse	16.950,00		
4. Bank	255.300,00		
	5.018.400,00		**5.018.400,00**

1 siehe auch Darstellung auf S. 46

Katja Kern bucht die Geschäftsfälle auf Aktiv- und Passivkonten

Zusammenfassung

- **Die Auflösung der Bilanz** in Aktiv- und Passivkonten erfolgt zu Beginn des Geschäftsjahres.
- **Bestandskonten.** Aktiv- und Passivkonten enthalten Bestände. Man bezeichnet sie deshalb auch als Bestandskonten.
- **Die Anfangsbestände** werden bei **Aktivkonten im Soll** und bei **Passivkonten im Haben** vorgetragen. Das entspricht den Seiten in der Eröffnungsbilanz.
- **Mehrungen** bucht man in den Konten auf der Seite, **wo auch der Anfangsbestand steht. Minderungen** stehen auf der **Gegenseite des Anfangsbestandes** und der Mehrungen.
- **Der Schlussbestand** ergibt sich als **Saldo** auf der schwächeren Seite eines Kontos. Er muss **mit dem Inventurbestand abgestimmt werden** (vgl. S. 207 f.) und steht bei **Aktivkonten im Haben** und bei **Passivkonten im Soll.**
- **Die Schlussbilanz** übernimmt auf ihrer linken Seite die Schlussbestände der Aktivkonten und auf der rechten Seite der Bilanz die der Passivkonten.
- **Grundsatz der Bilanzidentität.** Die **Schlussbilanz** eines Geschäftsjahres **ist zugleich die Eröffnungsbilanz des neuen Geschäftsjahres.** Sie müssen identisch (gleich) sein.

Aktiva	**Eröffnungsbilanz** Passiva
Anfangsbestände der Aktivkonten	Anfangsbestände der Passivkonten

Soll	**Aktivkonto** Haben
Anfangsbestand	– Minderungen
+ Mehrungen	= **Schlussbestand**

Soll	**Passivkonto** Haben
– Minderungen	Anfangsbestand
= **Schlussbestand**	+ Mehrungen

Aktiva	**Schlussbilanz** Passiva
Schlussbestände der Aktivkonten	Schlussbestände der Passivkonten

- **Der Abschluss eines Kontos** vollzieht sich in folgenden Schritten:
  - ❶ Addition der wertmäßig größeren Seite.
  - ❷ Übertragen der Summe auf die andere Kontenseite in gleicher Höhe.
  - ❸ Ermitteln des Schlussbestandes (SB) durch Abstimmung mit dem Inventurbestand mit Gegenbuchung im Schlussbilanzkonto (vgl. S. 45 f.).
  - ❹ Leere Stelle im Konto durch „Buchhalternase" bzw. Schrägstrich entwerten. Abschlussstriche in gleicher Höhe ziehen.

Soll		**Bank**	Haben
AB	42.000,00	Verbindlichkeiten a. LL	33.000,00
Darlehensschulden	80.000,00	SB ❸	149.000,00
Forderungen a. LL	57.000,00	❹	
Kasse	3.000,00		
❶ ❹	182.000,00	❷	182.000,00

Wichtiger Grundsatz: **Zuerst im Soll und dann im Haben buchen !**

647636

Reihenfolge der Buchungsarbeiten

1. *Eröffnungsbilanz aufstellen*
2. *Anfangsbestände auf Aktiv- und Passivkonten vortragen*
3. *Geschäftsfälle buchen. Dazu vorab folgende Überlegungen anstellen:*
   - 3.1 *Welche Konten werden durch den Geschäftsfall berührt?*
   - 3.2 *Sind es Aktiv- und/oder Passivkonten?*
   - 3.3 *Liegt eine Mehrung (+) oder eine Minderung (–) auf dem jeweiligen Konto vor?*
   - 3.4 *Sind etwa auf beiden Konten Mehrungen oder Minderungen zu buchen?*
   - 3.5 *Auf welcher Kontoseite (S oder H) ist demnach jeweils zu buchen?*
4. *Schlussbestände ermitteln und mit den Inventurwerten abstimmen*
5. *Konten abschließen und Schlussbilanz aufstellen*

29

Anfangsbestände	€		€
BGA	180.000,00	Bankguthaben	109.500,00
Waren	340.000,00	Eigenkapital	350.000,00
Forderungen a. LL	57.500,00	Darlehensschulden	143.500,00
Kasse	13.500,00	Verbindlichkeiten a. LL	207.000,00

Geschäftsfälle	€
1. Wareneinkauf auf Ziel lt. ER 483	69.000,00
2. Banküberweisung an den Lieferer Baier KG zum Ausgleich von ER 482	46.000,00
3. Umwandlung unserer Liefererschuld bei der Sänger OHG in eine Darlehensschuld	86.250,00
4. Unser Kunde Bern KG begleicht AR 459 durch Banküberweisung. Bankauszug	23.000,00
5. Kauf eines EDV-Druckers gegen Bankscheck. Bankauszug	550,00

Abschlussangabe

Die Schlussbestände auf den Aktiv- und Passivkonten stimmen mit der Inventur überein. ■

30

Anfangsbestände	€		€
BGA	430.000,00	Bankguthaben	46.000,00
Waren	132.250,00	Eigenkapital	?
Forderungen a. LL	28.750,00	Darlehensschulden	200.000,00
Kasse	4.500,00	Verbindlichkeiten a. LL	69.000,00

Geschäftsfälle	€
1. Kauf einer EDV-Anlage gegen Bankscheck	6.500,00
2. Zieleinkauf von Waren aufgrund von ER 678	82.800,00
3. Tilgung der Darlehensschuld durch Bankabbuchung. Bankauszug	7.500,00
4. Banküberweisung unseres Kunden Barth GmbH für AR 456	17.250,00
5. Begleichung der ER 678 durch Banküberweisung. Bankauszug	11.500,00
6. Verkauf eines gebrauchten Gabelstaplers zum Buchwert gegen Bankscheck. Bankauszug	5.700,00
7. Barabhebung von der Bank. Bankauszug	2.500,00

Abschlussangabe

Die Schlussbestände auf den Konten entsprechen der Inventur. ■

AUFGABEN

31 *Welche Geschäftsfälle liegen den Buchungen im folgenden Konto zugrunde?*

Soll	Bank		Haben
AB	68.600,00	5. Verbindlichkeiten a. LL	33.000,00
1. Darlehensschulden	150.000,00	6. Hypothekenschulden	12.000,00
2. Forderungen a. LL	23.000,00	7. BGA	45.000,00
3. Kasse	4.600,00	SB	157.000,00
4. BGA	800,00		
	247.000,00		247.000,00

32 *Welche Geschäftsfälle liegen den Buchungen im folgenden Konto zugrunde?*

Soll	Verbindlichkeiten a. LL		Haben
3. Bank	57.000,00	AB	230.000,00
4. Darlehensschulden	150.000,00	1. Waren	115.000,00
SB	161.000,00	2. BGA	23.000,00
	368.000,00		368.000,00

33
1. *Warum bezeichnet man Aktiv- und Passivkonten als Bestandskonten?*
2. *Was versteht man unter einem Saldo?*
3. *Warum müssen die Salden der Aktiv- und Passivkonten mit den Inventurwerten abgestimmt werden?*
4. *Erläutern Sie den Zusammenhang zwischen Inventur, Inventar und Schlussbilanz.*
5. *Bei welchem Konto handelt es sich um ein Aktiv- oder Passivkonto? Vervollständigen Sie:*

a)

Soll	? Haben
?	?
?	Mehrungen

b)

Soll	? Haben
?	Minderungen
?	?

34

Anfangsbestände	€		€
Grundstücke und Gebäude	245.000,00	Postbankguthaben	3.500,00
BGA	141.000,00	Bankguthaben	49.000,00
Waren	162.000,00	Eigenkapital	400.000,00
Forderungen a. LL	46.000,00	Darlehensschulden	194.600,00
Kasse	5.600,00	Verbindlichkeiten a. LL	57.500,00

Geschäftsfälle	€
1. Begleichung der Liefererrechnung ER 402 durch Banküberweisung	6.900,00
2. Wareneinkauf auf Ziel lt. ER 478	23.000,00
3. Überweisung vom Bankkonto auf das Postbankkonto	12.000,00
4. Rechnungsausgleich (AR 501) des Kunden Heine OHG. Bankauszug	11.500,00
5. Tilgungsrate für das Darlehen. Bankauszug	5.000,00
6. Verkauf einer gebrauchten Frankiermaschine zum Buchwert gegen Bankscheck. Bankauszug	250,00
7. Zielverkauf einer gebrauchten Kopieranlage zum Buchwert	1.500,00
8. Unsere Bareinzahlung auf das Bankkonto. Bankauszug	2.500,00
9. Umwandlung unserer Verbindlichkeit a. LL beim Lieferer Werner Theuer e. Kfm. in eine Darlehensschuld	33.000,00
10. Verkauf eines Grundstücks gegen Bankscheck. Bankauszug	60.000,00

Abschlussangabe

Die Schlussbestände der Aktiv- und Passivkonten entsprechen der Inventur.

1.7 Katja Kern schreibt die Geschäftsfälle in Kurzform als Buchungssatz auf

1.7.1 Der einfache Buchungssatz

Sachliche und zeitliche Ordnung der Buchungen

In einer ordnungsmäßigen Buchführung müssen die Buchungen sowohl sachlich als auch zeitlich geordnet werden. Die sachliche Ordnung der Buchungen erfolgt auf **„Sachkonten"**. So werden beispielsweise alle Bargeschäfte dem Sachkonto „Kasse" zugeordnet. Die Geschäftsbeziehungen mit den Kunden werden auf dem Sachkonto „Forderungen a. LL" gebucht, die mit den Lieferern auf dem Sachkonto „Verbindlichkeiten a. LL" usw. Die **Sachkonten bilden** das wichtigste „Buch" der Buchführung: das **„Hauptbuch".**

Aufschreiben der Buchungen

Bevor die **Buchungen** auf den Sachkonten erfolgen, müssen sie **in zeitlicher (chronologischer) Reihenfolge** als „Buchungssätze" **fortlaufend** aufgeschrieben werden. Das geschieht in einem „Buch", das die Grundlage aller Buchungen im Hauptbuch bildet, dem **„Grundbuch"**, auch „Tagebuch" oder „Journal" (frz. jour = Tag) genannt.

Buchungssatz

Der Buchungssatz gibt die Konten an, auf denen zu buchen ist. Er nennt **zuerst** das Konto, in dem im **Soll** gebucht wird, und **dann** das Konto, in dem die Buchung im **Haben** erfolgt. Beide Konten verbindet man durch das Wort **„an".** Außer dem Buchungssatz werden noch Buchungsdatum, Bezeichnung und Nummer des Belegs in das Grundbuch eingetragen.

Beispiel

Wareneinkauf aufgrund der folgenden Eingangsrechnung:

Druck und Papier GmbH · Hagen

Katja Kern e. Kffr.
Papiergroßhandlung
Bonner Wall 45 - 55
50677 Köln

EINGEGANGEN
..-12-17

Telefon 02331 286929
Telefax 02331 286931
E-Mail service@druckundpapier-wvd.de
Internet www.druckundpapier-wvd.de
USt-IdNr. DE 223 858 997

..-12-15

Rechnung 45 688 - Ihre Bestellung vom 30. Nov. ..

Wir lieferten Ihnen am 13. Dez. .. frachtfrei:

24 Paletten Druckpapier ER 407 38.640,00 €

Zahlungsbedingungen: Der Rechnungsbetrag ist ohne Abzug innerhalb von 30 Tagen zu zahlen.

Deutsche Bank, Hagen, Konto 234 567 89, BLZ 450 700 02
IBAN: DE58 4507 0002 0023 4567 89, BIC: DEBADE51WAC

Grundbuch

Datum	Beleg	Buchungssatz	Soll	Haben
..-12-17	ER 407	**Waren**	38.640,00	
		an **Verbindlichkeiten a. LL**		38.640,00

Hauptbuch

Im Hauptbuch erfolgt nun die Eintragung der Buchung auf den **Sachkonten:**

Soll	**Waren**	Haben
Verb. a. LL 38.640,00		

Soll	**Verbindlichkeiten a. LL**	Haben
		Waren 38.640,00

Der einfache Buchungssatz

Zusammenfassung

- **Der Buchungssatz** nennt die Konten, auf denen der Geschäftsfall zu buchen ist. Zuerst wird das Konto mit der Sollbuchung genannt, dann – nach dem Wörtchen „an" – das Konto mit der Habenbuchung. **Keine Buchung ohne Gegenbuchung:**

  Soll an Haben

- Zur Bildung des Buchungssatzes stellt man sich **vier Fragen** (s. S. 32).
- Die Buchungssätze werden zunächst im **Grundbuch** erfasst und danach auf die entsprechenden **Sachkonten des Hauptbuches** übertragen.
- Das **Grundbuch** erfasst die Buchungen **in zeitlicher Reihenfolge.** Das **Hauptbuch** übernimmt die **sachliche Ordnung** der Buchungen auf den **Sachkonten.**

AUFGABEN

35 In der Papiergroßhandlung Katja Kern e. Kffr. liegen folgende Geschäftsfälle vor:

1. *Nennen Sie jeweils den Beleg und den entsprechenden Buchungssatz.*
2. *Tragen Sie die Buchungssätze in das Grundbuch ein und addieren Sie zur Kontrolle die Soll- und Habenspalte.*

	€
1. Verkauf eines nicht mehr benötigten Computers auf Ziel zum Buchwert	800,00
2. Barabhebung vom Bankkonto	12.500,00
3. Kauf von 20 Paletten Kopierpapier auf Ziel bei der Hein OHG	18.400,00
4. Anschaffung eines Lastwagens. Zahlungsziel: 30 Tage	90.000,00
5. Überweisung vom Bankkonto auf das Postbankkonto	25.000,00
6. Aufnahme einer Hypothek bei der Bank	150.000,00
7. Deutsche Papier AG stundet als Lieferer den Rechnungsbetrag für zwei Jahre	115.000,00
8. Verkauf eines nicht mehr benötigten Gabelstaplers zum Buchwert gegen Bankscheck	9.200,00
9. Kauf eines Baugrundstücks gegen Bankscheck	120.000,00
10. Lastschrift der Bank für Tilgungsrate des Darlehens	7.000,00
11. Begleichung der Rechnung der Hein OHG (Fall 3). Bankauszug	18.400,00
12. Rechnung (Fall 1) wird durch Banküberweisung beglichen	800,00

36 *Welche Geschäftsfälle liegen den folgenden Buchungssätzen zugrunde?*

	€
1. Darlehensschulden an Bank	8.500,00
2. Bank an Forderungen a. LL	5.750,00
3. Betriebs- und Geschäftsausstattung an Postbank	23.000,00
4. Waren an Verbindlichkeiten a. LL	34.500,00
5. Bank an Postbank	15.000,00
6. Bank an Hypothekenschulden	200.000,00
7. Kasse an Bank	5.000,00
8. Kasse an Betriebs- und Geschäftsausstattung	6.700,00
9. Verbindlichkeiten a. LL an Darlehensschulden	57.500,00
10. Bank an Kasse	6.500,00

37 *Nennen Sie jeweils den Geschäftsfall zu den Buchungen im folgenden Konto:*

Soll	Bank		Haben
AB	120.000,00	2. Hypothekenschulden	5.800,00
1. BGA	4.500,00	3. Kasse	4.500,00
4. Forderungen a. LL	5.750,00	5. Verbindlichkeiten a. LL	11.500,00
6. Darlehensschulden	55.000,00	SB	163.450,00
	185.250,00		185.250,00

Als Buchhalter/-in der Papiergroßhandlung Katja Kern e. Kffr. liegen Ihnen die folgenden Belege zur Buchung vor. 38

1. *Erläutern Sie, welcher Geschäftsfall dem jeweiligen Beleg zugrunde liegt.*
2. *Nennen Sie die Buchungssätze und tragen Sie diese in das Grundbuch ein:*

Buchungsdatum	Beleg Nr.	Buchungstext	Soll	Haben

Beleg 1 (Buchung am 15. Juli ..)

KATJA KERN KÖLN e. Kffr. Papiergroßhandlung

Katja Kern e. Kffr., Papiergroßhandlung · Bonner Wall 45–55 · 50677 Köln

Telefon 0221 543375-0
Telefax 0221 543375-80
E-Mail service@kern-wvd.de
Internet www.kern-wvd.de
USt-IdNr. DE 135763812

Kaufkette AG
Aachener Straße 4 - 10
50674 Köln

Rechnung 2 345 ..-07-15

Ihre Bestellung vom 5. Juli ..

Wir lieferten Ihnen am 14. Juli .. durch unseren LKW frei Haus:

60 Paletten Kopierpapier 50.600,00 €

Der Rechnungsbetrag ist innerhalb von 10 Tagen mit 2 % Skonto oder nach 30 Tagen ohne Abzug zu zahlen.

Sparkasse KölnBonn, Konto 723 544 32, BLZ 370 501 98
IBAN: DE58 3705 0198 0072 3544 32, BIC: SPAKDE51EBC

Beleg 2 (Buchung am 17. Juli ..)

Deutsche Papier AG Leipzig

Deutsche Papier AG · Buchenstraße 22–32 · 04129 Leipzig

Katja Kern e. Kffr.
Papiergroßhandlung
Bonner Wall 45 - 55
50677 Köln

EINGEGANGEN ..-07-16

Telefon 0341 53514
Telefax 0341 441244
E-Mail service@deutschepapier-wvd.de
Internet www.deutschepapier-wvd.de
USt-IdNr. DE 268 375 513

Rechnung 56 078 ..-07-14

Ihre Bestellung vom 30. Juni ..

Wir lieferten Ihnen am 10. Juli .. auf Ihre Rechnung und Gefahr

30 Paletten Druckpapier 48.300,00 €

Zahlungsbedingungen: 30 Tage netto Kasse
Dresdner Bank, Leipzig, Konto 345 678 90, BLZ 860 800 00
IBAN: DE58 8608 0000 0034 5678 90, BIC: DRBADE51XYZ

AUFGABEN

Beleg 3 (Buchung am 31. Juli ..)

Kontoauszug — Sparkasse KölnBonn

Konto-Nr.	Datum	Ausz.-Nr.	Blatt	Buchungstag	PN-Nr.	Wert	Umsatz
723 544 32	..-07-28	235	1				
GUTSCHRIFT KAUFKETTE AG, KÖLN RE 2 345 VOM 15. JULI ..				07-28	8744	07-28	50.600,00 H

KATJA KERN E. KFFR.
PAPIERGROSSHANDLUNG
BONNER WALL 45 - 55
50677 KÖLN

Alter Saldo: H 320.000,00 EUR
Neuer Saldo: H 370.600,00 EUR

Beleg 4 (Buchung am 31. Juli ..)

Durchschrift 370 501 98
Sparkasse KölnBonn

Begünstigter: Deutsche Papier AG, 04129 Leipzig
Konto-Nr. des Begünstigten: 345 678 90
Bankleitzahl: 860 800 00
bei (Kreditinstitut): Dresdner Bank AG, Leipzig
EUR Betrag: Euro, Cent: 48.300,00--------------
Kunden-Referenznummer – noch Verwendungszweck, ggf. Name und Anschrift des Auftraggebers – (nur für Empfänger):
Rechnung vom 14. Juli ..
Rechnung Nr. 56 078
Kontoinhaber: Katja Kern e. Kffr., Papiergroßhandlung, 50677 Köln
Konto-Nr. des Kontoinhabers: 723 544 32

..-07-28 *Katja Kern*
Datum, Unterschrift

Kontoauszug zu Beleg 4

Kontoauszug — Sparkasse KölnBonn

Konto-Nr.	Datum	Ausz.-Nr.	Blatt	Buchungstag	PN-Nr.	Wert	Umsatz
723 544 32	..-07-29	236	1				
ÜBERWEISUNG DEUTSCHE PAPIER AG, LEIPZIG RE 56 078 VOM 14. JULI ..				07-29	0678	07-29	48.300,00 S

KATJA KERN E. KFFR.
PAPIERGROSSHANDLUNG
BONNER WALL 45 - 55
50677 KÖLN

Alter Saldo: H 370.600,00 EUR
Neuer Saldo: H 322.300,00 EUR

1.7.2 Der zusammengesetzte Buchungssatz

Einfache Buchungssätze liegen vor, wenn die Geschäftsfälle lediglich zwei Konten berühren. Werden durch einen Geschäftsfall **mehr als zwei Konten** angesprochen, entstehen **zusammengesetzte Buchungssätze.** Hierbei ist besonders darauf zu achten, dass die Summe der Sollbuchungen immer der Summe der Habenbuchungen entsprechen muss.

Beispiel 1

Wir begleichen die Rechnung unseres Lieferers (ER 66) über 3.000,00 € durch Banküberweisung 2.600,00 € (BA 44) und Postbanküberweisung 400,00 € (PA 28).

Buchung:	**Soll:**	**Haben:**
	Verbindlichkeiten a. LL	**Bank, Postbank**

Grundbuch

Datum	Beleg	Buchungssatz	Soll	Haben
..-06-20	ER 66	**Verbindlichkeiten a. LL**	3.000,00	
	BA 44	an **Bank**		2.600,00
	PA 28	an **Postbank**		400,00

Buchung auf den Konten des Hauptbuches:

Soll	**Verbindlichkeiten a. LL**		Haben
Bank/ Postbank	3.000,00	AB	12.000,00

Soll	**Bank**		Haben
AB	14.000,00	Verb. a. LL	2.600,00

Soll	**Postbank**		Haben
AB	800,00	Verb. a. LL	400,00

Beispiel 2

Ein Kunde begleicht eine Rechnung (AR 1401) über 1.000,00 €, und zwar mit Bankscheck (BA 45) über 700,00 € und bar 300,00 € (KB 86).

Buchung:	**Soll:**	**Haben:**
	Bank, Kasse	**Forderungen a. LL**

Grundbuch

Datum	Beleg	Buchungssatz	Soll	Haben
..-06-24	BA 45	**Bank**	700,00	
	KB 86	**Kasse**	300,00	
	AR 1401	an **Forderungen a. LL**		1.000,00

Übertragen Sie die Buchung auf die Konten des Hauptbuches.

Zusammenfassung

▶ **Bei einfachen und zusammengesetzten Buchungssätzen gilt stets:**
Summe der **Sollbuchung(en)** <=> Summe der **Habenbuchung(en)**

AUFGABEN

39

Wie lauten die Buchungssätze für folgende Geschäftsfälle? Tragen Sie die Buchungssätze in das Grundbuch ein.

		€	€
1. Kauf von Waren	gegen bar	500,00	
	auf Ziel	11.500,00	12.000,00
2. Kauf eines Baugrundstücks	gegen Bankscheck	168.000,00	
	gegen bar	2.000,00	170.000,00

AUFGABEN

3. Verkauf eines gebrauchten Lkw	gegen bar	2.000,00	
	gegen Bankscheck	14.000,00	16.000,00
4. Kunde begleicht Rechnung	durch Banküberweisung	12.000,00	
	bar	500,00	12.500,00
5. Kauf von Büromöbeln	gegen bar	1.500,00	
	gegen Bankscheck	4.000,00	5.500,00
6. Tilgung einer Hypothek	durch Banküberweisung	17.000,00	
	durch Postbanküberwsg.	2.000,00	
	bar	1.000,00	20.000,00
7. Wir begleichen Rechnungen unseres Lieferers	durch Banküberweisung	8.000,00	
	durch Postbanküberwsg.	1.000,00	
	bar	500,00	9.500,00
8. Tilgung einer Darlehensschuld	durch Banküberweisung	15.000,00	
	durch Postbanküberwsg.	1.000,00	16.000,00
9. Kauf einer EDV-Anlage	gegen Postbanküberwsg.	3.000,00	
	gegen Banküberweisung	17.000,00	
	gegen bar	1.000,00	21.000,00

40 *Welche Geschäftsfälle liegen folgenden Buchungssätzen zugrunde?*

	Soll	Haben
1. Kasse	1.000,00	
Bank	12.000,00	
an Fuhrpark		13.000,00
2. Waren	8.000,00	
an Kasse		1.000,00
an Bank		7.000,00
3. Betriebs- und Geschäftsausstattung	4.000,00	
an Bank		3.000,00
an Postbank		1.000,00
4. Darlehensschulden	7.000,00	
an Kasse		1.000,00
an Bank		6.000,00
5. Bank	7.000,00	
Postbank	1.000,00	
Kasse	1.000,00	
an Forderungen a. LL		9.000,00
6. Technische Anlagen und Maschinen	14.000,00	
an Kasse		2.000,00
an Bank		12.000,00
7. Verbindlichkeiten a. LL	22.000,00	
an Bank		19.000,00
an Postbank		2.000,00
an Kasse		1.000,00

647644

1.8 Die Buchhaltung benötigt ein Eröffnungsbilanzkonto (EBK) und ein Schlussbilanzkonto (SBK)

Situation

In der **doppelten** Buchführung steht einer Sollbuchung immer eine Habenbuchung in gleicher Höhe gegenüber. Dieses **Prinzip der Doppik** muss auch bei der **Eröffnung der Aktiv- und Passivkonten** berücksichtigt werden.

Buchung der Anfangsbestände

Die Anfangsbestände sind mit einer „doppelten" Buchung auf die Aktiv- und Passivkonten zu übernehmen. Dazu muss im Hauptbuch ein **Hilfskonto** eingerichtet werden, und zwar das

„Eröffnungsbilanzkonto (EBK)",

das die jeweilige Gegenbuchung aufnimmt.

Der Buchungssatz zur Eröffnung der Aktiv- und Passivkonten lautet jeweils:

- **Aktivkonto** an **Eröffnungsbilanzkonto (EBK)**
- **Eröffnungsbilanzkonto (EBK)** an **Passivkonto**

Aktiva	**Eröffnungsbilanz**	Passiva
AB der Aktivposten		AB der Passivposten

Soll	**Eröffnungsbilanzkonto (EBK)**	Haben
AB der Passivposten		AB der Aktivposten

Soll	**Aktivkonto**	Haben
Anfangsbestand		

Soll	**Passivkonto**	Haben
		Anfangsbestand

Das **Eröffnungsbilanzkonto (EBK)** ist das **Spiegelbild der Eröffnungsbilanz.**

Abschluss der Aktiv- und Passivkonten

Zum Abschluss des Geschäftsjahres werden die Aktiv- und Passivkonten des Hauptbuches abgeschlossen über das

„Schlussbilanzkonto (SBK)".

Soll	**Schlussbilanzkonto (SBK)**	Haben
SB der Aktivposten		SB der Passivposten

Der Buchungssatz zum Abschluss des jeweiligen Aktiv- und Passivkontos lautet:

- **Schlussbilanzkonto (SBK)** an **Aktivkonto**
- **Passivkonto** an **Schlussbilanzkonto (SBK)**

Abstimmung mit der Schlussbilanz

Das **Schlussbilanzkonto (SBK)** als Abschlusskonto aller Aktiv- und Passivkonten des Hauptbuches **muss** vorab **mit der** aus dem Inventar erstellten **Schlussbilanz abgestimmt werden.** Schließlich will man doch wissen, ob z. B. der im Kassenkonto ausgewiesene Schlussbestand auch tatsächlich vorhanden ist.

Die Buchhaltung benötigt ein Eröffnungsbilanzkonto (EBK) und ein Schlussbilanzkonto (SBK)

Inventur zum 31. Dezember (1. Jahr)

↓

Inventar zum 31. Dezember (1. Jahr)

↓

Schlussbilanz zum 31. Dezember (1. Jahr) ist zugleich die

↓

Aktiva	**Eröffnungsbilanz** zum 1. Januar (2. Jahr)		Passiva
Waren	28.000,00	Eigenkapital	50.000,00
Bank	47.000,00	Verbindlichkeiten a. LL	25.000,00
	75.000,00		75.000,00
Ort, Datum			Unterschrift

Inventar- und Bilanzbuch

Hauptbuch

Soll	**Eröffnungsbilanzkonto (EBK)**		Haben
Eigenkapital	50.000,00	Waren	28.000,00
Verbindlichkeiten a. LL	25.000,00	Bank	47.000,00
	75.000,00		75.000,00

Soll	**Waren**		Haben
EBK	28.000,00	SBK	48.000,00
❶	20.000,00		
	48.000,00		48.000,00

Soll	**Eigenkapital**		Haben
SBK	50.000,00	EBK	50.000,00

Soll	**Bank**		Haben
EBK	47.000,00	❷	10.000,00
		SBK	37.000,00
	47.000,00		47.000,00

Soll	**Verbindlichkeiten a. LL**		Haben
❷	10.000,00	EBK	25.000,00
SBK	35.000,00	❶	20.000,00
	45.000,00		45.000,00

Soll	**Schlussbilanzkonto (SBK)**		Haben
Waren	48.000,00	Eigenkapital	50.000,00
Bank	37.000,00	Verbindlichkeiten a. LL	35.000,00
	85.000,00		85.000,00

Inventur zum 31. Dezember (2. Jahr)

↓

Inventar zum 31. Dezember (2. Jahr)

↓

Aktiva	**Schlussbilanz** zum 31. Dezember (2. Jahr)		Passiva
Waren	48.000,00	Eigenkapital	50.000,00
Bank	37.000,00	Verbindlichkeiten a. LL	35.000,00
	85.000,00		85.000,00
Ort, Datum			Unterschrift

Inventar- und Bilanzbuch

Nennen Sie die Geschäftsfälle, die den Buchungen ❶ und ❷ auf den Konten des Hauptbuches zugrunde liegen.

Die Buchhaltung benötigt ein Eröffnungsbilanzkonto (EBK) und ein Schlussbilanzkonto (SBK)

Zusammenfassung

- Die Schlussbilanz wird auf der Grundlage des Inventars erstellt. Sie ist zugleich die **Eröffnungsbilanz** des neuen Geschäftsjahres **(Bilanzidentität).**
- Die Seiten der Schluss- und Eröffnungsbilanz heißen „Aktiva" und „Passiva".
- Das Eröffnungsbilanzkonto mit den Seiten „Soll" und „Haben" ist ein **Hilfskonto** zur buchhalterischen Eröffnung der Bestandskonten im Hauptbuch. **Es ermöglicht die doppelte Buchung (Soll und Haben) der Anfangsbestände** auf den Aktiv- und Passivkonten.
- Das Eröffnungsbilanzkonto ist das Spiegelbild der Eröffnungsbilanz.
- Das Schlussbilanzkonto mit den Seiten „Soll" und „Haben" ist das **Abschlusskonto** aller Bestandskonten **des Hauptbuches.**
- Das **Schlussbilanzkonto** muss mit der **Schlussbilanz,** die aufgrund des Inventars erstellt wird, übereinstimmen.

AUFGABEN

1. *Erstellen Sie zunächst die Eröffnungsbilanz (= Schlussbilanz des Vorjahres).*
2. *Eröffnen Sie die Bestandskonten mithilfe des Eröffnungsbilanzkontos (EBK).*
3. *Buchen Sie die Geschäftsfälle auf den jeweiligen Bestandskonten.*
4. *Schließen Sie die Bestandskonten über das Schlussbilanzkonto (SBK) ab.*
5. *Erstellen Sie für das Bilanzbuch eine ordnungsgemäß gegliederte Schlussbilanz.*

41

Anfangsbestände	€		€
Grundstücke und Gebäude	270.000,00	Kasse	6.000,00
BGA	140.000,00	Bankguthaben	32.000,00
Waren	160.000,00	Verbindlichkeiten a. LL	88.000,00
Forderungen a. LL	35.000,00	Eigenkapital	555.000,00

Geschäftsfälle	€
1. ER 410: Kauf von Waren auf Ziel	12.200,00
2. KB 189: Barkauf einer Büroschrankwand	1.600,00
3. Kunde begleicht gebuchte Rechnung (AR 512) mit Bankscheck	1.800,00
4. ER 411: Zielkauf von Schreibtischen	2.100,00
5. Unsere Bareinzahlung auf Bankkonto	1.300,00
6. Wir begleichen die Rechnung eines Lieferers (ER 399) durch Banküberweisung	1.700,00
7. ER 412: Kauf von Waren	4.000,00
8. Kunde begleicht Rechnung (AR 508) durch Banküberweisung	2.400,00

Abschlussangabe

Die Schlussbestände auf den Konten entsprechen den Inventurwerten. ■

42

Anfangsbestände	€		€
Grundstücke und Gebäude	670.000,00	Postbankguthaben	13.400,00
BGA	130.000,00	Bankguthaben	39.000,00
Waren	184.000,00	Darlehensschulden	240.000,00
Forderungen a. LL	34.000,00	Verbindlichkeiten a. LL	55.000,00
Kasse	6.000,00	Eigenkapital	781.400,00

AUFGABEN

Geschäftsfälle

		€
1.	Aufnahme eines Darlehens bei der Bank	42.600,00
2.	Kauf von Waren lt. ER 510	4.000,00
3.	Zielverkauf einer gebrauchten EDV-Anlage zum Buchwert	2.100,00
4.	Zielkauf von Waren lt. ER 511	2.950,00
5.	Banküberweisung an Lieferer zum Ausgleich von ER 499	8.150,00
6.	Barkauf eines Aktenschranks lt. KB 76	900,00
7.	Unsere Bareinzahlung auf Bankkonto	1.200,00
8.	Barkauf von Waren lt. KB 77	1.200,00
9.	Überweisung vom Postbankkonto auf Bankkonto	1.400,00
10.	Unsere Darlehensrückzahlung durch Bankscheck	14.000,00
11.	Kunde begleicht Rechnung (AR 919) durch Banküberweisung	4.400,00

Abschlussangabe

Die Schlussbestände auf den Konten entsprechen den Inventurwerten. ■

43
1. *Begründen Sie, weshalb Aktiv- und Passivkonten Bestandskonten darstellen.*
2. *Unterscheiden Sie zwischen a) Grundbuch, b) Hauptbuch, c) Inventar- und Bilanzbuch.*
3. *Erklären Sie den Unterschied zwischen der Schlussbilanz des Vorjahres und dem Eröffnungsbilanzkonto.*
4. *Worin unterscheiden sich a) Eröffnungsbilanz und Eröffnungsbilanzkonto und b) Schlussbilanz und Schlussbilanzkonto?* ■

---

44 *Welche der folgenden Aussagen treffen a) nur auf Aktivkonten, b) nur auf Passivkonten und c) auf Aktiv- und Passivkonten zu?*

1. Sie geben Auskunft über die Vermögensstruktur des Unternehmens.
2. Der Anfangsbestand steht auf der Habenseite.
3. Das Gleichgewicht der Bilanz muss gewahrt sein.
4. Die Mehrungen stehen auf der Sollseite.
5. Die Minderungen stehen auf der Sollseite.
6. Die Zunahme steht auf der Habenseite.
7. Der Schlussbestand im Konto muss der Inventur entsprechen.
8. Das Eröffnungsbilanzkonto ist ein Eröffnungshilfskonto und steht im Hauptbuch.
9. Das Schlussbilanzkonto ist ein Abschlusskonto im Hauptbuch.
10. Bei einer Barabhebung vom Bankkonto verändert sich die Kasse. ■

---

45 *Ergänzen Sie:*

1. Die Schlussbilanz eines Geschäftsjahres ist zugleich die ••• des folgenden Geschäftsjahres. Beide sind inhaltlich •••.
2. Das Prinzip der ••• besagt, dass einer •••buchung immer eine ••• in gleicher Höhe gegenüberstehen muss.
3. Das Eröffnungsbilanzkonto ist das ••• der Eröffnungsbilanz.
4. Die Seiten der Eröffnungs- und Schlussbilanz heißen ••• und •••. Die Seiten des Eröffnungs- und Schlussbilanzkontos heißen ••• und •••.
5. Eröffnungsbilanzkonto und Schlussbilanzkonto sind Konten des •••buches.
6. Die Schlussbilanz ist die Kurzfassung des ••• in anderer Form.
7. Buchungssätze stehen im •••buch, Aktiv- und Passivkonten im •••.
8. Anfangsbestände stehen bei Aktivkonten im ••• und bei Passivkonten im •••. ■

Katja Kern bucht Aufwendungen und Erträge auf Erfolgskonten | 1.9

Situation

Die bisherigen Geschäftsfälle veränderten lediglich Vermögens- und Schuldposten der Bilanz; das Eigenkapital blieb also unberührt. Nun ist es aber Aufgabe des Großhandelsunternehmens, Waren einzukaufen, zu lagern und diese dann möglichst mit Gewinn zu verkaufen. Dabei entstehen Geschäftsfälle, die **als Aufwand das Eigenkapital mindern oder es als Ertrag mehren.** Im ersten Fall spricht man von **„Aufwendungen“,** im zweiten von **„Erträgen“.**

Zahlt die Papiergroßhandlung Kern beispielsweise Löhne durch Banküberweisung, vermindert sich durch diesen Aufwand das Bankguthaben und zugleich das Eigenkapital. Schreibt die Bank dagegen Zinsen gut, erhöht sich durch diesen Ertrag das Bankguthaben und damit auch das Eigenkapital.

Aufwendungen mindern das Eigenkapital

Dazu gehören beispielsweise Löhne und Gehälter, Mietaufwendungen für Geschäftsgebäude, Zinsaufwendungen, Büromaterial, die Abnutzung der Anlagegüter, Instandsetzungen (Reparaturen), der Einstandspreis (Bezugspreis) der verkauften Waren u. a.

Erträge mehren das Eigenkapital

Hierzu gehören insbesondere die Erlöse der verkauften Waren, also die Umsatzerlöse, ferner Zinserträge, Mieteinnahmen aus vermieteten Geschäftsräumen, Einnahmen aus Provisionen u. a.

Aus Gründen der Übersichtlichkeit und Klarheit in der Buchführung **bucht man** aber die **Aufwendungen und Erträge** nicht unmittelbar auf dem Eigenkapitalkonto, sondern erfasst sie **auf gesonderten Unterkonten des Eigenkapitalkontos,** den

Aufwandskonten und **Ertragskonten.**

Erfolgskonten

Aktiv- und Passivkonten sind „Bestandskonten“, Aufwands- und Ertragskonten sind „Erfolgskonten“. **Auf den Erfolgskonten wird wie auf dem Passivkonto „Eigenkapital“ gebucht: Minderungen** des Eigenkapitals werden deshalb **auf der Sollseite der Aufwandskonten** und **Mehrungen** des Eigenkapitals **im Haben der Ertragskonten** gebucht.

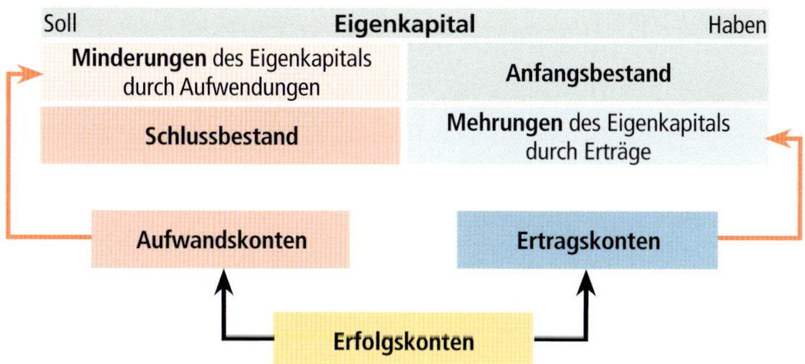

S	Löhne	H
Aufwand	. . .	

S	Umsatzerlöse für Waren	H
	Ertrag	. . .

S	Zinsaufwendungen	H
Aufwand	. . .	

S	Zinserträge	H
	Ertrag	. . .

Katja Kern bucht Aufwendungen und Erträge auf Erfolgskonten

Beispiel

In der Finanzbuchhaltung der Papiergroßhandlung Kern fallen im Monat Mai u. a. folgende Geschäftsfälle an, die das Eigenkapital verändern:

1. Gehälter der Angestellten werden durch Banküberweisung gezahlt . . . . 48.000,00 €

Buchungssatz	Soll	Haben
Gehälter	48.000,00	
an **Bank**		48.000,00

S	Gehälter		H
Bank	48.000,00		

S	Bank		H
AB	320.000,00	Gehälter	48.000,00

2. Die Miete für eine Lagerhalle zahlt Frau Kern durch Banküberweisung . . . . 16.000,00 €

Buchungssatz	Soll	Haben
Mietaufwendungen	16.000,00	
an **Bank**		16.000,00

S	Mietaufwendungen		H
Bank	16.000,00		

S	Bank		H
AB	320.000,00	Gehälter	48.000,00
		Miete	16.000,00

3. Verkauf von Kopierpapier lt. AR 0001 an Kaufkette AG. . . . . 285.400,00 €

Buchungssatz	Soll	Haben
Forderungen a. LL	285.400,00	
an **Umsatzerlöse für Waren**		285.400,00

S	Forderungen a. LL		H
UE	285.400,00		

S	Umsatzerlöse für Waren		H
		Forderg.	285.400,00

4. Das Unternehmen Kern erhält auf seinem Bankkonto eine Zinsgutschrift . . . . 8.600,00 €

Buchungssatz	Soll	Haben
Bank	8.600,00	
an **Zinserträge**		8.600,00

S	Bank		H
AB	320.000,00	Gehälter	48.000,00
Zinsertr.	8.600,00	Miete	16.000,00

S	Zinserträge		H
		Bank	8.600,00

647650

Katja Kern bucht Aufwendungen und Erträge auf Erfolgskonten

Abschluss der Erfolgskonten

Am Ende des Geschäftsjahres werden die Aufwands- und Ertragskonten nicht etwa direkt über das Eigenkapitalkonto, sondern zunächst über ein **Sammelkonto,** das

Gewinn- und Verlustkonto (GuV-Konto),

abgeschlossen. **Die Abschlussbuchungssätze für die Erfolgskonten lauten dann:**

- **GuV-Konto** an **alle Aufwandskonten**
- **Alle Ertragskonten** an **GuV-Konto**

Aus der Gegenüberstellung der Aufwendungen und Erträge im GuV-Konto ergibt sich dann als **Saldo** entweder der Gewinn oder Verlust des Geschäftsjahres.

- **Erträge** > **Aufwendungen** ⟶ **Gewinn**
- **Erträge** < **Aufwendungen** ⟶ **Verlust**

Gewinn oder Verlust?

Der **Gewinn bzw. Verlust** wird auf das Konto **Eigenkapital** übertragen. Ein Gewinn erhöht das Eigenkapital, ein Verlust vermindert es. Das **GuV-Konto** ist somit das unmittelbare **Unterkonto des Eigenkapitalkontos.**

Die Abschlussbuchungen des GuV-Kontos lauten

bei Gewinn:	**GuV-Konto**	an	**Eigenkapital**
bei Verlust:	**Eigenkapital**	an	**GuV-Konto**

Aufwandskonten

S	Gehälter		H
Bank	48.000,00	GuV	48.000,00

S	Mietaufwendungen		H
Bank	16.000,00	GuV	16.000,00

Ertragskonten

S	Umsatzerlöse für Waren		H
GuV	285.400,00	Forderg.	285.400,00

S	Zinserträge		H
GuV	8.600,00	Bank	8.600,00

Soll	Gewinn- und Verlustkonto		Haben
Gehälter	48.000,00	Umsatzerlöse für Waren	285.400,00
Mietaufwendungen	16.000,00	Zinserträge	8.600,00
Gewinn (EK)	230.000,00		
	294.000,00		294.000,00

Soll	Eigenkapital		Haben
SBK	3.230.000,00	EBK	3.000.000,00
		Gewinn (GuV)...........	230.000,00
	3.230.000,00		3.230.000,00

Wie lautet im obigen Beispiel der Buchungssatz zum Abschluss des GuV-Kontos?

Katja Kern bucht Aufwendungen und Erträge auf Erfolgskonten

Zusammenfassung

- **Aktiv- und Passivkonten** zählen zu den Bestandskonten, **Aufwands- und Ertragskonten** zu den Erfolgskonten.
- Aufwands- und Ertragskonten sind Unterkonten des Eigenkapitalkontos, weil Aufwendungen das Eigenkapital mindern und Erträge es mehren.
  Deshalb wird auf den **Aufwandskonten im Soll** und auf den **Ertragskonten im Haben** gebucht.
- Die Erfolgskonten werden über das Gewinn- und Verlustkonto abgeschlossen. Dort ergibt sich aus der Gegenüberstellung aller Aufwendungen und Erträge als **Saldo** entweder ein **Gewinn oder Verlust,** je nachdem, ob die Erträge oder Aufwendungen überwiegen.
- Das Gewinn- und Verlustkonto zeigt die Quellen des Geschäftserfolgs, und zwar jeden einzelnen Ertrags- und Aufwandsposten.
- Der Gewinn erhöht das Eigenkapital, der Verlust vermindert es. Deshalb muss das GuV-Konto über das Eigenkapitalkonto abgeschlossen werden:

Gewinn- und Verlustkonto

Soll	Haben
Aufwendungen	Erträge
Gewinn	

Buchung: **GuV** an **EK**

Eigenkapital

Soll	Haben
SBK: Endkapital	EBK: Anfangskapital
	Gewinn

Gewinn- und Verlustkonto

Soll	Haben
Aufwendungen	Erträge
	Verlust

Buchung: **EK** an **GuV**

Eigenkapital

Soll	Haben
Verlust	EBK: Anfangskapital
SBK: Endkapital	

Zwei Kontenkreise

Die **Bestands- und Erfolgskonten** bilden in der Buchhaltung jeweils einen **eigenen Kontenkreis.** Das Konto **„Eigenkapital"** ist das **Bindeglied** beider Kontenkreise.

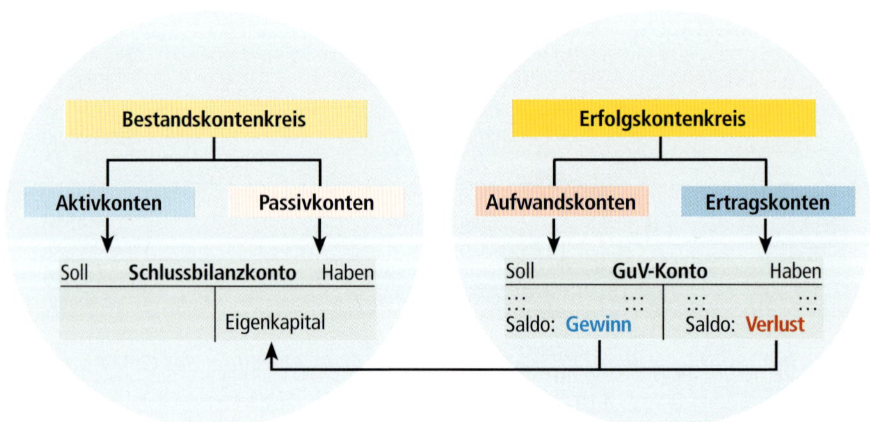

Schlussbilanz und Gewinn- und Verlustrechnung bilden den Jahresabschluss.

647652

Geschäftsgang mit Bestands- und Erfolgskonten

Bestandskonten

Aus der Bilanz des vorhergehenden Geschäftsjahres stehen folgende Anfangsbestände für das neue Geschäftsjahr zur Verfügung:

Aktiva	Schlussbilanz zum 31. Dezember des Vorjahres		Passiva
I. Anlagevermögen		**I. Eigenkapital**	102.000,00
BGA	100.000,00	**II. Fremdkapital**	
II. Umlaufvermögen		1. Darlehensschulden	30.000,00
1. Kasse	2.000,00	2. Verbindlichkeiten a. LL	20.000,00
2. Bankguthaben	50.000,00		
	152.000,00		152.000,00
Ort, Datum			**Unterschrift**

Erfolgskonten

Die nachstehenden Erfolgskonten sind zu führen: Gehälter, Zinsaufwendungen, Provisionserträge, Mieterträge.

Geschäftsfälle

1. Barkauf eines Telefaxgerätes .... 400,00 €
2. Wir erhalten Miete bar .... 800,00 €
3. Wir erhalten Provision durch Bankscheck .... 16.300,00 €
4. Wir zahlen Darlehenszinsen durch Banküberweisung .... 2.000,00 €
5. Gehaltsabschlagszahlung bar .... 1.800,00 €
6. Wir begleichen eine Rechnung des Lieferers durch Banküberweisung 9.000,00 €

Reihenfolge der buchungstechnischen Arbeiten

I. Eröffnungsbuchungen für die Anfangsbestände über Eröffnungsbilanzkonto
  a) Aktivkonten an Eröffnungsbilanzkonto
  b) Eröffnungsbilanzkonto an Passivkonten

II. Buchung der Geschäftsfälle
1. Betriebs- und Geschäftsausstattung an Kasse .... 400,00 €
2. Kasse an Mieterträge .... 800,00 €
3. Bank an Provisionserträge .... 16.300,00 €
4. Zinsaufwendungen an Bank .... 2.000,00 €
5. Gehälter an Kasse .... 1.800,00 €
6. Verbindlichkeiten a. LL an Bank .... 9.000,00 €

III. Abschlussbuchungen
1. Abschluss der **Erfolgskonten** über Gewinn- und Verlustkonto
   a) Gewinn- und Verlustkonto an Aufwandskonten
   b) Ertragskonten an Gewinn- und Verlustkonto
2. Abschluss des **Gewinn- und Verlustkontos** über Eigenkapitalkonto
   a) bei Gewinn: Gewinn- und Verlustkonto an Eigenkapitalkonto
   b) bei Verlust: Eigenkapitalkonto an Gewinn- und Verlustkonto
3. Abschluss der **Bestandskonten** über Schlussbilanzkonto nach Abstimmung mit den Inventurwerten
   a) Schlussbilanzkonto an Aktivkonten
   b) Passivkonten an Schlussbilanzkonto

IV. Aufstellung der Schlussbilanz mit Ort, Datum und Unterschrift

Katja Kern bucht Aufwendungen und Erträge auf Erfolgskonten

Soll	Eröffnungsbilanzkonto		Haben
Eigenkapital	102.000,00	BGA	100.000,00
Darlehensschulden ...	30.000,00	Kasse	2.000,00
Verbindlichkeiten a. LL	20.000,00	Bankguthaben	50.000,00
	152.000,00		152.000,00

S	BGA		H
EBK	100.000,00	SBK	100.400,00
Kasse	400,00		
	100.400,00		100.400,00

S	Eigenkapital		H
SBK	115.300,00	EBK	102.000,00
		Gewinn	13.300,00
	115.300,00		115.300,00

S	Kasse		H
EBK	2.000,00	BGA	400,00
Mieterträge	800,00	Gehälter	1.800,00
		SBK	600,00
	2.800,00		2.800,00

S	Darlehensschulden		H
SBK	30.000,00	EBK	30.000,00

S	Bankguthaben		H
EBK	50.000,00	Zinsaufw.	2.000,00
Prov.-Erträge	16.300,00	Verb. a. LL	9.000,00
		SBK	55.300,00
	66.300,00		66.300,00

S	Verbindlichkeiten a. LL		H
Bank	9.000,00	EBK	20.000,00
SBK	11.000,00		
	20.000,00		20.000,00

S	Gehälter		H
Kasse	1.800,00	GuV	1.800,00

S	Provisionserträge		H
GuV	16.300,00	Bank	16.300,00

S	Zinsaufwendungen		H
Bank	2.000,00	GuV	2.000,00

S	Mieterträge		H
GuV	800,00	Kasse	800,00

Soll	Gewinn- und Verlustkonto		Haben
Gehälter	1.800,00	Provisionserträge	16.300,00
Zinsaufwendungen ...	2.000,00	Mieterträge	800,00
Gewinn (EK)	13.300,00		
	17.100,00		17.100,00

Soll	Schlussbilanzkonto		Haben
BGA	100.400,00	Eigenkapital	115.300,00
Kasse	600,00	Darlehensschulden ...	30.000,00
Bankguthaben	55.300,00	Verbindlichkeiten a. LL . .	11.000,00
	156.300,00		156.300,00

Aktiva	Schlussbilanz zum 31. Dezember des Berichtsjahres		Passiva
I. Anlagevermögen		**I. Eigenkapital**	115.300,00
BGA	100.400,00	**II. Fremdkapital**	
II. Umlaufvermögen		1. Darlehensschulden	30.000,00
1. Kasse	600,00	2. Verbindlichkeiten a. LL	11.000,00
2. Bankguthaben	55.300,00		
	156.300,00		156.300,00
Ort, Datum			**Unterschrift**

647654

Nennen Sie zu den folgenden Geschäftsfällen jeweils den Buchungssatz und die Auswirkung auf das Eigenkapital: **46**

Nennen Sie zu den folgenden Geschäftsfällen jeweils den Buchungssatz und die Auswirkung auf das Eigenkapital:

1. Wir zahlen Gehälter durch Banküberweisung .... 18.400,00 €
2. Für die Lkw-Instandsetzung zahlen wir bar .... 1.500,00 €
3. Die Bank schreibt uns auf unserem Bankkonto Zinsen gut .... 650,00 €
4. Wir erhalten Provision durch Banküberweisung .... 1.200,00 €
5. Wir kaufen Büromaterial bar ein .... 780,00 €
6. Wir verkaufen Waren auf Ziel .... 15.800,00 €
7. Die Bank belastet uns mit Darlehenszinsen .... 1.250,00 €
8. Wir zahlen Miete für ein Lagergebäude durch Banküberweisung .. 5.600,00 €

Richten Sie zunächst folgende Konten ein: **47**

EBK, Kasse (AB 8.500,00 €), Bank (AB 41.500,00 €), Eigenkapital (AB 50.000,00 €), Mietaufwendungen, Büromaterial, Werbung, Portokosten, Fremdinstandsetzung, Zinserträge, Provisionserträge, Umsatzerlöse für Waren.

Buchen Sie auf diesen Konten die folgenden Geschäftsfälle. Nennen Sie vorab jeweils den Buchungssatz:

1. Barzahlung für Postwertzeichen .... 800,00 €
2. Verkauf von Waren gegen Bankscheck .... 14.600,00 €
3. Unsere Banküberweisung für die Geschäftsraummiete .... 5.400,00 €
4. Wir erhalten Provision durch Banküberweisung .... 750,00 €
5. Die Bank erteilt uns eine Zinsgutschrift .... 600,00 €
6. Unsere Banküberweisung für Werbeanzeigen .... 1.600,00 €
7. Barausgabe für Büromaterial .... 650,00 €
8. Barzahlung der Reparatur des EDV-Druckers .... 370,00 €

Richten Sie das Gewinn- und Verlustkonto und das Schlussbilanzkonto ein. Ermitteln Sie den Gewinn bzw. Verlust und schließen Sie die Bestands- und Erfolgskonten ab. ■

1. *Ermitteln Sie in der vorhergehenden Aufgabe auch den Geschäftserfolg durch Eigenkapitalvergleich:* **48**

   Schlussbestand des Eigenkapitals .... ••• €
   – Anfangsbestand des Eigenkapitals .... ••• €
   = Gewinn bzw. Verlust .... ••• €

2. In der doppelten Buchführung kann der Gewinn also ••• ermittelt werden, einmal durch Gegenüberstellung der Aufwendungen und Erträge im •••-Konto, zum anderen durch •••.
3. *Welche Methode der Gewinn- bzw. Verlustermittlung ist aussagefähiger? Begründen Sie.* ■

Buchen Sie in der Papiergroßhandlung Katja Kern e. Kffr. folgende Belege im Grundbuch: **49**

Deutsche Post AG
50677 Köln
82531081 ..-02-20

1037
Postwertzeichen ohne Zuschlag
*400,00 EUR A

Bruttoumsatz ***400,00 EUR**
mehrwertsteuerbefreit
Nettoumsatz A *400,00 EUR

Steuernummer der Deutschen Post AG:
5205/5777/1510

Vielen Dank für Ihren Besuch.
Ihre Deutsche Post AG

Beleg 1

AUFGABEN

Beleg 2

Durchschrift 370 501 98

Sparkasse KölnBonn

Begünstigter: Hein Schneider OHG, 51147 Köln

Konto-Nr. des Begünstigten: 323 567 51 — Bankleitzahl: 370 501 98

bei (Kreditinstitut): Sparkasse KölnBonn

EUR — Betrag: Euro, Cent: 6.500,00---------------

Kunden-Referenznummer – noch Verwendungszweck, ggf. Name und Anschrift des Auftraggebers – (nur für Empfänger): Lagermiete für März ..

Kontoinhaber: Katja Kern e. Kffr., Papiergroßhandlung, 50677 Köln

Konto-Nr. des Kontoinhabers: 723 544 32

..-02-23 *Katja Kern*

Datum, Unterschrift

Beleg 3

Quittung Nr. *KB 56*

Netto € ... ct ...

+ ... % USt € ... ct ...

Gesamt € *270* ct *00*

Gesamtbetrag € in Worten: *zweihundertsiebzig* — Cent wie oben

(Im Gesamtbetrag sind ... % Umsatzsteuer enthalten)

von *Papiergroßhandlung Katja Kern e. Kffr.*

für *Reparatur des Faxgerätes*

richtig erhalten zu haben, bestätigt

Ort *Köln* Datum *21. Febr. ..*

Buchungsvermerke

Stempel/Unterschrift des Empfängers: Elektronic GmbH, Kaiser-Wilhelm-Ring 12, 50672 Köln, Steuer-Nr. 065 321 99953 — *Wolters*

Reihenfolge der Buchungsarbeiten

1. *Richten Sie die Bestands- und Erfolgskonten ein.*
2. *Eröffnen Sie die Bestandskonten über das Eröffnungsbilanzkonto (EBK).*
3. *Bilden Sie zu den Geschäftsfällen die Buchungssätze (Grundbuch).*
4. *Übertragen Sie die Buchungen auf die Bestands- und Erfolgskonten (Hauptbuch).*
5. *Schließen Sie die Erfolgskonten über das GuV-Konto ab und übertragen Sie den Gewinn oder Verlust auf das Eigenkapitalkonto.*
6. *Erst zum Schluss werden alle Bestandskonten zum Schlussbilanzkonto (SBK) abgeschlossen, sofern die Inventur keine Abweichungen zwischen Buch- und Istbeständen ergibt.*

50 **Anfangsbestände**

	€		€
Betriebs- u. Geschäftsausstattg.	80.000,00	Bankguthaben	60.000,00
Forderungen a. LL	40.000,00	Verbindlichkeiten a. LL ..	50.000,00
Kasse	10.000,00	Eigenkapital	140.000,00

Kontenplan

Außer den oben genannten Bestandskonten einschließlich Eröffnungs- und Schlussbilanzkonto sind folgende **Erfolgskonten** einzurichten: Büromaterial, Mietaufwendungen, Werbekosten, Zinserträge, Provisionserträge: GuV-Konto.

Geschäftsfälle

	€
1. Zinsgutschrift auf dem Bankkonto	600,00
2. Rechnung über Büromaterial wird mit Bankscheck bezahlt	240,00
3. Unsere Banküberweisung für Geschäftsmiete	3.500,00
4. Werbeanzeige wird bar bezahlt	140,00
5. Wir erhalten Provision durch Banküberweisung	4.000,00

Abschlussangabe

Die Buchbestände stimmen mit den Inventurwerten überein. ■

647656

Anfangsbestände € 51

Betriebs- und Geschäftsausstattung (BGA)	60.000,00
Forderungen a. LL	30.000,00
Kasse	12.000,00
Postbankguthaben	9.000,00
Bankguthaben	40.000,00
Darlehensschulden	25.000,00
Verbindlichkeiten a. LL	20.000,00
Eigenkapital	106.000,00

Kontenplan

Außer den oben genannten Bestandskonten einschließlich Eröffnungs- und Schlussbilanzkonto sind folgende **Erfolgskonten** einzurichten: Büromaterial, Portokosten, Kosten der Telekommunikation, Betriebliche Steuern, Beiträge, Zinsaufwendungen, Mietaufwendungen, Löhne, Provisionserträge, Zinserträge: GuV-Konto.

Geschäftsfälle

		€
1.	Ein Kunde begleicht Rechnung durch Banküberweisung	1.000,00
2.	Zahlung der Gewerbesteuer[1] durch Banküberweisung	2.000,00
3.	Postbanküberweisung der Rechnung für Telekommunikation	190,00
4.	Die Bank belastet uns mit Darlehenszinsen	1.500,00
5.	Begleichung einer Liefererrechnung durch Banküberweisung	1.900,00
6.	Wir erhalten Provision durch Banküberweisung	7.000,00
7.	Die Bank schreibt uns Zinsen gut	1.200,00
8.	Barzahlung für Porto	400,00
9.	Wir zahlen Geschäftsmiete bar	1.800,00
10.	Lohnabschlagszahlungen bar	4.500,00
11.	Büromaterial wird durch Bankscheck bezahlt	260,00
12.	Zahlung des Handelskammerbeitrages durch Banküberweisung	1.200,00

Abschlussangabe

Die Buchbestände entsprechen der Inventur. ■

Bilden Sie die Buchungssätze für den Abschluss € 52

		€
1. *der Aufwandskonten:*	Gehälter	36.000,00
	Zinsaufwendungen	1.500,00
2. *der Ertragskonten:*	Umsatzerlöse für Waren	87.900,00
	Mieterträge	6.700,00
3. *des Gewinn- und Verlustkontos bei Gewinn*		250.000,00
4. *des Gewinn- und Verlustkontos bei Verlust*		12.000,00
5. *der aktiven Bestandskonten:*	BGA	167.000,00
	Bankguthaben	55.000,00
6. *der passiven Bestandskonten:*	Darlehensschulden	250.000,00
	Verbindlichkeiten a. LL	57.500,00

Ergänzen Sie die fehlenden Beträge und Bezeichnungen: 53

1.	200.000,00 €	Ertr.,	150.000,00 €	Aufwend.	=	●●● €	●●●
2.	450.000,00 €	Ertr.,	500.000,00 €	Aufwend.	=	●●● €	●●●
3.	●●● €	Ertr.,	650.000,00 €	Aufwend.	=	50.000,00 €	Gewinn
4.	850.000,00 €	Aktiva,	550.000,00 €	Schulden	=	●●● €	●●●
5.	760.000,00 €	Aktiva,	●●● €	Schulden	=	300.000,00 €	Eigenkapital

■

1 Siehe Fußnote auf S. 186.

1.10 Katja Kern ermittelt buchhalterisch den Erfolg aus Wareneinkauf und Warenverkauf

Situation

Der Einkauf von Waren, deren Lagerung und Verkauf sind die wichtigsten Tätigkeiten in einem Großhandelsunternehmen. In der Buchführung müssen entsprechende Konten eingerichtet werden, um das **Warengeschäft** buchhalterisch transparent zu machen.

Wareneinkauf

Der Wareneinkauf wird aufgrund der Eingangsrechnung **direkt als Aufwand** gebucht auf dem **Aufwandskonto**

„Wareneingang (WE)".

Warenverkauf

Der Warenverkauf wird aufgrund der Ausgangsrechnung **als Ertrag** gebucht auf dem **Ertragskonto**

„Umsatzerlöse für Waren (UfW)".

Beispiel 1

In der Papiergroßhandlung Kern wurden im Geschäftsjahr 01 400 Paletten Druckpapier eingekauft und zugleich verkauft. Die Rechnungen lauten:

❶ ER 456 von Druck und Papier GmbH
400 Paletten Druckpapier
zu je 1.400,00 € .... 560.000,00 €

❷ AR 789 an Druckcenter GmbH
400 Paletten Druckpapier
zu je 1.600,00 € .... 640.000,00 €

❶ Buchungssatz	Soll	Haben
Wareneingang	560.000,00	
an **Verbindlichkeiten a. LL**		560.000,00

S	Wareneingang	H
Verb. a. LL	560.000,00	

S	Verbindlichkeiten a. LL	H
	WE	560.000,00

❷ Buchungssatz	Soll	Haben
Forderungen a. LL	640.000,00	
an **Umsatzerlöse für Waren**		640.000,00

S	Forderungen a. LL	H
UfW	640.000,00	

S	Umsatzerlöse für Waren	H
	Ford. a. LL	640.000,00

Ermittlung des Waren- bzw. Rohgewinns

Im Beispiel wurden die 400 eingekauften Paletten Druckpapier auch im gleichen Geschäftsjahr verkauft. Der **Gewinn** aus diesem Warengeschäft ergibt sich dann einfach als **Differenz zwischen** den **Umsatzerlösen** (= verkaufte Waren zum Verkaufspreis) und dem **Einkaufswert** dieser verkauften Waren (= Aufwendungen für Waren). Der Warengewinn wird auch als **Rohgewinn** bezeichnet, weil er noch die übrigen Aufwendungen, wie z. B. Gehälter, Büromaterial u. a., decken muss.

	Erlöse der verkauften 400 Paletten Druckpapier zu je 1.600,00 €	**640.000,00 €**
–	**Einkaufswert** der verkauften 400 Paletten Druckpapier zu je 1.400,00 €	**560.000,00 €**
	Waren- bzw. Rohgewinn	**80.000,00 €**

Abschluss der Warenkonten

Zum Jahresschluss werden die Konten „Wareneingang" und „Umsatzerlöse für Waren" über das Gewinn- und Verlustkonto abgeschlossen:

Abschlussbuchungen	Soll	Haben
GuV-Konto	560.000,00	
an **Wareneingang**		560.000,00
Umsatzerlöse für Waren	640.000,00	
an **GuV-Konto**		640.000,00

647658

Katja Kern ermittelt buchhalterisch den Erfolg aus Wareneinkauf und Warenverkauf

S	Wareneingang		H
Verb. a. LL	560.000,00	GuV	560.000,00

S	Umsatzerlöse für Waren		H
GuV	640.000,00	Ford. a. LL	640.000,00

S	Gewinn- und Verlustkonto		H
Aufwend. für Waren	560.000,00	Umsatzerlöse f. Waren	640.000,00

80.000,00 € Saldo = Waren- bzw. Rohgewinn

Ermittlung von Reingewinn bzw. Reinverlust

Der Reingewinn bzw. Reinverlust ergibt sich als Saldo erst nach Berücksichtigung der **übrigen** Aufwendungen (z. B. Gehälter) und Erträge (z. B. Zinserträge):

Rohgewinn aus dem Warengeschäft
\+ übrige Erträge des Unternehmens
– übrige Aufwendungen

Reingewinn bzw. Reinverlust des Unternehmens

AUFGABEN

54

Buchen Sie auf den Konten Wareneingang, Umsatzerlöse für Waren, Verbindlichkeiten a. LL, Forderungen a. LL, Gewinn und Verlust und schließen Sie die Warenkonten ab:

Einkäufe von Waren lt. ER: 3 000 Stück zu je 200,00 € Einkaufspreis
Verkäufe von Waren lt. AR: 3 000 Stück zu je 250,00 € Verkaufspreis

1. *Nennen Sie die Buchungssätze für die Ein- und Verkäufe der Waren sowie den Abschluss der Warenkonten.*
2. *Ermitteln Sie das Rohergebnis. Unterscheiden Sie zwischen Roh- u. Reingewinn.*
3. *Warum ergibt sich zum Schluss des Geschäftsjahres kein Warenbestand?* ■

55

Einkäufe von Waren zum Einkaufspreis lt. ER .... 600.000,00 €
Verkäufe von Waren zum Verkaufspreis lt. AR .... 750.000,00 €
Zum 1. Januar und 31. Dezember gibt es keinen Warenlagerbestand.

1. *Buchen Sie auf den in Aufg. 54 genannten Konten. Ermitteln Sie den Rohgewinn.*
2. *Ermitteln Sie den Gewinn des Unternehmens (Reingewinn), wenn die übrigen Aufwendungen lt. GuV-Konto 120.000,00 € und die Zins- und Mieterträge 10.000,00 € betragen.* ■

56

Einkäufe von Waren zum Einkaufspreis lt. ER .... 850.000,00 €
Verkäufe von Waren zum Verkaufspreis lt. AR .... 800.000,00 €
Lagerbestände an Waren sind lt. Inventur weder zum 1. Januar noch zum 31. Dezember vorhanden.

Ermitteln und beurteilen Sie den Erfolg des Unternehmens, wenn die übrigen Aufwendungen 100.000,00 € und die sonstigen Erträge 120.000,00 € betragen. ■

Beispiel 2

Im Geschäftsjahr 02 kauft die Papiergroßhandlung Kern 600 Paletten Druckpapier ein, von denen aber nur 500 Paletten verkauft wurden. 100 Paletten sind zum 31. Dezember 02 lt. Inventur noch am Lager.

❶ ER 510 von Druck und Papier GmbH	
600 Paletten Druckpapier	
zu je 1.400,00 €	840.000,00 €

❷ AR 810 an Druckcenter GmbH	
500 Paletten Druckpapier	
zu je 1.600,00 €	800.000,00 €

Katja Kern ermittelt buchhalterisch den Erfolg aus Wareneinkauf und Warenverkauf

Forts. von Beispiel 2

❶ Buchungssatz	Soll	Haben
Wareneingang	840.000,00	
an **Verbindlichkeiten a. LL**		840.000,00

S	Wareneingang		H
Verb. a. LL	840.000,00		

S	Verbindlichkeiten a. LL		H
		WE	840.000,00

❷ Buchungssatz	Soll	Haben
Forderungen a. LL	800.000,00	
an **Umsatzerlöse für Waren**		800.000,00

S	Forderungen a. LL		H
UfW	800.000,00		

S	Umsatzerlöse für Waren		H
		Ford. a. LL	800.000,00

Der Schlussbestand an Waren wird zum 31. Dezember auf dem Aktivkonto

„Warenbestand"

gebucht, und zwar 100 Paletten zu 1.400,00 € = 140.000,00 €. Die Buchung lautet:

Schlussbilanzkonto an **Warenbestand** 140.000,00

S	Schlussbilanzkonto		H
WB	140.000,00		

S	Warenbestand		H
EBK	0,00	SBK	140.000,00

Mehrbestand an Waren

Auf dem Konto „Warenbestand" zeigt sich, dass der Schlussbestand an Waren **größer** ist als der Warenanfangsbestand. Das bedeutet, dass im laufenden Geschäftsjahr **mehr Waren eingekauft** als verkauft wurden. Die nicht verkauften Waren (100 Paletten) mussten auf Lager genommen werden. Der Wareneingang bzw. die Aufwendungen für 600 Paletten müssen deshalb um diesen Mehrbestand in Höhe von 100 Paletten = 140.000,00 € **korrigiert** (gemindert) werden, um den genauen Warenaufwand des Geschäftsjahres festzustellen. Buchung:

Warenbestand an **Wareneingang** 140.000,00

S	Wareneingang		H
Verb. a. LL	840.000,00	WB	140.000,00
		GuV	700.000,00
	840.000,00		840.000,00

S	Warenbestand		H
EBK	0,00	SBK	140.000,00
WE	140.000,00		
	140.000,00		140.000,00

S	Umsatzerlöse für Waren		H
GuV	800.000,00	Ford. a. LL	800.000,00

S	Gewinn- und Verlustkonto		H
Aufwend. für Waren	700.000,00	Umsatzerlöse f. Waren	800.000,00

ergibt einen Rohgewinn von 100.000,00 €.

	Wareneinkauf:	600 Paletten Druckpapier je 1.400,00 €	840.000,00 €
–	Lagerzugang:	100 Paletten Druckpapier je 1.400,00 €	140.000,00 €
=	Warenaufwand:	500 Paletten Druckpapier je 1.400,00 €	700.000,00 €
	Umsatzerlöse:	500 Paletten Druckpapier je 1.600,00 €	800.000,00 €
=	**Rohgewinn:**	....	**100.000,00 €**

647660

Katja Kern ermittelt buchhalterisch den Erfolg aus Wareneinkauf und Warenverkauf

Beispiel 3

Im Geschäftsjahr 03 kauft Frau Kern 420 Paletten Druckpapier zu je 1.400,00 € = 588.000,00 € ein. Im gleichen Zeitraum werden aber 480 Paletten zu je 1.600,00 € = 768.000,00 € verkauft. Folglich wurden 60 Paletten aus dem Vorjahresbestand (= 100 Paletten) verkauft. Der Schlussbestand zum 31. Dez. 03 beträgt somit: 40 Paletten zu je 1.400,00 € = 56.000,00 €.

❶ ER 345 von Druck und Papier GmbH

420 Paletten Druckpapier
zu je 1.400,00 € . . . . 588.000,00 €

❷ AR 578 an Druckcenter GmbH

480 Paletten Druckpapier
zu je 1.600,00 € . . . . 768.000,00 €

❶ Buchungssatz	Soll	Haben
Wareneingang	588.000,00	
an **Verbindlichkeiten a. LL**		588.000,00

S	Wareneingang		H
Verb. a. LL	588.000,00		

S	Verbindlichkeiten a. LL		H
		WE	588.000,00

❷ Buchungssatz	Soll	Haben
Forderungen a. LL	768.000,00	
an **Umsatzerlöse für Waren**		768.000,00

S	Forderungen a. LL		H
UfW	768.000,00		

S	Umsatzerlöse für Waren		H
		Ford. a. LL	768.000,00

Der Schlussbestand an Waren wird zum 31. Dezember 03 gebucht:

Schlussbilanzkonto an **Warenbestand** 56.000,00

S	Schlussbilanzkonto		H
WB	56.000,00		

S	Warenbestand		H
EBK	140.000,00	SBK	56.000,00

Minderbestand an Waren

Auf dem Aktivkonto „Warenbestand" sieht man sogleich, dass der Warenschlussbestand **kleiner** ist als der Anfangsbestand. Im Geschäftsjahr 03 wurden demnach **mehr Waren verkauft** (480 Paletten) als eingekauft (420 Paletten). 60 Paletten mussten also aus dem Lagerbestand des Vorjahres verkauft werden. Die Aufwendungen für Waren im Wareneingangskonto müssen deshalb um diesen Minderbestand von 60 Paletten = 84.000,00 € erhöht werden. Die Buchung lautet:

Wareneingang an **Warenbestand** **84.000,00**

S	Wareneingang		H
Verb. a. LL	588.000,00	GuV	672.000,00
WB	**84.000,00**		
	672.000,00		672.000,00

S	Warenbestand		H
EBK	140.000,00	SBK	56.000,00
		WE	**84.000,00**
	140.000,00		140.000,00

S	Umsatzerlöse für Waren		H
GuV	768.000,00	Ford. a. LL	768.000,00

S	Gewinn und Verlustkonto		H
Aufwend. für Waren	672.000,00	Umsatzerlöse f. Waren	768.000,00

ergibt einen Rohgewinn von 96.000,00 €.

	Wareneinkauf:	420 Paletten Druckpapier je 1.400,00 €	588.000,00 €
+	Lagerabgang:	60 Paletten Druckpapier je 1.400,00 €	84.000,00 €
=	Warenaufwand:	480 Paletten Druckpapier je 1.400,00 €	672.000,00 €
	Umsatzerlöse:	480 Paletten Druckpapier je 1.600,00 €	768.000,00 €
=	**Rohgewinn:**	. . . .	**96.000,00 €**

Katja Kern ermittelt buchhalterisch den Erfolg aus Wareneinkauf und Warenverkauf

Zusammenfassung

- **Wareneinkäufe** werden **direkt auf dem Aufwandskonto „Wareneingang"** aufgrund der Eingangsrechnungen gebucht:

  Wareneingang an **Verbindlichkeiten a. LL**

- **Warenverkäufe** werden auf dem **Ertragskonto „Umsatzerlöse für Waren"** aufgrund der Ausgangsrechnungen erfasst:

  Forderungen a. LL an **Umsatzerlöse für Waren**

- **Das Aktivkonto „Warenbestand"** übernimmt zu Beginn des Geschäftsjahres im Soll den **Anfangsbestand an Waren** mit der Buchung:

  Warenbestand an **EBK**

  Auf der Habenseite wird der **Schlussbestand an Waren** lt. Inventur gebucht:

  SBK an **Warenbestand**

- **Der Saldo im Warenbestandskonto zeigt die Bestandsveränderungen.** Stimmen Anfangs- und Schlussbestand im Konto **„Warenbestand"** überein, ergibt sich kein Saldo, weil die im Geschäftsjahr eingekauften Waren auch alle verkauft wurden. Wenn der Schlussbestand größer als der Anfangsbestand ist, musste der nicht verkaufte Teil der im Geschäftsjahr eingekauften Waren auf Lager genommen werden. In diesem Fall bedeutet der Saldo eine Bestandserhöhung oder einen **Mehrbestand an Waren.** Ist der Endbestand kleiner als der Warenanfangsbestand, liegt als Saldo eine Bestandsminderung oder ein **Minderbestand an Waren** vor. In diesem Fall wurden nicht nur die im Geschäftsjahr eingekauften Waren verkauft, sondern zusätzlich noch ein Teil des Lagerbestandes aus dem Vorjahr.

- **Um den genauen Aufwand für Waren im Wareneingangskonto zu ermitteln,** muss der Saldo des Warenbestandskontos auf das Konto **„Wareneingang"** umgebucht werden. Eine **Bestandsminderung erhöht den Aufwand** im Wareneingangskonto, eine **Bestandserhöhung vermindert** ihn dagegen.

Warenbestandserhöhung: SB > AB	Warenbestandsminderung: SB < AB
Warenbestand an **Wareneingang**	**Wareneingang** an **Warenbestand**

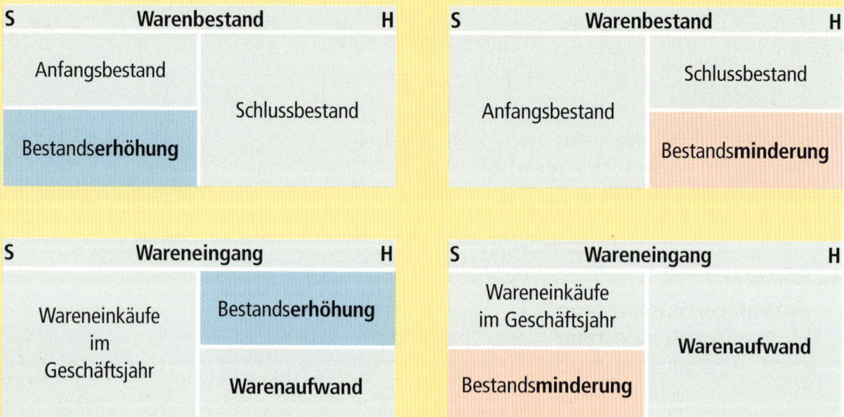

Ein Handelsbetrieb weist für das 1. Geschäftsjahr folgende Zahlen aus: 57

Anfangsbestand an Waren zum 1. Jan.	200.000,00 €
Wareneinkäufe vom 1. Jan. bis 31. Dez. lt. ER	900.000,00 €
Warenverkäufe vom 1. Jan. bis 31. Dez. lt. AR	1.200.000,00 €
Schlussbestand an Waren lt. Inventur zum 31. Dez.	300.000,00 €

1. *Buchen Sie auf den entsprechenden Konten den Anfangs- und Endbestand an Waren sowie die Ein- und Verkäufe von Waren. Richten Sie folgende Konten ein: Warenbestand, Wareneingang, Umsatzerlöse für Waren, Forderungen a. LL, Verbindlichkeiten a. LL, Eröffnungsbilanzkonto, Schlussbilanzkonto, Gewinn- und Verlustkonto.*
2. *Führen Sie den Abschluss der Konten Warenbestand, Wareneingang und Umsatzerlöse für Waren durch. Nennen Sie auch jeweils den Buchungssatz.*
3. *Ermitteln Sie die vorliegende Bestandsveränderung zum 31. Dezember des 1. Jahres in % und erläutern Sie diese.*
4. *Ermitteln Sie rechnerisch den Rohgewinn.* ■

Der in Aufgabe 57 genannte Handelsbetrieb weist für das 2. Geschäftsjahr folgende Daten aus: 58

	a)	b)
Anfangsbestand an Waren zum 1. Jan.	••• €	••• €
Wareneingang vom 1. Jan. bis 31. Dez.	820.000,00 €	880.000,00 €
Warenverkäufe vom 1. Jan. bis 31. Dez.	1.350.000,00 €	1.050.000,00 €
Schlussbestand an Waren lt. Inventur	120.000,00 €	320.000,00 €

Bearbeiten Sie diese Aufgabe entsprechend der Aufgabe 57. ■

In einem Geschäftsjahr beträgt der Warenaufwand zum 31. Dezember 600.000,00 €. *Ermitteln Sie den Wareneingang, wenn zum 31. Dezember* 59

1. *ein Mehrbestand an Waren in Höhe von 150.000,00 € und*
2. *ein Minderbestand an Waren über 100.000,00 € vorliegt.* ■

60
61

Buchen Sie auf den entsprechenden Konten:	60	61
Anfangsbestand an Waren	95.000,00 €	250.000,00 €
Zieleinkäufe von Waren	34.000,00 €	163.000,00 €
Barverkäufe von Waren	7.000,00 €	12.000,00 €
Zielverkäufe von Waren	84.000,00 €	85.000,00 €
Warenverkauf gegen Bankscheck	19.000,00 €	18.000,00 €
Warenschlussbestand lt. Inventur	59.000,00 €	280.000,00 €

Ergänzen Sie: 62

1. Das Warenbestandskonto ist ein •••konto.
2. Das Wareneingangskonto ist ein •••konto.
3. Das Konto „Umsatzerlöse für Waren" ist ein •••konto.
4. Die Konten „Wareneingang" und „Umsatzerlöse für Waren" sind •••konten. ■

63

1. *Wie erklären Sie sich die folgenden drei Vorgänge?*
   a) Warenschlussbestand = Warenanfangsbestand
   b) Warenschlussbestand > Warenanfangsbestand
   c) Warenschlussbestand < Warenanfangsbestand
2. *Begründen Sie die jeweilige Auswirkung der Fälle 1. a)–c) auf den Warenaufwand im Wareneingangskonto.* ■

AUFGABEN

64 **Anfangsbestände**

	€		€
BGA	85.000,00	Bankguthaben	123.400,00
Warenbestand	145.000,00	Darlehensschulden	35.000,00
Forderungen a. LL	72.000,00	Verbindlichkeiten a. LL	65.000,00
Kasse	14.200,00	Eigenkapital	339.600,00

Kontenplan

Bestandskonten: Betriebs- und Geschäftsausstattung, Warenbestand, Forderungen a. LL, Kasse, Bank, Darlehensschulden, Verbindlichkeiten a. LL, Eigenkapital: Schlussbilanzkonto.

Erfolgskonten: Wareneingang, Löhne, Gehälter, Büromaterial, Kosten der Telekommunikation, Zinsaufwendungen, Zinserträge, Umsatzerlöse für Waren: GuV-Konto.

Geschäftsfälle

		€
1.	Barverkauf von Waren	4.500,00
2.	Kunde begleicht Rechnung durch Banküberweisung	9.500,00
3.	Zielkauf von Waren lt. ER	8.200,00
4.	Verkauf von Waren gegen Bankscheck	15.300,00
5.	Barkauf von Büromaterial	350,00
6.	Unsere Banküberweisung für Darlehenszinsen	1.200,00
7.	Zielverkauf von Waren lt. AR	18.800,00
8.	Banküberweisung der Gehälter	4.800,00
9.	Zinsgutschrift der Bank	3.100,00
10.	Lohnzahlung durch Banküberweisung	3.200,00
11.	Liefererrechnung wird durch Banküberweisung beglichen	11.500,00
12.	Kauf einer EDV-Anlage gegen Bankscheck	5.500,00
13.	Banküberweisung der Telekommunikationsgebühren	850,00
14.	Tilgung eines Darlehens durch Banküberweisung	10.000,00

Abschlussangaben €

1. Warenbestand lt. Inventur 130.000,00
2. Alle übrigen Bestände stimmen mit den Inventurwerten überein.

Auswertung

1. *Ermitteln Sie die Lagerbestandsveränderung in % des Warenanfangsbestandes. Worauf lässt die Veränderung schließen?*
2. *Wie hoch ist der Warenrohgewinn?* ■

65 In einem Großhandelsunternehmen beträgt der Anfangsbestand an Waren 200.000,00 €. Die Wareneinkäufe während des Geschäftsjahres beliefen sich auf 560.000,00 €. Der Einkaufswert der verkauften Waren betrug 620.000,00 €. Die Umsatzerlöse für Waren betrugen im gleichen Abrechnungszeitraum 590.000,00 €.

Ermitteln Sie den buchmäßigen Warenschlussbestand und das Rohergebnis aus dem Warenhandelsgeschäft. ■

66 Im Wareneingangskonto ergeben sich die Aufwendungen für Waren durch folgende Rechnung. *Setzen Sie (+) bzw. (–) ein:*

	Wareneinkäufe im Geschäftsjahr	500.000,00 €
•••	Mehrbestand an Waren der Warengruppe 1 zum 31. Dez.	60.000,00 €
•••	Minderbestand an Waren der Warengruppe 2 zum 31. Dez.	10.000,00 €
=	Aufwendungen für Waren	••• €

67

Anfangsbestände	€
Betriebs- und Geschäftsausstattung	65.000,00
Warenbestand	98.000,00
Forderungen a. LL	34.000,00
Kasse	9.500,00
Postbankguthaben	18.300,00
Bankguthaben	53.000,00
Darlehensschulden	24.500,00
Verbindlichkeiten a. LL	32.000,00
Eigenkapital	221.300,00

Kontenplan

Bestandskonten: Betriebs- und Geschäftsausstattung, Forderungen a. LL, Bank, Kasse, Postbank, Warenbestand, Darlehensschulden, Verbindlichkeiten a. LL, Eigenkapital: Schlussbilanzkonto.

Erfolgskonten: Wareneingang, Löhne, Mietaufwendungen, Betriebliche Steuern, Provisionserträge, Zinserträge, Umsatzerlöse für Waren: GuV-Konto.

Geschäftsfälle	€
1. Wir nehmen ein Darlehen bei unserer Hausbank auf	28.500,00
2. Verkauf von Waren lt. AR	12.500,00
3. Kauf von Waren gegen Postbankscheck	9.300,00
4. Lohnzahlung bar an Aushilfskräfte	3.800,00
5. Wir erhalten Provision auf Postbankkonto	2.500,00
6. Gewerbesteuer[1] wird durch Banküberweisung bezahlt	12.800,00
7. Unsere Mietzahlung für Büroräume durch Postbanküberweisung	1.900,00
8. Die Bank schreibt uns Zinsen gut	1.100,00
9. Verkauf von Waren lt. AR	11.200,00
10. Verkauf von Waren gegen Bankscheck	16.300,00
11. Kauf von Waren lt. ER	4.400,00
12. Kunde begleicht Rechnung über durch Banküberweisung	6.500,00
13. Banküberweisung an Lieferer	6.600,00
14. Kauf von Büromöbeln gegen Bankscheck	2.650,00
15. Darlehenstilgung durch Bank	17.000,00

Abschlussangaben	€
1. Warenbestand lt. Inventur	80.000,00
2. Alle übrigen Bestände stimmen mit den Inventurwerten überein.	

68

1. *Warum bezeichnet man den Warengewinn als Rohgewinn, den Warenverlust als Rohverlust? Unterscheiden Sie Rohgewinn und Reingewinn bzw. Rohverlust und Reinverlust.*
2. Das Gewinn- und Verlustkonto weist einen Warenrohgewinn von 20.000,00 €, jedoch einen Reinverlust von 5.000,00 € aus. *Erklären Sie den Tatbestand.*
3. *Nennen Sie jeweils die Auswirkung auf den Warenlagerschlussbestand:*
   a) Wareneinkaufsmenge = Warenverkaufsmenge
   b) Wareneinkaufsmenge > Warenverkaufsmenge
   c) Wareneinkaufsmenge < Warenverkaufsmenge

1 Siehe Fußnote auf S. 186.

1.11 Katja Kern ermittelt buchhalterisch ihre Umsatzsteuerschuld

1.11.1 Welche Umsätze unterliegen der Umsatzsteuer?

§ 1 Umsatzsteuergesetz

Der Umsatzsteuer unterliegen nach § 1 UStG:

1. **alle Lieferungen und Leistungen, die im Rahmen eines Unternehmens im Inland gegen Entgelt** ausgeführt werden, wie z. B. der Verkauf von Waren, Malerarbeiten, Instandhaltungen und Reparaturen, Werbung, Ausgangsfrachten u. a.,
2. **die unentgeltlichen Entnahmen von Sachgütern und sonstigen Leistungen des Unternehmens durch den Unternehmer** zu unternehmensfremden Zwecken (z. B. die Entnahme von Waren für private Zwecke) (siehe Seite 86 f.),
3. **die Einfuhr von Gegenständen aus Nicht-EU-Staaten,** wie z. B. aus den USA, und
4. **der gewerbliche Erwerb von Gütern aus EU-Staaten gegen Entgelt,** der sogenannte „innergemeinschaftliche Erwerb". Beispiel: Ein deutsches Unternehmen bezieht Waren aus Belgien und unterliegt damit der deutschen Umsatzsteuer.

Steuerfrei sind Ausfuhrlieferungen (Exporte), Vermietungen und Verpachtungen, der Kredit- und Zahlungsverkehr der Banken u. a.

Steuersatz

Die Umsatzsteuer beträgt im **Regelfall 19 %** der berechneten Warenlieferung oder Leistung. Für bestimmte Umsätze, wie z. B. Lebensmittel, Bücher u. a., gilt der **ermäßigte Steuersatz von 7 %.**

Wer hat die Umsatzsteuer zu tragen?

Die Umsatzsteuer ist wie die Kaffee- oder Tabaksteuer ausschließlich **vom Endverbraucher zu tragen,** also in der Regel von einer Privatperson. Sie belastet den Unternehmer nicht, verursacht ihm also keine Kosten. Nach dem Umsatzsteuergesetz hat er die **Umsatzsteuer** beim Verkauf von Waren **in Rechnung** zu **stellen,** von seinen Kunden zu **vereinnahmen** und **an das Finanzamt abzuführen.** Für das Unternehmen ist die Umsatzsteuer somit nur ein **durchlaufender Posten.**

1.11.2 Wie werden Vorsteuer und Umsatzsteuer gebucht?

Ausweis der Umsatzsteuer

Die Umsatzsteuer muss auf Rechnungen gesondert ausgewiesen werden, wenn diese auf Unternehmen oder Selbstständige ausgestellt sind. Der Rechnungsbetrag setzt sich aus dem Warenwert bzw. dem Wert der erbrachten Leistung und der entsprechenden Umsatzsteuer zusammen. **Bei Kleinbetragsrechnungen bis zu 150,00 €** einschließlich Umsatzsteuer (z. B. Tankstellenquittung) genügt die Angabe des Steuersatzes für die im Rechnungsbetrag enthaltene Umsatzsteuer.

Beispiel

Die Papierfabrik Hein OHG, Köln, verkauft an die Papiergroßhandlung Kern, Köln, zwei Paletten Kopierpapier zu je 800,00 € aufgrund der folgenden Rechnung:

Ausgangsrechnung der Hein OHG	
2 Paletten Kopierpapier, netto	1.600,00 €
+ 19 % Umsatzsteuer	304,00 €
Rechnungsbetrag	1.904,00 €

Die Papierfabrik Hein OHG bucht die Ausgangsrechnung

Umsatzsteuer in der Ausgangsrechnung

Die Lieferung der Waren unterliegt nach § 1 UStG der Umsatzsteuer. Die Papierfabrik Hein OHG schuldet deshalb dem Finanzamt 19 % Umsatzsteuer vom reinen Warenwert 1.600,00 € = 304,00 €, die sie auf dem

Passivkonto „Umsatzsteuer"

ausweisen muss. Da sie die Umsatzsteuer von ihrem Kunden zurückhaben will, muss sie diese der Papiergroßhandlung Kern „offen" in Rechnung stellen. Das Großhandelsunternehmen Kern hat also neben dem Warenwert auch die darauf entfallende Umsatzsteuer zu zahlen. In der Hein OHG ist deshalb auf dem Konto „Forderungen a. LL" der volle Rechnungsbetrag von 1.904,00 € zu buchen.

Buchungssatz	Soll	Haben
Forderungen a. LL	1.904,00	
an **Umsatzerlöse für Waren**		1.600,00
an **Umsatzsteuer**		304,00

S	Forderungen a. LL	H
UfW, USt	1.904,00	

S	Umsatzerlöse für Waren	H
	Ford. a. LL	1.600,00

S	Umsatzsteuer	H
	Ford. a. LL	304,00

Die Papiergroßhandlung Katja Kern e. Kffr. bucht die Eingangsrechnung

Vorsteuer in der Eingangsrechnung

Die oben genannte **Ausgangsrechnung** der Papierfabrik Hein OHG ist **zugleich** die **Eingangsrechnung** der Papiergroßhandlung Kern. Das Unternehmen Kern hat nicht nur den Warenwert von 1.600,00 € zu zahlen, sondern auch zusätzlich die Umsatzsteuer in Höhe von 304,00 €. Damit schuldet es der Hein OHG 1.904,00 €.

Die in der **Eingangsrechnung** ausgewiesene Umsatzsteuer wird **„Vorsteuer"** genannt, weil die Papiergroßhandlung Kern sie „vorab", also vor dem Weiterverkauf des Kopierpapiers, an ihren Lieferer zahlt. Die Großhandlung Kern kann sie **vom Finanzamt zurückfordern,** da sie nicht Endverbraucherin, sondern Unternehmerin ist, die umsatzsteuerpflichtige Lieferungen und Leistungen ausführt. Ihre Umsatzsteuerschuld gegenüber dem Finanzamt entsteht erst, wenn sie die eingekauften Paletten Kopierpapier an ihre Kunden weiterverkauft. Die **Vorsteuer** stellt deshalb für die Papiergroßhandlung Kern eine **Forderung an das Finanzamt** dar, die auf dem

Aktivkonto „Vorsteuer"

gebucht wird. Der Warenwert wird auf dem Aufwandskonto „Wareneingang" erfasst, der Rechnungsbetrag wird im Haben des Kontos „Verbindlichkeiten a. LL" gebucht.

Buchungssatz	Soll	Haben
Wareneingang	1.600,00	
Vorsteuer	304,00	
an **Verbindlichkeiten a. LL**		1.904,00

S	Wareneingang	H
Verb. a. LL	1.600,00	

S	Verbindlichkeiten a. LL	H
	WE, VSt	1.904,00

S	Vorsteuer	H
Verb. a. LL	304,00	

Die Papiergroßhandlung Katja Kern e. Kffr. bucht die Ausgangsrechnung

Beispiel

Die Papiergroßhandlung Kern verkauft die zwei Paletten Kopierpapier zu je 1.000,00 € an die Kaufmännische Schule 5 in Köln und stellt folgende Rechnung aus:

Ausgangsrechnung der Großhandlung Kern	
2 Paletten Kopierpapier	2.000,00 €
+ 19 % Umsatzsteuer	380,00 €
Rechnungsbetrag	2.380,00 €

Wie werden Vorsteuer und Umsatzsteuer gebucht?

Buchungssatz	Soll	Haben
Forderungen a. LL	2.380,00	
an **Umsatzerlöse für Waren**		2.000,00
an **Umsatzsteuer**		380,00

S	Forderungen a. LL		H
UfW, USt	2.380,00		

S	Umsatzerlöse für Waren		H
		Ford. a. LL	2.000,00

S	Umsatzsteuer		H
		Ford. a. LL	380,00

Die Papiergroßhandlung Katja Kern e. Kffr. ermittelt die Umsatzsteuer-Zahllast

Umsatzsteuer-voranmeldung

Aus dem Verkauf des Kopierpapiers **schuldet** die Papiergroßhandlung Kern dem Finanzamt zunächst **380,00 € Umsatzsteuer.** Da sie aber bereits beim Einkauf dieser Ware an ihren Lieferanten **304,00 €** „Vorsteuer" zahlen musste, hat sie auch ein entsprechendes **Guthaben beim Finanzamt. Umsatzsteuerschuld und Vorsteuerguthaben** werden am Ende des **USt-Voranmeldungszeitraums** (Kalendervierteljahr bzw. Monat)[1] **verrechnet,** um die **USt-Zahllast** zu ermitteln. Für diesen Zeitraum muss dem Finanzamt **online** eine **USt-Voranmeldung** eingereicht werden, die verkürzt Folgendes ausweist:

Umsatzsteuerschuld aufgrund der Ausgangsrechnung	380,00 €
– **Vorsteuerguthaben** aufgrund der Eingangsrechnung	304,00 €
USt-Zahllast	**76,00 €**

Die USt-Zahllast ist bis zum 10. des folgenden Monats zu überweisen.

Ermittlung der USt-Zahllast

Zur buchhalterischen Ermittlung der USt-Zahllast wird das Aktivkonto „Vorsteuer" über das Passivkonto „Umsatzsteuer" abgeschlossen. Der **Saldo** im Konto „Umsatzsteuer" zeigt dann die **USt-Zahllast.**

Buchungssatz	Soll	Haben
Umsatzsteuer	304,00	
an **Vorsteuer**		304,00

S	Vorsteuer		H
Verb. a. LL	304,00	USt	304,00

→

S	Umsatzsteuer		H
VSt	304,00	Ford. a. LL	380,00
USt-Zahllast	76,00		

Überweisung der USt-Zahllast

Bei Überweisung der USt-Zahllast an das Finanzamt wird wie folgt gebucht:

Buchungssatz	Soll	Haben
Umsatzsteuer	76,00	
an **Bank**		76,00

S	Bank		H
AB	...	USt	76,00

←

S	Umsatzsteuer		H
VSt	304,00	Ford. a. LL	380,00
Bank	76,00		

1.11.3 Wie werden Zahllast und Vorsteuerüberhang zum Jahresschluss gebucht?

Passivierung der USt-Zahllast

Die **Umsatzsteuer-Zahllast** des Monats **Dezember** wird erst im Januar des nächsten Jahres (bis zum 10. Januar) überwiesen. Sie muss deshalb **im Schlussbilanzkonto** auf der Haben- bzw. Passivseite **als Umsatzsteuerverbindlichkeit** ausgewiesen werden. Man sagt in der Praxis auch: Die Umsatzsteuer ist zu **passivieren.**

1 **USt-Voranmeldungszeitraum** ist in der Regel das Kalendervierteljahr und bei einer Vorjahres-USt von mehr als 7.500,00 € der Monat (§ 18 Abs. 2 UStG). Das Lehrbuch berücksichtigt die monatliche USt-Voranmeldung.

Wie werden Zahllast und Vorsteuerüberhang zum Jahresschluss gebucht?

S	Vorsteuer		H
...	120.000,00	USt	120.000,00

S	Umsatzsteuer		H
VSt	120.000,00	...	140.000,00
SBK	20.000,00		
	140.000,00		140.000,00

S	Schlussbilanzkonto		H
		USt	20.000,00

❶ **Umsatzsteuer** an **Vorsteuer**	**120.000,00**
❷ **Umsatzsteuer** an **Schlussbilanzkonto**	**20.000,00**

Buchungen zum 31. Dezember

Sollte im **Dezember** die Vorsteuer höher sein als die Umsatzsteuer, ist dieser Vorsteuerüberhang auf der Soll- bzw. Aktivseite des Schlussbilanzkontos als **Forderungsposten** einzusetzen. Man sagt: Der Vorsteuerüberhang ist zu **aktivieren.**

Aktivierung des Vorsteuerüberhangs

S	Vorsteuer		H
...	80.000,00	USt	50.000,00
		SBK	30.000,00
	80.000,00		80.000,00

S	Umsatzsteuer		H
VSt	50.000,00	...	50.000,00

S	Schlussbilanzkonto		H
VSt	30.000,00		

❶ **Umsatzsteuer** an **Vorsteuer**	**50.000,00**
❷ **Schlussbilanzkonto** an **Vorsteuer**	**30.000,00**

Buchungen zum 31. Dezember

Warum wird die Umsatzsteuer auch Mehrwertsteuer genannt?

1.11.4

Ermittlung des Mehrwertes

Viele zum Verkauf angebotene Waren legen einen langen Weg zurück: Vom Betrieb der Urerzeugung über die Betriebe der Herstellung und Weiterverarbeitung, des Groß- und Einzelhandels bis zum Endverbraucher. Auf jeder Stufe des Warenwegs schaffen Menschen und das eingesetzte Kapital „mehr Wert". Dieser **Wertzuwachs** oder **„Mehrwert"** kommt im **Unterschied zwischen Einkaufspreis und Verkaufspreis** der Ware zum Ausdruck. Im Beispiel der Papiergroßhandlung Kern ergibt sich auf dieser Stufe des Warenwegs folgender Mehrwert:

	Verkaufspreis des Kopierpapiers	2.000,00 €
–	**Einkaufspreis** des Kopierpapiers	1.600,00 €
	Mehrwert	**400,00 €**

Der Staat besteuert den Mehrwert auf jeder Stufe mit 19 % Umsatzsteuer:

19 % von 400,00 € Mehrwert = 76,00 € USt

Das ist genau die Zahllast, die das Unternehmen Kern an das Finanzamt abführen musste (siehe oben). **Durch den Vorsteuerabzug erzielt man das gleiche Ergebnis, dass praktisch auf jeder Stufe des Warenwegs nur der Mehrwert dieser Stufe besteuert wird:**

	Umsatzsteuer 19 % vom Verkaufspreis 2.000,00 €	380,00 €
–	**Vorsteuer** 19 % vom Einkaufspreis 1.600,00 €	304,00 €
	USt-Zahllast	**76,00 €**

Das Mehrwertsteuersystem besteuert den Mehrwert jeder Stufe. Die Umsatzsteuer wird deshalb auch oft „Mehrwertsteuer" genannt.

Warum wird die Umsatzsteuer auch Mehrwertsteuer genannt?

Zusammenfassung

- Die **Umsatzsteuer ist** ausschließlich **vom Endverbraucher zu tragen. Unternehmer** und **Selbstständige** müssen die Umsatzsteuer im Namen des Finanzamtes in Rechnung stellen, vereinnahmen und an das Finanzamt abführen. Da sie **vorsteuerabzugsberechtigt** sind, belastet sie die Umsatzsteuer nicht. Die Umsatzsteuer ist ihrer Wirkung nach eine Endverbrauchersteuer.
- **Der Umsatzsteuer unterliegen vor allem alle Lieferungen und Leistungen,** die im Rahmen eines **Unternehmens** im **Inland** gegen **Entgelt**[1] ausgeführt werden (§ 1 UStG).
- Die **Umsatzsteuer auf allen Ausgangsrechnungen** (= Verkäufe) stellt eine **Schuld** gegenüber dem Finanzamt dar, die auf dem **Passivkonto „Umsatzsteuer"** zu buchen ist.
- Die **Umsatzsteuer auf allen Eingangsrechnungen** (= Einkäufe) ist die **Vorsteuer.** Sie stellt eine **Forderung** an das Finanzamt dar und wird deshalb auf dem **Aktivkonto „Vorsteuer"** gebucht.
- **Nur ein Unternehmer oder Selbstständiger ist zum Vorsteuerabzug berechtigt.**
- Die **USt-Voranmeldung** wird **online** in der Regel **monatlich** eingereicht:

	Umsatzsteuer des Monats Januar	12.000,00 €
–	**Vorsteuer** des Monats Januar	8.000,00 €
=	**Umsatzsteuerzahllast** für Januar	**4.000,00 €**

  Am Ende des Jahres ist eine **Jahresumsatzsteuererklärung** abzugeben.
- **Ermittlung der USt-Zahllast.** Der Saldo des Kontos Vorsteuer ist auf das Umsatzsteuerkonto zu übertragen, sofern die geschuldete Umsatzsteuer höher ist. Der Saldo im Umsatzsteuerkonto ergibt dann die Umsatzsteuerzahllast.

S Vorsteuer	H
Vorsteuer aus Eingangsrechnungen	Saldo →

S Umsatzsteuer	H
Vorsteuerguthaben	Umsatzsteuer aus Ausgangsrechnungen
USt-Zahllast	

S Bank	H
	USt-Zahllast

S Schlussbilanzkonto	H
	USt-Zahllast

Die **USt-Zahllast** ist bis zum 10. des Folgemonats an das Finanzamt **zu überweisen.** Zum **Jahresabschluss** ist sie im SBK **zu passivieren.**

- **Ist die Vorsteuer höher** als die Umsatzsteuerverbindlichkeit, **wird der Saldo des Umsatzsteuerkontos auf das Vorsteuerkonto übertragen.** Der **Saldo des Vorsteuerkontos** weist dann den **Vorsteuerüberhang** aus.

S Vorsteuer	H
Vorsteuer aus Eingangsrechnungen	← Umsatzsteuer
	Vorsteuerüberhang

S Umsatzsteuer	H
Saldo	Umsatzsteuer aus Ausgangsrechnungen

S Bank	H
Vorsteuerüberhang	

S Schlussbilanzkonto	H
Vorsteuerüberhang	

Der **Vorsteuerüberhang** wird auf Antrag vom Finanzamt **überwiesen oder verrechnet** und zum 31. Dezember im SBK **aktiviert.**

- Der Umsatzsteuer liegt das **Mehrwertsteuersystem** zugrunde. Durch den **Vorsteuerabzug** erreicht man, dass lediglich der **Mehrwert auf jeder Stufe** des Warenwegs **besteuert** wird.

1 Nach **§ 10 UStG** ist **Entgelt** alles, was der Leistungsempfänger aufwendet, um die Leistung zu erhalten, jedoch abzüglich der Umsatzsteuer.

1. *Bilden Sie zu folgenden Geschäftsfällen die Buchungssätze und buchen Sie auf den Konten:* 69

   Wareneingang, Vorsteuer, Verbindlichkeiten a. LL, Forderungen a. LL, Umsatzerlöse für Waren, Umsatzsteuer, Bankguthaben (AB 160.000,00 €).

a) ER 407:		Warenwert, netto	40.000,00 €
	+	Umsatzsteuer	7.600,00 €
	=	Rechnungsbetrag	47.600,00 €
b) AR 354:		Warenwert, netto	60.000,00 €
	+	Umsatzsteuer	11.400,00 €
	=	Rechnungsbetrag	71.400,00 €

2. *Ermitteln Sie buchhalterisch die Zahllast und nennen Sie den Buchungssatz.*
3. *Nennen Sie den Buchungssatz für die Überweisung der Zahllast zum 10. des Folgemonats.*
4. *Buchen Sie auf den entsprechenden Konten.* ■

Bilden Sie zu folgenden Geschäftsfällen die Buchungssätze: 70

1. Zieleinkauf von Waren lt. ER 234, Warenwert	25.000,00 €	
+ Umsatzsteuer	4.750,00 €	29.750,00 €
2. ER 235: Inspektion des Lkw, netto	1.600,00 €	
+ Umsatzsteuer	304,00 €	1.904,00 €
3. Zielverkauf von Waren lt. AR 345, Warenwert	45.000,00 €	
+ Umsatzsteuer	8.550,00 €	53.550,00 €
4. AR 346: Verkauf von Waren gegen Bankscheck, netto	8.500,00 €	
+ Umsatzsteuer	1.615,00 €	10.115,00 €
5. ER 236: Kauf eines PC-Farbdruckers, netto	600,00 €	
+ Umsatzsteuer	114,00 €	714,00 €
6. ER 237: Dachreparatur am Geschäftsgebäude, netto	15.600,00 €	
+ Umsatzsteuer	2.964,00 €	18.564,00 €
7. ER 238: Kauf eines Geschäftswagens, netto	36.500,00 €	
+ Umsatzsteuer	6.935,00 €	43.435,00 €
8. ER 239: Kauf von Büromaterial, netto	450,00 €	
+ Umsatzsteuer	85,50 €	535,50 €

Der Elektrogroßhandel Dirk Bach e. K. hat lt. KB 123 Büromaterial für brutto 178,50 €, also einschließlich 19 % Umsatzsteuer, gegen Barzahlung erworben. 71

Ermitteln Sie aus dem Bruttopreis (= 119 %)

1. die darin enthaltene Umsatzsteuer (= 19 %) und
2. den Nettopreis (= 100 %). ■

Das Möbelgroßhandelsunternehmen Werner Theuer e. Kfm. hat in der Buchhandlung Badicke das Fachbuch „Die Umsatzbesteuerung im innergemeinschaftlichen Warenverkehr" für brutto 64,20 € gegen Barzahlung erworben. Der Beleg enthält den Hinweis: „Im Betrag sind 7 % Umsatzsteuer enthalten." 72

Ermitteln Sie aus dem Bruttobetrag 1. den Nettowert und
2. die Umsatzsteuer. ■

73 *Buchen Sie den folgenden Beleg*

1. als Ausgangsrechnung und 2. als Eingangsrechnung:

Deutsche Papier AG · Buchenstraße 22-32 · 04129 Leipzig

Deutsche Papier AG
Leipzig

Katja Kern e. Kffr.
Papiergroßhandlung
Bonner Wall 45 - 55
50677 Köln

EINGEGANGEN ..-05-15

Telefon 0341 53514
Telefax 0341 441244
E-Mail service@deutschepapier-wvd.de
Internet www.deutschepapier-wvd.de
USt-IdNr. DE 268 375 513

Rechnung 39 456 ..-05-10

Ihre Bestellung vom 30. April ..

Wir lieferten Ihnen am 9. Mai .. auf Ihre Rechnung und Gefahr

30 Paletten Druckpapier je 1.400,00 € netto	42.000,00 €
+ 19 % Umsatzsteuer	7.980,00 €
	49.980,00 €

Zahlungsbedingungen: 30 Tage netto Kasse

Dresdner Bank, Leipzig, Konto 345 678 90, BLZ 860 800 00
IBAN: DE58 8608 0000 0034 5678 90, BIC: DRBADE51XYZ

74 In der Papiergroßhandlung Katja Kern e. Kffr. liegen folgende Belege zur Buchung vor:

Beleg 1

	€	ct
Netto	370	00
+ 19 % USt	70	30
Gesamt	440	30

Quittung Nr. KB 153

Gesamtbetrag € in Worten: vierhundertvierzig — Cent wie oben

(Im Gesamtbetrag sind 19 % Umsatzsteuer enthalten)

von Katja Kern e. Kffr., Papiergroßhandlung

für Reparaturarbeiten an der Heizungsanlage

richtig erhalten zu haben, bestätigt

Ort Köln Datum ..-12-30

Buchungsvermerke

Stempel/Unterschrift des Empfängers: Germann GmbH Sanitär und Heizung Sonnenweg 15, 51061 Köln Steuer-Nr. 065 286 33441 Germann

Beleg 2

TANK - RAST
S. Gunkel GmbH
Slabystraße 54
50735 Köln
Steuer-Nr.
065 163 23546

* SÄULEN-NR. 10
* Diesel
* Liter 72,8 x 1,319 EUR

TOTAL 96,02

Im Gesamtbetrag sind
19 % Umsatzsteuer
enthalten.

..-12-29 14:32

VIELEN DANK
GUTE FAHRT!

Nennen Sie zu den Belegen 1 und 2 jeweils den Buchungssatz.

75 Zum 31. Dezember weisen die Konten „Vorsteuer" und „Umsatzsteuer" folgende Beträge aus:

S	Vorsteuer		H
…	230.000,00	…	200.000,00

S	Umsatzsteuer		H
…	520.000,00	…	600.000,00

1. *Schließen Sie die obigen Konten ab. Richten Sie dazu das Schlussbilanzkonto ein.*
2. *Nennen Sie die Buchungssätze.*
3. *Was sagt Ihnen der Saldo zum 31. Dezember?* ■

76 Die nachstehenden Konten weisen zum 31. Dezember folgende Summen aus:

S	Vorsteuer		H
…	450.000,00	…	360.000,00

S	Umsatzsteuer		H
…	730.000,00	…	770.000,00

1. *Schließen Sie die obigen Konten ab. Richten Sie dazu das Schlussbilanzkonto ein.*
2. *Nennen Sie die Buchungssätze.*
3. *Was sagt Ihnen der Saldo zum 31. Dezember?* ■

77 *Ergänzen Sie folgende Aussagen:*

1. Die Umsatzsteuer ist nur vom ••• zu tragen. Sie belastet das ••• nicht.
2. Nur Unternehmen und Personen, die umsatzsteuerpflichtige Lieferungen und Leistungen im ••• gegen ••• im Rahmen des Unternehmens erbringen, sind zum Abzug der ••• berechtigt.
3. Die Vorsteuer stellt eine ••• gegenüber dem Finanzamt dar. Die Umsatzsteuer ist dagegen eine ••• gegenüber dem Finanzamt.
4. Die Zahllast wird in der Regel ••• ermittelt und bis zum ••• des ••• an das Finanzamt überwiesen.
5. Die Zahllast des Monats Dezember ist in der Schlussbilanz zu •••. Ein Vorsteuerüberhang ist zum 31. Dezember zu •••.
6. Mehrwert ist der ••• zwischen dem Nettoverkaufs- und Nettoeinkaufspreis. Durch den Vorsteuerabzug wird erreicht, dass auf jeder Stufe des Warenwegs nur der ••• dieser Stufe besteuert wird.
7. In Rechnungen an ••• ist die Umsatzsteuer ••• auszuweisen. Die Rechnungen enthalten den •••, die ••• und den •••.
8. In Kleinbetragsrechnungen bis ••• € (einschließlich Umsatzsteuer) genügt die Angabe des im Rechnungsbetrag enthaltenen •••. ■

78 *Ordnen Sie die Begriffe Zahllast, Vorsteuerüberhang, Aktivierung und Passivierung entsprechend zu.*

1. Umsatzsteuer des Monats Dezember > Vorsteuer des Monats Dezember
2. Umsatzsteuer des Monats Dezember < Vorsteuer des Monats Dezember ■

79 Im Dezember hatte die Papiergroßhandlung Kern folgende Umsätze: Verkäufe netto 600.000,00 €, Einkäufe netto 800.000,00 €, allgemeiner Steuersatz.

1. *Richten Sie die erforderlichen Konten ein.*
2. *Buchen Sie die Vorgänge summarisch und nennen Sie die entsprechenden Buchungssätze.*
3. *Warum ergibt sich zum 31. Dezember keine Zahllast?*
4. *Wohin gelangt der Vorsteuerüberhang beim Jahresabschluss? Buchen Sie.*
5. *Inwiefern stellt die Vorsteuer eine Forderung an das Finanzamt dar? Begründen Sie.* ■

AUFGABEN

80 **Anfangsbestände**

	€
Fuhrpark	90.000,00
Geschäftsausstattung (GA)	30.000,00
Warenbestand	128.000,00
Forderungen a. LL	34.000,00
Kasse	6.000,00
Bankguthaben	35.000,00
Verbindlichkeiten a. LL	43.000,00
Eigenkapital	280.000,00

Kontenplan

Bestandskonten: Fuhrpark, GA, Warenbestand, Forderungen a. LL, Vorsteuer, Kasse, Bank, Verbindlichkeiten a. LL, Umsatzsteuer, Eigenkapital: Schlussbilanzkonto.

Erfolgskonten: Wareneingang, Umsatzerlöse für Waren, Löhne: Gewinn- und Verlustkonto.

Geschäftsfälle

	€
1. Zieleinkauf von Waren lt. ER 11–14	
Nettopreis	11.000,00
+ Umsatzsteuer	2.090,00
Rechnungsbeträge	13.090,00
2. Kauf eines Lieferwagens lt. ER 15	
Nettopreis	40.000,00
+ Umsatzsteuer	7.600,00
Rechnungsbetrag	47.600,00
3. Banküberweisung an Lieferer, Rechnungsbeträge	8.925,00
4. Unsere Banküberweisung für Löhne	4.400,00
5. Kauf von Waren lt. ER 16	
Nettopreis	2.500,00
+ Umsatzsteuer	475,00
Rechnungsbetrag	2.975,00
6. Verkauf von Waren lt. AR 10–12	
Nettopreis	23.000,00
+ Umsatzsteuer	4.370,00
Rechnungsbeträge	27.370,00
7. Banküberweisung von Kunden, Rechnungsbeträge	5.950,00
8. Verkauf von Waren lt. AR 13–18	
Nettopreis	60.400,00
+ Umsatzsteuer	11.476,00
Rechnungsbeträge	71.876,00
9. Banküberweisung für ER 15, vgl. Geschäftsfall 2	47.600,00

Abschlussangaben

1. Die Zahllast für die Umsatzsteuer ist zu ermitteln und auf die Passivseite des Schlussbilanzkontos einzustellen, d. h. zu passivieren.
2. Inventurbestand an Waren 82.000,00
3. Die übrigen Buchwerte stimmen mit den Inventurwerten überein. ■

81

Anfangsbestände

	€		€
Fuhrpark	140.000,00	Kasse	6.000,00
Geschäftsausstattung	60.000,00	Bankguthaben	40.000,00
Warenbestand	156.000,00	Verbindlichkeiten a. LL	43.000,00
Forderungen a. LL	44.000,00	Eigenkapital	403.000,00

Kontenplan

Bestandskonten: Fuhrpark, GA, Warenbestand, Forderungen a. LL, Vorsteuer, Kasse, Bank, Verbindlichkeiten a. LL, Umsatzsteuer, Eigenkapital: Schlussbilanzkonto.

Erfolgskonten: Wareneingang, Gehälter, Werbeaufwendungen, Büromaterial, Kosten der Telekommunikation, Fremdinstandsetzung, Umsatzerlöse für Waren: Gewinn- und Verlustkonto.

Geschäftsfälle

	€	€
1. Zielverkauf von Waren lt. AR 123		
Nettopreis	64.000,00	
+ Umsatzsteuer	12.160,00	
Rechnungsbetrag		76.160,00
2. Barkauf von Kopierpapier, Nettopreis	200,00	
+ Umsatzsteuer	38,00	238,00
3. Zieleinkauf von Waren lt. ER 432		
Nettopreis	9.600,00	
+ Umsatzsteuer	1.824,00	11.424,00
4. Banküberweisung der Gehälter		13.950,00
5. Banküberweisung für unsere Werbeanzeigen		
Nettopreis	700,00	
+ Umsatzsteuer	133,00	833,00
6. Zielverkauf von Waren lt. AR 124–131		
Nettopreis	48.200,00	
+ Umsatzsteuer	9.158,00	57.358,00
7. Barzahlung für Fahrzeugreparatur, Nettopreis	500,00	
+ Umsatzsteuer	95,00	595,00
8. Zieleinkauf von Waren lt. ER 433–438		
Nettopreis	2.800,00	
+ Umsatzsteuer	532,00	3.332,00
9. Banküberweisung von Kunden		8.568,00
10. Banküberweisung für Telekommunikation, netto	500,00	
+ Umsatzsteuer	95,00	595,00

Abschlussangaben

1. Ermittlung und Passivierung der Umsatzsteuer-Zahllast.
2. Schlussbestand an Waren lt. Inventur 84.000,00

82

1. *Wie errechnet man die USt-Zahllast? Für welchen Zeitraum wird sie in der Regel ermittelt? Bis zu welchem Termin ist die USt-Zahllast spätestens an das Finanzamt abzuführen?*
2. *Im Monat Dezember beträgt die Vorsteuer 156.000,00 €, die Umsatzsteuer aufgrund der Ausgangsrechnungen nur 104.000,00 €. Buchen Sie zum 31. Dezember den Abschluss.*
3. *Erläutern Sie, inwiefern die Umsatzsteuer für das Unternehmen grundsätzlich ein „durchlaufender" Posten ist.*

1.12 Lineare Abschreibung der Sachanlagegüter im Unternehmen Katja Kern e. Kffr.[1]

1.12.1 Wie ermittelt und bucht man die Anschaffungskosten?

Situation

Die Papiergroßhandlung Kern erwirbt am 5. Januar einen Lkw aufgrund nebenstehender Rechnung.

Wie hoch sind die Anschaffungskosten des Lkws?

	Lkw HS 404		**125.600,00 €**
+	Sonderzubehör	8.100,00 €	
+	Überführungskosten	850,00 €	
+	Zulassungskosten	450,00 €	**9.400,00 €**
			135.000,00 €
+	Umsatzsteuer		**25.650,00 €**
	Rechnungsbetrag		**160.650,00 €**

Was sind Sachanlagen?

Zu den **Sachanlagen** eines Unternehmens zählen vor allem Grundstücke, Gebäude, Technische Anlagen und Maschinen, Betriebs- und Geschäftsausstattung, Fuhrpark u. a. Wie alle anderen Vermögensgegenstände (z. B. Waren) sind auch die **Sachanlagen** zum **Zeitpunkt ihrer Anschaffung** zu ihren **Anschaffungskosten** zu **aktivieren**, d. h. auf der Sollseite des entsprechenden Aktivkontos zu buchen.

Anschaffungskosten

Zu den Anschaffungskosten eines Anlagegutes **rechnen nach § 255 HGB** außer dem **Kaufpreis** (netto) auch alle **Nebenkosten** (netto), die anfallen, um den Vermögensgegenstand zu erwerben **und** in Betrieb zu nehmen, wie z. B. Bezugs- und Montagekosten, Zulassungsgebühren, Notarkosten und Grunderwerbsteuer (3,5 %) beim Erwerb eines Grundstücks u. a. m. Die Umsatzsteuer zählt nicht zu den Anschaffungskosten, da sie als Vorsteuer voll abzugsfähig ist. Nachträgliche **Preisnachlässe,** z. B. aufgrund von Mängelrügen und Skonto, **mindern die Anschaffungskosten.**

	Anschaffungspreis (netto)	125.600,00 €
+	Anschaffungsnebenkosten (netto)	9.400,00 €
	Anschaffungskosten	**135.000,00 €**

Buchungssatz	Soll	Haben
Fuhrpark	135.000,00	
Vorsteuer	25.650,00	
an **Verbindlichkeiten a. LL**		160.650,00

S	Fuhrpark	H
Verb. a. LL 135.000,00		

S	Verbindlichkeiten a. LL	H
		Fuhrp./VSt 160.650,00

S	Vorsteuer	H
Verb. a. LL 25.650,00		

1.12.2 Warum sind Anlagegüter abzuschreiben?

Sachanlagen sind dazu bestimmt, dem Unternehmen **langfristig** zu dienen. Im Gegensatz zu den **nicht abnutzbaren** Sachanlagen (z. B. Grundstücke) verringert sich der Anschaffungswert der **abnutzbaren** Sachanlagen (z. B. o. g. Lkw) ständig.

Wertminderung der Sachanlagen

Die Wertminderung der Sachanlagen ist technisch oder wirtschaftlich bedingt. Die **technische Entwertung** tritt während des Gebrauchs durch **Abnutzung** oder durch **Natureinflüsse** (Verrosten) ein. Die **wirtschaftliche Wertminderung** ergibt sich beispielweise durch **technischen Fortschritt** (das Anlagegut ist technisch überholt), **Preissenkung** am Markt oder durch **höhere Gewalt** (Brandschaden).

Abnutzbare Sachanlagen sind in ihrer **Nutzung zeitlich begrenzt.** Für jedes Anlagegut muss daher die **betriebsgewöhnliche Nutzungsdauer** bestimmt werden. Man versteht darunter die **Zeitspanne,** in der es **wirtschaftlich sinnvoll** ist, das Anlagegut im Betrieb zu nutzen. Davon ist die Lebensdauer des Anlagegutes zu unterscheiden.

1 Siehe auch Kapitel 2.4 Katja Kern bewertet ihr Anlagevermögen, S. 188 f.

Steuerliche Abschreibungstabellen weisen die Nutzungsdauer der Anlagegüter aus:

Branchenneutrale Anlagegüter (Auszug)	Nutzungsdauer in Jahren	Lineare Abschreibung
Geschäftsgebäude	25–33	4–3 %
Pkw	6[1]	16,66 %
Lkw	9[1]	11,11 %
Sonstige Fahrzeuge (Stapler u. a.)	8	12,5 %
Hochregallager	15	6,66 %
Büromöbel	13	7,69 %
Büromaschinen und Organisationsmittel	3–9	33,33–11,11 %
Personal-Computer, PC-Drucker u. a.	3	33,33 %

Abschreibungen werden als Aufwand gebucht

1.12.3

Situation

Der o. g. Lkw hat eine betriebsgewöhnliche Nutzungsdauer von neun Jahren. Er soll in jährlich gleichen (linearen) Beträgen abgeschrieben werden. *Wie berechnet man den jährlichen (linearen) Abschreibungsbetrag, den Abschreibungssatz in Prozent sowie den Buch- bzw. Restwert des Lkw?*

$$\textbf{Abschreibungsbetrag in €} = \frac{\textbf{Anschaffungskosten}}{\textbf{Nutzungsjahre}} = \frac{135.000{,}00\ €}{9\ \text{Jahre}} = \textbf{15.000,00 €/Jahr}$$

$$\textbf{Abschreibungssatz in \%} = \frac{\textbf{100 \%}}{\textbf{Nutzungsjahre}} = \frac{100\ \%}{9\ \text{Jahre}} = \textbf{11,11 \%/Jahr}$$

Ermittlung des Buchwertes bei linearer Abschreibung	11,11 % Abschreibung von den Anschaffungskosten
Anschaffungskosten	135.000,00 €
– Abschreibung zum 31. Dez. 01	**15.000,00 €**
Buchwert zum 31. Dez. 01	120.000,00 €
– Abschreibung zum 31. Dez. 02	**15.000,00 €**
Buchwert zum 31. Dez. 02	105.000,00 €
– Abschreibung zum 31. Dez. 03	**15.000,00 €**
Buchwert zum 31. Dez. 03	90.000,00 €
– Abschreibung zum 31. Dez. 04	**15.000,00 €**
Buchwert zum 31. Dez. 04	75.000,00 €
– Abschreibung zum 31. Dez. 05	**15.000,00 €**
Buchwert zum 31. Dez. 05	60.000,00 €
– Abschreibung zum 31. Dez. 06	**15.000,00 €**
Buchwert zum 31. Dez. 06	45.000,00 €
– Abschreibung zum 31. Dez. 07	**15.000,00 €**
Buchwert zum 31. Dez. 07	30.000,00 €
– Abschreibung zum 31. Dez. 08	**15.000,00 €**
Buchwert zum 31. Dez. 08	15.000,00 €
– Abschreibung zum 31. Dez. 09	**15.000,00 €**
Buchwert zum 31. Dez. 09	**0,00 €**

Die Tabelle zeigt, dass die **Abschreibung** in jedem Nutzungsjahr **gleich (linear)** ist. Deshalb wird am Ende der Nutzungsdauer der **Nullwert** erreicht. Wird der Lkw weiterhin genutzt, werden im letzten Jahr nur 14.999,00 € abgeschrieben, sodass der Lkw dann noch mit einem **Erinnerungswert** von 1,00 € ausgewiesen wird.

Die **Abschreibung** abnutzbarer Anlagegüter wird als **Aufwand** auf dem Konto

Abschreibungen auf Sachanlagen (SA)

erfasst. Das **Steuerrecht** spricht von **A**bsetzung **f**ür **A**bnutzung, kurz **AfA. Durch lineare Abschreibung** werden die **Anschaffungskosten** eines Anlagegutes **plan-**

1 Bei besonders starker Belastung verkürzt sich die Nutzungsdauer um 1 Jahr.

Abschreibungen werden als Aufwand gebucht

mäßig als Aufwand **auf seine Nutzungsjahre verteilt** (§ 253 Abs. 2 HGB). Deshalb wird jedes Nutzungsjahr mit dem **gleichen** AfA-Betrag in der **GuV-Rechnung** belastet.

Buchung der Abschreibung zum 31. Dezember des ersten Nutzungsjahres:

Buchungssatz	Soll	Haben
❶ **Abschreibungen auf SA**	15.000,00	
an **Fuhrpark**		15.000,00

Abschlussbuchungen	Soll	Haben
❷ **Gewinn- und Verlustkonto**	15.000,00	
an **Abschreibungen auf SA**		15.000,00
❸ **Schlussbilanzkonto**	120.000,00	
an **Fuhrpark**		120.000,00

Nach Buchung der Abschreibung weist das Konto „Fuhrpark" den **Lkw-Restwert** aus:

S	Fuhrpark		H
Verb. a. LL	135.000,00	❶ Abschr.	15.000,00
		❸ SBK	120.000,00

S	Abschreibungen auf SA		H
❶ Fuhrpark	15.000,00	❷ GuV	15.000,00

S	Schlussbilanzkonto		H
❸ Fuhrpark	120.000,00		

S	Gewinn- und Verlustkonto		H
...	300.000,00	...	400.000,00
❷ Abschr.	15.000,00		
Gewinn	?		

Der **Abschreibungsaufwand mindert den Gewinn** und damit **die Steuerlast** des Unternehmers (z. B. die Einkommensteuer). *Wie hoch ist im vorstehenden Beispiel der Gewinn mit und ohne Berücksichtigung der Abschreibung?*

Anlagenkartei

Für die buchhalterische Verwaltung des vielfältigen Sachanlagevermögens muss eine **Anlagenbuchhaltung als Nebenbuchhaltung** eingerichtet werden. Das geschieht in Form einer **Anlagenkartei,** in der für jeden Sachanlagegegenstand eine besondere **Anlagenkarte mit folgenden Angaben** zu führen ist (siehe auch S. 15):

Inventarnummer, Kontonummer in der Hauptbuchhaltung, Bezeichnung der Sachanlage, Anschaffungszeitpunkt, Anschaffungskosten, betriebsgewöhnliche Nutzungsdauer, Abschreibungsbetrag, Buchwert. Auf der Rückseite der Anlagenkarte werden zusätzlich vermerkt: Lieferer der Sachanlage, Garantie, Instandsetzungen, Versicherungswert u. a. m.

Konto-/Inventar-Nr.		Bezeichnung der Anlage	Standort (Kostenstelle)
0840/41		Lkw HS 404	Versandlager
Anschaffungszeitpunkt		**Anschaffungskosten**	**Instandsetzungen**
. .-01-05		135.000,00 €	–
Nutzungsjahre: 9		**Jährlicher Abschreibungsbetrag:** 15.000,00 €	
Datum	**Zugang**	**Abschreibung** linear	**Buchwert (Restwert)**
. .-01-05	135.000,00 €	–	–
. .-12-31	–	15.000,00 €	120.000,00 €
usw.			

Ermitteln und Buchen der Gesamtabschreibung

Die Anlagenkarten werden in der Anlagenkartei **nach Sachanlagekonten geordnet.** Zum Jahresschluss wird die **Summe der Abschreibungen jeder Anlagengruppe** (Gebäude, Technische Anlagen und Maschinen, BGA, Fuhrpark u. a.) aus den entsprechenden Anlagenkarten sowie die **Gesamtabschreibung aller Sachanlagen** ermittelt. Die **Buchung** der Abschreibung kann dann **in einem zusammengesetzten Buchungssatz** vorgenommen werden:

Abschreibungen auf SA an **Gebäude, TA und Maschinen, BGA** u. a.

647678

Eine ordnungsmäßige **Anlagenkartei ersetzt die körperliche Inventur** der Sachanlagen. Die Buchwerte der Sachanlagegruppen können **direkt in das Inventar und das Schlussbilanzkonto übertragen** werden.

In der **Gewinn- und Verlustrechnung** sind **Abschreibungen Aufwand,** der den Gewinn und damit die Gewinnsteuern (z. B. Einkommensteuer) mindert. In der **Kalkulation der Warenverkaufspreise** werden Abschreibungen als **Kosten** eingesetzt. **Über die Umsatzerlöse fließen die einkalkulierten Abschreibungen in Form von liquiden Mitteln zurück,** sofern die Verkaufspreise die Selbstkosten decken. **Abschreibungsrückflüsse** stehen somit zur **Finanzierung der Ersatzbeschaffungen** zur Verfügung.

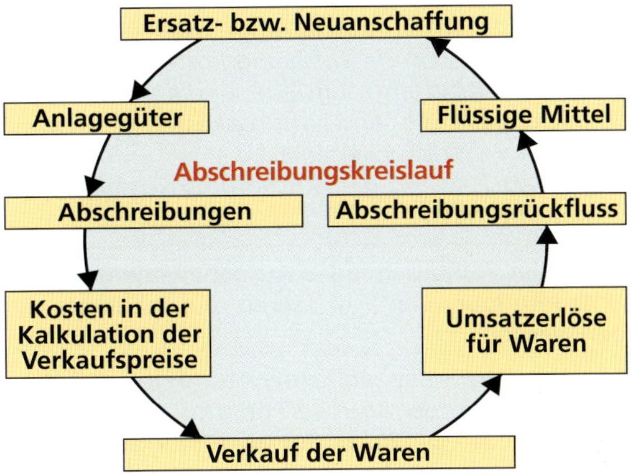

Zusammenfassung

- **Vermögensgegenstände** sind zum Zeitpunkt ihres Erwerbs mit ihren tatsächlichen **Anschaffungskosten** zu erfassen **(zu aktivieren).** Dazu zählen nach § 255 HGB:

	Anschaffungspreis (netto):	Einkaufspreis ohne Umsatzsteuer
–	**Preisminderungen** (netto):	z. B. Skonti, nachträgliche Preisnachlässe
+	**Nebenkosten** (netto):	z. B. Bezugs-, Montage-, Notariatskosten, Gebühren, 3,5 % Grunderwerbsteuer, Umbaukosten u. a.
	Anschaffungskosten (aktivierungspflichtig)	

- **Wertminderungen** der Sachanlagen können **technische** (z. B. Abnutzung) oder **wirtschaftliche** (z. B. Preisverfall durch technischen Fortschritt) **Ursachen** haben. Sie werden zum Jahresschluss durch **Abschreibungen** erfasst.
- **Abnutzbare Sachanlagen** sind in ihrer **Nutzung zeitlich begrenzt.** Sie werden deshalb **planmäßig, d. h. nach ihrer Nutzungsdauer,** abgeschrieben. Bei **linearer** Abschreibung sind die jährlichen **Abschreibungsbeträge gleich hoch. Außergewöhnliche Wertminderungen** (z. B. Brandschaden) bedingen eine **außerplanmäßige Abschreibung.**
- Bei **linearer** Abschreibung werden die **Anschaffungskosten** einer Sachanlage in **gleichen** Beträgen **auf** die einzelnen **Nutzungsjahre** als Aufwand **verteilt. Vorteil:** Die **Gewinn- und Verlustrechnungen** der Nutzungsjahre werden **gleichmäßig belastet.**
- **Abschreibungen sind ein bedeutendes Mittel der Finanzierung.** Als Aufwand **mindern** sie den Gewinn und somit die **gewinnabhängigen Steuern** (z. B. Einkommensteuer, Gewerbesteuer) **und die Gewinnausschüttung. Über die Umsatzerlöse fließen** die als Kosten in die Verkaufspreise **einkalkulierten Abschreibungen** in Form **liquider Mittel** in das Unternehmen zurück.
- **Die Anlagenkartei ergänzt und erläutert als Nebenbuchhaltung die Sachanlagekonten.** Sie ist Voraussetzung für eine rationelle **Sammelabschreibung** und **befreit von der körperlichen Bestandsaufnahme** der Sachanlagen.

AUFGABEN

83 Die Baustoffgroßhandlung Stern OHG hat einen Lkw zum Preis von 132.000,00 € netto + Umsatzsteuer angeschafft. Der Lkw wurde mit einer Werbeaufschrift für das Unternehmen versehen, die 8.150,00 € + Umsatzsteuer ausmachte. Die beiden Rechnungen sind noch nicht beglichen. Die Zulassungsgebühren werden mit 150,00 €, die Nummernschilder mit 100,00 € + Umsatzsteuer bar bezahlt.

1. *Ermitteln Sie die Anschaffungskosten des Lkw.*
2. *Warum zählen die Zulassungskosten zu den Anschaffungsnebenkosten, nicht aber die Kraftfahrzeugsteuer und Kraftfahrzeugversicherung?*
3. *Buchen Sie die Anschaffungskosten des Lkw.* Konten: Fuhrpark, Vorsteuer, Kasse, Verbindlichkeiten a. LL.
4. *Wie hoch wären die Anschaffungskosten, wenn uns der Lieferer 2 % Skonto gewährt hätte?* ■

84 Der in der vorhergehenden Aufgabe genannte Lkw hat eine betriebsgewöhnliche Nutzungsdauer von acht Jahren und soll in gleichen Jahresbeträgen abgeschrieben werden.

1. *Ermitteln Sie den jährlichen Abschreibungsbetrag.*
2. *Wie hoch ist der Buchwert des Lkw am Ende des ersten Nutzungsjahres?*
3. *Nennen Sie den Buchungssatz für die Abschreibung.*
4. *Wie lauten die Abschlussbuchungssätze?*
5. *Buchen Sie auf den Konten Fuhrpark, Abschreibungen auf SA, SBK, GuV.* ■

85 Anschaffung einer Hebebühne in der Baustoffgroßhandlung Stern OHG. Die Rechnung lautet über 160.000,00 € + Umsatzsteuer. Die Transportkosten werden vom Spediteur mit 5.000,00 € + Umsatzsteuer in Rechnung gestellt. Für Installationsarbeiten werden 25.000,00 € + Umsatzsteuer berechnet. Die TÜV-Gebühr wird mit Bankscheck beglichen: 500,00 € + Umsatzsteuer.

1. *Ermitteln Sie die Anschaffungskosten der Hebebühne.*
2. *Nennen Sie die Buchungssätze und buchen Sie auf den Konten:* Technische Anlagen und Maschinen, Vorsteuer, Bank, Verbindlichkeiten a. LL. ■

86 Die Hebebühne in Aufgabe 85 hat eine Nutzungsdauer von 15 Jahren.

1. *Berechnen Sie die jährliche AfA bei gleichen Abschreibungsbeträgen.*
2. *Nennen Sie den Buchungssatz für die Abschreibung am Ende des ersten Nutzungsjahres.*
3. *Buchen Sie die Abschreibung auf Konten und schließen Sie diese ab.*
4. *Wie hoch ist der Buchwert der Hebebühne nach fünf Nutzungsjahren?* ■

87 Die Anschaffungskosten einer Verpackungsanlage betragen 400.000,00 €, die Nutzungsdauer wird auf 10 Jahre geschätzt.

1. *Ermitteln Sie bei linearer Abschreibung jeweils den Abschreibungsbetrag und Abschreibungssatz.*
2. *Erstellen Sie die Abschreibungstabelle.*
3. *Buchen Sie für das erste Jahr die Abschreibung. Richten Sie dazu folgende Konten ein: Technische Anlagen und Maschinen, Abschreibungen auf Sachanlagen, Schlussbilanzkonto, GuV-Konto.* ■

88 *Folgende Konten sind einzurichten:* Technische Anlagen und Maschinen 220.000,00 €, Fuhrpark 140.000,00 €, Betriebs- und Geschäftsausstattung 90.000,00 €, Abschreibungen auf Sachanlagen, GuV-Konto, Schlussbilanzkonto.

Buchen Sie die Abschreibungen, wenn lt. Inventur folgende Schlussbestände vorhanden sind:

Technische Anlagen und Maschinen 196.000,00 €, Fuhrpark 113.000,00 €, Betriebs- und Geschäftsausstattung 81.000,00 €.

Führen Sie den Abschluss der Konten durch. ■

Anfangsbestände 89

Technische Anlagen und Maschinen 120.000,00 €, Fuhrpark 30.000,00 €, Betriebs- und Geschäftsausstattung 35.000,00 €, Warenbestand 44.000,00 €, Forderungen a. LL 9.000,00 €, Kasse 8.000,00 €, Bank 48.000,00 €, Verbindlichkeiten a. LL 24.000,00 €, Darlehensschulden 30.000,00 €, Eigenkapital 240.000,00 €.

Bestandskonten: Technische Anlagen und Maschinen, Fuhrpark, Betriebs- und Geschäftsausstattung, Warenbestand, Forderungen a. LL, Kasse, Bank, Verbindlichkeiten a. LL, Darlehensschulden, Eigenkapital, Umsatzsteuer, Vorsteuer: Schlussbilanzkonto.

Erfolgskonten: Wareneingang, Löhne, Betriebliche Steuern, Abschreibungen auf Sachanlagen, Umsatzerlöse für Waren: Gewinn- und Verlustkonto.

Geschäftsfälle	€
1. Kauf von Waren auf Ziel, netto	3.800,00
+ Umsatzsteuer	722,00
2. Banküberweisung eines Kunden	3.200,00
3. Banküberweisung an einen Lieferer	3.300,00
4. Banküberweisung für Gewerbesteuer[1]	950,00
5. Lohnzahlung durch Banküberweisung	4.100,00
6. Teilrückzahlung eines Darlehens durch Banküberweisung	3.500,00
7. Verkauf von Waren auf Ziel, netto	68.200,00
+ Umsatzsteuer	12.958,00

Abschlussangaben

1. Abschreibungen: Technische Anlagen und Maschinen 12.000,00 €, Fuhrpark 3.000,00 €, BGA 2.500,00 €.
2. Endbestand an Waren lt. Inventur 11.650,00

Ergänzen Sie die folgenden Aussagen in Ihrem Arbeitsheft: 90

1. In der Erfolgsrechnung eines Unternehmens stellen Abschreibungen auf Sachanlagen ••• dar, die den ••• vermindern oder den ••• erhöhen.
2. Durch ••• Abschreibungen werden die Ausgaben für die Anschaffungskosten auf die ••• als ••• verteilt, wodurch die Erfolgsrechnungen der einzelnen ••• ••• belastet werden.
3. Planmäßige Abschreibung bedeutet Abschreibung nach der ••• der Sachanlage.
4. Abschreibungen auf Sachanlagen haben ••• und/oder ••• Ursachen.
5. Außergewöhnliche Wertminderungen bedürfen einer ••• Abschreibung.
6. AfA bedeutet: ••• für •••.
7. Die Anlagenkartei ist eine •••buchhaltung, die die •••konten der Hauptbuchhaltung erläutert. Sie ••• die ••• Inventur der Sachanlagen.
8. Abschreibungen vermindern den Bestand in den Sachanlagekonten und im Konto •••. Diese Art der Wertveränderung heißt Aktiv-/Passiv•••. ■

1. *Wie wirken sich Abschreibungen auf die Sachanlagekonten und das Eigenkapital aus?* 91
2. Abschreibungen sind ein bedeutendes Mittel der Finanzierung. *Begründen Sie.*

1 Siehe Fußnote auf S. 186.

1.13 Katja Kern bucht ihre Privatentnahmen und Privateinlagen

Situation Für ihren Lebensunterhalt entnimmt Frau Kern Geldbeträge der Geschäftskasse und begleicht private Zahlungen über das betriebliche Bankkonto.

Privatentnahmen Die Papiergroßhändlerin Kern setzt Kapital und ihre Arbeitskraft ein, um in ihrem Unternehmen Gewinn zu erzielen. Der Gewinn ist ihr Einkommen, aus dem sie ihren Lebensunterhalt bestreiten muss. Im **Vorgriff auf diesen Gewinn** entnimmt Frau Kern monatlich Haushaltsgeld aus ihrer Geschäftskasse. Außerdem begleicht sie private Zahlungen über das betriebliche Bankkonto, wie z. B. Arztrechnungen, Einkommen- und Kirchensteuern, Spenden u. a. Diese Privatentnahmen sind keine Aufwendungen ihres Großhandelsbetriebes. Sie **mindern** jedoch ihr **Eigenkapital.**

Privateinlagen Sie liegen vor, wenn Katja Kern aus ihrem Privatvermögen Geld- oder Sachwerte (z. B. Grundstücke, Privat-Pkw u. a.) in das Vermögen ihres Unternehmens einbringt. Diese Privateinlagen **erhöhen** dann ihr **Eigenkapital.**

Privatentnahmen und Privateinlagen verändern das Eigenkapital und wären deshalb auch direkt über das Eigenkapitalkonto zu buchen. Da eine Vielzahl dieser Buchungen das Eigenkapitalkonto jedoch unübersichtlich machen würde, wird ein

Privatkonto

als **Unterkonto des Eigenkapitalkontos** eingerichtet.

Buchungen auf dem Privatkonto **Auf dem Privatkonto ist wie auf dem Eigenkapitalkonto zu buchen.** Privatentnahmen werden auf der Sollseite als Kapitalminderung und im Haben die Einlagen als Mehrung des Eigenkapitals gebucht.

Das Privatkonto wird zum Abschluss des Geschäftsjahres **über das Eigenkapitalkonto abgeschlossen.**

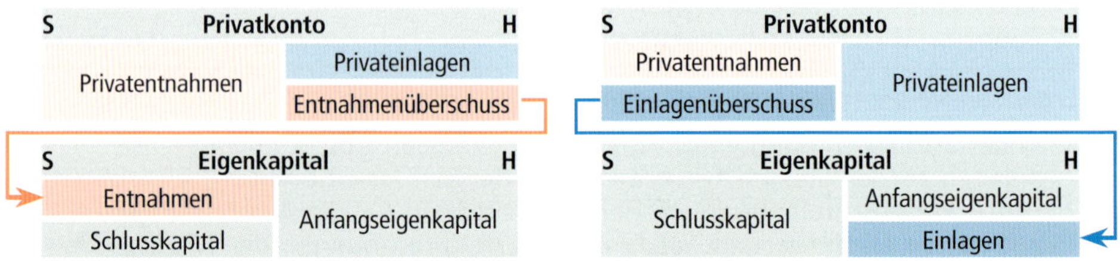

Das Privatkonto gibt es nur für den Einzelunternehmer (e. K., e. Kffr., e. Kfm.) und für den unbeschränkt haftenden Gesellschafter einer Personengesellschaft: Offene Handelsgesellschaft (OHG), Kommanditgesellschaft (KG).

Beispiel

❶ Frau Kern hebt von ihrem betrieblichen Bankkonto 12.000,00 € für private Ausgaben bar ab.

❷ Frau Kern überweist ihre Einkommen- und Kirchensteuer in Höhe von 63.000,00 € an das Finanzamt.

❸ Aus einer Erbschaft werden Frau Kern 30.000,00 € auf ihr betriebliches Bankkonto überwiesen.

Katja Kern bucht ihre Privatentnahmen und Privateinlagen

Buchungen	Soll	Haben
❶ **Privatkonto**	12.000,00	
an **Bank**		12.000,00
❷ **Privatkonto**	63.000,00	
an **Bank**		63.000,00
❸ **Bank**	30.000,00	
an **Privatkonto**		30.000,00
❹ **Eigenkapital**	45.000,00	
an **Privatkonto**		45.000,00

S	Privatkonto		H
❶ Bank	12.000,00	❸ Bank	30.000,00
❷ Bank	63.000,00	❹ EK	45.000,00
	75.000,00		75.000,00

S	Eigenkapital		H
❹ Privat	45.000,00	AB	3.000.000,00
SBK	2.955.000,00		
	3.000.000,00		3.000.000,00

S	Bank		H
AB	165.000,00	❶ Privat	12.000,00
❸ Privat	30.000,00	❷ Privat	63.000,00

Zusammenfassung

- **Privatentnahmen** in Form von Geld- und Sachwerten erfolgen in der Regel im Vorgriff auf den erwarteten Jahresgewinn. Sie **mindern das Eigenkapital.**
- **Privateinlagen** in Form von Geld- und Sachwerten **erhöhen das Eigenkapital.**
- Private Entnahmen und Einlagen werden aus Gründen der Klarheit auf dem **Privatkonto** gebucht, das ein **Unterkonto des Eigenkapitalkontos** ist.

AUFGABEN

92

Bilden Sie die Buchungssätze zu den folgenden Geschäftsfällen der Elektrogroßhandlung Dirk Klein e. Kfm. und erläutern Sie deren Auswirkung:

1. Der Geschäftsinhaber Dirk Klein überweist über das betriebliche Bankkonto 2.600,00 € für seine Urlaubsreise.
2. Herr Klein entnimmt der Geschäftskasse 2.000,00 € Haushaltsgeld.
3. Das Großhandelsunternehmen Klein überweist eine Spende an das Rote Kreuz in Höhe von 1.200,00 € vom Geschäftsbankkonto.
4. Der Großhändler Klein zahlt aus seinem privaten Sparguthaben 4.000,00 € auf das betriebliche Bankkonto ein.
5. Dirk Klein überweist die Miete für seine Wohnung vom Geschäftsbankkonto: 1.100,00 €.
6. Dirk Klein überweist vom Geschäftsbankkonto den Kaufpreis für den Privatwagen: 38.000,00 €.

93

1. *Richten Sie für die Elektrogroßhandlung Dirk Klein e. Kfm. folgende Konten ein:* Privatkonto, Bank (AB 90.000,00 €), Kasse (AB 4.600,00 €), Eigenkapital (AB 200.000,00 € + 30.000,00 € Gewinn lt. GuV-Konto).
2. *Übertragen Sie die Buchungen der Aufgabe 92 auf die entsprechenden Konten.*
3. *Schließen Sie das Privatkonto ab. Nennen Sie den Buchungssatz.*
4. *Wie hoch ist das Eigenkapital beim Abschluss? Erläutern Sie die Eigenkapitaländerungen.*

AUFGABEN

94 *Richten Sie die Konten Eigenkapital, Gewinn und Verlust und Privat ein und übertragen Sie die folgenden Buchungsbeträge:*

	a) €	b) €
Anfangsbestand des Eigenkapitalkontos	500.000,00	400.000,00
Gesamtaufwendungen	650.000,00	580.000,00
Gesamterträge	790.000,00	540.000,00
Privatentnahmen	120.000,00	60.000,00
Privateinlagen	40.000,00	50.000,00

1. *Schließen Sie das Gewinn- und Verlustkonto und das Privatkonto ab.*
2. *Ermitteln Sie im Eigenkapitalkonto den Schlussbestand.*
3. *Erläutern Sie die Auswirkungen der privaten Vorgänge und des Gewinn- und Verlustkontos auf den Anfangsbestand des Eigenkapitals.* ■

95 *Erläutern Sie jeweils die Auswirkung auf das Anfangseigenkapital:*

1. Gewinn > Entnahmen
2. Gewinn < Entnahmen
3. Verlust < Einlagen
4. Verlust > Einlagen ■

96 *Buchen Sie für den Textilgroßhandel Ulrike Busch e. Kffr. auf den Konten Bank (AB 187.000,00 €), Unbebaute Grundstücke (AB 0,00 €), Eigenkapital (AB 300.000,00 € + 60.000,00 € Gewinn lt. GuV-Konto) und Privat folgende Geschäftsfälle:*

1. Die Geschäftsinhaberin U. Busch hat ein Grundstück im Wert von 120.000,00 € geerbt, das sie in das Betriebsvermögen eingebracht hat.
2. Für die Anmietung eines Ferienhauses hat Frau Busch 2.800,00 € vom Geschäftsbankkonto überwiesen.
3. Für private Ausgaben entnimmt U. Busch 6.000,00 € dem Geschäftsbankkonto.
4. Die Arztrechnung für ihren Sohn überweist U. Busch mit 450,00 € vom Geschäftsbankkonto.

1. *Schließen Sie das Privatkonto unter Nennung des Buchungssatzes ab und ermitteln Sie den Schlussbestand im Eigenkapitalkonto.*
2. *Erläutern Sie die Auswirkungen des GuV-Kontos und des Privatkontos auf das Anfangseigenkapital.* ■

97 *Nennen Sie als Buchhalter/-in der Papiergroßhandlung Katja Kern e. Kffr. die Buchungssätze zu folgenden drei Belegen:*

Beleg 1

KATJA KERN KÖLN e. Kffr. Papiergroßhandlung

Quittung

Barentnahme für den Haushalt
2.000,00 €.

Köln, ..-12-12

Katja Kern

Beleg 2

Beleg / Quittung für den Auftraggeber

Konto-Nr. des Auftraggebers
723 544 32

Empfänger
Hermann-Gmeiner-Fonds Deutschland e. V.
Menzinger Straße 23, 80638 München

Konto-Nr. des Empfängers
1 111 111 Deutsche Bank, München

Spende zur Förderung der SOS-Kinderdörfer in aller Welt

EUR 650,00

Auftraggeber/Einzahler (genaue Anschrift)

Katja Kern e. Kffr.
Papiergroßhandlung
Bonner Wall 45 - 55
50677 Köln

647684

Beleg 3

Durchschrift 370 501 98
Sparkasse KölnBonn

Begünstigter: Dr. med. Heinz Klein, 50679 Köln
Konto-Nr. des Begünstigten: 650 342 44 — Bankleitzahl: 370 501 98
bei (Kreditinstitut): Sparkasse KölnBonn
EUR — Betrag: Euro, Cent: 450,00
Kunden-Referenznummer – noch Verwendungszweck, ggf. Name und Anschrift des Auftraggebers – (nur für Empfänger):
Arztrechnung vom 28. Nov. ..
für meine Tochter Ulrike
Kontoinhaber: Katja Kern e. Kffr., Papiergroßhandlung, 50677 Köln
Konto-Nr. des Kontoinhabers: 723 544 32
..-12-14 *Katja Kern*
Datum, Unterschrift

Anfangsbestände 98

	€		€
BGA	420.000,00	Bankguthaben	82.000,00
Warenbestand	230.000,00	Eigenkapital	400.000,00
Forderungen a. LL	115.000,00	Darlehensschulden	286.500,00
Kasse	12.000,00	Verbindlichkeiten a. LL	172.500,00

Konten: EBK, BGA, Warenbestand, Forderungen a. LL, Vorsteuer, Kasse, Bank, Eigenkapital, Privat, Darlehensschulden, Verbindlichkeiten a. LL, Umsatzsteuer, Umsatzerlöse für Waren, Zinserträge, Wareneingang, Gehälter, Fremdinstandsetzung, Büromaterial, Abschreibungen auf Sachanlagen, GuV-Konto, SBK.

Geschäftsfälle

	€	€
1. Begleichung der Liefererrechnung ER 456 durch Banküberweisung		23.800,00
2. Verkauf von Waren lt. AR 552, netto	60.000,00	
+ Umsatzsteuer	11.400,00	71.400,00
3. Geschäftsinhaber entnimmt der Kasse (KB 113) f. Urlaubsreise		2.500,00
4. Einkauf von Waren lt. ER 482, netto	12.000,00	
+ Umsatzsteuer	2.280,00	14.280,00
5. BA 171: Banküberweisung für eine Spende an UNICEF		600,00
6. Bareinkauf von Büromaterial lt. KB 114, netto	700,00	
+ Umsatzsteuer	133,00	833,00
7. BA 172: Lastschrift der Bank für Gehaltsüberweisungen		15.000,00
8. BA 173: Wohnungsmiete des Geschäftsinhabers wird vom Geschäftsbankkonto überwiesen		1.200,00
9. BA 174: Zinsgutschrift der Bank		1.500,00
10. Reparatur des Geschäftswagens wird bar bezahlt lt. KB 115, netto	700,00	
+ Umsatzsteuer	133,00	833,00
11. Verkauf von Waren lt. AR 553, Warenwert	88.000,00	
+ Umsatzsteuer	16.720,00	104.720,00
12. BA 175: Überweisung für Reparatur am Privathaus		595,00

Abschlussangaben

	€
1. Abschreibung auf BGA	15.000,00
2. Warenschlussbestand lt. Inventur	145.000,00

■

---

1. Das Eigenkapital der Baustoffgroßhandlung Wette OHG betrug zu Beginn des Geschäftsjahres 500.000,00 € und bei Jahresschluss 580.000,00 €. Die Privatentnahmen betrugen 60.000,00 € und die Privateinlagen 40.000,00 €. *Wie hoch war der Jahreserfolg?* 99
2. Der Jahresgewinn des Sanitärgroßhandels Greipel KG betrug 140.000,00 € bei Privatentnahmen von 160.000,00 €. *Wie beurteilen Sie das?* ■

1.14 Exkurs: Katja Kern zahlt Umsatzsteuer bei Entnahmen

Umsatzsteuerpflichtige Entnahmen

Der Umsatzsteuer unterliegen nicht nur Lieferungen und Leistungen eines Unternehmens gegen Entgelt, sondern auch **unentgeltliche Entnahmen von Sachgütern und sonstigen Leistungen** des Unternehmens durch den Unternehmer **zu unternehmensfremden (z. B. privaten) Zwecken.** Dieser Besteuerungstatbestand wurde bis zum 31. März 1999 als **Eigenverbrauch** bezeichnet. Durch das **Steuerentlastungsgesetz 1999/2000/2002** wurde **ab 1. April 1999** der Begriff des Eigenverbrauchs abgeschafft. An seine Stelle trat in der Neufassung des Umsatzsteuergesetzes (§ 3 Abs. 1 b und 9 a UStG) und in der **Kontobenennung** die Bezeichnung:

„Entnahme von Gegenständen und sonstigen Leistungen" (kurz: ... v. G. u. s. L.)

Für jede Entnahme ist ein **Eigenbeleg** zu erstellen, der den Nettoentnahmewert sowie die Umsatzsteuer ausweist. Der Nettoentnahmewert wird im Haben des Ertragskontos **„Entnahme v. G. u. s. L."** erfasst, was eine schnelle **Umsatzsteuerverprobung** ermöglicht (§ 22 UStG).

Beispiel 1

Frau Kern entnimmt für ihren Sohn, der in Köln studiert, 5 000 Blatt Kopierpapier aus dem Warenlager ihres Unternehmens zum Anschaffungswert (= Einkaufspreis + Bezugskosten) von 60,00 € zuzüglich 11,40 € Umsatzsteuer.

Buchungen	Soll	Haben
❶ **Privatkonto**	71,40	
an **Entnahme v. G. u. s. L.**		60,00
an **Umsatzsteuer**		11,40
❷ **Entnahme v. G. u. s. L.**	60,00	
an **GuV-Konto**		60,00

KATJA KERN KÖLN *e. Kffr.* *Papiergroßhandlung*

Warenentnahme

5 000 Blatt Kopierpapier, netto..	60,00 €
+ Umsatzsteuer	9,60 €
Entnahme, brutto.........................	69,60 €

Köln, ..-07-12 *Katja Kern*

S	Privatkonto		H
❶ Entn./USt	71,40		

S	Entnahme v. G. u. s. L.		H
❷ GuV	60,00	❶ Privat	60,00

S	Umsatzsteuer		H
		❶ Privat	11,40

S	GuV-Konto		H
		❷ Entnahme v. G. u. s. L.	60,00

Beispiel 2

Frau Kern lässt ihre Privatwohnung durch ihren Betrieb (Hausmeister) renovieren. Der Buchungsbeleg muss diese Dienstleistung des Betriebes als Entnahme (= 2.300,00 €) und die darauf entfallende Umsatzsteuer (= 437,00 €) gesondert ausweisen.

Buchungen	Soll	Haben
❶ **Privatkonto**	2.737,00	
an **Entnahme v. G. u. s. L.**		2.300,00
an **Umsatzsteuer**		437,00
❷ **Entnahme v. G. u. s. L.**	2.300,00	
an **GuV-Konto**		2.300,00

Exkurs: Katja Kern zahlt Umsatzsteuer bei Entnahmen

KATJA KERN KÖLN *Papiergroßhandlung*
e. Kffr.

Buchungsanweisung

Betreff: Instandsetzung des Privathauses

	Material und Arbeitslohn	2.300,00 €
+	Umsatzsteuer	437,00 €
	Entnahme, brutto	2.737,00 €

Köln, ..-12-31 *Katja Kern*

S	Privatkonto		H
❶ Entn./USt	2.737,00		

S	Entnahme v. G. u. s. L.		H
❷ GuV	2.300,00	❶ Privat	2.300,00

S	Umsatzsteuer		H
		❶ Privat	437,00

S	GuV-Konto		H
		❷ Entnahme v. G. u. s. L.	2.300,00

Private Pkw-Nutzung

Bei privater Nutzung des Geschäftswagens muss der **private Nutzungsanteil** durch Führung eines **Fahrtenbuches** nachgewiesen und ermittelt werden. Dieser unterliegt nach dem **Steueränderungsgesetz 2003** der **Umsatzsteuer,** wenn das Fahrzeug **nach** dem 31. Dezember 2002 erworben worden ist. Bei Anschaffung des Fahrzeuges kann der **volle Vorsteuerabzug** geltend gemacht werden. **Buchung:** Fuhrpark und Vorsteuer an Verbindlichkeiten a. LL. **Bei der Ermittlung des USt-pflichtigen privaten Nutzungsanteils an den Fahrzeugkosten** bleiben die **vorsteuerfreien** Kosten (z. B. Kfz-Steuer/-Versicherung) außer Ansatz.

Beispiel 3

Die Gesamtkosten des Geschäftswagens (z. B. AfA, Wartungskosten, Treibstoffkosten u. a.) betragen nach Abzug der vorsteuerfreien Kosten 10.000,00 €. Frau Kern nutzt das Fahrzeug lt. Fahrtenbuch zu 25 % privat. Der Entnahmebeleg weist im Einzelnen aus:

	Nutzungsentnahme netto	2.500,00 €
+	19 % Umsatzsteuer	475,00 €
	Nutzungsentnahme brutto	2.975,00 €

Buchungssatz	Soll	Haben
Privatkonto	2.975,00	
an **Entnahme v. G. u. s. L.**		2.500,00
an **Umsatzsteuer**		475,00

Ermittlung des privaten Nutzungsanteils

Der private Nutzungsanteil an den Geschäftswagenkosten kann **ermittelt werden:**

1. durch **Einzelnachweis:** Die zurückgelegten Kilometer sind jeweils für Dienst- und Privatfahrten getrennt in einem **Fahrtenbuch** nachzuweisen. Alternativ:
2. mithilfe **der 1-%-Bruttolistenpreisregelung:** Die private Nutzung muss **für jeden Kalendermonat mit 1 % des inländischen Listenpreises des Fahrzeugs zum Zeitpunkt der Erstzulassung zuzüglich Sonderausstattung und einschließlich Umsatzsteuer** angesetzt werden. Diese Ein-Prozent-Pauschalmethode kann **ab Januar 2006** nur angewendet werden, wenn die **betriebliche Nutzung** des Firmenwagens **mehr als 50 %** beträgt.

Zusammenfassung

- **Die private Entnahme und Nutzung von Gegenständen** des Unternehmens (z. B. Waren u. a.) sowie die **private Inanspruchnahme von betrieblichen Leistungen** (z. B. Unternehmer lässt Reparaturen in seinem Wohnhaus durch seinen Betrieb durchführen) **sind Privatentnahmen,** die der Umsatzsteuer unterliegen.
- Die **Entnahme** ist buchhalterisch **gesondert** auf dem Konto **„Entnahme von Gegenständen und sonstigen Leistungen"** zu **erfassen.**

Zusatzinformation

- **Der private Anteil an den Telekommunikationskosten** stellt nach einem BFH-Urteil **keine umsatzsteuerpflichtige Leistungsentnahme** dar. Deshalb sind die monatlich in Rechnung gestellten **Gebühren** (Miete für die Telefonanlage, Grund- und Gesprächsgebühren) **und die Vorsteuer** um den privaten Anteil zu korrigieren. **Buchung:** Privat an Konto „Kosten der Telekommunikation" und Vorsteuer.

AUFGABEN

100 *Bilden Sie die Buchungssätze zu folgenden Geschäftsfällen der Lebensmittelgroßhandlung Petra Born e. Kffr.:*

1. Banküberweisung für die Lebensversicherung der Geschäftsinhaberin	€ 1.200,00
2. Die Geschäftsinhaberin entnimmt Waren für den privaten Verbrauch, Warenwert	600,00
+ Umsatzsteuer	114,00
3. Die Telekommunikationsrechnung für Januar wird mit 952,00 € (800,00 € + 152,00 € USt) durch Bankabbuchung beglichen. Der private Nutzungsanteil beträgt 200,00 € + USt.	
4. Die Heizungsreparatur im Einfamilienhaus der Geschäftsinhaberin wird durch den eigenen Betrieb durchgeführt. Kosten	350,00
+ Umsatzsteuer	66,50

101 *Als Mitarbeiter/-in der Elektrogroßhandlung Werner Peters e. K. bilden Sie zu folgenden Geschäftsfällen die Buchungssätze und führen dazu die Konten Fuhrpark, Verbindlichkeiten a. LL, Privat, Entnahme v. G. u. s. L., Vorsteuer, Umsatzsteuer, Gewinn und Verlust, Eigenkapital (AB 300.000,00 €).*

1. Privatentnahme eines Kühlschranks, Wareneinstandswert	300,00 €
+ Umsatzsteuer	57,00 €
2. Banküberweisung für eine Urlaubsreise	2.450,00 €
3. a) Anschaffung eines Geschäfts-Pkw, der vom Unternehmer auch privat genutzt wird, gegen Rechnung: 62.000,00 € +	11.780,00 € USt
b) 25 % private Nutzung lt. Fahrtenbuch, 12.000,00 € Gesamtkosten	
4. Die Elektroinstallation im Einfamilienhaus des Geschäftsinhabers erfolgt durch den Betriebselektriker. 120 Arbeitsstunden je 40,00 €	4.800,00 €
+ Umsatzsteuer	912,00 €
5. Banküberweisung für die Einkommen- und Kirchensteuer	23.000,00 €
6. Abschluss der Konten Privat und Entnahme v. G. u. s. L.	••• €

102 Das Eigenkapital eines Großhandelsunternehmens betrug zum Beginn des Geschäftsjahres 600.000,00 € und zum Jahresschluss 670.000,00 €. Während des Geschäftsjahres tätigte der Unternehmer 70.000,00 € Privatentnahmen und Einlagen von 30.000,00 €.

Wie hoch war der Jahreserfolg des Unternehmens? ■

103 Die Finanzbuchhaltung des Textilgroßhandels Koch KG weist zum 31. Dezember . . folgende Daten aus:

Anlagevermögen	980.000,00 €
Umlaufvermögen	520.000,00 €
Fremdkapital	500.000,00 €
Privatentnahmen	120.000,00 €
Privateinlagen	40.000,00 €
Gewinn lt. GuV-Konto	180.000,00 €

Ermitteln Sie das Eigenkapital a) zum 31. Dez. und b) zum 1. Jan. des Geschäftsjahres.

104
1. *Was rechnet im Einzelnen zu den Entnahmen v. G. u. s. L.?*
2. *Begründen Sie, weshalb die Entnahme v. G. u. s. L. umsatzsteuerpflichtig ist.*
3. *Private Entnahmen von Waren dürfen nur zum Bezugspreis (= Anschaffungskosten) und nicht zum höheren Verkaufspreis erfolgen. Warum?*
4. *Sehen Sie einen Zusammenhang zwischen Privatentnahmen und Gewinn?* ■

Katja Kern organisiert die Finanzbuchhaltung 1.15

Welche Aufgaben hat die Finanzbuchhaltung? 1.15.1

Aufgaben der Buchführung

Die Buchführung oder Finanzbuchhaltung muss **alle Geschäftsfälle aufgrund von Belegen** laufend, lückenlos, **zeitlich und sachlich geordnet erfassen** und aufzeichnen, also buchen. Die **zeitliche Ordnung** der Geschäftsfälle erfolgt **im Grundbuch,** die **sachliche** auf den **Sachkonten des Hauptbuches.** Ohne diese **ordnungsmäßige Aufzeichnung der Geschäftsfälle** würde Frau Kern in kürzester Zeit den Überblick über Vermögen, Schulden und Erfolg ihres Unternehmens verlieren. Außerdem fehlten ihr dann die Zahlen für ihre Vorhaben und Entscheidungen.

Die wichtigsten Aufgaben der Buchführung:

- Sie stellt den **Stand des Vermögens und der Schulden** fest.
- Sie zeichnet **alle Veränderungen** der Vermögens- und Schuldenwerte aufgrund von Geschäftsfällen lückenlos und planmäßig auf.
- Sie gibt beispielsweise einen **Überblick über folgende Daten:**
  - Warenverkauf (Umsatzerlöse)
  - Warenaufwendungen
  - Warenrohgewinn
  - Betriebliche Aufwendungen (z. B. Miete, Personalkosten u. a.)
  - Privatentnahmen, u. a.
- Sie ermittelt den **Erfolg des Unternehmens,** also den **Gewinn** oder den **Verlust**, indem sie alle Aufwendungen (Werteverzehr) und Erträge (Wertezuwachs) im Einzelnen erfasst.
- Sie liefert die Zahlen für die **Preisberechnung (Kalkulation) der Waren.**
- Sie stellt Zahlen für **innerbetriebliche Kontrollen** zur Verfügung, die der Steigerung der Wirtschaftlichkeit dienen.
- Sie ist die Grundlage zur **Berechnung der Steuern.**
- Sie ist wichtiges **Beweismittel** bei Rechtsstreitigkeiten mit Kunden, Lieferern, Banken, Behörden (Finanzamt, Gerichte) u. a.

Handelsgesetzbuch und Steuergesetze bilden die gesetzlichen Grundlagen der Finanzbuchhaltung 1.15.2

Buchführungspflicht

Die obige Übersicht zeigt, dass die Buchführung nicht nur für das Unternehmen selbst von großer Bedeutung ist, sondern auch für bestimmte **Institutionen des Staates** (Finanzamt, Gerichte u. a.) und zum **Schutz der Gläubiger** bei Kreditbewilligungen. Deshalb verpflichtet das **Handelsgesetzbuch** im § 238 alle **in das Handelsregister eingetragenen Kaufleute** mit dem Firmenzusatz **e. K., e. Kffr.** oder **e. Kfm.** und **OHG, KG, GmbH** oder **AG** zur Buchführung:

„Jeder Kaufmann ist verpflichtet, Bücher zu führen und in diesen seine Handelsgeschäfte und die Lage seines Vermögens nach den Grundsätzen ordnungsmäßiger Buchführung ersichtlich zu machen." **(§ 238 Abs. 1 Satz 1 HGB)**

Handelsgesetzbuch und Steuergesetze bilden die gesetzlichen Grundlagen der Finanzbuchhaltung

Rechtliche Grundlagen

Befreit von der Buchführungspflicht des § 238 Abs. 1 HGB sind o.g. Einzelkaufleute, die in **zwei** aufeinander folgenden Geschäftsjahren **weniger** als **500.000,00 € Jahresumsatz** und **weniger** als **50.000,00 € Jahresgewinn** erzielen (§ 241 a HGB). Sie dürfen den Gewinn bzw. Verlust des Geschäftsjahres durch einfache **Einnahmeüberschussrechnung** (Betriebseinnahmen – Betriebsausgaben) ermitteln.

Neben der o.g. steuerrechtlichen Buchführungspflicht nach § 140 AO sind nach § 141 AO auch **Nichtkaufleute** (Handwerker, Landwirte u.a.) zur Buchführung verpflichtet, wenn deren **Jahresumsatz 500.000,00 €** oder **Jahresgewinn 50.000,00 € übersteigt.**

Die **handelsrechtlichen Vorschriften** über die **Buchführung** und den **Jahresabschluss** enthält das **„Dritte Buch"** im Handelsgesetzbuch in **drei Abschnitten:**

Der **1. Abschnitt (§§ 238–263 HGB)** enthält Vorschriften, die auf **alle Kaufleute** anzuwenden sind. Zu diesen **grundlegenden Vorschriften** zählen die Buchführungspflicht, die Führung von Handelsbüchern, das Inventar, die Pflicht zur Aufstellung des Jahresabschlusses (Bilanz und Gewinn- und Verlustrechnung), die Bewertung der Vermögensteile und Schulden sowie die Aufbewahrung von Buchführungsunterlagen u. a. m.

Der **2. Abschnitt (§§ 264–335 HGB)** enthält – **ergänzend zum 1. Abschnitt – spezielle** Vorschriften für

alle Kapitalgesellschaften, insbesondere über die **Gliederung, Prüfung und Veröffentlichung des Jahresabschlusses** der Aktiengesellschaft, Kommanditgesellschaft auf Aktien und Gesellschaft mit beschränkter Haftung. Die Vorschriften dieses Abschnitts entsprechen zugleich den Rechnungslegungsvorschriften aller **EU-Mitgliedstaaten** aufgrund des Bilanzrichtlinien-Gesetzes.

Der **3. Abschnitt (§§ 336–339 HGB)** enthält für **eingetragene Genossenschaften** über den 1. und 2. Abschnitt hinausgehende Regelungen.

Besondere Rechnungslegungsvorschriften für Aktiengesellschaften, Gesellschaften mit beschränkter Haftung und Genossenschaften sind enthalten im **Aktiengesetz** (AktG), **GmbH-Gesetz** (GmbHG), **Genossenschaftsgesetz** (GenG).

Steuerrechtliche Vorschriften

Die Buchführung ist zugleich **Grundlage für die Besteuerung** des Unternehmens und der Unternehmensinhaber. Besondere steuerrechtliche Buchführungsvorschriften sind in folgenden **Gesetzen** enthalten: **Abgabenordnung** (AO), **Einkommensteuergesetz** (EStG), **Körperschaftsteuergesetz** (KStG), **Gewerbesteuergesetz** (GewStG), **Umsatzsteuergesetz** (UStG).

Zu den Steuergesetzen gibt es noch entsprechende **Durchführungsverordnungen** (EStDV, KStDV, UStDV u. a.) und **Richtlinien** (EStR, KStR, UStR u. a.).

Zusammenfassung

- **Im Handelsregister eingetragene** Einzelkaufleute, Personengesellschaften (OHG, KG)[1] und Kapitalgesellschaften (AG, GmbH)[2] **unterliegen der Buchführungspflicht** nach § 238 Abs. 1 HGB und § 140 AO.
- **Die Schwellenwerte „Jahresumsatz"** und/oder **„Jahresgewinn" sind** nach § 241 a HGB und § 141 AO **von besonderer Bedeutung.**

1 Offene Handelsgesellschaft, Kommanditgesellschaft

2 Aktiengesellschaft, Gesellschaft mit beschränkter Haftung

647690

Welche Grundsätze ordnungsmäßiger Buchführung sind zu beachten? 1.15.3

Ordnungsmäßige Buchführung

Die Buchführung gilt als ordnungsmäßig, wenn sie „so beschaffen ist, dass sie einem **sachverständigen Dritten** (z. B. Steuerberater) innerhalb angemessener Zeit einen

Überblick über die Geschäftsfälle und die Lage des Unternehmens

vermitteln kann" (§ 238 [1] HGB). Dazu bedarf es allgemein anerkannter sachgerechter Normen, die als

Grundsätze ordnungsmäßiger Buchführung (GoB)

Eingang in die gesetzlichen Vorschriften des **Handelsgesetzbuches** gefunden haben.

Die wichtigsten Grundsätze ordnungsmäßiger Buchführung (GoB):

- **Die Buchführung muss klar und übersichtlich sein.**
  - Sachgerechte und überschaubare Organisation der Buchführung
  - Übersichtliche Gliederung des Jahresabschlusses (§§ 243 [2], 266, 275 HGB)
  - Keine Verrechnung zwischen Vermögenswerten und Schulden sowie zwischen Aufwendungen und Erträgen (§ 246 [2] HGB)
  - Buchungen dürfen nicht unleserlich gemacht werden (§ 239 [3] HGB).
- **Ordnungsmäßige Erfassung aller Geschäftsfälle.**
  Die Geschäftsfälle sind **fortlaufend** und **vollständig, richtig** und **zeitgerecht** sowie **sachlich geordnet** zu buchen, damit sie leicht überprüfbar sind (§§ 238 [1], 239 [2] HGB). **Kasseneinnahmen und -ausgaben** sind **täglich** aufzuzeichnen (§ 146 [1] AO).
- **Keine Buchung ohne Beleg!**
  Sämtliche Buchungen müssen anhand der Belege **jederzeit nachprüfbar** sein. Die Belege müssen **fortlaufend nummeriert** und **geordnet aufbewahrt** werden (§ 257 [1] HGB).
- **Ordnungsmäßige Aufbewahrung der Buchführungsunterlagen.**
  Alle Buchungsbelege, Buchungsprogramme, Konten, Bücher, Inventare, Eröffnungsbilanzen sowie Jahresabschlüsse einschließlich Anhang und Lagebericht sind **zehn Jahre** geordnet aufzubewahren (§ 257 [4] HGB, § 147 [3] AO).
  Mit Ausnahme der Eröffnungsbilanz und des Jahresabschlusses können alle Buchführungsunterlagen auf einem **Bildträger** (Mikrofilm) oder auf einem anderen **Datenträger** (Disketten, CD-ROM, DVD) aufbewahrt werden. **„Grundsatz ordnungsmäßiger DV-gestützter Buchführungssysteme"** (GoBS): Die **gespeicherten Daten** müssen **jederzeit** durch Bildschirm oder Ausdruck **lesbar** gemacht werden können (§§ 239 [4], 257 [3] HGB, § 147 [2] AO).

Verstöße gegen die GoB

Verstöße gegen die Grundsätze ordnungsmäßiger Buchführung können eine **Schätzung der Besteuerungsgrundlagen** (Umsatz, Gewinn) durch die Finanzbehörden zur Folge haben (§ 162 AO). Mit **Freiheitsstrafe** oder mit **Geldstrafe** wird bestraft, wer Jahresabschlüsse unrichtig wiedergibt oder verschleiert (§ 331 HGB, § 370 f. AO). Im Insolvenzfall können Verstöße gegen die GoB Strafverfolgung (Freiheitsstrafe) nach sich ziehen (§ 283 Strafgesetzbuch).

AUFGABEN

105 1. *Nennen Sie vier wichtige Aufgaben der Finanzbuchhaltung.*
2. *Welche Aufgaben der Buchführung sind für Sie die wichtigsten?*
3. *Warum wird jeder Unternehmer bereits aus eigenem Interesse Bücher führen?*
4. *Was bedeutet zeitgerechte Ordnung in der Buchführung?*
5. *Nennen Sie Beispiele für die sachliche Ordnung der Geschäftsfälle.* ■

106 1. *Nach welchen Gesetzen ist man zur Buchführung verpflichtet?*
2. *In welchem Gesetz sind die handelsrechtlichen Vorschriften über die Buchführung und den Jahresabschluss geregelt?*
3. *Bestimmte Rechtsformen der Unternehmung, wie z. B. die Aktiengesellschaft, haben rechtsformspezifische Gesetze für ihre Rechnungslegung. Nennen Sie solche Gesetze.*
4. *In welchen Steuergesetzen sind Vorschriften zur Buchführung enthalten?*
5. *Begründen Sie die Bedeutung der Buchführung für den Staat.*
6. *Welchen Zweck haben die Buchführungsvorschriften für den Gläubiger des Unternehmens?* ■

107 *Begründen Sie, ob bei den Unternehmen A, B, C und D eine steuerrechtliche Pflicht zur Führung von Büchern besteht:*

Kriterien nach § 141 AO	A	B	C	D
Umsatzerlöse	450.000,00 €	512.000,00 €	498.000,00 €	500.000,00 €
Gewinn	48.000,00 €	53.000,00 €	51.000,00 €	50.000,00 €

108 *Untersuchen Sie die folgenden Aussagen auf ihre Richtigkeit:*

1. Nach dem HGB ist jeder Unternehmer zur Buchführung verpflichtet.
2. Buchführungsvorschriften enthält lediglich das Handelsgesetzbuch.
3. Die handelsrechtlichen Vorschriften zur Buchführung sind im Dritten Buch des Handelsgesetzbuches „Handelsbücher" enthalten.
4. Das HGB verpflichtet nur den im Handelsregister eingetragenen Kaufmann zur Führung von Büchern.
5. Das Grundgesetz enthält die Grundsätze ordnungsmäßiger Buchführung.
6. Kasseneinnahmen und Kassenausgaben sind wöchentlich zu erfassen.
7. Vermögenswerte und Schulden sowie Aufwendungen und Erträge dürfen verrechnet werden.
8. Alle Bilanzen und alle Buchungsunterlagen dürfen auf Bild- oder Datenträgern aufbewahrt werden.
9. Verstöße gegen die Grundsätze ordnungsmäßiger Buchführung führen beim Finanzamt zu einer Schätzung der Besteuerungsgrundlagen, wie z. B. Umsatzerlöse, Gewinn u. a.
10. Bei einer EDV-Buchführung müssen die gespeicherten Daten jederzeit durch Bildschirm oder Ausdruck lesbar gemacht werden können.
11. Konten können nach sechs Jahren vernichtet werden.
12. Der Jahresabschluss, also Bilanz und Gewinn- und Verlustrechnung, dürfen von Prokuristen unterschrieben werden.
13. Inventare sind vom Geschäftsinhaber zu unterschreiben und acht Jahre lang aufzubewahren.
14. Buchungsbelege sind zehn Jahre aufzubewahren.
15. Die sachliche Ordnung der Buchungen erfolgt im Grundbuch. ■

Der Kontenrahmen – ein unentbehrliches Organisationsmittel der Finanzbuchhaltung 1.15.4

Aufgaben und Aufbau des Kontenrahmens 1.15.4.1

Kontenrahmen als Kontenordnungssystem

Die geordnete Aufzeichnung der Zahlen in der Buchführung ist Voraussetzung für eine vernünftige Planung der Unternehmensleitung. Sie ermöglicht den innerbetrieblichen **Vergleich wichtiger Bilanz-, Aufwands- und Ertragsposten** in mehreren Rechnungsperioden (Monate, Quartale, Jahre). Um die Lage des eigenen Unternehmens noch besser beurteilen zu können, ist jedoch außer diesem **Zeitvergleich** auch ein Vergleich mit **branchengleichen Betrieben** von großer Bedeutung **(Betriebsvergleich).** Dazu ist Folgendes erforderlich:

- Die **Konten** sind nach einem **einheitlichen System** zu gliedern.
- Die **Konten** müssen **inhaltlich und namentlich gleich** sein.

Der Kontenrahmen ist ein solches Kontenordnungssystem. Jeder Wirtschaftszweig (Industrie, Großhandel, Einzelhandel, Banken u. a.) hat seinen **branchenspezifischen Kontenrahmen.**

Für Ausbildungszwecke gibt es einen **„Schulkontenrahmen“,** der grundlegend dem „Industrie-Kontenrahmen“ (IKR) entspricht.

Aufbau des Kontenrahmens

Nach dem dekadischen System (Zehnersystem) ist jeder Kontenrahmen aufgebaut. Die Konten werden zunächst eingeteilt in

10 Klassen von 0 bis 9,

wobei im **Industrie- und Schulkontenrahmen** die **Kontenklassen 0 bis 8** der **Finanzbuchhaltung** zugeordnet werden. Die **Kontenklasse 9** kann für eine buchhalterische Verankerung **der Kosten- und Leistungsrechnung** genutzt werden. Beide Zweige des Rechnungswesens haben also im genannten Kontenrahmen ihren eigenen Kontenkreis **(= Zweikreissystem).**

	Kontenklasse		Inhalt der Kontenklasse
Finanzbuchhaltung	**Bestandskonten**	0	Immaterielle Vermögensgegenstände und Sachanlagen
		1	Finanzanlagen
		2	Umlaufvermögen und aktive Rechnungsabgrenzung
		3	Eigenkapital, Wertberichtigungen, Rückstellungen
		4	Verbindlichkeiten und passive Rechnungsabgrenzung
	Erfolgskonten	5	Erträge
		6	Betriebliche Aufwendungen
		7	Weitere Aufwendungen
		8	Ergebnisrechnung (Abschlusskonten)
KLR		9	Buchhalterische Abwicklung der Kosten- und Leistungsrechnung (KLR)

Aufgaben und Aufbau des Kontenrahmens

Gliederung der Konten nach dem Jahresabschluss

Bilanz und Gewinn- und Verlustrechnung bilden den Jahresabschluss der Finanzbuchhaltung. Um die Abschlussarbeiten zu vereinfachen, wurden die Konten im Kontenrahmen auf den Jahresabschluss ausgerichtet. **In Reihenfolge und Bezeichnung der Posten entsprechen die Konten der**

- **Gliederung der Bilanz** im § 266 HGB und der
- **Gliederung der Gewinn- und Verlustrechnung** im § 275 HGB[1].

Bilanz und Gewinn- und Verlustrechnung lassen sich somit **direkt aus** den Salden der **Bestands- und Erfolgskonten** der Finanzbuchhaltung erstellen:

Soll	8010 Schlussbilanzkonto		Haben
Kontenklasse	**Aktiva**	**Passiva**	**Kontenklasse**
0	Immaterielle Vermögensgegenstände und Sachanlagen	Eigenkapital, Wertberichtigungen und Rückstellungen	**3**
1	Finanzanlagen	Verbindlichkeiten und passive Rechnungsabgrenzung	**4**
2	Umlaufvermögen und aktive Rechnungsabgrenzung		

Soll	8020 Gewinn- und Verlustkonto		Haben
Kontenklasse	**Aufwendungen**	**Erträge**	**Kontenklasse**
6	Betriebliche Aufwendungen	Erträge	**5**
7	Weitere Aufwendungen		

Die Abschlussbuchungssätze lauten somit für die

Bestandskonten:	**8010 Schlussbilanzkonto** an alle **Aktivkonten** der Klassen 0, 1 und 2
	Alle **Passivkonten** der Klassen 3 und 4 an **8010 Schlussbilanzkonto**
Erfolgskonten:	Alle **Ertragskonten** der Klasse 5 an **8020 Gewinn- und Verlustkonto**
	8020 Gewinn- und Verlustkonto an alle **Aufwandskonten** der Klassen 6 und 7

Der abschlussorientierte Schulkontenrahmen, also die Ausrichtung der Konten auf die Bilanz und Gewinn- und Verlustrechnung, führt zu einer wesentlichen **Vereinfachung der Abschlussarbeiten** und damit zu einer **rationellen Erstellung des Jahresabschlusses.**

1 Vgl. §§ 266, 275 HGB auf der Rückseite des Schulkontenrahmens im Anhang des Lehrbuches.

Erläuterung der Kontenklassen 0 bis 8

Immaterielle Vermögensgegenstände und Sachanlagen — Klasse 0

Die Kontenklasse 0 bildet die Grundlage der Betriebsbereitschaft. Sie enthält vor allem die notwendigen **Sachanlagen** (Kontengruppen[1] 05 bis 09) eines Unternehmens, wie Grundstücke, Gebäude, technische Anlagen und Maschinen, Betriebs- und Geschäftsausstattung u. a.
Die Kontengruppen 02 und 03 erfassen **immaterielle Anlagewerte** (Lizenzen, Konzessionen, Geschäfts- oder Firmenwert), die im Verhältnis zu den **Sachanlagen** meist von untergeordneter Bedeutung sind.
Die Kontengruppe **„00 Ausstehende Einlagen auf das Gezeichnete Kapital"** ist zu führen, sofern das Haftungskapital der GmbH (Stammkapital) oder AG (Grundkapital), das in der Bilanz stets zum Nennwert als **„Gezeichnetes Kapital"** auszuweisen ist, noch nicht voll eingezahlt worden ist.

Finanzanlagen — Klasse 1

Hier werden die **langfristigen Finanzanlagen** eines Unternehmens erfasst, wie z. B. **Kapitalbeteiligungen** an anderen Unternehmen, **langfristige Ausleihungen** sowie **Wertpapiere,** die als **langfristige Kapitalanlage** angeschafft wurden.

Umlaufvermögen und aktive Rechnungsabgrenzung — Klasse 2

Diese Klasse enthält die **Warenbestandskonten,** die **Forderungen aus Lieferungen und Leistungen,** die **Vorsteuer, sonstige Forderungen**, als **kurzfristige Anlage** erworbene **Wertpapiere** sowie die **flüssigen Mittel** (Bank, Postbank, Kasse). Die **aktive Rechnungsabgrenzung** dient der **periodengerechten** Abgrenzung des Jahreserfolges.

Eigenkapital und Rückstellungen — Klasse 3

Die Klasse 3 enthält die **Eigenkapitalkonten** der Einzelunternehmen (e. K.) und Personengesellschaften (OHG, KG) sowie der Kapitalgesellschaften (GmbH, AG, KGaA). Das **Privatkonto** wird als Unterkonto den Eigenkapitalkonten der Personenunternehmen entsprechend zugeordnet.
Rücklagen werden in Form der **Kapital- und Gewinnrücklagen** in der Klasse 3 erfasst und **offen** in der Bilanz der **Kapitalgesellschaft** – getrennt vom „Gezeichneten Kapital" – ausgewiesen. Gewinnrücklagen entstehen durch Einbehaltung von Teilen des Gewinns, Kapitalrücklagen durch Zuzahlung der Gesellschafter der Kapitalgesellschaft.
Verbindlichkeiten, deren Höhe oder Fälligkeit zum Bilanzstichtag noch nicht feststehen, werden in der Klasse 3 als **Rückstellungen** geführt: Pensions-, Steuer- und sonstige Rückstellungen.

Verbindlichkeiten und passive Rechnungsabgrenzung — Klasse 4

In der Kontenklasse 4 werden **alle kurz- und langfristigen Verbindlichkeiten** gegenüber Banken, Lieferern, Finanzamt und sonstigen Gläubigern erfasst. Die **passive Rechnungsabgrenzung** dient der periodengerechten Ermittlung des Jahresergebnisses.

Erträge — Klasse 5

Die **Kontengruppen 50, 51 und 54** enthalten die **eigentlichen betrieblichen Erträge** der Unternehmen: Die **Umsatzerlöse** werden einschließlich der **Unterkonten** in der Klasse 5 erfasst. Die Kontengruppe 54 enthält die Konten der **„sonstigen" betrieblichen Erträge,** wie Mieterträge, Provisionserträge, Entnahme v. G. u. s. L. u. a. In den übrigen Kontengruppen werden sowohl Erträge aus Beteiligungen als auch **Zinserträge** und **außerordentliche** (ungewöhnliche, seltene) Erträge u. a. berücksichtigt.

Betriebliche Aufwendungen — Klasse 6

Die Kontengruppen erfassen den **Warenaufwand** sowie den Aufwand an Roh-, Hilfs- und Betriebsstoffen, den **Personalaufwand, Abschreibungen auf das Anlagevermögen und diverse „Sonstige betriebliche Aufwendungen".**

Weitere Aufwendungen — Klasse 7

Die Klasse 7 enthält insbesondere **alle Steuern, Zinsen** und ähnliche Aufwendungen sowie die **außerordentlichen** (ungewöhnliche, seltene) Aufwendungen.

Eröffnung/Abschluss — Klasse 8

Die Klasse 8 dient vor allem der Eröffnung und dem Abschluss der Konten:
- **8000 Eröffnungsbilanzkonto**
- **8010 Schlussbilanzkonto**
- **8020 GuV-Konto**

1 vgl. Seite 96

1.15.4.2 Der Kontenplan – eine Übersicht der betriebsindividuellen Konten

Im Kontenrahmen werden alle Konten in
- **10** Konten**klassen** (= einstellige Ziffer) eingeteilt, von denen jede in
  - **10** Konten**gruppen** (= zweistellige Ziffer) unterteilt wird und diese wiederum in je
    - **10** Konten**arten** (= dreistellige Ziffer). Jede Kontenart kann untergliedert werden in
      - **10** Konten**unterarten** (= vierstellige Ziffer).

Beispiel

Aus der Kontennummer **2801** erkennt man die

▶ Konten**klasse:**	**2** Umlaufvermögen und ARA	**Kontenrahmen**
▶ Konten**gruppe:**	**28** Flüssige Mittel	
▶ Konten**art:**	**280** Guthaben bei Kreditinstituten	**Kontenplan**
▶ Konten**unterarten:**	**2800** Sparkasse **2801** Deutsche Bank	

Kontenplan

Der Kontenrahmen bildet die **einheitliche Grundordnung** für die Aufstellung **betriebsindividueller Kontenpläne** der Unternehmen eines Wirtschaftszweiges. **Aus dem Kontenrahmen** entwickelt jedes Unternehmen seinen **eigenen Kontenplan,** der auf seine **besonderen Belange** (Branche, Struktur, Größe, Rechtsform) ausgerichtet ist. So lässt sich im Kontenplan eine weitere Untergliederung der Kontenarten in Kontenunterarten entsprechend den Bedürfnissen des Unternehmens vornehmen. Der Kontenplan enthält somit nur die im Unternehmen geführten Konten.

Vereinfachung der Buchungsarbeit

Der Kontenplan vereinfacht die Buchungen in den Konten, da die Kontenbezeichnungen durch Kontennummern ersetzt werden.

Beispiel

Geschäftsfall: Katja Kern entnimmt der Geschäftskasse für Privatzwecke 1.800,00 €.

Buchungssatz	**statt:**	**Privat** an **Kasse**	**1.800,00**
	nunmehr kurz:	**3001** an **2880**	**1.800,00**

S	3001 Privat		H
2880	1.800,00		

S	2880 Kasse		H
AB	7.500,00	3001	1.800,00

EDV-Kontenrahmen

Soll der Kontenrahmen zugleich auch als EDV-Kontenrahmen verwendet werden (wie für dieses Lehrbuch vorgesehen), ist jedes **Sachkonto des Hauptbuches** mit einer **vierstelligen** Kontenziffer zu versehen. **Personenkonten** (Kunden- und Liefererkonten) haben in der Regel **fünfstellige** Kontenziffern.

Der Kontenplan – eine Übersicht der betriebsindividuellen Konten

Zusammenfassung

- ▶ **Der Kontenrahmen**
  - bildet einen **einheitlichen** Rahmen für alle wichtigen Konten der Unternehmen eines **Wirtschaftszweiges,**
  - **ordnet** die Konten systemgerecht und rationell **entsprechend der Gliederung der Bilanz und Gewinn- und Verlustrechnung (Abschlussgliederungsprinzip),**
  - **trennt** Finanzbuchhaltung (Kontenklassen 0–8) und Kosten- und Leistungsrechnung (Kontenklasse 9) in zwei Rechnungskreise **(= Zweikreissystem),**
  - ermöglicht eine **EDV-gerechte Organisation** des Rechnungswesens und
  - schafft die Voraussetzung für **Zeit- und Betriebsvergleiche** zur Überwachung der **Wirtschaftlichkeit.**
- ▶ **Der Kontenplan** enthält nur die **vom Unternehmen** geführten Konten.

AUFGABEN

109

1. *In welcher Kontenklasse stehen die nachfolgenden Konten?*
2. *Ordnen Sie den Konten die entsprechende Kontennummer zu.*

Bankguthaben,	Verbindlichkeiten a. LL,	Forderungen a. LL,
Vorsteuer,	Eigenkapital,	Gehälter,
Warenbestand,	Umsatzerlöse für Waren,	Umsatzsteuer,
Entnahme v. G. u. s. L.,	Wareneingang,	Büromaterial,
Fuhrpark,	Geschäftsausstattung,	Kosten der
Zinsaufwendungen,	Zinserträge,	Telekommunikation,
EBK,	GuV-Konto,	Privatkonto,
Löhne,	Abschreib. auf Sachanlagen,	SBK. ■

110

Welche Geschäftsfälle liegen den folgenden Buchungssätzen zugrunde?

	Soll	Betrag		Haben	Betrag
1.	2800		an	2400	11.900,00
2.	2880		an	2800	5.800,00
3.	6060	8.500,00			
	2600	1.615,00	an	4400	10.115,00
4.	2400	23.800,00	an	5100	20.000,00
			an	4800	3.800,00
5.	6300		an	2800	68.000,00
6.	6800	550,00			
	2600	104,50	an	2880	654,50
7.	3001	714,00	an	5420	600,00
			an	4800	114,00

111

Nennen Sie jeweils den Buchungssatz in Form der Kontennummer zur Eröffnung folgender Konten zum 1. Januar:

1. Geschäftsausstattung .... 240.000,00 €
2. Eigenkapital .... 300.000,00 €
3. Warenbestand .... 80.000,00 €
4. Verbindlichkeiten a. LL .... 45.000,00 €
5. Bankguthaben .... 55.000,00 €
6. Umsatzsteuerverbindlichkeit .... 30.000,00 €

AUFGABEN

112 *Nennen Sie jeweils den Abschlussbuchungssatz mit den entsprechenden Kontennummern für die Salden folgender Bestands- und Erfolgskonten zum 31. Dezember:*

1. Warenbestand .... 540.000,00 €
2. Verbindlichkeiten a. LL .... 230.000,00 €
3. Umsatzerlöse für Waren .... 450.000,00 €
4. Wareneingang .... 340.000,00 €
5. Portokosten .... 2.500,00 €
6. Bankguthaben .... 234.000,00 €
7. Zinsaufwendungen .... 23.000,00 €
8. Entnahme v. G. u. s. L. .... 1.200,00 €

113 *Nennen Sie mit den entsprechenden Kontennummern jeweils den Abschlussbuchungssatz folgender Konten:*

1. Privatkonto bei Überschuss der Entnahmen
2. Gewinn- und Verlustkonto bei Gewinn
3. Eigenkapital

114 *Wie lauten die Kontenbezeichnungen und die zugrunde liegenden Geschäftsfälle?*

1. 0840 und 2600 an 2800
2. 6060 und 2600 an 4400
3. 2400 an 5100 und 4800
4. 6300 an 2800
5. 6520 an 0840
6. 6870 und 2600 an 2850
7. 4400 an 2800
8. 3001 an 5420 und 4800
9. 2850 an 2400
10. 7510 an 2800

115 *Nennen Sie jeweils den Geschäftsfall der folgenden Buchungen auf dem Bankkonto:*

Soll	2800 Bank		Haben
1. 8000	86.000,00	5. 4400	18.400,00
2. 2880	5.000,00	6. 4800	12.300,00
3. 4230	25.000,00	7. 6300	24.300,00
4. 2400	12.000,00	8. 8010	73.000,00
	128.000,00		128.000,00

116 *Bilden Sie unter Angabe der Kontennummern die Buchungssätze:* €

1. Umwandlung einer Liefererschuld in eine Darlehensschuld 11.500,00
2. Lastschrift der Bank für Geschäftsmiete 7.500,00
3. Banküberweisung zum Ausgleich der Liefererrechnung ER 4567 17.850,00
4. Entnahme von Waren für private Verwendung: netto 2.000,00 € + 380,00 € Umsatzsteuer 2.380,00
5. Kunde begleicht Rechnung (AR 1234) durch Postbanküberweisung 9.520,00
6. ER 4589 für Waren: 22.000,00 € netto + 4.180,00 € Umsatzsteuer 26.180,00
7. AR 1278 für Waren: 35.000,00 € netto + 6.650,00 € Umsatzsteuer 41.650,00
8. Gutschrift der Bank für Zinsen 1.800,00
9. Reparaturen im Wohnhaus des Unternehmers durch den eigenen Betrieb: 2.500,00 € netto + 475,00 € Umsatzsteuer 2.975,00
10. ER 4590: Kauf von Büromaterial: 600,00 € netto + 114,00 € Umsatzsteuer 714,00

647698

Anfangsbestände	€	117
0700 TA und Maschinen	242.000,00	
0800 Betriebs- und Geschäftsausstattung	88.000,00	
2280 Warenbestand	180.000,00	
2400 Forderungen a. LL	98.000,00	
2800 Bankguthaben	142.000,00	
2880 Kasse	5.800,00	
3000 Eigenkapital	479.800,00	
4250 Hypothekenschulden	150.000,00	
4400 Verbindlichkeiten a. LL	112.600,00	
4800 Umsatzsteuer	13.400,00	

Kontenplan

0700, 0800, 2280, 2400, 2600, 2800, 2880, 3000, 3001, 4250, 4400, 4800, 5100, 5420, 5710, 6060, 6160, 6300, 6520, 6700, 6820, 6870, 7510, 8000, 8010, 8020.

Geschäftsfälle	€
1. Banküberweisung der Umsatzsteuer-Zahllast	13.400,00
2. Banklastschrift für Hypothekentilgung	22.000,00
3. Unsere Banküberweisung für Miete: Geschäft	16.500,00
Privatwohnung	1.200,00
4. Wareneinkäufe lt. ER 79–83, brutto	29.155,00
5. Barzahlung der Heizungsreparatur, brutto	595,00
6. Warenverkäufe lt. AR 97–103, brutto	173.264,00
7. Banküberweisung der Gehälter	11.400,00
8. Barentnahme des Geschäftsinhabers für den Haushalt	800,00
9. Bezahlung von Werbeanzeigen durch Bankscheck, brutto	2.082,50
10. Barzahlung der Wertmarken für Frankiermaschine	1.200,00
11. Banküberweisung von Kunden zum Ausgleich von AR 95–96	14.280,00
12. Lastschrift der Bank für Hypothekenzinsen	2.400,00
13. Entnahme von Waren für Privatzwecke, Warenwert	2.500,00
14. Zinsgutschrift der Bank	2.300,00
15. Betrieb belastet Unternehmer f. private Lkw-Nutzung mit netto	1.500,00
16. Privateinlage des Geschäftsinhabers durch Bankeinzahlung	20.000,00

Abschlussangaben	€
1. Warenschlussbestand lt. Inventur	120.000,00
2. Abschreibungen: 0700: 12.000,00 €, 0800: 8.000,00 €.	■

1. *Worin unterscheiden sich Kontenrahmen und Kontenplan?* 118
2. *Unterscheiden Sie im Kontenrahmen und Kontenplan zwischen Kontenklasse, Kontengruppe, Kontenart, Kontenunterart.*
3. *Begründen Sie die Notwendigkeit eines Kontenrahmens.*
4. *Welches Prinzip liegt dem Aufbau des Schulkontenrahmens zugrunde?*
5. *Vergleichen Sie die Kontenklassen und Kontengruppen des Schulkontenrahmens mit den Positionen der Bilanz (§ 266 HGB) und der GuV-Rechnung (§ 275 HGB) (s. Anhang).*
6. *Welche Kontenklassen werden im Kontenrahmen a) der Finanzbuchhaltung und b) der Kosten- und Leistungsrechnung zugeordnet?*
7. *Begründen Sie das „Zweikreissystem" im Kontenrahmen.* ■

1.15.5 Die Belegorganisation ist unentbehrlich für die Finanzbuchhaltung

1.15.5.1 Bedeutung und Arten der Belege

Die Richtigkeit der Buchungen kann nur anhand der Belege überprüft werden. Deshalb muss jeder Buchung ein entsprechender Beleg zugrunde liegen. Der wichtigste **Grundsatz ordnungsmäßiger Buchführung** (§ 238 [2] HGB) lautet deshalb:

Keine Buchung ohne Beleg!

Herkunft der Belege

Nach der Herkunft der Belege unterscheidet man zwischen **externen** Belegen (= Fremdbelege) und **internen** Belegen (= Eigenbelege).

Belegarten

Externe Belege fallen im Geschäftsverkehr mit Außenstehenden an.	**Interne Belege** entstehen aus innerbetrieblichen Geschäftsfällen.
Beispiele – Eingangsrechnungen – Quittungen – Gutschriftsanzeige des Lieferers für Warenrücksendung und nachträglichen Preisnachlass – Begleitbriefe zu erhaltenen Schecks und Wechseln – Erhaltene sonstige Geschäftsbriefe über z. B. nachträgliche Belastungen – Bankbelege (z. B. Kontoauszüge u. a.) – Postbelege (z. B. Quittungen über Einzahlungen, Versand, Kontoauszüge der Postbank u. a.)	**Beispiele** – Kopien von Ausgangsrechnungen – Quittungsdurchschriften – Durchschrift der Gutschriftsanzeige an Kunden für Warenrücksendung und nachträglichen Preisnachlass – Durchschriften von Begleitbriefen zu weitergegebenen Schecks und Wechseln – Durchschriften von abgesandten sonstigen Geschäftsbriefen – Lohn- und Gehaltslisten – Belege über Privatentnahmen (Entnahme v. G. u. s. L.) – Belege über Storno- und Umbuchungen sowie Abschlussbuchungen

Ersatzbelege

Sie sind auszustellen, wenn ein **Originalbeleg abhanden gekommen** ist oder ein Fremdbeleg nicht zu erhalten war. Bei verloren gegangenen Fremdbelegen wird man in der Regel eine Abschrift erbitten. Fehlen z. B. über eine Taxifahrt oder von auswärts geführte Ferngespräche die erforderlichen Belege, so ist ein Ersatzbeleg zu erstellen, der **Zeitpunkt, Grund und Höhe der Ausgabe** enthält.

1.15.5.2 Bearbeitung der Belege

Folgende Arbeitsstufen umfasst die Bearbeitung der Belege in der Buchhaltung:

- **Vorbereitung** der Belege zur Buchung
- **Buchung** der Belege im Grund- und Hauptbuch
- **Ablage** und Aufbewahrung der Belege

6476100

Bearbeitung der Belege

Die sorgfältige Vorbereitung der Belege ist unerlässliche Voraussetzung ordnungsmäßiger Buchführung. Dazu gehören:

Vorbereitung der Belege

- **Überprüfung der Belege** auf ihre **sachliche und rechnerische Richtigkeit.**
- **Bestimmung des Buchungsbeleges.** Gehören zu einem Geschäftsfall mehrere Belege (z. B. bei Banküberweisungen: Überweisungsvordruck und Kontoauszug), muss vorab bestimmt werden, welcher Beleg als Buchungsunterlage verwendet werden soll, um mehrfache Buchungen zu vermeiden.
- **Ordnen der Belege nach Belegarten (Belegsortierung)** als **Voraussetzung für Sammelbuchungen** und eine ordnungsmäßige Ablage und **Aufbewahrung** der Belege:

– Ausgangsrechnungen	– Bankbelege
– Gutschriften an Kunden	– Postbankbelege
– Eingangsrechnungen	– Kassenbelege
– Gutschriften von Lieferern	– Privatentnahmen/Privateinlagen
– Lohn- und Gehaltslisten	– Sonstige Belege

- **Fortlaufende Nummerierung** der Belege innerhalb jeder Belegart.
- **Vorkontierung der Belege,** indem man mithilfe eines Kontierungsstempels die Buchungssätze bereits auf den Belegen angibt.

Beleg- und Buchungsvermerke

Jede Buchung im Grund- und Hauptbuch muss zugleich die jeweilige Belegart und die Belegnummer enthalten. Dieser **Belegvermerk** (z. B. AR 15) stellt sicher, dass zu jeder Buchung der zugehörige Beleg sofort auffindbar ist. Umgekehrt muss nach jeder Buchung der **Buchungsvermerk auf dem Beleg** eingetragen werden, der die Journalseite, das Buchungsdatum sowie das Zeichen des Buchhalters angibt. Durch diese **wechselseitigen Hinweise** wird der Beleg zum **Bindeglied** zwischen Geschäftsfall und Buchung.

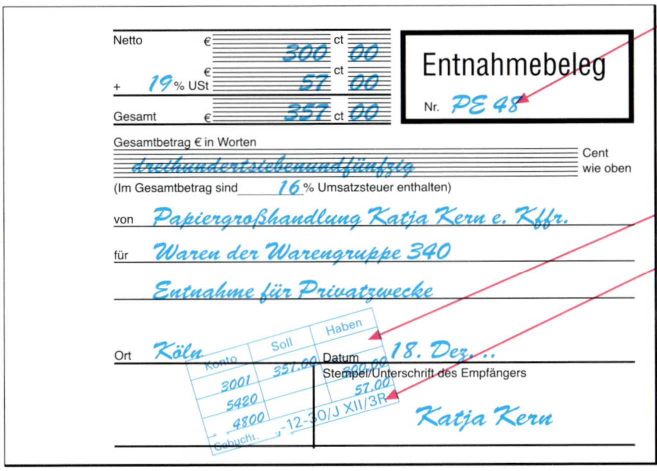
Netto € 300 ct 00
+ 19 % USt € 57 ct 00
Gesamt € 357 ct 00

Entnahmebeleg
Nr. PE 48

Gesamtbetrag € in Worten
dreihundertsiebenundfünfzig
Cent wie oben
(Im Gesamtbetrag sind 16 % Umsatzsteuer enthalten)
von Papiergroßhandlung Katja Kern e. Kffr.
für Waren der Warengruppe 340
Entnahme für Privatzwecke
Ort Köln Datum 18. Dez. ..
Stempel/Unterschrift des Empfängers
Katja Kern

Konto	Soll	Haben
3001	357,00	
5420		300,00
4800		57,00

Gebucht: ..-12-30/J XII/3R

Belegvermerk:
PE = Belegart „Privatentnahme"
48 = Belegnummer

Vorkontierung

Buchungsvermerk:
J XII/3 = Eintragung im Grundbuch (Journal) für Dezember auf Seite 3
R = Kurzzeichen des Buchhalters

Belegaufbewahrung

Nach der Buchung müssen die Belege sorgfältig abgelegt und **10 Jahre** aufbewahrt werden, gerechnet vom **Schluss des Kalenderjahres,** in dem der Beleg entstanden ist (§ 257 [4] HGB, § 147 [3] AO). **Für jede Belegart** wird in der Regel **ein Ordner** angelegt, in dem die Belege nach fortlaufender Nummer abgeheftet sind. Bei einer **Mikrofilmablage** oder der **Ablage auf sonstigen Datenträgern** muss die jederzeitige Wiedergabe der mikroverfilmten Belege bzw. der gespeicherten Daten sichergestellt sein (vgl. S. 91).

1.15.6 Aus welchen Büchern besteht die Finanzbuchhaltung?

Ordnung der Buchungen

Die Buchungen müssen **jederzeit nachprüfbar** sein. Sie sind deshalb jeweils

- in **zeitlicher Reihenfolge** zu erfassen,
- nach **sachlichen Gesichtspunkten** zu ordnen und
- gegebenenfalls **durch Nebenaufzeichnungen zu erläutern.**

Diese Ordnung der Buchungen erfolgt in bestimmten **„Büchern"** der Buchführung.

1.15.6.1 Das Grundbuch übernimmt die zeitliche Ordnung der Buchungen

Im Grundbuch (Journal) werden die Buchungen in **zeitlicher (chronologischer) Reihenfolge** erfasst. Im Einzelnen nimmt das Grundbuch folgende Buchungen auf:

1. **Eröffnungsbuchungen über EBK**
2. **Laufende Buchungen** aufgrund der vorkontierten Belege
3. **Vorbereitende Abschlussbuchungen,** die auch **Umbuchungen** genannt werden:
   - Buchung der Abschreibungen (s. S. 76 f.)
   - Abschluss der Unterkonten (z. B. Privat)
   - Verrechnung der Vor- und Umsatzsteuer
4. **Abschlussbuchungen**
   - Abschluss der **Erfolgskonten** über das GuV-Konto
   - Abschluss des **GuV-Kontos** über das Eigenkapitalkonto
   - Abschluss der **Bestandskonten** über das Schlussbilanzkonto

Wichtige Daten sind im Grundbuch bzw. Journal auszuweisen: Belegdatum, Belegvermerk, Buchungstext, Kontierung und der Buchungsbetrag:

Journal		Monat November ..				Seite …
Datum	Beleg	Buchungstext	Kontierung		Betrag in €	
			Soll	Haben	Soll	Haben
12. Nov. ..		Übertrag von Seite …			…	…
12. Nov. ..	BA 158	Überweisung an Vits KG	4400	2800	4.760,00	4.760,00
13. Nov. ..	AR 896	Verkauf an Holzen OHG	2400	5100	7.140,00	6.000,00
				4800		1.140,00
14. Nov. ..	BA 159	Überweisung von Decker AG	2800	2400	2.856,00	2.856,00
.	.	…				
.	.	…				

Bedeutung des Grundbuches

Die chronologischen Aufzeichnungen im Journal ermöglichen es, jeden einzelnen Geschäftsfall während der Aufbewahrungsfristen schnell bis zum Beleg zurückzuverfolgen und damit nachzuweisen.

Buchungsverfahren

Jede Grundbuchung muss auf dem entsprechenden Sachkonto des Hauptbuches und gegebenenfalls auf dem Konto bzw. der Karteikarte eines Nebenbuches (Lagerkartei, Kunden- und Liefererkonto u. a.) erfasst werden. Ob die Grundbuchungen **vor** der Übertragung auf die Konten **(= Übertragungsbuchführung)** oder **im Durchschreibeverfahren (= Durchschreibebuchführung)** oder **automatisch** mit der Buchung auf den Konten **(= EDV-Buchführung)** erfolgen, ist eine Frage des jeweils angewandten **Buchungsverfahrens.** Die o.g. Buchungsverfahren sind grundsätzlich nur noch von **historischer** Bedeutung.

6476102

Das Hauptbuch übernimmt die sachliche Ordnung der Buchungen 1.15.6.2

Sachliche Ordnung

Aus dem Grundbuch lässt sich **nicht** jederzeit der Stand der einzelnen Vermögensteile und Schulden erkennen. Deshalb müssen die Geschäftsfälle noch in **sachlicher** Ordnung auf entsprechenden **Sachkonten** gebucht werden, z. B. alle Gehaltszahlungen auf einem Konto „Gehälter", alle Bargeschäfte auf einem Kassenkonto u. a. Die Sachkonten stellen wegen ihrer Bedeutung für die Buchführung das **Hauptbuch** dar. Sie werden in der Regel auf losen Formblättern oder EDV-mäßig geführt.

Was sind Sachkonten?

Die Sachkonten sind die im **Kontenplan** des Betriebes verzeichneten **Bestands- und Erfolgskonten.** Ihr Abschluss führt zum Gewinn- und Verlustkonto und zum Schlussbilanzkonto. Bei jeder Buchung auf einem Sachkonto des Hauptbuches müssen ähnlich wie im Grundbuch vermerkt werden: Datum, Belegvermerk, Buchungstext, Gegenkonto, Betrag im Soll und im Haben:

Konto: 2800 Bank					
Beleg-datum	Beleg-vermerk	Buchungstext	Gegenkonto	Betrag in €	
				Soll	Haben
12. Nov. ..	BA 158	Überweisung an Vits KG	4400	–	4.760,00
14. Nov. ..	BA 159	Überweisung von Decker AG	2400	2.856,00	–
.	.	...			
.	.	...			

Zusammenhang zwischen Belegen, Grund- und Hauptbuch

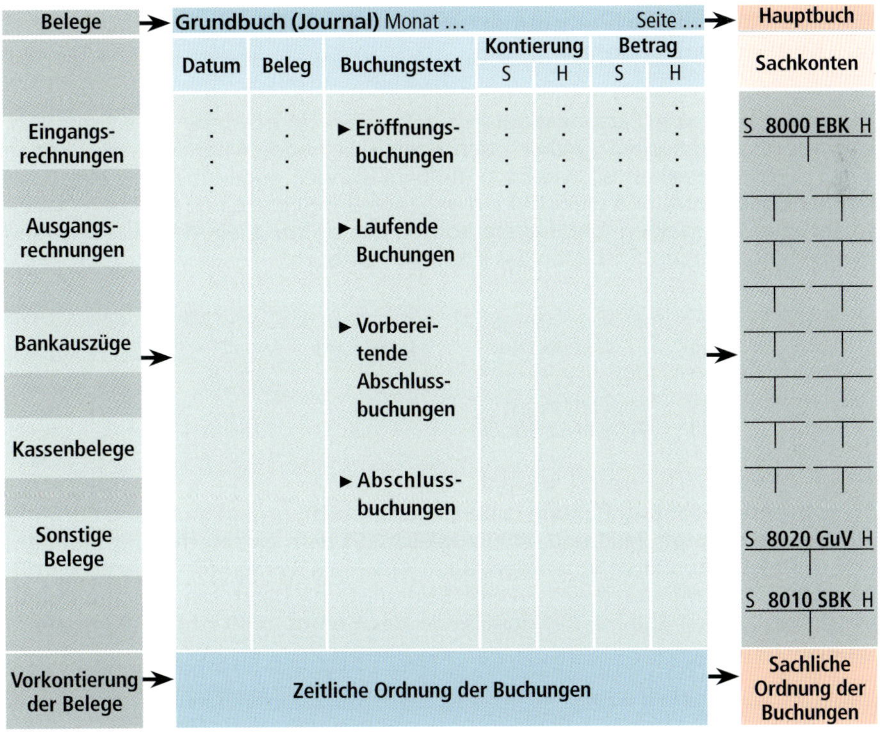

1.15.6.3 Die Nebenbücher erläutern bestimmte Sachkonten

Bestimmte Sachkonten müssen **näher erläutert** werden, um **wichtige Einzelheiten** zu erfahren. Das geschieht in entsprechenden **Nebenbüchern.**

Sachkonten		Nebenbücher
Forderungen a. LL, Verbindlichkeiten a. LL	⟷	**Kontokorrentbuch** erfasst den unbaren Geschäftsverkehr mit jedem einzelnen **Kunden** und **Lieferer.**
Warenbestandskonto	⟷	**Lagerkartei** erfasst für jede einzelne Warenart Zugänge und Abgänge und ermittelt jederzeit (permanent) den Buchbestand ➜ Seite 18.
Löhne und Gehälter	⟷	**Lohn-/Gehaltsbuchhaltung** Für jeden Arbeitnehmer wird ein Lohn- bzw. Gehaltskonto geführt ➜ Seite 172 f.
Anlagekonten	⟷	**Anlagenkartei** Für jeden Anlagegegenstand gibt es eine Anlagenkarte, die Anschaffungskosten, Nutzungsdauer, Abschreibung und Buchwert zum 31. Dezember ausweist ➜ Seite 15 und 78.
Besitz- und Schuldwechsel	⟷	**Wechselbuch** Die Fälligkeiten u. a. der Wechsel müssen überwacht werden.

1.15.6.4 Die Kontokorrentbuchhaltung erfasst den Geschäftsverkehr mit Kunden und Lieferern

Was sind Personenkonten?

Die Einrichtung von Personenkonten für Kunden und Lieferer ist erforderlich, weil aus den Sachkonten „2400 Forderungen a. LL" und „4400 Verbindlichkeiten a. LL" nicht zu ersehen ist, wie hoch die Forderungen gegenüber den einzelnen **Kunden (Debitoren)** und die Schulden gegenüber den einzelnen **Lieferern (Kreditoren)** sind. Die Kunden- und Liefererkonten dienen vor allem der **Überwachung der Zahlungstermine.** Sie bilden das **Kontokorrentbuch**[1].

Kundenkonto: Kaufkette AG, Köln						**Kontonummer:** 10002
Datum	**Beleg**	**Buchungstext**	**Journalseite**	**Soll**	**Haben**	**Saldo**
2. Jan. ..	–	Saldovortrag	J 1	4.760,00	–	4.760,00
4. Jan. ..	BA 1	Banküberweisung	J 1	–	3.570,00	1.190,00
12. Jan. ..	AR 38	Verkauf Artikel-Nr. 567	J 3	2.856,00	–	4.046,00
		...				

Konventionelle Buchführung

Bei konventioneller Buchhaltung (Übertragungsbuchführung) **muss jede Buchung auf den Sachkonten 2400 und 4400 zugleich auf dem entsprechenden Kunden- und Liefererkonto vermerkt werden.** Beim Abschluss werden die Salden der Kunden- und Liefererkonten jeweils in eine **Saldenliste für Debitoren bzw. Kreditoren** übertragen, deren Summe mit dem Saldo des Kontos 2400 bzw. 4400 übereinstimmen muss.

1 ital.: conto corrente = laufende Rechnung

6476104

Die Kontokorrentbuchhaltung erfasst den Geschäftsverkehr mit Kunden und Lieferern

EDV-Buchführung

In der EDV-Buchführung wird **nur** auf den **Personenkonten** gebucht. Die hier erfassten Beträge werden **automatisch** auf den **Sachkonten** „2400 Forderungen a. LL" bzw. „4400 Verbindlichkeiten a. LL" **ausgewiesen.** Sachkonten sind in der Regel vierstellig, **Personenkonten fünfstellig:**

Debitoren: 10000-59999 ⟶ z. B. 10000 Kunde A, 10001 Kunde B, usw.
Kreditoren: 60000-99999 ⟶ z. B. 60000 Lieferer A, 60001 Lieferer B, usw.

Kundenkonten erhalten z. B. an der **fünften** Stelle (die EDV-Anlage liest die Kennziffern von rechts nach links) die **Kennziffern** 1 bis 5, Liefererkonten die Ziffern 6 bis 9.

Beispiel

In der Papiergroßhandlung Kern weisen die Saldenlisten der Kunden- und Liefererkonten sowie die Sachkonten 2400 und 4400 zum 31. Dezember folgende Zahlen aus:

Konto-Nr.	Kunden	Salden
10001	Druckcenter GmbH	165.000
10002	Kaufkette AG	86.250
10003	Schneider OHG	115.000
	Saldensumme	**366.250**

Konto-Nr.	Lieferer	Salden
60001	Druck u. Papier GmbH	247.250
60002	Hein OHG	143.750
60003	Deutsche Papier AG	135.000
	Saldensumme	**526.000**

2400 Forderungen a. LL

Datum	Beleg	Text	Soll	Haben
31. Dez.	–	...	2.875.000	2.508.750
		Saldo	–	**366.250**
			2.875.000	2.875.000

4400 Verbindlichkeiten a. LL

Datum	Beleg	Text	Soll	Haben
31. Dez.	–	...	1.889.000	2.415.000
		Saldo	**526.000**	–
			2.415.000	2.415.000

Zusammenfassung

- Eine **ordnungsmäßige Buchführung** benötigt eine gute **Belegorganisation.**
- Man unterscheidet zwischen **externen** und **internen** Belegen.
- **Bearbeitungsstufen der Belege in der Buchführung**

Aufbereiten der Belege	Buchung der Belege im	Aufbewahrung der Belege 10 Jahre
– Prüfen der Belege – Ordnen der Belege – Vorkontieren der Belege	– Grundbuch – Hauptbuch – Nebenbuch	– Ablage in Ordnern – Mikrofilmablage

- **Die Bücher der Finanzbuchhaltung**

Inventar- und Bilanzbuch	Grundbuch (Journal)	Hauptbuch	Nebenbücher
enthält das Inventar sowie die Schlussbilanz einschließlich Gewinn- und Verlustrechnung.	erfasst die Geschäftsfälle anhand vorkontierter Belege in zeitlicher Folge.	erfasst die Geschäftsfälle nach sachlichen Gesichtspunkten auf Sachkonten.	ergänzen und erläutern bestimmte Sachkonten.
10 Jahre Aufbewahrung			

AUFGABEN

119 In der Finanzbuchhaltung der Textilgroßhandlung Kurz KG weisen die **Kundenkonten** Cromme AG und Helmer GmbH folgende **offene Posten,** also noch nicht bezahlte Rechnungen, aus:

S	10000 Cromme AG		H
AR 407	23.800,00		
AR 409	11.900,00		

S	10001 Helmer GmbH		H
AR 408	35.700,00		
AR 410	5.950,00		

Richten Sie außer den Kundenkonten noch folgende Sachkonten ein: 2400 Forderungen a. LL (AB 77.350,00 €), 2800 Bank (AB 109.500,00 €), 4800 Umsatzsteuer, 5100 Umsatzerlöse für Waren.

Buchen Sie die folgenden Geschäftsfälle auf den Sachkonten und nehmen Sie zugleich die entsprechenden Eintragungen auf den Kundenkonten vor:

1. Kunde Cromme AG begleicht AR 407 lt. BA 12 .... 23.800,00 €
2. Verkauf von Waren lt. AR 411
   an das Textilhaus Helmer GmbH, netto .... 50.000,00 €
   \+ Umsatzsteuer .... 9.500,00 € 59.500,00 €
3. Kunde Helmer GmbH begleicht lt. BA 13 die fällige AR 408 ..... 35.700,00 €
4. Warenverkauf an das Kaufhaus Cromme AG
   lt. AR 412, netto .... 15.000,00 €
   \+ Umsatzsteuer .... 2.850,00 € 17.850,00 €

1. *Ermitteln Sie die Salden der Kundenkonten und stellen Sie diese in einer Saldenliste „Debitoren" zusammen.*
2. *Ermitteln Sie den Saldo im Sachkonto 2400 Forderungen a. LL und stimmen Sie diesen mit der Summe der Salden der Debitoren-Saldenliste ab.* ■

120 Die **Liefererkonten** Hax GmbH und Lauer OHG der o. g. Textilgroßhandlung Kurz KG weisen folgende **offene Posten** aus:

S	60000 Hax GmbH		H
		ER 580	29.750,00
		ER 582	14.280,00

S	60001 Lauer OHG		H
		ER 581	47.600,00
		ER 583	20.230,00

Richten Sie noch folgende Sachkonten ein: 2600 Vorsteuer, 2800 Bank (AB 167.000,00 €), 4400 Verbindlichkeiten a. LL (AB 111.860,00 €), 6060 Wareneingang.

Buchen Sie die folgenden Geschäftsfälle auf den erforderlichen Sachkonten und ergänzen Sie entsprechend die beiden Liefererkonten:

1. ER 580 wird bei Fälligkeit beglichen. BA 45 .... 29.750,00 €
2. Einkauf von Textilwaren lt. ER 584
   bei Textilfabrik Lauer OHG, netto .... 44.000,00 €
   \+ Umsatzsteuer .... 8.360,00 € 52.360,00 €
3. Ausgleich von ER 581 lt. BA 46 .... 47.600,00 €
4. Einkauf von Textilien bei Textilimport
   Hax GmbH lt. ER 585, netto .... 8.500,00 €
   \+ Umsatzsteuer .... 1.615,00 € 10.115,00 €

1. *Ermitteln Sie die Salden der Liefererkonten und des Kontos 4400 Verbindlichkeiten a. LL.*
2. *Erstellen Sie die Kreditoren-Saldenliste und nehmen Sie die Abstimmung mit dem Sachkonto 4400 vor.* ■

Setzen Sie Folgendes entsprechend ein: 10, zeitlicher, sachlicher, erläutern, geordnet. 121

1. Das Grundbuch erfasst die Geschäftsfälle in ••• Ordnung.
2. Im Hauptbuch werden die Geschäftsfälle in ••• Ordnung gebucht.
3. Belege und Bücher sind ••• Jahre ••• aufzubewahren.
4. Das Kontokorrentbuch soll die Sachkonten 2400 und 4400 näher •••. ■

Die Elektrogroßhandlung Blitz OHG beliefert fünf Großkunden. Die Umsätze mit diesen Kunden betragen in zwei aufeinander folgenden Geschäftsjahren nach Angaben der Debitorenbuchhaltung: 122

Konto-Nr.	Kunde	Umsatz in €	
		1. Jahr	2. Jahr
10000	Elektroexport GmbH, Köln	260.000,00	299.000,00
10001	Hausgeräte GmbH, Düsseldorf	350.000,00	392.000,00
10002	Kaufpark Elektra GmbH, Essen	120.000,00	150.000,00
10003	Elektronik Schütz KG, Duisburg	220.000,00	193.600,00
10004	Baumarkt Hans Heiler e. K., Köln	125.000,00	131.250,00

1. *Wie hoch ist jeweils der Gesamtumsatz in den beiden Geschäftsjahren?*
2. *Ermitteln Sie für die beiden Geschäftsjahre in % den Anteil des jeweiligen Kunden am Gesamtumsatz.*
3. *Stellen Sie die Veränderungen gegenüber dem Vorjahr in % dar und deuten Sie diese.* ■

1. *Erläutern Sie Aufgaben und Bedeutung der Bücher der Buchführung: a) Grundbuch, b) Hauptbuch, c) Nebenbücher, d) Inventar- und Bilanzbuch.* 123
2. *Inwiefern ist der Beleg Bindeglied zwischen Geschäftsfall und Buchung?*
3. *Belege lassen sich nach ihrer Entstehung in a) Fremd- bzw. externe Belege und b) Eigen- bzw. interne Belege unterscheiden. Nennen Sie jeweils mindestens drei Beispiele.*
4. *Nennen Sie die Aufbewahrungsfrist für Geschäftsbelege, die Bücher der Buchführung, das Inventar und die Bilanz.*
5. *Von welchem Zeitpunkt an beginnt die Aufbewahrungsfrist?*
6. *Welche Möglichkeiten der Belegaufbewahrung bestehen?* ■

Geschäftsgang mit Grund-, Haupt-, Kontokorrent- und Bilanzbuch 124

1. *Führen Sie die genannten Bücher der Buchführung.*
2. *Richten Sie die Sachkonten ein und tragen Sie die Beträge der Summenbilanz vor.*
3. *Richten Sie die Personenkonten ein und tragen Sie die Soll- und Habenbeträge vor.*
4. *Buchen Sie die Geschäftsfälle für Dezember auf den Sach- und Personenkonten.*
5. *Erstellen Sie zum 31. Dezember die Saldenlisten der Personenkonten und stimmen Sie diese mit den Sachkonten „2400 Forderungen a. LL" und „4400 Verbindlichkeiten a. LL" ab.*
6. *Führen Sie den kontenmäßigen Jahresabschluss im Hauptbuch durch.*
7. *Erstellen Sie einen ordnungsmäßig gegliederten* ***Jahresabschluss*** *(Bilanz und Gewinn- und Verlustrechnung) der Textilgroßhandlung Edgar Tuch e. K., Köln, für das Bilanzbuch.*

Belegabkürzungen: AR (Ausgangsrechnung), ER (Eingangsrechnung), BA (Bankauszug), PA (Postbankauszug), KB (Kassenbeleg), PE (Privatentnahmebeleg), SB (Sonstige Belege).

AUFGABEN

Kundenkonten der Textilgroßhandlung Edgar Tuch e. K.	Soll	Haben
10000 F. Walter e. Kffr., Leverkusen	344.500,00	322.400,00
10001 Kühn KG, Köln	241.250,00	221.400,00
10002 R. Schulze e. Kfm., Bergheim	225.000,00	175.580,00
Summe	810.750,00	719.380,00

Liefererkonten der Textilgroßhandlung Edgar Tuch e. K.	Soll	Haben
60000 M. Blau e. K., Rheine	189.400,00	224.600,00
60001 S. Schneider e. K., Emsdetten	180.200,00	215.800,00
60002 Weber GmbH, Soest	155.400,00	184.480,00
Summe	525.000,00	624.880,00

Sachkonten der Textilgroßhandlung Edgar Tuch e. K.		Soll	Haben
0800	Betriebs- und Geschäftsausstattung	218.000,00	13.000,00
2280	Warenbestand	189.000,00	–
2400	Forderungen a. LL	810.750,00	719.380,00
2600	Vorsteuer	110.586,50	83.140,00
2800	Bank	790.158,00	646.570,00
2850	Postbankguthaben	69.343,00	14.000,00
2880	Kasse	28.940,00	21.180,00
3000	Eigenkapital	–	429.000,00
3001	Privat	40.000,00	–
4400	Verbindlichkeiten a. LL	525.000,00	624.880,00
4800	Umsatzsteuer	72.140,00	150.907,50
5100	Umsatzerlöse für Waren	–	780.150,00
5420	Entnahme v. G. u. s. L.	–	14.100,00
6060	Wareneingang	460.000,00	–
63/64	Personalkosten	102.000,00	–
6520	Abschreibungen auf Sachanlagen	–	–
6700	Mieten	45.070,00	–
6800	Aufwendungen für Kommunikation	35.320,00	–
8010	Schlussbilanzkonto	–	–
8020	Gewinn- und Verlustkonto	–	–
Summen zum 17. Dezember		3.496.307,50	3.496.307,50

Geschäftsfälle ab 18. Dezember bis 31. Dezember ..

Datum	Beleg	Buchungstext	€
18. Dez.	AR 949	Zielverkauf v. Waren an F. Walter e. Kffr., brutto	10.472,00
19. Dez.	ER 468	Zieleinkauf bei M. Blau e. K., brutto	14.637,00
20. Dez.	BA 91	Überweisung von Kühn KG	13.685,00
		Überweisung an S. Schneider e. K.	23.205,00
21. Dez.	KB 248	Barkauf von Postwertzeichen	650,00
	PE 35	Private Warenentnahme, netto	750,00
23. Dez.	ER 469	Zieleinkauf bei Weber GmbH, brutto	14.042,00
27. Dez.	KB 249	Privatentnahme, bar	800,00
28. Dez.	AR 950	Zielverkauf v. Waren an R. Schulze e. Kfm., brutto	18.564,00
29. Dez.	PA 93	Überweisung von R. Schulze e. Kfm.	28.560,00
		Überweisung für Telekommunikation einschl. USt	1.428,00
30. Dez.	KB 250	Barkauf von Büromaterial, brutto	535,50
31. Dez.	KB 251	Barverkäufe von Waren (Tageslosung), brutto	6.664,00

Abschlussangaben

31. Dez.	SB 189	Warenendbestand lt. Inventur	168.000,00
31. Dez.	Anlagenkartei:	Abschreibungen auf 0800	25.000,00
31. Dez.	Inventar:	Buchbestände = Inventurbestände	

Finanzbuchhaltung in der betrieblichen Praxis 1.16.1

Vorteile einer EDV-Buchführung

Die Zahl der täglichen Geschäftsfälle ist selbst in kleineren Unternehmen so groß, dass **nur eine EDV-gestützte Buchführung es ermöglicht,**

- **eine Vielzahl von Buchungsdaten in kürzester Zeit zu erfassen,**
- **automatisch zu verarbeiten,**
- **auszuwerten und zu speichern sowie**
- **die Ergebnisse jederzeit abzurufen.**

Drei Schritte kennzeichnen die **Arbeitsweise der EDV** in der Buchführung:

Eingabe →	Verarbeitung →	Ausgabe
der Daten über: – **Bildschirm mit Eingabetastatur** – **CD-/DVD-Laufwerk** – **Magnetbandgerät** – **Belegleser**	der Daten in der: **Zentraleinheit** ↓ – **Hauptspeicher** – **Steuerwerk und** – **Rechenwerk**	der Daten über: – **Bildschirm** – **Schnelldrucker**

Merkmale kommerzieller Finanzbuchhaltungssoftware 1.16.1.1

Anforderungen an eine Fibu-Software

Zur Steuerung und Verwaltung der betrieblichen Prozesse wird in der Praxis i. d. R. betriebswirtschaftliche **Standard- oder Individualsoftware** eingesetzt.[1] Diese **Programme** beinhalten neben den prozesssteuernden Modulen (Warenwirtschafts- und Planungssystem) auch kaufmännische Module (Finanzbuchhaltung, Kostenrechnung und Personalwesen). Im Folgenden werden die Merkmale der betrieblichen Finanzbuchhaltungssoftware kurz dargestellt:

1. Die Programme haben eine **komfortable Benutzerführung.** Die Menüstruktur ist schnell erkennbar, die Eingabemasken sind übersichtlich gestaltet. Eingabefehler werden teilweise durch Plausibilitätskontrollen abgefangen.
2. Die für den Betrieb einzurichtenden **Stammdaten** können **flexibel** gestaltet werden. Konten, Bilanzstruktur, GuV-Aufbau usw. lassen sich veränderten betrieblichen Bedingungen oder neuen gesetzlichen Bestimmungen schnell anpassen.
3. Das **Buchen von Eingangs- und Ausgangsrechnungen** erfolgt im Rahmen einer **Offene-Posten-Buchhaltung.** Es wird also nicht auf einem Konto „Forderungen" oder „Verbindlichkeiten" gebucht, sondern auf **einzelnen Debitoren- und Kreditorenkonten,** deren Salden in ihrer Summe den Forderungen bzw. Verbindlichkeiten entsprechen.
4. **Bestimmte Buchungen** werden **automatisch** durchgeführt. Die **Umsatzsteuer bzw. Vorsteuer,** aber auch die **Steuerberichtigungen** bei Skontozahlungen oder Gutschriften werden in der Regel automatisch aufgrund der Einstellungen in den Stammdaten gebucht.

1 Anbieter für branchenneutrale betriebswirtschaftliche Software sind u. a. SAP, Sage KHK und Lexware.

5. Buchungen lassen sich als **Dialog-** oder als **Stapelbuchungen** erfassen. Bei einer **Dialogbuchung** wird jede Buchung **sofort** nach ihrer Eingabe **auf** die entsprechenden **Konten übertragen.** Die Erfassung als **Stapelbuchung** hat den Vorteil, dass die **erfassten Daten** zunächst nur als Text gespeichert werden und damit **ohne Stornierung korrigiert** werden können.
6. Die Programme bieten umfangreiche **Auswertungen.** Neben der Bilanz und der GuV-Rechnung werden **Saldenlisten, OP-Listen, Mahnlisten, Fälligkeitslisten** usw. gedruckt. Die monatliche **Umsatzsteuer-Voranmeldung** (Voraussetzung für die Überweisung der Zahllast an das Finanzamt) und sogenannte **betriebswirtschaftliche Auswertungen** wie Bilanzkennziffern können jederzeit erstellt werden.
7. Die **Benutzeroberfläche des Moduls Finanzbuchhaltung** entspricht den Oberflächen der anderen betriebswirtschaftlichen Anwendungen (Kostenrechnung, Bestellwesen, Fakturierung, Gehaltsabrechnung u. a.). Welcher Benutzer (Mitarbeiter, User) welches Modul mit welchen Rechten nutzen darf, wird über **Passwörter** geregelt.
8. Die **Daten sämtlicher betriebswirtschaftlicher Anwendungen** werden in einer **zentralen Datenbank** gehalten, sodass von vielen Arbeitsplätzen und unterschiedlichen Anwendungen auf aktuelle Daten zugegriffen werden kann. Zum Beispiel werden die Daten der mithilfe des Programmmoduls Fakturierung in der Verkaufsabteilung erstellten Ausgangsrechnungen an das Programmmodul Finanzbuchhaltung übergeben und dort automatisch gebucht.
9. Zu beachten sind bei der Arbeit mit Finanzbuchhaltungsprogrammen neben den **„Grundsätzen ordnungsmäßiger Buchführung“** (GoB, siehe Seite 91) die seit 1995 geltenden **„Grundsätze ordnungsmäßiger DV-gestützter Buchführungssysteme“** (GoBS).[1]

1.16.1.2 Buchen der laufenden Geschäftsfälle

Wie läuft die Buchung der Geschäftsfälle ab?

Der typische Arbeitsablauf für die Buchung der laufenden Geschäftsfälle **beinhaltet:**

- **Sortieren der Belege.** Belege gleicher Art bilden „Stapel“. Ein Beispiel für einen sinnvollen Stapel sind die Eingangsrechnungen der beiden letzten Tage, die den Einkauf von Waren betreffen.
- **Vorkontierung der Belege.** Auf dem Beleg werden die Konten, i. d. R. auch die Kostenstellen, manuell vermerkt.
- **Ermitteln einer Buchungskontrollsumme.** Die Endbeträge der zu buchenden Belege des Stapels werden summenmäßig erfasst.
- **Erfassen der Kontierungsdaten am Bildschirmarbeitsplatz über „Stapelbuchen“.** Das Modul Finanzbuchhaltung der betriebswirtschaftlichen Software wird aufgerufen und das **Menü „Buchungserfassung“** gewählt. Die Kontierungsdaten jedes einzelnen Beleges werden mithilfe der **Erfassungsmaske** eingegeben.
- **Abstimmen der Kontrollsumme.** Bei Abweichung ist eine Fehlersuche notwendig. Das heißt konkret: Eine Mitarbeiterin bzw. ein Mitarbeiter liest die Daten der gebuchten Belege vor, eine andere (ein anderer) hakt die Buchungen im Journal ab.
- **Übernahme der Buchungen und Drucken des Journals.** Sofern keine offensichtlichen Fehler vorliegen, wird der Stapel „ausgebucht“, das heißt, die Buchungen werden in das Finanzbuchhaltungssystem übernommen. Anschließend kann das Journal (Grundbuch) gedruckt und abgeheftet werden.

1 **Zu den Grundsätzen zählen vor allem: Zuverlässigkeit** des eingesetzten Programms, **Nachprüfbarkeit** der Daten, Gewährleistung der **Datensicherheit,** Sicherstellung der jederzeitigen **Datenwiedergabe.**

Erstellen von Auswertungen

Das Erstellen von **Auswertungen** (Offene-Posten-Listen, Zahlungsvorschlagslisten, USt-Voranmeldung, vorläufige Bilanz, GuV-Rechnung u. a.) wird von den dafür jeweils zuständigen Mitarbeitern angefordert. Die Auswertungen können mithilfe der Finanzbuchhaltungssoftware jederzeit zur Verfügung gestellt werden.

Zusammenfassung

- **In der betrieblichen Praxis** wird die Finanzbuchhaltung **mithilfe kommerzieller Finanzbuchhaltungssoftware** durchgeführt.
- Das Modul **Finanzbuchhaltung** ist Bestandteil **integrierter kaufmännischer Software.**
- **Konten, Bilanzstruktur und GuV-Aufbau können** über die Stammdatenpflege jederzeit **verändert werden.**
- **Wesentlicher Bestandteil** des Finanzbuchhaltungssystems ist die **Offene-Posten-Buchhaltung.**
- Buchungen werden in eine **Buchungserfassungsmaske** eingetragen. Die Auswirkungen der Buchungen werden von der Finanzbuchhaltungssoftware als **Auswertungen** erstellt.
- Für das **Erstellen von Auswertungen,** wie z. B. **Bilanz und GuV-Rechnung,** werden **keine Konten abgeschlossen.** Die Salden bleiben erhalten.

Offene-Posten-Buchhaltung 1.16.2

Offene Posten

Bei Buchung einer Eingangs- bzw. Ausgangsrechnung wird jeweils ein **offener Posten** angelegt. Bei der Buchung des Zahlungsausgangs bzw. Zahlungseingangs wird die **Belegnummer** des entsprechenden offenen Postens angegeben und der offene Posten wird ausgeglichen. Die Sachkonten **2400 Forderungen a. LL** und **4400 Verbindlichkeiten a. LL** können **nicht manuell** angebucht werden, da sie als **Sammelkonten** die Buchungen auf den Personenkonten **automatisch,** also softwarebedingt, aufnehmen.

Beispiel

Die Papiergroßhandlung Katja Kern e. Kffr. (siehe Aufgabe 127) erhält am 15. Januar .. von dem Lieferanten Druck und Papier GmbH die folgende **Rechnung,** die die **Belegnummer 101** erhält:

Menge	Bezeichnung	Einzelpreis in €	Gesamtpreis in €
20 Paletten	Druckpapier D 4403	1.750,00	35.000,00
		Rechnungspreis netto	35.000,00
		+ 19 % Umsatzsteuer	6.650,00
		Rechnungspreis brutto	41.650,00

Die Papiergroßhandlung Kern bezahlt die Rechnung am 20. Januar per **Banküberweisung.** Die **Belegnummer des Kontoauszuges ist 102.**

Die Buchungen lauten:

Beleg	Buchung	Soll	Haben
101	**6060 Wareneingang**	35.000,00	
	2600 Vorsteuer	6.650,00	
	an **60001 Druck und Papier GmbH (Kreditorenkonto)**		41.650,00

Beleg	Buchung	Soll	Haben
102	**60001 Druck und Papier GmbH (Kreditorenkonto)**	41.650,00	
	an **2800 Bank**		41.650,00

Sollen beide Buchungen **sofort** nacheinander erfasst werden, ist es sinnvoll, die Methode **„Dialogbuchen"** zu wählen.

Offene-Posten-Buchhaltung

Bevor die Buchungen mithilfe eines Finanzbuchhaltungsprogramms erfasst werden, sollten die Eingabedaten in einen **Kontierungsbogen** eingetragen werden. Der Kontierungsbogen ist wie die Buchungsmaske der eingesetzten Software aufgebaut.

1.16.2.1 Einsatz der Finanzbuchhaltungssoftware „Lexware financial office"

Kontierungsbogen

Der Kontierungsbogen weist nach Eintragung der o. g. Buchungen Folgendes aus:

Datum	Beleg-Nr.	Buchungstext	Betrag in €	Soll-konto	Haben-konto	USt-Text	OP-Nr.
15. Jan.	101	Eingangsrechnung	41.650,00	6060	60001	VoSt19	
20. Jan.	102	Zahlungsausgang	41.650,00	60001	2800		101

Buchungserfassungsmaske

Die Buchungserfassungsmaske weist die erfassten **Daten der Eingangsrechnung** aus:

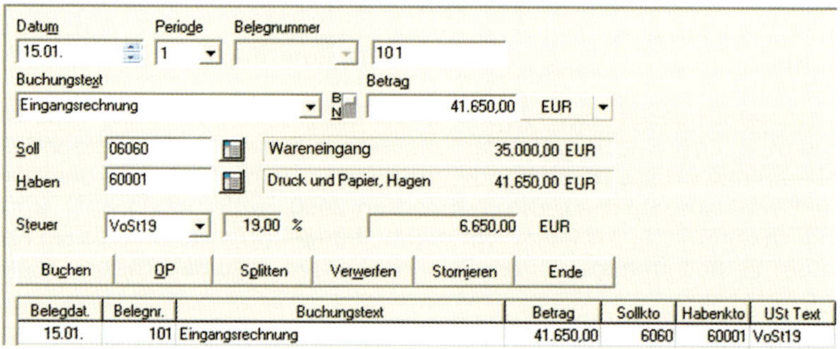

Der Schalter vor dem Betragsfeld ermöglicht die Eingabe des Brutto- oder Nettobetrages **(Voreinstellung „brutto").** Mit der Eintragung der Kontonummern erscheinen die Kontobezeichnung und der Saldo einschl. der aktuell erfassten Buchung. In den Stammdaten des Kontos 6060 Wareneingang ist der **Steuertext VoSt19** (19 % Vorsteuer) eingetragen, deshalb erscheint dieser Text **automatisch** im Feld Steuer. Anhand des Steuertextes ermittelt die Software den Steuerbetrag. Steuersatz und Steuerbetrag werden angezeigt. Mit Betätigen der **Schaltfläche „Buchen"** wird die Buchung in das **Journal** übertragen und im unteren Teil angezeigt. Das unten stehende Bild zeigt die **Buchung des Zahlungsausgangs** vor Betätigen der OP-Schaltfläche:

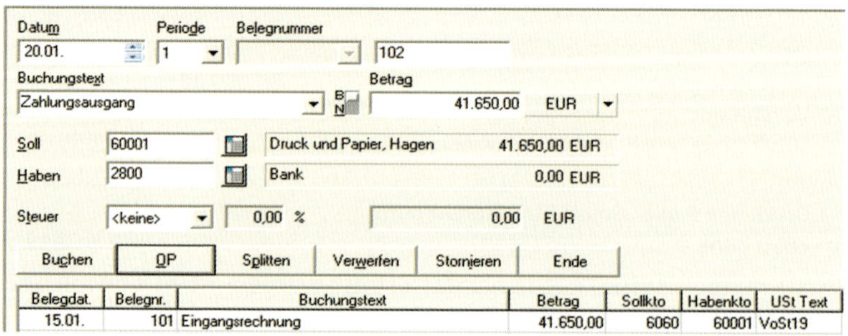

Einsatz der Finanzbuchhaltungssoftware „Lexware financial office“

Nach Klicken auf die OP-Schaltfläche erscheinen in einem weiteren Fenster die **offenen Posten** des in der Buchung angegebenen **Personenkontos:**

Im obigen Beispiel liegt nur **ein** offener Posten vor. Erfasster Zahlungsbetrag und offener Posten sind identisch. Der offene Posten wird markiert und nach Klicken auf die Schaltfläche „Buchen“ ist der Zahlungsausgang gebucht.

Sollte der Buchungsbetrag nicht mit dem Betrag des gewählten offenen Postens identisch sein, bietet das Programm in einem weiteren Fenster die Auswahl „Weiterführen“ oder „Ausbuchen“ an. **Weiterführen** wird gewählt, wenn der Restbetrag als offener Posten weiterhin bestehen soll. Es handelt sich um eine Teilzahlung. **Ausbuchen** wird gewählt, wenn der offene Posten ausgeglichen ist, zum Beispiel bei Skontoabzug.

Einsatz der Finanzbuchhaltungssoftware „Sage KHK Classic Line“ 1.16.2.2

Kontierungsbogen

Die Eintragung in den Kontierungsbogen sollte folgendermaßen erfolgen:

Soll-konto	Beleg-Nr.	Beleg-datum	Haben-konto	Betrag	SA	SC	Buchungstext	OP-Nr.
S6060	101	15. Jan.	K60001	41.650,00	V	1	Eingangsrechnung	101
K60001	102	20. Jan.	S2800	41.650,00			Zahlungsausgang	101

Die unten stehende Darstellung zeigt die erfassten Daten der Eingangsrechnung in der **Buchungserfassungsmaske:**

Buchungserfassungsmaske

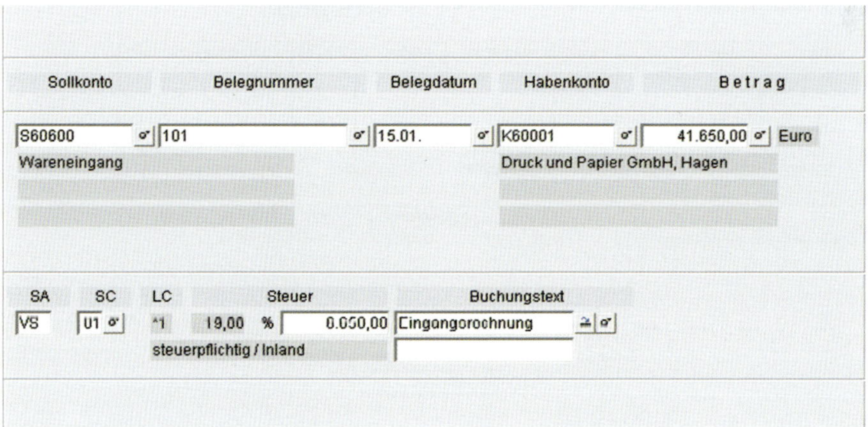

Nach Aufrufen der Buchungserfassungsmaske (*Finanzbuchhaltung* ➜ *Buchen* ➜ *Buchungserfassung* ➜ *Buchungserfassung*) ist ein **Buchungskreis** (in der Regel 01) **und** die **Buchungsperiode** (aktueller Monat) einzutragen. Anschließend steht die Erfassungsmaske zur Verfügung.

Einsatz der Finanzbuchhaltungssoftware „Sage KHK Classic Line“

Jede Eingabe in ein Datenfeld wird mit der Eingabetaste bestätigt. Nach **Eingabe der Kontonummer** wird die Bezeichnung des Kontos eingeblendet. Gleichzeitig wird am unteren Bildschirmrand der **aktuelle Saldo des Kontos** angezeigt.

Bei Kontonummern brauchen nachfolgende Nullen nicht eingegeben zu werden. Die Kontonummern können vollständig über den numerischen Block der Tastatur eingegeben werden. Das **„D“** für **Debitoren** wird mit einer **„1“**, das **„K“** für **Kreditoren** wird mit einer **„2“** und das **„S“** für Sachkonten wird mit einer **„3“** eingegeben.

Bei der **Anzeige der aktuellen Salden** werden Sollsalden ohne Vorzeichen und Habensalden mit einem Minuszeichen hinter dem Betrag dargestellt.

In den **Datenfeldern SA (Steuerart)** und **SC (Steuercode)** werden die **Voreinstellungen** (VS: Vorsteuer Soll) und 01 (Steuersatz: 19 %) aus den Stammdaten des Kontos Wareneingang angezeigt. Wird, wie in diesem Beispiel, bei der Buchung ein offener Posten angelegt, erscheint nach Eingabe des Buchungstextes ein weiteres Fenster für die **Daten des offenen Postens:**

Als OP-Nummer wird die vorher eingegebene **Belegnummer** vorgeschlagen. In der Regel wird sie übernommen.

Es kann eine **Zahlungsbedingung** erfasst werden (Tage Skonto, Skontosatz, Tage Ziel). In den Feldern Betrag und Valuta-Datum werden die Voreinstellungen normalerweise übernommen. Bei der Buchung auf Personenkonten erscheint anschließend in einem weiteren Fenster die Frage: **„Buchung abschließen und speichern?“**. Nach Klicken auf „Ja“ ist die Buchung erfolgt. Der unten stehende Bildschirmausdruck zeigt die Buchung des Zahlungsausgangs:

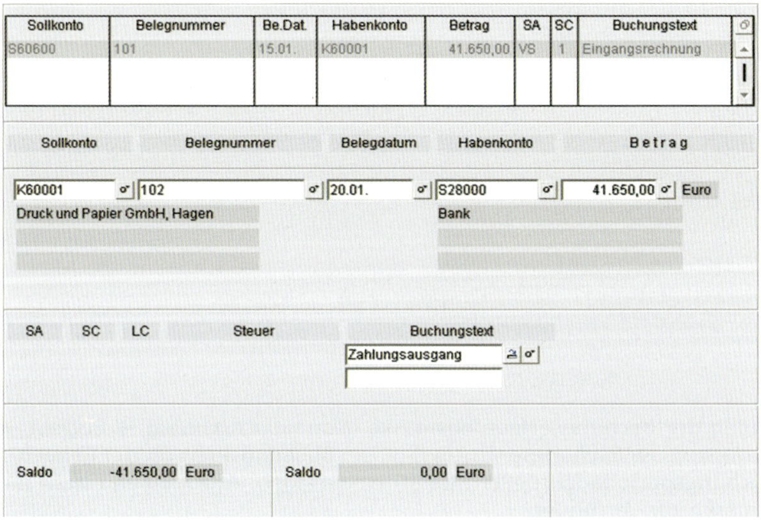

Einsatz der Finanzbuchhaltungssoftware „Sage KHK Classic Line"

Die zuletzt erfassten Buchungen werden im oberen Teil des Erfassungsbildschirmes angezeigt. Nach Eingabe des Buchungstextes werden in einem gesonderten Fenster die **offenen Posten des Kreditorenkontos,** auf dem im Soll gebucht wird, angezeigt.

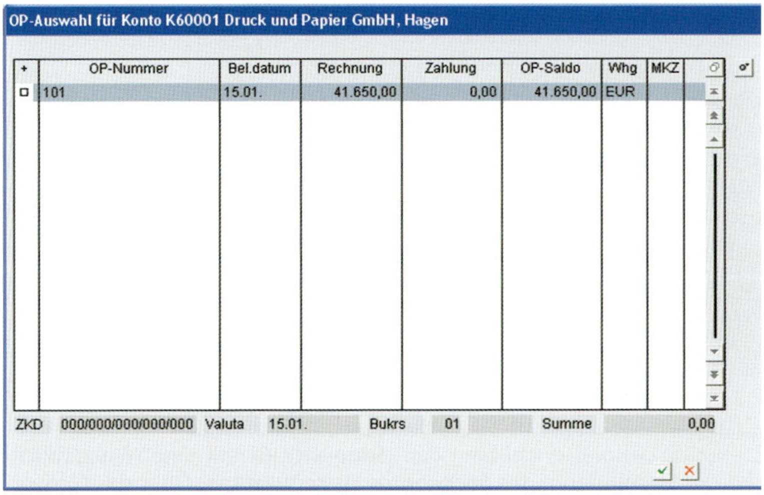

Die durch die Zahlung auszugleichende **Rechnung wird markiert.** Nach Bestätigen mit der Eingabetaste werden die **OP-Daten in die Buchungserfassungsmaske** übernommen. Mit Übernahme dieser Daten wird die **Buchung gespeichert.**

Falls Buchungsbetrag und Betrag des offenen Postens nicht übereinstimmen, wird der **Restbetrag** angezeigt. Soll dieser Restbetrag „ausgebucht" werden (OP ist ausgeglichen, Zahlung ist vollständig erfolgt), wird der **Restbetrag als Skonto** eingetragen. Wird in das Skontofeld nichts eingetragen, bleibt der **Restbetrag als Verbindlichkeit** (bei Kunden als Forderung) bestehen. Die Voreinstellung des Datenfeldes Skonto hängt von der erfassten Zahlungskondition bei Buchung der zu zahlenden Rechnung ab.

Zusammenfassung

- Bei der **Buchung von Eingangs- und Ausgangsrechnungen** werden **offene Posten** angelegt.
- **Zahlungen an Lieferanten** und **Zahlungen von Kunden** werden jeweils **einem** vorher gebuchten **offenen Posten zugeordnet.**
- Die Offene-Posten-Buchhaltung der **Kreditoren (Lieferer)** unterstützt die **Entscheidungen bei eigenen Zahlungen** (Zeitpunkt, Nutzen von Skonto, ...).
- Die Offene-Posten-Buchhaltung der **Debitoren (Kunden)** unterstützt das **Mahnwesen.**
- **Alle Debitoren** werden dem **Sammelkonto „Forderungen a. LL", alle Kreditoren** dem **Sammelkonto „Verbindlichkeiten a. LL"** zugewiesen.

1.16.3 Stammdatenpflege im Rahmen der Finanzbuchhaltung

Kommerzielle Finanzbuchhaltungsprogramme zeichnen sich dadurch aus, dass der **Kontenplan** des Unternehmens völlig **frei gestaltet** werden kann. Das heißt, **Sachkonten, Debitoren und Kreditoren** können jederzeit **neu eingerichtet** bzw. **verändert** werden.

Stammdatenpflege im Rahmen der Finanzbuchhaltung

Das unten stehende Fenster zeigt **Daten des Kunden Kaufkette AG der Papiergroßhandlung Katja Kern e. Kffr.,** erstellt mit der **„Lexware"-Finanzbuchhaltung.** Am linken Rand ist die Auswahl der Bearbeitungsmasken für die Kundenstammdaten aufgeführt.

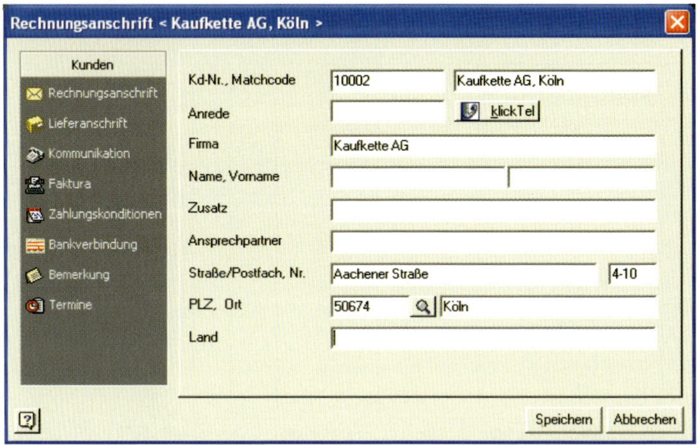

Das unten stehende Beispiel, erstellt mit der **„Sage-KHK-Classic-Line"-Finanzbuchhaltung,** zeigt die **Stammdaten des Sachkontos Warenbestand.** Über das Auswertungskennzeichen BAU3 wird gesteuert, dass der Saldo des Kontos in der Bilanz unter der Position „3. Fertige Erzeugnisse und Waren" erscheint.

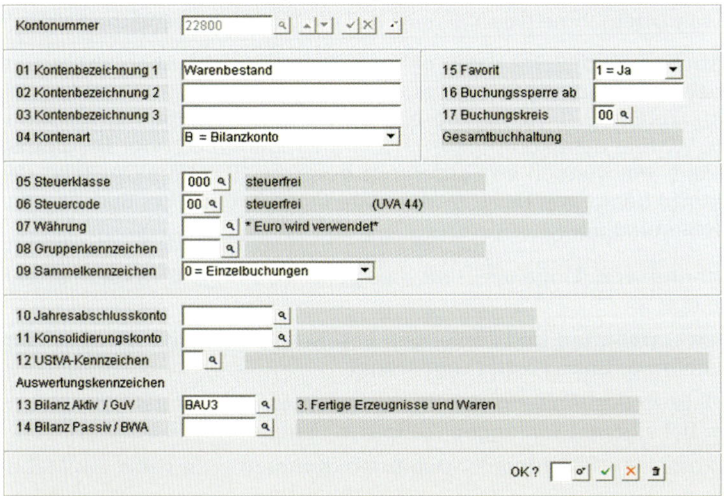

Zusammenfassung

- **Die Konten (Debitoren, Kreditoren, Sachkonten)** werden in der Finanzbuchhaltung als **Stammdaten** geführt.
- Bei der **Erfassung eines neuen Kunden** werden neben dem Debitorenkonto auch **Daten für andere Module** (Kundenadresse für die Fakturierung) erfasst.
- Alle **Sachkonten** müssen genau **einer Position in der Bilanz** (Bestandskonten) oder **einer Position in der GuV-Rechnung** (Erfolgskonten) **zugeordnet** werden.
- Weitere **wichtige Stammdaten** sind Steuerschlüssel, Zahlungsbedingungen und vorformulierte Buchungssätze.

125

Sie sind Mitarbeiter/-in in der Finanzbuchhaltung der Papiergroßhandlung Katja Kern e. Kffr. Der folgende Geschäftsgang ist im November des aktuellen Geschäftsjahres zu buchen. Den Kontenplan der Papiergroßhandlung Kern können Sie der Aufgabe 127 entnehmen.

Geschäftsfälle (Hinweis: Der Umsatzsteuersatz beträgt in allen Fällen 19 %.)

Nr.	Datum	Text	€
101	10. Nov.	Ausgangsrechnung an die Kaufkette AG für die Lieferung von Kopierpapier, brutto	13.090,00
102	10. Nov.	Eingangsrechnung für Druckpapier D 4410 von der Druck und Papier GmbH, brutto	4.760,00
103	15. Nov.	Privateinlage des Inhabers bar	2.000,00
104	15. Nov.	Die Kaufkette AG bezahlt AR 101 durch Banküberweisung	13.090,00
105	15. Nov.	Zahlung einer Reparatur bar, brutto	59,50
106	15. Nov.	Banküberweisung für Werbeanzeige, brutto	357,00
107	15. Nov.	Banküberweisung an die Druck und Papier GmbH. Ausgleich der ER 102	4.760,00
108	15. Nov.	Eingangsrechnung für Druckpapier D 4408 von der Druck und Papier GmbH, brutto	1.785,00
109	17. Nov.	Eingangsrechnung für Kopierpapier K 1213 von der Hein OHG, brutto	3.927,00
110	20. Nov.	Banküberweisung der Gehälter	4.320,00
111	20. Nov.	Privatentnahme des Inhabers bar	500,00
112	20. Nov.	Abbuchung der Bank für Zinsen	250,00

Arbeitsanweisungen

1. *Buchen Sie die Geschäftsfälle im Grundbuch.*
2. *Führen Sie die Konten „Umsatzsteuer" und „Vorsteuer". Ermitteln Sie die Zahllast.*
3. *Tragen Sie die Buchungen in einen Kontierungsbogen ein. Die Struktur des Kontierungsbogens ist abhängig von der Software, die Ihnen zur Verfügung steht.*
4. *Erfassen Sie die Buchungen mithilfe eines kommerziellen Finanzbuchhaltungsprogramms (z. B. Lexware oder Sage KHK).*
5. *Erstellen Sie folgende Auswertungen:*
   a) Journal des Monats November,
   b) Saldenliste Sachkonten zum 30. November,
   c) Saldenliste Kreditoren zum 30. November,
   d) Offene-Posten-Liste Kreditoren zum 30. November,
   e) Umsatzsteuer-Voranmeldung für November. ■

126

1. *Sie richten für ein kommerzielles Finanzbuchhaltungsprogramm das Konto 6800 Büromaterial neu ein. Warum ist es sinnvoll, einen Steuertext bzw. Steuercode zu erfassen?*
2. *Kommerzielle Finanzbuchhaltungsprogramme kennen das Konto SBK nicht. Dafür lässt sich jederzeit eine Saldenliste erstellen. Worin unterscheidet sich die Auswertung „Saldenliste Sachkonten" von dem Konto SBK?*
3. *Welche Informationen enthält die Offene-Posten-Liste Kreditoren im Vergleich zur Saldenliste Kreditoren?*
4. *Die Sachkonten 2400 Forderungen a. LL und 4400 Verbindlichkeiten a. LL sind eingerichtet. Sie haben auf diesen Konten jedoch nicht gebucht. Trotzdem weisen diese Konten in der Saldenliste Buchungen auf. Welche sind das?*
5. *Die Umsatzsteuer-Voranmeldung weist die Zahllast bzw. den Vorsteuer-Überhang aus. Welche anderen wesentlichen Daten werden ausgedruckt?* ■

1.17 Beleggeschäftsgang 1 – computergestützt

In der **Papiergroßhandlung Katja Kern e. Kffr.** entspricht das Geschäftsjahr dem Kalenderjahr. Die Geschäftsinhaberin möchte jedoch monatlich über die Lage des Unternehmens informiert werden. Deshalb werden in der Finanzbuchhaltung regelmäßig **Monatsabschlüsse** gemacht. In dem folgenden Beleggeschäftsgang soll der **Abschluss zum 31. Januar** erfolgen. Die **Sach- und Personenkonten** weisen die **Salden zum 27. Januar ..** aus. Für die Zeit vom 28. Januar bis 31. Januar sind noch die **Belege 1–17** zu buchen.

Eröffnung der Sach- und Personenkonten

Die Beträge der Sach-, Kunden- und Liefererkonten werden bei **konventioneller Buchführung** einfach auf die genannten Konten, also ohne Gegenbuchung, übertragen. Im **Arbeitsheft** sind die Konten entsprechend vorbereitet.

EDV-Buchführung

Der Beleggeschäftsgang kann natürlich auch mit einem EDV-Finanzbuchhaltungsprogramm (z. B. Sage KHK, Lexware u. a.) gebucht werden. In diesem Fall erfolgen jedoch die Eröffnungsbuchungen nach dem System der Doppik über das Gegenkonto **„8050 Saldenvorträge"**. Da alle Geschäftsfälle, die Kunden und Lieferer betreffen, **direkt** auf den entsprechenden Personenkonten gebucht werden, sind auch nur die **Personenkonten** mit ihren Daten zu **eröffnen,** nicht dagegen die zugehörigen Sachkonten 2400 und 4400. Die auf den Personenkonten erfassten Beträge werden **automatisch** auf den Sachkonten 2400 und 4400 ausgewiesen.

AUFGABE

127

Kontenplan und Salden der Sachkonten der Papiergroßhandlung Katja Kern e. Kffr. zum 27. Januar ..	Soll	Haben
0510 Bebaute Grundstücke	1.255.500,00	–
0800 Betriebs- und Geschäftsausstattung	494.500,00	–
2280 Warenbestand	2.550.000,00	–
2400 Forderungen a. LL	600.950,00	–
2600 Vorsteuer	68.815,00	–
2800 Sparkasse KölnBonn	331.826,00	–
2880 Kasse	15.664,00	–
3000 Eigenkapital	–	3.000.000,00
3001 Privat	12.000,00	–
4250 Langfristige Bankverbindlichkeiten	–	1.431.284,00
4400 Verbindlichkeiten a. LL	–	249.900,00
4800 Umsatzsteuer	–	184.585,00
5100 Umsatzerlöse für Waren	–	970.000,00
5420 Entnahme v. G. u. s. L.	–	1.500,00
6030 Aufwendungen für Betriebsstoffe	12.800,00	–
6060 Wareneingang (Aufwendungen für Waren)	150.000,00	–
6160 Fremdinstandsetzung	91.480,00	–
6300 Gehälter	188.264,00	–
6520 Abschreibungen auf Sachanlagen	–	–
6800 Büromaterial	2.320,00	–
6830 Kosten der Telekommunikation	850,00	–
6870 Werbung	45.800,00	–
7510 Zinsaufwendungen	16.500,00	–
Abschlusskonten: 8010 und 8020	5.837.269,00	5.837.269,00

Die Personenkonten weisen zum 27. Januar .. im Einzelnen die unten stehenden **offenen Posten** (= unbezahlte Rechnungen) und **Salden** aus:

Offene-Posten-Listen

Offene-Posten-Liste Kunden					
Konto-Nr.	**Kunde**	**Datum**	**Rechnungs-Nr.**	**Betrag**	**Saldo**
10 001	Druckcenter GmbH Siebenbürger Str. 36 04279 Leipzig	..-01-06 ..-01-19	201 204	119.000,00 53.550,00	**172.550,00**
10 002	Kaufkette AG Aachener Str. 4–10 50674 Köln	..-01-18 ..-01-21	203 205	47.600,00 238.000,00	**285.600,00**
10 003	Schneider OHG Kantstraße 34–38 97074 Würzburg	..-01-07 ..-01-23	202 206	66.640,00 76.160,00	**142.800,00**
Saldensumme der Kundenkonten: Abstimmung mit Konto 2400					**600.950,00**

Offene-Posten-Liste Lieferer					
Konto-Nr.	**Lieferer**	**Datum**	**Rechnungs-Nr.**	**Betrag**	**Saldo**
60 001	Druck und Papier GmbH Bergstraße 40–44 58095 Hagen	..-01-04 ..-01-10	25 190 25 340	85.680,00 53.550,00	**139.230,00**
60 002	Matthias Hein OHG Bergerstraße 48 51143 Köln	..-01-19 ..-01-22	45 115 45 317	29.750,00 19.635,00	**49.385,00**
60 003	Deutsche Papier AG Buchenstraße 22–32 04129 Leipzig	..-01-21	4 403	61.285,00	**61.285,00**
Saldensumme der Liefererkonten: Abstimmung mit Konto 4400					**249.900,00**

Aufgaben

1. *Eröffnung der Sach- und Personenkonten mit den Salden zum 27. Januar ..*
2. *Vorkontierung der Belege im Grundbuch:*

Datum	Beleg	Text	Kontierung	Soll	Haben

3. *Beleg 16: Monatsabschreibungen: auf Gebäude .... 3.000,00 €*
   auf BGA .... 7.000,00 €
4. *Ermittlung der Bestandsveränderung. Der Warenschlussbestand beträgt lt. Lagerkartei 2.140.000,00 €.*
5. *Umbuchungen:*
   Beleg 17: Umbuchung der Warenbestandsveränderung
   Umbuchung der Vorsteuer
   Umbuchung der Privatentnahmen
6. *Erstellung der Saldenlisten für die Debitoren und Kreditoren und Abstimmung mit den Sachkonten 2400 und 4400.*
7. *Der Monatsabschluss ist für die Papiergroßhandlung Katja Kern e. Kffr. in Form der Bilanz und Gewinn- und Verlustrechnung konventionell oder EDV-gestützt zu erstellen.*

Beleggeschäftsgang 1

Beleg 1

KATJA KERN KÖLN e. Kffr. **Papiergroßhandlung**

Katja Kern e. Kffr., Papiergroßhandlung · Bonner Wall 45–55 · 50677 Köln

Telefon 0221 543375-0
Telefax 0221 543375-80
E-Mail service@kern-wvd.de
Internet www.kern-wvd.de
USt-IdNr. DE 135763 812

Druckcenter GmbH
Siebenbürger Straße 36
04279 Leipzig

Ihr Zeichen, Ihre Nachricht vom	Unser Zeichen, unsere Nachricht vom	Telefon/Name	Datum
		0221 543375-27	..-01-28

Zeitpunkt der Lieferung:
26. Jan. ..

Bitte bei Zahlung angeben:
Rechnung-Nr.: 207
Kunden-Nr.: 10 001

Auftrags-Nr.: 192/..
Lieferschein 146 826

Rechnung

Wir danken für Ihren Auftrag und berechnen Ihnen wie folgt:

Menge	Bezeichnung	Einzelpreis in €	Betrag in €
64 Paletten	Druckpapier D 4401	1.600,00	102.400,00
56 Paletten	Druckpapier DS 4512	1.525,00	85.400,00

Konto	Soll	Haben

Gebucht:

Warenwert	187.800,00
Umsatzsteuer 19 %	35.682,00
Endsumme	223.482,00

Zahlungsbedingung:
30 Tage netto

Sparkasse KölnBonn
Konto 723 544 32, BLZ 370 501 98
IBAN: DE58 3705 0198 0072 3544 32, BIC: SPAKDE51EBC

Gerichtsstand: Köln
Eigentumsvorbehalt
gem. § 455 BGB

6476120

Beleg 2

Druck und Papier GmbH · Hagen

Telefon 02331 286929
Telefax 02331 286931
E-Mail service@druckundpapier-wvd.de
Internet www.druckundpapier-wvd.de
USt-IdNr. DE 223 858 997

Druck und Papier GmbH · Bergstraße 40–44 · 58095 Hagen

Katja Kern e. Kffr.
Papiergroßhandlung
Bonner Wall 45 - 55
50677 Köln

EINGEGANGEN
..-01-28

Ihre Bestellung vom/Tag/Zeich.	Unsere Auftrags-Nr./Zeich.	Zeit der Leistung/Liefertag	Datum
..-01-23	RS 4 500 y	..-01-26	..-01-27

Rechnung 25 612

Wir sandten für Ihre Rechnung und auf Ihre Gefahr:

Zeichen und Nr.	Gegenstand	Paletten	Preis je Einheit €	Betrag €	Für Empfänger-vermerke
D 4401	Druckpapier	50	1.400,00	70.000,00	
DS 4512	Druckpapier	30	1.300,00	39.000,00	
	Warenwert			109.000,00	
	+ 19 % Umsatzsteuer			20.710,00	
				129.710,00	

Konto | Soll | Haben
Gebucht:

Zahlungsbedingung: 30 Tage rein netto

Geschäftszeit
08:30 – 17:00 Uhr

Deutsche Bank, Hagen
Konto 234 567 89 • BLZ 450 700 02
IBAN: DE58 4507 0002 0023 4567 89 • BIC: DEBADE51WAC

Beleggeschäftsgang 1

Beleg 3

Sparkasse KölnBonn 370 501 98

Empfangsbescheinigung
über Bar-Einzahlung auf eigenes Konto

Kontonummer	Kontoinhaber
723 544 32	Katja Kern e. Kffr., Papiergroßh.

Betrag: Euro, Cent
3.500,00------

..-01-27 3.500,00

Sparkasse KölnBonn Lange

Für den Einzahlungstag und den Betrag ist der Maschinendruck maßgebend.

Kontoauszug zu Beleg 3

Kontoauszug Sparkasse KölnBonn

Konto-Nr.	Datum	Ausz.-Nr.	Blatt	Buchungstag	PN-Nr.	Wert	Umsatz
723 544 32	..-01-27	8	1				
Einzahlung				01-27	8314	01-27	3.500,00 H

Konto	Soll	Haben

Gebucht:

KATJA KERN E. KFFR.
PAPIERGROSSHANDLUNG
BONNER WALL 45 - 55
50677 KÖLN

Alter Saldo
H 331.826,00 EUR

Neuer Saldo
H 335.326,00 EUR

Beleg 4

Quittung
Nr. KB 013

Netto € ct
€ ct
+ % USt
Gesamt € 600 ct 00

Gesamtbetrag € in Worten
sechshundert Cent wie oben

(Im Gesamtbetrag sind % Umsatzsteuer enthalten)

von Geschäftskasse

für private Zwecke

Konto	Soll	Haben

Gebucht:

richtig erhalten zu haben, bestätigt

Ort Köln Datum ..-01-29

Buchungsvermerke | Stempel/Unterschrift des Empfängers

Katja Kern

6476122

Beleg 5

Deutsche Papier AG · Buchenstraße 22–32 · 04129 Leipzig

Deutsche Papier AG
Leipzig

Katja Kern e. Kffr.
Papiergroßhandlung
Bonner Wall 45 - 55
50677 Köln

EINGEGANGEN ..-01-31

Telefon 0341 53514
Telefax 0341 441244
E-Mail service@deutschepapier-wvd.de
Internet www.deutschepapier-wvd.de
USt-IdNr. DE 268 375 513

Ihr Auftrag vom	Kunden-Nr.	Liefertag	Unser Zeichen	Datum
..-01-16	70 016	..-01-27	L/w	..-01-28

Rechnung 4 573

Menge	Artikel	Einzelpreis	Betrag in €
30 Paletten	Umschlagkarton X 404	1.550,00 €	46.500,00
20 Paletten	Umschlagkarton X 408	1.625,00 €	32.500,00
			79.000,00
		+ 19 % Umsatzsteuer	15.010,00
			94.010,00

Konto	Soll	Haben

Gebucht:

Dresdner Bank, Leipzig, Konto 345 678 90, BLZ 860 800 00
IBAN: DE58 8608 0000 0034 5678 90, BIC: DRBADE51XYZ

Beleg 6

Quittung

Nr. KB 014

	€	ct
Netto	450	00
+ 19 % USt	85	50
Gesamt	535	50

Gesamtbetrag € in Worten fünfhundertfünfunddreißig Cent wie oben

(Im Gesamtbetrag sind 19 % Umsatzsteuer enthalten)

von Katja Kern e. Kffr., Papiergroßhandlung

Konto	Soll	Haben

Gebucht:

für Reparaturarbeiten an der Heizungsanlage

richtig erhalten zu haben, bestätigt

Ort Köln Datum ..-01-30

Buchungsvermerke

Stempel/Unterschrift des Empfängers

Kundendienst
Turbo GmbH
47249 Duisburg
Steuer-Nr. 065 338 42760

Zeiler

Beleg 7

Kontoauszug — Sparkasse KölnBonn

Konto-Nr.	Datum	Ausz.-Nr.	Blatt	Buchungstag	PN-Nr.	Wert	Umsatz
723 544 32	..-01-29	9	1				
ÜBERWEISUNG DRUCK UND PAPIER GMBH, HAGEN, RE 25 190 VOM 4. JAN. .. (KONTO 60 001)				01-29	8744	01-29	85.680,00 S

Konto	Soll	Haben

Gebucht:

KATJA KERN E. KFFR.
PAPIERGROSSHANDLUNG
BONNER WALL 45 - 55
50677 KÖLN

Alter Saldo: H 335.326,00 EUR

Neuer Saldo: H 249.646,00 EUR

Beleg 8

WINKELMANN

SCHREIBWAREN · BÜROBEDARF

Bonner Wall 9
50677 KÖLN
0221 131211
Steuer-Nr. 065 136 22875

KB 015

Mausmatte		4,61	
x 10			46,10
Ordner A4		2,45	
x 20			49,00
Klarsichthuelle		0,12	
x 100			12,00

Betrag		EUR	107,10
Netto		EUR	90,00
19 % USt		EUR	17,10

Konto	Soll	Haben

Gebucht:

VIELEN DANK FÜR IHREN EINKAUF.

..-01-29 083524 15:28

Beleg 9

Kontoauszug — Sparkasse KölnBonn

Konto-Nr.	Datum	Ausz.-Nr.	Blatt	Buchungstag	PN-Nr.	Wert	Umsatz
723 544 32	..-01-29	10	1				
GUTSCHRIFT SCHNEIDER OHG, WÜRZBURG, RE 202 VOM 7. JAN. .. (KONTO 10 003)				01-29	8744	01-29	66.640,00 H

Konto	Soll	Haben

Gebucht:

KATJA KERN E. KFFR.
PAPIERGROSSHANDLUNG
BONNER WALL 45 - 55
50677 KÖLN

Alter Saldo: H 249.646,00 EUR

Neuer Saldo: H 316.286,00 EUR

Beleg 10

Deutsche Telekom AG
50672 Köln

DV 03 0,55

Katja Kern e. Kffr.
Papiergroßhandlung
Bonner Wall 45 - 55
50677 Köln

Datum	22.01...
Seite	1 von 3
Kundennummer	271 805 1979
Rechnungsnummer	913 685 3071
Buchungskonto	740 230 9755
Haben Sie noch Fragen zu Ihrer Rechnung?	www.telekom.de/ rechnungshilfe
Telefon	0800 33 01000

Ihre Rechnung für Januar 20..

Die Leistungen im Überblick (Summen)		**Beträge (Euro)**
Monatliche Beträge		33,36
Nutzungsabhängige Beträge		717,40
Beträge anderer Anbieter		4,24
Summe der oben angeführten Beträge		755,00
Umsatzsteuer 19 % auf ...	755,00 Euro	143,45
Rechnungsbetrag		**898,45**

Der Rechnungsbetrag wird nicht vor dem 7. Tag nach Zugang der Rechnung von Ihrem Konto 0072354432, BLZ 37050198 abgebucht.

Auf einen Blick alles Wichtige -
mehr Details sehen Sie auf der Rückseite dieser Rechnung.

Kontoauszug zu Beleg 10 und Beleg 11

Kontoauszug Sparkasse KölnBonn

Konto-Nr.	Datum	Ausz.-Nr.	Blatt	Buchungstag	PN-Nr.	Wert	Umsatz
723 544 32	..-01-30	11	1				
ABBUCHUNG TELEKOM JANUAR ..				01-30	8744	01-30	898,45 S
GUTSCHRIFT **(Beleg 11)** KAUFKETTE AG, KÖLN RE 203 VOM 18. JAN. .. (KONTO 10 002)				01 30	8738	01-30	47.600,00 H

Konto | Soll | Haben
Gebucht:

Konto | Soll | Haben
Gebucht:

KATJA KERN E. KFFR.
PAPIERGROSSHANDLUNG
BONNER WALL 45 - 55
50677 KÖLN

Alter Saldo: H 316.286,00 EUR

Neuer Saldo: H 362.987,55 EUR

Beleg 12

Durchschrift

370 501 98

Sparkasse KölnBonn

Begünstigter
Dr. med. M. Heiler, 50679 Köln

Konto-Nr. des Begünstigten
121 245 416

Bankleitzahl
370 400 44

bei (Kreditinstitut)
Commerzbank Köln

EUR | Betrag: Euro, Cent
450,00-----------------

Kunden-Referenznummer – noch Verwendungszweck, ggf. Name und Anschrift des Auftraggebers – (nur für Empfänger)
Behandlung meiner Tochter Ulrike
Rechnung vom 18. Jan. ..

Kontoinhaber
Katja Kern e. Kffr., Papiergroßhandlung, 50677 Köln

Konto-Nr. des Kontoinhabers
723 544 32

..-01-30 Katja Kern
Datum, Unterschrift

Kontoauszug zu Beleg 12

Kontoauszug

Sparkasse KölnBonn

Konto-Nr.	Datum	Ausz.-Nr.	Blatt	Buchungstag	PN-Nr.	Wert	Umsatz
723 544 32	..-01-31	12	1				
ÜBERWEISUNG DR. M. HEILER, KÖLN RE VOM 18. JAN. ..				01-31	8744	01-31	450,00 S

Konto	Soll	Haben

Gebucht:

KATJA KERN E. KFFR.
PAPIERGROSSHANDLUNG
BONNER WALL 45 - 55
50677 KÖLN

Alter Saldo
H 362.987,55 EUR

Neuer Saldo
H 362.537,55 EUR

Beleg 13

HEIN OHG
FEINPAPIERE
KÖLN

HEIN OHG Feinpapiere · Bergerstraße 48 · 51143 Köln

Katja Kern e. Kffr.
Papiergroßhandlung
Bonner Wall 45 - 55
50677 Köln

Telefon: 0221 72214-0
Telefax: 0221 72214-18
E-Mail: vertrieb@heinpapier-wvd.de
Internet: www.heinpapier-wvd.de
USt-IdNr: DE 234 671 152

Ihr Zeichen, Ihre Bestellung vom	Unser Zeichen, unsere Lieferung vom	Telefon/Name 0221 72214-	Datum
..-01-21	Z 812, ..-01-27	12	..-01-30

EINGEGANGEN ..-01-31

Rechnung 45 867

Wir sandten für Ihre Rechnung und auf Ihre Gefahr:

Artikel Nr.	Gegenstand	Paletten	Stückpreis €	Gesamtpreis €
Z 1 244	Kopierpapier S	32	1.100,00	35.200,00
K 2 627	Kopierpapier T	24	1.150,00	27.600,00
				62.800,00
		- 5 % Mengenrabatt		3.140,00
		netto		59.660,00
		+ 19 % Umsatzsteuer		11.335,40
				70.995,40

Konto	Soll	Haben

Gebucht:

Deutsche Bank, Köln
Konto 234 977 54 • BLZ 370 700 60
IBAN: DE58 3707 0060 0023 4977 54 • BIC: DEBADE51CAD

Postbank, Köln
Konto 124 45-503 • BLZ 370 100 50
IBAN: DE58 3701 0050 0012 4455 03 • BIC: POBADE51LBK

Beleggeschäftsgang 1

Beleg 14

KATJA KERN KÖLN *e. Kffr.* **Papiergroßhandlung**

Katja Kern e. Kffr., Papiergroßhandlung · Bonner Wall 45–55 · 50677 Köln

Telefon 0221 543375-0
Telefax 0221 543375-80
E-Mail service@kern-wvd.de
Internet www.kern-wvd.de
USt-IdNr. DE 135763812

Schneider OHG
Kantstraße 34 - 38
97074 Würzburg

Ihr Zeichen, Ihre Nachricht vom	Unser Zeichen, unsere Nachricht vom	Telefon/Name 0221 543375-	Datum
		27	..-01-31

Zeitpunkt der Lieferung:
30. Jan. ..

Bitte bei Zahlung angeben:

Rechnung-Nr.:	Kunden-Nr.:
208	10 003

Rechnung

Auftrags-Nr.:	Lieferschein
193/..	146 827

Wir danken für Ihren Auftrag und berechnen Ihnen wie folgt:

Menge	Bezeichnung	Einzelpreis in €	Betrag in €
16 Paletten	Umschlagkarton X 404	1.850,00	29.600,00
10 Paletten	Umschlagkarton X 408	1.980,00	19.800,00

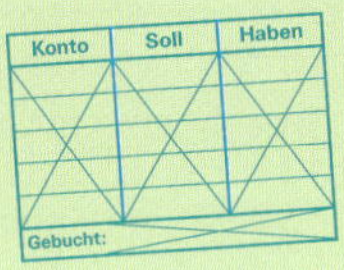

Warenwert	49.400,00
Umsatzsteuer 19 %	9.386,00
Endsumme	58.786,00

Zahlungsbedingung:
30 Tage netto

Sparkasse KölnBonn
Konto 723 544 32, BLZ 370 501 98
IBAN: DE58 3705 0198 0072 3544 32, BIC: SPAKDE51EBC

Gerichtsstand: Köln
Eigentumsvorbehalt
gem. § 455 BGB

Beleg 15

Entnahmebeleg 8

Zur privaten Verwendung wurden heute dem Lager entnommen:

20 x 500 Blatt Kopierpapier je 4,00 €	80,00 €
+ 19 % Umsatzsteuer	15,20 €
	95,20 €

Konto	Soll	Haben

Gebucht:

Köln, ..-01-30

Katja Kern

Beleg 16

Buchungsanweisung

Datum: ..-01-31 Beleg-Nr.:

Betreff: Abschreibungen auf Sachanlagen
Inventurbestand an Waren

Gebucht:
Datum:

Buchungstext	Soll		Haben	
	Konto	Betrag	Konto	Betrag
a) Gebäude-Abschreibung ...... BGA-Abschreibung .... b) Inventurbestand an Waren ..				

Beleg 17

Buchungsanweisung

Datum: ..-01-31 Beleg-Nr.:

Betreff: Umbuchungen/Vorbereitende Abschlussbuchungen

Gebucht:
Datum:

Buchungstext	Soll		Haben	
	Konto	Betrag	Konto	Betrag
a) Warenminderbestand .... b) Vorsteuerverrechnung ...... c) Privatentnahmen				

2 Berechnungen und Buchungen betrieblicher Vorgänge in wichtigen Aufgabenbereichen

2.1 Im Unternehmen Katja Kern e. Kffr. werden Handelswaren eingekauft und verkauft

Ein- und Verkauf von Waren

Bisher haben Sie einfache Einkäufe und Verkäufe von Handelswaren gebucht und dabei die Lieferung von Waren gegen Barzahlung und die Lieferung auf Rechnung unterschieden sowie die Umsatzsteuer berücksichtigt. Sie wissen inzwischen auch, dass der **Wareneinkauf** unmittelbar **als Aufwand** auf dem Konto **„6060 Wareneingang"** gebucht wird (vgl. Kapitel 1.10).

In diesem Kapitel wollen wir Sie mit den **rechnerischen und buchhalterischen Vorgängen** vertraut machen, die üblicherweise in Verbindung mit dem Einkauf und dem Verkauf von Waren auftreten. An der Situation, dass Katja Kern **ihr Sortiment erweitern** will, zeigen wir den **vereinfachten Ablauf von der Anfrage,** die Frau Kern an mögliche Lieferanten richtet, **bis zum nachträglichen Preisnachlass,** den sie einem Kunden gewährt.

2.1.1 Waren werden günstig eingekauft

2.1.1.1 Der günstigste Preis wird mithilfe der Bezugskalkulation ermittelt

Situation

Frau Kern ist wiederholt von ihren Kunden darauf angesprochen worden, ob sie **Saugpapier** (= Küchenrollen) liefern könne. Bisher hat sie diesen Artikel nicht in ihrem Sortiment, beabsichtigt nun aber, ihr Sortiment entsprechend zu erweitern. Zunächst ermittelt sie aus Lieferantenverzeichnissen (z. B. „Wer liefert was?"), aus dem Branchen-Telefonbuch („GelbeSeiten®") oder aus Fachzeitschriften mögliche Lieferanten. Anschließend schreibt sie die Lieferanten an (= Anfrage), um Angebote zu erhalten und zu vergleichen.

Beispiel 1

Die Papiergroßhandlung Kern hat die folgende Anfrage über Saugpapier an drei Lieferanten gerichtet:

KATJA KERN KÖLN Papiergroßhandlung
e. Kffr.

Datum
..-11-20

Anfrage

Ich erbitte Ihr ausführliches Angebot mit Angabe der Zahlungs- und Lieferungsbedingungen für folgenden Artikel:

20 000 Rollen Saugpapier in haushaltsüblichen Packungen, perforiert.

Mit freundlichem Gruß

Katja Kern

Der günstigste Preis wird mithilfe der Bezugskalkulation ermittelt

Beispiel 2

Die Großhandlung Kern, Köln, erhält auf ihre Anfrage drei Angebote. Der Sachbearbeiter in der Einkaufsabteilung stellt die wesentlichen Inhalte dieser Angebote in folgender Übersicht zusammen und macht sie damit vergleichbar:

Angebots-inhalt	**1. Angebot** Papiermühle AG, Düsseldorf	**2. Angebot** Deutsche Papier AG, Leipzig	**3. Angebot** Druck u. Papier GmbH, Hagen
Waren-bezeichnung, Qualität	Saugpapier, weiß, perforiert, auf Rollen gewickelt, 26 cm breit, mit Baumwollzusatz zur besseren Saugfähigkeit, Gewicht/Rolle 220 g	Saugpapier, bedruckt, perforiert, auf Rollen gewickelt, 26 cm breit, ohne Baumwollzusatz, Gewicht/Rolle 200 g	Saugpapier, bedruckt, perforiert, auf Rollen gewickelt, 26 cm breit, ohne Baumwollzusatz, Gewicht/Rolle 200 g
angefragte Menge	20 000 Rollen (= 10 000 Packungen)	20 000 Rollen (= 5 000 Packungen)	20 000 Rollen (= 10 000 Packungen)
Packungs-einheit	2 Rollen/Packung	4 Rollen/Packung	2 Rollen/Packung
Listenpreis je Packung	1,25 €	2,25 €	1,38 €
Rabattstaffel	10 % bei Abnahme von mind. 1 000 Packungen (= 2 000 Rollen) 15 % bei Abnahme von mind. 1 500 Packungen (= 3 000 Rollen) 20 % bei Abnahme von mind. 5 000 Packungen (= 10 000 Rollen)	5 % bei Abnahme von mind. 1 000 Packungen (= 4 000 Rollen) 10 % bei Abnahme von mind. 2 000 Packungen (= 8 000 Rollen)	15 % bei Abnahme von mind. 5 000 Packungen (= 10 000 Rollen)
Zahlungs-bedingungen	2,0 % Skonto in 10 Tagen, ohne Abzug in 40 Tagen	ohne Skontoabzug in 30 Tagen	2,5 % Skonto in 15 Tagen, ohne Abzug in 40 Tagen
Lieferungs-bedingungen	Anlieferung durch Lkw, unfrei, Lkw-Fracht wird mit 300,00 € in Rechnung gestellt.	Anlieferung durch Lkw, frei Haus	Anlieferung durch Lkw, unfrei, Lkw-Fracht wird mit 400,00 € in Rechnung gestellt.
Verpackung	in Kartons zu je 100 Packungen, je Karton werden 4,00 € berechnet	in Kartons zu je 50 Packungen, je Karton werden 6,50 € berechnet	in Kartons zu je 100 Packungen, ohne gesonderte Berechnung
Lieferzeit	3 Wochen	ca. 14 Tage	ca. 3–4 Wochen

Der günstigste Preis wird mithilfe der Bezugskalkulation ermittelt

Beispiel 3 Aus den Angebotsangaben erstellt der Sachbearbeiter die **Bezugskalkulation** nach folgendem Kalkulationsschema, um den günstigsten Bezugspreis (= Einstandspreis) zu errechnen. Der **Bezugspreis** gibt an, wie viel Euro Frau Kern für eine Wareneinheit (= **eine Rolle** Saugpapier) nach **Abzug aller Nachlässe** und **Einrechnung aller Bezugskosten** zahlen muss.

Typische Nachlässe auf den im Angebot genannten Listenpreis sind **Rabatte und Skonti** (vgl. Zusammenfassung auf Seite 133).

Typische Bezugskosten, die beim Wareneinkauf anfallen können und die den Einkaufspreis erhöhen, sind **Frachten, Verpackungs- und Versicherungskosten** (vgl. Zusammenfassung auf Seite 134).

Kalkulationsschema	1. Angebot Papiermühle AG		2. Angebot Deutsche Papier AG		3. Angebot Druck u. Papier GmbH	
Listeneinkaufspreis für 20 000 Rollen		12.500,00 €		11.250,00 €		13.800,00 €
– **Liefererrabatt**	20 %	2.500,00 €	10 %	1.125,00 €	15 %	2.070,00 €
Zieleinkaufspreis (= Rechnungspreis)		10.000,00 €		10.125,00 €		11.730,00 €
– **Liefererskonto**	2,0 %	200,00 €		–	2,5 %	293,25 €
Bareinkaufspreis		9.800,00 €		10.125,00 €		11.436,75 €
+ **Bezugskosten:**						
Lkw-Fracht		300,00 €		–		400,00 €
Verpackung		400,00 €		650,00 €		–
Bezugspreis insg. (= Einstandspreis)		10.500,00 €		10.775,00 €		11.836,75 €
Bezugspreis für 1 Rolle		**0,525 €**		**0,539 €**		**0,592 €**

Lieferantenauswahl Aus dem Angebotsvergleich (vgl. Beispiel 2) und der Kalkulation des Bezugspreises (vgl. Beispiel 3) entscheidet sich Katja Kern für einen Lieferanten; sie geht dabei folgendermaßen vor:

Als erstes Merkmal legt sie den **Preis** zugrunde: Hiernach erhält die Papiermühle AG, Düsseldorf (= 1. Angebot), den Zuschlag.

Als weiteres Merkmal zieht Frau Kern die **Qualität** heran: Hiernach sagt ihr das baumwollverstärkte Saugtuch der Papiermühle AG besonders zu, auch wenn diese Tücher nicht bedruckt sind. Frau Kern weiß zwar, dass sich viele Verbraucher bedruckte Tücher wünschen; ihr ist aber auch bewusst, dass bedruckte Tücher unnötig die Umwelt belasten, wenn sie nach dem Gebrauch in den Müll geworfen werden.

Als drittes Merkmal schaut Frau Kern auf die **Lieferzeit:** Danach schneidet die Deutsche Papier AG, Leipzig, mit 14 Tagen am besten ab. Der Abstand zum nächstbesten Lieferanten (= Papiermühle AG mit 3 Wochen) ist aber nicht groß.

Schließlich ist für Frau Kern die **Nähe zum Lieferanten** wichtig. Nach diesem Merkmal liegt ihr die Papiermühle AG, Düsseldorf, verkehrsmäßig am günstigsten.

**Frau Kern entscheidet sich,
den Auftrag an die Papiermühle AG, Düsseldorf,
zu vergeben.**

6476132

Der günstigste Preis wird mithilfe der Bezugskalkulation ermittelt

Zusammenfassung

- Die **Bezugskalkulation** ist eine Preisberechnung, die der Käufer einer Ware, z. B. zur Ermittlung des günstigsten Angebotes, durchführt. Sie geht vom Listenpreis aus und schließt nach Berücksichtigung aller Abzüge (= Nachlässe) und aller Zurechnungen (= Bezugskosten) mit dem **Bezugspreis (= Einstandspreis)** ab.
- Der Käufer wendet bei der Bezugskalkulation das folgende **Rechenschema** an, an das Sie sich bei der Lösung der Übungsaufgaben halten sollten:

Kalkulationsschema zur Berechnung des Bezugspreises		
Listeneinkaufspreis im Angebot		€
– **Liefererrabatt** ...%		€
= **Zieleinkaufspreis** (= Rechnungspreis)		€
– **Liefererskonto** ...%		€
= **Bareinkaufspreis**		€
+ **Bezugskosten:** z. B. Lkw-/Bahnfracht, z. B. Verpackungskosten, z. B. Versicherungsprämien		€
= **Bezugspreis** (= Einstandspreis)		€

- Der **Bezugspreis** ist der vom Käufer zu zahlende Preis bis zum Eintreffen der Ware in seinem Lager. Er entspricht den **Anschaffungskosten**[1] nach § 255 HGB.

Übersicht über die wesentlichen Abzüge beim Wareneinkauf	
Mengenabzüge:	
– **Tara**	**Abzug vom Bruttogewicht für Verpackung.** Die Tara kann bestimmt werden als a) **wirkliche Tara** (= tatsächliches Verpackungsgewicht), b) **handelsübliche Tara** aufgrund von Erfahrungswerten oder Handelsbrauch (in der Regel als Prozenttara angegeben).
– **Leckage**	**Abzug vom Warengewicht für Verluste,** die **beim Umfüllen** von Flüssigkeiten entstehen.
– **Gutgewicht**	**Abzug vom Warengewicht für Verluste,** die **beim Umpacken** und **Einwiegen** von Schüttgütern in Kleinverpackungen entstehen.
– **Refaktie**	**Abzug vom Warengewicht für fehlerhafte,** unreine oder verdorbene **Warenbestandteile.**
Wertabzüge:	
– **Liefererrabatt**	In einem Prozentsatz angegebener **Abzug vom Listeneinkaufspreis,** den der Lieferer als **Mengen-, Treue-, Wiederverkäufer- oder Sonderrabatt** bei Rechnungserteilung gewährt. Rabatte werden buchmäßig nicht erfasst.
– **Liefererskonto**	In einem Prozentsatz angegebener **Abzug vom Rechnungspreis für Zahlung** innerhalb einer **vereinbarten Zahlungsfrist.**

- **Nachlässe vermindern den Listeneinkaufspreis.** Der **Listeneinkaufspreis** ist der vom Lieferer kalkulierte **Warenwert je Mengeneinheit.** Er wird dem Kunden im Angebot genannt. Je nach gekaufter Menge, Warenart und vereinbarter Zahlung werden vom Lieferer **Abzüge auf die Warenmenge** (z. B. Gutgewicht), **auf den Warenwert** (z. B. Mengenrabatt) **oder auf den Rechnungspreis** (z. B. Skonto) gewährt. **Vom Lieferer abgezogene Rabatte werden buchmäßig nicht erfasst.**

1 vgl. S. 76

Der günstigste Preis wird mithilfe der Bezugskalkulation ermittelt

Zusammenfassung

Übersicht über die wichtigsten Nebenkosten beim Wareneinkauf (Bezugskosten)	
Gewichtsspesen:	
– **Porto**	Beförderungsentgelt für Sendungen des Postdienstes (Deutsche Post AG) und der Paketdienste.
– **Lkw- und Bahnfracht**	Beförderungsgebühr für Warensendungen durch Spediteure und Deutsche Bahn AG. Die Höhe der Fracht richtet sich nach der Art der Sendung, dem Gewicht und der Entfernung.
– **Hausfracht**	Beförderungsgebühr für die Zustellung der Ware vom Empfangsbahnhof zum Wohnsitz des Empfängers.
– **Verlade-, Umlade- und Lagerkosten**	Gebühr für die genannten Dienste. Die Höhe richtet sich nach Gewicht, Stückzahl und Dauer.
Wertspesen:	
– **Verpackungskosten**	Aufwendungen, die der Kunde für die gesondert auf der Rechnung ausgewiesene Versandverpackung zu tragen hat.
– **Versicherungskosten**	Prämie für die Versicherung der zu transportierenden Ware. Die Prämie wird in der Regel in Promille (‰) vom Versicherungswert berechnet.
– **Vermittlungskosten**	Hierzu zählen die Provisionen der Handelsvertreter und die Gebühren der Handelsmakler.

► **Bezugskosten sind Anschaffungsnebenkosten.** Nach der gesetzlichen Regelung beim Handelskauf ist der Käufer verpflichtet die Waren auf seine Kosten beim Lieferer abzuholen oder abholen zu lassen. Sofern also im Kaufvertrag keine von der gesetzlichen Regelung abweichende Vereinbarung getroffen wurde, **erhöht** sich der Einkaufspreis für den Käufer um die zusätzlich zum Kaufpreis anfallenden **Nebenkosten** (= Bezugskosten oder Anschaffungsnebenkosten). Zusammen mit dem Einkaufspreis der Ware bilden sie handelsrechtlich die **Anschaffungskosten** der Ware (§ 255 HGB). Beim Einkauf sind die Waren zu ihren Anschaffungskosten zu buchen. Die Vorsteuer gehört nicht zu den Anschaffungskosten.

► **Berechnung der Anschaffungskosten:**

Anschaffungspreis der Ware	(= Einkaufspreis)
– Anschaffungspreisminderungen	(= Nachlässe, Skonti, vgl. S. 144 ff.)
+ Anschaffungsnebenkosten	(= Bezugskosten)
Anschaffungskosten	**(= Bezugspreis)**

AUFGABEN

128 Eine Großgärtnerei aus Düsseldorf hat zwei Angebote über Düngetorf vorliegen:

1. Lieferer A. Winter GmbH, Hannover, bietet an: 4 000 Ballen Düngetorf, Listenpreis 12,60 € je Ballen. Der Lieferer gewährt 12,5 % Mengenrabatt und bei Zahlung innerhalb von 30 Tagen 1,5 % Liefererskonto. An Speditionskosten hätte die Großgärtnerei 26,00 € je 100 Ballen Torf zu tragen.
2. Lieferer B. Horn e. K., Cottbus, bietet an: 4 000 Ballen Düngetorf, Listenpreis 14,20 € je Ballen. Der Lieferer gewährt 15 % Mengenrabatt und bei Zahlung innerhalb von 30 Tagen 2 % Liefererskonto. An Speditionskosten hätte die Großgärtnerei 27,00 € je 100 Ballen zu tragen.

Berechnen Sie den Bezugspreis für einen Ballen und entscheiden Sie sich für einen Lieferer. ■

6476134

129 Der Fahrradgroßhändler Theodor Schmitz e. K., Köln, erhält folgende Angebote über Tourenräder:

1. Ein Hersteller aus Dresden bietet an: Listenpreis 120,00 € je Fahrrad. Bei Abnahme von mindestens 500 Fahrrädern werden 15 % Rabatt gewährt. Die Rechnung ist innerhalb von 10 Tagen mit 1 % Skonto oder nach 30 Tagen ohne Abzug zu begleichen. Die Verpackung berechnet der Hersteller mit 7,25 € je Fahrrad. Die Bahnfracht für die gesamte Sendung beträgt 640,00 €. Lieferzeit: 4 Wochen.
2. Ein Hersteller aus Stuttgart bietet an: Listenpreis 137,50 € je Fahrrad. Bei Abnahme von mindestens 500 Fahrrädern werden 20 % Rabatt gewährt. Die Rechnung ist innerhalb von 40 Tagen ohne Abzug zu begleichen. Die Verpackung berechnet der Hersteller mit 6,00 € je Fahrrad. Die Bahnfracht für die gesamte Sendung beträgt 480,00 €. Lieferzeit: 3 Wochen.

Erstellen Sie einen Angebotsvergleich und entscheiden Sie sich für einen Lieferanten. ■

130 Nachstehend ist die Rechnung an einen Elektrogroßhändler auszugsweise wiedergegeben:

	40 Fernsehgeräte VEGA V zu je 425,00 € ab Werk	17.000,00 €
–	20 % Mengenrabatt	3.400,00 €
		13.600,00 €
+	Verpackung	240,00 €
+	Fracht	660,00 €
		14.500,00 €
+	19 % Umsatzsteuer	2.755,00 €
		17.255,00 €

Der Rechnungsbetrag ist innerhalb von 15 Tagen mit 2 % Skonto zu zahlen.

In dieser Rechnung sind Verpackungs- und Frachtkosten in den Warenwert einbezogen worden. **Sie fallen mithin unter den Skontoabzug.**

Berechnen Sie den Bezugspreis für ein Fernsehgerät. ■

131 Für die Kalkulation des Bezugspreises wird ein bestimmtes Rechenschema verwendet. Der Einkäufer einer Elektro-Großhandlung kalkuliert aufgrund eines Angebotes den Bezugspreis für eine Stereoanlage nach folgendem Rechenschema:

	Listenpreis für eine Stereoanlage PLUS-Optima V	940,00 €
–	2,5 % Liefererskonto	23,50 €
	Zieleinkaufspreis	916,50 €
–	10 % Mengenrabatt	91,65 €
	Bareinkaufspreis	824,85 €
+	Bezugskosten (Fracht, Verpackung) für eine Anlage	16,15 €
	Bezugspreis für eine Anlage	841,00 €

1. *Was ist an dem Rechenschema zu beanstanden?*
2. *Hat die Anwendung des „falschen" Rechenschemas Auswirkung auf den Bezugspreis? (Begründung!)* ■

AUFGABEN

132 *Ergänzen Sie die Leerstellen im nachfolgenden Text durch sinngemäße Begriffe:*

Angebotsvergleiche sind besonders dann wichtig, wenn der Großhändler beabsichtigt sein Sortiment zu •••. Er wird geeignete Lieferanten aus ••• oder aus ••• heraussuchen. Bei der Lieferantenauswahl sind mehrere Gesichtspunkte zu beachten, besonders wichtig sind: •••, •••, •••. Aus den Angaben im Angebot erstellt der Kunde eine Kalkulation, die die Berechnung des ••• zum Ziel hat. Ein anderer Ausdruck für Bezugspreis heißt •••. Wertabzüge und Nebenkosten beim Einkauf beeinflussen den Bezugspreis. Zu den Wertabzügen gehören z. B. ••• und •••, zu den Nebenkosten rechnen •••, ••• und •••.

133 Die Baustoffgroßhandlung Erich Wette OHG, Bielefeld, liefert an die Bauunternehmung A. Breidenbach KG, Gütersloh, 400 Sack Zement und legt der Sendung folgende Rechnung bei:

Erich **WETTE** OHG
BAUSTOFFE Bielefeld

Erich Wette OHG, Baustoffe, Industriestraße 4, 33689 Bielefeld

Bauunternehmung
A. Breidenbach KG
Tannenweg 32
33334 Gütersloh

Ihre Bestellung vom ..-06-18 | Unsere Lieferung vom ..-06-22 | Datum ..-06-23

Rechnung 3357-4/..

Wir lieferten Ihnen durch unseren Lkw – unfrei – an Ihre obige Anschrift:

Menge	Artikel	Einzelpreis	Rabatt	Gesamtpreis
400 Sack	Portland-Zement	8,25 €/Sack	25 %	2.475,00 €
	Transportkosten			150,00 €
				2.625,00 €
	Umsatzsteuer 19 %			498,75 €
				3.123,75 €

Die Rechnung ist innerhalb von 10 Tagen mit 1,5 % Skonto oder nach spätestens 30 Tagen ohne Abzug zu begleichen.

Bankverbindung: Commerzbank Bielefeld, Konto 445 632 002, BLZ 480 400 35
IBAN: DE58 4804 0035 0445 6320 02, BIC: COMBDE51MIC
Steuer-Nr. 065 676 33181

Berechnen Sie für die A. Breidenbach KG den Bezugspreis für einen Sack Zement.

134 Die Sanitärgroßhandlung Meyrich GmbH, Aachen, bezieht 200 Pakete Wandfliesen der Größe 16,5 x 16,5 cm von dem Fliesenhersteller Deutsche Keramik GmbH, Neuwied. In jedem Paket befinden sich 35 Fliesen. Der Hersteller gewährt 2 % Mengenabzug für Bruch und berechnet die Restmenge zu einem Preis von 31,50 € je Paket. Außerdem zieht der Hersteller 5 % Mengenrabatt ab. Bei Zahlung innerhalb von 10 Tagen erhält der Kunde 1 % Skonto. Die Lkw-Fracht berechnet der Hersteller mit insgesamt 820,00 €, die Transportversicherung mit 64,50 €.

Berechnen Sie den Bezugspreis für ein Paket Fliesen.

6476136

Wie kontrolliert und bucht man die Eingangsrechnung? 2.1.1.2

Situation

Aufgrund ihrer Bestellung über 20 000 Rollen Saugpapier an die Papiermühle AG, Düsseldorf (vgl. S. 132), erhält die Großhandlung Kern zusammen mit der Ware folgende **Rechnung** (= Eingangsrechnung):

Wie kontrolliert und bucht man diese Eingangsrechnung?

Papiermühle AG Düsseldorf

Papiermühle AG · Postfach 2 36 45 · 40489 Düsseldorf

Telefon 0211 662863-0
Telefax 0211 662863-75
E-Mail vertrieb@papiermuehle-wvd.de
Internet www.papiermuehle-wvd.de
USt-IdNr. DE 112 226 897

Katja Kern e. Kffr.
Papiergroßhandlung
Bonner Wall 45 - 55
50677 Köln

Unser Angebot vom	Ihre Bestellung vom	Unsere Lieferung vom	Datum
..-11-30	..-12-04	..-12-22	..-12-22

Rechnung 56 422/HY

Pos.	Menge	Artikel	Einzelpreis	Rabatt	Gesamtpreis
1	10 000	Saugpapier (2er-Packung), baumwoll-verstärkt	1,25 €/Packg.	20 %	10.000,00 €
		+ Lkw-Fracht			300,00 €
		+ Verpackung (100 x 4,00 €)			400,00 €
					10.700,00 €
		+ 19 % Umsatzsteuer			2.033,00 €
					12.733,00 €

Zahlungsbedingungen: Der Rechnungsbetrag ist innerhalb von 10 Tagen nach Rechnungseingang mit 2 % Skonto oder nach spätestens 40 Tagen ohne Abzug zu begleichen.

Bankverbindung: Bankhaus Drengler AG, Düsseldorf, Konto 3 440 532, BLZ 500 700 20
IBAN: DE58 5007 0020 0003 4405 32, BIC: BHDRDE51PXM

Warenkontrolle

Unmittelbar nachdem die Ware eingegangen ist, **kontrolliert** der Lagerverwalter deren **Menge** und stellt fest, ob die Ware **Mängel** aufweist. Er vergleicht die kontrollierte Menge mit den Angaben auf der **Bestellungskopie** und dem **Lieferschein.** Wenn bestellte und gelieferte Menge übereinstimmen, schreibt er eine **Wareneingangsmeldung** aus, die er an die Einkaufsabteilung weiterleitet.

Rechnungskontrolle

In der Einkaufsabteilung **vergleicht** der Sachbearbeiter die inzwischen vorliegende **Rechnung mit der Bestellung** und prüft, ob die Rechnung rechnerisch richtig ist. Mit seinem **Prüfvermerk** versehen leitet er die Rechnung weiter an die **Buchhaltung,** wo die Rechnung gebucht und die Zahlung des Rechnungsbetrags (in der Regel unter Skontoausnutzung) veranlasst werden.

Wie kontrolliert und bucht man die Eingangsrechnung?

Buchhalterische Erfassung der Bezugskosten

Für die Buchung der Eingangsrechnung wendet der Sachbearbeiter grundsätzlich den Ihnen bereits bekannten **Buchungssatz** beim Wareneinkauf an (vgl. S. 58 f.). In der vorstehenden Rechnung hat er zu beachten, dass **Bezugskosten** (Lkw-Fracht, Verpackung) in Höhe von 700,00 € berechnet werden. Diese Bezugskosten können – zusammen mit dem Warenwert – unmittelbar auf dem Konto „6060 Wareneingang" gebucht werden. Für die Kalkulation der Warenpreise ist es jedoch zweckmäßiger, sie zunächst **gesondert auf einem Unterkonto des Kontos „6060 Wareneingang" zu erfassen,** nämlich auf dem Konto

6061 Bezugskosten.

Buchung auf Warengruppenkonten

Der Sachbearbeiter in der Buchhaltung überlegt, dass es nicht sinnvoll ist, den Warenwert der **neuen Warengruppe „Saugpapier"** zusammen mit den Wareneinkäufen der anderen Warengruppen auf ein gemeinsames Konto „Wareneingang" zu buchen. Dann kann er nicht mehr auf einen Blick die Wareneinkäufe und Bezugskosten der einzelnen Warengruppen feststellen, um z. B. die Bezugspreise oder die Warenrohgewinne jeder Warengruppe zu kontrollieren. Er spricht deswegen mit Katja Kern ab, dass **jede Warengruppe ihr eigenes Wareneingangskonto** mit je einem **entsprechenden Unterkonto für Bezugskosten** erhält, und legt nach einem Blick in den Kontenrahmen[1] folgende Einteilung fest:

6070 Wareneingang Druckpapier	6075 Wareneingang Kopierpapier	6080 Wareneingang Umschlagkarton	6085 Wareneingang Saugpapier
6071 Bezugskosten für Druckpapier	6076 Bezugskosten für Kopierpapier	6081 Bezugskosten für Umschlagkarton	6086 Bezugskosten für Saugpapier

❶ Buchung der Eingangsrechnung	Soll	Haben
6085 Wareneingang Saugpapier	10.000,00	
6086 Bezugskosten für Saugpapier	700,00	
2600 Vorsteuer	2.033,00	
an **4400 Verbindlichkeiten a. LL**		12.733,00

Umbuchung der Bezugskosten

Die Warenbezugskosten werden monatlich oder vierteljährlich auf das entsprechende Wareneingangskonto umgebucht. Dadurch wird erreicht, dass auf dem Wareneingangskonto – entsprechend der Bestimmung des HGB – die Anschaffungskosten (= Bezugspreise) ausgewiesen werden.

❷ Umbuchung der Bezugskosten	Soll	Haben
6085 Wareneingang Saugpapier	700,00	
an **6086 Bezugskosten für Saugpapier**		700,00

S	6085 Wareneingang Saugpapier		H
❶	10.000,00		
❷	**700,00**		

S	4400 Verbindlichkeiten a. LL		H
		❶	12.733,00

S	6086 Bezugskosten für Saugpapier		H
❶	700,00	❷	**700,00**

S	2600 Vorsteuer		H
❶	2.033,00		

1 vgl. S. 93 f. und Anhang

Buchen Sie die Eingangsrechnung beim Elektrogroßhändler aus Aufgabe 130, Seite 135, auf das Konto „6060 Wareneingang" mit entsprechendem Unterkonto für die Warenbezugskosten. **135**

Buchen Sie danach die Bezugskosten auf das Konto „Wareneingang" um. ■

Buchen Sie für die A. Breidenbach KG die Eingangsrechnung über die Zementlieferung (vgl. Aufgabe 133, Seite 136). **136**

Die Bezugskosten sind auf das Unterkonto „6061 Bezugskosten" zu buchen und dann auf das Konto „6060 Wareneingang" umzubuchen. ■

Die Eingangsrechnung ER 4284 über 4.400,00 € Warenwert, 100,00 € Verpackungskosten und 855,00 € Umsatzsteuer wurde wie folgt gebucht: **137**

6060	Wareneingang	4.400,00	
6061	Bezugskosten	100,00	
4800	Umsatzsteuer	855,00	
an	4400 Verbindlichkeiten a. LL		5.355,00

Erstellen Sie einen Beleg für die Berichtigung der Falschbuchung (Stornobuchung) und buchen Sie richtig. ■

Buchen Sie die Eingangsrechnung auf den Konten 2600, 4400, 6060, 6061: **138**

BERGMEISTER GmbH

BELEUCHTUNGEN

Bergmeister GmbH · Kölnstraße 244 · 53117 Bonn

H. Stellmag KG
Elektrogroßhandlung
Brückenstraße 56
51379 Leverkusen

Ihr Auftrag vom ..-06-23

Datum
..-07-03

Rechnung 45 694/SY

Wir lieferten Ihnen am 2. Juli .. auf Ihre Rechnung und Gefahr:

200 Stück NOBI-Spot-Schienen-Set, schwarz, 120 cm lang, inkl. je 3 Halogenkaltlicht-reflektoren	14.000,00 €
+ Frachtkostenanteil	250,00 €
	14.250,00 €
+ 19 % Umsatzsteuer	2.707,50 €
	16.957,50 €

Die Rechnung ist innerhalb von 15 Tagen mit 2 % Skonto oder nach 40 Tagen ohne Abzug zu begleichen.

Bankverbindung: Deutsche Bank, Bonn · Konto 345 007 040 · BLZ 380 700 59 Steuer-Nr. 065 337 45751
IBAN: DE58 3807 0059 0345 6678 40 · BIC: DEBADE51NPS

Erstellen und buchen Sie für die Meyrich GmbH, Aachen, die Eingangsrechnung über die Wandfliesen (vgl. Aufgabe 134, Seite 136). **139**

Die Bezugskosten sind zunächst auf das Unterkonto „6061 Bezugskosten" zu buchen und anschließend auf das Konto „6060 Wareneingang" umzubuchen. ■

140 Für eine Warenlieferung liegt folgende Rechnung vor:

PC-ONLINE GMBH · Krefeld

PC-ONLINE GMBH · Pappelstraße 44 · 47829 Krefeld

Katja Kern e. Kffr.
Papiergroßhandlung
Bonner Wall 45 - 55
50677 Köln

Ihr Auftrag vom	Liefertag	Datum
..-10-23	..-11-11	..-11-12

Rechnung 21 544/..

Wir lieferten durch unseren Lkw, unfrei: 2 Personal-Computer ONLINE-Pentium, komplett mit Bildschirm und Drucker, wie angeboten, zum Nettopreis von je 1.500,00 €	3.000,00 €
+ anteilige Frachtkosten	150,00 €
	3.150,00 €
+ 19 % Umsatzsteuer	598,50 €
	3.748,50 €

Die Rechnung ist innerhalb von 20 Tagen mit 1 % Skonto oder nach 40 Tagen ohne Abzug zu bezahlen.

Bankverbindung:
Sparkasse Krefeld · Konto-Nr. 118 235 800 · BLZ 320 500 00
IBAN: DE58 3205 0000 0118 2358 00 · BIC: SPAKDE51IMT

Steuer-Nr.
065 456 78901

Buchen Sie die Rechnung für die Papiergroßhandlung Katja Kern e. Kffr. ■

141 *Die folgende Eingangsrechnung in Kurzform ist zu buchen:*

Wir lieferten auf Ihre Rechnung und Gefahr:

Menge	Artikel	Einzelpreis	Rabatt	Gesamtpreis
16	Fernsehgeräte VST 88	550,00 €	25 %	6.600,00 €
	+ Verpackung			150,00 €
	+ Frachtkosten			400,00 €
	+ Transport-versicherung			50,00 €
				7.200,00 €
	+ 19 % USt			1.368,00 €
				8.568,00 €

Die Rechnung ist innerhalb von 10 Tagen mit 2,5 % Skonto oder nach 30 Tagen ohne Abzug zu begleichen.

Bankverbindung:
Sparkasse Leverkusen, Konto-Nr. 556 788 920, BLZ 375 514 40
IBAN: DE58 3755 1440 0556 7889 20, BIC: SPAKDE51SPO

Steuer-Nr.
065 123 34568

Schließen Sie das Konto „6061 Bezugskosten" ab. ■

6476140

Mangelhafte Waren werden an den Lieferer zurückgeschickt | 2.1.2

Situation

Der Lagerverwalter in der Großhandlung Kern hat das Saugpapier geprüft und keinen sichtbaren Mangel festgestellt (vgl. Seite 137). Erst nach 14 Tagen stellt er bei einer Nachkontrolle fest, dass bei **300 Packungen** das Saugpapier eingerissen ist, weil es bei der Herstellung offensichtlich schief aufgewickelt worden ist. Frau Kern vereinbart mit dem Lieferer, der Papiermühle AG, Düsseldorf, die Rücksendung der fehlerhaften Packungen. Die Papiermühle AG erteilt folgende **Gutschrift** über die zurückgenommene Ware:

Papiermühle AG Düsseldorf

Papiermühle AG · Postfach 2 36 45 · 40489 Düsseldorf

Telefon 0211 662863-0
Telefax 0211 662863-75
E-Mail vertrieb@papiermuehle-wvd.de
Internet www.papiermuehle-wvd.de
USt-IdNr. DE 112 226 897

Katja Kern e. Kffr.
Papiergroßhandlung
Bonner Wall 45 - 55
50677 Köln

Ihre Mängelrüge vom ..-01-06

Datum ..-01-10

GUTSCHRIFT

Wir haben 300 Packungen Saugpapier wegen fehlerhafter Wicklung zurückgenommen und schreiben Ihnen den Warenwert gut:

300 Packungen zum Stückpreis von 1,25 € =	375,00 €	
- 20 % Rabatt	75,00 €	300,00 €
+ 19 % Umsatzsteuer		57,00 €
		357,00 €

Papiermühle AG

ppa. Bergmeister

Auswirkung der Gutschrift in der Buchhaltung

Die obige Gutschrift führt bei Frau Kern dazu, dass sie den auf dem Konto „6085 Wareneingang Saugpapier" gebuchten Warenwert von 10.000,00 € (vgl. S. 138) um die Gutschrift von 300,00 € **berichtigen** muss. Dies geschieht dadurch, dass sie die **Gutschrift auf der Habenseite des Unterkontos „6087 Nachlässe/Rücksendungen bei Saugpapier"** (siehe S. 144)[1] bucht. Durch diese Buchung wird der **Warenwert nachträglich verringert.** Um den anteiligen Betrag (= 19 % von 300,00 € = 57,00 €) ist dann auch die bereits gebuchte **Vorsteuer zu berichtigen, indem der Betrag von 57,00 € im Haben des Kontos „2600 Vorsteuer"** gebucht wird. Die Verbindlichkeiten aus der Warenlieferung verringern sich **im Soll des Kontos 4400** um insgesamt 357,00 €.

❶ **Buchung der Eingangsrechnung** (vgl. Seite 138)	Soll	Haben
6085 Wareneingang Saugpapier	10.000,00	
6086 Bezugskosten für Saugpapier	700,00	
2600 Vorsteuer	2.033,00	
an **4400 Verbindlichkeiten a. LL**		12.733,00

1 Die **allgemeine** Kontennummer für Nachlässe und Rücksendungen an Lieferer lautet: **6062.**

Mangelhafte Waren werden an den Lieferer zurückgeschickt

❷ **Umbuchung der Bezugskosten** (vgl. Seite 138)	Soll	Haben
6085 Wareneingang Saugpapier	700,00	
an **6086 Bezugskosten für Saugpapier**		700,00

❸ **Buchung der Rücksendung** aufgrund der Gutschrift des Lieferers	Soll	Haben
4400 Verbindlichkeiten a. LL	357,00	
an **6087 Nachlässe/Rücksendungen bei Saugpapier**		300,00
an **2600 Vorsteuer**		57,00

❹ **Umbuchung der Rücksendung**	Soll	Haben
6087 Nachlässe/Rücksendungen bei Saugpapier	300,00	
an **6085 Wareneingang Saugpapier**		300,00

S	6085 Wareneingang Saugpapier		H
❶	10.000,00	❹	300,00
❷	700,00		

S	6086 Bezugskosten für Saugpapier		H
❶	700,00	❷	700,00

S	2600 Vorsteuer		H
❶	2.033,00	❸	57,00

S	4400 Verbindlichkeiten a. LL		H
❸	357,00	❶	12.733,00

S	6087 Nachlässe/Rücksend. b. Saugp.		H
❹	300,00	❸	300,00

Zusammenfassung

- **Eingangsrechnungen** sind zunächst auf **sachliche und rechnerische Richtigkeit** zu **prüfen**, bevor sie in der Buchhaltung gebucht und bezahlt werden.
- Die in den Eingangsrechnungen aufgeführten **Bezugskosten** (z. B. Fracht, Verpackung, Versicherung) werden zunächst auf das **Unterkonto** „Bezugskosten" gebucht. Der Unternehmer bucht die Bezugskosten deshalb getrennt, weil er nur so feststellen kann, wie hoch der Anteil der Bezugskosten am Wert der z. B. in einem Monat gekauften Waren **durchschnittlich** ist. Diese Angabe benötigt er für seine **Kalkulation (= Preisberechnung):**

Beispiel

Im Februar hat die Papiergroßhandlung Kern Druckpapier für 200.000,00 € gekauft und hierfür insgesamt 4.000,00 € Bezugskosten bezahlt. Das sind durchschnittlich **2 %.** Also wird Frau Kern in der Bezugskalkulation mit einem Zuschlag für Bezugskosten von 2 % rechnen.

- Später (z. B. monatlich, spätestens aber zum Jahresende) erfolgt die **Umbuchung der Bezugskosten** auf das Konto **„Wareneingang"**. Diese Umbuchung ist erforderlich, um auf dem **Konto „Wareneingang"** die **Anschaffungskosten (= Bezugspreis)** ausweisen zu können.
- **Jeder Warengruppe** wird je ein **eigenes Warenbestands-, Wareneingangs- und Bezugskostenkonto** zugewiesen. Dadurch wird die Buchhaltung übersichtlicher, sodass sehr schnell die genauen Warenbestände, Wareneinkäufe und Bezugskosten für jede Warengruppe abgelesen werden können.
- Schickt der Unternehmer **Waren an den Lieferer zurück,** weil diese falsch oder mit Mängeln behaftet geliefert wurden, so **verringert sich letztlich der Warenwert** (auf der Habenseite des Wareneingangskontos) und entsprechend die **Vorsteuer. Rücksendungen** werden aus Gründen der Übersicht zunächst auf einem **Unterkonto** des Wareneingangskontos gebucht und später umgebucht.

Die Baustoffgroßhandlung Erich Wette OHG, Bielefeld, verzeichnet in ihrer Buchhaltung am 27. Dezember .. folgende vorläufige Summenbilanz: 142

Vorläufige Summenbilanz	Soll	Haben
0800 Betriebs- und Geschäftsausstattung	192.026,00	2.500,00
2280 Warenbestand	350.000,00	–
2400 Forderungen a. LL	874.200,00	782.300,00
2600 Vorsteuer	107.350,00	78.600,00
2800 Bank	931.428,00	700.810,00
2880 Kasse	65.200,00	53.400,00
3000 Eigenkapital	–	621.500,00
3001 Privat	48.400,00	–
4400 Verbindlichkeiten a. LL	463.400,00	542.100,00
4800 Umsatzsteuer	86.600,00	171.494,00
5100 Umsatzerlöse für Waren	–	890.600,00
5420 Entnahme v. G. u. s. L.	–	12.000,00
6060 Wareneingang	450.400,00	–
6061 Bezugskosten	41.300,00	5.600,00
6062 Nachlässe/Rücksendungen	–	–
6700 Mieten	100.600,00	–
6800 Büromaterial	60.000,00	–
6900 Versicherungsbeiträge	40.000,00	–
70.. Betriebliche Steuern	50.000,00	–
Weitere Konten: 6520, 8010, 8020	3.860.904,00	3.860.904,00

Bis zum Abschlusstag 31. Dez. sind noch folgende **Geschäftsfälle** zu buchen:

	€	€
1. Eingangsrechnung 53 456, Warenwert	8.500,00	
Verpackungskosten	240,00	
Lkw-Fracht	460,00	
+ Umsatzsteuer	1.748,00	10.948,00
2. Barzahlung der Hausfracht hierauf einschließlich Umsatzsteuer		238,00
3. Eingangsrechnung 53 457, Warenwert	5.700,00	
Fracht	600,00	
Transportversicherung	200,00	
+ Umsatzsteuer	1.235,00	7.735,00
4. Mietzahlung durch Banküberweisung		8.500,00
5. Privatentnahme von Waren einschließlich Umsatzsteuer		595,00
6. Ausgangsrechnung 48 775, netto	12.400,00	
+ Umsatzsteuer	2.356,00	14.756,00
7. Rücksendung beschädigter Waren an den Lieferer, netto	2.000,00	
+ Umsatzsteuer	380,00	2.380,00

Abschlussangaben: Warenendbestand lt. Inventur 160.000,00
Abschreibung auf BGA 20.000,00

Aufgaben

1. *Bilden Sie die Buchungssätze und buchen Sie auf den Hauptbuchkonten.*
2. *Führen Sie den Abschluss (einschließlich der Umbuchungen) durch.* ■

Ermitteln Sie aus Aufgabe 142: a) den Einstandswert der eingekauften Waren, b) den Wareneinsatz und c) den Warenrohgewinn. ■ 143

2.1.3 Lieferer gewähren nachträglich Preisnachlässe

2.1.3.1 Nachträglicher Preisnachlass aufgrund einer Mängelrüge

Situation

Der Lagerverwalter im Unternehmen Kern kontrolliert das von der Papiermühle AG gelieferte Saugpapier (vgl. Eingangsrechnung auf Seite 137) und stellt fest, dass das Saugpapier auf einer Palette einen **geringen Mangel** aufweist: Die Rollen sind nicht sauber geschnitten, könnten aber **mit einem Preisnachlass als II. Wahl noch verkauft werden.** Frau Kern schreibt eine Mängelrüge an die Papiermühle AG, in der sie einen Preisnachlass von 250,00 € verlangt. Die Papiermühle AG erteilt daraufhin folgende Gutschrift:

Papiermühle AG Düsseldorf

Papiermühle AG · Postfach 2 36 45 · 40489 Düsseldorf

Katja Kern e. Kffr.
Papiergroßhandlung
Bonner Wall 45 - 55
50677 Köln

Telefon 0211 662863-0
Telefax 0211 662863-75
E-Mail vertrieb@papiermuehle-wvd.de
Internet www.papiermuehle-wvd.de
USt-IdNr. DE 112 226 897

Ihre Mängelrüge vom ..-01-10

Datum ..-01-16

GUTSCHRIFT

Wir bedauern, dass das Saugpapier auf einer Palette unsauber geschnitten ist.

Die Schneidevorrichtung, die zu diesem Mangel geführt hat, ist inzwischen ausgewechselt worden. Auf die mangelhaft gelieferte Ware gewähren wir Ihnen einen Nachlass von:

	250,00 €
+ 19 % Umsatzsteuer	47,50 €
	297,50 €

Wir bitten um entsprechende Buchung.

Papiermühle AG

ppa. *Bergmeister*

Buchhalterische Erfassung von Preisnachlässen des Lieferers

Preisnachlässe, die einem Kunden vom Lieferer aufgrund einer **Mängelrüge** gewährt werden, **mindern** nachträglich den Wert der eingekauften Waren. Sie heißen auch **Anschaffungspreisminderungen.** Aus Gründen der besseren Übersicht werden diese Nachlässe nicht direkt auf dem Wareneingangskonto (allgemein: „6060 Wareneingang") gebucht, sondern zunächst auf einem entsprechenden **Unterkonto** (allgemein: **„6062 Nachlässe/Rücksendungen").** Folgende **Unterkonten** für **jede Warengruppe** stehen zur Verfügung:

6070 Wareneingang Druckpapier	6075 Wareneingang Kopierpapier	6080 Wareneingang Umschlagkarton	6085 Wareneingang Saugpapier
6072 Nachl./Rücksend. bei Druckpapier	6077 Nachl./Rücksend. bei Kopierpapier	6082 Nachl./Rücksend. bei Umschlagkarton	6087 Nachl./Rücksend. bei Saugpapier

Nachträglicher Preisnachlass aufgrund einer Mängelrüge

Umbuchung

Zum Jahresschluss werden die Unterkonten „Nachlässe/Rücksendungen" über die entsprechenden Wareneingangskonten abgeschlossen. **Auf den Wareneingangskonten** stehen dann die **berichtigten Anschaffungskosten** (= Bezugspreise).

Berichtigung der Vorsteuer

Die **nachträgliche Minderung** des Warenwertes durch den **Preisnachlass** hat eine nachträgliche **Verringerung der** (bereits gebuchten) **Vorsteuer** zur Folge. Daher ist auf der Gutschrift des Lieferers nicht nur der **Preisnachlass,** sondern auch **die darauf entfallende Vorsteuer** ausgewiesen (vgl. Seite 144).

❶ **Buchung der Eingangsrechnung** (vgl. Seite 138)	Soll	Haben
6085 Wareneingang Saugpapier	10.000,00	
6086 Bezugskosten für Saugpapier	700,00	
2600 Vorsteuer	2.033,00	
an **4400 Verbindlichkeiten a. LL**		12.733,00

❷ **Umbuchung der Bezugskosten**	Soll	Haben
6085 Wareneingang Saugpapier	700,00	
an **6086 Bezugskosten für Saugpapier**		700,00

❸ **Buchung des Preisnachlasses** aufgrund der Gutschrift des Lieferers	Soll	Haben
4400 Verbindlichkeiten a. LL	297,50	
an **6087 Nachlässe/Rücksendungen bei Saugpapier**		250,00
an **2600 Vorsteuer**		47,50

❹ **Umbuchung der Nachlässe** am Ende der Rechnungsperiode	Soll	Haben
6087 Nachlässe/Rücksendungen bei Saugpapier	250,00	
an **6085 Wareneingang Saugpapier**		250,00

Steuerberichtigung bei Datenverarbeitungsprogrammen

Wird die Buchhaltung über ein **Finanzbuchhaltungsprogramm** geführt, nimmt das Programm die Steuerberichtigung (vgl. Buchung ❸) **automatisch** vor. Es wird auf dem Konto „6087 Nachlässe/Rücksendungen bei Saugpapier" nur der Gesamtbetrag von 297,50 € eingegeben. Das FIBU-Programm rechnet die zu berichtigende Vorsteuer aus und bucht sie automatisch im Haben des Kontos „2600 Vorsteuer".

S	6085 Wareneingang Saugpapier		H
❶	10.000,00	❹	250,00
❷	700,00		

S	6086 Bezugskosten für Saugpapier		H
❶	700,00	❷	700,00

S	2600 Vorsteuer		H
❶	2.033,00	❸	47,50

S	4400 Verbindlichkeiten a. LL		H
❸	297,50		12.733,00

S	6087 Nachlässe/Rücksend. b. Saugp.		H
❹	250,00	❸	250,00

Das Konto „6085 Wareneingang Saugpapier" zeigt nach der Umbuchung des Nachlasses den berichtigten Warenwert (= **Anschaffungskosten** nach HGB) für diese Bestellung:

Anschaffungspreis (= Warenwert)	10.000,00 €
+ Anschaffungsnebenkosten (= Bezugskosten)	700,00 €
– Anschaffungspreisminderungen (= Nachlässe)	250,00 €
Anschaffungskosten (= Bezugspreis)	**10.450,00 €**

Nachträglicher Preisnachlass aufgrund einer Mängelrüge

Zusammenfassung

- **Nachträgliche Preisnachlässe gewährt der Lieferer** in der Regel aufgrund einer **Mängelrüge** des Kunden. Der Kunde behält die Ware, kann sie aber nur noch zu einem ermäßigten Preis absetzen. Die Differenz zwischen dem regulären Verkaufspreis und dem ermäßigten Preis lässt sich der Kunde vom Lieferer gutschreiben.
- **Nachlässe von Lieferern** werden zunächst auf einem **Unterkonto (allgemein: „6062 Nachlässe/Rücksendungen")** des Wareneingangskontos (allgemein: **„6060 Wareneingang"**) gebucht und monatlich oder spätestens am Jahresende auf das Wareneingangskonto umgebucht.
- **Nachlässe mindern den Wert** der gekauften Ware **und** damit auch die auf sie entfallende **Vorsteuer.** Die Vorsteuer ist um den in der Gutschrift genannten Betrag zu berichtigen. Sollte in einer Gutschrift bis 100,00 € netto der Betrag, um den die Vorsteuer zu berichtigen ist, nicht extra ausgewiesen sein, muss der Kaufmann sie berechnen:

Beispiel

Es soll angenommen werden, dass in der Gutschrift auf Seite 144 nur der Bruttobetrag von 297,50 € und der Umsatzsteuersatz von 19 % genannt worden sind. Dann muss der Betrag, um den die Vorsteuer zu berichtigen ist, wie folgt berechnet werden:

119 % ~ 297,50 €
19 % ~ x €

$$x\,€ = \frac{297{,}50\,€ \cdot 19\,\%}{119\,\%} = \mathbf{47{,}50\,€}$$

- Der Lieferer kann auch **nachträglich** einen **Bonus** gewähren, der auf einem **Unterkonto (allgemein: „6064 Liefererboni")** gebucht wird. Der Bonus ist ein Mengen-, Treue- oder Umsatzrabatt, der am Ende einer Rechnungsperiode (z. B. zum Jahresende) auf den insgesamt erreichten **Warenumsatz** gewährt wird.

AUFGABE

144 *Buchen Sie die Gutschrift für die Möbelgroßhandlung Werner Theuer e. Kfm.:*

Breuer KG · Kantstraße 44 · 51379 Leverkusen

Breuer KG | Möbelfabrik

Steuer-Nr. 065 678 93445

Möbelgroßhandlung
Werner Theuer e. Kfm.
Am Gierlichshof 15
51381 Leverkusen

Ihre Nachricht vom ..-12-20 — Datum ..-12-28

GUTSCHRIFT

Sehr geehrter Herr Theuer,

aufgrund Ihrer Beanstandung unserer letzten Lieferung schreiben wir Ihnen gut:

10 % des Warenwertes (10.000,00 €) aus Rechnung Nr. 1315	1.000,00 €
+ 19 % Umsatzsteuer	190,00 €
	1.190,00 €

Wir bitten die Rechnung Nr. 1315 um die Gutschrift zu kürzen und den Restbetrag zu überweisen.

Mit freundlichen Grüßen

Jörg Breuer

6476146

Situation

Frau Kern begleicht die Eingangsrechnung der Papiermühle AG (siehe S. 137) durch Banküberweisung innerhalb der vereinbarten Frist von 10 Tagen unter Abzug von 2 % Skonto. Auf der Eingangsrechnung vermerkt sie für die Finanzbuchhaltung:

Gesamtbetrag der Rechnung	12.733,00 €
– **2 % Skonto** (= 12.733,00 € · 0,02 =)	254,66 €
Überweisungsbetrag an die Papiermühle AG	**12.478,34 €**

Der Skonto (Mehrzahl: Skonti) ist ein mit dem Lieferer vereinbarter **Abzug vom Rechnungspreis,** den der Kunde dafür vornehmen kann, dass er die Rechnung innerhalb der angegebenen kurzen Frist begleicht. Der Skonto ist also eine **Zinsvergütung für kurzfristige Zahlung.**

Vorsteuerberichtigung

Wie beim Preisnachlass aufgrund einer Mängelrüge führt der Liefererskonto zu einer **nachträglichen Verminderung des Anschaffungspreises der Waren** und damit auch zu einer anteiligen **Verminderung der Vorsteuer.** Da der Skonto in der obigen Situation vom Rechnungsbetrag berechnet wurde, muss aus dem Bruttoskontobetrag von 254,66 € die darin enthaltene Vorsteuer herausgerechnet werden:

119 % Skontoabzug	~	254,66 €
19 % Vorsteuer	~	x €

$$x\ € = \frac{254{,}66\ € \cdot 19\ \%}{119\ \%} = \mathbf{40{,}66\ €}$$

Buchhalterische Erfassung der Liefererskonti

Der **Nettoskonto** beträgt somit **214,00 €** (254,66 € – 40,66 €). Das sind genau 2 % vom Anschaffungswert der eingekauften Waren in Höhe von 10.700,00 € (siehe S. 137). Der Nettoskonto wird als Anschaffungspreisminderung der Waren auf einem **Unterkonto des jeweiligen Wareneingangskontos** gebucht. Außer dem allgemeinen Wareneingangskonto **„6060 Wareneingang"** mit dem Unterkonto **„6063 Liefererskonti"** gibt es im Unternehmen Kern für die unterschiedlichen **Warengruppen** folgende Unterkonten:

6070 Wareneingang Druckpapier	6075 Wareneingang Kopierpapier	6080 Wareneingang Umschlagkarton	6085 Wareneingang Saugpapier
6073 Liefererskonti auf Druckpapier	6078 Liefererskonti auf Kopierpapier	6083 Liefererskonti auf Umschlagkarton	6088 Liefererskonti auf Saugpapier

Aus den auf den Unterkonten angesammelten Liefererskonti kann Frau Kern schnell ermitteln, wie viel Liefererskonti sie im **Durchschnitt** (in % des Warenwertes) erhalten hat. Die Unterkonten werden **monatlich** über das entsprechende Wareneingangskonto abgeschlossen. Die Buchungen im Zeitablauf lauten:

❶ Buchung der Eingangsrechnung	Soll	Haben
6085 Wareneingang Saugpapier	10.000,00	
6086 Bezugskosten für Saugpapier	700,00	
2600 Vorsteuer	2.033,00	
an **4400 Verbindlichkeiten a. LL**		12.733,00

❷ Umbuchung der Bezugskosten	Soll	Haben
6085 Wareneingang Saugpapier	700,00	
an **6086 Bezugskosten für Saugpapier**		700,00

❸ Buchung des Zahlungsausgleichs mit Skontoabzug	Soll	Haben
4400 Verbindlichkeiten a. LL	12.733,00	
an **6088 Liefererskonti auf Saugpapier**		214,00
an **2600 Vorsteuer**		40,66
an **2800 Bank**		12.478,34

❹ Umbuchung der Liefererskonti	Soll	Haben
6088 Liefererskonti auf Saugpapier	214,00	
an 6085 Wareneingang Saugpapier		214,00

S	6085 Wareneingang Saugpapier		H
❶	10.000,00	❹	214,00
❷	700,00		

S	4400 Verbindlichkeiten a. LL		H
❸	12.733,00	❶	12.733,00

S	6086 Bezugskosten für Saugpapier		H
❶	700,00	❷	700,00

S	6088 Liefererskonti auf Saugpapier		H
❹	214,00	❸	214,00

S	2600 Vorsteuer		H
❶	2.033,00	❸	40,66

S	2800 Bank		H
		❸	12.478,34

Nettobuchung

Im vorstehenden Beispiel wurde der **Skonto** auf dem Konto „Liefererskonti" **direkt netto** gebucht. Man spricht deshalb auch vom **Nettobuchungsverfahren.** Wird der Skonto dagegen zunächst **brutto,** also einschließlich Steueranteil, auf dem Konto „Liefererskonti" erfasst, ist spätestens beim **monatlichen** Abschluss (Ende des Umsatzsteuervoranmeldezeitraumes) der Steuerbetrag aus den angesammelten Bruttoskontobeträgen herauszurechnen und als **Sammelberichtigung** zu buchen.

Bruttobuchung

Bei Anwendung des **Bruttoskontobuchungsverfahrens** lautet die o. g. Buchung ❸ wie folgt:

❸ Buchung des Rechnungsausgleichs bei Bruttobuchung des Liefererskontos	Soll	Haben
4400 Verbindlichkeiten a. LL	12.733,00	
an 6088 Liefererskonti auf Saugpapier		254,66
an 2800 Bank		12.478,34

Die Buchung der **Steuerberichtigung** lautet dann:

Buchung der Vorsteuerberichtigung	Soll	Haben
6088 Liefererskonti auf Saugpapier	40,66	
an 2600 Vorsteuer		40,66

S	4400 Verbindlichkeiten a. LL		H
❸	12.733,00	❶	12.733,00

S	2800 Bank		H
		❸	12.478,34

S	2600 Vorsteuer		H
❶	2.033,00	6088	40,66

S	6088 Liefererskonti auf Saugpapier		H
2600	40,66	❸	254,66

Zusammenfassung

- Liefererskonto wird als Prozentabzug vom **Rechnungsbetrag** berechnet.
- Bei Liefererskonto wird die **Umsatzsteuerberichtigung** wie folgt ermittelt:

$$\text{Umsatzsteuerberichtigungsbetrag} = \frac{\text{Bruttoskontobetrag} \cdot 19\ \%}{119\ \%}$$

- Der Liefererskonto wird **brutto oder direkt netto** auf dem **Unterkonto „Liefererskonti"** gebucht. Die angesammelten Nettoskontobeträge werden **monatlich auf das entsprechende Wareneingangskonto umgebucht.**
- Bei Verwendung eines FIBU-Programms wird die **Steuerberichtigung automatisch** errechnet und gebucht. Auf dem Konto „Liefererskonti" wird lediglich der Bruttoskontobetrag (hier: 254,66 €) eingegeben. Das Programm errechnet die Steuerberichtigung (hier: 40,66 €) und bucht diese direkt im Haben des Vorsteuerkontos.

145

Heimann AG · **Heizungsanlagen**
Steuer-Nr. 065 114 66558

Heimann AG, Brüderstraße 32, 41238 Mönchengladbach

Pohlig & Eickmeier GmbH
Sanitärgroßhandlung
Rheinstraße 22
47799 Krefeld

Ihre Bestellung vom	Unsere Lieferung vom	Datum
. . -05-23	. . -05-31	. . -06-02

Rechnung 598/55/PG

Wir lieferten frachtfrei:

Pos.	Menge	Artikel	Einzelpreis	Rabatt	Gesamtpreis
1	400	Heizungsventile 1/2"	12,25 €	10 %	4.410,00 €
		+ 19 % Umsatzsteuer			837,90 €
					5.247,90 €

Zahlungsbedingungen: Der Rechnungsbetrag ist innerhalb von 15 Tagen mit 2,5 % Skonto oder nach spätestens 30 Tagen ohne Abzug zu begleichen.

Bankverbindung: Commerzbank Mönchengladbach, Konto-Nr. 334 320 71, BLZ 310 400 15
IBAN: DE58 3104 0015 0033 4320 71, BIC: COMBDE51UAG

Verwenden Sie für die folgenden Aufgaben die Konten: 2600, 2800, 4400, 6060, 6063.

1. *Buchen Sie die obige Rechnung als Eingangsrechnung für die Pohlig & Eickmeier GmbH.*
2. Die Rechnung wird unter Skontoabzug durch Banküberweisung beglichen.
   a) *Berechnen Sie den Bruttoskontoabzug.*
   b) *Berechnen Sie die Vorsteuerberichtigung und den Nettoskontobetrag.*
   c) *Buchen Sie den Skonto beim Rechnungsausgleich*
   ca) *netto und* cb) *brutto.*
   d) *Buchen Sie den Skontobetrag auf das Wareneingangskonto um und berechnen Sie die Anschaffungskosten für diesen Auftrag.* ■

1. *Buchen Sie für die H. Stellmag KG a) die Eingangsrechnung aus Aufgabe 138, Seite 139, und b) den Zahlungsausgleich (Banküberweisung) unter Ausnutzung von Skonto ba) netto und bb) brutto auf den Konten 2600, 2800 (Anfangsbestand 34.500,00 €), 4400, 6060, 6061 und 6063.* 146
2. *Geben Sie die Anschaffungskosten für ein Spot-Schienen-Set an.* ■

1. *Buchen Sie für die Papiergroßhandlung Katja Kern e. Kffr. die Eingangsrechnung aus Aufgabe 140, Seite 140, und den Zahlungsausgleich durch Banküberweisung unter Skontoabzug (Nettobuchung) auf den Konten 0860, 2600, 2800 (Anfangsbestand 83.400,00 €) und 4400.* 147
2. *Geben Sie die Anschaffungskosten für die Personal-Computer an.* ■

AUFGABEN

148 1. *Buchen Sie den Vorgang aus Aufgabe 141, Seite 140, vollständig, indem Sie*
a) *zunächst die Eingangsrechnung,*
b) *danach den Zahlungsausgleich unter Abzug von Skonto (netto) buchen.*

2. *Ermitteln Sie die Anschaffungskosten für die gesamte Sendung sowie den Bezugspreis für ein Fernsehgerät.* ■

149 Die Papiergroßhandlung Katja Kern e. Kffr. hat von der Deutschen Papier AG, Leipzig, eine Sendung Umschlagkarton frei Haus erhalten. Die Rechnung lautet über:

	40 Paletten Umschlagkarton zu je 1.312,50 € =	52.500,00 €
+	19 % Umsatzsteuer	9.975,00 €
	Rechnungsbetrag	62.475,00 €

Die Zahlungsbedingungen lauten: Zahlbar in 10 Tagen mit 3 % Skonto oder nach spätestens 40 Tagen ohne Abzug.

1. *Buchen Sie die Eingangsrechnung für Frau Kern (siehe Warengruppenkontennummern, S. 147).*
2. *Berechnen Sie den Nettoskontoabzug sowie die Vorsteuerberichtigung und buchen Sie den Zahlungsausgleich durch Überweisungsauftrag an die Sparkasse (Bestand auf Sparkassenkonto: 126.400,00 €).* ■

150 Unter den gelieferten Umschlagkartons (vgl. Aufgabe 149) befindet sich eine Palette mit beschädigten Kartons. Frau Kern bietet der Deutschen Papier AG an, diese Ware gegen einen Preisnachlass von 20 % des Warenwertes zu behalten. Die Deutsche Papier AG schreibt daraufhin gut:

	Gutschrift für beschädigt gelieferte Umschlagkartons:	
	20 % von 1.312,50 € =	262,50 €
+	19 % Umsatzsteuer	49,88 €
	Gesamtbetrag der Gutschrift	312,38 €

1. *Prüfen Sie die rechnerische Richtigkeit der Gutschrift und buchen Sie die Gutschrift zunächst auf dem entsprechenden Unterkonto.*
2. *Buchen Sie den Preisnachlass auf das zutreffende Wareneingangskonto um.* ■

151 1. *Welche Gründe sprechen für die gesonderte buchhalterische Erfassung der Rücksendungen, nachträglichen Preisnachlässe und Liefererskonti?*
2. *Erläutern Sie die Zusammensetzung der Anschaffungskosten nach § 255 HGB.*
3. *Warum ist bei Rücksendungen, nachträglichen Preisnachlässen und Liefererskonti die zuvor gebuchte Vorsteuer zu berichtigen?*
4. Der nachträgliche Preisnachlass beträgt **einschließlich** der Umsatzsteuer 147,56 €. *Berechnen Sie die Steuerberichtigung und den Nettobetrag des Preisnachlasses.*
5. *Schildern Sie den Vorgang der Steuerberichtigung bei Rücksendungen, Nachlässen und Liefererskonti, wenn ein Finanzbuchhaltungsprogramm verwendet wird.*
6. *Warum ist es zweckmäßig, für jede Warengruppe eigene Wareneingangskonten mit jeweils getrennten Konten für Rücksendungen, Nachlässe und Liefererskonti zu führen?*
7. Von einem Rechnungsbetrag wurden 2,5 % Skonto ~ 249,90 € abgezogen. *Berechnen Sie den Rechnungsbetrag und die Steuerberichtigung.* ■

Katja Kern verkauft Waren „mit Gewinn" 2.1.4

Wie wird der Verkaufspreis kalkuliert? 2.1.4.1

Situation

Frau Kern hat eine Anfrage ihres Kunden Kaufkette AG, Aachener Straße 4–10, 50674 Köln, auf Lieferung von **4 000 Packungen zu je 2 Rollen Saugpapier** vorliegen. Dieses Saugpapier hat Frau Kern bereits bei der Papiermühle AG, Düsseldorf, bestellt, die Eingangsrechnung erhalten (vgl. S. 137) und eine Bezugskalkulation durchgeführt (vgl. S. 132 f.). Die Bezugskalkulation hat einen Bezugspreis von 0,525 € je Rolle oder **1,05 € je Packung** (= 2 Rollen) ergeben. Katja Kern will dem Kunden Kaufkette AG ein Angebot unterbreiten und benötigt dazu den **Verkaufspreis.** Sie beauftragt die Sachbearbeiterin in der Verkaufsabteilung ihr die entsprechende Angabe zu machen. Die Sachbearbeiterin legt ihrer Preisberechnung (= Verkaufskalkulation) folgende Angaben zugrunde:

1. das **Kalkulationsschema,** das zur Berechnung des Verkaufspreises **allgemein** verwendet wird (vgl. ausführliche Darstellung im Kapitel 6.3.3):

	Bezugspreis	€
+	% Handlungskosten	€
	Selbstkostenpreis	€
+	% Gewinn	€
	Barverkaufspreis	€
+	% Kundenskonto	€
	Zielverkaufspreis	€
+	% Kundenrabatt	€
	Angebotspreis (= Listenverkaufspreis)	€

2. die **betriebsinternen Zuschläge für Handlungskosten und Gewinn,** die aus den bisherigen Kalkulationen bekannt sind und hier übernommen werden. Im Unternehmen Kern wird mit einem **allgemeinen Zuschlagssatz für Handlungskosten von 22 %** (vgl. S. 289) gerechnet und mit einem **allgemeinen Gewinnzuschlag von 3 %** (vgl. S. 292). Mit dem Handlungskostenzuschlag werden alle Kosten (z. B. Löhne, Gehälter, Miete, Abschreibungen, Werbung, Reisekosten u. a.) **anteilig** der jeweiligen Ware zugerechnet (vgl. ausführliche Darstellung im Kapitel 6.3.2). Über den Gewinnzuschlag wird sichergestellt, dass jede Ware einen anteiligen Beitrag zum notwendigen Betriebsgewinn leistet (vgl. Kapitel 6.3.3.1);

3. die **betriebsinternen Zahlungsbedingungen und Rabattstaffeln.** Im Unternehmen Kern gelten die Zahlungsbedingungen: **„Zahlbar in 10 Tagen mit 2 % Skonto oder nach spätestens 40 Tagen ohne Abzug."** Für Saugpapier legt Frau Kern folgende **Rabattstaffel** fest:

bis	1 000 Packungen	5 %	Kundenrabatt,
bis	5 000 Packungen	10 %	Kundenrabatt,
über	5 000 Packungen	15 %	Kundenrabatt.

Vertriebskosten

Beim Warenverkauf fallen **Vertriebskosten** an, die für den Großhändler **betrieblichen Aufwand** darstellen. Diesen Aufwand berechnet der Großhändler im Allgemeinen dem Kunden (Regel: **„Warenschulden sind Holschulden"**). So kauft der Großhändler z. B. Verpackungsmaterial ein, das er in den **Handlungskosten** anteilig an den Kunden weiterbelastet, oder er beauftragt einen Spediteur mit dem Transport der Ware und bezahlt dessen Rechnung. Diesen Betrag belastet er dann dem Kunden **in seiner Rechnung** (vgl. Beispiel auf Seite 137).

Wie wird der Verkaufspreis kalkuliert?

Beispiel

Aus den zuvor beschriebenen Angaben erstellt die Sachbearbeiterin folgende **Kalkulation zur Berechnung des Angebotspreises:**

	Bezugspreis für 1 Packung Saugpapier	1,05 €
+	22 % Handlungskosten	0,23 €
	Selbstkostenpreis	1,28 €
+	3 % Gewinn	0,04 €
	Barverkaufspreis	1,32 €
+	2 % Kundenskonto	0,03 €
	Zielverkaufspreis	1,35 €
+	10 % Kundenrabatt	0,15 €
	Angebotspreis	**1,50 €**

Frau Kern legt den Angebotspreis für eine Packung Saugpapier auf 1,50 € fest.

Erläuterungen zur obigen Kalkulation (vgl. ausführl. Darstellung im Kapitel 6.3):

Anteilige Handlungskosten

Die Handlungskosten werden über den betriebsintern ermittelten **Zuschlagssatz vom Bezugspreis** errechnet und zum Bezugspreis addiert; als Summe ergibt sich der **Selbstkostenpreis.**

100 % ~ 1,05 €
22 % ~ x €

$$x\,€ = \frac{1{,}05\,€ \cdot 22\,\%}{100\,\%} = \mathbf{0{,}23\,€}$$

Anteiliger Gewinn

Außer den Kosten will Katja Kern beim Warenverkauf vom Kunden auch einen angemessenen Gewinn erstattet bekommen. Betriebsintern hat sie einen **Gewinnzuschlag von 3 % vom Selbstkostenpreis** ermittelt. Mithilfe der Prozentrechnung rechnet sie den Gewinn aus, den eine Packung Saugpapier erbringen soll, und addiert diesen Gewinn zum Selbstkostenpreis. Sie erhält danach den **Barverkaufspreis,** also den Umsatzerlös, den sie beim Verkauf unbedingt erzielen will.

100 % ~ 1,28 €
3 % ~ x €

$$x\,€ = \frac{1{,}28\,€ \cdot 3\,\%}{100\,\%} = \mathbf{0{,}04\,€}$$

Kundenskonto

Der Barverkaufspreis wird um die beim Verkauf gewährten „Vergünstigungen" erhöht. Frau Kern rechnet in den Barverkaufspreis zunächst den Zuschlag für Kundenskonto ein, den sie dem Kunden bei Zahlung innerhalb von 10 Tagen gewähren will. Nimmt der Kunde mehr als 10 Tage Zahlungsziel in Anspruch, dann muss er den um Skonto höheren Betrag (= Zielverkaufspreis oder Rechnungspreis) zahlen. Skonto ist also ein **Zinszuschlag,** den der Verkäufer dafür verlangt, dass er dem Kunden ein längeres Zahlungsziel einräumt. Der Kunde entscheidet, ob er **Skonto vom Rechnungspreis** ausnutzen will. Für den Kunden entspricht also beim Skontoabzug der **Rechnungspreis 100 %** und der **Barverkaufspreis** (= Überweisungsbetrag) ist der **um 2 % verminderte Betrag (= 98 %).** Also muss Katja Kern in ihrer schrittweisen Vorwärtskalkulation den **Barverkaufspreis mit 98 %** ansetzen.

98 % ~ 1,32 €
2 % ~ x €

$$x\,€ = \frac{1{,}32\,€ \cdot 2\,\%}{98\,\%} = \mathbf{0{,}03\,€}$$

Kundenrabatt

Den Kundenrabatt gewährt Frau Kern z. B. als **Mengenrabatt vom Angebotspreis;** dann ist der **Angebotspreis** für die Rabattberechnung **100 %** und der **Zielverkaufspreis entsprechend 90 %:**

90 % ~ 1,35 €
10 % ~ x €

$$x\,€ = \frac{1{,}35\,€ \cdot 10\,\%}{90\,\%} = \mathbf{0{,}15\,€}$$

Wie wird die Ausgangsrechnung gebucht? 2.1.4.2

Situation

Frau Kern legt den Angebotspreis für **eine Packung Saugpapier** auf **1,50 €** fest und unterbreitet ihrem Kunden, der Kaufkette AG, Köln, folgendes **Angebot,** das hier in Kurzfassung wiedergegeben ist:

Angebot 334/KK

Auf Ihre Anfrage vom 4. Jan. .. biete ich Ihnen an:
4 000 Packungen Saugpapier zu je 2 Rollen, baumwollverstärkt, perforiert, weiß, Preis je Packung 1,50 €.

Bei Abnahme von 4 000 Packungen gewähre ich einen Mengenrabatt von 10 %.

Zahlungsbedingungen: Die Rechnung ist innerhalb von 10 Tagen mit 2 % Skonto oder nach spätestens 40 Tagen ohne Abzug zu begleichen.
Lieferzeit: sofort; die Lieferung erfolgt durch Spedition auf Ihre Kosten.

Katja Kern

Die Papiergroßhandlung Kern erhält daraufhin am 7. Januar .. eine dem Angebot entsprechende **Bestellung** der Kaufkette AG. Sie veranlasst, dass die Ware dem Kunden durch die Spedition Zimmer, Köln, unverzüglich zugestellt wird. Von der Spedition Zimmer erhält sie eine **Speditionsrechnung über 100,00 € + 19,00 € Umsatzsteuer,** die sie bei Vorlage **bar an Zimmer bezahlt.** Ihrem Kunden schickt Frau Kern folgende **Ausgangsrechnung,** in der sie die verauslagten Transportkosten weiterbelastet:

KATJA KERN KÖLN *Papiergroßhandlung*
e. Kffr.

Katja Kern e. Kffr., Papiergroßhandlung · Bonner Wall 45–55 · 50677 Köln

Telefon 0221 543375-0
Telefax 0221 543375-80
E-Mail service@kern-wvd.de
Internet www.kern-wvd.de
USt-IdNr. DE 135763812

Kaufkette AG
Aachener Straße 4 - 10
50674 Köln

Rechnung 5103/KK
Ihre Bestellung vom ..-01-07

Datum
..-01-12

Pos.	Menge	Bezeichnung	Einzelpreis in €	Rabatt	Betrag in €
1	4 000	Packungen Saugpapier, weiß	1,50	10 %	5.400,00
		+ verauslagte Transportkosten			100,00
					5.500,00
		+ 19 % Umsatzsteuer			1.045,00
					6.545,00

Die Lieferung erfolgte am 11. Jan. .. durch Spedition Zimmer.

Zahlungsbedingungen:
Zahlbar innerhalb von 10 Tagen ab Rechnungseingang mit 2 % Skonto oder nach spätestens 40 Tagen ohne Abzug.

Bankverbindung:
Sparkasse KölnBonn, Konto 723 544 32, BLZ 370 501 98, IBAN: DE58 3705 0198 0072 3544 32, BIC: SPAKDE51EBC

Buchhalterische Erfassung der Nebenkosten beim Warenverkauf

Beim Warenverkauf können folgende **Nebenkosten** anfallen, die der Großhändler als **betrieblichen Aufwand in der Kontenklasse 6 bucht:**

6040 Verpackungsmaterial
6140 Frachten und Fremdlager
6150 Vertriebsprovisionen

Wie wird die Ausgangsrechnung gebucht?

Vertriebskosten

Das Verpackungsmaterial (z. B. Kartons, Wellpappe, Verpackungspapier) soll die Waren beim Transport vor Beschädigung schützen. Beim Kauf bucht der Großhändler dieses Material auf das Konto „6040 Verpackungsmaterial". Der Wert dieses Materials geht in die Handlungskosten ein und wird somit anteilig **in die Angebotspreise der Waren eingerechnet** (vgl. ausführliche Darstellung in Kapitel 6.3).

Ausgangsfrachten treten dann auf, wenn der Verkäufer den Transport der Waren veranlasst und die Kosten dem Käufer belastet. Sie fallen für jede Sendung in genau bestimmbarer Höhe an und werden auf der Ausgangsrechnung gesondert ausgewiesen (vgl. Beispiel auf Seite 153). **Sie gehören dann zu den Umsatzerlösen und unterliegen in der Ausgangsrechnung der Umsatzsteuer (Konto „6140 Frachten und Fremdlager").**

Die Vertriebsprovision fällt dann an, wenn der Auftrag durch einen Vertreter vermittelt worden ist. Sie wird **in den Angebotspreis einkalkuliert.**

Buchhalterische Erfassung der Umsatzerlöse auf Gruppenkonten

Frau Kern bucht die Umsatzerlöse aus Gründen der besseren Übersicht **getrennt nach Warengruppen.** Neben dem allgemeinen Erlöskonto **„5100 Umsatzerlöse für Waren"** führt sie folgende Gruppenkonten:

5110 Umsatzerlöse für Druckpapier	5115 Umsatzerlöse für Kopierpapier	5120 Umsatzerlöse für Umschlagkarton	5125 Umsatzerlöse für Saugpapier

Im Folgenden wird der obige Verkaufsvorgang – einschließlich der Speditionsrechnung – buchungsmäßig dargestellt:

❶ Buchung der bar bezahlten Speditionsrechnung	Soll	Haben
6140 Frachten und Fremdlager	100,00	
2600 Vorsteuer	19,00	
an **2880 Kasse**		119,00

❷ Buchung der Ausgangsrechnung	Soll	Haben
2400 Forderungen a. LL	6.545,00	
an **5125 Umsatzerlöse für Saugpapier**		5.500,00
an **4800 Umsatzsteuer**		1.045,00

S	6140 Frachten und Fremdlager	H
❶ 100,00		

S	2600 Vorsteuer	H
❶ 19,00		

S	2880 Kasse	H
		❶ 119,00

S	2400 Forderungen a. LL	H
❷ 6.545,00		

S	5125 Umsatzerlöse für Saugpapier	H
		❷ 5.500,00

S	4800 Umsatzsteuer	H
		❷ 1.045,00

Zusammenfassung

- Durch die **Verkaufskalkulation** wird der **Angebotspreis** für eine Ware berechnet. Berechnungsgrundlage (= 100 %) für Kundenskonto (und Vertriebsprovision) ist hierbei der Zielverkaufspreis; Berechnungsgrundlage (= 100 %) für den Kundenrabatt ist der Angebotspreis. Das Kalkulationsschema von Seite 151 ist zu beachten.
- Die Umsatzerlöse werden nach Warengruppen getrennt erfasst. In der Regel führt der Großhändler neben dem allgemeinen Konto „5100 Umsatzerlöse für Waren" **für jede Warengruppe gesonderte Umsatzerlöskonten.**

▶ **Vertriebskosten** (z. B. Verpackungsmaterial, Frachten und Fremdlager, Provisionen) stellen für den Verkäufer **betriebliche Aufwendungen** dar. Sie werden zunächst bei der Anschaffung der Ware in der Kontenklasse 6 gebucht und in der Regel dem Kunden in Rechnung gestellt. Sie sind buchhalterisch als **Umsatzerlöse** (Verkaufserlöse) zu behandeln.

AUFGABEN

152

Erläutern Sie die Aussage „Warenschulden sind Holschulden" aus der Sicht des Verkäufers und schildern Sie die buchhalterischen Auswirkungen, wenn der Verkäufer Vertriebskosten in der Ausgangsrechnung geltend macht. ■

153

Buchen Sie folgende Rechnungen als ***Ausgangsrechnungen:***

1. für Bergmeister GmbH aus Aufgabe 138, Seite 139,
2. für PC-ONLINE GmbH aus Aufgabe 140, Seite 140,
3. für die gelieferten Fernsehgeräte aus Aufgabe 141, Seite 140. ■

154

Der Großhändler W. Kneiper KG, Bergstr. 44, 24103 Kiel, kauft Verpackungsfolie zum Bezugspreis von 230,00 € je 100 m ein. Er kalkuliert mit 30 % Handlungskosten, 2 % Gewinn, 3 % Kundenskonto und – bei Abnahme von 10 000 m – mit einem Mengenrabatt von 15 %.

1. *Berechnen Sie den Angebotspreis für 100 m Folie.*

Die Bestellung des Kunden Ernst Berghaus OHG, Fabrikstraße 21, 23568 Lübeck, über 10 000 m Folie wird zur Lieferungsbedingung „ab Lager" ausgeführt. Der Verkäufer W. Kneiper KG beauftragt einen Spediteur mit dem Transport der Ware, bezahlt die Rechnung des Spediteurs über 400,00 € + 76,00 € Umsatzsteuer bei Vorlage bar und belastet den Kunden Berghaus in der Rechnung mit 400,00 € Frachtkosten sowie 200,00 € Verpackungskosten.

2. *Erstellen Sie die Ausgangsrechnung für den Großhändler W. Kneiper.*
3. *Buchen Sie die Speditionsrechnung und die Ausgangsrechnung bei W. Kneiper.*

155

Ein Großhändler kalkuliert den Barverkaufspreis für einen Büroschrank mit 316,00 €.

1. *Berechnen Sie den Angebotspreis bei 2,5 % Kundenskonto und 12 % Kundenrabatt.*

Ein Kunde bestellt 5 Schränke. Der Auftrag wird „ab Lager" mit eigenem Fahrzeug ausgeführt; die Frachtkosten von 120,00 € sind dem Kunden in der Rechnung zu belasten.

2. *Erstellen Sie die Ausgangsrechnung und buchen Sie den Vorgang für den Verkäufer.* ■

156

Katja Kern ermittelt den Bezugspreis für Umschlagkarton mit 25,00 € je 100 Stück.

1. *Zu welchem Angebotspreis kann sie diesen Karton ihren Kunden anbieten, wenn sie in der Kalkulation die Zuschlagssätze für Handlungskosten, Gewinn und Skonto von Seite 151 verwendet sowie einen Rabatt von 15 % ansetzt?*
2. *Auf wie viel Prozent müsste sie den Kundenrabatt senken, wenn sie den Angebotspreis von 34,00 €, zu dem ein Konkurrent anbietet, nicht überschreiten will?* ■

AUFGABEN

157 *Nennen Sie die Buchungssätze zu folgenden Geschäftsfällen:*

1.	Ausgangsrechnung 4567: Warenwert	15.000,00	
	+ Umsatzsteuer	2.850,00	17.850,00
2.	Ausgangsfracht hierauf bar, netto	500,00	
	+ Umsatzsteuer	95,00	595,00
3.	ER 2345: Verpackungsmaterial für den Versand, netto	7.500,00	
	+ Umsatzsteuer	1.425,00	8.925,00
4.	ER 2346: Reparaturkosten für verkaufte Waren werden von uns aus Garantieverpflichtung übernommen, netto	2.500,00	
	+ Umsatzsteuer	475,00	2.975,00
5.	ER 2347: Unser Handelsvertreter stellt uns an Verkaufsprovisionen in Rechnung, netto	4.500,00	
	+ Umsatzsteuer	855,00	5.355,00
6.	ER 2348: Spediteur berechnet für Warenlieferung an Kunden, netto	650,00	
	+ Umsatzsteuer	123,50	773,50

158 a) Barzahlung der Ausgangsfracht für AR 607: netto 350,00 € + 66,50 € Umsatzsteuer.

b) **AR 607**

Warenwert		7.650,00
Verpackungskosten	200,00	
Verladekosten	150,00	
Bahnfracht	350,00	700,00
		8.350,00
+ Umsatzsteuer		1.586,50
Rechnungsbetrag		9.936,50

1. *Buchen Sie aus der Sicht des Lieferers.*
2. *Wie hoch sind die Umsatzerlöse?*

159 a) Die Aufgabe 158 b) ist als Eingangsrechnung beim Kunden zu buchen.
b) Der Kunde zahlt die Hausfracht bar: 250,00 € netto + 47,50 € Umsatzsteuer.

1. *Wie lauten die Buchungssätze für die Fälle a) und b)?*
2. *Ermitteln Sie die Anschaffungskosten der Warensendung.*

160

AR 608

10 Behälter Chlor zu je 250,00 €	2.500,00	
abzüglich 20 % Rabatt	500,00	2.000,00
Transportversicherung	80,00	
Bahnfracht	220,00	300,00
		2.300,00
+ Umsatzsteuer		437,00
Rechnungsbetrag		2.737,00

Buchen Sie den Vorgang für den Verkäufer und erläutern Sie die Höhe und Zusammensetzung der Umsatzerlöse.

a) Die Aufgabe 160 ist beim Kunden auf den entsprechenden Konten zu buchen. **161**
b) Barzahlung der Hausfracht 190,40 € einschließlich Umsatzsteuer.

Nennen Sie die Buchungssätze und ermitteln Sie den Einstandswert. ■

162

KATJA KERN KÖLN **Papiergroßhandlung**
e. Kffr.

Katja Kern e. Kffr., Papiergroßhandlung · Bonner Wall 45–55 · 50677 Köln

Telefon 0221 543375-0
Telefax 0221 543375-80
E-Mail service@kern-wvd.de
Internet www.kern-wvd.de
USt-IdNr. DE 135763812

Magro-Großmarkt
Krefelder Straße 43
41063 Mönchengladbach

Datum
..-08-23

Rechnung 12 893/KK
Ihre Bestellung vom ..-08-01
Unsere Lieferung vom ..-08-22

Pos.	Menge	Bezeichnung	Einzelpreis in €	Rabatt	Betrag in €
1	5000 Packungen	Saugpapier	1,50	10,0 %	6.750,00
2	4 Paletten	Kopierpapier	975,00	15,0 %	3.315,00
					10.065,00
		+ Frachtpauschale			275,00
		+ Transportversicherung			60,00
					10.400,00
		+ 19 % Umsatzsteuer			1.976,00
					12.376,00

Zahlungsbedingungen: Zahlbar innerhalb von 10 Tagen ab Rechnungseingang mit 2 % Skonto oder nach spätestens 40 Tagen ohne Abzug.

Bankverbindung:
Sparkasse KölnBonn, Konto 723 544 32, BLZ 370 501 98, IBAN: DE58 3705 0198 0072 3544 32, BIC: SPAKDE51EBC

1. *Buchen Sie die Ausgangsrechnung für die Großhandlung Kern.*
2. *Geben Sie die Buchung der Eingangsrechnung für den Kunden Magro-Großmarkt an.* ■

Der Elektrogroßhandlung Eisengeb KG liegt die Bestellung eines Warenhauses über 100 Kaffeemaschinen „SANTOS II", 80 Toaster „Thermofix" und 60 Eierkocher „Superegg" vor. Die Eisengeb KG hat folgende Barverkaufspreise der Artikel kalkuliert: **163**

Kaffeemaschine „SANTOS II",	Stückpreis 42,50 €, 15 % Rabatt bei Abnahme von 100 Stück;
Toaster „Thermofix",	Stückpreis 32,50 €, 10 % Rabatt bei Abnahme von 80 Stück;
Eierkocher „Superegg",	Stückpreis 21,25 €, 8 % Rabatt bei Abnahme von 60 Stück.

Die Eisengeb KG gewährt bei Zahlungen innerhalb von 10 Tagen 3 % Skonto.

Die Lieferung erfolgt unfrei. Für Fracht zahlt die Eisengeb KG bei Auslieferung an den Spediteur 340,00 € bar (zuzüglich Umsatzsteuer). Diesen Betrag belastet sie in der Ausgangsrechnung weiter an den Kunden.

1. *Kalkulieren Sie die Angebotspreise für die drei Artikel.*
2. *Erstellen Sie die Ausgangsrechnung an das Warenhaus.*
3. *Buchen Sie den Vorgang für die Eisengeb KG einschließlich der Frachtrechnung.* ■

2.1.5 Kunden schicken mangelhafte Waren zurück

Situation

Der Lagerverwalter im Großhandelsunternehmen Kern hat beim gelieferten Saugpapier einen Mangel entdeckt, der zu einer Rücksendung an den Lieferer geführt hat (vgl. Beispiel Seite 141). Es konnte nicht mehr kontrolliert werden, ob die inzwischen an den Kunden Kaufkette AG gelieferten 4 000 Packungen (vgl. Seite 153) fehlerfrei waren. Deshalb schreibt Frau Kern an die Kaufkette AG und bittet um genaue Prüfung der Rollen auf richtige Wicklung. Die Kaufkette AG teilt daraufhin mit, dass **100 Packungen** fehlerhaft sind. Frau Kern bittet telefonisch um Rücksendung und erteilt folgende **Gutschrift.**

KATJA KERN KÖLN e. Kffr. **Papiergroßhandlung**

Katja Kern e. Kffr., Papiergroßhandlung · Bonner Wall 45–55 · 50677 Köln

Telefon 0221 543375-0
Telefax 0221 543375-80
E-Mail service@kern-wvd.de
Internet www.kern-wvd.de
USt-IdNr. DE 135763812

Kaufkette AG
Aachener Straße 4 - 10
50674 Köln

Ihr Zeichen, Ihre Nachricht vom ..-01-16
Telefon/Name 0221 543375- 27
Datum ..-01-20

Gutschrift 5103/KK

Sehr geehrter Herr Meister,

aufgrund unserer telefonischen Vereinbarung haben Sie 100 Packungen Saugpapier mit Rissbildungen im Papier zurückgegeben. Hierfür schreibe ich Ihnen gut:

Menge	Bezeichnung	Einzelpreis in €	Rabatt	Betrag in €
100 Packungen	Saugpapier, weiß	1,50	10 %	135,00
		+ 19 % Umsatzsteuer		25,65
				160,65

Katja Kern

Bankverbindung:
Sparkasse KölnBonn, Konto 723 544 32, BLZ 370 501 98
IBAN: DE58 3705 0198 0072 3544 32, BIC: SPAKDE51EBC

Gerichtsstand: Köln
Eigentumsvorbehalt gem. § 455 BGB

Auswirkung der Gutschrift in der Buchhaltung

Die obige Gutschrift führt bei Frau Kern dazu, dass sie die **Umsatzerlöse** in Höhe von 5.500,00 € (vgl. S. 153 f.) um den Betrag der Gutschrift (= 135,00 €) berichtigen muss. Um den anteiligen Betrag (= 19 % von 135,00 € = 25,65 €) ist auch die bereits gebuchte **Umsatzsteuer** zu korrigieren. Die **Forderung** aus der Warenlieferung verringert sich um 160,65 €.

Warenrücksendungen von Kunden werden allgemein auf dem Unterkonto des Kontos „5100 Umsatzerlöse für Waren" gebucht: **„5101 Erlösberichtigungen/Rücksendungen".** Das entsprechende Unterkonto für das Warengruppenkonto „5125 Umsatzerlöse für Saugpapier" lautet: **„5126 Erlösberichtigungen/Rücksendungen bei Saugpapier"** (vgl. Seite 160).

❶ **Buchung der Ausgangsrechnung** (vgl. Seite 154)	Soll	Haben
2400 Forderungen a. LL	6.545,00	
an **5125 Umsatzerlöse für Saugpapier**		5.500,00
an **4800 Umsatzsteuer**		1.045,00

6476158

Kunden schicken mangelhafte Waren zurück

❷ **Buchung der Rücksendung** aufgrund der Gutschrift an den Kunden	Soll	Haben
5126 Erlösberichtigungen/Rücksend. bei Saugpapier ..	135,00	
4800 Umsatzsteuer	25,65	
an **2400 Forderungen a. LL**		160,65

❸ **Umbuchung der Rücksendung**	Soll	Haben
5125 Umsatzerlöse für Saugpapier	135,00	
an **5126 Erlösbericht./Rücksend. bei Saugpapier** ...		135,00

S	2400 Forderungen a. LL		H
❶	6.545,00	❷	160,65

S	5126 Erlösbericht./Rücks. b. Saugpapier		H
❷	135,00	❸	135,00

S	5125 Umsatzerlöse für Saugpapier		H
❸	135,00		5.500,00

S	4800 Umsatzsteuer		H
❷	25,65		1.045,00

Zusammenfassung

- ▶ Mangelhaft gelieferte Ware, die der Kunde nicht verwenden kann, wird nach vorheriger Vereinbarung an den Lieferer zurückgeschickt.
- ▶ Der Lieferer erteilt dem Kunden eine Gutschrift **über** den Wert der **zurückgenommenen Waren und** der darauf entfallenden **Umsatzsteuer.**
- ▶ Die Gutschrift wird beim Lieferer über das **Unterkonto** (allgemein) **5101 Erlösberichtigungen/Rücksendungen** gebucht, wodurch die Umsatzsteuer, die Forderungen a. LL und – **nach Umbuchung** des Kontos 5101 (im Bsp. Konto 5126) – die Umsatzerlöse (im Bsp. Konto 5125) entsprechend berichtigt werden.

AUFGABE 164

Kontenplanauszug
2400, 2600, 4400, 4800, 5100, 5101, 6060, 6061, 6062.

Ermitteln Sie für die folgenden Geschäftsfälle jeweils den Rechnungs- bzw. Gutschriftsbetrag, nennen Sie den Buchungssatz und buchen Sie auf Konten.

1.	ER 2356 für Waren: Listenpreis	20.000,00 €
	Gewährter Mengenrabatt	15 %
	+ Umsatzsteuer	
2.	Rücksendung beschädigter Waren (ER 2356), Nettowert	5.000,00 €
	+ Umsatzsteuer	
3.	AR 3456: Verkauf von Waren, Listenpreis	40.000,00 €
	Gewährter Wiederverkäuferrabatt	25 %
	+ Umsatzsteuer	
4.	Kunde (AR 3456) sendet uns beschädigte Waren zurück,	
	Nettowert	4.000,00 €
5.	ER 2358: 12 Fässer Schmieröl (Waren) zum Stückpreis	
	von 125,00 €, netto	1.500,00 €
	Verpackung	300,00 €
	+ Umsatzsteuer	
6.	AR 3457: Verkauf von Waren, Rechnungspreis	2.500,00 €
	+ Umsatzsteuer	
7.	Kunde (AR 3457) erhält Gutschrift für Rücksendung, netto......	1.300,00 €

1. *Wie lauten die Abschlussbuchungen für die Konten 5101, 6061 und 6062?*
2. *Warum ist in Gutschriftsanzeigen die Umsatzsteuer auszuweisen?*
3. *Warum rechnen Verpackungskosten zu den Bezugskosten?*
4. *Welche Rechte können bei Mängelrügen geltend gemacht werden?* ■

2.1.6 Kunden werden nachträglich Preisnachlässe gewährt

2.1.6.1 Preisnachlass aufgrund einer Mängelrüge

Situation

Am 25. Januar .. erhält Frau Kern telefonisch die Mitteilung von Frau Werner, Disponentin der Kaufkette AG, Köln, dass an **400 Packungen Saugpapier unsaubere Schnittkanten** festgestellt wurden. Frau Werner sieht sich zwar in der Lage, diese Rollen noch zu verkaufen, kann sie aber nur zu einem **ermäßigten Preis als II. Wahl** absetzen. Frau Kern bietet einen **Preisnachlass von 0,50 € je Packung** an und erteilt der Kaufkette AG folgende **Gutschrift:**

KATJA KERN KÖLN e. Kffr. **Papiergroßhandlung**

Katja Kern e. Kffr., Papiergroßhandlung · Bonner Wall 45–55 · 50677 Köln

Telefon 0221 543375-0
Telefax 0221 543375-80
E-Mail service@kern-wvd.de
Internet www.kern-wvd.de
USt-IdNr. DE 135763812

Kaufkette AG
Aachener Straße 4 - 10
50674 Köln

Ihr Zeichen, Ihre Nachricht vom	Telefon/Name 0221 543375-	Datum
..-01-25	27	..-01-27

Gutschrift 5103/KK

Sehr geehrte Frau Werner,

ich beziehe mich auf unsere telefonische Vereinbarung vom 25. d. M. und gewähre Ihnen aufgrund des geltend gemachten Mangels an dem von mir gelieferten Saugpapier (unsaubere Schnittkanten) einen nachträglichen Preisnachlass:

Menge	Artikel	Nachlass/Einzelpreis in €	Nachlass gesamt in €
400 Packungen	Saugpapier	0,50	200,00
		+ 19 % Umsatzsteuer	38,00
			238,00

Katja Kern

Bankverbindung:
Sparkasse KölnBonn, Konto 723 544 32, BLZ 370 501 98
IBAN: DE58 3705 0198 0072 3544 32, BIC: SPAKDE51EBC

Gerichtsstand: Köln
Eigentumsvorbehalt gem. § 455 BGB

Buchhalterische Erfassung von Preisnachlässen an Kunden

Preisnachlässe, die der Lieferer **einem Kunden nachträglich** aufgrund einer Mängelrüge **gewährt, mindern die Umsatzerlöse.** Sie heißen in der Buchhaltung **Erlösberichtigungen** und werden zunächst auf **Unterkonten** der Umsatzerlöskonten gebucht, um die **Höhe der Nachlässe kontrollieren zu können.** Neben dem bereits bekannten Unterkonto **„5101 Erlösberichtigungen/Rücksendungen"** des **allgemeinen Erlöskontos** „5100 Umsatzerlöse für Waren" führt Frau Kern **folgende Erlösberichtigungskonten:**

5110 Umsatzerlöse für Druckpapier	5115 Umsatzerlöse für Kopierpapier	5120 Umsatzerlöse für Umschlagkarton	5125 Umsatzerlöse für Saugpapier
5111 Erlösbericht./Rücksend. bei Druckpapier	5116 Erlösbericht./Rücksend. bei Kopierpapier	5121 Erlösbericht./Rücksend. bei Umschlagkart.	5126 Erlösbericht./Rücksend. bei Saugpapier

Am Ende der Rechnungsperiode erfolgt die **Umbuchung der Erlösberichtigungen** auf die entsprechenden Umsatzerlöskonten, die dann die **berichtigten Umsatzerlöse** ausweisen.

Preisnachlass aufgrund einer Mängelrüge

Berichtigung der Umsatzsteuer

Die nachträgliche Verminderung der Umsatzerlöse hat eine nachträgliche Verringerung der (bereits gebuchten) Umsatzsteuer zur Folge.

❶ **Buchung der Ausgangsrechnung**	**Soll**	**Haben**
2400 Forderungen a. LL	6.545,00	
an **5125 Umsatzerlöse für Saugpapier**		5.500,00
an **4800 Umsatzsteuer**		1.045,00

❷ **Buchung des Preisnachlasses** aufgrund der Gutschrift	**Soll**	**Haben**
5126 Erlösberichtigungen/Rücksend. bei Saugpapier .	200,00	
4800 Umsatzsteuer	38,00	
an **2400 Forderungen a. LL**		238,00

❸ **Umbuchung der Erlösberichtigung** am Ende der Rechnungsperiode	**Soll**	**Haben**
5125 Umsatzerlöse für Saugpapier	200,00	
an **5126 Erlösbericht./Rücksend. bei Saugpapier** ...		200,00

Steuerberichtigung bei Datenverarbeitungsprogrammen

Wird die Buchhaltung über ein Finanzbuchhaltungsprogramm geführt, nimmt das Programm die Steuerberichtigung (vgl. Buchung ❷) **automatisch** vor. Es wird auf dem Konto „5126 Erlösberichtigungen/Rücksendungen bei Saugpapier" nur der Gesamtbetrag von 238,00 € eingegeben. Das FIBU-Programm rechnet die zu berichtigende Umsatzsteuer aus und bucht sie automatisch im Soll des Kontos „4800 Umsatzsteuer".

S	2400 Forderungen a. LL		H
❶	6.545,00	❷	238,00

S	5126 Erlösbericht./Rücks. b. Saugpapier		H
❷	200,00	❸	200,00

S	4800 Umsatzsteuer		H
❷	38,00	❶	1.045,00

S	5125 Umsatzerlöse für Saugpapier		H
❸	200,00	❶	5.500,00

Zusammenfassung

- Nachträgliche Preisnachlässe gewährt der Lieferer **aufgrund einer Mängelrüge des Kunden.** Der Kunde behält die Ware, kann sie aber nur noch zu einem ermäßigten Preis absetzen. Die Differenz zwischen dem Rechnungspreis und dem ermäßigten Preis schreibt der Lieferer dem Kunden gut.
- Nachlässe werden zunächst auf Unterkonten (z. B. allgemein **„5101 Erlösberichtigungen/Rücksendungen"**) der Erlöskonten (z. B. **„5100 Umsatzerlöse für Waren"**) gebucht und spätestens am Jahresende auf die jeweiligen Umsatzerlöskonten umgebucht.
- Nachlässe mindern den **Wert der verkauften Waren und** damit auch die auf sie entfallende **Umsatzsteuer.** Die **Umsatzsteuer** ist um den in der Gutschrift genannten Betrag zu **berichtigen.**
- Dem Kunden kann auch nachträglich ein Bonus gewährt werden. Der Bonus ist ein **Mengen-, Treue- oder Umsatzrabatt,** der am Ende einer Rechnungsperiode auf den insgesamt erreichten **Warenumsatz** gewährt wird (z. B. Konto **„5103 Kundenboni"**).

AUFGABEN

165 *Buchen Sie die Gutschrift aus dem Beispiel von Seite 144 für die Papiermühle AG, Düsseldorf.* ■

166 Der Großhändler E. Hoffmann GmbH, Autozubehör, Ellerstraße 3, 40227 Düsseldorf, gewährt dem Kunden Bernd Heßler e. K., Motortuning, Felsenstraße 14, 47058 Duisburg, aufgrund einer Mängelrüge nachträglich einen Preisnachlass von 20 % des Rechnungsbetrages. Die Ausgangsrechnung weist einen Rechnungsbetrag (einschließlich Umsatzsteuer) von 17.850,00 € aus.

1. *Berechnen Sie die Gutschrift und die Steuerberichtigung (vgl. Rechenhinweis S. 146).*
2. *Erstellen Sie die Gutschriftsanzeige.*
3. *Buchen Sie die Gutschrift für die E. Hoffmann GmbH.* ■

167
1. *Erläutern Sie, welche Auswirkungen ein nachträglicher Preisnachlass, den der Lieferer einem Kunden gewährt, auf die Umsatzerlöse und auf die Umsatzsteuer hat.*
2. *Begründen Sie, warum ein nachträglicher Preisnachlass zunächst auf das Unterkonto „Erlösberichtigungen/Rücksendungen" gebucht wird.* ■

168 *Buchen Sie den folgenden Beleg in der Finanzbuchhaltung der Möbelgroßhandlung Paul Krämer KG.*

MÖBELGROSSHANDLUNG PAUL KRÄMER KG

Möbelgroßhandlung Paul Krämer KG · Dieselstraße 44 · 51381 Leverkusen

Möbelfachgeschäft
Wilhelm Tandler e. Kfm.
Am Hofacker 15
51381 Leverkusen

Ihr Zeichen, Ihre Nachricht vom	Unser Zeichen	Telefon, Name	Datum
WT/..-11-09	S/by	02171 56356-42	..-11-17

Rechnung 8 329

Sehr geehrte Damen und Herren,
aufgrund Ihrer Beanstandung schreiben wir Ihnen gut:

10 % von 20.000,00 € Warenwert lt. o. g. Rechnung	2.000,00 €
+ 19 % Umsatzsteuer	380,00 €
	2.380,00 €

Mit freundlichen Grüßen

MÖBELGROSSHANDLUNG
PAUL KRÄMER KG

i. A. Schrader

Geschäftsräume
Dieselstraße 44
51381 Leverkusen

Steuer-Nr. 065 414 12229

Telefon: 02171 56356-0
Telefax: 02171 56739

E-Mail: moebel@kraemer-wvd.com
Internet: www.kraemer-wvd.com

Sparkasse Leverkusen • Konto: 318 465 714 • BLZ: 375 514 40
IBAN: DE58 3755 1440 0318 4657 14 • BIC: SPAKDE51SPO

Postbank Köln • Konto: 4967 86-503 • BLZ: 370 100 50
IBAN: DE58 3701 0050 0496 7865 03 • BIC: POBADE51XYZ

Situation

Die Kaufkette AG begleicht die Rechnung Nr. 5103/KK (vgl. Seite 153) durch Überweisung auf das Konto der Papiergroßhandlung Kern bei der Sparkasse KölnBonn unter Abzug des vereinbarten Skontos. Frau Kern erhält einen Kontoauszug mit der Gutschrift. Auf dem Überweisungsauftrag hat der Buchhalter der Kaufkette AG folgenden Vermerk angebracht:

	Ausgleich Ihrer Rechnung Nr. 5103/KK	6.545,00 €
–	2 % Skonto (= 6.545,00 € · 0,02 =)	130,90 €
	Überweisungsbetrag	**6.414,10 €**

Umsatzsteuerberichtigung

Wie beim Preisnachlass aufgrund einer Mängelrüge führt auch der dem Kunden gewährte Skonto zu einer **nachträglichen Verminderung der Umsatzerlöse und** damit auch zu einer anteiligen Verminderung **der Umsatzsteuer.** Im obigen Beispiel enthält der Kundenskonto zugleich noch den Umsatzsteueranteil, da er vom Rechnungsbetrag berechnet wurde. Die zu berichtigende Umsatzsteuer muss deshalb noch aus dem **Bruttoskontobetrag** errechnet werden:

119 % Skontoabzug ~ 130,90 €
19 % Umsatzsteuer ~ x €

$$x\,€ = \frac{130{,}90\,€ \cdot 19\,\%}{119\,\%} = \mathbf{20{,}90\,€}$$

Der **Nettoskonto** beträgt somit **110,00 €** (130,90 € – 20,90 €), also genau 2 % der durch Verkauf der Waren an die Kaufkette AG erzielten Umsatzerlöse von 5.500,00 € (siehe S. 153 f.).

Buchhalterische Erfassung der Kundenskonti

Der Kundenskonto wird allgemein auf dem Konto **„5102 Kundenskonti"** als **Unterkonto des Kontos „5100 Umsatzerlöse für Waren"** gebucht. Im Unternehmen Kern gibt es **für jede Warengruppe** das entsprechende Unterkonto „Kundenskonti", aus dem sich auch die durchschnittlich in % der Umsatzerlöse gewährten Skonti leicht ermitteln lassen. Die auf den Unterkonten „Kundenskonti" angesammelten Beträge werden **monatlich** auf das entsprechende Umsatzerlöskonto umgebucht.

5110 Umsatzerlöse für Druckpapier	5115 Umsatzerlöse für Kopierpapier	5120 Umsatzerlöse für Umschlagkarton	5125 Umsatzerlöse für Saugpapier
5112 Kundenskonti auf Druckpapier	5117 Kundenskonti auf Kopierpapier	5122 Kundenskonti auf Umschlagkarton	5127 Kundenskonti auf Saugpapier

Nettobuchung

Der Kundenskonto wird in der Regel **netto** gebucht. Die Buchungen im Zeitablauf lauten:

❶ Buchung der Ausgangsrechnung	Soll	Haben
2400 Forderungen a. LL	6.545,00	
an **5125 Umsatzerlöse für Saugpapier**		5.500,00
an **4800 Umsatzsteuer**		1.045,00

❷ Buchung des Zahlungseingangs	Soll	Haben
2800 Bank	6.414,10	
5127 Kundenskonti auf Saugpapier	110,00	
4800 Umsatzsteuer	20,90	
an **2400 Forderungen a. LL**		6.545,00

❸ Umbuchung der Kundenskonti	Soll	Haben
5125 Umsatzerlöse für Saugpapier	110,00	
an **5127 Kundenskonti auf Saugpapier**		110,00

Kundenskonto

S	2400 Forderungen a. LL		H
❶	6.545,00	❷	6.545,00

S	2800 Bank		H
❷	6.414,10		

S	5127 Kundenskonti auf Saugpapier		H
❷	110,00	❸	**110,00**

S	5125 Umsatzerlöse für Saugpapier		H
❸	**110,00**	❶	5.500,00

S	4800 Umsatzsteuer		H
❷	20,90	❶	1.045,00

Bruttobuchung

Bei Bruttobuchung der Kundenskonti erfolgt die Steuerberichtigung erst am Ende des Umsatzsteuervoranmeldezeitraumes (Monat) als **Sammelberichtigung.**

Bei Anwendung des **Bruttoskontobuchungsverfahrens** lautet die o. g. Buchung ❷:

❷ Buchung des Zahlungseingangs	Soll	Haben
2800 Bank	6.414,10	
5127 Kundenskonti auf Saugpapier	130,90	
an **2400 Forderungen a. LL**		6.545,00

Die Buchung der **Steuerberichtigung** zum Monatsende lautet dann:

Buchung der Umsatzsteuerberichtigung	Soll	Haben
4800 Umsatzsteuer	20,90	
an **5127 Kundenskonti auf Saugpapier**		20,90

S	2800 Bank		H
❷	6.414,10		

S	5127 Kundenskonti auf Saugpapier		H
❷	130,90	4800	20,90

S	2400 Forderungen a. LL		H
❶	6.545,00	❷	6.545,00

S	4800 Umsatzsteuer		H
5127	20,90	❶	1.045,00

Zusammenfassung

- Kundenskonto wird als **Prozentabzug** vom **Rechnungsbetrag** berechnet.
- Bei **Kundenskonto** wird die **Umsatzsteuerberichtigung** nach folgender Rechnung ermittelt:

$$\text{Umsatzsteuerberichtigungsbetrag} = \frac{\text{Bruttoskontoabzug} \cdot 19\ \%}{119\ \%}$$

- Der **Kundenskonto** wird **brutto oder direkt netto** auf dem **Unterkonto „Kundenskonti"** gebucht. Die angesammelten Nettoskontobeträge werden **monatlich** auf das entsprechende **Umsatzerlöskonto umgebucht.**
- Bei Verwendung eines FIBU-Programms wird die **Steuerberichtigung automatisch** errechnet und gebucht. Auf dem Konto „Kundenskonti" wird lediglich der Bruttoskontobetrag (hier: 130,90 €) eingegeben. Das Programm errechnet die Steuerberichtigung (hier: 20,90 €) und bucht diese direkt im Soll des Umsatzsteuerkontos.

169

1. *Buchen Sie die Rechnung aus Aufgabe 145, Seite 149, als Ausgangsrechnung für die Heimann AG.*
2. Der Kunde Pohlig & Eickmeier GmbH (vgl. Aufgabe 145) zahlt die Rechnung durch Banküberweisung unter Skontoabzug.
   a) *Berechnen Sie den Skontoabzug brutto und netto.*
   b) *Buchen Sie für die Heimann AG den Zahlungseingang nach dem Nettoverfahren.*
   c) *Buchen Sie den Skontobetrag auf das Umsatzerlöskonto um.* ■

170

Im Großhandelsunternehmen Katja Kern e. Kffr. betragen die Umsatzerlöse im Monat April insgesamt 1.345.000,00 €. Die Kunden haben im gleichen Zeitraum 18.830,00 € Kundenskonti ausgenutzt.

1. *Wie viel Prozent Kundenskonti wurden durchschnittlich von den Kunden in Anspruch genommen?*
2. *Welche Schlussfolgerungen lassen sich aus dieser Zahl ziehen, wenn die Papiergroßhandlung Kern grundsätzlich 2 % Kundenskonti einräumt?* ■

171

Frau Kern sieht auf ihrem Kontoauszug die Gutschrift einer Kundenrechnung über 16.793,28 €.

Frau Kern weiß, dass der Kunde 2 % Kundenskonto abgezogen hat.

1. *Bestimmen Sie den Rechnungsbetrag und den Skontoabzug.*
2. *Buchen Sie die Ausgangsrechnung für Katja Kern.*
3. *Berechnen Sie die Steuerberichtigung und buchen Sie den Zahlungseingang nach dem Nettoverfahren.*
4. *Schließen Sie das Konto „5102 Kundenskonti" ab.* ■

172

Die Papiergroßhandlung Katja Kern e. Kffr. verkauft einem Kunden Kopierpapier. Die Ausgangsrechnung lautet über:

50 Paletten Kopierpapier zu je 1.025,00 €	51.250,00 €
+ 19 % Umsatzsteuer	9.737,50 €
	60.987,50 €

Zahlungsbedingungen: Zahlbar in 10 Tagen mit 2 % Skonto oder nach spätestens 40 Tagen ohne Abzug.

Der Kunde begleicht die Rechnung mit Skontoabzug und überweist auf das Sparkassenkonto der Großhandlung Kern 59.767,75 €.

Frau Kern bucht den Vorgang auf den Konten: 2400, 2800, 4800, 5115 und 5117.

1. *Buchen Sie die Ausgangsrechnung.*
2. *Prüfen Sie, ob der Überweisungsbetrag vom Kunden richtig errechnet wurde, und geben Sie den Skontoabzug an.*
3. *Berechnen Sie die Steuerberichtigung und den Nettoskontobetrag.*
4. *Buchen Sie den Zahlungseingang und die Steuerberichtigung und schließen Sie das Konto „5117 Kundenskonti auf Kopierpapier" ab.* ■

2.1.7 Zusammenfassende AUFGABEN zum Bereich „Einkauf und Verkauf von Handelswaren"

Die **Umsatzsteuer-Zahllast** kann am Monatsende erst nach Vornahme der anteiligen Berichtigungen auf den Steuerkonten ermittelt werden:

S	2600 Vorsteuer H
Vorsteuerbeträge aufgrund von Eingangsrechnungen	**Berichtigungen:** – Rücksendungen an Lieferer, – Preisnachlässe von Lieferern, – Liefererboni, – Liefererskonti

S	4800 Umsatzsteuer H
Berichtigungen: – Rücksendungen von Kunden, – Preisnachlässe an Kunden, – Kundenboni, – Kundenskonti	**Umsatzsteuerbeträge** aufgrund von Ausgangsrechnungen

173 Die Eingangsrechnung 8857 über 2.975,00 € (Warenwert 2.500,00 € + 475,00 € Umsatzsteuer) wird unter Abzug von 2 % Skonto durch Banküberweisung an den Lieferer beglichen.

Konten: 2600, 2800 (AB 85.000,00 €), 4400, 6060, 6063.

1. *Buchen Sie den Eingang der Waren aufgrund der ER 8857.*
2. *Ermitteln Sie die Steuerberichtigung und buchen Sie beim Rechnungsausgleich den Skonto a) netto und b) brutto.*
3. *Wie lauten die entsprechenden Buchungen beim Lieferer?*

174 Der Kunde begleicht unsere Ausgangsrechnung 4459 über 17.850,00 € (Warenwert 15.000,00 € + 2.850,00 € Umsatzsteuer) abzüglich 2 % Skonto durch Postbanküberweisung.

Konten: 2400, 2850, 4800, 5100, 5102.

1. *Buchen Sie den Verkauf der Waren aufgrund der AR 4459.*
2. *Buchen Sie den Skonto beim Zahlungseingang a) netto und b) brutto.*
3. *Nennen Sie die entsprechenden Buchungen zu 1. und 2. auch beim Kunden.*

175

Auszug aus der vorläufigen Summenbilanz	Soll	Haben
2600 Vorsteuer	52.500,00	48.350,00
4800 Umsatzsteuer	72.150,00	83.450,00
5102 Kundenskonti (einschl. Umsatzsteuer)	2.975,00	?
6063 Liefererskonti (einschl. Umsatzsteuer)	?	3.808,00

1. *Ermitteln Sie am Monatsende die Steuerberichtigungen und buchen Sie.*
2. *Ermitteln Sie nach den Berichtigungsbuchungen die Umsatzsteuer-Zahllast.*

176

Auszug aus der vorläufigen Summenbilanz	Soll	Haben
2600 Vorsteuer	28.640,00	14.450,00
4800 Umsatzsteuer	43.560,00	66.350,00
5102 Kundenskonti (einschl. Umsatzsteuer)	6.307,00	?
6063 Liefererskonti (einschl. Umsatzsteuer)	?	5.474,00

Ermitteln und buchen Sie die Steuerberichtigungen. Wie hoch ist die Zahllast?

177 *Buchen Sie die Skonti in der folgenden Aufgabe netto.*

Bestände: Forderungen a. LL 29.750,00, Bankguthaben 225.600,00, Vorsteuer 2.400,00, Verbindlichkeiten a. LL 28.560,00, Umsatzsteuer 5.800,00.

Konten: 2400, 2600, 2800, 4400, 4800, 5102, 6063.

Geschäftsfälle

	€
1. Kunde begleicht AR 256 durch Banküberweisung abzüglich 2 % Skonto, Rechnungsbetrag	5.950,00

Zusammenfassende AUFGABEN zum Bereich „Einkauf und Verkauf von Handelswaren"

2. Banküberweisung an den Lieferer zum Ausgleich von ER 456 abzüglich 2 % Skonto, Rechnungsbetrag 26.775,00
3. Banküberweisung der Umsatzsteuer-Zahllast an das Finanzamt.... ?

178

Kontenplan und vorläufige Saldenbilanz	Soll	Haben
0840 Fuhrpark	78.000,00	–
0860 Geschäftsausstattung	110.000,00	–
2280 Warenbestand	100.000,00	–
2400 Forderungen a. LL	140.800,00	–
2600 Vorsteuer	194.524,00	–
2800 Bank	149.980,00	–
2880 Kasse	8.400,00	–
3000 Eigenkapital	–	300.000,00
3001 Privat	76.000,00	–
4400 Verbindlichkeiten a. LL	–	104.410,00
4800 Umsatzsteuer	–	277.894,00
5100 Umsatzerlöse für Waren	–	1.535.000,00
5101 Erlösberichtigungen/Rücksendungen	26.900,00	–
5102 Kundenskonti	28.000,00	–
5103 Kundenboni	17.500,00	–
6060 Wareneingang	919.200,00	–
6061 Bezugskosten	18.800,00	–
6062 Nachlässe/Rücksendungen	–	8.500,00
6063 Liefererskonti	–	19.300,00
6064 Liefererboni	–	3.400,00
6520 Abschreibungen auf Sachanlagen	–	–
7800 Diverse Aufwendungen	380.400,00	–
Abschlusskonten: 8010 und 8020	2.248.504,00	2.248.504,00

Geschäftsfälle	€	€
1. Banküberweisung des Kunden für AR 1602	33.320,00	
– Skonto (2 %)	666,40	32.653,60
2. Gutschriftsanzeige an Kunden für Boni:		
2,5 % von 480.000,00 € Jahres-Nettoumsatz	12.000,00	
+ Umsatzsteuer	2.280,00	14.280,00
3. Die Eingangsrechnung ER 1406, Warenwert	22.500,00	
+ Umsatzsteuer	4.275,00	26.775,00
wurde versehentlich als Ausgangsrechnung gebucht. Stornieren Sie die Falschbuchung.		
4. Buchen Sie die Eingangsrechnung 1406.		
5. AR 1450–1460, Warenwert	78.600,00	
+ Transportkosten	3.400,00	
+ Umsatzsteuer	15.580,00	97.580,00
6. Banküberweisungen an Lieferer: Rechnungsbeträge	29.750,00	
– Skonti (2 %)	595,00	29.155,00
7. Kunde erhält Preisnachlass wegen Mängelrüge, brutto		595,00
8. Lieferer schreiben uns Boni gut:		
3 % auf den Umsatz von 680.000,00 €	20.400,00	
+ Umsatzsteuer	3.876,00	24.276,00
9. Rücksendung beschädigter Waren an Lieferer,		
Warenwert	3.500,00	
+ Umsatzsteuer	665,00	4.165,00

Abschlussangaben: 1. Warenschlussbestand lt. Inventur 80.000,00
2. Abschreibungen auf 0840: 6.500,00 €; auf 0860: 3.800,00 €.

Zusammenfassende AUFGABEN zum Bereich „Einkauf und Verkauf von Handelswaren"

Auswertung

1. *Wie hoch ist a) der Rohgewinn und b) der Reingewinn des Unternehmens?*
2. *Ermitteln und beurteilen Sie die Rentabilität (Verzinsung) des Eigenkapitals in %, indem Sie den Reingewinn nach Abzug eines jährlichen Unternehmerlohnes in Höhe von 72.000,00 € zum eingesetzten Eigenkapital (300.000,00 €) in Beziehung setzen.*
3. *Wie beurteilen Sie das Verhältnis zwischen Eigenkapital und Fremdkapital?*
4. *Welche Vermögensteile sind durch eigene Mittel (Eigenkapital) gedeckt?* ■

179 a) Ein Warenlieferer gewährt uns wegen Mängelrüge einen Preisnachlass von 10 % des Rechnungsbetrages. Der Rechnungsbetrag (ER 488) lautete über 11.900,00 €.

b) Wir gewähren einem Kunden aufgrund seiner Mängelrüge nachträglich einen Preisnachlass von 20 % des Rechnungsbetrages. Die Ausgangsrechnung (AR 811) weist einen Rechnungsbetrag von 17.850,00 € aus.

1. *Ermitteln Sie jeweils die Gutschrift und die Steuerberichtigung.*
2. *Erstellen Sie die entsprechende Gutschriftsanzeige.*
3. *Nennen Sie den Buchungssatz aufgrund der Gutschriftsanzeige der Fälle a) und b).* ■

180 *Buchen Sie den folgenden Beleg in der Finanzbuchhaltung der Textilgroßhandlung Ulrike Brandt e. Kffr.*

Ulrike Brandt e. Kffr.
TEXTILGROSSHANDLUNG
www.textilbrandt-wvd.de

Ulrike Brandt e. Kffr. · Statthalterhofweg 27 · 50858 Köln

Textilfachgeschäft
Evi Martin e. Kffr.
Am Rosengarten 45
50858 Köln

Ihr Zeichen, Ihre Nachricht vom	Unser Zeichen	Telefon, Name	Datum
EM/..-10-20	B/ks	0221 56358-42	..-10-28

Rechnung 4 167

Sehr geehrte Damen und Herren,

aufgrund Ihrer Beanstandung schreiben wir Ihnen gut:

10 % von 10.000,00 € Warenwert lt. o. g. Rechnung	1.000,00 €
+ 19 % Umsatzsteuer	190,00 €
	1.190,00 €

Mit freundlichen Grüßen

ULRIKE BRANDT E. KFFR.
TEXTILGROSSHANDLUNG

U. Brandt

Telefon 0221 56358-0
Telefax 0221 56739
E-Mail vertrieb@textilbrandt-wvd.de

Steuer-Nr. 065 126 33785
USt-IdNr. DE 119 586 327

Sparkasse KölnBonn, Konto 532 611 78, BLZ 370 501 98
IBAN: DE58 3705 0198 0053 2611 78, BIC: SPAKDE51TAK

Postbank Köln, Konto 9987 96-500, BLZ 370 100 50
IBAN: DE58 3701 0050 0998 7965 00, BIC: POBADE51BMX

Zusammenfassende AUFGABEN zum Bereich „Einkauf und Verkauf von Handelswaren"

181

Gutschrift über eine Umsatzvergütung von 3 % auf den Nettowarenumsatz des 2. Halbjahres in Höhe von 350.000,00 €.

1. *Erstellen Sie die Gutschriftsanzeige.*
2. *Wie bucht a) der Lieferer und b) der Kunde?*
3. *Erläutern Sie die Auswirkung der Boni im Ein- und Verkaufsbereich.* ■

182

Buchen Sie im Grund- und Hauptbuch. Erstellen Sie den Jahresabschluss.

Kontenplan und vorläufige Saldenbilanz zum 27. Dezember . .	Soll	Haben
0840 Fuhrpark	84.000,00	–
0860 Geschäftsausstattung	182.110,00	–
2280 Warenbestand	150.000,00	–
2400 Forderungen a. LL	108.214,00	–
2600 Vorsteuer	171.432,00	–
2800 Bank	140.000,00	–
2880 Kasse	19.200,00	
3000 Eigenkapital	–	450.000,00
3001 Privat	72.000,00	–
4400 Verbindlichkeiten a. LL	–	130.490,00
4800 Umsatzsteuer	–	249.166,00
5100 Umsatzerlöse für Waren	–	1.357.500,00
5101 Erlösberichtigungen/Rücksendungen	55.500,00	–
5103 Kundenboni	2.900,00	–
5420 Entnahme v. G. u. s. L.	–	12.300,00
6040 Verpackungsmaterial	30.000,00	–
6050 Aufwendungen für Energie	42.700,00	–
6060 Wareneingang	808.400,00	–
6061 Bezugskosten	25.400,00	–
6062 Nachlässe/Rücksendungen	–	8.500,00
6064 Liefererboni	–	1.500,00
6140 Frachten und Fremdlager	28.500,00	–
6160 Fremdinstandsetzung	56.800,00	–
6300 Gehälter	170.300,00	–
6520 Abschreibungen auf Sachanlagen	–	–
6700 Mieten	62.000,00	–
Abschlusskonten: 8010 und 8020	2.209.456,00	2.209.456,00

Geschäftsfälle vom 27. Dezember bis 31. Dezember . .	€	€
1. Zieleinkäufe von Waren, ab Werk, ER 460–466		
Warenwert	18.900,00	
+ Verpackung	200,00	
+ Umsatzsteuer	3.629,00	22.729,00
2. Eingangsfrachten hierauf bar, Nettofrachtbetrag	850,00	
+ Umsatzsteuer	161,50	1.011,50
3. Rücksendung mangelhafter Waren an Lieferer (ER 462)		
Warenwert	900,00	
+ Umsatzsteuer	171,00	1.071,00
4. Zielverkäufe von Waren, frei dort, AR 962–968		
Warenwert	52.400,00	
+ Verpackungskosten	800,00	
+ Umsatzsteuer	10.108,00	63.308,00
5. Ausgangsfrachten hierauf bar, brutto		1.666,00
6. Lastschrift der Bank für Mietüberweisung		6.500,00
Darin enthalten ist die Miete für die Wohnung des Inhabers		900,00
7. Gutschriftsanzeige (Mängelrüge) an Kunden (AR 963), brutto		714,00

Zusammenfassende AUFGABEN zum Bereich „Einkauf und Verkauf von Handelswaren"

8. Kunde erhält von uns einen Bonus, netto 1.500,00
9. Gutschriftsanzeige (Mängelrüge) eines Lieferers (ER 465), brutto 416,50
10. Kunde sendet mangelhafte Waren zurück (AR 964), brutto 952,00
11. Lieferer gewährt uns einen Bonus von netto 2.000,00

Abschlussangaben: 1. Warenschlussbestand lt. Inventur 200.000,00
2. Abschreibungen: auf 0840 .... 17.000,00
auf 0860 .... 18.800,00

183 **Kontenplan und vorläufige Saldenbilanz der Aufgabe 182**

Geschäftsfälle	€	€
1. Banküberweisung für Ausgangsfrachten (AR 978–982) einschließlich Umsatzsteuer		1.190,00
2. Zielverkäufe von Waren, ab hier, AR 978–982		
Warenwert	24.800,00	
+ Frachten	1.000,00	
+ Verpackung	300,00	
+ Umsatzsteuer	4.959,00	31.059,00
3. Einem Kunden (AR 966) werden aufgrund seiner Mängelrüge gutgeschrieben, brutto		1.130,50
4. Privatentnahme von Waren, Warenwert		600,00
5. Rücksendung beschädigter Waren (ER 458), Warenwert		700,00
6. Zieleinkäufe von Waren, ab Werk, ER 489–490		
Warenwert	15.400,00	
+ Fracht und Transportversicherung	600,00	
+ Umsatzsteuer	3.040,00	19.040,00
7. Barzahlung der Hausfracht hierauf einschließlich USt		238,00
8. Gutschriftsanzeige des Lieferers aufgrund unserer Mängelrüge (ER 432) einschließlich Umsatzsteuer		892,50
9. Banküberweisung für Fahrzeugreparatur, netto	2.800,00	
+ Umsatzsteuer	532,00	3.332,00
10. Kunde sendet wegen Falschlieferung Waren (AR 980) zurück und erhält von uns eine Gutschrift einschl. USt		2.975,00
11. Banküberweisung der Lebensversicherungsprämie des Geschäftsinhabers		860,00
12. Lieferer gewährt uns einen Bonus, brutto		3.570,00

Abschlussangaben: 1. Inventurwert des Warenschlussbestandes .. 250.000,00
2. Abschreibungen: auf 0840 .... 16.800,00
auf 0860 .... 18.400,00

184
1. *Wie hoch sind in den Aufgaben 182/183 jeweils a) die berichtigten Umsatzerlöse, b) der Wareneinsatz, c) der Rohgewinn und d) der Reingewinn?*
2. *Halten Sie die Höhe des Reingewinns für angemessen, wenn man für die Arbeitsleistung des Geschäftsinhabers einen Unternehmerlohn (= Vergütung für eine vergleichbare Tätigkeit) von 120.000,00 € je Geschäftsjahr zugrunde legt?*
3. *Welche Gründe sprechen für die gesonderte buchhalterische Erfassung der Bezugskosten, Rücksendungen, Nachlässe und Boni?*
4. *Erläutern Sie die Zusammensetzung der Anschaffungskosten der Waren.*

6476170

Zusammenfassende AUFGABEN zum Bereich „Einkauf und Verkauf von Handelswaren"

Die folgende Aufgabe nimmt Bezug auf die **Gliederung der Warenkonten nach Warengruppen.** Hierbei wird für jede Warengruppe je ein eigenes **Warenbestands-, Wareneingangs- und Umsatzerlöskonto** geführt. Zusätzlich erhalten die Wareneingangs- und Umsatzerlöskonten entsprechende **Unterkonten** (z. B. für Bezugskosten, Nachlässe/Rücksendungen und Skonti). 185

Summen der Warenkonten zum 31. Dezember . .	Soll	Haben
2281 Warenbestand Warengruppe I (Anf.-Bestand)	64.500,00	–
6070 Wareneingang Warengruppe I	497.400,00	–
6071 Bezugskosten für WG I	18.000,00	–
6072 Nachlässe/Rücksendungen bei WG I	–	12.800,00
6073 Liefererskonti auf WG I	–	24.700,00
2282 Warenbestand Warengruppe II (Anf.-Bestand)	94.600,00	–
6075 Wareneingang Warengruppe II	458.000,00	–
6076 Bezugskosten für WG II	24.000,00	–
6077 Nachlässe/Rücksendungen bei WG II	–	8.400,00
6078 Liefererskonti auf WG II	–	14.600,00
5110 Umsatzerlöse für Warengruppe I	–	772.600,00
5111 Erlösberichtigungen/Rücksendungen bei WG I	22.600,00	–
5112 Kundenskonti auf WG I	14.800,00	–
5120 Umsatzerlöse für Warengruppe II	–	738.600,00
5121 Erlösberichtigungen/Rücksendungen bei WG II	18.400,00	–
5122 Kundenskonti auf WG II	12.700,00	–

Die durch Inventur ermittelten **Warenschlussbestände** betragen:

Warengruppe I . . . . 105.600,00 €
Warengruppe II . . . . 61.800,00 €

1. *Ermitteln Sie für jede Warengruppe die berichtigten Umsatzerlöse, den Wareneinsatz und den Rohgewinn.*
2. *Schließen Sie die Einkaufs- und Verkaufskonten ab.*
3. *Ermitteln Sie für jede Warengruppe den %-Anteil des Wareneinsatzes und des Rohgewinns an den Umsatzerlösen (= 100 %).*
4. *Berechnen Sie den %-Anteil des Rohgewinns jeder Warengruppe am Gesamtrohgewinn.*
5. *Ermitteln Sie im Gewinn- und Verlustkonto den Reingewinn des Unternehmens, wenn die übrigen Aufwendungen 390.000,00 € und die übrigen Erträge 35.000,00 € betragen.*
6. *Beurteilen Sie aufgrund der ermittelten Ergebnisse aus 3. bis 5. die Erfolgssituation des Unternehmens.* ■

Frau Kern erhält die Anfrage eines Kunden, ob sie 40 Paletten Umschlagkarton liefern könne. Sie kann diesen Karton von einer Papiermühle zu folgenden Bedingungen erhalten: Listeneinkaufspreis je Palette 1.300,00 €, Mengenrabatt 5 %, Liefererskonto 1 %, Bezugskosten 12,50 € je Palette. Betriebsintern kalkuliert Frau Kern mit 25 % Handlungskosten, 2,5 % Gewinnzuschlag, 2 % Kundenskonto und 10 % Kundenrabatt. 186

1. *Kalkulieren Sie den Angebotspreis/Palette, den Frau Kern ihrem Kunden nennen kann.*

Frau Kern erhält den Auftrag von ihrem Kunden. Sie bestellt die Ware daraufhin bei der Papiermühle.

2. *Erstellen Sie die Eingangs- und Ausgangsrechnungen und buchen Sie den gesamten Vorgang unter der Annahme, dass die Zahlungen unter Skontoabzug geleistet werden.* ■

2.2 Im Unternehmen Katja Kern e. Kffr. werden Personalkosten berechnet und gebucht

2.2.1 Lohn- und Gehaltsabrechnungen werden erstellt

Löhne und Gehälter als Entgelt der Arbeitsleistung

Als Entgelt der Arbeitsleistung bezieht der Arbeiter Lohn und der Angestellte Gehalt. **Löhne und Gehälter** sind für die Arbeitnehmer **Einkommen** und für die Arbeitgeber **Aufwendungen (Personalkosten),** die als Kosten in die Preiskalkulation der Waren eingehen.

Abzüge vom Bruttoverdienst

Der Arbeitgeber ist gesetzlich verpflichtet vom Bruttoverdienst der Arbeitnehmer

- die **Lohnsteuer,** den **Solidaritätszuschlag** und die **Kirchensteuer** sowie
- den **Anteil der Arbeitnehmer** an der gesetzlichen **Kranken-, Pflege-, Renten-** und **Arbeitslosenversicherung (= 50 % + Zuschläge)**[1]

einzubehalten. Nach Abzug der o. g. Posten ergibt sich der **Nettoverdienst des Arbeitnehmers.**

Bruttogehalt/-lohn	
– **Steuern**	– Lohnsteuer (LSt) – Solidaritätszuschlag (5,5 % der LSt)[2] – Kirchensteuer (8 bzw. 9 % der LSt)
– **Arbeitnehmeranteil zur gesetzlichen Sozialversicherung (+ Zuschläge[1])**	– Krankenversicherung – Pflegeversicherung – Rentenversicherung – Arbeitslosenversicherung
Nettogehalt/-lohn (Auszahlung)	

Die Sozialversicherungsbeiträge (Arbeitnehmer- **und** Arbeitgeberanteil) sind **ab Januar 2006** spätestens **am drittletzten Bankarbeitstag** des laufenden Monats **fällig.** Bis zu diesem Zeitpunkt muss die zuständige Krankenkasse die **Sozialbeiträge durch Bankeinzug** (Lastschriftverfahren) vereinnahmt haben. Deshalb sind die Arbeitgeber gesetzlich verpflichtet, den betreffenden Kassen die **fälligen Sozialbeiträge** rechtzeitig und papierlos, also durch **Datenübertragung** mittels spezieller Software[3], zu **melden.** Die abgebuchte SV-Vorauszahlung wird auf dem Konto **„2640 SV-Vorauszahlung"** erfasst und bei der Buchung der Löhne und Gehälter und des SV-Arbeitgeberanteils **verrechnet.**[4]

Die einbehaltenen Steuerabzüge werden auf dem Konto **„4830 FB-Verbindlichkeiten"** gebucht und **bis zum 10. des Folgemonats** an das Finanzamt **überwiesen.**[4]

2.2.1.1 Die Berechnung der Lohn- und Kirchensteuer

Lohnsteuer

Der Lohnsteuer unterliegen alle Einkünfte aus **nicht selbstständiger** Arbeit. Sie richtet sich nach **Lohnhöhe, Steuerklasse** und möglichen **Freibeträgen** (z. B. für Behinderte). Das Existenzminimum **(Grundfreibetrag)** ist **lohnsteuerfrei:** 8.004,00 € für Ledige und 16.008,00 € für Verheiratete.[2] Es gibt **sechs Lohnsteuerklassen:**

Steuerklasse	Zuordnung der Arbeitnehmer
I	Nicht verheiratete, verwitwete oder geschiedene Arbeitnehmer sowie Verheiratete, die ständig getrennt leben.
II	Arbeitnehmer der Steuerklasse I, sofern sie mindestens ein Kind haben.
III	Verheiratete, jedoch nicht ständig getrennt lebende Arbeitnehmer, deren Ehegatte keinen Arbeitslohn bezieht oder die Steuerklasse V hat.
IV	Verheiratete, nicht ständig getrennt lebende Arbeitnehmer, wenn beide Arbeitslohn beziehen.
V	Verheiratete, nicht ständig getrennt lebende Ehegatten, die beide Arbeitslohn beziehen, wobei ein Ehegatte auf gemeinsamen Antrag in Steuerklasse III ist.
VI	Bezieht ein Arbeitnehmer Arbeitslohn von mehreren Arbeitgebern, wird auf jeder weiteren Lohnsteuerkarte die Steuerklasse VI eingetragen.

1 siehe S. 176
2 Stand 2010
3 Lexware, LODAS (Datev)
4 siehe S. 179

6476172

Die Berechnung der Lohn- und Kirchensteuer

Steuerpflichtiges Arbeitsentgelt

Grundsätzlich sind alle Einnahmen, die ein Arbeitnehmer aus einem Arbeitsverhältnis erzielt, lohnsteuerpflichtig.

Lohnsteuerpflichtiger Arbeitslohn	
– Löhne und Gehälter	– Urlaubsgeld
– Zulagen (z. B. Schmutzzulage)	– Weihnachtsgratifikationen
– Zuschläge (z. B. für Überstunden)[1]	– Beihilfen jeder Art

Solidaritätszuschlag

Zur Finanzierung der deutschen Einheit wird seit 1. Januar 1995 ein **Solidaritätszuschlag** in Höhe von zurzeit **5,5 %**[2] der Lohnsteuer erhoben.

Kirchensteuer

Die Kirchensteuer ist nicht in allen Bundesländern einheitlich hoch. Sie beträgt

- in Baden-Württemberg und Bayern **8 %** und
- in den übrigen Bundesländern **9 %** der Lohnsteuer.

Kinderfreibetrag

Im Gegensatz zur Lohnsteuer wird **bei der Bemessung der Kirchensteuer und des Solidaritätszuschlages** die **Anzahl der Kinder berücksichtigt.** Jedes Kind wird auf der Lohnsteuerkarte mit dem Zähler 0,5 (= 292,00 € monatlicher Kinderfreibetrag einschließlich Bedarfsfreibetrag) eingetragen. Der Zähler erhöht sich auf 1,0 (= 584,00 €) bei verheirateten und nicht dauernd getrennt lebenden Arbeitnehmern.[2]

Kindergeld

Das Kindergeld wird **von der Familienkasse** der Agentur für Arbeit **ausgezahlt.** Es beträgt für das erste und zweite Kind je 184,00 €, für das dritte Kind 190,00 € und für jedes weitere Kind je 215,00 €.[2]

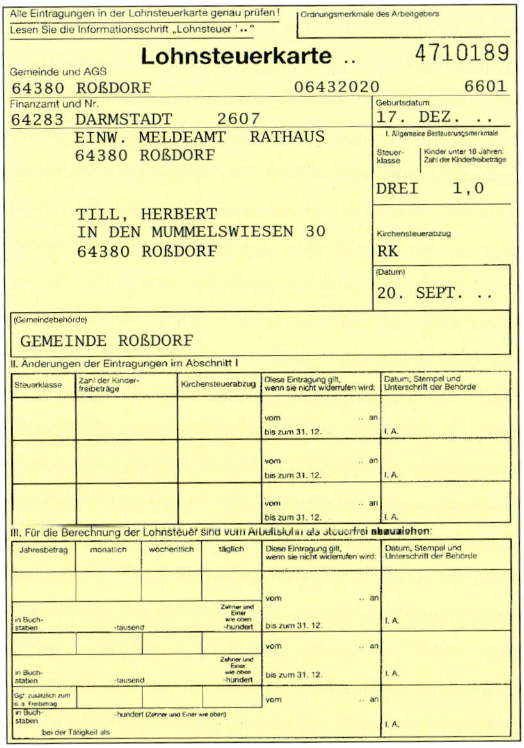
Alle Eintragungen in der Lohnsteuerkarte genau prüfen!
Lesen Sie die Informationsschrift „Lohnsteuer '.."
Ordnungsmerkmale des Arbeitgebers

Lohnsteuerkarte .. 4710189

Gemeinde und AGS
64380 ROßDORF 06432020 6601

Finanzamt und Nr.
64283 DARMSTADT 2607

Geburtsdatum
17. DEZ. ..

EINW. MELDEAMT RATHAUS
64380 ROßDORF

I. Allgemeine Besteuerungsmerkmale
Steuerklasse | Kinder unter 18 Jahren: Zahl der Kinderfreibeträge
DREI 1,0

TILL, HERBERT
IN DEN MUMMELSWIESEN 30
64380 ROßDORF

Kirchensteuerabzug
RK

(Datum)
20. SEPT. ..

(Gemeindebehörde)
GEMEINDE ROßDORF

II. Änderungen der Eintragungen im Abschnitt I

Steuerklasse	Zahl der Kinderfreibeträge	Kirchensteuerabzug	Diese Eintragung gilt, wenn sie nicht widerrufen wird:	Datum, Stempel und Unterschrift der Behörde
			vom .. an bis zum 31. 12.	I. A.
			vom .. an bis zum 31. 12.	I. A.
			vom .. an bis zum 31. 12.	I. A.

III. Für die Berechnung der Lohnsteuer sind vom Arbeitslohn als steuerfrei abzuziehen:

Jahresbetrag	monatlich	wöchentlich	täglich	Diese Eintragung gilt, wenn sie nicht widerrufen wird:	Datum, Stempel und Unterschrift der Behörde
				vom .. an	
in Buchstaben	-tausend		Zehner und Einer wie oben -hundert	bis zum 31. 12.	I. A.
				vom .. an	
in Buchstaben	-tausend		Zehner und Einer wie oben -hundert	bis zum 31. 12.	I. A.
Ggf. zusätzlich zum o. a. Freibetrag				vom .. an	
in Buchstaben	-hundert (Zehner und Einer wie oben)				I. A.
bei der Tätigkeit als					

Lohnsteuerkarte

§ 39 EStG bestimmt, dass die **Gemeinden** den steuerpflichtigen Arbeitnehmern eine nach amtlichem Muster vorgeschriebene Lohnsteuerkarte auszustellen haben, die **alle für die Lohnsteuerberechnung wichtigen Angaben** über den Steuerpflichtigen enthält. Die Lohnsteuerkarte legt der Arbeitnehmer zu Beginn eines jeden Jahres seinem Arbeitgeber vor. **Ab 2005** müssen Arbeitgeber jeweils zum Jahresschluss die mit der Steuerberechnung versehene **Lohnsteuerkarte direkt an das Finanzamt** schicken. Der Arbeitnehmer erhält lediglich eine **Bescheinigung über die abgeführten Steuern** mit einer **PIN** (= personal identification number), die er bei der nachfolgenden Einkommensteuererklärung oder Antragsveranlagung angeben muss.

---

1 außer Zuschläge für Sonn- und Feiertagsarbeit bei einem Stundenlohn bis 25,00 €
2 Stand 2010

Die Berechnung der Lohn- und Kirchensteuer

Lohnsteuertabellen

Bei der Berechnung der Einkommensteuer löste ab 2004 der sog. **Formeltarif** den bisherigen **Stufentarif** ab, d. h., die Einkommensteuer wird aufgrund der vom Bundesministerium der Finanzen (BMF) entwickelten Berechnungsformel für jedes Einkommen berechnet. Diese Änderung wirkt sich auch auf die Berechnung der Lohnsteuer sowie der Sozialversicherungsabzüge aus: Diese Abzüge werden grundsätzlich nicht mehr aus offiziellen gestuften Lohnsteuer-/Sozialversicherungsabzugstabellen abgelesen, sondern mithilfe von PC-Programmen individuell für jeden Lohn/jedes Gehalt berechnet.[1] In diese Programme sind pauschalierte Abzüge bereits eingearbeitet, z. B. Arbeitnehmer-Pauschbetrag (920,00 €)[2], Sonderausgaben-Pauschbetrag (36,00/72,00 €)[2] und das steuerfreie Existenzminimum. Für 2010 hatte das BMF (noch) eine Lohnsteuertabelle zugelassen, die bei Monatslöhnen in Stufen von jeweils 3,00 € aufgebaut ist und die Abzüge für die jeweiligen Stufenobergrenzen angibt. In den folgenden Beispielen verwenden wir Auszüge aus dieser Tabelle (s. S. 175).

Beispiel

Der Angestellte Herbert Till (siehe Lohnsteuerkarte auf S. 173) ist verheiratet und hat ein Kind. Seine Frau bezieht keinen Arbeitslohn. Beide Ehepartner gehören der katholischen Kirche an. Lohn- und Kirchensteuer sowie der Solidaritätszuschlag (SolZ) können aus der nachstehenden Tabelle abgelesen werden.

Tarifgehalt nach der Gehaltstafel	2.985,00 €
Steuerklasse	III
Kinderfreibetragszahl	1,0
Lohnsteuer	243,16 €
Solidaritätszuschlag	0,00 €
Kirchensteuer	9,59 €
Steuerabzüge insgesamt	**252,75 €**

Lohnkonto

In der Lohn- und Gehaltsbuchhaltung wird **für jeden Arbeitnehmer** ein besonderes **Lohnkonto** geführt, das monatlich **folgende Daten** erfasst:

Tarifgehalt, Tariflohn, Zulagen, Zuschläge, Bruttoverdienst; Abzüge: Lohnsteuer, Solidaritätszuschlag, Kirchensteuer, Krankenversicherung, Pflegeversicherung, Rentenversicherung, Arbeitslosenversicherung; Vorschuss, Nettoauszahlung.

Lohn-/Gehaltsliste

Lohnabrechnungen werden in **Lohnlisten,** Gehaltsabrechnungen in **Gehaltslisten** zusammengestellt. Lohn- und Gehaltslisten bilden dann die **Sammelbelege für die Buchung der Löhne und Gehälter** (siehe Beispiel auf Seite 181).

AUFGABE

187 In der Papiergroßhandlung Katja Kern e. Kffr. sind sieben Angestellte beschäftigt. Die folgende Tabelle weist für den Monat Januar das jeweilige Bruttogehalt und die persönlichen Daten der Angestellten aus:

Nr.	Name	Tarifgehalt	Familienstand	Sonstige Hinweise
1	W. Beyer	2.990,00 €	verheiratet, 1,0 Kinder-Freibetrag	St.-Klasse V für Ehefrau
2	A. Fellner	2.970,00 €	ledig	–
3	B. Hübner	2.985,00 €	geschieden, 0,5 Kinder-Freibetrag	–
4	G. Lamper	3.000,00 €	verheiratet, keine Kinder	St.-Klasse IV für Ehefrau
5	R. Schmidt	2.975,00 €	ledig	–
6	J. Steiner	2.995,00 €	verheiratet, keine Kinder	–
7	H. Winter	2.980,00 €	verwitwet, keine Kinder	–

1. *Bestimmen Sie für jeden Angestellten die Lohnsteuerklasse.*
2. *Ermitteln Sie anhand der nachstehenden Lohnsteuertabelle für jeden Angestellten a) die Lohnsteuer, b) den Solidaritätszuschlag und c) die Kirchensteuer.*

1 z. B. „Lexware Lohnauskunft“ u. a. 2 Stand 2010

Auszug aus der Lohnsteuertabelle für monatliche Lohn- und Gehaltszahlung[1]

Lohn/ Gehalt bis €*	Abzüge an Lohnsteuer, Solidaritätszuschlag (SolZ) und Kirchensteuer (8%, 9%) in den Steuerklassen: I – VI					I, II, III, IV		mit Zahl der Kinderfreibeträge . . . 0,5			1			1,5			2			2,5			3**		
		LSt	ohne Kinderfreibeträge SolZ	8%	9%		LSt	SolZ	8%	9%	SolZ	8%	9%	SolZ	8%	9%	SolZ	8%	9%	SolZ	8%	9%	SolZ	8%	9%
2 972,99	I,IV	475,08	26,12	38,—	42,75	I	475,08	21,17	30,80	34,65	16,47	23,96	26,96	12,04	17,51	19,70	7,86	11,43	12,86	—	5,74	6,46	—	1,21	1,36
	II	440,91	24,25	35,27	39,68	II	440,91	19,39	28,20	31,73	14,79	21,51	24,20	10,45	15,20	17,10	6,36	9,26	10,41	—	3,88	4,36	—	—	—
	III	239,83	13,19	19,18	21,58	III	239,83	1,36	13,50	15,19	—	8,32	9,36	—	3,88	4,36	—	0,20	0,22	—	—	—	—	—	—
	V	791,91	43,55	63,35	71,27	IV	475,08	23,61	34,35	38,64	21,17	30,80	34,65	18,79	27,34	30,75	16,47	23,96	26,96	14,22	20,69	23,27	12,04	17,51	19,70
	VI	825,33	45,39	66,02	74,27																				
2 975,99	I,IV	475,91	26,17	38,07	42,83	I	475,91	21,22	30,86	34,72	16,52	24,03	27,03	12,08	17,57	19,76	7,89	11,48	12,92	—	5,80	6,52	—	1,25	1,40
	II	441,75	24,29	35,34	39,75	II	441,75	19,43	28,26	31,79	14,83	21,57	24,26	10,48	15,25	17,15	6,40	9,31	10,47	—	3,92	4,41	—	—	—
	III	240,50	13,22	19,24	21,64	III	240,50	1,46	13,54	15,23	—	8,36	9,40	—	3,92	4,41	—	0,22	0,25	—	—	—	—	—	—
	V	793,—	43,61	63,44	71,37	IV	475,91	23,66	34,42	38,72	21,22	30,86	34,72	18,83	27,40	30,82	16,52	24,03	27,03	14,26	20,75	23,34	12,08	17,57	19,76
	VI	826,50	45,45	66,12	74,38																				
2 978,99	I,IV	476,75	26,22	38,14	42,90	I	476,75	21,26	30,92	34,79	16,55	24,08	27,09	12,11	17,62	19,82	7,93	11,54	12,98	—	5,84	6,57	—	1,28	1,44
	II	442,50	24,33	35,40	39,82	II	442,50	19,47	28,32	31,86	14,87	21,63	24,33	10,52	15,31	17,22	6,43	9,36	10,53	—	3,96	4,46	—	—	—
	III	241,16	13,26	19,29	21,70	III	241,16	1,60	13,60	15,30	—	8,41	9,46	—	3,96	4,45	—	0,25	0,28	—	—	—	—	—	—
	V	794,08	43,67	63,52	71,46	IV	476,75	23,70	34,48	38,79	21,26	30,92	34,79	18,87	27,46	30,89	16,55	24,08	27,09	14,30	20,81	23,41	12,11	17,62	19,82
	VI	827,58	45,51	66,20	74,48																				
2 981,99	I,IV	477,58	26,26	38,20	42,98	I	477,58	21,30	30,98	34,85	16,60	24,14	27,16	12,15	17,68	19,89	7,97	11,59	13,04	—	5,89	6,62	—	1,32	1,48
	II	443,33	24,38	35,46	39,89	II	443,33	19,52	28,39	31,94	14,91	21,69	24,40	10,56	15,36	17,28	6,47	9,41	10,58	—	4,01	4,51	—	—	—
	III	241,83	13,30	19,34	21,76	III	241,83	1,73	13,65	15,35	—	8,45	9,50	—	4,—	4,50	—	0,28	0,31	—	—	—	—	—	—
	V	795,25	43,73	63,62	71,57	IV	477,58	23,75	34,55	38,87	21,30	30,98	34,85	18,92	27,52	30,96	16,60	24,14	27,16	14,35	20,87	23,48	12,15	17,68	19,89
	VI	828,66	45,57	66,29	74,57																				
2 984,99	I,IV	478,33	26,30	38,26	43,04	I	478,33	21,34	31,05	34,93	16,64	24,20	27,23	12,19	17,74	19,95	8,—	11,64	13,10	—	5,94	6,68	—	1,35	1,52
	II	444,16	24,42	35,53	39,97	II	444,16	19,56	28,45	32,—	14,95	21,75	24,47	10,60	15,42	17,34	6,50	9,46	10,64	—	4,05	4,55	—	0,02	0,02
	III	242,50	13,33	19,40	21,82	III	242,50	1,86	13,70	15,41	—	8,49	9,55	—	4,02	4,52	—	0,32	0,36	—	—	—	—	—	—
	V	796,33	43,79	63,70	71,66	IV	478,33	23,79	34,61	38,93	21,34	31,05	34,93	18,96	27,58	31,03	16,64	24,20	27,23	14,38	20,92	23,54	12,19	17,74	19,95
	VI	829,75	45,63	66,38	74,67																				
2 987,99	I,IV	479,25	26,35	38,34	43,13	I	479,25	21,39	31,11	35,—	16,68	24,26	27,29	12,23	17,80	20,02	8,04	11,70	13,16	—	5,98	6,73	—	1,38	1,55
	II	445,—	24,47	35,60	40,05	II	445,—	19,60	28,51	32,07	14,99	21,80	24,53	10,64	15,48	17,41	6,54	9,52	10,71	—	4,10	4,61	—	0,05	0,05
	III	243,16	13,37	19,45	21,88	III	243,16	2,—	13,76	15,48	—	8,53	9,59	—	4,06	4,57	—	0,34	0,38	—	—	—	—	—	—
	V	797,41	43,85	63,79	71,76	IV	479,25	23,84	34,68	39,01	21,39	31,11	35,—	19,—	27,64	31,10	16,68	24,26	27,29	14,42	20,98	23,60	12,23	17,80	20,02
	VI	830,91	45,70	66,47	74,78																				
2 990,99	I,IV	480,—	26,40	38,40	43,20	I	480,—	21,43	31,18	35,07	16,72	24,32	27,36	12,27	17,85	20,08	8,08	11,75	13,22	—	6,03	6,78	—	1,42	1,59
	II	445,75	24,51	35,66	40,11	II	445,75	19,64	28,58	32,15	15,03	21,86	24,59	10,67	15,53	17,47	6,58	9,57	10,76	—	4,14	4,65	—	0,08	0,09
	III	243,83	13,41	19,50	21,94	III	243,83	2,10	13,80	15,52	—	8,58	9,65	—	4,10	4,61	—	0,37	0,41	—	—	—	—	—	—
	V	798,50	43,91	63,88	71,86	IV	480,—	23,88	34,74	39,08	21,43	31,18	35,07	19,04	27,70	31,16	16,72	24,32	27,36	14,46	21,04	23,67	12,27	17,85	20,08
	VI	832,—	45,76	66,56	74,88																				
2 993,99	I,IV	480,91	26,45	38,47	43,28	I	480,91	21,47	31,24	35,14	16,76	24,38	27,43	12,31	17,91	20,15	8,11	11,80	13,28	—	6,08	6,84	—	1,46	1,64
	II	446,58	24,56	35,72	40,19	II	446,58	19,69	28,64	32,22	15,07	21,92	24,66	10,71	15,58	17,53	6,61	9,62	10,82	—	4,18	4,70	—	0,11	0,12
	III	244,50	13,44	19,56	22,—	III	244,50	2,26	13,86	15,59	—	8,62	9,70	—	4,14	4,66	—	0,40	0,45	—	—	—	—	—	—
	V	799,58	43,97	63,96	71,96	IV	480,91	23,92	34,80	39,15	21,47	31,24	35,14	19,08	27,76	31,23	16,76	24,38	27,43	14,50	21,10	23,73	12,31	17,91	20,15
	VI	833,08	45,81	66,64	74,97																				
2 996,99	I,IV	481,66	26,49	38,53	43,34	I	481,66	21,52	31,30	35,21	16,80	24,44	27,50	12,35	17,96	20,21	8,15	11,86	13,34	—	6,13	6,89	—	1,49	1,67
	II	447,41	24,60	35,79	40,26	II	447,41	19,73	28,70	32,28	15,11	21,98	24,73	10,75	15,64	17,59	6,65	9,67	10,88	—	4,22	4,75	—	0,14	0,15
	III	245,—	13,47	19,60	22,05	III	245,—	2,36	13,90	15,64	—	8,66	9,74	—	4,17	4,69	—	0,44	0,49	—	—	—	—	—	—
	V	800,75	44,04	64,06	72,06	IV	481,66	23,97	34,87	39,23	21,52	31,30	35,21	19,13	27,82	31,30	16,80	24,44	27,50	14,54	21,16	23,80	12,35	17,96	20,21
	VI	834,16	45,87	66,73	75,07																				
2 999,99	I,IV	482,58	26,54	38,60	43,43	I	482,58	21,56	31,36	35,28	16,84	24,50	27,56	12,39	18,02	20,27	8,19	11,91	13,40	—	6,18	6,95	—	1,52	1,71
	II	448,25	24,65	35,86	40,34	II	448,25	19,77	28,76	32,36	15,15	22,04	24,80	10,79	15,70	17,66	6,68	9,72	10,94	—	4,27	4,80	—	0,17	0,19
	III	245,66	13,51	19,65	22,10	III	245,66	2,50	13,96	15,70	—	8,70	9,79	—	4,21	4,73	—	0,46	0,52	—	—	—	—	—	—
	V	801,83	44,10	64,14	72,16	IV	482,58	24,02	34,94	39,30	21,56	31,36	35,28	19,17	27,89	31,37	16,84	24,50	27,56	14,58	21,22	23,87	12,39	18,02	20,27
	VI	835,25	45,93	66,82	75,17																				
3 002,99	I,IV	483,33	26,58	38,66	43,49	I	483,33	21,61	31,43	35,36	16,88	24,56	27,63	12,43	18,08	20,34	8,22	11,96	13,46	—	6,22	7,—	—	1,56	1,75
	II	449,08	24,69	35,92	40,41	II	449,08	19,81	28,82	32,42	15,19	22,10	24,86	10,83	15,75	17,72	6,72	9,78	11,—	—	4,31	4,85	—	0,20	0,22
	III	246,33	13,54	19,70	22,16	III	246,33	2,63	14,01	15,76	—	8,76	9,85	—	4,25	4,78	—	0,49	0,55	—	—	—	—	—	—
	V	802,91	44,16	64,23	72,26	IV	483,33	24,06	35,—	39,38	21,61	31,43	35,36	19,21	27,95	31,44	16,88	24,56	27,63	14,63	21,28	23,94	12,43	18,08	20,34
	VI	836,33	45,99	66,90	75,26																				
3 005,99	I,IV	484,25	26,63	38,74	43,58	I	484,25	21,65	31,49	35,42	16,93	24,62	27,70	12,47	18,14	20,40	8,26	12,02	13,52	—	6,28	7,06	—	1,60	1,80
	II	449,91	24,74	35,99	40,49	II	449,91	19,85	28,88	32,49	15,23	22,16	24,93	10,86	15,80	17,78	6,76	9,83	11,06	—	4,36	4,90	—	0,23	0,26
	III	247,—	13,58	19,76	22,23	III	247,—	2,76	14,06	15,82	—	8,80	9,90	—	4,29	4,82	—	0,53	0,59	—	—	—	—	—	—
	V	804,—	44,22	64,32	72,36	IV	484,25	24,11	35,07	39,45	21,65	31,49	35,42	19,25	28,01	31,51	16,93	24,62	27,70	14,66	21,33	23,99	12,47	18,14	20,40
	VI	837,50	46,06	67,—	75,37																				

Quelle: Stollfuß Monats-Lohnsteuer-Tabelle 2010

Die Ermittlung der Sozialversicherungsabzüge 2.2.1.2

Zweige der Sozialversicherung

Die gesetzliche Sozialversicherung besteht aus der Krankenversicherung, der Pflegeversicherung, der Rentenversicherung und der Arbeitslosenversicherung. Der **Sozialversicherungsbeitrag** für den einzelnen Arbeiter und Angestellten wird **je zur Hälfte** vom Arbeitnehmer (siehe dazu S. 176) und Arbeitgeber getragen. Der **Arbeitnehmeranteil** wird vom Bruttoverdienst **einbehalten.** Der **Arbeitgeber-**

1 Für das Bearbeiten der Aufgaben ist es nicht von Bedeutung, aus welchem Jahr die im Buch enthaltene Abzugstabelle stammt. **Zusatzaufgabe:** *Beschaffen Sie sich aktuelle PC-Tabellen in der Personalabteilung Ihres Ausbildungsbetriebes oder sehen Sie sich entsprechende Programme im Internet an und lösen Sie die folgenden Aufgaben auch mithilfe dieser Tabellen bzw. Programme.*

anteil zum Sozialversicherungsbeitrag **ist zusätzlicher Personalaufwand,** ebenso die Beiträge zur **gesetzlichen Unfallversicherung** der Arbeitnehmer bei der Berufsgenossenschaft.

Für die Berechnung der Beiträge werden von Jahr zu Jahr bestimmte **Beitragsprozentsätze** und **Beitragsbemessungsgrenzen** (= Höchstgrenzen) festgelegt:

Versicherungszweig	Beitragssatz in %[1]	Beitragsbemessungsgrenze[1]
– Krankenversicherung (KV)	14,9 %	3.750,00 € monatlich
– Pflegeversicherung (PV)	1,95 %	3.750,00 € monatlich
– Rentenversicherung (RV)	19,9 %	5.500,00 € monatlich
– Arbeitslosenversicherung (AV)	2,8 %	5.500,00 € monatlich

Die Beiträge zu den o. g. Sozialversicherungen werden unter Beachtung der Beitragsbemessungsgrenzen vom **Bruttoarbeitsentgelt** berechnet und vom Arbeitnehmer und Arbeitgeber mit Ausnahme der Zuschläge für Kranken- und Pflegeversicherung zu **gleichen** Teilen getragen. Jede **Lohnberechnungssoftware** (s. Hinweise auf den Seiten 174 und 178) enthält entsprechende **Tabellen.**

Für gesetzlich versicherte Arbeitnehmer beträgt der **Krankenkassenbeitragssatz** ab 1. Juli 2009 **einheitlich 14,9 %.** Davon haben der **Arbeitgeber 7,0 %** und der **Arbeitnehmer 7,9 %** (einschließlich **0,9 % Zuschläge,** siehe unten) zu tragen.

Zuschläge für KV und PV

Ab 1. Juli 2005 müssen gesetzlich versicherte Arbeitnehmer **zusätzlich** zum **Krankenkassenbeitrag** einen Zuschlag für **Zahnersatz** (0,4 %) und für **Krankengeld** (0,5 %) zahlen, also einen vom **Bruttoarbeitsentgelt** berechneten Beitragssatz von insgesamt **0,9 %,** an dem sich der Arbeitgeber nicht beteiligt. Außerdem müssen **kinderlose** Arbeitnehmer zwischen 23 und 64 Jahren ab 1. Januar 2005 einen um **0,25 %** erhöhten Beitrag zur **Pflegeversicherung** leisten. Der **Arbeitnehmeranteil** steigt somit von 0,975 % auf **1,225 %.**

Beispiel

Der Angestellte H. Till (s. Seite 174) bezieht ein steuerpflichtiges Bruttogehalt von 2.985,00 €. Sein Krankenkassenbeitrag beläuft sich auf 235,82 € (= 7,9 % vom Bruttogehalt), der des Arbeitgebers auf 208,95 € (= 7,0 %).

Bruttoarbeitsentgelt	KV	PV	RV	AV	Arbeitnehmeranteil zur Sozialversicherung
2.985,00	235,82	29,10	297,01	41,79	**603,72**

Der Arbeitgeberanteil zur Sozialversicherung beträgt dann nur **576,85 €.** Gesamter Beitrag zur Sozialversicherung des Arbeitnehmers Till: 1.180,57 €.

Errechnung des Nettogehaltes

Das **Nettogehalt errechnet sich nun wie folgt:**

Bruttogehalt		**2.985,00 €**
– Abzüge für		
Lohn- und Kirchensteuer (kein Solidaritätszuschlag) (s. S. 174)	252,75 €	
Arbeitnehmeranteil zur Sozialversicherung (s. o.)	603,72 €	**856,47 €**
Nettogehalt (Auszahlungsbetrag)		**2.128,53 €**

1 Stand 2010. In den neuen Bundesländern beträgt die Bemessungsgrenze für die Renten- und Arbeitslosenversicherung zz. 4.650,00 €.

Berechnen Sie für die in Aufgabe 187, Seite 174, genannten Angestellten W. Beyer und A. Fellner die Sozialversicherungsbeiträge unter Berücksichtigung möglicher Zuschläge. **188**

1. *Wie viel € Nettogehalt werden beiden Angestellten überwiesen?*
2. *Wie viel Prozent betragen jeweils die Gesamtabzüge vom Bruttogehalt?* ■

Der Angestellte Dirk Schneider bezieht ein Bruttogehalt von 2.995,00 €. Er ist verheiratet und hat zwei Kinder. Seine Ehefrau ist nicht berufstätig, da sie den gemeinsamen Haushalt führt. Beide Ehegatten sind evangelisch. **189**

1. *In welche Lohnsteuerklasse ist Dirk Schneider einzuordnen?*
2. *Ermitteln Sie anhand der Lohnsteuertabelle auf Seite 175 die Steuerabzüge: a) Lohnsteuer, b) Solidaritätszuschlag, c) Kirchensteuer, d) Steuerabzüge insgesamt.*
3. *Berechnen Sie – unter Berücksichtigung möglicher Zuschläge – die Beiträge für a) die Krankenversicherung, b) die Pflegeversicherung, c) die Rentenversicherung, d) die Arbeitslosenversicherung und e) den Arbeitnehmeranteil zur Sozialversicherung insgesamt.*
4. *Nennen Sie die Höhe des Arbeitgeberanteils zur Sozialversicherung.*
5. *Wie hoch ist bei Dirk Schneider a) der Sozialversicherungsbeitrag insgesamt und b) das Nettogehalt?* ■

Der kaufmännische Angestellte R. Hemmerle ist in der Textilgroßhandlung Seiler KG in verantwortlicher Position tätig (Gehaltsgruppe V). Sein Tarifgehalt beträgt 2.975,00 €. Er ist verheiratet und hat ein Kind. Seine Ehefrau ist nicht erwerbstätig. Für seine mehr als 10-jährige Betriebszugehörigkeit erhält Herr Hemmerle eine monatliche Treueprämie von 30,00 €. **190**

1. *Ermitteln Sie aus der Lohnabzugstabelle die von Herrn Hemmerle zu zahlende Lohn- und Kirchensteuer sowie den Solidaritätszuschlag.*
2. *Bestimmen Sie die Sozialversicherungsbeiträge für Herrn Hemmerle.*
3. *Berechnen Sie den Prozentsatz der Gesamtabzüge vom Bruttogehalt.*
4. *Stellen Sie in einer Gehaltsabrechnung das Nettogehalt fest.* ■

Das Unternehmen Schätzke GmbH beschäftigt den Angestellten A. Wagner im Außendienst. Herr Wagner ist 36 Jahre alt, ledig. Sein Tarifgehalt beträgt 2.735,00 €. Zusätzlich zum Tarifgehalt erhält er einen steuerpflichtigen Zuschuss für Kleidung von monatlich 50,00 €. Als lohnsteuerpflichtiger Sachbezug sind monatlich 195,00 € für die kostenlose Unterkunft in einer Werkswohnung anzusetzen. **191**

Für die Berechnung der Sozialversicherungsbeiträge wird das steuerpflichtige Bruttogehalt zugrunde gelegt.

1. *Berechnen Sie das steuerpflichtige Bruttogehalt.*
2. *Ermitteln Sie das Nettogehalt und den Auszahlungsbetrag.* ■

AUFGABEN

192

1. *Welche vertraglichen Grundlagen hat die Gehaltsberechnung?*
2. *Was zählt im Einzelnen zum steuerpflichtigen Arbeitseinkommen?*
3. *Nennen Sie Beispiele für „Zulagen" und „Zuschläge".*
4. *Nennen Sie die in die Lohnsteuertabelle eingearbeiteten Freibeträge.*
5. *Welche Merkmale liegen vor, wenn ein Arbeitnehmer nach Steuerklasse III besteuert wird?*
6. *Erläutern Sie den Begriff „Beitragsbemessungsgrenze".* ■

2.2.1.3 Der Einsatz von Lohnberechnungsprogrammen

Vereinfachte Lohn- und Gehaltsberechnung mithilfe von PC-Programmen

Die Lohnberechnung am PC mithilfe eines geeigneten Programms ist in Personalabteilungen der Unternehmen sowie in Steuerberaterpraxen unverzichtbar. Sie ermöglicht nicht nur eine schnelle und übersichtliche Lohn- und Gehaltsabrechnung der Mitarbeiter bzw. Klientel, sondern liefert auch aussagefähige Zahlen für die Belastung des Arbeitgebers. Alle erforderlichen **Abzugstabellen für Steuern und Sozialabgaben** (Grund-, Splitting- und Gesamtabzugstabellen) sind in das Programm **integriert** und gewähren z. B. durch Vergleich der Steuerklassen oder bei geplanten Tariferhöhungen rationelle Fallentscheidungen. Die Zahlen der Lohnbuchhaltung werden gespeichert und stehen damit dem betrieblichen Rechnungswesen für unternehmerische Entscheidungen zur Verfügung.

Die vielfältigen Lohnberechnungsprogramme unterscheiden sich weniger in der Systematik ihres Aufbaues als in der Praktikabilität ihrer Einsatzmöglichkeiten. Sie sind grundsätzlich nach dem gleichen Schema aufgebaut, wobei der **Bildschirm in zwei Bereiche** aufgeteilt ist. Im **linken** Bereich befindet sich das Fenster, in dem die persönlichen **Daten zur Lohnberechnung** des Mitarbeiters eingegeben werden, während im **rechten** Fenster nach jeder Dateneingabe sofort das jeweilige **Ergebnis der Lohnberechnung,** z. B. die errechnete Lohnsteuer, ausgewiesen wird. Die Lohnberechnung führt somit in wenigen Minuten vom Ausweis des Bruttolohnes und der einzelnen Steuer- und Sozialabgaben bis zum **Nettolohnausweis.** Mit der Speicherung wird die Lohn- bzw. Gehaltsabrechnung des Mitarbeiters ausgedruckt. Mit einem Klick auf ein bestimmtes Symbol erscheint sofort die **Gesamtbelastung des Arbeitgebers.**

Bildschirm

Dateneingabe zur Lohnberechnung	Ausgabe der Berechnungsergebnisse
– Name des Mitarbeiters	– Bruttogehalt
– Monat, Jahr	– Einmalzahlungen
– Bundesland (8 %/9 % KiSt)	– Dienstwagen
– Bruttogehalt	– Gesamt-Brutto
– weitere Zulagen, Abzüge	– LSt, SolZ, KiSt
– Steuerklasse, Kinder	– KV, PV, RV, AV
– LSt, SolZ, KiSt	– Zusatzbeiträge zu KV/PV
– KV, PV, RV, AV	– sonstige Zusatzbeiträge
– Zusatzbeiträge zu KV/PV	– Summe der Abzüge
	– **Nettoauszahlung**

6476178

Der Bruttobetrag der Löhne und Gehälter wird monatlich als **Aufwand** gebucht:

6200 Löhne und **6300 Gehälter.**

Überweisung der Steuerabzüge

Die einbehaltenen Steuerabzüge (Lohn- und Kirchensteuer, Solidaritätszuschlag) werden als „Sonstige Verbindlichkeiten gegenüber Finanzbehörden" auf dem Konto **„4830 FB-Verbindlichkeiten"** erfasst und bis zum **10. des Folgemonats** überwiesen.

Bankeinzug der Sozialabgaben

Der einzubehaltende Arbeitnehmeranteil zur SV wird **mit** dem **Arbeitgeberanteil** der Krankenkasse **vorzeitig gemeldet** und von dieser spätestens bis zum **drittletzten** Bankarbeitstag des laufenden Monats durch **Bankeinzug** vereinnahmt (siehe auch S. 172). Diese Vorauszahlung wird auf dem Konto **„2640 SV-Vorauszahlung"** erfasst und bei der Buchung der Gehälter bzw. Löhne und des Arbeitgeberanteils jeweils **verrechnet.**

Arbeitgeberanteil

Der Arbeitgeberanteil zur SV wird als zusätzlicher Aufwand gesondert auf dem Konto **„6400 Arbeitgeberanteil zur SV"** gebucht und auf dem Verrechnungskonto **„2640 SV-Vorauszahlung"** gegengebucht.

Beispiel

Auszug aus der Gehaltsliste Monat Februar: Gehaltsabrechnung Herbert Till (S.176)

Name	Steuerklasse	Bruttogehalt	Abzüge					Gesamtabzüge	Nettogehalt (Ausz.)
			LSt	SolZ	KiSt	Steuerabzüge	SV		
Till, H.	III/1,0	2.985,00	243,16	0,00	9,59	252,75	603,72	856,47	2.128,53

SV-Meldung an die Krankenkasse: 603,72 € AN-Anteil + 576,85 € AG-Anteil[1]
SV-Bankeinzug der Krankenkasse: 1.180,57 €

❶ Buchung des Bankeinzugs der SV-Beiträge	Soll	Haben
2640 SV-Vorauszahlung	1.180,57	
an **2800 Bank**		1.180,57

❷ Buchung bei Gehaltszahlung	Soll	Haben
6300 Gehälter	2.985,00	
an **4830 FB-Verbindlichkeiten**		252,75
an **2640 SV-Vorauszahlung**		603,72
an **2800 Bank**		2.128,53

❸ Buchung des Arbeitgeberanteils	Soll	Haben
6400 Arbeitgeberanteil zur SV	576,85[1]	
an **2640 SV-Vorauszahlung**		576,85[1]

❹ Überweisung der einbehaltenen und noch abzuführenden Steuerabzüge	Soll	Haben
4830 FB-Verbindlichkeiten	252,75	
an **2800 Bank**		252,75

S 6300 Gehälter H

Soll		Haben	
❷	2.985,00		

S 6400 Arbeitgeberanteil zur SV H

Soll		Haben	
❸	576,85		

Bruttogehalt	2.985,00
+ Arbeitgeberanteil SV	576,85
Personalkosten	**3.561,85**

S 4830 FB-Verbindlichkeiten H

Soll		Haben	
❹	252,75	❷	252,75

S 2640 SV-Vorauszahlung H

Soll		Haben	
❶	1.180,57	❷	603,72
		❸	576,85

S 2800 Bank H

Soll		Haben	
		❶	1.180,57
		❷	2.128,53
		❹	252,75

1 siehe S. 176

2.2.3 Vorschüsse werden als Forderung an Mitarbeiter gebucht

Verrechnung von Vorschüssen

Vorschüsse sind Darlehen, die Arbeitnehmern kurzfristig gewährt und bei späteren Lohn- und Gehaltszahlungen verrechnet werden. Sie werden gebucht auf dem Konto

2650 Forderungen an Mitarbeiter.

Beispiel

Der Angestellte Herbert Till erhält einen Vorschuss von 1.500,00 € bar, der bei den nächsten Gehaltszahlungen mit 300,00 € einbehalten wird.

Buchungssatz	Soll	Haben
2650 Forderungen an Mitarbeiter	1.500,00	
an **2880 Kasse**		1.500,00

Monatliche Verrechnung des Vorschusses (300,00 €):

	Bruttogehalt	2.985,00 €
–	Lohn- und Kirchensteuer (kein Solidaritätszuschlag)	252,75 €
–	Arbeitnehmeranteil zur Sozialversicherung	603,72 €
	Nettogehalt	2.128,53 €
–	Vorschuss	300,00 €
	Auszahlung (Bank)	**1.828,53 €**[1]

Buchungssatz	Soll	Haben
6300 Gehälter	2.985,00	
an **4830 FB-Verbindlichkeiten**		252,75
an **2640 SV-Vorauszahlung**		603,72
an **2650 Forderungen an Mitarbeiter**		300,00
an **2800 Bank**		1.828,53

2.2.4 Wie verrechnet man Sachwerte?

Sachwerte

Erwerben Angestellte oder Arbeiter Waren des eigenen Großhandelsbetriebes zum Vorzugspreis, die mit ihrem Gehalt oder Lohn verrechnet werden, so sind sie umsatzsteuerlich Käufern gleichzustellen. Der Nettowert der Waren ist als Umsatzerlös auszuweisen. Die Umsatzsteuer ist entsprechend zu buchen.

Beispiel

Herbert Till ist Angestellter des Elektrogroßhandelsunternehmens Marc Schneider e. K. Er erhält von seinem Arbeitgeber einen Kühlschrank zum Vorzugspreis von 250,00 € netto zuzüglich 47,50 € Umsatzsteuer, der mit seinem Gehalt verrechnet wird:

	Bruttogehalt	2.985,00 €
–	Lohn- und Kirchensteuer (kein Solidaritätszuschlag)	252,75 €
–	Arbeitnehmeranteil zur Sozialversicherung	603,72 €
	Nettogehalt	2.128,53 €
–	Warenwert	250,00 €
–	Umsatzsteuer	47,50 €
	Auszahlung (Bank)	**1.831,03 €**[1]

Buchungssatz	Soll	Haben
6300 Gehälter	2.985,00	
an **4830 FB-Verbindlichkeiten**		252,75
an **2640 SV-Vorauszahlung**		603,72
an **5100 Umsatzerlöse für Waren**		250,00
an **4800 Umsatzsteuer**		47,50
an **2800 Bank**		1.831,03

Lohn- und Gehaltspfändungen

Die aufgrund von Lohn- und Gehaltspfändungen einbehaltenen Beträge werden auf der Habenseite des Kontos **4890 Sonstige Verbindlichkeiten** gebucht.

1 SV-Bankeinzug und Verrechnung eines Arbeitgeberanteils werden vorausgesetzt.

Zusammenfassung

- Arbeitnehmer sind mit ihrem Lohn oder Gehalt **lohnsteuer- und sozialversicherungspflichtig.**
- Die Höhe der Lohnsteuer ist abhängig von der Höhe des Bruttoverdienstes und der jeweiligen Lohnsteuerklasse.
- Zur Sozialversicherung zählen die – Krankenversicherung, – Pflegeversicherung, – Rentenversicherung, – Arbeitslosenversicherung.
- **Mit Ausnahme der Zuschläge zur Kranken- und Pflegeversicherung** (s. Seite 176) tragen Arbeitnehmer und Arbeitgeber die Beiträge zur Sozialversicherung **je zur Hälfte.**
- Der Arbeitnehmeranteil zur Sozialversicherung wird vom Lohn bzw. Gehalt **einbehalten.**
- Der Arbeitgeberanteil zur Sozialversicherung ist für den Arbeitgeber zusätzlicher **Aufwand.**
- Die einzubehaltenden Sozialabgaben sowie der Arbeitgeberanteil zur Sozialversicherung müssen in voraussichtlicher Höhe spätestens bis zum drittletzten Bankarbeitstag des Monats, in dem die Beschäftigung ausgeübt wird, von der jeweiligen Krankenkasse im Lastschriftverfahren vereinnahmt werden. Vorab sind die Daten vom Arbeitgeber mittels Software an die Kasse zu übertragen (siehe S. 172).
- Die einbehaltenen Steuern sind **bis zum 10. des Folgemonats** an das **Finanzamt** abzuführen.
- Zu den Personalkosten des Unternehmens zählen: Bruttoarbeitsentgelt der Arbeitnehmer, Arbeitgeberanteil zur Sozialversicherung, Gesetzliche Unfallversicherung der Arbeitnehmer (= Beiträge zur Berufsgenossenschaft), Freiwillige soziale Aufwendungen des Unternehmens (= betriebliche Altersversorgung, Unterstützung u. a.).

AUFGABEN

193

Gehaltsliste Monat Januar

Name	Steuerklasse	Bruttogehalt	Abzüge					Auszahlung
			Lohnsteuer	SolZ	Kirchensteuer	Steuerabzüge	Sozialversich.	
1. Tierjung, V.	III/2,0	3.540,00	366,50	0,00	7,81	374,31	715,97	2.449,72
2. Steinbring, W.	I	2.770,00	420,25	23,11	37,82	481,18	567,16	1.721,66
3. Walter, F.	II/0,5	3.296,00	531,08	24,09	39,43	594,60	666,61	2.034,79
		9.606,00	1.317,83	47,20	85,06	**1.450,09**	**1.949,74**	**6.206,17**

AG-Anteil zur Sozialversicherung: 1.856,37 €, SV-Bankeinzug: 3.806,11 €.

Buchen Sie auf den Konten 2640, 2800 (AB 35.000,00 €), 4830, 6300 und 6400

1. den SV-Bankeinzug,
2. die Gehaltsabrechnung lt. Gehaltsliste zum 31. Januar (Banküberweisung),
3. den Arbeitgeberanteil zur Sozialversicherung,
4. die Überweisung der einbehaltenen Steuerabzüge im Februar.

Wie hoch sind die Personalkosten des Betriebes? ■

194

Zum 31. Dezember weisen die nachstehenden Konten folgende Salden aus:

2650 Forderungen an Mitarbeiter .... 16.000,00 €
4830 FB-Verbindlichkeiten .... 12.600,00 €

Bilden Sie die Abschlussbuchungssätze. ■

AUFGABEN

195 *Buchen Sie auf den Konten 2640, 2650, 2800 (AB 32.000,00 €), 4830, 6200 und 6400*

1. Zahlung eines Lohnvorschusses durch Banküberweisung: 4.000,00 €,
2. SV-Bankeinzug 3.200,00 €,
3. Lohnabrechnung mit Verrechnung des Vorschusses in Höhe von mtl. 250,00 €:

Bruttolöhne	LSt/SolZ/KiSt	Sozialvers.	Verrechneter Vorschuss	Auszahlung (Bank)	Arbeitgeber-anteile
7.800,00	860,00	1.630,00	250,00	5.060,00	1.570,00

4. Banküberweisung der einbehaltenen Steuerabzüge im Folgemonat. ■

196 Zahlung der Gehälter durch Banküberweisung zum 31. Dezember. *Buchen Sie auf den Konten 2640, 2650 (AB 8.000,00 €), 2800 (AB 160.000,00 €), 4830, 6300, 6400, 8000, 8010 und 8020:*

1. SV-Bankeinzug .... ?
2. Gehälter lt. Gehaltsliste für den Monat Dezember:
   Bruttobeträge .... 55.800,00 €
   Lohn- und Kirchensteuer sowie Solidaritätszuschlag .... 10.050,00 €
   Sozialversicherungsbeiträge der Arbeitnehmer .... 11.765,00 €
3. Verrechnung von Vorschüssen .... 2.500,00 €
4. Arbeitgeberanteil .... 11.245,00 €
5. Die einbehaltenen Steuerabzüge werden erst Anfang Januar an das Finanzamt überwiesen.

1. *Nennen Sie die Buchungen bis zum Jahresabschluss.*
2. *Wie lauten a) die Eröffnungsbuchung zum 1. Januar n. J. und*
   b) die Überweisungsbuchung?
3. *Wie hoch sind die gesamten Personalkosten des Betriebes für Dezember?* ■

197 Der Angestellte Stefan Stein des Textilgroßhandels Gaby Dressing e. Kffr. bezieht ein Bruttogehalt von 2.780,00 €. Seine Abzüge für Steuern (St.-Kl. III/0) betragen 220,44 € und für Sozialabgaben 562,26 € (Arbeitgeberanteil: 537,24 €). Bei der Gehaltsabrechnung ist ein Anzug mit 150,00 € netto zuzüglich 28,50 € Umsatzsteuer zu verrechnen, den Stefan Stein im Abrechnungszeitraum von seinem Betrieb erworben hat. Die Gehaltszahlung erfolgt als Banküberweisung.

1. *Erstellen Sie die Gehaltsabrechnung. Wie hoch ist der SV-Bankeinzug?*
2. *Buchen Sie auf den entsprechenden Konten.*
3. *Wie lautet die Buchung für den Arbeitgeberanteil zur Sozialversicherung?*
4. *Wie hoch sind die Personalkosten für den Angestellten Stefan Stein?* ■

198 Die Miete der Arbeitnehmer für Werkswohnungen wird mit den Gehältern verrechnet. Die Nettogehälter werden durch Banküberweisung ausgezahlt:

Bruttogehälter lt. Gehaltsliste .... 66.300,00 €
Lohn- und Kirchensteuer sowie Solidaritätszuschlag .... 11.300,00 €
Sozialversicherungsbeiträge der Arbeitnehmer .... 12.600,00 €
des Arbeitgebers .... 11.950,00 €
Einbehaltene Mieten für Werkswohnungen .... 3.600,00 €

Ermitteln Sie den SV-Bankeinzug sowie die Nettoauszahlung und buchen Sie auf den entsprechenden Konten die Gehaltsabrechnung, den Arbeitgeberanteil zur Sozialversicherung und die Überweisung der Steuerabzüge.

Konten: 2640, 2800 (50.000,00 € Bestand), 4830, 5400, 6300 und 6400. ■

Bilden Sie die Buchungssätze: **199**

1. Banküberweisung der Beiträge zur Berufsgenossenschaft: 1.200,00 €.
2. Ein Angestellter erhält Vorschuss durch Banküberweisung: 2.000,00 €.
3. *Beurteilen Sie:* Eine Angestellte erhält als Geburtsbeihilfe 300,00 € (Banküberweisung).
4. *Beurteilen Sie:* Einem Arbeiter wird eine Heiratsbeihilfe überwiesen: 200,00 €. ■

Buchen Sie in der Papiergroßhandlung Katja Kern e. Kffr. folgende Belege: **200**

Beleg 1

Durchschrift 370 501 98
Sparkasse KölnBonn

Begünstigter: Finanzamt Köln-West
Konto-Nr. des Begünstigten: 435 678 95 — Bankleitzahl: 370 501 98
bei (Kreditinstitut): Sparkasse KölnBonn
EUR — Betrag: Euro, Cent: 11.029,60--------------
Kunden-Referenznummer – noch Verwendungszweck, ggf. Name und Anschrift des Auftraggebers – (nur für Empfänger):
Steuernummer: 065 581 1234 0
Lohnsteuer Juni ..
Kontoinhaber: Katja Kern e. Kffr., Papiergroßhandlung, 50677 Köln
Konto-Nr. des Kontoinhabers: 723 544 32

..-07-09 Katja Kern
Datum, Unterschrift

Beleg 2

Durchschrift 370 501 98
Sparkasse KölnBonn

Begünstigter: Allgemeine Ortskrankenkasse AOK, Köln
Konto-Nr. des Begünstigten: 243 765 67 — Bankleitzahl: 370 501 98
bei (Kreditinstitut): Sparkasse KölnBonn
EUR — Betrag: Euro, Cent: 9.600,00---------------
Kunden-Referenznummer – noch Verwendungszweck, ggf. Name und Anschrift des Auftraggebers – (nur für Empfänger):
Beiträge zur Sozialversicherung für Juni ..
Nr.: SV 1234
Kontoinhaber: Katja Kern e. Kffr., Papiergroßhandlung, 50677 Köln
Konto-Nr. des Kontoinhabers: 723 544 32

..-07-09 Katja Kern
Datum, Unterschrift

Lohnsteueranmeldung zu Beleg 1 (Auszug)

Lohnsteuer-Anmeldung | ..06 Juni | X | ..12 Dez. | | .. Kalenderjahr |

Papiergroßhandlung Katja Kern e. Kffr.
Bonner Wall 45-55
50677 Köln
Steuernummer: 065 581 1234 0

Berichtigte Anmeldung (falls ja, bitte eine „1" eintragen) ... 10 |
Zahl der beschäftigten Arbeitnehmer ... 86 | 29

1) Negative Beträge sind rot einzutragen oder deutlich mit einem Minuszeichen zu versehen.
2) Nach Abzug der im Lohnsteuerjahresausgleich erstatteten Beträge. 3) Kann auf 10 ct zu Ihren Gunsten gerundet werden.

		Kz	EUR	ct
Lohnsteuer 1) 2) 3)		42	9.540	00
abzüglich an Arbeitnehmer ausgezahlte Bergmannsprämien		46	–	–
Verbleiben 1)		48	9.540	00
Solidaritätszuschlag 1) 2)		49	532	00
Evangelische Kirchensteuer 1) 2)		61	256	00
Römisch-katholische Kirchensteuer 1) 2)		62	701	60
Israelitische Kultussteuer Land 1) 2)	(il)	74		
Altkatholische Kirchensteuer 1) 2)	(ak)	63		
Gesamtbetrag 1)		83	11.029	60

AUFGABEN

201 **Anfangsbestände**

	€		€
0500 Grundstücke	180.000,00	2800 Bankguthaben	95.000,00
0510 Gebäude	520.000,00	3000 Eigenkapital	721.000,00
0860 BGA	147.000,00	4230 Darlehensschulden .	380.000,00
2280 Warenbestand	210.000,00	4400 Verbindlichk. a. LL ..	131.080,00
2400 Forderungen a. LL ..	87.000,00	4800 Umsatzsteuer	12.000,00
2650 Ford. a. Mitarbeiter .	12.000,00	4830 FB-Verbindlichk.	6.920,00

Kontenplan: 0500, 0510, 0800, 2280, 2400, 2600, 2640, 2650, 2800, 3000, 3001, 4230, 4400, 4800, 4830, 5100, 5420, 5710, 6060, 6200, 6300, 6400, 6420, 6520, 7510, 8000, 8010, 8020.

Geschäftsfälle €

1. Angestellter erhält Gehaltsvorschuss (Banküberweisung) 2.000,00
2. Banküberweisung des Beitrags an die Berufsgenossenschaft 850,00
3. Banküberweisung der Lohn- und Kirchensteuer
   sowie des Solidaritätszuschlags 6.920,00
   der Umsatzsteuer-Zahllast 12.000,00 18.920,00
4. Privatentnahmen von Waren, netto 800,00
5. SV-Bankeinzug durch gesetzliche Krankenkasse 5.350,00
6. Lohnzahlung durch Banküberweisung lt. Lohnliste:

Bruttolöhne	LSt/SolZ/KiSt	Sozialvers.	Auszahlung	Arbeitgeberanteil
5.400,00	735,00	1.125,00	3.540,00	1.095,00

7. Wareneinkäufe auf Ziel lt. ER 01–09 .... 45.000,00
   + Umsatzsteuer 8.550,00
8. Zinsgutschrift der Bank 1.200,00
9. Kunde wird mit Verzugszinsen belastet 80,00
10. Banküberweisung der Gehälter lt. Gehaltsliste:

Bruttogehälter	LSt/SolZ/KiSt	Sozialversicherung	Verrechneter Vorschuss	Nettoauszahlung	Arbeitgeberanteil
7.800,00	1.070,00	1.580,00	500,00	4.650,00	1.550,00

11. Warenverkäufe auf Ziel lt. AR 01–12 .... 88.000,00
    + Umsatzsteuer 16.720,00
12. Lastschrift der Bank für Darlehenszinsen 7.200,00
13. Geschäftsinhaber überweist seine Lebensversicherungsprämie
    durch Banküberweisung 1.500,00
14. Ein Lieferer belastet uns mit Verzugszinsen 40,00

Abschlussangaben €

1. Warenendbestand lt. Inventur 225.000,00
2. Abschreibungen auf 0510: 12.000,00 €; auf 0800: 8.000,00 €.

202

1. *Welche Bedeutung haben die Steuerklassen für den Arbeitnehmer?*
2. *Welche Zweige der Sozialversicherung unterscheidet man?*
3. *Warum werden Sondervergütungen in der Praxis direkt auf dem Lohn- bzw. Gehaltskonto des betreffenden Arbeitnehmers gebucht?*
4. *Nennen Sie den Zeitpunkt der Überweisung der einbehaltenen Steuerabzüge.*
5. *Woraus setzen sich die gesamten Personalkosten des Betriebes zusammen?*

Die buchhalterische Behandlung der Steuern richtet sich vor allem danach, ob das **Unternehmen oder** der **Unternehmer** persönlich durch die betreffende Steuerart belastet wird. Man unterscheidet deshalb zwischen:

Unterscheidung nach Steuerarten

	Konten
▶ **Aufwandsteuern,** die den **Gewinn** des Unternehmens **mindern,** da sie steuerlich als **Betriebsausgabe** absetzbar sind. Dazu zählen vor allem:	
– die **Grundsteuer** für bebaute und unbebaute Grundstücke,	**7020 Grundsteuer**
– die **Kraftfahrzeugsteuer** für alle Kraftfahrzeuge, die zum Betriebsvermögen gehören.	**7030 Kfz-Steuer**
▶ **Personensteuern,** die **keine Betriebsausgabe** darstellen und somit den **steuerpflichtigen** Gewinn **nicht** mindern dürfen. Sie werden in der Regel vom Gewinn und Vermögen berechnet und sind vom Unternehmer **persönlich** zu tragen, und zwar	
– bei **Einzelunternehmen** (e. K.) **und Personengesellschaften** (OHG, KG) als **Privatsteuern: Einkommensteuer, Kirchensteuer, Erbschaftsteuer** u. a.	**3001 Privatkonto**
– bei **Kapitalgesellschaften** (GmbH, AG): **Körperschaftsteuer, Kapitalertragsteuer.** Da es bei Kapitalgesellschaften kein Privatkonto gibt, müssen die Beträge der genannten Steuerarten zunächst auf entsprechenden Aufwandskonten erfasst werden. **Bei der Ermittlung des steuerpflichtigen Gewinns** sind sie dann aber dem im GuV-Konto ausgewiesenen Gewinn **wieder hinzuzurechnen.**	**7710 Körperschaftsteuer** **7720 Kapitalertragsteuer**
▶ **Aktivierungspflichtige Steuern und Abgaben,** die als **Anschaffungsnebenkosten** dem Anschaffungspreis hinzuzurechnen sind und deshalb auf dem entsprechenden Aktivkonto zu buchen (aktivieren) sind. Dazu zählen	
– die **Grunderwerbsteuer** (3,5 % vom Kaufpreis), die beim Erwerb von Grundstücken und Immobilien zu entrichten ist, und	**0500–0550 Grundstücke, Gebäude**
– **Zölle** bei der Einfuhr von Gütern aus Nicht-EU-Staaten.	**Diverse Aktivkonten**
▶ **Steuern als durchlaufende Posten,** die das Unternehmen aufgrund gesetzlicher Vorschriften einziehen bzw. einbehalten und an das Finanzamt abführen muss: **Umsatzsteuer, Lohn- und Kirchensteuer sowie SolZ** der Arbeitnehmer.	**2600 Vorsteuer** **4800 Umsatzsteuer** **4830 Sonstige FB-Verbindlichkeiten**

Im Unternehmen Katja Kern e. Kffr. werden Steuern gebucht

Zusammenfassung

- Nur **Aufwandsteuern** mindern den Gewinn des Unternehmens.
- **Nachzahlungen und Erstattungen** von Aufwandsteuern sind als periodenfremder Aufwand (Konto 6990) bzw. periodenfremder Ertrag (Konto 5490) zu buchen.
- **Steuerberatungskosten** für Betriebssteuern werden grundsätzlich auf dem Konto „6770 Rechts- und Beratungskosten" erfasst, für Privatsteuern auf dem Konto „3001 Privat".
- **Säumnis- und Verspätungszuschläge** für Aufwandsteuern werden auf dem Konto „7590 Sonstige zinsähnliche Aufwendungen", für private Steuern auf dem Privatkonto gebucht.
- **Steuerstrafen** sind als **Privatentnahme** zu behandeln.

AUFGABEN

203 *Bilden Sie die Buchungssätze für folgende Zahlungen (Bank):*

1.	Einbehaltene Lohn- und Kirchensteuer sowie SolZ	20.000,00
2.	Einkommensteuer	22.000,00
3.	Grunderwerbsteuer Der Anschaffungspreis des Grundstücks, das für die Errichtung eines Lagergebäudes vorgesehen ist, beträgt 400.000,00 €.	14.000,00
4.	Grundsteuer (Betrieb)	8.000,00
5.	Grundsteuer für Einfamilienhaus des Geschäftsinhabers	2.000,00
6.	Rechnung des Steuerberaters[1]:	
	Erstellen der Steuerbilanz	20.700,00
	Einkommensteuererklärung	12.300,00
	Jahresumsatzsteuererklärung	2.500,00
	Gewerbesteuererklärung[2]	3.200,00
7.	Zinsen für nicht fristgerechte Zahlung der Grundsteuer	100,00
8.	Betriebsprüfung: Nachzahlung von Gewerbesteuern[2] für die vergangenen fünf Geschäftsjahre	12.000,00
9.	Umsatzsteuervorauszahlung	29.800,00
10.	Gewerbesteuer[2]	6.000,00
11.	Nachzahlung von Einkommen- und Kirchensteuer aufgrund einer Steuerprüfung	22.000,00
12.	Erbschaftsteuer des Inhabers	5.000,00
13.	Kfz-Steuer (Betrieb)	3.600,00
	(privat)	500,00
14.	Schenkungsteuer (Inhaber)	2.500,00
15.	Erstattung von Gewerbesteuer[2]	6.000,00
	Vorsteuerguthaben	8.000,00
	Einkommensteuer	9.000,00
16.	Abzuführende Sozialversicherungsbeiträge	4.500,00

1 Nettobeträge

2 **Beachten Sie:** Die **Gewerbesteuer** muss **handelsrechtlich** als **Aufwand** gebucht werden (§ 242 Abs. 2 HGB) und **mindert** damit den **Gewinn der Handelsbilanz.** Zur Ermittlung des **steuerpflichtigen Gewinns** muss aber die **Gewerbesteuer,** die **seit 2008 keine Betriebsausgabe** mehr ist (§ 4 Abs. 5 EStG), **außerhalb** der Buchführung dem **handelsrechtlichen** Gewinn **wieder hinzugerechnet** werden.

Buchen Sie zum 31. Dezember	Soll	Haben
2600 Vorsteuer	243.500,00	1.600,00
4800 Umsatzsteuer	1.300,00	202.800,00

Richten Sie dazu noch das Schlussbilanzkonto ein. ■ 204

Die Instandhaltungsaufwendungen des Geschäftsjahres betragen insgesamt 78.000,00 €. 1,5 % davon entfallen auf Reparaturen im Privathaus des Inhabers. 205

1. *Erstellen Sie den Buchungsbeleg.*
2. *Begründen Sie Ihre Buchung zum 31. Dezember.* ■

1. *Buchen Sie den Eingang der Honorarrechnung des Steuerberaters für:* 206

a) Erstellen der Einkommensteuererklärung	1.600,00	
+ Umsatzsteuer	304,00	1.904,00
b) Erstellen der Gewerbesteuererklärung[1]	800,00	
c) Erstellen der Steuerbilanz (Jahresabschluss)	2.600,00	
	3.400,00	
+ Umsatzsteuer	646,00	4.046,00
		5.950,00

2. *Buchen Sie den Rechnungsausgleich (Fall 1) durch Banküberweisung.* ■

Bilden Sie die Buchungssätze: 207

1. Die Erbschaftsteuer des Geschäftsinhabers in Höhe von 4.800,00 € wurde wie folgt gebucht:
   7090 Sonstige betriebliche Steuern an 2800 Bank.
2. Der Buchhalter hat die Einkommensteuervorauszahlung des Geschäftsinhabers über das Konto 7090 gebucht: 12.800,00 €.
3. Aufgrund einer Betriebsprüfung müssen für die letzten drei Geschäftsjahre nachgezahlt werden (Banküberweisung):
   a) Einkommensteuer 12.800,00 €,
   b) Gewerbesteuer[1] 16.448,00 €. ■

1. Geschäftsinhaber zahlt Säumniszuschläge (Banküberweisung) für 208
   a) Einkommensteuer 350,00 € und
   b) Grundsteuer (Betrieb) 275,00 €.
2. Geschäftsinhaber zahlt durch die Bank Steuerstrafe: 5.000,00 €.
3. Bankgutschrift für Gewerbesteuererstattung[1] des Vorjahres: 2.500,00 €. ■

1. *Nennen Sie Beispiele für* 209
   a) *aktivierungspflichtige Steuern,*
   b) *Betriebssteuern,*
   c) *Personensteuern,*
   d) *Durchlaufsteuern.*

   Welche sind a) *erfolgswirksam und* b) *erfolgsneutral?*
2. *Welche Umsätze unterliegen gemäß § 1 UStG der Umsatzsteuer?*
3. *Welche Voraussetzungen müssen nach § 1 UStG erfüllt sein, damit Lieferungen und sonstige Leistungen steuerbar sind?* ■

1 Siehe Fußnote 2 auf S. 186.

2.4 Katja Kern bewertet ihr Anlagevermögen

Das Anlagevermögen gliedert sich in folgende **Gruppen:**[1]

Gliederung des Anlagevermögens

I. Immaterielle Vermögensgegenstände	II. Sachanlagen	III. Finanzanlagen
z. B. Konzessionen, Schutzrechte, Lizenzen, Geschäfts- oder Firmenwert u. a.	z. B. Grundstücke und Gebäude, BGA, Technische Anlagen/ Maschinen u. a.	z. B. Beteiligungen an Unternehmen, Wertpapiere des Anlagevermögens u. a.

Im Hinblick auf die Bewertung der Anlagegegenstände ist zwischen abnutzbaren und nicht abnutzbaren Anlagen zu unterscheiden. Während **abnutzbare** Sachanlagen **planmäßig nach ihrer betriebsgewöhnlichen Nutzungsdauer** abgeschrieben werden, können **nicht abnutzbare Anlagegüter** wegen fehlender Nutzungsdauer **nur außerplanmäßig** abgeschrieben werden, wenn sich eine Wertminderung einstellt.[2]

Planmäßige Abschreibung abnutzbarer Anlagegüter

Abnutzbare Anlagegüter sind zum Bilanzstichtag mit ihren **fortgeführten** Anschaffungskosten (Herstellungskosten) anzusetzen. Sie müssen nach § 253 (3) HGB **planmäßig abgeschrieben** werden, also **linear, degressiv** oder nach **Leistungseinheiten.**

Beispiel

Am 10. Januar .. wurde ein Papierschneideautomat angeschafft. Die Anschaffungskosten betragen 400.000,00 €. Die Anlage hat eine betriebsgewöhnliche Nutzungsdauer von 10 Jahren und soll linear abgeschrieben werden.

Wie hoch sind die fortgeführten Anschaffungskosten?

	Anschaffungskosten	400.000,00 €
–	planmäßige (lineare) Abschreibung	40.000,00 €
	fortgeführte Anschaffungskosten	**360.000,00 €**

Nennen Sie den Buchungssatz für die planmäßige Abschreibung der Anlage.

Außerplanmäßige Abschreibung

Sollte während der Nutzungsdauer des Anlagegutes eine **außerordentliche und dauerhafte Wertminderung** durch Schadensfall oder Unwirtschaftlichkeit der Anlage eintreten, muss nach § 253 (3) HGB neben der planmäßigen **zusätzlich** noch eine **außerplanmäßige Abschreibung** im Sinne des § 277 HGB vorgenommen werden.

Abschreibung nicht abnutzbarer Anlagegüter

Nicht abnutzbare Anlagegüter (z. B. Grundstücke, als Daueranlage angeschaffte Wertpapiere u. a.) werden in der Regel zu **Anschaffungskosten** ausgewiesen. Im Falle einer **dauerhaften Wertminderung** muss allerdings eine **Abschreibung** auf den niedrigeren Tageswert erfolgen **(Strenges Niederstwertprinzip,** vgl. S. 226**).**

Beispiel

Zur langfristigen Kapitalanlage erwarb die Papiergroßhandlung Kern am 10. Februar .. Aktien zum Anschaffungswert von 85.000,00 €. Zum 31. Dezember .. ist der Kurswert nachhaltig auf 80.000,00 € gesunken.

	Anschaffungskosten der Wertpapiere des Anlagevermögens	85.000,00 €
–	außerplanmäßige Abschreibung zum 31. Dezember	5.000,00 €
	Bilanzansatz zum 31. Dezember	**80.000,00 €**

Buchungssatz	Soll	Haben
7400 Abschreibungen auf Finanzanlagen	5.000,00	
an **1500 Wertpapiere des Anlagevermögens**		5.000,00

1 Siehe Bilanzgliederung gemäß § 266 HGB im Anhang (Rückseite des Kontenrahmens).
2 Siehe Kapitel 1.12 und Kapitel 2.4.1.

6476188

S	1500 Wertpapiere des AV		H
...	85.000,00	7400	5.000,00
		SBK	80.000,00

S	7400 Abschreibungen a. Finanzanlagen		H
1500	5.000,00	GuV	5.000,00

S	8010 Schlussbilanzkonto		H
1500	80.000,00		

S	8020 Gewinn- und Verlustkonto		H
7400	5.000,00		

Außergewöhnliche Wertminderungen bei abnutzbaren und nicht abnutzbaren Anlagegütern werden auf dem **Konto „6550 Außerplanmäßige Abschreibungen auf Sachanlagen"** erfasst.

Abschreibungen werden nach unterschiedlichen Methoden berechnet 2.4.1

Für die planmäßige Abschreibung abnutzbarer Sachanlagen gibt es neben der bereits auf den Seiten 76 f. behandelten **linearen** auch noch die **degressive** Abschreibungsmethode sowie die **Abschreibung nach Leistungseinheiten** (s. S. 191).

Situation

Die Papiergroßhandlung Kern hat am 5. Januar 2005 eine Verpackungsanlage erworben. Die Anschaffungskosten betrugen 200.000,00 €. Die Maschine hat eine betriebsgewöhnliche Nutzungsdauer von 8 Jahren.

Welche Abschreibungsmethode würden Sie dem Unternehmen für die Handelsbilanz empfehlen, wenn auch in Zukunft hohe Jahresgewinne zu erwarten sind?

Lineare und degressive Abschreibung 2.4.1.1

Lineare AfA

Bei linearer Abschreibung wird in allen Nutzungsjahren jeweils mit einem gleichen Abschreibungssatz (%) von den **Anschaffungskosten** abgeschrieben, wodurch der **Abschreibungsbetrag in jedem Jahr gleich** (linear) ist:

$$\text{Abschreibungsbetrag in €} = \frac{\text{Anschaffungskosten}}{\text{Nutzungsdauer}} = \frac{200.000{,}00\ €}{8\ \text{Jahre}} = 25.000{,}00\ €/\text{Jahr}$$

$$\text{Abschreibungssatz in \%} = \frac{100\ \%}{\text{Nutzungsdauer}} = \frac{100\ \%}{8\ \text{Jahre}} = 12{,}5\ \%/\text{Jahr}$$

Am Ende der achtjährigen Nutzungsdauer wird bei linearer Abschreibung der **Nullwert** erreicht (siehe die unten stehende Gegenüberstellung der linearen und degressiven Abschreibung der Verpackungsmaschine). **In jedem Nutzungsjahr wird der Jahresgewinn um 25.000,00 € gemindert.**

Degressive AfA

Bei degressiver Abschreibungsmethode wird die **Abschreibung** nur im ersten Jahr der Nutzung von den Anschaffungskosten des Anlagegutes vorgenommen, in den folgenden Jahren dagegen **vom jeweiligen Buch- oder Restwert.** Es ergeben sich dadurch jährlich **fallende (degressive) Abschreibungsbeträge.**

Bei degressiver Abschreibung kann der **Nullwert** am Ende der Nutzungsdauer zwangsläufig **nie erreicht** werden, da jeweils **vom Buchwert abgeschrieben** wird. Um aber nach Ablauf der Nutzungsdauer einen möglichst niedrigen Restwert zu erhalten, muss der Abschreibungssatz bei degressiver Abschreibung höher sein als bei linearer Abschreibung. Der verbleibende Restwert am Ende der Nutzungsdauer ist dann auf den Nullwert bzw. Erinnerungswert abzuschreiben.

Lineare und degressive Abschreibung

Bestimmung des degressiven AfA-Satzes

Steuerrechtlich darf der degressive Abschreibungssatz das **Zweifache** des linearen Abschreibungssatzes betragen, jedoch **nicht höher als 20 % sein** (§ 7 Abs. 2 EStG).[1]

Für die Bestimmung des degressiven Abschreibungssatzes in % sind zwei Überlegungen anzustellen:

a) Doppelter Satz der linearen Abschreibung = 2 · 12,5 % = ... **25 %**
b) Höchstsatz, der nicht überschritten werden darf = ... **20 %**

Also ist im obigen Beispiel mit **20 %** degressiv abzuschreiben.

Gegenüberstellung der linearen und degressiven Abschreibung (AfA)

Ermittlung des Buchwertes	12,5 % lineare AfA von den Anschaffungskosten	20 % degressive AfA vom jeweiligen Buchwert
Anschaffungskosten	200.000,00 €	200.000,00 €
– **Abschreibung für das 1. Jahr**	**25.000,00 €**	**40.000,00 €**
Buchwert am Ende des 1. Jahres	175.000,00 €	160.000,00 €
– **Abschreibung für das 2. Jahr**	**25.000,00 €**	**32.000,00 €**
Buchwert am Ende des 2. Jahres	150.000,00 €	128.000,00 €
– **Abschreibung für das 3. Jahr**	**25.000,00 €**	**25.600,00 €**
Buchwert am Ende des 3. Jahres	125.000,00 €	102.400,00 €
– **Abschreibung für das 4. Jahr**	**25.000,00 €**	**20.480,00 €**
Buchwert am Ende des 4. Jahres	100.000,00 €	81.920,00 €
– **Abschreibung für das 5. Jahr**	**25.000,00 €**	**16.384,00 €**
Buchwert am Ende des 5. Jahres	75.000,00 €	65.536,00 €
– **Abschreibung für das 6. Jahr**	**25.000,00 €**	**13.107,20 €**
Buchwert am Ende des 6. Jahres	50.000,00 €	52.428,80 €
– **Abschreibung für das 7. Jahr**	**25.000,00 €**	**10.485,76 €**
Buchwert am Ende des 7. Jahres	25.000,00 €	41.943,04 €
– **Abschreibung für das 8. Jahr**	**25.000,00 €**	**8.388,61 €**
Buchwert am Ende des 8. Jahres	**0,00 €**	**33.554,43 €**

Vorteil der degressiven AfA

Wertminderungen ergeben sich bei Anlagegütern oft in den ersten Nutzungsjahren – verursacht durch **technischen Fortschritt** (Modellwechsel). Dieser Tatsache trägt die degressive Abschreibungsmethode Rechnung – sofern sie steuerlich zulässig ist –, da bei ihr **in den ersten Nutzungsjahren die Abschreibungsbeträge wesentlich höher** sind als bei linearer Abschreibung. Das bewirkt einen starken **Investitionsanreiz.** Außerdem **mindert** sich dadurch der **Gewinn** des Unternehmens bedeutend **stärker** und damit zugleich die Steuerbelastung.

Unternehmenssteuerreform 2008

Für **bewegliche** Wirtschaftsgüter des Anlagevermögens, die **nach dem 31. Dezember 2007** angeschafft oder hergestellt werden, darf die **degressive AfA** aus Gründen der Erhöhung des Steueraufkommens **steuerlich nicht mehr angewandt** werden, sondern **nur noch die lineare AfA** (Ausnahmen siehe Fußnoten 1 und 2). **Handelsrechtlich** sind selbstverständlich **beide** Abschreibungsmethoden zur Erstellung der **Handelsbilanz** erlaubt (siehe auch „Maßgeblichkeitsgrundsatz" S. 225).

Wie hoch ist der Gewinn bei linearer und degressiver AfA?

S	8020 GuV-Konto (bei linearer AfA)		H
...	300.000,00	...	400.000,00
AfA	**25.000,00**		
Gewinn	?		

S	8020 GuV-Konto (bei degressiver AfA)		H
...	300.000,00	...	400.000,00
AfA	**40.000,00**		
Gewinn	?		

1 Diese Regelung galt bis zum 31. Dezember 2005. Bei **beweglichen Anlagegütern,** die in den **Geschäftsjahren 2006 und 2007 angeschafft oder hergestellt wurden,** beträgt der **degressive AfA-Satz das Dreifache** des linearen AfA-Satzes, jedoch **höchstens 30 %.**

2 **Für die ab 1. Januar 2009 bis 31. Dezember 2010** angeschafften oder hergestellten **beweglichen Anlagegüter** wurde aus **konjunkturellen** Gründen die **degressive AfA mit 25 % wieder eingeführt** (§ 7 Abs. 2 EStG).

Der Wechsel von der degressiven zur linearen Abschreibung 2.4.1.2

Der Restwert ist bei degressiver Abschreibung am Ende der Nutzungsdauer sehr hoch. Um auch bei dieser Abschreibungsmethode den Nullwert zu erreichen, erlaubt das Einkommensteuerrecht den Wechsel von der degressiven zur linearen Abschreibung, nicht aber umgekehrt (§ 7 Abs. 3 EStG). Der **Übergang** von der degressiven zur linearen Abschreibung ist bei einer Nutzungsdauer von 8 Jahren **im 5. Jahr** sinnvoll, weil dann der lineare **Abschreibungsbetrag/-satz der Restabschreibung höher** ist als **die degressive Abschreibung:**

$$\text{AfA-Betrag bei linearer AfA} = \frac{\text{Restbuchwert zum Zeitpunkt des Wechsels}}{\text{Restnutzungsdauer}} = \frac{81.920{,}00\ €}{4\ \text{Jahre}} = 20.480{,}00\ €$$

$$\text{Linearer AfA-Satz} = \frac{100\ \%}{\text{Restnutzungsdauer}} = \frac{100\ \%}{4\ \text{Jahre}} = 25\ \%$$

Übergang von der degressiven zur linearen Abschreibung im 5. Nutzungsjahr

Ermittlung des Buchwertes	20 % degressive AfA	Übergang zur linearen AfA
Anschaffungskosten	200.000,00 €	
– **Abschreibung für das 1. Jahr**	**40.000,00 €**	
Buchwert am Ende des 1. Jahres	160.000,00 €	
– **Abschreibung für das 2. Jahr**	**32.000,00 €**	
Buchwert am Ende des 2. Jahres	128.000,00 €	
– **Abschreibung für das 3. Jahr**	**25.600,00 €**	
Buchwert am Ende des 3. Jahres	102.400,00 €	
– **Abschreibung für das 4. Jahr**	**20.480,00 €**	
Buchwert am Ende des 4. Jahres	81.920,00 € →	81.920,00 €
– **Abschreibung für das 5. Jahr**	**16.384,00 €**	**20.480,00 €**
Buchwert am Ende des 5. Jahres	65.536,00 €	61.440,00 €
– **Abschreibung für das 6. Jahr**	**13.107,20 €**	**20.480,00 €**
Buchwert am Ende des 6. Jahres	52.428,80 €	40.960,00 €
– **Abschreibung für das 7. Jahr**	**10.485,76 €**	**20.480,00 €**
Buchwert am Ende des 7. Jahres	41.943,04 €	20.480,00 €
– **Abschreibung für das 8. Jahr**	**8.388,61 €**	**20.480,00 €**
Buchwert am Ende des 8. Jahres	**33.554,43 €**	**0,00 €**

Die Abschreibung nach der Leistung des Anlagegutes 2.4.1.3

Situation

Betragen die Anschaffungskosten eines Lieferwagens 80.000,00 € und die voraussichtliche Gesamtleistung 200 000 km, so ergibt sich daraus ein Abschreibungsbetrag je Leistungseinheit (km) von: 80.000 : 200 000 = 0,40 €/km.

Leistungs-AfA bei unterschiedlicher Beanspruchung

Neben der linearen und degressiven Abschreibung kann ein Anlagegut auch nach der im Jahr **erbrachten Leistung** (Kilometer, Maschinenstunden, Produktionsmenge u. a.) abgeschrieben werden. Diese Abschreibungsmethode ist sinnvoll, wenn das betreffende Anlagegut (z. B. Lkw) in den einzelnen Nutzungsjahren in seiner Leistung **sehr unterschiedlich beansprucht** wird, wodurch auch der technische Verschleiß zwangsläufig stark schwankt. Diese steuerlich zulässige Abschreibungsmethode **kommt der technisch bedingten Wertminderung am nächsten.** Die auf das einzelne Nutzungsjahr entfallende **Leistung muss** natürlich **nachweisbar sein.**

2.4.1.3 Die Abschreibung nach der Leistung des Anlagegutes

Den Jahresabschreibungsbetrag erhält man, indem man die jährliche Fahrtleistung, **nachzuweisen durch Fahrtenbuch,** mit dem AfA-Betrag von 0,40 € je km multipliziert:

1. Jahr: 40 000 km · 0,40 € = **16.000,00 € AfA**
2. Jahr: 60 000 km · 0,40 € = **24.000,00 € AfA**
3. Jahr: 35 000 km · 0,40 € = **14.000,00 € AfA**
4. Jahr: 65 000 km · 0,40 € = **26.000,00 € AfA**

2.4.1.4 Exkurs: Die Abschreibung Geringwertiger Wirtschaftsgüter

Wirtschaftsgüter des Anlagevermögens, die selbstständig nutzbar, bewertbar sowie **beweglich** und **abnutzbar** sind, werden **steuerlich** als **„Geringwertige Wirtschaftsgüter"** bezeichnet, wenn ihre **Anschaffungs- bzw. Herstellungskosten** (AK bzw. HK) bestimmte **Nettowerte des § 6 Abs. 2 EStG** nicht überschreiten. **§ 6 Abs. 2 EStG** wurde durch das **„Wachstumsbeschleunigungsgesetz" ab 1. Januar 2010** geändert. Bei den **„Geringwertigen Wirtschaftsgütern"** unterscheidet man grundsätzlich die folgenden **zwei Gruppen:**

1. **GWG,** deren AK bzw. HK **410,00 € netto nicht überschreiten,** können im Jahr der Anschaffung oder Herstellung **in voller Höhe als Betriebsausgabe abgesetzt** werden. Sie werden in der Regel **vorab** auf dem Konto **„0890 GWG" aktiviert.**

Beispiel Kauf eines Bürowagens gegen Banküberweisung:
250,00 € netto + 47,50 € USt = 297,50 € brutto

Buchungen	Soll	Haben
❶ **0890 Geringwertige Wirtschaftsgüter**	250,00	
2600 Vorsteuer	47,50	
an **2800 Bank**		297,50
❷ **6540 Abschreibungen auf GWG**	250,00	
an **0890 GWG**		250,00

2. **GWG im Nettowert von über 150,00 € bis 1.000,00 €**
   Diese geringwertigen Wirtschaftsgüter werden in einem **jährlichen Sammelposten (Pool) 0891 GWG-Sammelposten** erfasst. „Der Sammelposten ist im Wirtschaftsjahr der Bildung und den folgenden vier Jahren mit jeweils einem Fünftel gewinnmindernd auszulösen", d.h. mit jährlich 20 % linear abzuschreiben. **Für jedes Geschäftsjahr** ist ein **eigenes Sammelkonto 0891** zu bilden, das nur durch Zugänge und die Jahresabschreibung verändert werden darf, nicht aber durch Abgänge (Entnahme und Verkauf). Der Verkauf eines geringwertigen Wirtschatsgutes würde dann lediglich als Ertrag gebucht. Die Jahres-Sammelposten sind selbstverständlich ordnungsgemäß aufzubewahren.

Beispiel ❶ Kauf eines Laptops gegen Banküberweisung:
1.000,00 € (netto) + 190,00 € USt = 1.190,00 € brutto
❷ Das Konto 0891 zeigt zum Jahresschluss den Bestand von 10.000,00 €.
20 % AfA.

Buchungen	Soll	Haben
❶ **0891 GWG-Sammelposten**	1.000,00	
2600 Vorsteuer	190,00	
an **2800 Bank**		1.190,00
❷ **6540 Abschreibungen auf GWG**	2.000,00	
an **0891 GWG-Sammelposten**		2.000,00

6476192

Zusammenfassung

- **Abnutzbare Anlagegüter** werden **planmäßig** nach ihrer **Nutzungsdauer** (linear bzw. degressiv) oder nach **Leistungseinheiten** abgeschrieben.
- Zu den **planmäßigen Abschreibungen** zählen folgende Methoden:

lineare Abschreibung	degressive Abschreibung	Leistungsabschreibung
→	→	→
gleich bleibende Abschreibungsbeträge	**fallende** Abschreibungsbeträge	**schwankende** Abschreibungsbeträge

- Die **lineare** AfA-Methode erreicht nach Ablauf der Nutzungsdauer den **Nullwert,** nicht aber die degressive. Deshalb ist ein **Wechsel** von der degressiven zur linearen Restabschreibung steuerlich **möglich,** nicht aber umgekehrt.
- Bewegliche Wirtschaftsgüter des Anlagevermögens, die **ab 2008** angeschafft oder hergestellt werden, dürfen **steuerlich nur noch linear** abgeschrieben werden.[1]
- Die degressive AfA darf bei Wirtschaftsgütern, die **vor 2008** angeschafft bzw. hergestellt worden sind, **entsprechend ihrer Nutzungsdauer** weiter **fortgeführt** werden.[1]
- **Handelsrechtlich** sind die lineare und die degressive Abschreibung zulässig.
- Neben der planmäßigen Abschreibung ist bei **außergewöhnlichen Wertminderungen** auch eine **außerplanmäßige** Abschreibung möglich.
- **Die buchhalterische Erfassung der GWG** richtet sich nach der **Höhe der AK bzw. HK.**
- Der je Geschäftsjahr gebildete **GWG-Sammelposten** ist **linear** in fünf Jahren **abzuschreiben.**
- Der GWG-Sammelposten **darf nicht** durch Entnahmen und Verkäufe **verändert** werden.

Zusatzinformation

- **Bei Anschaffung** von Anlagegütern **während** des Geschäftsjahres wird die **Abschreibung zeitanteilig nach Monaten** berechnet, und zwar **ab dem Monat der Anschaffung.** Erfolgt der Zugang des Anlagegutes am 20. März, so ist es noch 10 Monate abzuschreiben.
- **Für jedes Anlagegut** ist eine **Anlagenkarte** mit diesen Angaben zu führen:

  Inventarnummer, Kontonummer, Bezeichnung, Anschaffungszeitpunkt, Anschaffungskosten, Nutzungsdauer, Abschreibungsmethode, jährliche Abschreibungen und Buchwert u. a. (siehe auch Seiten 15 und 78).
- **In der Anlagenkartei** werden alle Anlagenkarten **nach** den **Anlagekonten der Klasse 0 geordnet.** Die **Abschreibungen** aus allen Anlagenkarten werden addiert und dann **in einer Summe** auf dem Konto **6520 Abschreibungen auf Sachanlagen** gebucht. Die Anlagenkartei ist also eine **Nebenbuchhaltung,** die die **Anlagekonten erläutern** soll. Sie ist die Grundlage der Inventur.

AUFGABEN

210

Die Anschaffungskosten eines Tresors, der am 3. Januar 2005 für die Geschäftskasse u. a. angeschafft wurde (siehe S. 189 f.), belaufen sich auf 50.000,00 €. Die betriebsgewöhnliche Nutzungsdauer beträgt 10 Jahre.

1. *Ermitteln Sie für die lineare Abschreibung jeweils a) den Abschreibungsbetrag und b) den Abschreibungssatz.*
2. *Wie hoch ist der degressive Abschreibungssatz bei höchstmöglicher steuerlicher Abschreibung?*
3. *Stellen Sie in einer tabellarischen Übersicht die lineare und degressive Abschreibung mit dem steuerlich zulässigen Höchstsatz gegenüber.*

1 Siehe auch Fußnote 2 auf S. 190.

AUFGABEN

4. *Nennen Sie die Vorteile der a) linearen und b) degressiven Abschreibung.*
5. *Nennen Sie den Buchungssatz für die degressive AfA des Tresors im ersten Nutzungsjahr.*
6. *Zeichnen Sie in einem Koordinatenkreuz die lineare und die degressive Abschreibungskurve.* ■

211
1. *Worin liegt der Nachteil der degressiven Abschreibungsmethode gegenüber der linearen?*
2. *Inwiefern ist es von Vorteil, in einem bestimmten Nutzungsjahr von der degressiven zur linearen Abschreibung überzugehen?*
3. *In welchem Jahr sollte Ihrer Meinung nach ein Wechsel bei der degressiven Abschreibung der vorhergehenden Aufgabe stattfinden? Ermitteln und begründen Sie das Übergangsjahr.*
4. *Nennen Sie die linearen Abschreibungsbeträge für die restliche Nutzungsdauer.* ■

212 *Ermitteln Sie den Abschreibungssatz für die lineare und höchstmögliche degressive[1] Abschreibung bei folgender Nutzungsdauer:*

a) 5 Jahre, b) 8 Jahre, c) 10 Jahre, d) 12 Jahre und e) 15 Jahre. ■

213 *Wie hoch sind die Höchstsätze der degressiven[1] Abschreibung bei den folgenden linearen Abschreibungssätzen:*

a) 5 %, b) 8 %, c) 10 %, d) 12 %, e) 15 %, f) 20 % und g) 25 %? ■

214 Anschaffung einer EDV-Anlage für 11.880,00 € am 10. September eines Geschäftsjahres. Betriebsgewöhnliche Nutzungsdauer: 3 Jahre. Lineare AfA.

1. *Ermitteln Sie den jährlichen Abschreibungsbetrag bei linearer Abschreibung.*
2. *Nennen Sie den Abschreibungsbuchungssatz für das 1. Nutzungsjahr.* ■

215 Die Anschaffungskosten eines Lastkraftwagens in 2005[1] betragen 144.000,00 €. Betriebsgewöhnliche Nutzungsdauer: 9 Jahre.

1. *Ermitteln Sie den linearen AfA-Satz und den Höchstsatz der degressiven AfA.*
2. *Was bedeutet die Abkürzung „AfA"?*
3. *Erstellen Sie eine Abschreibungstabelle mit der linearen u. der degressiven AfA.*
4. *Wie lautet der Buchungssatz für die a) lineare und b) degressive AfA am Ende des ersten Nutzungsjahres?*
5. *Erstellen Sie das Fuhrparkkonto für das erste Nutzungsjahr zum 31. Dez. a) bei linearer AfA und b) bei degressiver AfA.*
6. *Wie lautet der Buchungssatz zur linearen AfA am Ende des neunten Nutzungsjahres, wenn der Lkw weiterhin betrieblich genutzt wird?* ■

216 *Ordnen Sie die folgenden Aussagen der linearen und der degressiven AfA zu:*
1. Der Höchstsatz der AfA ist 30 %.[1]
2. Die AfA wird jedes Jahr von den Anschaffungskosten berechnet.
3. Am Ende der Nutzungsdauer ergibt sich stets ein Restwert.
4. Der Nullwert wird am Ende der Nutzungsdauer stets erreicht.
5. Die Abschreibung wird vom verminderten Buchwert berechnet.
6. Der Abschreibungsbetrag ist in jedem Nutzungsjahr gleich.
7. Es handelt sich um fallende Abschreibungsbeträge.
8. Die Abschreibungsmethode berücksichtigt den technischen Fortschritt. ■

1 Siehe Fußnoten auf S. 190.

6476194

Die Anschaffungskosten eines Lastkraftwagens der Baustoffgroßhandlung Wette OHG betragen 120.000,00 €. Die Gesamtleistung wird auf 250 000 km geschätzt. Die betriebsgewöhnliche Nutzungsdauer beträgt acht Jahre. **217**

1. *Worin sehen Sie den Vorteil einer Abschreibung nach Leistungseinheiten?*
2. *Ermitteln Sie die jährlichen AfA-Beträge bei linearer Abschreibung.*
3. *Berechnen Sie die Abschreibung nach der Leistung:*
   1. Jahr: 40 000 km, 2. Jahr: 25 000 km, 3. Jahr: 45 000 km, 4. Jahr: 22 000 km, 5. Jahr: 28 000 km, 6. Jahr: 36 000 km, 7. Jahr: 30 000 km, 8. Jahr: 24 000 km.
4. *Stellen Sie im Koordinatenkreuz den Verlauf der linearen und der Leistungsabschreibung dar.* ■

Die Anschaffungskosten eines Transportwagens betragen in der Papiergroßhandlung Katja Kern e. Kffr. 72.000,00 €. Das Fahrzeug wurde am 1. April angeschafft und soll sechs Jahre linear abgeschrieben werden. **218**

1. *Ermitteln Sie für das erste Nutzungsjahr die genaue zeitanteilige Abschreibung.*
2. *Wie hoch sind die fortgeführten Anschaffungskosten am Ende des 3. Nutzungsjahres?* ■

---

1. Die Abschreibung nach der Nutzungsdauer wird auch als planmäßige Abschreibung bezeichnet. *Nennen Sie die planmäßigen AfA-Methoden.* **219**
2. Neben der planmäßigen Abschreibung ist auch eine außerplanmäßige möglich. *Nennen Sie Beispiele für eine außerplanmäßige Abschreibung.* ■

Ein Grundstück wurde vor fünf Jahren für 200.000,00 € erworben. Aufgrund eines Gutachtens wurde festgestellt, dass das Grundstück mit Schadstoffen belastet ist und deshalb nur noch einen Verkehrswert von 120.000,00 € hat. **220**

1. *Mit welchem Wert ist das Grundstück zum 31. Dezember zu bewerten?*
2. *Nennen und begründen Sie die Buchung zum 31. Dezember.* ■

Begründen und entscheiden Sie, ob die folgenden Anlagegüter, die in diesem Geschäftsjahr angeschafft wurden, bei der Abschreibung als geringwertige Wirtschaftsgüter behandelt werden dürfen. Die Preise stellen die Anschaffungskosten dar: **221**

a) Schreibtisch 390,00 €, b) Stuhl 270,00 €, c) PC-Drucker 400,00 €, d) Schreibtischlampe 150,00 €, e) Kugelschreiber 30,00 €, f) Software für Textverarbeitung 250,00 €, g) Büroschrank 990,00 €. ■

Die Papiergroßhandlung Katja Kern e. Kffr. erwirbt einen Schreibtischsessel für 450,00 € + USt. **222**

1. *Begründen Sie, dass es sich hierbei um ein geringwertiges Wirtschaftsgut handelt.*
2. *Nennen und begründen Sie die Buchung bei Anschaffung des Sessels.*
3. *Welche Buchung ergibt sich zum 31. Dezember?* ■

Barkauf a) eines elektronischen Notizbuches für 50,00 € + USt und b) eines Tisches für 160,00 € + USt. **223**

Begründen Sie Ihre Buchungen. ■

AUFGABEN

224 Anschaffung eines Aktenschranks für 575,00 € netto + Umsatzsteuer. Der Spediteur berechnet 32,50 € + Umsatzsteuer. Die Rechnung für den Aktenschrank wird unter Abzug von 2 % Skonto durch die Bank beglichen.

1. *Ermitteln Sie die Anschaffungskosten des Anlagegutes.*
2. *Nennen Sie die Buchungen bei Anschaffung des Anlagegutes.*
3. *Begründen Sie Ihre Abschreibungsentscheidung zum 31. Dezember.*
4. *Wie lautet die Buchung zum 31. Dezember?* ■

225 *Welche Antwort ist a) falsch oder b) richtig?*

1. Ein Übergang von der linearen zur degressiven Abschreibung ist ab 2008 steuerlich erlaubt.
2. Am Ende der Nutzungsdauer wird nur bei degressiver Abschreibung der Nullwert erreicht.
3. Abschreibungen vermindern als Aufwand den steuerpflichtigen Gewinn.
4. Die lineare AfA ist nur bei beweglichen Anlagegütern erlaubt.
5. Skonti mindern nicht die Anschaffungskosten.
6. Die Vorsteuer zählt zu den Anschaffungskosten eines Anlagegutes.
7. Die Abschreibungen werden als Kosten in die Verkaufspreise einkalkuliert.
8. Aus Abschreibungserlösen lassen sich keine Neuinvestitionen finanzieren.
9. Eine EDV-Tastatur im Anschaffungswert von 125,00 € ist ein geringwertiges Wirtschaftsgut.
10. Geringwertige Wirtschaftsgüter bis 80,00 € können sofort als Aufwand gebucht werden. ■

226

1. *Ordnen Sie die Begriffe „gleich bleibend", „fallend" und „schwankend" den Ihnen bekannten Abschreibungsmethoden zu.*
2. *Welche Bedeutung hat die Anlagenkartei? Begründen Sie.* ■

227 *Überprüfen Sie, ob folgende Aussagen falsch oder richtig sind:*

1. Bei einem unbebauten Grundstück kann wegen des Wegfalls der Verkehrsanbindung eine außerplanmäßige Abschreibung vorgenommen werden.
2. Fortgeführte Anschaffungskosten ergeben sich nur nach einer degressiven Abschreibung.
3. Nicht abnutzbare Anlagegüter dürfen nur außerplanmäßig abgeschrieben werden.
4. Bei Ausscheiden eines abnutzbaren Anlagegutes durch Verkauf oder Entnahme muss zur genauen Ermittlung des Buchwertes noch die zeitanteilige AfA berechnet und gebucht werden.
5. Für jeden einzelnen Sachanlagegegenstand ist eine Anlagenkarte zu führen.
6. Der spätere Übergang von der degressiven zur linearen Abschreibung ist steuerlich möglich.
7. Lastkraftwagen können nur linear oder degressiv abgeschrieben werden.
8. Ein nachträglich gewährter Preisnachlass darf bei der Ermittlung der Anschaffungskosten eines Anlagegutes nicht berücksichtigt werden.
9. Zum Anlagevermögen zählen nicht nur Sachanlagen, sondern auch Finanzanlagen und immaterielle Anlagegüter. ■

6476196

228

Kontenplan und vorläufige Saldenbilanz	Soll	Haben
0500 Unbebaute Grundstücke	280.000,00	–
0510 Bebaute Grundstücke/Gebäude	780.000,00	–
0700 Technische Anlagen und Maschinen	675.000,00	–
0800 Betriebs- und Geschäftsausstattung	280.000,00	–
0891 GWG-Sammelposten	6.000,00	–
2280 Warenbestand	155.600,00	–
2400 Forderungen a. LL	309.160,00	–
2600 Vorsteuer	126.905,00	–
2800 Bank	370.000,00	–
2880 Kasse	3.000,00	–
3000 Eigenkapital	–	1.300.000,00
3001 Privat	62.000,00	–
4250 Hypothekenschulden	–	680.000,00
4400 Verbindlichkeiten a. LL	–	230.200,00
4800 Umsatzsteuer	–	259.065,00
5100 Umsatzerlöse für Waren	–	1.350.000,00
5102 Kundenskonti	8.780,00	–
5103 Kundenboni	3.220,00	–
5400 Mieterträge	–	22.600,00
5420 Entnahme v. G. u. s. L.	–	25.500,00
5430 Sonstige betriebliche Erträge	–	14.800,00
6060 Wareneingang (Aufwendungen für Waren)	420.000,00	–
6061 Bezugskosten	3.000,00	–
6062 Nachlässe/Rücksendungen	–	15.380,00
6063 Liefererskonti	–	3.120,00
6900 Versicherungsbeiträge	22.000,00	–
7510 Zinsaufwendungen	36.000,00	–
7800 Diverse Aufwendungen	360.000,00	–
Zusätzliche Konten: 6520, 6540, 6550, 8010 und 8020	3.900.665,00	3.900.665,00

Abschlussangaben zum Bilanzstichtag (31. Dezember)

1. Die Anschaffung einer Heftmaschine (GWG), Anschaffungskosten 400,00 €, wurde irrtümlich über das Konto „0700 TA und Maschinen" gebucht.
2. Die Steuerberichtigungen sind noch zu ermitteln und zu buchen:
   a) Liefererskonti, brutto: 952,00 €; b) Kundenskonti, brutto: 1.428,00 €.
3. Die Gutschriftsanzeige unseres Lieferers für fehlerhafte Waren ist noch zu buchen: 1.011,50 € brutto.
4. Ein Kunde erhält noch eine Bonus-Gutschriftsanzeige über 1.785,00 € brutto.
5. Kassenüberschuss lt. Inventur 300,00 € (Ursache ungeklärt).
6. Reparaturen im Haus des Unternehmers wurden durch eigenen Betrieb durchgeführt: netto 1.500,00 €.
7. Planmäßige Abschreibungen: Gebäude: 2 % von 900.000,00 € Herstellungskosten. TA u. Maschinen: 20 % degressiv[1]; BGA: 10 % von 320.000,00 € Anschaffungskosten; 20 % auf 0891 GWG-Sammelposten.
8. Außerplanmäßige Abschreibung:
   Das mit 280.000,00 € bilanzierte unbebaute Grundstück hat lt. Gutachten nur noch einen Wert von 220.000,00 €.
9. Schlussbestände lt. Inventur: Waren .... 180.000,00 €
   Im Übrigen entsprechen die Buchwerte der Inventur.

Ermitteln Sie die Rentabilität des Eigenkapitals.

1 Siehe Fußnoten auf S. 190.

2.4.2 Katja Kern verkauft nicht mehr genutzte Anlagegüter

Der Verkauf gebrauchter und nicht mehr benötigter Anlagegüter unterliegt der Umsatzsteuer. Der Erlös wird auf dem Konto

5440 Erlöse aus Anlagenverkauf

gesondert erfasst, um gemäß § 22 UStG eine bessere Kontrolle (Verprobung) der Umsatzsteuer zu ermöglichen.

Scheidet ein Anlagegut durch Verkauf aus dem Betriebsvermögen aus, sind drei Fälle möglich:

1. **Der Verkaufserlös entspricht dem Buchwert** des Anlagegutes. In diesem Fall ergibt sich durch die Veräußerung des Anlagegutes weder ein Gewinn noch ein Verlust.
2. **Der Verkaufserlös ist höher als der Buchwert.** Es ergibt sich ein **Buchgewinn,** der auf folgendem Konto gebucht wird:

   5460 Erträge aus Vermögensabgang.

3. **Der Verkaufserlös ist kleiner als der Buchwert.** Es ergibt sich ein **Buchverlust,** der auf dem folgenden Konto erfasst wird:

   6960 Verluste aus Anlagenabgang.

Ermittlung des Buchwertes

Anlagegüter scheiden in der Regel **während** des Geschäftsjahres aus. In diesem Fall ist die **Abschreibung** noch **zeitanteilig vorzunehmen, und zwar bis auf den vollen vorhergehenden Monat.** Nur so sind Buchwert und damit die Erfolgsauswirkung aus dem Anlagenabgang genau zu ermitteln.

Beispiel

Ein Gabelstapler, der zum 1. Januar eines Geschäftsjahres noch einen Buchwert von 24.000,00 € hat und jährlich mit 12.000,00 € linear abgeschrieben wird, soll am 7. August des gleichen Jahres verkauft werden.

Wie hoch ist der Buchwert zum Zeitpunkt des Ausscheidens?

	Buchwert des Gabelstaplers zum 1. Januar	24.000,00 €
–	Abschreibung für 7 Monate (7/12 von 12.000,00 €)	7.000,00 €
	Buchwert zum 7. August	**17.000,00 €**

Buchung der zeitanteiligen Abschreibung	Soll	Haben
6520 Abschreibungen auf Sachanlagen	7.000,00	
an 0700 TA und Maschinen		7.000,00

Das Konto „0700 TA u. Maschinen" weist nunmehr den **Buchwert des ausscheidenden Anlagegutes** in Höhe von 17.000,00 € aus:

S	0700 TA und Maschinen		H
1. Jan.	24.000,00	6520	7.000,00
		Buchwert	17.000,00

S	6520 Abschreibungen auf SA		H
0700	7.000,00		

Beispiel

Der o. g. Gabelstapler, dessen Buchwert zum Zeitpunkt des Ausscheidens aus dem Betrieb 17.000,00 € beträgt, wird gegen Bankscheck verkauft, und zwar für:

1. netto 17.000,00 € + 3.230,00 € USt = 20.230,00 € → Nettoverkaufspreis = Buchwert

6476198

Katja Kern verkauft nicht mehr genutzte Anlagegüter

	Nettoverkaufspreis	17.000,00 €
–	Buchwert	17.000,00 €
	Ertrag/Aufwand aus Anlagenabgang	– €

❶ Buchung des Erlöses		Soll	Haben
2800	Bank	20.230,00	
an	5440 Erlöse aus Anlagenverkauf		17.000,00
an	4800 Umsatzsteuer		3.230,00

❷ Buchung des Buchwertabgangs[1]		Soll	Haben
5440	Erlöse aus Anlagenverkauf	17.000,00	
an	0700 TA und Maschinen		17.000,00

S	0700 TA und Maschinen		H
1. Jan.	24.000,00	AfA	7.000,00
		❷	17.000,00

S	5440 Erlöse aus Anlagenverkauf		H
❷	17.000,00	❶	17.000,00

S	2800 Bank		H
❶	20.230,00		

S	4800 Umsatzsteuer		H
		❶	3.230,00

2. netto 15.000,00 € + 2.850,00 € USt = 17.850,00 € ⟶ Nettoverkaufspreis < Buchwert

	Nettoverkaufspreis	15.000,00 €
–	Buchwert	17.000,00 €
	Verlust aus Anlagenabgang	**2.000,00 €**

Buchungen		Soll	Haben
❶ 2800	Bank	17.850,00	
an	5440 Erlöse aus Anlagenverkauf		15.000,00
an	4800 Umsatzsteuer		2.850,00
❷ 5440	Erlöse aus Anlagenverkauf[1]	15.000,00	
6960	Verluste aus Anlagenabgang	2.000,00	
an	0700 TA und Maschinen		17.000,00

S	0700 TA und Maschinen		H
1. Jan.	24.000,00	AfA	7.000,00
		❷	17.000,00

S	5440 Erlöse aus Anlagenverkauf		H
❷	15.000,00	❶	15.000,00

S	2800 Bank		H
❶	17.850,00		

S	6960 Verluste aus Anlagenabgang		H
❷	2.000,00		

S	4800 Umsatzsteuer		H
		❶	2.850,00

3. netto 20.000,00 € + 3.800,00 € USt = 23.800,00 € ⟶ Nettoverkaufspreis > Buchwert

	Nettoverkaufspreis	20.000,00 €
–	Buchwert	17.000,00 €
	Ertrag aus Anlagenabgang	3.000,00 €

1 In der **EDV-Fibu** wird diese Buchung wegen der monatlichen **Umsatzsteuer-Voranmeldung** und der **Umsatzsteuer-Jahresverprobung** auf einem **Gegenkonto** (Neutralisierungskonto) **zum Konto 5440** vorgenommen.

Katja Kern verkauft nicht mehr genutzte Anlagegüter

❶ Buchung des Erlöses	Soll	Haben
2800 Bank	23.800,00	
an **5440 Erlöse aus Anlagenverkauf**		20.000,00
an **4800 Umsatzsteuer**		3.800,00

❷ Buchung des Buchwertabgangs[1]	Soll	Haben
5440 Erlöse aus Anlagenverkauf	17.000,00	
an **0700 TA und Maschinen**		17.000,00

❸ Buchung des Ertrags aus dem Anlagenverkauf[1]	Soll	Haben
5440 Erlöse aus Anlagenverkauf	3.000,00	
an **5460 Erträge aus Vermögensabgang**		3.000,00

S	0700 TA und Maschinen		H
1. Jan.	24.000,00	AfA	7.000,00
		❷	17.000,00

S	5440 Erlöse aus Anlagenverkauf		H
❷	17.000,00	❶	20.000,00
❸	3.000,00		

S	2800 Bank		H
❶	23.800,00		

S	5460 Erträge aus Vermögensabgang		H
		❸	3.000,00

S	4800 Umsatzsteuer		H
		❶	3.800,00

Die Buchungen ❷ und ❸ können auch zusammengefasst werden.

Zusammenfassung

- Erlöse aus dem Verkauf **nicht mehr betrieblich genutzter Anlagen** sind aus umsatzsteuerlichen Gründen (Umsatzsteuerverprobung) auf einem **Sonderkonto** auszuweisen.
- Scheidet ein Anlagegut während des Geschäftsjahres aus dem Betriebsvermögen aus, ist die **Abschreibung** für das Veräußerungsjahr noch **zeitanteilig** bis auf den vollen vorhergehenden Monat vorzunehmen. Nur so lässt sich der Buchgewinn oder Buchverlust aus dem Verkauf des Anlagegutes genau ermitteln:

Erlös > Buchwert = Buchgewinn

Erlös < Buchwert = Buchverlust

AUFGABEN

229 Die Papiergroßhandlung Katja Kern e. Kffr. verkauft am 10. September einen gebrauchten Geschäftswagen, der betrieblich nicht mehr genutzt wird, gegen Bankscheck für

a) 15.232,00 € (12.800,00 € netto + 2.432,00 € Umsatzsteuer),
b) 11.900,00 € (10.000,00 € netto + 1.900,00 € Umsatzsteuer),
c) 17.850,00 € (15.000,00 € netto + 2.850,00 € Umsatzsteuer).

Der Buchwert dieses Wagens betrug am 1. Januar des Veräußerungsjahres 19.200,00 €. Er wird linear mit jährlich 9.600,00 € abgeschrieben.

1 In der **EDV-Fibu** wird diese Buchung wegen der monatlichen **Umsatzsteuer-Voranmeldung** und der **Umsatzsteuer-Jahresverprobung** auf einem **Gegenkonto** (Neutralisierungskonto) **zum Konto 5440** vorgenommen.

1. *Ermitteln Sie die zeitanteilige Abschreibung für das Veräußerungsjahr.*
2. *Wie lautet die Buchung für die zeitanteilige Abschreibung?*
3. *Wie hoch ist der Buchwert des Geschäftswagens zum Zeitpunkt der Veräußerung?*
4. *Nennen Sie jeweils den umsatzsteuerpflichtigen Erlös aus dem Verkauf.*
5. *Wie wirken sich die Fälle a), b) und c) auf den Erfolg des Unternehmens aus?*
6. *Nennen Sie den Buchungssatz für den Verkauf des Geschäftswagens.*
7. *Wie lautet die Buchung für die Ausbuchung des gebrauchten Geschäftswagens?*
8. *Buchen Sie auf den entsprechenden Konten.* ■

Ein Lkw, der zum Zeitpunkt des Ausscheidens einen Buchwert von 20.000,00 € hat, wird gegen Bankscheck verkauft für **230**

a) 20.000,00 € + Umsatzsteuer,
b) 25.000,00 € + Umsatzsteuer,
c) 18.000,00 € + Umsatzsteuer.

1. *Ermitteln Sie die Erfolgsauswirkung in den Fällen a), b) und c).*
2. *Wie hoch ist der jeweils gesondert auszuweisende steuerpflichtige Umsatz?*
3. *Nennen Sie die Buchungssätze und buchen Sie auf den entsprechenden Konten.*
4. *Inwiefern ist es vorteilhaft, den umsatzsteuerpflichtigen Erlös gesondert zu erfassen?* ■

Eine Maschine, Anschaffungskosten 300.000,00 €, Nutzungsdauer 10 Jahre, wurde linear abgeschrieben. Sie wird am 8. November des neunten Nutzungsjahres gegen Bankscheck verkauft, und zwar **231**

a) zum Buchwert + Umsatzsteuer
b) 50 % über Buchwert + Umsatzsteuer
c) 20 % unter Buchwert + Umsatzsteuer

1. *Ermitteln Sie die zeitanteilige Abschreibung und den Buchwert der Maschine zum Zeitpunkt ihres Ausscheidens aus dem Betriebsvermögen. Buchen Sie die zeitanteilige Abschreibung.*
2. *Nennen Sie in den Fällen a), b) und c) jeweils die auszuweisenden steuerpflichtigen Erlöse.*
3. *Wie lauten die Buchungen in den Fällen a), b) und c)?* ■

Eine nicht mehr benötigte Maschine wird am 12. Oktober gegen Bankscheck verkauft. Nettopreis 45.000,00 € + Umsatzsteuer. **232**

Der Buchwert der Maschine betrug am 1. Januar des gleichen Jahres 48.000,00 €. Sie wurde linear mit jährlich 10 % = 24.000,00 € abgeschrieben.

1. *Wie hoch waren die Anschaffungskosten der Maschine?*
2. *Ermitteln Sie den Buchwert der Maschine zum Zeitpunkt ihres Ausscheidens und buchen Sie die zeitanteilige Abschreibung.*
3. *Ermitteln Sie die Erfolgsauswirkung und nennen Sie die erforderlichen Buchungen.* ■

233

1. *Warum muss beim Verkauf eines nicht mehr benötigten Anlagegutes noch die Abschreibung zeitanteilig vorgenommen werden?*
   Begründen Sie Ihre Aussage.
2. *Die Erlöse aus Anlagenverkauf sind nach § 22 UStG kontenmäßig gesondert auszuweisen. Begründen Sie diese Vorschrift.* ■

2.5 Im Unternehmen Katja Kern e. Kffr. werden gefährdete Forderungen abgeschrieben

2.5.1 Uneinbringliche Forderungen werden voll abgeschrieben

Situation

Die Papiergroßhandlung Katja Kern hat am 15. Febr. an das Fachgeschäft für Bürobedarf Schneider KG eine Palette Papier für PC-Drucker geliefert, und zwar mit einem Zahlungsziel von 30 Tagen netto Kasse. Die Ausgangsrechnung lautete:

	Warenwert	3.200,00 €
+	19 % Umsatzsteuer	608,00 €
	Rechnungsbetrag	**3.808,00 €**

Am 10. März, also kurz vor Ablauf der Zahlungsfrist, erfährt Frau Kern durch eine Zeitungsnotiz, dass über das Vermögen der Schneider KG der Antrag auf Eröffnung eines Insolvenzverfahrens gestellt wurde. Am 8. Mai erhält sie die Mitteilung des Amtsgerichts, dass das Insolvenzverfahren mangels Masse, also wegen fehlender Deckung der Verfahrenskosten, nicht eröffnet wurde. Damit ist die Forderung als verloren anzusehen.

Die Ausgangsrechnung hatte Katja Kern am 15. Februar wie folgt gebucht:

Buchung	Soll	Haben
❶ **2400 Forderungen a. LL**	3.808,00	
an **5100 Umsatzerlöse für Waren**		3.200,00
an **4800 Umsatzsteuer**		608,00

Umbuchung gefährdeter Forderungen

Die gefährdete Forderung muss aus Gründen der Klarheit buchhalterisch von den einwandfreien Forderungen getrennt werden. Das geschieht durch Umbuchung auf das Konto

2470 Zweifelhafte Forderungen.

Buchung	Soll	Haben
❷ **2470 Zweifelhafte Forderungen**	3.808,00	
an **2400 Forderungen a. LL**		3.808,00

Abschreibung uneinbringlicher Forderungen

Durch die Nichteröffnung des Insolvenzverfahrens ist die **zweifelhafte Forderung** für Katja Kern nunmehr uneinbringlich geworden. Sie muss deshalb **in Höhe des Warenwertes** (Nettowert) voll abgeschrieben werden. Dazu benötigt man das Konto

6950 Abschreibungen auf Forderungen.

Rückforderung der Umsatzsteuer

Die Umsatzsteuer, die auf den Forderungsausfall entfällt, wird **vom Finanzamt zurückgefordert.** Das geschieht durch eine Sollbuchung auf dem Konto „4800 Umsatzsteuer", wodurch sich die Verbindlichkeiten gegenüber dem Finanzamt vermindern.

Buchung	Soll	Haben
❸ **6950 Abschreibungen auf Forderungen**	3.200,00	
4800 Umsatzsteuer	608,00	
an **2470 Zweifelhafte Forderungen**		3.808,00

S	2400 Forderungen a. LL		H
❶	3.808,00	❷	3.808,00

S	2470 Zweifelhafte Forderungen		H
❷	3.808,00	❸	3.808,00

S	5100 Umsatzerlöse für Waren		H
		❶	3.200,00

S	4800 Umsatzsteuer		H
❸	608,00	❶	608,00

S	6950 Abschreibungen auf Ford.		H
❸	3.200,00		

6476202

Uneinbringliche Forderungen werden voll abgeschrieben

Teilausfall einer Forderung

Fallen Forderungen nur zum Teil aus, ist nur der uneinbringliche Teil abzuschreiben und die auf diesen Teil entfallende Umsatzsteuer zu berichtigen.

Situation

Die Papiergroßhandlung Kern hat am 10. Januar drei Paletten Druckpapier an die Druckerei Heinen OHG geliefert. Die Ausgangsrechnung AR 267 lautete über 10.000,00 € netto + 1.900,00 € USt = 11.900,00 €. Katja Kern erfährt jedoch am 20. Januar, dass die Druckerei Heinen wegen Zahlungsschwierigkeiten beim zuständigen Amtsgericht das Insolvenzverfahren beantragt hat. In der Gläubigerversammlung wurde am 15. April eine Erstattungsquote von 60 % vereinbart. Kurz darauf erhält Frau Kern 60 % von 11.900,00 € = 7.140,00 € auf das betriebliche Konto überwiesen.

❶ *Nennen Sie den Buchungssatz für die Ausgangsrechnung 267 zum 10. Januar.*

❷ *Nennen Sie den Buchungssatz für die Umbuchung der zweifelhaften Forderung am 20. Januar.*

❸ Katja Kern bucht nach dem 15. April den Zahlungseingang auf dem Bankkonto:

Buchung	Soll	Haben
2800 Bank	7.140,00	
an **2470 Zweifelhafte Forderungen**		7.140,00

❹ Katja Kern ermittelt und bucht den Abschreibungsbetrag und die USt-Berichtigung:

Zweifelhafte Forderung	11.900,00 €
– Zahlungseingang	7.140,00 €
Endgültiger Forderungsausfall	**4.760,00 €**

119 % Forderungsausfall ~ 4.760,00 €
19 % Umsatzsteuer ~ x €

$$x\,€ = \frac{4.760,00\,€ \cdot 19\,\%}{119\,\%} = \mathbf{760,00\,€}$$

Forderungsausfall	4.760,00 €
– Umsatzsteuerberichtigung	760,00 €
Abschreibungsbetrag	**4.000,00 €**

Buchung	Soll	Haben
6950 Abschreibungen auf Forderungen	4.000,00	
4800 Umsatzsteuer	760,00	
an **2470 Zweifelhafte Forderungen**		4.760,00

S 2400 Forderungen a. LL H

S		H	
❶	11.900,00	❷	11.900,00

S 5100 Umsatzerlöse für Waren H

S		H	
		❶	10.000,00

S 2470 Zweifelhafte Forderungen H

S		H	
❷	11.900,00	❸	7.140,00
		❹	4.760,00

S 4800 Umsatzsteuer H

S		H	
❹	760,00	❶	1.900,00

S 2800 Bank H

S		H	
❸	7.140,00		

S 6950 Abschreibungen auf Ford. H

S		H	
❹	4.000,00		

2.5.2 Buchung von Zahlungseingängen auf bereits abgeschriebene Forderungen

Erfolgt auf eine bereits voll abgeschriebene Forderung später unerwartet ein Zahlungseingang, so ist dieser als Ertrag auf dem Konto

5490 Periodenfremde Erträge

zu buchen. Die im Zahlungseingang enthaltene **Umsatzsteuer** ist aus dem Bruttobetrag **herauszurechnen** und als Verbindlichkeit gegenüber dem Finanzamt im Haben des Kontos „4800 Umsatzsteuer" zu erfassen.

Beispiel

Auf eine im vergangenen Geschäftsjahr abgeschriebene Forderung erhalten wir durch Banküberweisung **wider Erwarten 2.380,00 €.**

119 % Zahlungseingang ~ 2.380,00 €
19 % Umsatzsteuer ~ x €

$$x\,€ = \frac{2.380{,}00\,€ \cdot 19\,\%}{119\,\%} = \mathbf{380{,}00\,€}$$

Buchung	Soll	Haben
2800 Bank	2.380,00	
an **5490 Periodenfremde Erträge**		2.000,00
an **4800 Umsatzsteuer**		380,00

S	2800 Bank		H
5490/4800	2.380,00		

S	5490 Periodenfremde Erträge		H
		2800	2.000,00

S	4800 Umsatzsteuer		H
		2800	380,00

2.5.3 Wie werden Forderungen zum Jahresschluss bewertet?

Einzelbewertung der Forderungen

Zum Bilanzstichtag müssen im Rahmen der Inventur alle Forderungen aus Lieferungen und Leistungen **einzeln** auf ihre **Einbringlichkeit (Bonität) überprüft** werden. Diese **Einzelbewertung** der Forderungen soll **das spezielle Ausfallrisiko** der Kunden erfassen, wie z. B. die Eröffnung eines Insolvenzverfahrens. Auch wenn Kunden trotz mehrfacher Mahnungen nicht gezahlt haben, muss das individuelle **Risiko eines Zahlungsausfalls** bei der Bewertung der Forderungen zum Jahresschluss berücksichtigt werden.

Schätzung von Forderungsausfällen

Forderungen, bei denen ein spezielles Ausfallrisiko besteht, sind zunächst auf das Konto **„2470 Zweifelhafte Forderungen"** umzubuchen. Im Anschluss daran muss der **Ausfall geschätzt** werden. Anhaltspunkt kann beispielsweise die vom Insolvenzverwalter eingeholte Auskunft über eine zu erwartende Erstattungsquote sein oder eine eigene Schätzung des voraussichtlichen Zahlungsausfalls. Der **geschätzte Nettoausfall** der Forderungen ist dann auf dem Konto **„6950 Abschreibungen auf Forderungen"** zu buchen. Die **Umsatzsteuer darf grundsätzlich erst dann berichtigt werden,** wenn der Forderungsausfall in seiner Höhe endgültig feststeht.

6476204

Wie werden Forderungen zum Jahresschluss bewertet?

Beispiel

Zum 31. Dezember beträgt der Forderungsbestand im Konto 2400 142.800,00 €. Bei der Einzelbewertung der Forderungen ergibt sich, dass über das Vermögen des Kunden Thomas Haas e. K. das Insolvenzverfahren beantragt worden ist. Der Insolvenzverwalter rechnet mit einer Erstattungsquote von 20 %. Unsere Forderung beträgt 17.850,00 € (15.000,00 € netto + 2.850,00 € Umsatzsteuer).

80 % von 15.000,00 € netto = **12.000,00 € Abschreibung**

Buchungen	Soll	Haben
❶ **2470 Zweifelhafte Forderungen**	17.850,00	
an **2400 Forderungen a. LL**		17.850,00
❷ **6950 Abschreibungen auf Forderungen**	12.000,00	
an **2470 Zweifelhafte Forderungen**		12.000,00

S 2400 Forderungen a. LL H

S		H	
...	142.800,00	❶ 2470	17.850,00
		SBK	124.950,00

S 2470 Zweifelhafte Forderungen H

S		H	
❶ 2400	17.850,00	❷ 6950	12.000,00
		SBK	5.850,00

S 6950 Abschreibungen auf Ford. H

S		H	
❷ 2470	12.000,00	GuV	12.000,00

S 8020 Gewinn- und Verlustkonto H

S		H	
6950	12.000,00		

S 8010 Schlussbilanzkonto H

S		H	
2400 Forderungen a. LL	124.950,00		
2470 Zweifelhafte Forderungen	5.850,00		

Zusammenfassung

- **Forderungen** aus Lieferungen und Leistungen werden in drei Gruppen unterteilt:
  – **Einwandfreie,** – **Zweifelhafte** und – **Uneinbringliche** Forderungen.
- **Zweifelhaft** wird eine bestehende Forderung aus Lieferungen und Leistungen, wenn der **Zahlungseingang unsicher** ist, also ein teilweiser oder vollständiger Ausfall der Forderung zu erwarten ist.
- **Zweifelhafte Forderungen** sind aus Gründen der **Bilanzklarheit** buchhalterisch von den einwandfreien Forderungen zu **trennen** (siehe obiges SBK). Das geschieht durch einfache **Umbuchung** auf das Konto „2470 Zweifelhafte Forderungen".
- Forderungen gelten als **uneinbringlich,** wenn der **Ausfall** der Forderung **endgültig** feststeht, wie z. B. nach Abschluss des Insolvenzverfahrens.
- **Uneinbringliche Forderungen sind abzuschreiben** (Konto „6950 Abschreibungen auf Forderungen"). Die Abschreibung darf **nur vom Nettowert** der Forderung erfolgen. Gleichzeitig ist die **Umsatzsteuer** entsprechend im Soll des Kontos „4800 Umsatzsteuer" zu **berichtigen.**
- **Zum Jahresschluss** sind **Forderungen** aus Lieferungen und Leistungen **einzeln zu bewerten,** wenn ein **spezielles Ausfallrisiko** (z. B. Eröffnung eines Insolvenzverfahrens) besteht. Der zu erwartende Verlust ist abzuschreiben. Die **Umsatzsteuer** darf allerdings **noch nicht berichtigt** werden, da der Forderungsausfall in seiner Höhe noch nicht endgültig feststeht.
- **Zahlungseingänge auf bereits voll abgeschriebene Forderungen** sind mit ihrem Nettobetrag auf dem Konto **„5490 Periodenfremde Erträge"** zu erfassen. Die Umsatzsteuer, die im Zahlungseingang enthalten ist, wird als Verbindlichkeit gegenüber dem Finanzamt im Haben des Kontos „4800 Umsatzsteuer" gebucht.

AUFGABEN

234 Am 10. Februar .. wird über das Vermögen unseres Kunden Jörg Käfer e. K. der Antrag auf Eröffnung eines Insolvenzverfahrens gestellt. Unsere Forderung beträgt 9.520,00 € (8.000,00 € netto + 1.520,00 € USt). Am 12. März .. erfahren wir, dass das Insolvenzverfahren mangels Masse, also wegen fehlender Deckung der Verfahrenskosten, nicht eröffnet wurde.

1. *Wie lautet die Buchung zum 10. Februar ..?*
2. *Nennen und begründen Sie die Buchung zum 12. März ..* ■

235 Am 24. Mai .. erfahren wir, dass unser Kunde Christian Schmelz e. K. den Antrag auf Eröffnung eines Insolvenzverfahrens beim zuständigen Amtsgericht gestellt hat. Unsere Forderung beträgt einschließlich Umsatzsteuer 26.775,00 €. Am 20. Juni .. wurde das Insolvenzverfahren mangels Masse abgelehnt.

1. *Nennen Sie die Buchung zum 24. Mai .. Begründen Sie Ihre Buchung.*
2. *Ermitteln Sie die im Bruttoforderungsbetrag enthaltene Umsatzsteuer.*
3. *Wie lautet die Buchung zum 20. Juni ..?* ■

236 Am 18. Juni .. wird über das Vermögen unseres Kunden Andreas Heider e. K. das Insolvenzverfahren beantragt. Unsere Forderung: 19.040,00 € einschließlich Umsatzsteuer. In der Gläubigerversammlung wird am 28. Juli .. eine Erstattungsquote von 65 % vereinbart. Die Zahlung erfolgt durch Banküberweisung am 20. August. ..

1. *Buchen Sie zum 18. Juni ..*
2. *Ermitteln Sie a) den Überweisungsbetrag, b) den endgültigen Forderungsausfall und c) die Umsatzsteuerberichtigung.*
3. *Buchen Sie den Teilausfall der Forderung.* ■

237 Unser Kunde Paul Ehrlich e. K. zahlt auf eine im Vorjahr voll abgeschriebene Forderung unerwartet 3.808,00 € durch Banküberweisung.

Nennen und begründen Sie die Buchung. ■

238 *Nennen Sie die Buchungssätze zu folgenden Geschäftsfällen:*

1. Über das Vermögen unseres Kunden Benno Dreilich e. K. wird das Insolvenzverfahren eröffnet. Unsere Forderung beträgt einschließlich Umsatzsteuer 33.796,00 €.
2. Die Erstattungsquote im Fall 1 beträgt nach Abschluss des Insolvenzverfahrens 20 %. Die Zahlung erfolgt durch Banküberweisung.
3. Auf eine im Vorjahr voll abgeschriebene Forderung gehen wider Erwarten 690,20 € ein.
4. Bei den Jahresabschlussarbeiten wird festgestellt, dass die Forderung an den Kunden Rainer Dirksen e. K. in Höhe von 11.900,00 € brutto voraussichtlich zu 50 % als verloren anzusehen ist.
5. Eine zweifelhafte Forderung in Höhe von 17.850,00 € ist uneinbringlich. ■

239

1. *Die Forderungen lassen sich in drei Gruppen einteilen. Nennen Sie diese.*
2. *Begründen Sie die Notwendigkeit einer buchhalterischen Trennung der zweifelhaften von den einwandfreien Forderungen.*
3. *Warum darf bei einem geschätzten Forderungsausfall zum 31. Dezember die Umsatzsteuer grundsätzlich noch nicht berichtigt werden? Begründen Sie.*
4. *Wann gilt eine Forderung als uneinbringlich?*
5. *Was versteht man unter einem „speziellen Ausfall- bzw. Kreditrisiko"?*
6. *Was versteht man unter der Einzelbewertung der Forderungen aus Lieferungen und Leistungen zum Jahresschluss?* ■

Buchungen im Rahmen des Jahresabschlusses 3

Abgleich zwischen Soll- und Istbeständen (Inventurdifferenzen) 3.1

Situation

Die **Erstellung des Jahresabschlusses** im Einzelunternehmen Katja Kern **bedarf** einer sorgfältigen **Planung und Organisation,** denn die **Buchwerte** der Bestands- und Erfolgskonten dürfen nicht ohne **Prüfung und Inventur** in die **Schlussbilanz und Gewinn- und Verlustrechnung** übernommen werden.

Glieder des Jahresabschlusses

Zum Schluss des Geschäftsjahres ist der **Jahresabschluss** zu erstellen, der bei **Einzelunternehmen** (e. K.) und **Personengesellschaften** (OHG, KG) aus der **Jahresbilanz und Gewinn- und Verlustrechnung** besteht (§ 242 Abs. 3 HGB). Bei **Kapitalgesellschaften** (AG, GmbH) sind Jahresbilanz und GuV-Rechnung noch um einen **Anhang** (Erläuterungsbericht) und **Lagebericht** zu ergänzen (§ 264 HGB).

Aufgaben des Jahresabschlusses

Der Jahresabschluss soll die Unternehmenseigner und Behörden, Gläubiger u. a. **über die tatsächliche Vermögens-, Finanz- und Ertragslage informieren.** Der Jahresabschluss ist aber auch **Grundlage der Gewinnverwendung und Steuerermittlung** und soll durch **Dokumentation und Aufbewahrung** ein wichtiges **Beweismittel** für mögliche Interessenkonflikte sein.

Inventur

Die Inventur der Vermögensteile und Schulden ist die **wichtigste Voraussetzung** für die ordnungsmäßige **Erstellung des Jahresabschlusses** (s. S. 13 f.). Sie muss durch **Sach-, Arbeits- und Terminpläne** organisiert werden, damit der Abschluss – wie üblich – **in den ersten drei Monaten des Folgejahres** erstellt ist.

Abgleich von Soll- und Istbeständen

Die Inventur dient vor allem dem **Abgleich** von **Sollbeständen der Finanzbuchhaltung** und **Istbeständen der körperlichen und buchmäßigen Inventur,** um **Inventurdifferenzen und deren Ursachen** in den **Bestandskonten** festzustellen:

- **Buchungsfehler** (falsche Konten und Beträge, ausgelassene Buchungen, Doppelbuchungen u. a.)
- **Nicht erfasste Mengenänderungen in den Warenbeständen** durch Schwund, Verderb, Diebstahl, nicht gebuchte Belege.
- **Nicht erfasste Wertminderungen:** Abschreibungen von Anlagen und Forderungen, Nichtbeachtung des Niederstwertprinzips bei Lagervorräten und des Höchstwertprinzips bei Währungsverbindlichkeiten[1].

Berichtigung der Inventurdifferenzen

Inventurdifferenzen, die sich in den Bestandskonten **nach** Buchung des Inventurschlussbestandes ergeben, **bedingen entsprechende Berichtigungsbuchungen. Buchungsfehler** werden u. a. durch Rückbuchung (Stornierung), Neu- oder Nachbuchung korrigiert. **Mengen- und Wertminderungen** sind auf den betreffenden Aufwands- und Bestandskonten zu erfassen. So sind z. B. Fehlbestände bei den einzelnen Warengruppen in den jeweiligen Wareneingangs- und Warenbestandskonten zu buchen. Nach den Berichtigungsbuchungen entsprechen die Bestandskonten der Inventur.

Beispiel

Das Kassenkonto der Papiergroßhandlung Kern weist zum 31. Dez. im Soll eine Summe von 5.850,00 € und im Haben 4.400,00 € aus. Der Sollbestand beträgt somit 1.450,00 €. Lt. Kassenprotokoll ergab die körperliche Inventur des Kassenbestandes einen Istbestand von **1.** 1.360,00 € und **2.** 1.539,25 €.

1. Nach Buchung des Inventurbestandes von 1.360,00 € **(Fall 1)** ergibt sich im Kassenkonto ein **Fehlbetrag von 90,00 €,** der
   a) auf einen nicht aufgedeckten Diebstahl und
   b) auf eine nicht gebuchte Privatentnahme zurückzuführen ist.

1 **Zum Bilanzstichtag** ist das **Vorratsvermögen** zum **niedrigsten** Tageswert anzusetzen (Niederstwertprinzip). Die **Schulden** sind mit ihrem höchsten Wert auszuweisen (Höchstwertprinzip, s. a. S. 227 f.)

Abgleich zwischen Soll- und Istbeständen (Inventurdifferenzen)

Forts. des Beispiels

Buchung des Inventurbestandes	Soll	Haben
8010 Schlussbilanzkonto	1.360,00	
an 2880 Kasse		1.360,00
Berichtigungsbuchungen	**Soll**	**Haben**
a) 6570 Abschreibungen auf Umlaufvermögen	90,00	
an 2880 Kasse		90,00
b) 3001 Privatentnahmen	90,00	
an 2880 Kasse		90,00

2. Nach Buchung des Inventurbestandes von 1.539,25 € **(Fall 2)** ergibt sich im Kassenkonto ein **Überschuss von 89,25 €,** der
   a) nicht geklärt werden konnte,
   b) daraus resultiert, weil der Barverkauf eines Artikels nicht gebucht wurde: 75,00 € netto + 14,25 € USt = 89,25 €.

Buchung des Inventurbestandes	Soll	Haben
8010 Schlussbilanzkonto	1.539,25	
an 2880 Kasse		1.539,25
Berichtigungsbuchungen	**Soll**	**Haben**
a) 2880 Kasse	89,25	
an 5430 Andere sonstige betriebl. Erträge		89,25
b) 2880 Kasse	89,25	
an 5100 Umsatzerlöse für Waren		75,00
an 4800 Umsatzsteuer		14,25

Richten Sie für obige Beispiele die Konten ein und buchen Sie darauf.

Zusammenfassung

- Der **Jahresabschluss** bedarf einer sorgfältigen **Planung und Organisation** und sollte in der Regel in den ersten **drei Monaten** des Folgejahres erstellt werden.
- Der **Abgleich** zwischen den rechnerischen Sollwerten der Finanzbuchhaltung und den durch Inventur ermittelten Istwerten muss dazu führen, dass die **Ursachen der Abweichungen** aufgedeckt und buchmäßig berichtigt werden.

AUFGABEN

240 Das Kassenkonto weist zum 31. Dez. im Soll 22.850,00 € und im Haben 22.560,00 € aus. Die Inventur ergab einen Istbestand von a) 232,00 € und b) 406,00 €.

Richten Sie für die Fälle a) und b) jeweils die Konten 2880, 8010, 5430 bzw. 6570 ein. Buchen Sie nun den Schlussbestand lt. Inventur für die Fälle a) und b). Ermitteln und buchen Sie jetzt jeweils die Abweichungen, deren Ursache nicht geklärt werden konnte, auf den genannten Konten. Nennen Sie alle Buchungssätze.

241
1. Das Konto 2280 Warenbestand weist zum 31. Dezember im Soll 400.000,00 € und im Haben 350.000,00 € aus. Die Inventur ergab einen Istbestand von a) 35.000,00 € und b) 60.000,00 €. Die Abweichung bei a) ist darauf zurückzuführen, dass Rücksendungen an die Lieferer nicht auf das Wareneingangskonto umgebucht wurden. Im Fall b) handelt es sich um einen nicht gebuchten Wareneinkauf auf Ziel.
   Richten Sie die Konten 2280, 2600, 4400, 6060, 6062 und 8010 ein und buchen Sie entsprechend. Nennen Sie auch alle Buchungssätze.
2. *Nennen Sie mögliche Ursachen für Kassendifferenzen und Abweichungen in Lagerbeständen.*

3.2 Im Unternehmen Katja Kern e. Kffr. werden Aufwendungen und Erträge zeitlich abgegrenzt

Situation

Die Papiergroßhandlung Katja Kern erstellt regelmäßig zum 31. Dezember eines Geschäftsjahres den Jahresabschluss gemäß § 242 HGB (siehe Anhang), also die Bilanz und die Gewinn- und Verlustrechnung. Bevor jedoch die Bestands- und Erfolgskonten abgeschlossen werden können, sind zunächst wichtige Vorarbeiten zu leisten. So muss vorab von allen Vermögens- und Schuldenposten **Inventur** gemacht und ein **Inventar** erstellt werden. Sodann sind die **Buchwerte** der Bestandskonten **mit den Inventurwerten abzustimmen.** Schließlich sind die **Erfolgskonten** daraufhin zu **überprüfen,**

ob auch alle Aufwendungen und Erträge, die wirtschaftlich das abzuschließende Geschäftsjahr betreffen, bisher erfasst worden sind.

3.2.1 Noch nicht vereinnahmte Erträge werden als „Sonstige Forderungen" gebucht

Beispiel

Die Papiergroßhandlung Kern hat einem Kunden eine Lagerhalle für monatlich 2.000,00 € vermietet. Die Dezembermiete erscheint aber erst am 10. Januar nächsten Jahres als Gutschrift auf dem Bankkonto.

Wie ist zum 31. Dezember des Abschlussjahres zu buchen?

Periodengerechte Erfassung von Erträgen

Die Miete für Dezember ist ein **Ertrag des abzuschließenden Geschäftsjahres,** der **erst im neuen Jahr** zu einer **Einnahme** auf dem Bankkonto führt. Der Mietertrag muss noch – **unabhängig von der Zahlung** – in der Gewinn- und Verlustrechnung des alten Jahres berücksichtigt werden, um den **Jahreserfolg zeitraumrichtig** (periodengerecht) ermitteln zu können. Die noch ausstehende Mieteinnahme ist zum Bilanzstichtag als „Sonstige Forderung" auf dem gleichnamigen Konto zu erfassen:

2690 Sonstige Forderungen.

Buchungen zum 31. Dezember des alten Jahres	Soll	Haben
❶ 2690 Sonstige Forderungen	2.000,00	
an 5400 Mieterträge		2.000,00
❷ 5400 Mieterträge	2.000,00	
an 8020 Gewinn- und Verlustkonto		2.000,00
❸ 8010 Schlussbilanzkonto	2.000,00	
an 2690 Sonstige Forderungen		2.000,00

S	2690 Sonstige Forderungen		H
❶ 5400	2.000,00	❸ SBK	2.000,00

S	5400 Mieterträge		H
❷ GuV	2.000,00	❶ 2690	2.000,00

S	8010 Schlussbilanzkonto		H
❸ 2690	2.000,00		

S	8020 Gewinn- und Verlustkonto		H
		❷ 5400	2.000,00

Buchung bei Zahlungseingang der Miete am 10. Januar des neuen Jahres	Soll	Haben
2800 Bank	2.000,00	
an 2690 Sonstige Forderungen		2.000,00

S	2800 Bank		H
2690	2.000,00		

S	2690 Sonstige Forderungen		H
AB	2.000,00	2800	2.000,00

3.2.2 Noch nicht gezahlte Aufwendungen werden als „Sonstige Verbindlichkeiten" gebucht

Beispiel

Die Papiergroßhandlung Kern hat am 1. Oktober ein Darlehen aufgenommen, für das am 30. September des nächsten Geschäftsjahres 1.200,00 € Zinsen zu zahlen sind.

Wie lautet die Buchung zum 31. Dezember des Abschlussjahres?

Periodengerechte Erfassung von Aufwendungen

Von den Jahreszinsen in Höhe von 1.200,00 €, die erst am 30. September des nächsten Jahres gezahlt werden müssen, entfallen **als Aufwand 300,00 € auf das alte** und 900,00 € auf das neue Jahr. Um den Erfolg des abzuschließenden Geschäftsjahres periodengerecht ermitteln zu können, muss der **Zinsaufwand des alten Jahres** noch zum 31. Dezember gebucht werden. Die noch **ausstehende Zahlung** ist dann zugleich als Schuld auf dem folgenden Konto auszuweisen:

4890 Sonstige Verbindlichkeiten.

Buchungen zum 31. Dezember des alten Jahres	Soll	Haben
❶ 7510 Zinsaufwendungen	300,00	
an 4890 Sonstige Verbindlichkeiten		300,00
❷ 8020 Gewinn- und Verlustkonto	300,00	
an 7510 Zinsaufwendungen		300,00
❸ 4890 Sonstige Verbindlichkeiten	300,00	
an 8010 Schlussbilanzkonto		300,00

S	7510 Zinsaufwendungen		H
❶ 4890	300,00	❷ GuV	300,00

S	4890 Sonstige Verbindlichkeiten		H
❸ SBK	300,00	❶ 7510	300,00

S	8020 Gewinn- und Verlustkonto		H
❷ 7510	300,00		

S	8010 Schlussbilanzkonto		H
		❸ 4890	300,00

Buchung bei Zahlung der Jahreszinsen am 30. September des neuen Jahres	Soll	Haben
4890 Sonstige Verbindlichkeiten	300,00	
7510 Zinsaufwendungen	900,00	
an 2800 Bank		1.200,00

S	4890 Sonstige Verbindlichkeiten		H
2800	300,00	AB	300,00

S	2800 Bank		H
AB	250.000,00	4890/7510	1.200,00

S	7510 Zinsaufwendungen		H
2800	900,00		

Zusammenfassung

- **Der Gewinn oder Verlust** eines Geschäftsjahres wird nur durch Gegenüberstellung der **Aufwendungen und Erträge** dieses Jahres ermittelt, und zwar **unabhängig von ihrer Zahlung,** also der Ausgabe bzw. Einnahme.
- Aufwendungen und Erträge sind stets **dem** Geschäftsjahr zuzurechnen, zu dem sie **wirtschaftlich** gehören. Nur so lässt sich der **Erfolg** eines Geschäftsjahres **zeitraumrichtig** (periodengerecht) ermitteln.

6476210

Zusammenfassung

- **Erträge des Abschlussjahres,** die **erst im neuen Jahr** zu einer **Einnahme** führen, stellen zugleich Forderungen dar, die auf dem Konto **„2690 Sonstige Forderungen"** gebucht werden. **Zum Bilanzstichtag** wird der **Ertrag** gebucht:

  Sonstige Forderungen an **Ertragskonto**

  Beispiele: Noch zu erhaltende Zinsen, Mieten, Provisionen u. a.

  Im neuen Jahr wird die **Einnahme gebucht:**

  Bank an **Sonstige Forderungen**

- **Aufwendungen des abzuschließenden Geschäftsjahres,** die **erst im Folgejahr** zu einer **Ausgabe** führen, sind zugleich Schulden, die auf dem Konto **„4890 Sonstige Verbindlichkeiten"** ausgewiesen werden. **Zum Jahresschluss** wird der **Aufwand** gebucht:

  Aufwandskonto an **Sonstige Verbindlichkeiten**

  Beispiele: Noch zu zahlende Zinsen, Mieten, Provisionen, Betriebssteuern u. a.

  Im neuen Jahr wird die **Ausgabe gebucht:**

  Sonstige Verbindlichkeiten an **Bank**

AUFGABEN

242

Wie lauten die Buchungssätze zu folgenden Geschäftsfällen
a) *zum Bilanzstichtag (31. Dezember),*
b) *nach Eröffnung der Konten bei Zahlungseingang bzw. -ausgang (Bank) im neuen Jahr?*

1. Die Dezembermiete für eine Lagerhalle in Höhe von 6.500,00 € überweisen wir erst Anfang Januar des Folgejahres.
2. Wir haben von unserem Kunden die fälligen Darlehenszinsen für die Zeit vom 1. Oktober bis 31. Dezember bis zum Bilanzstichtag noch nicht erhalten. Die Bankgutschrift erfolgt erst am 10. Januar des neuen Geschäftsjahres: 1.500,00 €.
3. Der Handelskammerbeitrag für das vierte Quartal wird erst am 2. Januar n. J. überwiesen: 890,00 €.
4. Die Dezembermiete für vermietete Garagen geht erst Anfang Januar n. J. ein: 150,00 €.
5. Die Telefonrechnung für Dezember wird erst am 2. Januar n. J. vom Bankkonto abgebucht: 860,00 € netto + 163,40 € USt.
6. Wir überweisen die Zinsen nachträglich jeweils für sechs Monate am 1. März und 1. September: 4.800,00 €.
7. Die Provision unseres Handelsvertreters für November und Dezember wird erst im Januar überwiesen. Die Rechnung weist aus: 5.600,00 € Nettoprovision + 1.064,00 € Umsatzsteuer = 6.664,00 €.
8. Die Zinsen für die Zeit vom 1. November bis 31. Januar n. J. in Höhe von 1.200,00 € werden von uns nachträglich am 31. Januar n. J. überwiesen. ■

243

Was gehört Ihrer Meinung nach zusammen?

Einnahme im neuen Jahr, Aufwand im alten Jahr, Sonstige Forderungen, Sonstige Verbindlichkeiten, Ertrag im alten Jahr, Ausgabe im neuen Jahr. ■

3.2.3 Im Voraus gezahlte Aufwendungen werden aktiv abgegrenzt (Aktive Rechnungsabgrenzung)

Beispiel Die Papiergroßhandlung Kern hat am 1. Oktober die Kraftfahrzeugversicherung für die Lastkraftwagen in Höhe von 2.400,00 € für ein Jahr im Voraus durch Banküberweisung bezahlt.

❶ Buchung der geleisteten Vorauszahlung am 1. Oktober des Abschlussjahres	Soll	Haben
6900 Versicherungsbeiträge	2.400,00	
an **2800 Bank**		2.400,00

S	6900 Versicherungsbeiträge	H
❶ 2800	2.400,00	

S	2800 Bank	H
	❶ 6900	2.400,00

Periodengerechte Erfassung im Voraus gezahlter Aufwendungen

Die am 1. Oktober für ein Jahr **im Voraus gezahlte** Kfz-Versicherung **berührt zwei Geschäftsjahre.** Deshalb muss zum 31. Dezember des Abschlussjahres eine genaue **periodengerechte Abgrenzung** des auf dem Konto 6900 gebuchten gesamten Versicherungsaufwands von 2.400,00 € vorgenommen werden: **600,00 D** (= $^{3}/_{12}$ von 2.400,00 €) entfallen auf drei Monate des Abschlussjahres, **1.800,00 D** (= $^{9}/_{12}$ von 2.400,00 €) auf neun Monate des folgenden Geschäftsjahres. Der auf das neue Geschäftsjahr entfallende Anteil der Kfz-Versicherung muss aus dem Konto „6900 Versicherungsbeiträge" herausgebucht und **in die Erfolgsrechnung des neuen Jahres hinübergeführt** werden. Dazu benötigt man zum 31. Dezember das **Hilfskonto**

2900 Aktive Rechnungsabgrenzung (kurz: ARA).

❷ Buchung der zeitlichen Abgrenzung zum 31. Dezember des Abschlussjahres	Soll	Haben
2900 Aktive Rechnungsabgrenzung	1.800,00	
an **6900 Versicherungsbeiträge**		1.800,00

Abschluss des Kontos „2900 ARA"

Das Konto **„2900 Aktive Rechnungsabgrenzung"** beinhaltet in diesem Beispiel einen Anspruch auf Versicherungsschutz für neun Monate des neuen Jahres, also einen Vermögenswert in Form einer **Leistungsforderung,** da die Versicherung bereits im alten Jahr im Voraus für das neue Jahr gezahlt wurde. Es ist deshalb als **aktives Bestandskonto** zum Schlussbilanzkonto abzuschließen. Das Konto „6900 Versicherungsbeiträge" weist nun den periodengerechten Versicherungsaufwand des Abschlussjahres in Höhe von 600,00 € aus und ist zum Gewinn- und Verlustkonto abzuschließen.

Abschlussbuchungen zum 31. Dezember	Soll	Haben
8010 Schlussbilanzkonto	1.800,00	
an **2900 Aktive Rechnungsabgrenzung**		1.800,00
8020 Gewinn- und Verlustkonto	600,00	
an **6900 Versicherungsbeiträge**		600,00

S	6900 Versicherungsbeiträge		H
❶ 2800	2.400,00	❷ 2900	1.800,00
		GuV	600,00

→

S	2900 ARA		H
❷ 6900	1.800,00	SBK	1.800,00

S	8020 Gewinn- und Verlustkonto	H
6900	600,00	

S	8010 Schlussbilanzkonto	H
2900 ARA	1.800,00	

6476212

Im Voraus gezahlte Aufwendungen werden aktiv abgegrenzt (Aktive Rechnungsabgrenzung)

Buchungen im neuen Jahr

Zu Beginn des neuen Jahres wird das Konto „2900 Aktive Rechnungsabgrenzung" mit dem Betrag von 1.800,00 € eröffnet. Danach wird dieser Betrag auf das Konto „6900 Versicherungsbeiträge" **umgebucht.** Damit hat das Konto „2900 Aktive Rechnungsabgrenzung" seine eigentliche Aufgabe erfüllt, die im alten Geschäftsjahr getätigten Ausgaben als Aufwand in die Erfolgsrechnung des neuen Geschäftsjahres hinüberzuführen. Die auf dem Konto 2900 gebuchten Beträge stellen somit „transitorische" Posten dar.

Eröffnungsbuchung	Soll	Haben
2900 Aktive Rechnungsabgrenzung	1.800,00	
an **8000 Eröffnungsbilanzkonto**		1.800,00

Umbuchung	Soll	Haben
6900 Versicherungsbeiträge	1.800,00	
an **2900 Aktive Rechnungsabgrenzung**		1.800,00

S	2900 ARA		H
EBK	1.800,00	6900	1.800,00

→

S	6900 Versicherungsbeiträge		H
2900 ARA	1.800,00		

Das Versicherungskonto weist nun **periodengerecht** den anteiligen Aufwand des neuen Jahres in Höhe von 1.800,00 € aus.

Sofortige aktive Rechnungsabgrenzung bei Zahlung

Die aktive Rechnungsabgrenzung kann auch sogleich bei Buchung der Ausgabe vorgenommen werden. Dadurch erübrigt sich zum Bilanzstichtag eine Überprüfung aller Ausgaben auf ihre Periodenzugehörigkeit. Im o. g. Beispiel soll nun die zeitliche Abgrenzung direkt bei Zahlung der Versicherungsprämie erfolgen:

Buchung bei Zahlung der Versicherungsprämie am 1. Oktober	Soll	Haben
6900 Versicherungsbeiträge	600,00	
2900 Aktive Rechnungsabgrenzung	1.800,00	
an **2800 Bank**		2.400,00

S	6900 Versicherungsbeiträge		H
2800	600,00		

S	2800 Bank		H
		6900/2900	2.400,00

S	2900 ARA		H
2800	1.800,00		

3.2.4 Im Voraus vereinnahmte Erträge werden passiv abgegrenzt (Passive Rechnungsabgrenzung)

Beispiel

Für vermietete Büroräume erhält die Papiergroßhandlung Kern die Miete in Höhe von 6.000,00 € für die Zeit vom 1. November des laufenden Jahres bis zum 30. April des folgenden Jahres im Voraus. Die Bankgutschrift erfolgt zum 1. November.

❶ Buchung der Einnahme am 1. November des Abschlussjahres	Soll	Haben
2800 Bank	6.000,00	
an **5400 Mieterträge**		6.000,00

S	2800 Bank		H
❶ 5400	6.000,00		

S	5400 Mieterträge		H
		❶ 2800	6.000,00

Im Voraus vereinnahmte Erträge werden passiv abgegrenzt (Passive Rechnungsabgrenzung)

Periodengerechte Erfassung im Voraus erhaltener Erträge

Die am 1. November für sechs Monate im Voraus erhaltene Miete **berührt zwei Geschäftsjahre.** Zum 31. Dezember des Abschlussjahres muss eine zeitliche **Abgrenzung** der auf dem Konto 5400 gebuchten Mieteinnahme von 6.000,00 € vorgenommen werden: **2.000,00 €** (= $\frac{2}{6}$ von 6.000,00 €) entfallen auf zwei Monate des Abschlussjahres, **4.000,00 €** (= $\frac{4}{6}$ von 6.000,00 €) auf vier Monate des Folgejahres. Der auf das neue Geschäftsjahr entfallende Mietanteil muss auf der Sollseite des Mietertragskontos korrigiert und **in die Erfolgsrechnung des neuen Jahres hinübergeführt** werden. Dazu benötigt man zum 31. Dezember das **Hilfskonto**

4900 Passive Rechnungsabgrenzung (kurz: PRA).

❷ Buchung der zeitlichen Abgrenzung zum 31. Dezember des Abschlussjahres	Soll	Haben
5400 Mieterträge	4.000,00	
an 4900 Passive Rechnungsabgrenzung		4.000,00

Abschluss des Kontos „4900 PRA"

Das Konto **„4900 Passive Rechnungsabgrenzung"** beinhaltet im vorliegenden Fall eine Verpflichtung zur Überlassung der Büroräume für vier Monate des neuen Jahres, also eine Schuld in Form einer **Leistungsverbindlichkeit,** da die Miete bereits im alten Jahr im Voraus für das neue Jahr vereinnahmt wurde. Es ist deshalb als **passives Bestandskonto** zum Schlussbilanzkonto abzuschließen. Das Konto „5400 Mieterträge", das den periodengerechten Mietertrag des Abschlussjahres in Höhe von 2.000,00 € ausweist, wird zum GuV-Konto abgeschlossen.

Abschlussbuchungen zum 31. Dezember	Soll	Haben
4900 Passive Rechnungsabgrenzung	4.000,00	
an 8010 Schlussbilanzkonto		4.000,00
5400 Mieterträge	2.000,00	
an 8020 Gewinn- und Verlustkonto		2.000,00

S	4900 Passive Rechnungsabgrenzung		H
SBK	4.000,00	❷ 5400	4.000,00

S	5400 Mieterträge		H
❷ 4900 PRA	4.000,00	❶ 2800	6.000,00
GuV	2.000,00		

S	8010 Schlussbilanzkonto		H
		4900 PRA	4.000,00

S	8020 Gewinn- und Verlustkonto		H
		5400	2.000,00

Buchungen im neuen Jahr

Zu Beginn des neuen Jahres wird das Konto „4900 Passive Rechnungsabgrenzung" mit dem Betrag von 4.000,00 € eröffnet. Anschließend wird dieser Betrag auf das Konto „5400 Mieterträge" **umgebucht.** Damit hat das Konto „4900 Passive Rechnungsabgrenzung" seine eigentliche Aufgabe erfüllt, die im alten Geschäftsjahr gebuchte Mieteinnahme als Ertrag in die Erfolgsrechnung des neuen Geschäftsjahres hinüberzuführen.

Eröffnungsbuchung	Soll	Haben
8000 Eröffnungsbilanzkonto	4.000,00	
an 4900 Passive Rechnungsabgrenzung		4.000,00

Umbuchung	Soll	Haben
4900 Passive Rechnungsabgrenzung	4.000,00	
an 5400 Mieterträge		4.000,00

6476214

S	5400 Mieterträge		H
		4900	4.000,00

S	4900 Passive Rechnungsabgrenzung		H
5400	4.000,00	EBK	4.000,00

Das Konto 5400 weist nun im neuen Jahr den anteiligen im Voraus erhaltenen Mietertrag aus.

Sofortige passive Rechnungsabgrenzung bei Zahlung

Auch die passive Rechnungsabgrenzung lässt sich direkt bei Buchung der Einnahme vornehmen:

Buchung bei Eingang der Mietvorauszahlung am 1. November	Soll	Haben
2800 Bank	6.000,00	
an **5400 Mieterträge**		2.000,00
an **4900 Passive Rechnungsabgrenzung**		4.000,00

S	2800 Bank		H
5400/4900	6.000,00		

S	5400 Mieterträge		H
		2800	2.000,00

S	4900 Passive Rechnungsabgrenzung		H
		2800	4.000,00

Zusammenfassung

- Das Konto **„2900 Aktive Rechnungsabgrenzung“** erfasst alle Ausgaben vor dem Abschluss-Stichtag, soweit sie Aufwand des Folgejahres darstellen (§ 250 HGB). Der Buchungssatz lautet
  - bei Abgrenzung zum 31. Dez.: **ARA** an **Aufwandskonto**
  - bei direkter Abgrenzung: **ARA** an **Zahlungsmittelkonto**
- Das Konto **„4900 Passive Rechnungsabgrenzung“** erfasst alle Einnahmen vor dem Abschluss-Stichtag, soweit sie Ertrag des Folgejahres darstellen (§ 250 HGB). Der Buchungssatz lautet
  - bei Abgrenzung zum 31. Dez.: **Ertragskonto** an **PRA**
  - bei direkter Abgrenzung: **Zahlungsmittelkonto** an **PRA**
- Aktive und passive **Rechnungsabgrenzungsposten werden zu Beginn des folgenden Geschäftsjahres aufgelöst,** indem sie auf das entsprechende Erfolgskonto **umgebucht** werden:
  - **Aufwandskonto** an **ARA**
  - **PRA** an **Ertragskonto**
- **Die zeitliche Abgrenzung** der Aufwendungen und Erträge **bezweckt** eine **periodengerechte Ermittlung des Jahreserfolgs.** Man unterscheidet **vier Fälle:**

Geschäftsfall	Vorgang im **alten** Jahr	Vorgang im **neuen** Jahr	Buchung zum 31. Dezember:
Von uns noch zu zahlender Aufwand	**Aufwand**	Ausgabe	**Aufwandskonto an Sonstige Verbindlichkeiten**
Noch zu vereinnahmender Ertrag	**Ertrag**	Einnahme	**Sonstige Forderungen an Ertragskonto**
Von uns im Voraus bezahlter Aufwand	Ausgabe	**Aufwand**	**Aktive Rechnungsabgrenzung an Aufwandskonto**
Im Voraus vereinnahmter Ertrag	Einnahme	**Ertrag**	**Ertragskonto an Passive Rechnungsabgrenzung**

AUFGABEN

244 a) *Buchen Sie den Zahlungsvorgang der folgenden Geschäftsfälle zunächst auf Konten oder im Grundbuch.*

b) *Buchen Sie die erforderliche zeitliche Abgrenzung zum Bilanzstichtag 31. Dezember ..*

c) *Buchen Sie die Auflösung der aktiven und passiven Rechnungsabgrenzung im neuen Jahr.*

1. Die Kraftfahrzeugsteuer für die Geschäftswagen wird am 1. Juli für ein Jahr im Voraus vom Bankkonto überwiesen: 600,00 €.
2. Am 1. Dezember erhalten wir die Miete für vermietete Geschäftsräume für Dezember, Januar und Februar im Voraus durch Banküberweisung: 4.500,00 €.
3. Für die EDV-Anlage besteht mit dem Lieferanten ein Wartungsvertrag. Am 2. Mai wird der Jahresbetrag lt. Rechnung ER 345 überwiesen: 1.200,00 € + 228,00 € Umsatzsteuer = 1.428,00 €.
4. Am 1. Oktober werden die Jahreszinsen für ein von uns gewährtes Darlehen im Voraus auf das Bankkonto überwiesen: 960,00 €.
5. Die Gebäudeversicherung für Geschäftsgebäude wird am 1. November durch die Bank für ein Jahr im Voraus überwiesen: 3.600,00 €.
6. Bankgutschrift der Januarmiete für vermietete Lagerräume am 22. Dezember: 2.500,00 €. ■

245 Bei den Geschäftsfällen 1 bis 6 der vorhergehenden Aufgabe soll die zeitliche Abgrenzung direkt bei Buchung der Zahlung vorgenommen werden.

Nennen Sie die Buchungssätze. ■

246 *Bilden Sie zu den nachfolgenden Geschäftsfällen die Buchungssätze* ***zum Bilanzstichtag:***

1. Die Dezembermiete für angemietete Garagen wird erst am 3. Januar des folgenden Geschäftsjahres durch Banküberweisung beglichen: 300,00 €.
2. Die Vierteljahreszinsen (November–Januar) für ein aufgenommenes Darlehen werden von uns vereinbarungsgemäß nachträglich Ende Januar gezahlt: 900,00 €.
3. Unser Darlehensnehmer hat die Zinsen für das erste Quartal des neuen Geschäftsjahres bereits am 15. Dezember des Abschlussjahres überwiesen: 850,00 €.
4. Wir haben am 1. Dezember für Dezember bis einschließlich Februar des nächsten Jahres eine Mietvorauszahlung von 3.600,00 € erhalten.
5. Am 1. November wurde die Kraftfahrzeugsteuer für den Lastkraftwagen für ein Jahr im Voraus überwiesen: 600,00 €.
6. Der Handelskammerbeitrag für das letzte Quartal des Abschlussjahres wird erst Anfang Januar überwiesen: 2.400,00 €.
7. Die Zinsgutschrift der Bank für die Zeit vom 1. Oktober bis 31. Dezember steht zum Bilanzstichtag noch aus: 450,00 €.
8. Die Halbjahresmiete (Oktober bis März) für eine vermietete Lagerhalle erhielten wir im Voraus: 9.000,00 €.
9. Die Haftpflichtversicherung für das Geschäftsgebäude wurde am 1. November für ein Jahr im Voraus bezahlt: 2.400,00 €.
10. Unserem Handelsvertreter wird die Dezemberprovision erst Anfang Januar überwiesen. Die bereits erstellte Provisionsabrechnung weist aus: 4.000,00 € Provision + 760,00 € Umsatzsteuer = 4.760,00 €. ■

Vervollständigen Sie folgende Aussagen: **247**

1. Sonstige Verbindlichkeiten werden für Aufwendungen des ••• Geschäftsjahres gebucht, die Ausgaben des ••• Geschäftsjahres darstellen.
2. Aktive Rechnungsabgrenzungsposten werden für Ausgaben im ••• Jahr gebildet, die Aufwand des ••• Geschäftsjahres darstellen.
3. Sonstige Forderungen werden für Erträge des ••• Jahres gebildet, die Einnahmen des ••• Jahres darstellen.
4. Passive Rechnungsabgrenzungsposten werden für Einnahmen des ••• Jahres gebildet, die Ertrag des ••• Geschäftsjahres darstellen. ■

248

1. *Begründen Sie die Notwendigkeit einer zeitlichen Abgrenzung der Aufwendungen und Erträge.*
2. *Nennen Sie die vier Möglichkeiten einer zeitlichen Abgrenzung.*
3. *Bei welcher Art der zeitlichen Abgrenzung liegt der Zahlungsvorgang a) im alten und b) im neuen Jahr?*
4. *Warum werden aktive und passive Rechnungsabgrenzungsposten auch als „Transitorische Posten" bezeichnet?* ■

In der Papiergroßhandlung Katja Kern e. Kffr. liegen Ihnen folgende Belege zur Buchung vor. Die zeitliche (periodengerechte) Abgrenzung ist mit der Buchung der Zahlung vorzunehmen. **249**
Nennen Sie die Buchungssätze.

Beleg 1

Kontoauszug Sparkasse KölnBonn

Konto-Nr.	Datum	Ausz.-Nr.	Blatt	Buchungstag	PN-Nr.	Wert	Umsatz
723 544 32	..-11-01	358	1				

GUTSCHRIFT 11-01 8364 11-01 4.500,00 H
ELEKTRO-VERTRIEBS-GMBH, KÖLN
LAGERRAUMMIETE FÜR NOV., DEZ., JAN.

KATJA KERN E. KFFR.
PAPIERGROSSHANDLUNG
BONNER WALL 45 - 55
50677 KÖLN

Alter Saldo: H 237.650,00 EUR
Neuer Saldo: H 242.150,00 EUR

Beleg 2

Durchschrift 370 501 98
Sparkasse KölnBonn

Begünstigter: Finanzamt Köln-Ost
Konto-Nr. des Begünstigten: 644 520 80 Bankleitzahl: 370 501 98
bei (Kreditinstitut): Sparkasse KölnBonn
EUR Betrag: Euro, Cent: 2.400,00---------------
Kunden-Referenznummer - noch Verwendungszweck, ggf. Name und Anschrift des Auftraggebers - (nur für Empfänger)
Kfz-Steuer für Lkw K-UM 500 / K-WA 367
1. Nov. .. - 31. Okt. ..
Kontoinhaber: Katja Kern e. Kffr., Papiergroßhandlung, 50677 Köln
Konto-Nr. des Kontoinhabers: 723 544 32

..-11-01 Katja Kern
Datum, Unterschrift

■

AUFGABEN

250

Auszug aus der vorläufigen Summenbilanz zum 31. Dezember ..	Soll	Haben
2600 Vorsteuer	134.000,00	–
2690 Sonstige Forderungen	8.800,00	–
2900 Aktive Rechnungsabgrenzung	–	–
4800 Umsatzsteuer	–	124.600,00
4890 Sonstige Verbindlichkeiten	–	5.700,00
4900 Passive Rechnungsabgrenzung	–	–
5400 Mieterträge	–	22.800,00
5710 Zinserträge	–	1.600,00
6150 Vertriebsprovisionen	12.000,00	–
6700 Mietaufwendungen	26.400,00	–
6810 Zeitungen und Fachliteratur	2.100,00	–
6900 Versicherungsbeiträge	16.200,00	–
6920 Beiträge zu Wirtschaftsverbänden	12.600,00	–
7030 Kraftfahrzeugsteuer	7.600,00	–
7510 Zinsaufwendungen	14.700,00	–

Zum 31. Dezember .. (Bilanzstichtag) sind noch folgende zeitliche Abgrenzungen vorzunehmen:

1. Die Feuerversicherungsprämie (Gebäude) für das kommende Kalenderjahr wurde am 27. Dezember durch Banküberweisung beglichen: 850,00 €.
2. Die Bezugskosten für diverse Fachzeitschriften wurden am 28. Dezember mit 260,00 € netto im Voraus für das folgende Geschäftsjahr bezahlt.
3. Die Kraftfahrzeugsteuer für den Lkw wurde am 1. Dezember für ein Jahr im Voraus durch Banküberweisung mit 660,00 € beglichen.
4. Der Handelskammerbeitrag für das letzte Quartal beträgt 750,00 €.
5. Vertreterprovision für Dezember über 1.700,00 € netto wird von uns erst im Januar bei Rechnungserteilung überwiesen.
6. Die Dezember-Lagermiete über 2.850,00 € überweisen wir erst Anfang Januar.
7. Unser Mieter begleicht die Miete für Büroräume in unserem Gebäude für Dezember in Höhe von 1.850,00 € erst im neuen Jahr.
8. Am 28. Dezember gingen 1.900,00 € Vierteljahresmiete in unserem Betrieb für das neue Kalenderjahr auf unserem Bankkonto ein.
9. Wir haben die fälligen Darlehenszinsen von 450,00 € für die Zeit vom 1. Oktober bis 31. Dezember am Jahresende noch nicht erhalten.
10. Hypothekenzinsen in Höhe von 12.000,00 € für das Halbjahr 1. Juli bis 31. Dezember werden von uns erst im Januar beglichen.

Bilden Sie die Buchungssätze für den Abschluss dieser Konten. ■

251 *Ordnen Sie in Ihrem Arbeitsheft den vier Arten der zeitlichen Abgrenzung jeweils für das alte und das neue Geschäftsjahr die folgenden Begriffe entsprechend zu:*

a) Aufwand, b) Ertrag,
c) Ausgabe und d) Einnahme.

Altes Jahr	Neues Jahr	Abgrenzungsposten
?	?	Sonstige Forderungen
?	?	Sonstige Verbindlichkeiten
?	?	Aktive Rechnungsabgrenzung
?	?	Passive Rechnungsabgrenzung

Für ungewisse Aufwendungen werden Rückstellungen gebildet | 3.2.5

Situation

Eine Verpackungsanlage der Papiergroßhandlung Kern wurde am 20. Dezember des Abschlussjahres durch Brand stark beschädigt. Die Lieferfirma schätzt die Instandsetzungskosten lt. Kostenvoranschlag auf 36.000,00 €. Die Reparatur soll im Laufe des Monats Januar des nächsten Geschäftsjahres erfolgen.

Wie ist zum Bilanzstichtag zu buchen?

Die Instandsetzung der Verpackungsanlage ist **wirtschaftlich dem Abschlussjahr zuzuordnen,** da sie in diesem Zeitraum verursacht wurde. Für eine periodengerechte Ermittlung des Jahreserfolgs muss daher der **geschätzte Betrag** von 36.000,00 € noch als **Aufwand des alten Jahres** und **zugleich als Verbindlichkeit erfasst** werden. Diese Verbindlichkeit unterscheidet sich von den Verbindlichkeiten aus Lieferungen und Leistungen darin, dass ihre **Höhe und/oder ihr Fälligkeitstermin** am Bilanzstichtag **noch nicht feststehen.** Verbindlichkeiten dieser Art werden als **Rückstellungen** bezeichnet und auf einem besonderen Rückstellungskonto gebucht.

Arten von Rückstellungen

Der Kontenrahmen sieht für die Bildung von Rückstellungen **drei Konten vor:**

3700 Pensionsrückstellungen,
3800 Steuerrückstellungen,
3900 Sonstige Rückstellungen.

Beispiel

Zum 31. Dezember .. ist für die Instandsetzung der Verpackungsanlage eine Rückstellung in Höhe des geschätzten Betrages von 36.000,00 € zu bilden.

Buchung zur Bildung der Rückstellung zum Bilanzstichtag	Soll	Haben
❶ 6160 Fremdinstandsetzung	36.000,00	
an 3900 Sonstige Rückstellungen		36.000,00

Abschlussbuchungen	Soll	Haben
❷ 8020 Gewinn- und Verlustkonto	36.000,00	
an 6160 Fremdinstandsetzung		36.000,00
❸ 3900 Sonstige Rückstellungen	36.000,00	
an 8010 Schlussbilanzkonto		36.000,00

S 6160 Fremdinstandsetzung H

S		H	
❶ 3900	36.000,00	❷ GuV	36.000,00

S 3900 Sonstige Rückstellungen H

S		H	
❸ SBK	36.000,00	❶ 6160	36.000,00

S 8020 Gewinn- und Verlustkonto H

S		H	
Diverse Aufwend.	400.000,00	Diverse Erträge	500.000,00
❷ 6160	36.000,00		
Gewinn	?		

S 8010 Schlussbilanzkonto H

S		H	
		❸ 3900	36.000,00

Auswirkung von Rückstellungen auf die Erfolgsrechnung

Der Vorteil der Rückstellungen liegt darin, dass sie für **Aufwendungen** gebildet werden, die erst im nächsten Geschäftsjahr zu einer Ausgabe führen: Sie **mindern** somit noch im Abschlussjahr den **Gewinn** und zugleich die **Gewinnsteuern** (z. B. Einkommensteuer) sowie die **Gewinnausschüttung** (Dividende). **Die geringere Zahlung von Steuern und Dividende** hat außerdem positive Auswirkungen auf die **Zahlungsfähigkeit** (Liquidität) des Unternehmens. In der Erfolgsrechnung der Papiergroßhandlung Kern wird der Gewinn des Abschlussjahres durch die Bildung einer Rückstellung für die zu erwartenden Instandsetzungskosten um 36.000,00 € gemindert.

Auflösung der Rückstellung

Die Auflösung der Rückstellung erfolgt im Folgejahr bei Zahlung des endgültigen Betrages. Vorab ist aber zu Beginn des neuen Geschäftsjahres das Konto „3900

Sonstige Rückstellungen" mit der geschätzten Verbindlichkeit von 36.000,00 € zu eröffnen.

Eröffnungsbuchung zum 1. Januar des Folgejahres	Soll	Haben
8000 Eröffnungsbilanzkonto	36.000,00	
an **3900 Sonstige Rückstellungen**		36.000,00

Wie das folgende Beispiel zeigt, sind bei der **Auflösung** der Rückstellung **drei Fälle** zu unterscheiden. Nach Instandsetzung der o. g. Verpackungsanlage Ende Januar lautet die Rechnung:

1.	2.	3.
36.000,00 € netto	32.000,00 € netto	38.000,00 € netto
+ 6.840,00 € USt	+ 6.080,00 € USt	+ 7.220,00 € USt
42.840,00 €	38.080,00 €	45.220,00 €

Fall 1

Buchung: Rückstellung = Nettozahlung: 36.000,00 €	Soll	Haben
3900 Sonstige Rückstellungen	36.000,00	
2600 Vorsteuer	6.840,00	
an **2800 Bank**		42.840,00

S	3900 Sonstige Rückstellungen		H
2800	36.000,00	EBK	36.000,00

S	2800 Bank		H
		3900/2600	42.840,00

S	2600 Vorsteuer		H
2800	6.840,00		

Fall 2 Die **Rückstellung** (36.000,00 €) war im Vorjahr **zu hoch** gebildet worden. Deshalb entsteht nunmehr bei Zahlung von 32.000,00 € ein **Ertrag aus der Herabsetzung der Rückstellung** in Höhe von 4.000,00 €.

Buchung: Rückstellung > Nettozahlung: 32.000,00 €	Soll	Haben
❶ **3900 Sonstige Rückstellungen**	32.000,00	
2600 Vorsteuer	6.080,00	
an **2800 Bank**		38.080,00
❷ **3900 Sonstige Rückstellungen**	4.000,00	
an **5480 Erträge aus der Herabsetzung von Rückstellungen**		4.000,00

S	3900 Sonstige Rückstellungen		H
❶ 2800	32.000,00	EBK	36.000,00
❷ 5480	4.000,00		

S	2800 Bank		H
		❶ 3900/2600	38.080,00

S	2600 Vorsteuer		H
❶ 2800	6.080,00		

S	5480 Erträge a. d. Herabsetzung von Rückstellungen		H
		❷ 3900	4.000,00

Die beiden Buchungen können auch zusammengefasst werden. *Buchungssatz?*

Fall 3 Die **Rückstellung** (36.000,00 €) wurde im Vorjahr **zu niedrig** bemessen. Durch die Nettozahlung von 38.000,00 € im neuen Jahr entsteht ein **periodenfremder Aufwand** von 2.000,00 €.

Buchung: Rückstellung < Nettozahlung: 38.000,00 €	Soll	Haben
3900 Sonstige Rückstellungen	36.000,00	
6990 Periodenfremde Aufwendungen	2.000,00	
2600 Vorsteuer	7.220,00	
an **2800 Bank**		45.220,00

Für ungewisse Aufwendungen werden Rückstellungen gebildet

S	3900 Sonstige Rückstellungen		H
2800	36.000,00	EBK	36.000,00

S	6990 Periodenfremde Aufwendungen		H
2800	2.000,00		

S	2600 Vorsteuer		H
2800	7.220,00		

S	2800 Bank		H
		3900/6990/2600	45.220,00

Verpflichtung zur Bildung von Rückstellungen

Nach § 249 (1) HGB müssen Rückstellungen für bestimmte Fälle auf der Passivseite der Bilanz ausgewiesen werden. Diese **Passivierungspflicht** besteht für

- **ungewisse Verbindlichkeiten,** wie z.B. zu erwartende Steuernachzahlungen für Betriebssteuern, z.B. Gewerbesteuer, Prozesskosten, Pensionsverpflichtungen u.a.,
- **drohende Verluste aus schwebenden Geschäften,** wenn z. B. der Einkaufspreis der bestellten (noch nicht gelieferten) Waren (480,00 € je Stück) am Bilanzstichtag über dem aktuellen Preis (400,00 € je Stück) liegt,
- **im Abschlussjahr unterlassene Instandsetzungen,** die innerhalb der **ersten drei Monate** des neuen Geschäftsjahres nachgeholt werden,
- **Gewährleistungen,** die ohne rechtliche Verpflichtung **(aus Kulanz)** erbracht werden.

Nach § 253 (1) HGB sind Rückstellungen nur in **Höhe** des Erfüllungsbetrages anzusetzen, der **nach vernünftiger kaufmännischer Beurteilung** erforderlich ist.

Zusammenfassung

- **Rückstellungen** sind **Verbindlichkeiten für Aufwendungen,** die zum Bilanzstichtag dem Grunde nach feststehen, deren **Höhe und/oder Fälligkeit** jedoch **noch ungewiss** sind **(= ungewisse Verbindlichkeiten).**
- **Für Rückstellungen** besteht nach § 249 (1) HGB in bestimmten Fällen **Passivierungspflicht.**
- Rückstellungen dienen der **periodengerechten Ermittlung des Jahreserfolgs.**

  Buchung: **Aufwandskonto** an **Rückstellungen**
- Die **Bildung** von Rückstellungen **mindert den Gewinn, die Gewinnsteuern** sowie die **Gewinnausschüttung** (Dividende) und **erhöht** somit die **Liquidität** des Unternehmens.
- **Rückstellungen** sind bei Zahlung der **endgültigen** Beträge **aufzulösen:**
  - Zahlung **>** Rückstellung = **Periodenfremder Aufwand** (Konto 6990)
  - Zahlung **<** Rückstellung = **Ertrag aus der Herabsetzung von Rückstellungen** (Konto 5480)
- **Rückstellungen sind aufzulösen, wenn der Grund dafür nicht mehr besteht (Konto 5480).**

AUFGABEN

252

Die Papiergroßhandlung Katja Kern e. Kffr. rechnet zum 31. Dezember des Abschlussjahres mit einer Gewerbesteuernachzahlung[1] von 12.000,00 €.

1. *Bilden Sie den Buchungssatz zum 31. Dezember.*
2. *Wie wirkt sich die Bildung der Rückstellung auf a) den Gewinn bzw. b) den Verlust des Unternehmens aus?*
3. *Wie ist zu buchen, wenn das Großhandelsunternehmen am 15. März des Folgejahres an das städtische Steueramt folgende Beträge durch die Bank überweist?*
   a) 12.000,00 €, b) 10.000,00 €, c) 15.000,00 €.

1 Siehe Fußnote auf S. 186.

AUFGABEN

253 Eine erforderliche Gebäudereparatur konnte im Dezember nicht mehr durchgeführt werden. Der Kostenvoranschlag für die Instandsetzungsarbeiten, die im Laufe des Monats Januar des nächsten Jahres durchgeführt werden sollen, liegt zum 31. Dezember vor: 25.000,00 €.

1. *Begründen Sie die Notwendigkeit einer Buchung und nennen Sie den Buchungssatz.*
2. *Nennen Sie die Abschlussbuchungen.*
3. *Nennen Sie für das Rückstellungskonto den Eröffnungsbuchungssatz zum 1. Januar.*
4. *Wie lautet der Buchungssatz, wenn Ende Januar n. J. nach erfolgter Instandsetzung des Gebäudes die folgende Rechnung durch Banküberweisung beglichen wird?*

   a) 28.000,00 € + Umsatzsteuer, b) 24.000,00 € + Umsatzsteuer. ■

254 Für einen schwebenden Prozess rechnen wir zum Bilanzstichtag mit Gerichtskosten in Höhe von 12.000,00 €. Der Gebührenbescheid des Gerichts am 20. April n. J. lautet über
a) 12.000,00 €, b) 15.000,00 €, c) 10.000,00 €.
Die Zahlung erfolgt durch Postbanküberweisung.
Nennen Sie den Buchungssatz zum Bilanzstichtag und am 20. April. ■

255 *Vervollständigen Sie in Ihrem Arbeitsheft folgende Sätze:*

1. Rückstellungen sind •••, die ihrem Grunde nach •••, nicht aber nach ••• und/oder •••.
2. Der Betrag der Rückstellung muss ••• werden.
3. Rückstellungen dienen der ••• Ermittlung des Jahreserfolgs. ■

256 Die Baustoff-GmbH bestellt am 2. Dezember 3 000 t Zement XR 304 zu 60,00 € je t + Umsatzsteuer. Lieferungstermin 15. Februar n. J. Am Bilanzstichtag (31. Dezember) beträgt der Tagespreis 55,00 € je t.

1. *Begründen Sie, dass es sich hierbei um ein schwebendes Geschäft handelt.*
2. *In welchem Fall sind schwebende Geschäfte im Jahresabschluss zu berücksichtigen?*
3. *Buchen Sie a) zum 31. Dez. und b) nach Rechnungseingang im Februar n. J.* ■

257 Zum Bilanzstichtag rechnen wir mit Steuerberatungskosten in Höhe von 3.200,00 € netto. Im April n. J. erhalten wir die Rechnung des Steuerberaters über a) 3.500,00 € + Umsatzsteuer und b) 2.900,00 € + Umsatzsteuer.

1. *Buchen Sie zum Bilanzstichtag und geben Sie die Abschlussbuchungen an.*
2. *Nennen Sie die Eröffnungsbuchung für das Rückstellungskonto.*
3. *Wie lautet jeweils die Buchung nach Rechnungseingang?* ■

258

1. *Was ist unter dem Begriff „Rückstellungen" zu verstehen?*
2. *Worin unterscheiden sich Rückstellungen und Sonstige Verbindlichkeiten?*
3. *Haben Rückstellungen und Sonstige Verbindlichkeiten einen gemeinsamen Zweck?*
4. *Für welche Sachverhalte müssen nach § 249 (1) HGB Rückstellungen gebildet werden?*
5. *Kann man durch Bildung von Rückstellungen den Gewinn beeinflussen?*
6. *Zu welchem Zeitpunkt sind Rückstellungen aufzulösen?*
7. *Wozu führt a) eine zu hohe und b) eine zu niedrige Schätzung der Rückstellung bei Zahlung?* ■

259

Kontenplan und vorläufige Saldenbilanz	Soll	Haben
0700 Technische Anlagen und Maschinen	260.000,00	–
0800 Betriebs- und Geschäftsausstattung	1.400.000,00	–
0891 GWG-Sammelposten	8.600,00	–
2280 Warenbestand	95.000,00	–
2400 Forderungen a. LL	437.160,00	–
2600 Vorsteuer	145.080,00	–
2800 Bank	348.500,00	–
2880 Kasse	7.400,00	–
3000 Eigenkapital	–	900.000,00
3001 Privat	88.700,00	–
3900 Sonstige Rückstellungen	–	10.000,00
4230 Darlehensschulden	–	380.000,00
4400 Verbindlichkeiten a. LL	–	170.000,00
4800 Umsatzsteuer	–	375.440,00
4890 Sonstige Verbindlichkeiten	–	110.000,00
5100 Umsatzerlöse für Waren	–	1.976.000,00
5710 Zinserträge	–	4.000,00
6060 Wareneingang (Aufwendungen für Waren)	626.000,00	–
6160 Fremdinstandsetzung	8.000,00	–
6700 Mietaufwendungen	145.300,00	–
6770 Rechts- und Beratungskosten	14.000,00	–
6940 Sonstige Aufwendungen	16.000,00	–
7510 Zinsaufwendungen	46.400,00	–
7800 Diverse Aufwendungen	279.300,00	–
Weitere Konten: 2900, 4900, 5420, 6520, 6540, 6550, 6570, 8010, 8020	3.925.440,00	3.925.440,00

Abschlussangaben zum Bilanzstichtag

1. Außerplanmäßige Abschreibung: Eine EDV-Anlage, Buchwert 8.500,00 €, hat nur noch einen Wert von 500,00 €.
2. Planmäßige Abschreibungen: TA und Maschinen: 20 % degressiv[1]; BGA: 20 % linear von 1.600.000,00 € Anschaffungskosten; 20 % auf GWG-Sammelposten.
3. Private Warenentnahme im Wert von 1.200,00 € netto.
4. Bildung einer Prozesskostenrückstellung in Höhe von 32.800,00 € und einer Rückstellung für unterlassene Instandsetzungen über 68.000,00 €.
5. Wir zahlen die Dezembermiete für die Lagerhalle Anfang n. J.: 15.000,00 €.
6. Ein Kunde hatte uns für einen kurzfristigen Kredit die Halbjahreszinsen in Höhe von 600,00 € am 1. November im Voraus überwiesen.
7. Kassenfehlbetrag lt. Inventur 400,00 € (Ursache ungeklärt).
8. Am 1. Oktober zahlten wir 17.100,00 € Halbjahres-Darlehenszinsen im Voraus.
9. Der Tageswert des Inventurbestandes der Waren beträgt 92.000,00 €. Die durchschnittlichen Anschaffungskosten betragen 80.000,00 €.[2]

1. *Erstellen Sie den Jahresabschluss. Gliedern Sie die Bilanz nach § 266 HGB (siehe Anhang).*
2. *Ermitteln Sie in % die Rentabilität des Eigenkapitals, indem Sie vom Jahresgewinn für die Arbeitsleistung des Geschäftsinhabers zunächst einen Unternehmerlohn von 96.000,00 € abziehen und den Restgewinn zum Eigenkapital vom 1. Januar des Geschäftsjahres in Beziehung setzen (siehe auch S. 243). Hat sich der Kapitaleinsatz gelohnt?* ■

1 Siehe Fußnoten auf S. 190.

2 **Beachten Sie:** Nach dem **Prinzip der kaufmännischen Vorsicht** sind **Vermögensgegenstände** des Umlaufvermögens in der Jahresbilanz zum niedrigsten Wert **(Niederstwertprinzip)** auszuweisen (siehe auch S. 16, 20, 225 f.).

3.3 Im Unternehmen Katja Kern e. Kffr. werden die Wertansätze für die einzelnen Vermögens- und Schuldposten in der Bilanz ermittelt

3.3.1 Welchen Zweck haben handels- und steuerrechtliche Bewertungsvorschriften?

Situation

Die Papiergroßhandlung Kern hatte zu Beginn des Geschäftsjahres 2005 eine Verpackungsanlage erworben (siehe S. 189). Die Anschaffungskosten betrugen 200.000,00 €. Ohne Berücksichtigung der Abschreibung dieser Maschine, die eine Nutzungsdauer von 8 Jahren hat, beträgt der Unternehmensgewinn 240.000,00 €. Zum Schluss des ersten Geschäftsjahres ergibt sich für Frau Kern das folgende Problem:

„Mit welchem Wert soll die Maschine in das Inventar und die Bilanz eingesetzt werden?"

Frau Kern möchte einen möglichst niedrigen Gewinn ausweisen, um weniger Steuern (z. B. Einkommensteuer) zahlen zu müssen. Sie entscheidet sich deshalb nicht für die **lineare** Abschreibung der Maschine (= 12,5 %), sondern für die **degressive Abschreibung,** die das **Zweifache der linearen AfA, höchstens jedoch 20 %**[1], beträgt. Das führt zugleich zu einem niedrigeren Wertansatz der Maschine in der Bilanz:

Ermittlung des Wertansatzes	bei linearer AfA	bei degressiver AfA
Anschaffungskosten	200.000,00 €	200.000,00 €
– Abschreibung	25.000,00 €	40.000,00 €
Bilanzansatz zum 31. Dezember	**175.000,00 €**	**160.000,00 €**

Der niedrigere Wertansatz der Maschine **bei degressiver Abschreibung** – sofern diese steuerlich zulässig ist – führt wegen des höheren Abschreibungsbetrags zu einer **zusätzlichen Gewinnminderung von 15.000,00 €.** Unterstellt man einen Einkommensteuersatz von 42 %, so beträgt die **Steuerersparnis** bei Wahl des niedrigeren Wertansatzes **6.300,00 €:**

Ermittlung der Gewinnsteuer (ESt)	bei linearer AfA	bei degressiver AfA
Vorläufiger Gewinn	240.000,00 €	240.000,00 €
– Abschreibung	25.000,00 €	40.000,00 €
Endgültiger Jahresgewinn	215.000,00 €	200.000,00 €
hiervon **42 % Einkommensteuer**	**90.300,00 €**	**84.000,00 €**

Den richtigen Wertansatz bestimmen

Die geschilderte Situation macht deutlich, dass die **Bestimmung des Wertansatzes** zugleich den **Gewinn und die Steuerlast** des Unternehmens **beeinflusst. Ein Mehr oder Weniger im Wertansatz** der einzelnen Vermögens- und Schuldposten hat ein **gleiches Mehr oder Weniger an Gewinn (Verlust)** zur Folge.

Falsche Bewertung, wie z. B. eine überhöhte, zu niedrige oder gar unterlassene Abschreibung oder Rückstellung u. a., **führt zu einer falschen Darstellung der Vermögens-, Schulden- und Erfolgslage des Unternehmens. Vor Täuschungen sind** aber insbesondere die **Gläubiger** des Unternehmens **zu schützen.** Deshalb hat der Gesetzgeber Bewertungsvorschriften erlassen, die eine willkürliche Über- und Unterbewertung der Vermögensteile und Schulden untersagen. Es gibt **handels- und besondere steuerrechtliche Bewertungsvorschriften,** die jedoch **unterschiedliche Zielsetzungen haben:**

- **Die handelsrechtliche Bewertung** richtet sich nach **§§ 252–256 HGB.** Die Vorschriften gelten **für alle Unternehmen,** gleich welcher Rechtsform. Sie dienen der **Erhaltung des Eigenkapitals** als Haftungssubstanz und damit insbesondere dem **Schutz der Gläubiger.** Deshalb müssen Vermögen, Schulden und Erfolg des Unternehmens **vorsichtig** ermittelt werden. So sind z. B. Vermögensteile stets zu ihrem niedrigsten Wert und nicht mit ihrem höheren Marktwert anzu-

1 Siehe S. 189 f.

Welchen Zweck haben handels- und steuerrechtliche Bewertungsvorschriften?

setzen. Das **Prinzip der Vorsicht** ist der **wichtigste Grundsatz** handelsrechtlicher Bewertung.

- Die steuerliche Bewertung richtet sich nach **§§ 5–7 Einkommensteuergesetz.** Die Vorschriften sollen die **Ermittlung des Gewinns nach einheitlichen Grundsätzen** sicherstellen und damit für mehr **Steuergerechtigkeit** sorgen. So weisen z. B. die **amtlichen AfA-Tabellen** die Nutzungsdauer der Sachanlagen mit den entsprechenden Abschreibungssätzen aus.

Die Handelsbilanz ist maßgeblich für die Steuerbilanz

Die nach den handelsrechtlichen Bewertungsvorschriften erstellte Bilanz heißt **„Handelsbilanz".** Ihre **Wertansätze** sind zugleich **verbindlich für** die dem Finanzamt einzureichende **„Steuerbilanz",** sofern die steuerlichen Bewertungsvorschriften keine andere Bewertung zwingend vorschreiben. Man spricht deshalb auch vom **„Grundsatz der Maßgeblichkeit der Handelsbilanz für die Steuerbilanz".** Wurde beispielsweise in der Handelsbilanz linear abgeschrieben, so gilt das zwangsläufig auch für die Steuerbilanz. Nur bei **Kapitalgesellschaften** (AG, GmbH) gibt es **getrennte** Bilanzen, da diese Unternehmen ihren handelsrechtlichen Jahresabschluss veröffentlichen müssen **(Publizitätspflicht). Einzelunternehmen** (e. K.) **und Personengesellschaften** (OHG, KG) stellen in der Regel nur **eine** Bilanz auf, die zugleich Handels- und Steuerbilanz ist.

3.3.2 Welche Grundsätze sind bei der Bewertung des Vermögens und der Schulden zu beachten?

3.3.2.1 Allgemeine Bewertungsgrundsätze

§ 252 Abs. 1 HGB enthält die folgenden allgemeinen Bewertungsgrundsätze:

- Grundsatz der Bilanzidentität. Die Wertansätze in der Eröffnungsbilanz eines Geschäftsjahres müssen mit denen der Schlussbilanz des vorangegangenen Geschäftsjahres übereinstimmen.
- Grundsatz der Unternehmensfortführung. Bei der Bewertung ist von der **Fortführung der Unternehmenstätigkeit** auszugehen und nicht von Werten, die bei der Auflösung des Unternehmens (Liquidation, Insolvenzverfahren) erzielt werden.
- Grundsatz der Einzelbewertung. Jeder Vermögens- und Schuldposten ist grundsätzlich **einzeln** zu bewerten. **Bewertungsvereinfachungsverfahren,** wie z. B. die Bewertung gleichartiger Waren nach Durchschnittswerten, sind nach § 240 Abs. 4 HGB **erlaubt** (siehe S. 228).
- Grundsatz der Vorsicht. Die Bewertung der Aktiv- und Passivposten muss vorsichtig erfolgen und **alle vorhersehbaren Risiken und Verluste,** die bis zum Abschluss-Stichtag entstanden sind, **berücksichtigen.** Gewinne aufgrund von Wertsteigerungen dürfen erst dann ausgewiesen werden, wenn sie tatsächlich, also z. B. durch Verkauf eines Vermögensgegenstandes, erzielt wurden **(Realisationsprinzip).** Drohende Verluste (z. B. aus einem schwebenden Geschäft, siehe S. 221) sind dagegen zu berücksichtigen, obwohl sie noch nicht tatsächlich entstanden sind. Das Prinzip der Vorsicht verhindert somit überhöhte Gewinnausschüttungen und trägt damit zur **Erhaltung des Eigenkapitals als Haftungssubstanz** gegenüber den Gläubigern bei **(Gläubigerschutz).**
- Grundsatz der Periodenabgrenzung. Aufwendungen und Erträge sind **unabhängig vom Zeitpunkt ihrer Ausgabe oder Einnahme** dem Geschäftsjahr zuzuordnen, in dem sie wirtschaftlich entstanden sind.
- Grundsatz der Bewertungsstetigkeit. Die einmal gewählte **Bewertungsmethode** (z. B. lineare oder degressive Abschreibungsmethode) **soll grundsätzlich beibehalten werden,** um die **Vergleichbarkeit** der Jahresabschlüsse zu ermöglichen.

3.3.2.2 Besondere Bewertungsgrundsätze

Prinzip der Vorsicht

Zum Bilanzstichtag sind im Rahmen der Inventur alle **Vermögens- und Schuldposten** nach § 252 HGB **einzeln und vorsichtig zu bewerten.** Bei der Bewertung jedes Einzelpostens müssen, wie bereits erwähnt, **vorhersehbare Risiken und Verluste** berücksichtigt werden. Dabei sind **Vermögensgegenstände** grundsätzlich zum niedrigsten Wert **(Niederstwertprinzip)** und **Schulden** jeweils mit ihrem höchsten Wert **(Höchstwertprinzip)** anzusetzen. Die Bewertungsgrundsätze sollen **Gläubiger** vor falschen Entscheidungen und damit Schaden bewahren.

Das Prinzip der Vorsicht findet Anwendung in **speziellen Bewertungsprinzipien:**

Anschaffungswertprinzip	Niederstwertprinzip	Höchstwertprinzip

3.3.2.2.1 Das Anschaffungswertprinzip

Die ursprünglichen Anschaffungskosten eines Vermögensgegenstandes **bilden die absolute** Bewertungsobergrenze, die **nicht überschritten werden darf.**

Beispiel Der Wert eines vor 10 Jahren erworbenen Grundstücks ist inzwischen auf 300.000,00 € gestiegen. Das Konto „0500 Unbebaute Grundstücke" weist die Anschaffungskosten des Grundstücks in Höhe von 250.000,00 € aus.

Da das Grundstück noch nicht für 300.000,00 € verkauft worden ist, ist auch der Gewinn von 50.000,00 € **noch nicht tatsächlich entstanden (realisiert). Nicht realisierte Gewinne** sind lediglich **„stille Reserven".** Aus Gründen kaufmännischer Vorsicht **dürfen** sie **nicht ausgewiesen** und somit auch **nicht ausgeschüttet werden.** Das Eigenkapital soll in Höhe der stillen Reserve als **Haftungssubstanz** gegenüber den **Gläubigern** erhalten bleiben. Deshalb darf das Grundstück höchstens mit 250.000,00 € Anschaffungskosten in die Bilanz eingesetzt werden.

3.3.2.2.2 Das Niederstwertprinzip

Für die Bewertung der Güter **des Anlage- und Umlaufvermögens** gilt das **Niederstwertprinzip:** Von zwei möglichen Werten, nämlich dem **Tageswert** (Börsen- oder Marktwert) **am Bilanzstichtag** und den **Anschaffungskosten,** ist grundsätzlich der **niedrigste anzusetzen.**

Beispiel Ein Grundstück, das vor 8 Jahren für 230.000,00 € Anschaffungskosten erworben wurde, hat wegen giftiger Ablagerungen lt. Gutachten nur noch einen Marktwert von 100.000,00 €.

Da eine **dauernde Wertminderung** vorliegt, ist das Grundstück mit dem **niedrigeren Wertansatz** von 100.000,00 € im Inventar und in der Bilanz anzusetzen. Dadurch ergibt sich ein **nicht realisierter Verlust** von 130.000,00 €, der durch eine entsprechende **außerplanmäßige Abschreibung** (= außerordentliche Abschreibung) erfasst und ausgewiesen werden muss (vgl. S. 189, 193).

Nennen Sie den Buchungssatz.

S	0500 Unbebaute Grundstücke		H
EBK	230.000,00	6550	130.000,00
		SBK	100.000,00

S	6550 Außerplanm. Abschreibungen		H
0500	130.000,00	GuV	130.000,00

S	8010 Schlussbilanzkonto		H
0500	100.000,00		

S	8020 Gewinn- und Verlustkonto		H
6550	130.000,00		

6476226

Das Höchstwertprinzip 3.3.2.2.3

Aus Gründen kaufmännischer Vorsicht (Gläubigerschutz) sind die **Schulden** des Unternehmens stets **mit dem höchsten Wert** in der Bilanz auszuweisen **(zu passivieren):** Von zwei möglichen Werten ist jeweils der höhere in die Bilanz einzusetzen.

Beispiel

Ein Textilgroßhandelsunternehmen importierte am 15. Dezember .. Waren aus den USA für 10.000,00 USD[1] mit einem Zahlungsziel von 30 Tagen. Kurs am 15. Dezember: 1,3802 USD/1 EUR[2]. Zum 31. Dezember beträgt der Kurs 1,3607 USD/1 EUR[2].

Wie lauten die Buchungen zum 15. Dezember und zum 31. Dezember?

Die Eingangsrechnung lautet auf Dollar und ist zum **Tageskurs** umzurechnen.

Buchung der Eingangsrechnung zum 15. Dezember	Soll	Haben
6060 Wareneingang	7.245,33	
an **4400 Verbindlichkeiten a. LL**		7.245,33

S	6060 Wareneingang		H
4400	7.245,33		

S	4400 Verbindlichkeiten a. LL		H
		6060	7.245,33

Zum Bilanzstichtag ist die Währungsverbindlichkeit **aus Gründen kaufmännischer Vorsicht** mit dem **höheren Kurswert** von 7.349,16 EUR zu bewerten und **in die Bilanz einzusetzen.** Das **Höchstwertprinzip** führt somit zum Ausweis eines **nicht realisierten Verlustes** von 103,83 EUR.

Buchung zum Bilanzstichtag 31. Dezember	Soll	Haben
6060 Wareneingang	103,83	
an **4400 Verbindlichkeiten a. LL**		103,83

S	6060 Wareneingang		H
4400	7.245,33		
4400	103,83		

S	4400 Verbindlichkeiten a. LL		H
		6060	7.245,33
		6060	103,83

Würde sich der **Kurs** zum Bilanzstichtag **von 1,3802 USD/1 EUR auf 1,4167 USD/ 1 EUR ändern,** muss die Währungsverbindlichkeit **zum Anschaffungskurs von 1,3802 passiviert** werden, da sonst ein Gewinn von 186,67 EUR ausgewiesen würde, der jedoch noch **nicht durch Zahlung realisiert** ist. **Nicht realisierte Gewinne dürfen aus Vorsichtsgründen nicht ausgewiesen werden!**

Imparitätsprinzip als Ausdruck kaufmännischer Vorsicht

Anschaffungswert-, Niederstwert- und Höchstwertprinzip bewirken, dass im Jahresabschluss **nicht realisierte Verluste ausgewiesen** werden, **nicht aber nicht realisierte Gewinne.** Diese **ungleiche** Behandlung von nicht realisierten Gewinnen und Verlusten wird auch als

„Imparitätsprinzip"

bezeichnet. Es ist **Ausdruck kaufmännischer Vorsicht** als dem **wichtigsten allgemeinen Bewertungsgrundsatz.**

Wie werden Vermögen und Schulden zum Bilanzstichtag bewertet? 3.3.3

Die Bewertung des Anlagevermögens 3.3.3.1

Die Bewertung der Anlagegüter bedingt in der Regel **Abschreibungen.** Deshalb ist zwischen **abnutzbaren** und **nicht abnutzbaren** Anlagegütern **zu unterscheiden** (siehe dazu S. 188).

1 Es werden die internationalen Währungsbezeichnungen verwendet.
2 Währungskurse unterliegen ständigen und oft erheblichen Schwankungen. Entnehmen Sie aktuelle Kurse dem Wirtschaftsteil der Tageszeitungen, dem Internet oder erkundigen Sie sich bei Ihrer Bank danach.

3.3.3.2 Die Bewertung des Umlaufvermögens

Die Wirtschaftsgüter des Umlaufvermögens sind nach dem **strengen Niederstwertprinzip** zu bewerten. Von zwei Werten, nämlich den Anschaffungskosten (AK) und dem Tageswert (TW) am Bilanzstichtag, ist jeweils der niedrigere anzusetzen:

AK > TW ⟶ Bewertung zum Tageswert,
AK < TW ⟶ Bewertung zu Anschaffungskosten.

Bewertung der Warenvorräte

Die Warenvorräte sind durch körperliche Inventur zu erfassen und mit dem niedrigsten Wert anzusetzen. Für **gleichartige Waren,** die **zu verschiedenen Zeitpunkten und unterschiedlichen Preisen** während des Geschäftsjahres angeschafft wurden, darf nach § 240 (4) HGB ein **Durchschnittswert** ermittelt werden, der **mit dem Tageswert** am Bilanzstichtag zu **vergleichen** ist.

Beispiel

Der Elektrogroßhandel Blitz KG hat zum Bilanzstichtag lt. Inventur noch 2000 Schalter ZX23 auf Lager. Da die Schalter zu unterschiedlichen Preisen und Zeitpunkten angeschafft wurden, ist nicht feststellbar, aus welcher Lieferung der Schlussbestand stammt. Da eine Einzelbewertung nicht möglich ist, müssen die durchschnittlichen Anschaffungskosten aus dem Anfangsbestand und den einzelnen Lieferungen ermittelt werden. Der Tageswert beträgt am 31. Dezember 7,50 € je Schalter.

		Stückzahl	Anschaffungskosten je Stück	Anschaffungskosten insgesamt
Anfangsbestand	1. Jan.	1 400	6,00 €	8.400,00 €
Zugang	15. April	800	6,50 €	5.200,00 €
Zugang	12. Juli	1 050	6,50 €	6.825,00 €
Zugang	18. Okt.	1 200	6,80 €	8.160,00 €
Zugang	28. Nov.	1 600	7,00 €	11.200,00 €
Summe		**6 050**		**39.785,00 €**

Durchschnittliche Anschaffungskosten je Stück $= \frac{39.785,00}{6\,050} =$ **6,58 €**

Die durchschnittlichen Anschaffungskosten je Stück (6,58 €) sind **niedriger** als der Tageswert des Schalters (7,50 €). Der Schlussbestand der 2000 Schalter ist nach dem **strengen Niederstwertprinzip** mit 6,58 € zu bewerten:

Inventurmenge · Wert je Stück = Bilanzansatz
2 000 · 6,58 = 13.160,00 €

Der Warenschlussbestand ist mit 13.160,00 € in der Bilanz auszuweisen. Würde der Tageswert am Bilanzstichtag je Schalter nur 6,20 € betragen, müsste der Bestand gemäß Niederstwertprinzip mit 6,20 € angesetzt werden: 2 000 · 6,20 = 12.400,00 €. Somit würde zugleich ein **nicht durch Umsatz realisierter Verlust** in Höhe von 13.160,00 € – 12.400,00 € = **760,00 €** entstehen. In diesem Fall lauten die Buchungen:

❶ **8010 Schlussbilanzkonto**	an	**2280 Warenbestand**	**12.400,00 €**
❷ **6060 Wareneingang**	an	**2280 Warenbestand**	**760,00 €**

Bewertung der Forderungen

Forderungen sind mit ihrem **wahrscheinlichen Wert** anzusetzen. Zweifelhafte Forderungen werden in Höhe des geschätzten Ausfalls abgeschrieben. Uneinbringliche Forderungen sind in voller Höhe abzuschreiben (siehe S. 202 ff.).

Die Bewertung des Umlaufvermögens

Bewertung von Wertpapieren und flüssigen Mitteln

Wertpapiere (z. B. Aktien), die als **kurzfristige** Kapitalanlage angeschafft wurden, gehören zum Umlaufvermögen und sind mit dem **niedrigsten** Kurswert anzusetzen.

Flüssige (liquide) Mittel, wie Bank- und Postbankguthaben, Schecks und Bargeld, sind zum **Nennwert** anzusetzen.

Die Bewertung der Verbindlichkeiten 3.3.3.3

Verbindlichkeiten sind gemäß § 253 (1) HGB zu ihrem **höheren Erfüllungsbetrag** zu passivieren. Dieses **Höchstwertprinzip** kommt wegen der Kursschwankungen meist bei Verbindlichkeiten in ausländischer Währung zur Anwendung (siehe S. 227).

Rückstellungen sind Verbindlichkeiten, die dem Grunde nach feststehen, jedoch nicht nach Höhe und/oder Fälligkeit. Sie sind nach § 253 (1) HGB nur mit dem Betrag anzusetzen, der **nach vernünftiger kaufmännischer Beurteilung** notwendig ist.

Zusammenfassung

- **Zum Schluss des Geschäftsjahres** ist für jeden einzelnen Vermögens- und Schuldposten der richtige **Wertansatz in Inventar und Bilanz** zu ermitteln.
- **Handelsrechtliche Bewertungsvorschriften** bewirken **zum Schutz der Unternehmenseigner und Gläubiger** eine **vorsichtige Bewertung** des Vermögens und der Schulden. Sie tragen zur **Erhaltung des Eigenkapitals als Haftungssubstanz** gegenüber den Gläubigern bei.
- Das **Prinzip der Vorsicht** findet seinen **Ausdruck im Anschaffungswert-, Niederstwert- und Höchstwertprinzip.** Diese Bewertungsgrundsätze sorgen dafür, dass einerseits nicht realisierte Gewinne nicht ausgewiesen werden und somit im Unternehmen als stille Reserven verbleiben, andererseits aber nicht realisierte Verluste ausgewiesen werden müssen.
- Die **ungleiche** Behandlung von nicht realisierten Gewinnen und Verlusten wird auch als **Imparitätsprinzip** bezeichnet.
- Die **steuerrechtlichen Bewertungsvorschriften** sollen eine **einheitliche Gewinnermittlung** sicherstellen.
- Der **Grundsatz der Maßgeblichkeit** besagt, dass die **handelsrechtliche** Bewertung **für** die **steuerliche** Gewinnermittlung **maßgebend (verbindlich)** ist, sofern das Steuerrecht nicht zwingend eine andere Bewertung vorschreibt.

Prinzip der Vorsicht
als oberster handelsrechtlicher Bewertungsgrundsatz

bezweckt

Ausweis nicht realisierter Verluste
Nichtausweis von nicht realisierten Gewinnen
= Imparitätsprinzip

bewirkt durch

Anschaffungswertprinzip	Niederstwertprinzip	Höchstwertprinzip
Bei Bewertung der Vermögensposten dürfen die Anschaffungskosten **nicht** überschritten werden.	Bei Bewertung der Vermögensposten ist jeweils der **niedrigere** Wert anzusetzen: AK > TW = TW AK < TW = AK	Bei Bewertung der Vermögensposten ist jeweils der **höchste** Wert anzusetzen: AK > TW = AK AK < TW = TW

AUFGABEN

260 Die Anschaffungskosten einer im Oktober gekauften Ware betrugen 150,00 € je Stück. Am Bilanzstichtag beträgt der Markt- bzw. Tageswert 170,00 €. Der Lagerbestand beträgt zum 31. Dezember 100 Stück.

1. *Ermitteln Sie den Wertansatz des Warenbestandes im Inventar und in der Bilanz.*
2. *Begründen Sie Ihre Bewertung.* ■

261 Die Anschaffungskosten einer Ware betragen 220,00 € je Stück. Am Bilanzstichtag beträgt der Wiederbeschaffungswert 180,00 €. Von dieser Ware sind am 31. Dezember lt. Inventur noch 150 Stück vorhanden.

1. *Ermitteln Sie zum Bilanzstichtag den Wertansatz für Inventar und Bilanz.*
2. *Begründen Sie Ihre Bewertungsentscheidung.* ■

262 Das Textilgroßhandelsunternehmen Lutz Lang e. K. erwarb ein Grundstück im Wert von 120.000,00 € gegen Bankscheck. An das Finanzamt wurden 3,5 % Grunderwerbsteuer durch Bank überwiesen. Die Rechnung des Notars lautet über 1.500,00 € + Umsatzsteuer und wird durch Banküberweisung beglichen. Die Kosten für die Eintragung in das Grundbuch betragen 800,00 €. Die Zahlung erfolgt durch Banküberweisung.

Fünf Jahre nach Anschaffung hat das Grundstück einen Marktwert von 150.000,00 €.

1. *Ermitteln Sie die Anschaffungskosten des Grundstücks.*
2. *Wie lautet Ihre Bewertungsentscheidung im fünften Jahr nach Anschaffung des Grundstücks? Begründen Sie diese.* ■

263 Die Elektrogroßhandlung Blitz KG erwarb vor 10 Jahren ein Grundstück zu 180.000,00 € Anschaffungskosten. Wegen Schadstoffbelastung hat das Grundstück lt. Gutachten heute nur noch einen Verkehrswert von 120.000,00 €.

Entscheiden Sie über die Bewertung des Grundstücks und begründen Sie diese. ■

264 Die Papiergroßhandlung Katja Kern e. Kffr. hat am 10. Jan. .. einen Lkw erworben. Die Anschaffungskosten betragen 108.000,00 €. Betriebsgewöhnliche Nutzungsdauer: neun Jahre. Der Lkw wird zum 31. Dez. linear abgeschrieben.

Wie hoch sind die fortgeführten Anschaffungskosten am Ende des dritten Nutzungsjahres? ■

265 Am 15. Januar des vierten Nutzungsjahres hat der Lkw (siehe vorhergehende Aufgabe) durch Unfall einen Totalschaden. Der Schrottwert beträgt 6.000,00 €.

1. *Begründen Sie Ihre Bewertung zum 15. Januar.*
2. *Nennen Sie den Buchungssatz.* ■

266 Ein Großhandelsunternehmen importiert am 10. Dez. .. Waren aus den USA. Die Rechnung lautet über 15.000,00 US-$. Zahlungsziel vier Wochen. Der Kurs beträgt am 10. Dez. 1,3580 US-$/1 €. Am Bilanzstichtag ist der Umrechnungskurs 1,3450 US-$/1 €.

1. *Nennen Sie die erforderliche Buchung zum 10. Dezember.*
2. *Nennen und begründen Sie den Wertansatz der Währungsverbindlichkeit zum 31. Dezember.* ■

64/6230

In einem Großhandelsunternehmen beträgt der Lagerbestand einer Handelsware 400 Stück. Die Anschaffungskosten wurden mit 60,00 € je Stück ermittelt. Zum Bilanzstichtag lautet der Wiederbeschaffungswert 70,00 € je Stück. Der Buchhalter bewertet den Schlussbestand mit 400 · 70,00 = 28.000,00 € Bilanzansatz. 267

1. *Nehmen Sie zur Bewertungsentscheidung des Buchhalters Stellung.*
2. *Ermitteln Sie den Bilanzansatz.* ■

In einem Baustoffgroßhandel ergab die körperliche Inventur der Warengruppe Kleber f 12 einen Bestand von 2 000 kg zum Bilanzstichtag. Da der Bestand aus verschiedenen Lieferungen mit unterschiedlichen Preisen stammt, müssen für die Bewertung die durchschnittlichen Anschaffungskosten ermittelt werden: 268

1. Jan.	Anfangsbestand	800 kg zu je 8,00 €
10. April	Zugang	500 kg zu je 7,50 €
15. Aug.	Zugang	900 kg zu je 7,30 €
12. Okt.	Zugang	1 200 kg zu je 7,00 €

1. *Ermitteln Sie die durchschnittlichen Anschaffungskosten des Schlussbestandes lt. Inventur.*
2. *Bewerten Sie den Schlussbestand, wenn der Wiederbeschaffungswert am 31. Dezember a) 8,20 € je kg und b) 6,00 € je kg beträgt.*
3. *Begründen Sie Ihre Bewertungsentscheidung in den Fällen 2. a) und 2. b).* ■

Zur kurzfristigen Anlage wurden am 20. Februar .. 20 Ulrica-Aktien zu je 390,00 € Anschaffungskosten erworben. Zum 31. Dezember beträgt der Stückkurs der Aktien a) 325,00 € und b) 420,00 €. 269

Begründen Sie Ihre Bewertungsentscheidung zum 31. Dezember. ■

Die Textilvertriebs-GmbH hat zu Beginn des Geschäftsjahres 2005 eine Maschine zu 200.000,00 € Anschaffungskosten erworben. In ihrer Handelsbilanz zum 31. Dezember wurde die Maschine linear mit 10 % abgeschrieben. In der dem Finanzamt eingereichten Steuerbilanz wurde die Maschine mit dem steuerlichen Höchstsatz degressiv mit 20 % abgeschrieben[1]. 270

1. *Ermitteln Sie den Wertansatz für die Handelsbilanz und die Steuerbilanz.*
2. *Warum erkennt das Finanzamt den niedrigeren Wertansatz der Maschine in der Steuerbilanz nicht an, obwohl er steuerrechtlich zulässig ist?* ■

Im Konto „4400 Verbindlichkeiten a. LL" ist eine Währungsverbindlichkeit von 20.000,00 US-$ zum Anschaffungskurs von 1,3495 US-$/1 € enthalten. Zum Bilanzstichtag beträgt der Tageskurs a) 1,3650 US-$/1 € und b) 1,3425 US-$/1 €. 271

1. *Ermitteln und begründen Sie den Bilanzansatz in den Fällen a) und b).*
2. *Nennen Sie gegebenenfalls auch die Buchung zum 31. Dezember und die Auswirkung auf den Jahresgewinn.*

Vervollständigen Sie folgende Aussagen: 272

1. Nicht durch Umsatz realisierte Gewinne entstehen, wenn der ••• am Bilanzstichtag ••• ist als die Anschaffungskosten.
2. Nicht durch Umsatz realisierte Verluste ergeben sich, wenn der Tageswert am Bilanzstichtag ••• ist als die •••.
3. Die handelsrechtlichen Bewertungsprinzipien sorgen dafür, dass keine nicht realisierten ••• ausgewiesen werden, wohl aber nicht realisierte •••.

1 Siehe S. 189 f.

AUFGABEN

4. Wenn keine nicht realisierten Gewinne gebucht werden dürfen, können sie auch nicht an die Unternehmenseigner ••• werden. Dadurch bleibt das Eigenkapital zum Schutz der ••• •••.
5. Die handelsrechtlichen Bewertungsvorschriften bezwecken also eine ••• Bewertung der Vermögens- und Schuldposten. Man spricht deshalb auch vom Prinzip der •••.
6. Die handelsrechtliche Bewertung ist ••• für die steuerliche Gewinnermittlung, es sei denn, dass steuerliche Vorschriften etwas anderes •••.
7. Die steuerlichen Bewertungsvorschriften sollen aus Gründen der Steuer••• eine ••• Gewinnermittlung sicherstellen.
8. Die ungleiche Behandlung von nicht realisierten Gewinnen und Verlusten wird auch als •••prinzip bezeichnet. ■

273 Kauf eines Betriebsgrundstücks für 300.000,00 €. Die Grunderwerbsteuer beträgt 3,5 %. Der Makler stellt 9.000,00 € + USt in Rechnung. Für ein Entwässerungsgutachten für das Grundstück wurden 2.000,00 € + USt gezahlt. Der Anschluss des Grundstücks an den Kanal verursachte Kosten in Höhe von 3.000,00 € + USt.

Der Notar berechnet 1.500,00 € + USt. Die Grundbuchkosten belaufen sich auf 450,00 €.

Alle Zahlungen erfolgen durch Banküberweisung.

Zur Finanzierung des Grundstücks musste bei der Sparkasse eine Hypothek über 200.000,00 € bei 100%iger Auszahlung und 10 % Zinsen aufgenommen werden. Die Zinsen sind halbjährlich im Voraus zu zahlen.

1. *Ermitteln Sie die Anschaffungskosten des Grundstücks (siehe S. 76).*
2. *Begründen Sie, welche Kosten im vorliegenden Fall nicht zu den Anschaffungskosten rechnen.*
3. *Buchen Sie die Anschaffung des Grundstücks aufgrund der vorliegenden Rechnungen.*
4. *Nennen Sie den Buchungssatz zur Aufnahme der Hypothek.*
5. *Buchen Sie die Hypothekenzinsen bei Zahlung am 1. Oktober. Welche Buchung ist zum 31. Dezember erforderlich?*
6. *Zu welchem Wert dürfen nicht abnutzbare Anlagegüter zum Bilanzstichtag höchstens angesetzt werden?* ■

274 Die Anschaffungskosten einer Maschine betrugen im Januar 50.000,00 €. Nutzungsdauer 10 Jahre; Jahres-AfA linear 5.000,00 €. Somit beträgt der Buchwert der Maschine zum 31. Dezember des zweiten Nutzungsjahres 40.000,00 €. Durch technischen Fortschritt ist der Wert der Maschine am Ende des dritten Jahres nachhaltig auf 30.000,00 € gesunken.

1. *Ermitteln und begründen Sie den Wertansatz der Maschine zum 31. Dezember des dritten Jahres.*
2. *Wie errechnet sich die Abschreibung für die Restnutzungsdauer?* ■

275
1. *Nennen Sie die Zielsetzung der handels- und steuerrechtlichen Bewertungsvorschriften.*
2. *Was beinhaltet das Prinzip der Einzelbewertung?*
3. *In welchen Bewertungsprinzipien findet das Prinzip der Vorsicht seinen Ausdruck?*
4. § 252 HGB (siehe Anhang) enthält die allgemeinen Bewertungsgrundsätze. *Welcher Bewertungsgrundsatz ist Ihrer Meinung nach der wichtigste? Begründen Sie.* ■

Kauf eines Geschäfts-Pkw am 1. Oktober. Die Lieferfirma stellt in Rechnung: 276

Listenpreis 30.000,00 €, 5 % Sonderrabatt auf den Listenpreis, Sonderzubehör 800,00 €, Überführungskosten 500,00 €, Nummernschilder 80,00 €, Zulassungskosten 120,00 €, + Umsatzsteuer.

Außerdem werden gezahlt: Kfz-Steuer für ein Jahr 440,00 €,
Kfz-Versicherung für sechs Monate 660,00 €.

Alle Zahlungen erfolgen durch Banküberweisung.

1. *Ermitteln Sie die Anschaffungskosten.*
2. *Erstellen Sie die Rechnung der Lieferfirma.*
3. *Buchen Sie aufgrund der Eingangsrechnung.*
4. *Buchen Sie den Rechnungsausgleich und die Überweisung der Kfz-Steuer und der Kfz-Versicherung zum 1. Oktober.*
5. *Die Nutzungsdauer des Pkw beträgt sechs Jahre. Wie hoch ist der Abschreibungsbetrag zum 31. Dezember?*
6. *Ermitteln Sie den Wertansatz zum 31. Dezember. Wie bezeichnet man den Wert, der sich bei abnutzbaren Anlagegütern nach Vornahme der Abschreibungen ergibt?*
7. *Wie lauten die Buchungen zum Jahresabschluss*
   a) für die planmäßige Abschreibung und
   b) für die zeitliche Abgrenzung der Kfz-Steuer und Kfz-Versicherung? ■ 277

Ein Baustoffgroßhandelsbetrieb hat am 15. Januar 2005 eine Förderanlage erworben. Der Listenpreis beträgt 80.000,00 €. Die Lieferfirma gewährt hierauf 10 % Rabatt.

In Rechnung gestellt werden ferner: Transportkosten 2.000,00 €, Fundamentierungskosten 2.500,00 €, Montagekosten 3.500,00 €, + Umsatzsteuer.

Der Rechnungsbetrag wird mit 2 % Skonto durch Banküberweisung beglichen.

Zur Finanzierung der Anlage wurde ein Darlehen von 60.000,00 € aufgenommen. Die Zinsen für das laufende Geschäftsjahr wurden mit 5.600,00 € im Voraus überwiesen.

1. *Ermitteln Sie die Anschaffungskosten der Förderanlage.*
2. *Erstellen Sie die Rechnung der Lieferfirma.*
3. *Buchen Sie den Eingang der Rechnung.*
4. *Nennen Sie die Buchung für den Rechnungsausgleich.*
5. *Die Förderanlage hat eine Nutzungsdauer von 10 Jahren. Ermitteln Sie*
   a) den niedrigsten und
   b) den höchstmöglichen Abschreibungsbetrag
   zum 31. Dezember 2005[1].
6. *Nennen Sie den Wertansatz für den Fall 5. a) und 5. b).*
7. *Für welchen Wertansatz würden Sie sich entscheiden, wenn das Unternehmen zum 31. Dezember 2005*
   a) mit Verlust und
   b) mit hohem Gewinn
   abschließt? Begründen Sie. ■

1 Siehe S. 189 f.

4 Auswertung des Jahresabschlusses

Betriebswirtschaftliche Auswertung des Jahresabschlusses

Aus dem Jahresabschluss lassen sich wertvolle **Erkenntnisse über die Vermögens-, Finanz- und Erfolgslage** des Unternehmens gewinnen, wenn man die Abschlusszahlen entsprechend auswertet. Ein Vergleich mit den Jahresabschlüssen der Vorjahre **(Zeitvergleich)** gibt außerdem Auskunft über die betriebseigene **Entwicklung.** Wie das Unternehmen innerhalb seiner Branche zu beurteilen ist, zeigt ein Vergleich mit den Zahlen branchengleicher Unternehmen **(Betriebsvergleich).**

Die betriebswirtschaftliche Auswertung des Jahresabschlusses umfasst die

- **Aufbereitung (Analyse)** und die
- **Beurteilung (Kritik)** des Zahlenmaterials.

Allgemein spricht man auch von **„Bilanzanalyse und Bilanzkritik".**

4.1 Im Unternehmen Katja Kern e. Kffr. wird die Bilanz betriebswirtschaftlich ausgewertet

4.1.1 Wie bereitet man Bilanzen zur Beurteilung auf?

Umgliederung der Bilanzposten

Die Bilanzen müssen zunächst für eine kritische Beurteilung entsprechend aufbereitet werden. Die zahlreichen Bilanzposten sind daher nach bestimmten Gesichtspunkten umzugliedern und gruppenmäßig zusammenzufassen. Die Vermögensseite umfasst die beiden Hauptgruppen **„Anlagevermögen"** und **„Umlaufvermögen"**, die Kapitalseite **„Eigenkapital"** und **„Fremdkapital".** Das Umlaufvermögen ist nach der **Flüssigkeit** in die Gruppen **„Vorräte", „Forderungen"** und **„Flüssige Mittel"** zu gliedern. Die Positionen des Fremdkapitals sind nach der **Fälligkeit** in **„Langfristiges Fremdkapital"** und **„Kurzfristiges Fremdkapital"** zu ordnen. Wertberichtigungen sind vorab mit dem entsprechenden Aktivposten zu saldieren. Aktive Rechnungsabgrenzungssammelposten werden den Forderungen, passive Rechnungsabgrenzungsposten den kurzfristigen Verbindlichkeiten zugeordnet.

Bilanzstruktur

Die Bilanzstruktur ist das **Ergebnis der Aufbereitung** der Bilanzposten. Sie lässt bereits deutlich den **Vermögens- und Kapitalaufbau** des Unternehmens erkennen:

Vermögen	BILANZSTRUKTUR	Kapital
I. Anlagevermögen		**I. Eigenkapital**
II. Umlaufvermögen	1. Vorräte 2. Forderungen 3. Flüssige Mittel	**II. Fremdkapital** 1. langfristig 2. kurzfristig
Wie ist das Kapital angelegt?		Woher stammt das Kapital?

Zur besseren Vergleichbarkeit und Überschaubarkeit stellt man die **Bilanzstruktur** nicht nur in absoluten Zahlen, sondern auch in **Prozentzahlen** dar, wobei die **Bilanzsumme die Basis (≙ 100 %)** bildet. Damit wird auf einen Blick erkennbar, welches Gewicht die einzelnen Hauptgruppen innerhalb des Gesamtvermögens (Aktiva) und Gesamtkapitals (Passiva) haben. Vermögens- und Kapitalstruktur werden dadurch noch anschaulicher dargestellt.

6476234

Wie bereitet man Bilanzen zur Beurteilung auf?

Situation

Die Bilanzen der Papiergroßhandlung Katja Kern, Köln, lauten für die beiden letzten Geschäftsjahre:

Aktiva	**Berichtsjahr** T€	**Vorjahr** T€	**Passiva**	**Berichtsjahr** T€	**Vorjahr** T€
Gebäude	1.200	850	**Eigenkapital 1. Jan.**	1.710	1.600
BuG-Ausstattung	460	330	– Entnahmen	166	120
Fuhrpark	140	120		1.544	1.480
Waren	1.300	1.940	+ Einlagen	700	–
Forderungen a. LL	950	400		2.244	1.480
Kasse	15	10	+ Gewinn	366	230
Postbankguthaben	55	20	**Eigenkapital 31. Dez.**	2.610	1.710
Bankguthaben	380	130	Rückstellungen	200	400
			Hypothekenschulden	440	331
			Darlehensschulden	520	305
			Verbindlichkeiten a. LL	680	769
			Sonstige Verbindlichkeiten	50	285
	4.500	3.800		4.500	3.800

Anmerkungen: Die Rückstellungen sind je zur Hälfte als langfristig und kurzfristig zu behandeln. Der Gewinn verbleibt zur Stärkung der Eigenkapitalbasis im Unternehmen.

Die Aufbereitung der Bilanzen erfolgt nach folgendem Schema:

AKTIVA	Berichtsjahr (B) T€	%	Vorjahr (V) T€	%	Zu- oder Abnahme T€
Anlagevermögen	**1.800**	**40**	**1.300**	**34**	**+ 500**
Vorräte	1.300	29	1.940	51	– 640
Forderungen a. LL	950	21	400	11	+ 550
Flüssige Mittel	450	10	160	4	+ 290
Umlaufvermögen	**2.700**	**60**	**2.500**	**66**	**+ 200**
Gesamtvermögen	**4.500**	**100**	**3.800**	**100**	**+ 700**

PASSIVA	Berichtsjahr (B) T€	%	Vorjahr (V) T€	%	Zu- oder Abnahme T€
Eigenkapital	**2.610**	**58**	**1.710**	**45**	**+ 900**
50 % Rückstellungen	100	2	200	5	– 100
Hypothekenschulden	440	10	331	9	+ 109
Darlehensschulden	520	12	305	8	+ 215
Langfr. Fremdkapital	**1.060**	**24**	**836**	**22**	**+ 224**
50 % Rückstellungen	100	2	200	5	– 100
Verbindlichkeiten a. LL	680	15	769	21	– 89
Sonstige Verbindlichkeiten	50	1	285	7	– 235
Kurzfr. Fremdkapital	**830**	**18**	**1.254**	**33**	**– 424**
Gesamtkapital	**4.500**	**100**	**3.800**	**100**	**+ 700**

Wie beurteilt man Bilanzen? 4.1.2

Die aufbereiteten Bilanzen enthalten bereits die wichtigsten Kennzahlen und Angaben zur **Beurteilung** der

- **Kapitalausstattung,**
- **Anlagenfinanzierung,**
- **Zahlungsfähigkeit** und des
- **Vermögensaufbaus**

Wie beurteilt man Bilanzen?

des Unternehmens. Die nun einsetzende Bilanzbeurteilung stellt zwischen den durch die Aufbereitung gewonnenen Verhältniszahlen sinnvolle **Beziehungen** her und wertet diese im Hinblick auf die **Lage und Entwicklung** des Unternehmens.

4.1.2.1 Beurteilung der Kapitalausstattung (Finanzierung)

Grad der Unabhängigkeit

Bei der Beurteilung der **Kapitalausstattung oder Finanzierung** geht es vor allem um die Frage, ob das Unternehmen überwiegend mit **eigenem oder fremdem Kapital** arbeitet. In der Regel kann die Finanzierung eines Unternehmens als günstig bezeichnet werden, wenn das **Eigenkapital als Haftungs- bzw. Schutzkapital** das Fremdkapital überwiegt; denn je höher der Anteil des Eigenkapitals am Gesamtkapital, umso **sicherer** ist die Lage des Unternehmens in Krisenzeiten und umso **unabhängiger** ist das Unternehmen **gegenüber** seinen **Gläubigern.** Der Anteil des Eigenkapitals am Gesamtkapital ist daher zugleich Ausdruck des Grades der finanziellen Unabhängigkeit des Unternehmens.

Grad der Verschuldung

Dieser kommt durch den Anteil des Fremdkapitals am Gesamtkapital zum Ausdruck. Ein im Verhältnis zum Eigenkapital zu hohes Fremdkapital bedeutet eine erhebliche **Einengung der Selbstständigkeit des Unternehmens,** da mit jeder weiteren Kreditaufnahme stets der Nachweis der Kreditverwendung und ständige Kontrollen durch Gläubiger verbunden sind. Ist der Anteil an kurzfristigen Schulden sehr hoch, so wird die **Liquidität (Zahlungsfähigkeit)** des Unternehmens stark eingeschränkt. Die **Zusammensetzung des Fremdkapitals** (lang- und kurzfristig) ist daher eine wichtige Frage bei der Beurteilung der Finanzierung eines Unternehmens.

Kennzahlen der Finanzierung (Kapitalstruktur)			B	V
❶ Grad der finanziellen Unabhängigkeit	=	$\frac{\text{Eigenkapital} \cdot 100\,\%}{\text{Gesamtkapital}}$	58 %	45 %
❷ Grad der Verschuldung	=	$\frac{\text{Fremdkapital} \cdot 100\,\%}{\text{Gesamtkapital}}$	42 %	55 %
❸ Anteil des langfristigen Fremdkapitals	=	$\frac{\text{lgfr. Fremdkapital} \cdot 100\,\%}{\text{Gesamtkapital}}$	24 %	22 %
❹ Anteil des kurzfristigen Fremdkapitals	=	$\frac{\text{kfr. Fremdkapital} \cdot 100\,\%}{\text{Gesamtkapital}}$	18 %	33 %

Beurteilung

Die Kennzahlen zeigen deutlich, dass sich im Berichtsjahr der **Grad der finanziellen Unabhängigkeit von 45 % auf 58 %** und damit entsprechend der **Grad der Verschuldung von 55 % auf 42 %** verbessert haben. Die beachtliche Steigerung des Eigenkapitals ist auf eine **Kapitaleinlage** der Unternehmerin in Höhe von **700 T€** sowie auf den im Berichtsjahr erwirtschafteten hohen **Jahresgewinn von 366 T€** zurückzuführen. Erfreulicherweise konnte dadurch der Anteil des Fremdkapitals und somit der Einfluss der Gläubiger erheblich vermindert werden. Der **Rückgang des kurzfristigen Fremdkapitals von 33 % auf 18 %** ist im Hinblick auf die Liquidität des Unternehmens besonders positiv zu beurteilen. Der hohe Abbau der kurzfristigen Fremdmittel ist vor allem auf eine **Umschuldung** zurückzuführen, also auf eine Umwandlung kurzfristiger in langfristige Schulden. So steht einer Abnahme an kurzfristigen Fremdmitteln in Höhe von 424 T€ eine Zunahme der langfristigen Schulden in Höhe von 224 T€ gegenüber (vgl. aufbereitete Bilanzen auf Seite 235).

Die Unternehmensleitung hat im Berichtsjahr sinnvolle Maßnahmen durchgeführt, um die Finanzierung des Unternehmens noch krisenfester zu gestalten.

6476236

Beurteilung der Kapitalausstattung (Finanzierung)

Zusammenfassung

- **Je größer das Eigenkapital** im Verhältnis zum Fremdkapital ist, desto solider und **krisenfester ist die Finanzierung** und desto geringer sind die Zinsbelastung und die Abhängigkeit gegenüber Gläubigern.

4.1.2.2 Beurteilung der Anlagendeckung (Investierung)

Deckungsgrad I und II

Die Finanzierung (Deckung) des Anlagevermögens durch

- **Eigenkapital → Deckungsgrad I**

und durch

- **langfristiges Kapital** (Eigenkapital und langfristiges Fremdkapital) **→ Deckungsgrad II**

ist zugleich ein wichtiger **Maßstab zur Beurteilung der Kapitalausstattung** des Unternehmens schlechthin. Da **Anlagegegenstände** in der Regel langfristig gebundenes Vermögen darstellen, müssen sie durch **entsprechend langfristiges Kapital** finanziert werden. Damit wird sichergestellt, dass im Krisenfalle keine Anlagegüter veräußert werden müssen, um den Tilgungsverpflichtungen termingerecht nachzukommen. Deshalb sollen Wirtschaftsgüter des Anlagevermögens grundsätzlich **nicht kurzfristig** finanziert werden. Die Anlagenfinanzierung kann somit als sehr gut bezeichnet werden, wenn das Anlagevermögen voll durch Eigenkapital **(Deckungsgrad I)** gedeckt ist. Reicht das Eigenkapital jedoch nicht zur Finanzierung des Anlagevermögens aus, so darf zusätzlich nur langfristiges Fremdkapital herangezogen werden. Der **Deckungsgrad II** muss mindestens 100 % betragen, wenn eine volle Deckung durch langfristiges Kapital gegeben sein soll.

Kennzahlen der Anlagendeckung (Investierung)	Berichtsjahr	Vorjahr
Deckungsgrad I $= \frac{\text{Eigenkapital} \cdot 100\,\%}{\text{Anlagevermögen}}$	145 %	132 %
Deckungsgrad II $= \frac{\text{Langfristiges Kapital} \cdot 100\,\%}{\text{Anlagevermögen}}$	204 %	196 %

Beurteilung

Die Anlagendeckung durch Eigenkapital (Deckungsgrad I) war bereits im Vorjahr gut. Sie konnte im Berichtsjahr durch die bereits erwähnte **Erhöhung des Eigenkapitals** noch wesentlich verbessert werden. **Nicht nur das Anlagevermögen, sondern auch der größte Teil der Warenvorräte werden** nunmehr **durch eigene Mittel finanziert.** Besonders erfreulich ist auch die Tatsache, dass die erheblichen **Anschaffungen (Investitionen)** im Anlagevermögen in Höhe von 500 T€ **ebenfalls** in vollem Umfang **durch Eigenkapital finanziert** wurden.

Die Anlagendeckung durch langfristiges Kapital (Deckungsgrad II) ist in den beiden Vergleichsjahren ausgezeichnet. Besonders im Berichtsjahr wird der größte Teil des Umlaufvermögens **langfristig** finanziert, was sich auf die Liquidität des Unternehmens zwangsläufig günstig auswirken muss. Die für das Berichtsjahr als **sehr gut beurteilte Finanzierung wird durch die Anlagendeckung I und II voll bestätigt.**

Zusammenfassung

- **Die Anlagendeckung** ist zugleich **Maßstab** zur Beurteilung der Finanzierung (Kapitalausstattung) des Unternehmens.
- Das Anlagevermögen und der eiserne Bestand an Waren sollten stets durch entsprechend **langfristiges** Kapital (Eigen- und langfristiges Fremdkapital) finanziert sein.

4.1.2.3 Beurteilung der Zahlungsfähigkeit (Liquidität)

Ermittlung der Liquidität

Liquidität ist die Zahlungsfähigkeit eines Unternehmens, die sich aus dem **Verhältnis der flüssigen (liquiden) Mittel zu den fälligen kurzfristigen Verbindlichkeiten** erkennen lässt. Es muss deshalb untersucht werden, ob das Unternehmen in der Lage sein wird, die **fälligen** Verbindlichkeiten **fristgerecht** zu begleichen.

Aufgrund der Bilanzzahlen kann die **Liquidität** eines Unternehmens natürlich **nur überschlägig** ermittelt werden, da wichtige Angaben aus den Bilanzen nicht hervorgehen, wie **Fälligkeiten** der Verbindlichkeiten und Forderungen, **laufende Zahlungen** für Steuern, Mieten u. a. m. Dennoch lassen sich verschiedene Stufen oder Grade der Zahlungsfähigkeit des Unternehmens aus den Abschlusszahlen errechnen.

Kennzahlen der Liquidität

Diese Kennzahlen berücksichtigen jeweils den Grad der Zahlungsfähigkeit. Die **Liquidität I (1. Grades),** auch **Barliquidität** genannt, setzt die flüssigen Mittel (Kasse, Bank- und Postbankguthaben, börsenfähige Wertpapiere des Umlaufvermögens) ins Verhältnis zu den kurzfristigen Fremdmitteln. Die **Liquidität II,** auch **einzugsbedingte Liquidität** genannt, berücksichtigt zusätzlich die Forderungen. Die **umsatzbedingte Liquidität III** setzt schließlich das gesamte Umlaufvermögen zum kurzfristigen Fremdkapital in Beziehung. Nach einer **Erfahrungsregel** sollte mindestens die **Liquidität II** bereits eine **volle Deckung der kurzfristigen Schulden** bringen. Die **Liquidität III** müsste nach einer amerikanischen Faustregel zu einer **zweifachen Deckung (200 %)** führen.

Liquiditätskennzahlen	Berichtsjahr	Vorjahr
Liquidität I $= \frac{\text{flüssige Mittel} \cdot 100\,\%}{\text{kurzfristiges Fremdkapital}}$	54 %	13 %
Liquidität II $= \frac{(\text{flüssige Mittel} + \text{Forderungen}) \cdot 100\,\%}{\text{kurzfristiges Fremdkapital}}$	169 %	45 %
Liquidität III $= \frac{\text{Umlaufvermögen} \cdot 100\,\%}{\text{kurzfristiges Fremdkapital}}$	325 %	199 %

Beurteilung

Die Liquiditätslage des Unternehmens hat sich im Berichtsjahr gegenüber dem Vorjahr ganz entschieden verbessert. Selbst unter Berücksichtigung der Forderungen konnte im Vorjahr keine volle Deckung der kurzfristigen Verbindlichkeiten erreicht werden. Im Berichtsjahr führte dagegen die Liquidität II bereits zu einer erheblichen Überdeckung. Die Liquidität 3. Grades zeigt im Berichtsjahr deutlich die ausgezeichnete finanzielle Lage des Unternehmens. Das Umlaufvermögen ist über dreimal so groß wie die kurzfristigen Fremdmittel. Diese äußerst positive Entwicklung der Zahlungsfähigkeit ist einerseits auf die bereits erwähnte Kapitalerhöhung sowie Umschuldung und andererseits vor allem auch auf die erhebliche Absatzsteigerung zurückzuführen. Diese von der Unternehmensleitung getroffenen **Maßnahmen dienten** nicht zuletzt der **Stärkung der Liquidität.**

Zusammenfassung

- Je mehr die flüssigen Mittel 1., 2. und 3. Grades die kurzfristigen Verbindlichkeiten decken, desto **liquider** und damit **sicherer** ist das Unternehmen.
- Für die fälligen Schulden müssen stets Zahlungsmittel bereitstehen, denn Zahlungsunfähigkeit bedeutet in der Regel die zwangsweise **Auflösung des Unternehmens** im Rahmen eines Insolvenzverfahrens.
- Nach einer **Erfahrungsregel** gilt die Zahlungsfähigkeit als gesichert, wenn das Umlaufvermögen doppelt so groß ist wie das kurzfristige Fremdkapital.

6476238

Beurteilung der Vermögensstruktur (Konstitution) | 4.1.2.4

Kennzahlen der Vermögensstruktur

Die Vermögensstruktur zeigt sich im **Verhältnis zwischen Anlage- und Umlaufvermögen.** Dieses Verhältnis ist weitgehend abhängig von der Branche, der das Unternehmen angehört, sowie vom **Ausmaß der Ausstattung und Automatisierung.** So sind beispielsweise Unternehmen der Grundstoff- und Schwerindustrie mit einem Anlagenanteil von 60–70 % besonders anlagenintensiv, im Gegensatz zu Großhandelsunternehmen, in denen in der Regel das Umlaufvermögen deutlich überwiegt.

Das Anlagevermögen verursacht erhebliche **fixe (feste) Kosten** wie Abschreibungen, Instandhaltungen u. a., **die unabhängig von der Beschäftigungs- und Absatzlage,** also **auch in Krisenzeiten, anfallen** und ständig die Erfolgsrechnung als Aufwand belasten. Je niedriger das Anlagevermögen im Verhältnis zum Umlaufvermögen ist, desto geringer ist die Belastung mit festen Kosten und desto besser kann sich ein Unternehmen **den veränderten Marktverhältnissen anpassen.**

Das Umlaufvermögen besteht in der Regel aus Warenvorräten und Forderungen sowie flüssigen Mitteln. Vergleicht man die Posten mit den **Umsatzerlösen,** lassen sich wertvolle **Erkenntnisse über die Absatzlage** des Unternehmens erzielen. Ein erhöhter Bestand an Forderungen bedeutet Absatzsteigerung, wenn zugleich die Umsatzerlöse entsprechend gestiegen sind. Eine Veränderung der Vorräte und flüssigen Mittel sollte daher auch im Zusammenhang mit den Umsatzerlösen gesehen werden.

Kennzahlen der Vermögensstruktur		Berichtsjahr	Vorjahr
❶ Anteil des Anlagevermögens	$= \frac{AV \cdot 100\,\%}{\text{Gesamtvermögen}}$	40 %	34 %
❷ Anteil des Umlaufvermögens	$= \frac{UV \cdot 100\,\%}{\text{Gesamtvermögen}}$	60 %	66 %
❸ Anteil der Vorräte	$= \frac{\text{Vorräte} \cdot 100\,\%}{\text{Gesamtvermögen}}$	29 %	51 %
❹ Anteil der Forderungen	$= \frac{\text{Forderungen} \cdot 100\,\%}{\text{Gesamtvermögen}}$	21 %	11 %
❺ Anteil der flüssigen Mittel	$= \frac{\text{Flüssige Mittel} \cdot 100\,\%}{\text{Gesamtvermögen}}$	10 %	4 %

Angaben lt. GuV-Rechnung:	Berichtsjahr	Vorjahr
Umsatzerlöse	8.200 T€	5.500 T€

Beurteilung

Die Kennzahlen der Vermögensstruktur zeigen deutlich die positive Entwicklung des Unternehmens im Vergleichszeitraum. Die Steigerung des Anlagevermögens ist auf **Neuanschaffungen** in Höhe von 500 T€ zurückzuführen, die zu einer **Kapazitätserweiterung** führten, worauf auch die gestiegenen Umsatzerlöse hinweisen. Auch der **Abbau der Vorräte** und die **Erhöhung der Forderungen** sowie der flüssigen Mittel stehen offensichtlich im Zusammenhang mit einer **erheblichen Absatzsteigerung.**

Zusammenfassung

- Das **Verhältnis zwischen Anlage- und Umlaufvermögen** wird weitgehend von der **Branche** und dem **Grad der Ausstattung** des Unternehmens **bestimmt.**
- **Vorräte und Forderungen** sind mit den **Umsatzerlösen zu vergleichen.**

AUFGABEN

278 1. *Welche Möglichkeiten hat der Unternehmer, die Finanzierung (Kapitalausstattung des Unternehmens) zu verbessern?*
2. Ein Unternehmer hat einen sehr großen Teil des Anlagevermögens mit einem kurzfristigen Bankkredit finanziert. *Wie beurteilen Sie das?*
3. *Wodurch wird die Vermögensstruktur (AV : UV) bestimmt?*
4. *Welche Gefahr liegt in einem a) zu geringen und b) zu großen Anlagevermögen?*
5. *Welche Gefahr liegt in einem a) zu geringen und b) zu hohen Umlaufvermögen?*

279 1. *Welche Möglichkeiten hat der Unternehmer, die Liquidität zu verbessern?*
2. Der Bestand an sofort greifbaren flüssigen Mitteln ist im Verhältnis zu hoch. *Was empfehlen Sie dem Unternehmen?*
3. *Vermittelt die Bilanz ein eindeutiges Bild der Zahlungsfähigkeit?*
4. *Beurteilen Sie die folgenden Bilanzstrukturen:*

Bilanz 1	
Anlagevermögen 40 %	Eigenkapital 50 %
Umlaufvermögen 60 %	Fremdkapital 50 %

Bilanz 2	
Anlagevermögen 40 %	Eigenkapital 30 %
Umlaufvermögen 60 %	langfristiges Fremdkapital 10 % kurzfristiges Fremdkapital 60 %

280 Nach der Aufbereitung zeigt die Bilanz eines Großhandelsunternehmens die folgende Vermögens- und Kapitalstruktur:

Vermögen	T€	%	Aufbereitete Bilanz / Kapital	T€	%
I. Anlagevermögen	2.400	**30**	**I. Eigenkapital**	4.800	**60**
II. Umlaufvermögen			**II. Fremdkapital**		
1. **nicht** flüssig (Vorräte)	3.300		1. **langfristig** (Hypotheken u. Darlehen)	2.000	
2. **bedingt** flüssig (Forderungen a. LL)	1.700	**70**	2. **kurzfristig** (Verbindlichk. a. LL u. a.)	1.200	**40**
3. **sofort** flüssig (Kasse, Postbank, Bankguthaben)	600				
	8.000	**100**		8.000	**100**

1. *Beurteilen Sie auch unter Berücksichtigung von* ***Branchen-Richtwerten ( )***
   a) *die Finanzierung oder Kapitalausstattung (35 : 65),*
   b) *den Vermögensaufbau (25 : 75),*
   c) *die Anlagenfinanzierung bzw. -deckung (Deckung I: 80 %; II: 120 %) sowie*
   d) *die Zahlungsfähigkeit (Liquidität) des Unternehmens.*
2. *Inwiefern erübrigt sich im vorliegenden Fall die Ermittlung des Deckungsgrades II im Rahmen der Beurteilung der Anlagenfinanzierung?*
3. *Welchen entscheidenden Vorteil bietet die Auswertung bei einem Bilanzvergleich (Zeit- oder Betriebsvergleich)?*

281

Aktiva	Berichtsjahr	Vorjahr	Passiva	Berichtsjahr	Vorjahr
	T€	T€		T€	T€
I. Anlagevermögen			**I. Eigenkapital**	3.000	1.600
1. Gebäude	1.480	1.000	**II. Fremdkapital**		
2. BuG-Ausstattg. ...	500	200	1. Hypotheken-		
3. Fuhrpark	280	100	schulden	650	680
II. Umlaufvermögen			2. Darlehens-		
1. Vorräte	1.400	1.650	schulden	880	520
2. Forderungen	900	750	3. Lieferer-		
3. Kasse	20	10	schulden	470	1.200
4. Postbankguthaben	30	40			
5. Bankguthaben	390	250		5.000	4.000
	5.000	4.000			

1. *Bereiten Sie obige Bilanzen der Textilgroßhandlung Jutta Kolberg e. K. entsprechend dem Aufbereitungsschema auf Seite 235 auf und stellen Sie jeweils die Veränderungen der Vermögens- und Kapitalposten fest.*
2. *Ermitteln Sie die Kennzahlen zur Beurteilung der a) Finanzierung, b) Anlagendeckung, c) Liquidität, d) Vermögensstruktur.*
3. *Beurteilen Sie die Entwicklung des Unternehmens in den Vergleichsjahren aufgrund der Kennzahlen und versuchen Sie die Ursachen der Veränderungen offenzulegen. Stellen Sie sich dabei stets* ***folgende Fragen:***

- Wie ist die Entwicklung in absoluten und relativen Zahlen?
- Worauf könnte die positive oder negative Entwicklung zurückzuführen sein?
- Welche Maßnahmen zur Verbesserung der Finanzierung, Anlagendeckung, Liquidität und Vermögensstruktur würden Sie der Unternehmensleitung gegebenenfalls empfehlen?

282

Aktiva	Berichtsjahr	Vorjahr	Passiva	Berichtsjahr	Vorjahr
	T€	T€		T€	T€
Gebäude	960	710	Eigenkapital 1. Jan.	1.160	1.030
BuG-Ausstattung	610	390	– Entnahmen	80	60
Fuhrpark	130	160		1.080	970
Waren	1.200	1.850	+ Einlagen	400	–
Forderungen a. LL	820	370		1.480	970
Kasse	20	15	+ Gewinn	320	190
Bank	260	105	Eigenkapital 31. Dez. ...	1.800	1.160
			Rückstellungen	80	60
			Hypothekenschulden ...	670	480
			Darlehensschulden	930	750
			Verbindlichkeiten a. LL ..	520	1.150
	4.000	3.600		4.000	3.600

Anmerkungen: Die Rückstellungen sind je zur Hälfte lang- und kurzfristig. Die Umsatzerlöse betrugen im Berichtsjahr 7.800 T€, im Vorjahr 5.800 T€.

1. *Bereiten Sie die oben stehenden Bilanzen der Elektrogroßhandlung Georg Heider e. K. entsprechend dem Aufbereitungsschema auf.*
2. *Ermitteln und beurteilen Sie die Kennzahlen a) der Finanzierung, b) der Anlagendeckung, c) der Liquidität und d) der Vermögensstruktur.*
3. *Worauf führen Sie die hohen Vorräte im Vorjahr zurück?*
4. *Fassen Sie in einem Kurzbericht das Ergebnis Ihrer Auswertung zusammen.* ■

4.2 Im Unternehmen Katja Kern e. Kffr. wird die Gewinn- und Verlustrechnung betriebswirtschaftlich ausgewertet

4.2.1 Wie beurteilt man die Rentabilität?

Rentabilität als Erfolgsmaßstab

Die Rentabilität ist Maßstab für den Erfolg eines Unternehmens. Sie wird ermittelt, indem man den Gewinn zum **Eigenkapital** oder **Umsatz** in Beziehung setzt. Bei **Einzelunternehmen und Personengesellschaften** muss der Jahresgewinn vorab noch um einen Unternehmerlohn für den **mitarbeitenden Inhaber (Gesellschafter)** gekürzt werden. Nur so ist ein **Vergleich mit einer Kapitalgesellschaft** der gleichen Branche (z. B. GmbH) möglich, in der die Gehälter der geschäftsführenden Gesellschafter Aufwand (Betriebsausgabe) darstellen und somit den Gewinn schmälern. Die Höhe des Unternehmerlohns bemisst sich nach dem Gehalt eines leitenden Angestellten in vergleichbarer Position.

Beispiel

Papiergroßhandlung Katja Kern e. Kffr.	Berichtsjahr	Vorjahr
Jahresgewinn (vgl. Bilanzen S. 235)[1]	366 T€	230 T€
– **Unternehmerlohn**	120 T€	120 T€
Unternehmergewinn	**246 T€**	**110 T€**

4.2.1.1 Eigenkapitalrentabilität (Unternehmerrentabilität)

Die Rentabilität des Eigenkapitals wird ermittelt, indem man den Unternehmergewinn (UG) zum Eigenkapital (Ø aus AB + SB: s. Bilanzen, S. 235) ins Verhältnis setzt.

Beispiel

Papiergroßhandlung Katja Kern e. Kffr.	Berichtsjahr	Vorjahr
$\text{Eigenkapitalrentabilität} = \frac{\text{UG} \cdot 100\,\%}{\text{Eigenkapital}}$	$\frac{246 \cdot 100\,\%}{2.160} = \mathbf{11{,}4\,\%}$	$\frac{110 \cdot 100\,\%}{1.655} = \mathbf{6{,}64\,\%}$

Risikoprämie

Vergleicht man die Eigenkapitalrentabilität mit dem landesüblichen Zinssatz für langfristig angelegte Gelder (im Beispiel 5 %), so ist der **Überschuss** der Eigenkapitalverzinsung eine Prämie für das allgemeine Risiko des Unternehmers.

Beispiel

Papiergroßhandlung Katja Kern e. Kffr.	Berichtsjahr	Vorjahr
Eigenkapitalrentabilität	11,4 %	6,64 %
– **landesüblicher Zinssatz für langfr. Kapital**	5,0 %	5,00 %
Risikoprämie für Unternehmerwagnis	**6,4 %**	**1,64 %**

Beurteilung der Erfolgslage

Der Jahresgewinn der Papiergroßhandlung Kern ist von absolut 230 T€ im Vorjahr auf 366 T€ im Berichtsjahr, also um 136 T€ oder 59 %, gestiegen. Diese beachtliche Gewinnsteigerung konnte sich bei der Eigenkapitalrentabilität nicht entsprechend auswirken, da sich im Berichtsjahr auch das Eigenkapital erheblich erhöht hatte. Dennoch zeigte die Rentabilität des Eigenkapitals eine erfreuliche Steigerung von 6,64 % auf 11,4 %. Im Berichtsjahr wurde außer der landesüblichen Verzinsung eine Risikoprämie von 6,4 % erwirtschaftet.

Zusammenfassung

▶ Der **Jahresgewinn** eines Personenunternehmens sollte Folgendes entgelten:
1. einen angemessenen **Unternehmerlohn,**
2. eine landesübliche **Verzinsung des Eigenkapitals** und
3. zusätzlich eine branchenübliche **Prämie für das Unternehmerrisiko.**

1 Der Jahresgewinn enthält keine außerordentlichen Aufwendungen und Erträge.

Gesamtkapitalrentabilität (Unternehmungsrentabilität) 4.2.1.2

Unternehmungsrentabilität

Der Gewinn wird mit dem Gesamtkapital der Unternehmung erzielt. Will man die Rentabilität des Gesamtkapitals **(Eigen- und Fremdkapital)** ermitteln, muss man die für das Fremdkapital gezahlten **Zinsen** dem Unternehmergewinn wieder hinzurechnen, da diese als **Aufwand** den Gewinn gemindert haben.

$$\textbf{Gesamtkapitalrentabilität} = \frac{\text{(Unternehmergewinn + Zinsen)} \cdot 100\,\%}{\text{Gesamtkapital}}$$

Beispiel

Papiergroßhandlung Katja Kern e. Kffr.	Berichtsjahr	Vorjahr
Gesamtkapital am 1. Januar .... Gesamtkapital am 31. Dezember	3.800 T€ 4.500 T€	3.600 T€[1] 3.800 T€
Durchschnittliches Gesamtkapital (GK)	4.150 T€	3.700 T€
Unternehmergewinn (UG)	246 T€	110 T€
Zinsen lt. GuV-Rechnung (Z)	106 T€	85 T€
Gesamtkapitalrentabilität = $\frac{(UG + Z) \cdot 100\,\%}{GK}$	$\frac{(246 + 106) \cdot 100}{4.150}$ **= 8,48 %**	$\frac{(110 + 85) \cdot 100}{3.700}$ **= 5,27 %**
Eigenkapitalrentabilität	**11,4 %**	**6,64 %**

Beurteilung

Die Gesamtkapitalrentabilität gibt Aufschluss darüber, ob sich die Aufnahme von Fremdkapital gelohnt hat. Das ist stets der Fall, wenn der **Fremdkapitalzins niedriger ist als die Gesamtkapitalrentabilität** oder – anders ausgedrückt –, wenn die **Rentabilität des Eigenkapitals größer ist als die des Gesamtkapitals.** Das Unternehmen muss daher bestrebt sein **möglichst zinsniedriges Fremdkapital aufzunehmen.** In beiden Vergleichsjahren übersteigt die Eigenkapitalrentabilität die Gesamtkapitalrentabilität, wobei sich das Ergebnis im Berichtsjahr deutlich verbessert hat.

Umsatzrentabilität (Umsatzverdienstrate) 4.2.1.3

Umsatzverdienstrate

Setzt man den Unternehmergewinn zu den Umsatzerlösen in Beziehung, erfährt man, wie viel Prozent der Umsatzerlöse als Gewinn dem Unternehmen zugeflossen sind. Oder: wie viel Euro je 100,00 € Umsatz verdient wurden.

Beispiel

Papiergroßhandlung Katja Kern e. Kffr.	Berichtsjahr	Vorjahr
Umsatzrentabilität = $\frac{\text{Unternehmergewinn} \cdot 100\,\%}{\text{Umsatzerlöse}}$	$\frac{246 \cdot 100}{8.200} = 3\,\%$	$\frac{110 \cdot 100}{5.500} = 2\,\%$

Beurteilung

Die sehr positive Entwicklung des Unternehmens zeigt sich auch deutlich in der Umsatzrentabilität, die im Vergleichszeitraum von 2 % auf 3 %, also um 50 %, erhöht werden konnte. Im Berichtsjahr wurden somit 3,00 € je 100,00 € Umsatz gegenüber 2,00 € im Vorjahr verdient. Das bedeutete eine erhebliche Steigerung der Ertragskraft des Unternehmens.

Zusammenfassung

▶ Aus Gründen der besseren Vergleichbarkeit der Ergebnisse sollte der Jahresgewinn vorab um einmalige und zufällige Posten bereinigt werden:	Jahresgewinn + außergewöhnliche Aufwendungen – außergewöhnliche Erträge **Bereinigter Jahresgewinn**

1 Bestand vom 1. Januar des Vorjahres.

AUFGABEN

283

Zahlen (T€) des Baustoffgroßhandels Lang KG	Berichtsjahr	Vorjahr
Eigenkapital zum 1. Januar	1.260	1.130
Eigenkapital zum 31. Dezember	1.800	1.260
Bereinigter Jahresgewinn	320	190
Unternehmerlohn	60	60
Umsatzerlöse	7.800	5.800

1. *Ermitteln Sie a) das durchschnittliche Eigenkapital und b) den Unternehmergewinn.*
2. *Berechnen Sie a) die Rentabilität des Eigenkapitals und b) die Risikoprämie bei landesüblichen Zinsen von 4,5 %.*
3. *Berechnen Sie die Umsatzrentabilität in Prozent.*
4. *Beurteilen Sie die Erfolgslage des Unternehmens im Vergleichszeitraum.* ■

284

Zahlen (T€) der Textilgroßhandlung Hay OHG	1. Jahr	2. Jahr	3. Jahr
Eigenkapital zum 1. Januar	2.400	2.600	3.400
Eigenkapital zum 31. Dezember	2.600	3.400	4.600
Jahresgewinn	520	660	790
außergewöhnliche Aufwendungen	20	10	30
außergewöhnliche Erträge	50	30	–
Unternehmerlohn	72	72	72
Umsatzerlöse	12.880	15.200	18.100

1. *Ermitteln Sie den bereinigten Jahresgewinn.*
2. *Ermitteln Sie a) das Durchschnittskapital und b) den Unternehmergewinn.*
3. *Berechnen Sie a) die Eigenkapitalrendite und b) die Risikoprämie bei einer unterstellten landesüblichen Verzinsung von 5,5 %.*
4. *Wie viel Euro je 100,00 € Umsatz wurden jeweils verdient?*
5. *Fassen Sie die Ergebnisse Ihrer Auswertung in einem Kurzbericht zusammen.* ■

285 Den Jahresabschlüssen eines Großhandelsunternehmens entnehmen wir folgende Zahlen:

Jahresabschlusszahlen (T€)	1. Jahr	2. Jahr	3. Jahr
Durchschnittliches Eigenkapital	2.500	3.000	4.000
Durchschnittliches Gesamtkapital	4.000	6.000	6.500
Jahresgewinn	550	750	880
außergewöhnliche Aufwendungen	40	60	120
außergewöhnliche Erträge	30	70	80
Unternehmerlohn	100	100	100
Zinsaufwendungen	90	200	180
Umsatzerlöse	13.860	16.200	19.100

1. *Ermitteln Sie den bereinigten Unternehmergewinn.*
2. *Berechnen Sie die Rentabilität des a) Eigenkapitals, b) Gesamtkapitals, c) Umsatzes.*
3. *Beurteilen Sie die Entwicklung der Rentabilitätskennzahlen.*
4. *Worüber gibt die Gesamtkapitalrentabilität Auskunft?*
5. *Inwiefern ist bei Rentabilitätsberechnungen vom bereinigten Jahresgewinn auszugehen?*
6. *Was sollte der Jahresgewinn eines Personenunternehmens im Einzelnen abdecken?*
7. *Welcher Zusammenhang besteht zwischen Wirtschaftszweig und Risikoprämie?*

Wie beurteilt man die Umschlagskennzahlen? 4.2.2

Umschlagskennzahlen sind ein Maßstab zur Beurteilung und Kontrolle der Wirtschaftlichkeit des Betriebsprozesses, also des **Verhältnisses der betriebsbedingten Aufwendungen** (= Kosten) zu den **betriebsbedingten Erträgen** (= Leistungen). Sie werden ermittelt, indem man bestimmte Posten der Bilanz **(Waren, Forderungen a. LL, Kapital)** zum **Wareneinsatz** bzw. zu den **Umsatzerlösen** in Beziehung setzt.

Maßstab der Wirtschaftlichkeit

Lagerumschlag der Warenbestände 4.2.2.1

Die Lagerumschlagshäufigkeit des Warenbestandes errechnet sich aus dem Verhältnis von **Wareneinsatz** zum **Durchschnittsbestand der Waren.** Sie gibt an, **wie oft** in einem Jahr der durchschnittliche Lagerbestand umgesetzt, d. h. verkauft und ersetzt wurde:

Lagerumschlagshäufigkeit

$$\text{Lagerumschlagshäufigkeit} = \frac{\text{Wareneinsatz}}{\text{ø Lagerbestand an Waren}}$$

Die durchschnittliche Lagerdauer ergibt sich, indem man das Jahr mit 360 Tagen ansetzt und durch die Umschlagshäufigkeit dividiert:

Durchschnittliche Lagerdauer

$$\text{Durchschnittliche Lagerdauer} = \frac{360}{\text{Lagerumschlagshäufigkeit}}$$

Aus den Angaben der Papiergroßhandlung Kern ergeben sich folgende Ergebnisse. Für das Vorjahr wurde das entsprechende Vergleichsjahr vorgeschaltet:

Beispiel

Papiergroßhandlung Katja Kern e. Kffr.	Berichtsjahr	Vorjahr
Warenbestand zum 1. Januar	1.940 T€	1.660 T€[1]
Warenbestand zum 31. Dezember	1.300 T€	1.940 T€
Wareneinsatz lt. GuV-Rechnung	6.480 T€	4.500 T€
Durchschn. Lagerbestand an Waren	$\frac{1.940 + 1.300}{2}$ = **1.620**	$\frac{1.660 + 1.940}{2}$ = **1.800**
Lagerumschlagshäufigkeit	$\frac{6.480}{1.620}$ = **4-mal**	$\frac{4.500}{1.800}$ = **2,5-mal**
Durchschnittliche Lagerdauer	$\frac{360}{4}$ = **90 Tage**	$\frac{360}{2,5}$ = **144 Tage**

Beurteilung

Lagerumschlagshäufigkeit und -dauer haben sich im Berichtsjahr ganz entscheidend verbessert. Die **hohe** Umschlagshäufigkeit trägt dazu bei, dass der **Kapitaleinsatz geringer** wird, da **in kürzeren Abständen** (90 statt 144 Tage) immer wieder **Kapital zurückfließt.** Dadurch werden **Zinsen und Lagerkosten geringer,** was sich positiv auf die Wirtschaftlichkeit, den Gewinn und die Rentabilität auswirkt.

Zusammenfassung

► **Je höher** die **Umschlagshäufigkeit des Lagerbestandes** ist, **desto**
- kürzer ist die Lagerdauer,
- geringer sind der Kapitaleinsatz und das Lagerrisiko,
- geringer sind die Kosten für die Lagerhaltung (Zinsen, Schwund, Verwaltungskosten),
- höher ist die Wirtschaftlichkeit und desto
- höher ist letztlich der Gewinn und damit die Rentabilität.

1 Bestand vom 1. Januar des Vorjahres.

4.2.2.2 Umschlag der Forderungen a. LL

Umschlagshäufigkeit der Forderungen

Die Kennzahlen des Forderungsumschlags sind zugleich ein Maßstab zur Beurteilung der Liquidität eines Unternehmens:

$$\text{Umschlagshäufigkeit der Forderungen} = \frac{\text{Umsatzerlöse}}{\text{ø Forderungsbestand}}$$

Durchschnittliche Kreditdauer

Daraus ergibt sich die **Laufzeit** der Forderungen, d. h. die von den Kunden durchschnittlich in Anspruch genommene **Kreditdauer (Zahlungsziel):**

$$\text{Durchschnittliche Kreditdauer} = \frac{360}{\text{Umschlagshäufigkeit der Forderungen}}$$

Beispiel

Papiergroßhandlung Katja Kern e. Kffr.	Berichtsjahr	Vorjahr
Forderungsbestand zum 1. Januar	400 T€	822 T€[1]
Forderungsbestand zum 31. Dezember	950 T€	400 T€
Durchschnittl. Forderungsbestand	$\frac{400 + 950}{2}$ = **675**	$\frac{822 + 400}{2}$ = **611**
Umsatzerlöse lt. GuV-Rechnung	8.200	5.500
Umschlagshäufigkeit	8.200 : 675 = **12,15-mal**	5.500 : 611 = **9-mal**
Durchschnittliche Kreditdauer	360 : 12,15 = **30 Tage**	360 : 9 = **40 Tage**

Beurteilung

Im Berichtsjahr nahmen die Kunden durchschnittlich ein Zahlungsziel von 30 Tagen gegenüber 40 Tagen im Vorjahr in Anspruch. Unterstellt man ein übliches Zahlungsziel von 30 Tagen, so wird es im Berichtsjahr gerade erreicht.

Zusammenfassung

► **Je rascher** der **Forderungsumschlag, desto**
- kürzer ist die durchschnittliche Kreditdauer,
- besser ist die eigene Liquidität,
- geringer sind Zinsbelastung und Wagnis (Kosten),
- höher sind Wirtschaftlichkeit und Rentabilität.

4.2.2.3 Umschlag des Eigen- und Gesamtkapitals

Kapitalumschlagszahlen

Zur Ermittlung der Kapitalumschlagshäufigkeit wird der Umsatz mit dem Eigen- oder Gesamtkapital (Eigen- und Fremdkapital) in Beziehung gesetzt:

$$\text{Umschlagshäufigkeit des Eigenkapitals} = \frac{\text{Umsatzerlöse}}{\text{Eigenkapital}}$$

$$\text{Umschlagshäufigkeit des Gesamtkapitals} = \frac{\text{Umsatzerlöse}}{\text{Gesamtkapital}}$$

$$\text{Durchschnittliche Kapitalumschlagsdauer} = \frac{360}{\text{Kapitalumschlagshäufigkeit}}$$

Die Kapitalumschlagshäufigkeit gibt an, **wie oft** das **eingesetzte Kapital** in Form von Erlösen **zurückgeflossen** ist. Je rascher der Umschlagsprozess vor sich geht, desto geringer ist der erforderliche Kapitaleinsatz. **Bei hoher Kapitalumschlagshäufigkeit** kann man deshalb mit einem verhältnismäßig **niedrigen Kapitaleinsatz** zu einer entsprechend **hohen Rendite** und infolge des raschen Kapitalrückflusses zu einer **günstigen Liquidität** gelangen.

1 Bestand vom 1. Januar des Vorjahres.

Umschlag des Eigen- und Gesamtkapitals

Beispiel

Papiergroßhandlung Katja Kern e. Kffr.	Berichtsjahr	Vorjahr
Durchschnittliches Eigenkapital	2.160 T€	1.655 T€
Umsatzerlöse lt. GuV-Rechnung	8.200 T€	5.500 T€
EK-Umschlagshäufigkeit	8.200 : 2.160 = **3,8-mal**	5.500 : 1.655 = **3,32-mal**
EK-Umschlagsdauer	360 : 3,8 = **95 Tage**	360 : 3,32 = **108 Tage**

Beurteilung

Die Kapitalumschlagszahlen der Papiergroßhandlung Kern kennzeichnen ebenfalls die positive Entwicklung des Unternehmens im Berichtsjahr.

Zusammenfassung

► **Je höher** die **Kapitalumschlagshäufigkeit** ist, **desto**
- rascher fließt das Kapital über die Erlöse zurück,
- geringer ist der erforderliche Kapitaleinsatz,
- höher ist die Rentabilität,
- günstiger ist die Liquidität des Unternehmens.

AUFGABEN

286

Die Jahresabschlüsse einer Großhandlung weisen folgende Zahlen aus:

	1. Jahr	2. Jahr	3. Jahr
Warenbestand zum 1. Januar	160.000,00	240.000,00	280.000,00
Warenbestand zum 31. Dezember	240.000,00	280.000,00	200.000,00
Wareneinsatz	1.600.000,00	2.340.000,00	2.880.000,00

1. *Berechnen Sie jeweils a) den Durchschnittsbestand, b) die Lagerumschlagshäufigkeit und c) die Lagerdauer. Beurteilen Sie die Entwicklung.*
2. *Begründen Sie, inwiefern die Lagerumschlagshäufigkeit Kapitalbedarf, Kosten und damit die Rentabilität des Unternehmens beeinflusst.* ■

287

Die Jahresabschlüsse einer Großhandlung weisen folgende Zahlen aus:

Forderungen	1. Jahr	2. Jahr	3. Jahr
Anfangsbestand	450.000,00	580.000,00	800.000,00
Schlussbestand	580.000,00	800.000,00	1.200.000,00
Umsatzerlöse	5.150.000,00	8.280.000,00	12.000.000,00

1. *Berechnen Sie für die einzelnen Jahre a) den durchschnittlichen Forderungsbestand, b) die Umschlagshäufigkeit der Forderungen, c) die durchschnittliche Laufzeit (Kreditdauer) der Außenstände.*
2. *Erklären Sie den Zusammenhang zwischen der Umschlagshäufigkeit der Außenstände und der Liquidität, Wirtschaftlichkeit und Rentabilität.*
3. *Wie beurteilen Sie die Entwicklung? Welche Schlüsse ziehen Sie daraus?* ■

288

Kapitalstruktur eines Großhandelsunternehmens (Durchschnittswerte):

Kapital (Mittelwerte)	1. Jahr	2. Jahr	3. Jahr
Eigenkapital	2.000.000,00	2.500.000,00	2.500.000,00
Fremdkapital	1.000.000,00	1.500.000,00	600.000,00
Umsatzerlöse	15.000.000,00	16.400.000,00	13.200.000,00

1. *Ermitteln Sie a) die Kapitalumschlagshäufigkeit des Eigen- und Gesamtkapitals und b) die Kapitalumschlagsdauer des Eigen- und Gesamtkapitals.*
2. *Wie beurteilen Sie die Entwicklung im Beispiel?* ■

5 Beleggeschäftsgang 2 – computergestützt

EDV-gestützte und konventionelle Buchung

Der Beleggeschäftsgang 2 kann wie der Beleggeschäftsgang 1 (s. S. 118 f.) sowohl konventionell im Arbeitsheft als auch computergestützt mit einem Fibu-Programm gebucht werden.

AUFGABE

289 **In der Finanzbuchhaltung der Elektrogroßhandlung Karl Wirtz e. K.,** Rheinstr. 44, 90451 Nürnberg, Bankverbindungen: Stadtsparkasse Nürnberg: Konto-Nr. 218 435 717, BLZ 760 501 01; Postbank Nürnberg: Konto-Nr. 9987 96-850, BLZ 760 100 85, werden folgende **Bücher** geführt:

- **Grundbuch** (Journal) für die laufenden Buchungen, die vorbereitenden Abschlussbuchungen und die Abschlussbuchungen.
- **Hauptbuch** für die Sachkonten: Bestandskonten, Erfolgskonten, Abschlusskonten.
- **Kontokorrentbuch** für die Personenkonten: Kundenkonten, Liefererkonten.
- **Bilanzbuch** für die Aufnahme des ordnungsmäßig gegliederten Jahresabschlusses: Jahresbilanz und Gewinn- und Verlustrechnung mit Unterschrift.

In der EDV-Fibu müssen die folgenden **Salden der Sach- und Personenkonten** über das **Hilfs- bzw. Gegenkonto „8050 Saldenvorträge"** gebucht werden.

Die Sachkonten weisen zum 27. Dezember .. im Soll und Haben folgende Salden aus:

Kontenplan und vorläufige Saldenbilanz		Soll	Haben
0840	Fuhrpark	107.200,00	–
0860	Geschäftsausstattung	240.000,00	–
2280	Warenbestand	150.000,00	–
2400	Forderungen a. LL	119.000,00	–
2600	Vorsteuer	149.726,00	–
2800	Bank	272.600,00	–
2850	Postbank	28.100,00	–
2880	Kasse	24.778,80	–
2900	Aktive Rechnungsabgrenzung	–	–
3000	Eigenkapital	–	625.000,00
3001	Privat	84.872,00	–
3900	Sonstige Rückstellungen	–	–
4400	Verbindlichkeiten a. LL	–	160.745,20
4800	Umsatzsteuer	–	228.532,00
5100	Umsatzerlöse für Waren	–	1.220.000,00
5101	Erlösberichtigungen/Rücksendungen	3.400,00	–
5102	Kundenskonti	21.600,00	–
5420	Entnahme v. G. u. s. L. mit Umsatzsteuer	–	7.800,00
6050	Aufwendungen für Energie	18.000,00	–
6060	Wareneingang (Aufwendungen für Waren)	775.600,00	–
6062	Nachlässe/Rücksendungen	–	8.200,00
6063	Liefererskonti	–	16.800,00
6160	Fremdinstandsetzung	20.100,00	–
6300	Gehälter	143.400,00	–
6400	Arbeitgeberanteil zur Sozialversicherung	18.600,00	–
6520	Abschreibungen auf Sachanlagen	–	–
6700	Mietaufwendungen	64.800,00	–
6820	Portokosten	2.100,00	–
6830	Kosten der Telekommunikation	4.300,00	–
6850	Reisekosten	2.800,00	–
7000	Betriebliche Steuern	16.100,00	–
Abschlusskonten: 8010, 8020		2.267.077,20	2.267.077,20

6476248

Beleggeschäftsgang 2

Offene-Posten-Listen

Folgende Rechnungen an die Kunden und von den Lieferern stehen noch offen, sind also noch nicht bezahlt:

Kundenkonten (Debitoren)		Offene Posten – Kunden			
Konto-Nr.	Kunde	Datum	Rechnungs-Nr.	Betrag	Saldo
10 001	Heinz Karls e. K. Hauptstraße 7 06132 Halle	..-12-10 ..-12-16 ..-12-18	4538 4552 4556	14.875,00 833,00 8.092,00	**23.800,00**
10 002	Werner Gruppe e. Kfm. Am Römerhof 8 52066 Aachen	..-12-04 ..-12-21	4535 4563	41.650,00 11.900,00	**53.550,00**
10 003	Rolf Naumann e. K. Amselweg 14 67063 Ludwigshafen	..-12-21 ..-12-27	4565[1] 4567[1]	5.950,00 11.900,00	**17.850,00**
10 004	Stadtwerke 90475 Nürnberg	..-12-12 ..-12-21	4541 4564	2.380,00 11.900,00	**14.280,00**
10 005	Wolfgang Kunde e. K. 76646 Bruchsal	..-12-10 ..-12-27	4539 4566	2.142,00 7.378,00	**9.520,00**
Saldensumme der Kundenkonten: Abstimmung mit Konto 2400					**119.000,00**

1 Rolf Naumann werden 2 % Skonto gewährt.

Liefererkonten (Kreditoren)		Offene Posten – Lieferer			
Konto-Nr.	Lieferer	Datum	Rechnungs-Nr.	Betrag	Saldo
60 001	Velox GmbH Postfach 65 11 20 22359 Hamburg	..-12-23	4567	29.964,20	**29.964,20**
60 002	Hausgeräte GmbH Kantstraße 22 19063 Schwerin	..-12-09 ..-12-21	5500 5567	21.420,00 20.230,00	**41.650,00**
60 003	Franz Schneider KG Saalestraße 16 39126 Magdeburg	..-12-15	8765	38.080,00	**38.080,00**
60 004	Hausmann GmbH Am Wiesenrain 16 75181 Pforzheim	..-12-20 ..-12-23	7654[1] 7660[1]	17.850,00 12.971,00	**30.821,00**
60 005	Sonstige Lieferer	–	–	20.230,00	**20.230,00**
Saldensumme der Liefererkonten: Abstimmung mit Konto 4400					**160.745,20**

1 Rechnungen der Hausmann GmbH werden mit 2 % Skonto beglichen.

Geschäftsfälle: Die folgenden Belege 1–23 stellen die Geschäftsfälle der Elektrogroßhandlung Karl Wirtz e. K. vom 27. Dez. .. bis zum 31. Dez. .. dar.

Abschlussangaben (→ siehe Belege 24–26)

1. Abschreibungen auf Fuhrpark 24.000,00 €; auf Geschäftsausstattung 45.400,00 €.
2. Warenmehrbestand lt. Inventur .... 57.400,00 €
3. Die Fahrzeugreparatur erfolgt erst im Januar n. J., Kostenvoranschlag 3.200,00 €
4. Das Konto 6700 enthält die Mietvorauszahlung für Januar n. J. .. 3.400,00 €
5. Im Übrigen entsprechen die Buchbestände der Inventur.

Aufgaben

1. *Eröffnen Sie die Sach- und Personenkonten mit den Salden zum 27. Dezember ..*
2. *Vorkontierung der Belege auf einem besonderen Grundbuchblatt:*

Soll-konto	Beleg-nummer	Beleg-datum	Haben-konto	Betrag	Steuerart V bzw. M	Prozent-satz	OP-Nr.	B-Text

3. *Buchen Sie die Geschäftsfälle konventionell oder EDV-gestützt.*
4. *Erstellen Sie einen ordnungsmäßigen Jahresabschluss.*

Beleggeschäftsgang 2

Beleg 1

EBERHARD ZACK
Bezirks-Schornsteinfegermeister
90451 Nürnberg
Heidestr. 84 – Telefon 0911 52809
Steuer-Nr. 065 312 26587

QUITTUNG
RECHNUNG

Firma/Herrn/Frau *Elektrogroßhandlung Karl Wirtz e. K.*

Fachgerechte Reinigung spart Heizkosten.

Rauchgasanalyse	35,00
Reinigung der Zentralheizung	115,00
Nürnberg *27. Dez. ..* — Nettobetrag	150,00
Betrag erhalten: — + 19 % Umsatzsteuer	28,50
Bruttobetrag	178,50

Konto | Soll | Haben
Gebucht:

Zack
Bezirks-Schornsteinfegermeister

KB 126

Anlage: Bescheinigung über das Messergebnis

Bankkonto: Deutsche Bank, Nürnberg — Konto-Nr. 104 000 700, BLZ 760 700 12
IBAN: DE58 7607 0012 0104 0007 00, BIC: DEBADE51DIC

Beleg 2

Velox
Elektrovertriebsgesellschaft mbH

Velox GmbH, Postfach 65 11 20, 22359 Hamburg

Eingang: ..-12-28

Elektrogroßhandel
Karl Wirtz e. K.
Rheinstraße 44
90451 Nürnberg

Konto | Soll | Haben
Gebucht:

Ihre Bestellung Nr./ Tag/Zeich.	Unsere Auftrags-Nr./Zeich.	Zeit der Leistung/ Liefertag	Datum
..-12-23	WR 10 012 y	..-12-26	..-12-27

Rechnung Nr.
4 589

Wir sandten für Ihre Rechnung und auf Ihre Gefahr:

Zeichen und Nr.	Gegenstand	Menge und Einheit	Preis je Einheit €	Betrag €
St 44	Staubsauger "Velox"	40	75,00	3.000,00
KM 27	Küchenmaschine "Royal"	20	112,50	2.250,00
EH 14	Elektroherd "Rekord"	20	240,00	4.800,00
				10.050,00
	+ 19 % Umsatzsteuer			1.909,50
				11.959,50

Telefon 040 246829
Fax 040 486820 — USt-IdNr. DE 872 646 918
Bankkonto
Vereins- und Westbank Hamburg
Kto.-Nr. 6 091 123, BLZ 200 300 00
IBAN: DE25 2003 0000 0006 0911 23
BIC: VWBKDE51DIS
E-Mail vertriebs.gmbh@velox-wvd.de
Internet www.velox-wvd.de

6476250

Beleg 3

Netto € ___ ct ___
+ ___ % USt € ___ ct ___
Gesamt € 280 ct 00

Quittung
Nr. KB 127

Gesamtbetrag € in Worten
zweihundertachtzig ___ Cent wie oben
(Im Gesamtbetrag sind ___ % Umsatzsteuer enthalten)

von Geschäftskasse
für Geschäftsreisespesenvorschuss

Konto | Soll | Haben
Gebucht:

richtig erhalten zu haben, bestätigt
Ort Nürnberg Datum 27. Dez. ..
Buchungsvermerke | Stempel/Unterschrift des Empfängers
Karl Wirtz

Beleg 4

T

Deutsche Telekom AG
90405 Nürnberg
DV 03 0,55

Elektrogroßhandel
Karl Wirtz e. K.
Rheinstraße 44
90451 Nürnberg

Datum	21.12...
Seite	1 von 3
Kundennummer	673 423 6539
Rechnungsnummer	913 685 3071
Buchungskonto	311 782 2503
Haben Sie noch Fragen zu Ihrer Rechnung?	www.telekom.de/ rechnungshilfe
Telefon	0800 33 01000

Ihre Rechnung für Dezember 20..

Die Leistungen im Überblick (Summen)		**Beträge (Euro)**
Monatliche Beträge		33,36
Nutzungsabhängige Beträge		490,06
Summe der oben angeführten Beträge		523,42
Umsatzsteuer 19 % auf ...	523,42 Euro	99,45
Rechnungsbetrag		622,87

Kontoauszug zu Beleg 4

Buchungstag	Wert	PN-Nr.	Konto-Nr.	Datum	Ausz.-Nr.	Blatt	KONTOAUSZUG	Umsatz
			0998796850	..-12-27	213	1	Kontostand vom ..-12-23	***28.100,00
12-27	12-28	0114	FERNMELDERECHNUNG LASTSCHRIFT					622,87 -

Konto | Soll | Haben
Gebucht:

ELEKTROGROSSHANDEL
KARL WIRTZ E. K.
RHEINSTRASSE 44
90451 NÜRNBERG

SUMME ZAHLUNGSAUSGÄNGE	622,87
SUMME ZAHLUNGSEINGÄNGE	
NEUER KONTOSTAND	EUR **** 27.477,13
AKTUELLER SOLLZINSSATZ 12,000 %	ANLAGEN: 1

Anschrift Postfach 9999 90426 Nürnberg | Büroräume Eckernförder Str. 242 90426 Nürnberg | Öffnungszeiten Mo.–Di. und Do.–Fr. 09:00–15:00 Uhr | Kundenservice Tel. 0911 1562-0 | BTX-Kontoführung *28000 160 | Postbank

Beleg 5

Karl Wirtz e. K. ELEKTROGROSSHANDEL

Elektrogroßhandel K. Wirtz e. K., Rheinstr. 44, 90451 Nürnberg

Elektrofachgeschäft
Werner Gruppe e. Kfm.
Am Römerhof 8
52066 Aachen

Unsere Auftrags-Nr. 20 336
Lieferschein-Nr. 20 586
Versanddatum: ..-12-28
Versandart: Lkw
Verpackungsart: Kartons

Konto | Soll | Haben
Gebucht:

Bitte bei Zahlung angeben:
Rechnungs-Nr. 4 586
Rechnungsdatum: ..-12-28

Steuer-Nr. 543 221 19439

Ihr Zeichen/Bestellung Nr. vom: WA/4 896/..-12-18
Kunden-Nr.: 10 002

Rechnung

Position	Sachnummer	Bezeichnung der Lieferung/ Leistung	Menge und Einheit	Preis je Einheit €	Betrag €
L	4 842	Kaiser-Leuchte	8	130,00	1.040,00
K	2 245	Küchenmaschine "Royal"	6	145,00	870,00
H	3 451	Elektroherd "Rekord"	4	290,00	1.160,00
					3.070,00
		+ 19 % Umsatzsteuer			583,30
					3.653,30

Zahlbar rein netto innerhalb von 20 Tagen. Skontoabzug ist nicht zulässig.

Geschäftsräume
Rheinstraße 44
90451 Nürnberg

Telefon: 0911 56356
Telefax: 0911 44481
Internet: www.elektrowirtz-wvd.de

Stadtsparkasse Nürnberg • Konto-Nr. 218 435 717 • BLZ 760 501 01
IBAN: DE58 7605 0101 0218 4357 17 • BIC: SPAKDE51ABC
Postband Nürnberg • Konto-Nr. 9987 96-850 • BLZ 760 100 85
IBAN: DE58 7601 0085 0998 7968 50 • BIC: POBADE51ZYX

Beleg 6

Entnahmebeleg
Nr. PE 19

Netto € ____ ct ____
+ ____ % USt € ____ ct ____
Gesamt € 500 ct 00

Gesamtbetrag € in Worten: fünfhundert ———— Cent wie oben
(Im Gesamtbetrag sind ____ % Umsatzsteuer enthalten)

von: Geschäftskasse
für: private Zwecke

Konto | Soll | Haben
Gebucht:

richtig erhalten zu haben, bestätigt

Ort: Nürnberg
Datum: 29. Dez. ..

Buchungsvermerke

Stempel/Unterschrift des Empfängers: Karl Wirtz

Beleg 7

Deutsche Post AG
90403 Nürnberg
82531081 ..-12-29

1037
Postwertzeichen ohne Zuschlag
*340,00 EUR A

Bruttoumsatz *340,00 EUR
mehrwertsteuerbefreit A
Nettoumsatz A *340,00 EUR

Steuernummer der Deutschen
Post AG: 5205/5777/1510

Vielen Dank für Ihren Besuch.
Ihre Deutsche Post AG

Konto | Soll | Haben
Gebucht:

6476252

Beleg 8

Kontoauszug — Stadtsparkasse Nürnberg

Konto-Nr.	Datum	Ausz.-Nr.	Blatt	Buchungstag	PN-Nr.	Wert	Umsatz
218 435 717	..-12-28	66	1				

GUTSCHRIFT 12-28 8744 12-28 5.831,00 H
R. NAUMANN, LUDWIGSHAFEN
RE 4 565 VOM 21. DEZ. .. 5.950,00
- 2 % SKONTO 119,00
(KONTO 10 003)

ELEKTROGROSSHANDEL
KARL WIRTZ E. K.
RHEINSTR. 44
90451 NÜRNBERG

Konto | Soll | Haben
Gebucht:

Alter Saldo
H 272.600,00 EUR

Neuer Saldo
H 278.431,00 EUR

Beleg 9

Stadtsparkasse Nürnberg 760 501 01

Empfangsbescheinigung
über Bar-Einzahlung auf eigenes Konto

Kontonummer	Kontoinhaber
218 435 717	Elektrogroßh. Karl Wirtz e. K.

Betrag: Euro, Cent
6.500,00------

..-12-27 6.500,00

Stadtsparkasse Nürnberg Kurz

Für den Einzahlungstag und den Betrag ist der Maschinendruck maßgebend.

Kontoauszug zu Beleg 9 und Beleg 10

Kontoauszug — Stadtsparkasse Nürnberg

Konto-Nr.	Datum	Ausz.-Nr.	Blatt	Buchungstag	PN-Nr.	Wert	Umsatz
218 435 717	..-12-29	67	1				
EINZAHLUNG				12-29	0679	12-27	6.500,00 H
ÜBERWEISUNG **(BELEG 10)** HAUSMANN GMBH, PFORZHEIM RE 7 654 VOM 20. DEZ. .. 17.850,00 - 2 % SKONTO 357,00 (KONTO 60 004)				12-29	0677	12-27	17.493,00 S

Konto	Soll	Haben

Gebucht:

Konto	Soll	Haben

Gebucht:

ELEKTROGROSSHANDEL
KARL WIRTZ E. K.
RHEINSTR. 44
90451 NÜRNBERG

Alter Saldo: H 278.431,00 EUR

Neuer Saldo: H 267.438,00 EUR

Beleg 11

Ernst Offermann & Sohn OHG

Transporte
Heizöle Kohlen

Ernst Offermann & Sohn OHG, Industriestr. 200, 90765 Fürth

Eingang: ..-12-30

Elektrogroßhandel
Karl Wirtz e. K.
Rheinstraße 44
90451 Nürnberg

Konto	Soll	Haben

Gebucht:

Industriestraße 200 · Telefon 0911 51799 · Telefax 0911 53529
90765 Fürth

Rechnungs-Nr.	Rechnungsdatum
12 954	..-12-29

Steuer-Nr. 543 553 11580

Rechnung

Lieferdatum	Bezeichnung	Menge	ME	E-Preis	Betrag
..-12-27	Heizöl EL	9 150	l	0,40	3.660,00

Warenwert	Bruttobetrag	USt	USt €	Rechnungsbetrag
3.660,00		19 %	695,40	4.355,40 €

Zahlbar innerhalb 14 Tagen nach Rechnungseingang ohne Skontoabzug. Die gelieferte Ware bleibt bis zur vollständigen Bezahlung unser Eigentum. Gerichtsstand für beide Teile ist Fürth.

Bankverbindungen:
Vereinigte Sparkasse Fürth Nr. 218 211 936, BLZ 762 501 10, IBAN: DE58 7625 0110 0218 2119 36, BIC: SPACDE51MIC
Volksbank Fürth Nr. 724 320, BLZ 762 900 00, IBAN: DE58 7629 0000 0000 7243 20, BIC: COMBDE51MIC

6476254

Beleg 12

Netto	€ 370	ct 00
+ 19 % USt	€ 70	ct 30
Gesamt	€ 440	ct 30

Quittung

Nr. KB 129

Gesamtbetrag € in Worten
vierhundertvierzig ———— Cent wie oben

(Im Gesamtbetrag sind 19 % Umsatzsteuer enthalten)

von Elektrogroßhandel K. Wirtz e. K.

für Reparaturarbeiten an der Heizungsanlage

richtig erhalten zu haben, bestätigt

Konto	Soll	Haben

Gebucht:

Ort Erlangen   Datum 30. Dez. ..

Buchungsvermerke

Stempel/Unterschrift des Empfängers
Hartmut Götz e. Kfm.
Sanitär und Heizung
Sonnenweg 15
91058 Erlangen
Steuer-Nr. 065 634 22489
Götz

Beleg 13

Buchungstag	Wert	PN-Nr.	Konto-Nr.	Datum	Ausz.-Nr.	Blatt	KONTOAUSZUG	Umsatz
			0998796850	..-12-29	214	1	Kontostand vom ..-12-27	**27.477,13
12-29	12-29	0114	ÜBERWEISUNG HAUSGERÄTE GMBH, SCHWERIN RE 5 500 VOM 9. DEZ. .. (KONTO 60 002)					21.420,00 -

Konto	Soll	Haben

Gebucht:

ELEKTROGROSSHANDEL
KARL WIRTZ E. K.
RHEINSTRASSE 44
90451 NÜRNBERG

SUMME ZAHLUNGSAUSGÄNGE		21.420,00
SUMME ZAHLUNGSEINGÄNGE		
NEUER KONTOSTAND	EUR	****6.057,13

AKTUELLER SOLLZINSSATZ 12,000 %   ANLAGEN: 1

Anschrift
Postfach 9999
90426 Nürnberg

Büroräume
Eckernförder Str. 242
90426 Nürnberg

Öffnungszeiten
Mo.–Di. und Do.–Fr.
09:00–15:00 Uhr

Kundenservice
Tel. 0911 1562-0

BTX-Kontoführung
*28000 160

Postbank

Belege 14 und 15

Buchungstag	Wert	PN-Nr.	Konto-Nr.	Datum	Ausz.-Nr.	Blatt	KONTOAUSZUG	Umsatz
			0998796850	..-12-30	215	1	Kontostand vom ..-12-29	***6.057,13
12-30	12-30	0114	GUTSCHRIFT **(BELEG 14)** HEINZ KARLS, HALLE RE 4 538 VOM 10. DEZ. .. (KONTO 10 001)					14.875,00 +
12-30	12-30	0114	GUTSCHRIFT **(BELEG 15)** WERNER GRUPPE, AACHEN RE 4 535 VOM 4. DEZ. .. (KONTO 10 002)					41.650,00 +

Konto | Soll | Haben
Gebucht:

ELEKTROGROSSHANDEL
KARL WIRTZ E. K.
RHEINSTRASSE 44
90451 NÜRNBERG

SUMME ZAHLUNGSAUSGÄNGE
SUMME ZAHLUNGSEINGÄNGE 56.525,00
NEUER KONTOSTAND EUR ****62.582,13

AKTUELLER SOLLZINSSATZ 12,000 % ANLAGEN: 1

Anschrift Postfach 9999 90426 Nürnberg | Büroräume Eckernförder Str. 242 90426 Nürnberg | Öffnungszeiten Mo.–Di. und Do.–Fr. 09:00–15:00 Uhr | Kundenservice Tel. 0911 1562-0 | BTX-Kontoführung *28000 160 | Postbank

Beleg 16

W. SCHREIBER E. K.
BÜRO EINRICHTUNGEN

Walter Schreiber e. K. • Büroeinrichtungen • Kantstraße 12 • 70193 Stuttgart

Elektrogroßhandel
Karl Wirtz e. K.
Rheinstraße 44
90451 Nürnberg

EINGEGANGEN ..-12-31

Steuer-Nr. 065 326 18189
USt-IdNr. DE 876 765 654

Ihr Zeichen/Ihre Bestellung vom	Unser Auftrag Nr./Zeichen	Zeit der Leistung	Datum
..-12-21	US 8 012	..-12-27	..-12-30

Rechnung Nr. 679

Wir sandten für Ihre Rechnung und auf Ihre Gefahr:

Zeichen/Nr.	Gegenstand	Menge/Einheit	Preis je Einheit €	Betrag €
ST 43	Schreibtisch, Eiche 156/76 mit 6 Schubfächern	2	805,00	1.610,00
	+ 19 % Umsatzsteuer			305,90
				1.915,90

Konto | Soll | Haben
Gebucht:

Telefon 0711 34625-0
Telefax 0711 32158
E-Mail vertrieb@schreiber-wvd.de
Internet www.schreiber-wvd.de
Geschäftszeit 08:30–18:30 Uhr
Postbank Stuttgart
Konto 4012 52-705
BLZ 600 100 70
IBAN: DE58 6001 0070 0401 2527 05
BIC: POBADE51MIC

Beleg 17

Herstellung von Elektrogeräten

Franz Schneider KG

Franz Schneider KG, Postfach 12 60, 39104 Magdeburg

Elektrogroßhandel
Karl Wirtz e. K.
Rheinstraße 44
90451 Nürnberg

Konto	Soll	Haben

Gebucht:

Steuer-Nr. 543 812 22467

Eingang: ..-12-31

Ihre Bestellung vom	Unser Auftrag Nr.	Zeit der Leistung	Datum
..-12-21	K 4 789 IV	..-12-27	..-12-30

Rechnung Nr. 9 345

Wir sandten für Ihre Rechnung auf Ihre Gefahr:

Artikel Nr.	Gegenstand	Menge/Stück	Stückpreis €	Gesamtpreis €
TS 12	Warmwassergerät	20	40,00	800,00
W 26	Elektro-Warmluftofen	30	80,00	2.400,00
				3.200,00
	+ 19 % Umsatzsteuer			608,00
				3.808,00

Geschäftsräume:
Saalestraße 16
39126 Magdeburg
Telefon 0391 4869
Telefax 0391 35275

Internet www.schneider-elektro-wvd.de
E-Mail info@schneider-elektro-wvd.de

Bankkonto 486 222
Deutsche Bank, Magdeburg
BLZ 810 700 00
IBAN: DE58 8107 0000 0000 4862 22
BIC: DEBADE51ABC

Postbank
Berlin 124 45-101
BLZ 100 100 10
IBAN: DE58 1001 0010 0012 4451 01
BIC: POBADE51XYZ

Beleg 18

	€		ct	
Netto	€	450	ct	00
+ 19 % USt	€	85	ct	50
Gesamt	€	535	ct	50

Entnahmebeleg

Nr. PE 20

Gesamtbetrag € in Worten
fünfhundertfünfunddreißig ———— Cent wie oben

(Im Gesamtbetrag sind 19 % Umsatzsteuer enthalten)

von Elektrogroßhandel Wirtz

für Kühltruhe KS 1608
Entnahme für private Zwecke

Konto	Soll	Haben

Gebucht:

Ort Nürnberg Datum 30. Dez. ..

Buchungsvermerke

Stempel/Unterschrift des Empfängers
Karl Wirtz

Beleg 19

Karl Wirtz e. K. ELEKTROGROSSHANDEL

Elektrogroßhandel K. Wirtz e. K., Rheinstr. 44, 90451 Nürnberg

Haushaltsgerätevertrieb
Rolf Naumann e. K.
Amselweg 14
67063 Ludwigshafen

Konto	Soll	Haben

Gebucht:

Unsere Auftrags-Nr. 20 337
Lieferschein-Nr. 20 587
Versanddatum: ..-12-29
Versandart: Lkw
Verpackungsart: Original

Ihr Zeichen/Bestellung Nr. vom: LZ/2 112/..-12-27
Kunden-Nr.: 10 003

Bitte bei Zahlung angeben:
Rechnungs-Nr. 4 569
Rechnungsdatum: ..-12-30

Steuer-Nr. 543 221 19439

Rechnung

Position	Sachnummer	Bezeichnung der Lieferung/ Leistung	Menge und Einheit	Preis je Einheit €	Betrag €
KS	5 634	Kühlschrank 150 l	12	240,00	2.880,00
GT	4 321	Geschirrspülmaschine	4	375,00	1.500,00
					4.380,00
		+ 19 % Umsatzsteuer			832,20
					5.212,20

Bei Zahlung innerhalb von 8 Tagen 2 % Skonto.

Geschäftsräume
Rheinstraße 44
90451 Nürnberg

Telefon: 0911 56356
Telefax: 0911 44481
Internet: www.elektrowirtz-wvd.de

Stadtsparkasse Nürnberg • Konto-Nr. 218 435 717 • BLZ 760 501 01
IBAN: DE58 7605 0101 0218 4357 17 • BIC: SPAKDE51ABC
Postbank Nürnberg • Konto-Nr. 9987 96-850 • BLZ 760 100 85
IBAN: DE58 7601 0085 0998 7968 50 • BIC: POBADE51ZYX

Beleg 20

Kontoauszug — Stadtsparkasse Nürnberg

Konto-Nr.	Datum	Ausz.-Nr.	Blatt	Buchungstag	PN-Nr.	Wert	Umsatz
218 435 717	..-12-30	68	1				

GUTSCHRIFT — 12-30 — 8744 — 12-30 — 2.380,00 H
STADTWERKE NÜRNBERG
RE 4 541 VOM 12. DEZ. ..
(KONTO 10 004)

Konto	Soll	Haben

Gebucht:

ELEKTROGROSSHANDEL
KARL WIRTZ E. K.
RHEINSTR. 44
90451 NÜRNBERG

Alter Saldo: H 267.438,00 EUR
Neuer Saldo: H 269.818,00 EUR

6476258

Belege 21 und 22

Empfangsbestätigung

760 501 01

Stadtsparkasse Nürnberg

..-12-28 — Karl Wirtz

Datum — Unterschrift für nachstehenden Auftrag

Ziehen Sie zu Gunsten des unten angegebenen Kontos die beigefügten Schecks ein. Die Gutschrift erfolgt Eingang vorbehalten.

	Scheck-Nummer	Konto-Nummer des Ausstellers	Bankleitzahl bezogenes Institut	Betrag	
1	3 460 413	104 983 (W. Kunde)	663 500 36	2.142,00	21
2	6 823 777	6 670 182 (H. Karls)	860 700 00	833,00	22
3					
4					
5					

Bitte alle Schecks mit dem Vermerk >Nur zur Verrechnung< versehen.

Stückzahl: 2 — EUR — Gesamtbetrag: Euro, Cent: 2.975,00---------------

Kontoinhaber: Name, Vorname/Firma (max. 27 Stellen): Elektrogroßhandel Karl Wirtz e. K.

Konto-Nr. des Inhabers: 218 435 717

Stadtsparkasse Nürnberg
Klein
Stempel und Unterschriften der Sparkasse/Landesbank

– Durchschrift für den Einreicher –

Kontoauszug zu den Belegen 21 bis 23[1]

Kontoauszug

Stadtsparkasse Nürnberg

Konto-Nr.	Datum	Ausz.-Nr.	Blatt	Buchungstag	PN-Nr.	Wert	Umsatz
218 435 717	..-12-31	69	1				
SCHECKEINLIEFERUNG				12-31	0685	12-28	2.975,00 H
DA MIETE[1]				12-31	0688	12-30	860,00 S

Konto | Soll | Haben | Gebucht:

ELEKTROGROSSHANDEL
KARL WIRTZ E. K.
RHEINSTR. 44
90451 NÜRNBERG

Konto | Soll | Haben | Gebucht:

Alter Saldo: H 269.818,00 EUR

Neuer Saldo: H 271.933,00 EUR

1 Beleg 23: DA = Dauerauftrag für die Wohnungsmiete des Geschäftsinhabers

Beleggeschäftsgang 2

Beleg 24

Buchungsanweisung	Datum: ..-12-31		Beleg-Nr.:	
Betreff: Abschreibungen auf Sachanlagen lt. Anlagenkartei			Gebucht: Datum:	
Buchungstext	Soll		Haben	
	Konto	Betrag	Konto	Betrag
0840 Fuhrpark..............				
0860 Geschäftsausstattung..				

Beleg 25

Buchungsanweisung	Datum: ..-12-31		Beleg-Nr.:	
Betreff: Umbuchungen/Vorbereitende Abschlussbuchungen			Gebucht: Datum:	
Buchungstext	Soll		Haben	
	Konto	Betrag	Konto	Betrag
2280 Warenmehrbestand.....				
2600 Vorsteuerübertragung.				
3001 Privatentnahmen......				
5101 Erlösberichtigungen/ Rücksendungen				
5102 Kundenskonti.........				
6062 Nachlässe/ Rücksendungen				
6063 Liefererskonti.......				

Beleg 26

Buchungsanweisung	Datum: ..-12-31		Beleg-Nr.:	
Betreff: Zeitliche Abgrenzungen			Gebucht: Datum:	
Buchungstext	Soll		Haben	
	Konto	Betrag	Konto	Betrag
1. Rückstellung für Fahrzeugreparatur lt. Kostenvoranschlag............				
2. Unsere Mietvorauszahlung für Januar.............				

6 Kosten- und Leistungsrechnung (KLR) als Instrument zur Erfassung und zur Steuerung betrieblicher Vorgänge

6.1 Katja Kern verschafft sich einen Überblick über die Grundlagen der Kosten- und Leistungsrechnung

Situation

Frau Kern ist sehr daran interessiert, die **monatlich anfallenden** Kosten **aus der eigentlichen betrieblichen Tätigkeit** ihres Unternehmens, nämlich dem **Einkauf, der Lagerung und dem Verkauf von Waren,** zu erfahren. Nur so kann sie abschätzen, ob ihr Unternehmen erfolgreich gearbeitet hat. Erfolgreich ist die Arbeit dann gewesen, **wenn die in einem Monat aus dem Verkauf von Waren erzielten Umsatzerlöse**, die auch Leistungen des Unternehmens genannt werden, **höher gewesen sind als die angefallenen Kosten.** Dann hat das Unternehmen einen Betriebsgewinn erwirtschaftet.

Bisher hat Frau Kern den Unternehmensgewinn (oder Verlust) aus dem Gewinn- und Verlustkonto ihrer Buchhaltung ermittelt. Ihr ist klar, dass der **Unternehmensgewinn nicht gleich dem Betriebsgewinn** ist, da im GuV-Konto **alle Aufwendungen und Erträge** zusammengefasst sind und nicht nur die betrieblich bedingten. Um sich die Frage nach den Kosten und Leistungen beantworten zu können, greift sie dennoch auf die Zahlen des folgenden GuV-Kontos für den Monat September zurück und untersucht die Aufwands- und Ertragspositionen daraufhin, ob sie den planmäßigen betrieblichen Tätigkeiten zuzuordnen sind oder nicht.

Gewinn- und Verlustkonto
für den Monat September ..

Soll			Haben		
	Warenaufwendungen für			Umsatzerlöse für	
6070	Druckpapier	500.000,00	5110	Druckpapier	620.000,00
6075	Kopierpapier	300.000,00	5115	Kopierpapier	380.000,00
6080	Umschlagkarton	180.000,00	5120	Umschlagkarton	225.000,00
6085	Saugpapier	20.000,00	5125	Saugpapier	25.000,00
6140	Frachten und Fremdlager	10.000,00	5400	Mieterträge	28.000,00
6200	Löhne	49.000,00	5710	Zinserträge	2.000,00
6300	Gehälter	33.000,00			
6400	Soziale Aufwendungen	14.000,00			
6520	Abschreibungen auf Sachanl.	25.000,00			
6700	Mieten	15.000,00			
6850	Reisekosten	16.000,00			
6960	Verluste aus Anl.- Abgang	25.000,00			
70..	Betriebliche Steuern	18.000,00			
7510	Zinsaufwendungen	20.000,00			
	Monatsüberschuss	55.000,00			
		1.280.000,00			1.280.000,00

Mit der oben beschriebenen Frage ist ein **wesentliches Ziel der KLR** genannt worden:

Mithilfe der Kosten- und Leistungsrechnung werden die in einer Rechnungsperiode (z. B. monatlich oder jährlich) angefallenen Kosten und Leistungen **vollständig** und nach Kosten- und Leistungsarten **gegliedert** errechnet, um daraus das Betriebsergebnis bestimmen zu können:

- **Leistungen > Kosten = Betriebsgewinn**
- **Leistungen < Kosten = Betriebsverlust**

6.1.1 Wodurch unterscheiden sich Aufwendungen und Kosten voneinander?

Aufwendungen

Das GuV-Konto (vgl. Seite 261) zeigt auf der linken Seite (= Soll-Seite) die **gesamten Aufwendungen** des Monats September. Im Einzelnen ist abzulesen,

- wie viel Geld Frau Kern für den **Einkauf von Waren** aufwenden musste (vgl. die Positionen „Warenaufwendungen"),
- wie viel Geld Frau Kern dafür aufwenden musste, dass sie die **Dienste anderer Unternehmungen** (vgl. Aufwandsposten „Frachten und Fremdlager", „Miete", „Reisekosten", „Zinsaufwendungen") oder die **Arbeitskraft ihrer Mitarbeiter** (vgl. Positionen „Löhne", „Gehälter") in Anspruch genommen hat,
- wie hoch die **Wertminderungen der gekauften Gebäude, Einrichtungen und Fahrzeuge** sind (vgl. Position „Abschreibungen auf Sachanlagen"),
- wie viel Geld sie aufgrund gesetzlicher Vorschriften an **Abgaben** (vgl. „Soziale Aufwendungen") und **Steuern** abführen musste,
- welche **sonstigen Aufwendungen** angefallen sind, die nichts mit der geplanten betrieblichen Tätigkeit zu tun haben, z. B. „Verluste aus Anlagenabgängen".

Mit **Aufwendungen** bezeichnen wir also **alle** während einer Rechnungsperiode getätigten oder noch zu tätigenden Geldausgaben für gekaufte Waren, in Anspruch genommene Dienste, für Abgaben und sonstige Vorgänge im Unternehmen sowie für Abschreibungen. Anders ausgedrückt: Die dem Unternehmen Katja Kern e. Kffr. vorher zugeflossenen Werte (z. B. Waren) werden dem Betriebszweck (= Verkauf an Kunden) zugeführt; sie werden „verzehrt". Dieser **Werteverzehr für sich gesehen vermindert das Eigenkapital.** Es kann auch sein, dass ein Werteverzehr für nicht betriebliche Zwecke entsteht.

Beispiel

Will Frau Kern wissen, wie viel Euro Aufwendungen im Monat September insgesamt angefallen sind, so muss sie die **Summe aller Aufwandsposten** im obigen GuV-Konto bilden.

Die Aufwendungen im Monat September betragen 1.225.000,00 €.

Kosten

Um die Frage nach den **Kosten** zu beantworten, betrachtet Frau Kern nur diejenigen Aufwendungen, die in **unmittelbarem Zusammenhang** mit dem Zweck ihres Unternehmens stehen. Dieser **Betriebszweck** lautet:

Erzielung von Gewinn durch den Einkauf und Verkauf von Waren.

Also prüft Frau Kern, ob alle im GuV-Konto aufgeführten Aufwendungen auch tatsächlich aus **üblichen und geplanten betrieblichen Tätigkeiten** entstanden sind, die mit dem Einkauf, der Lagerung und dem Verkauf von Waren zu tun haben. Diese Aufwendungen heißen **betriebliche Aufwendungen** oder **Kosten.** Sie sortiert diejenigen Aufwendungen aus, die aus anderen Tätigkeiten herrühren. Es kann ja sein, dass das GuV-Konto Aufwendungen enthält, die durch **ungewöhnliche betriebliche oder sogar betriebsfremde Vorgänge** verursacht wurden. So ist z. B. ein Verlust, der aus dem Verkauf eines gebrauchten Gabelstaplers entstanden ist (= Konto „6960 Verluste aus dem Abgang von Gegenständen des Sachanlagevermögens"), ein **Aufwand, der mit der normalen betrieblichen Tätigkeit nichts zu tun hat,** aber den Gewinn im GuV-Konto schmälert.

Wodurch unterscheiden sich Aufwendungen und Kosten voneinander?

Beispiel

Nach der obigen Aussage gelten alle Aufwendungen des GuV-Kontos des Großhandelsunternehmens Kern (vgl. Seite 261) mit Ausnahme der Verluste aus Sachanlagenabgängen (Konto 6960) als **Kosten:**

60 . .	Warenaufwendungen insgesamt	1.000.000,00 €
6140	Frachten und Fremdlager	10.000,00 €
6200	Löhne	49.000,00 €
6300	Gehälter	33.000,00 €
6400	Soziale Aufwendungen	14.000,00 €
6520	Abschreibungen auf Sachanlagen	25.000,00 €
6700	Mieten	15.000,00 €
6850	Reisekosten	16.000,00 €
70 . .	Betriebliche Steuern	18.000,00 €
7510	Zinsaufwendungen	20.000,00 €
Kosten insgesamt		**1.200.000,00 €**

Neutrale Aufwendungen

Außer den Kosten gibt es im Großhandelsunternehmen in der Regel auch Aufwendungen, die in **keinem Zusammenhang** mit dem Einkauf, der Lagerung und dem Verkauf von Waren stehen oder die in **ungewöhnlicher Höhe** anfallen. Sie werden als **neutrale Aufwendungen** bezeichnet. Der Ausdruck „neutral" besagt, dass diese Aufwendungen **von den Kosten abgesondert** – also „neutralisiert" – werden, da sie sonst die Höhe der Kosten – und damit auch die Berechnung der Selbstkosten und des Betriebsergebnisses – verfälschen würden.

Neutrale Aufwendungen entstehen

- **bei der Verfolgung betriebsfremder Ziele**
  (z. B.: Frau Kern hat Geldmittel, die sie zurzeit nicht benötigt, in Wertpapieren angelegt. Beim Verkauf dieser Papiere erleidet sie 1.500,00 € Kursverlust.),
- **durch Verluste aus dem Abgang von Vermögensgegenständen**
  (z. B.: Frau Kern verkauft ein gebrauchtes Fahrzeug, das noch einen Buchwert von 15.000,00 € hat, für 12.000,00 €. Sie erleidet einen Verlust von 3.000,00 €.),
- **aus betrieblichen periodenfremden Vorgängen**
  (z. B.: Frau Kern hat für das zurückliegende Geschäftsjahr 14.500,00 € Gewerbesteuer[1] an das städtische Steueramt nachzuzahlen.),
- **als außerordentliche Aufwendungen aufgrund ungewöhnlicher und selten vorkommender Geschäftsfälle**
  (z. B.: Frau Kern verkauft zur Straffung ihrer Geschäftstätigkeit eine Zweigniederlassung in Norddeutschland mit einem Verlust von 50.000,00 €.).

Beispiel

Unter den Aufwendungen des obigen Gewinn- und Verlustkontos sind

die Verluste aus dem Abgang von Sachanlagegegenständen mit 25.000,00 € neutrale Aufwendungen.

Erläuterung

Verluste aus dem Abgang von Vermögensgegenständen lassen sich nicht vermeiden. Sie treten im Zusammenhang mit dem Verkauf gebrauchter Anlagegegenstände dann auf, wenn der **Verkaufspreis niedriger als der Buchwert** des Anlagegegenstandes ist. Dieser Vorgang ist letztlich betrieblich bedingt, **ihm fehlt aber der Bezug zum Betriebszweck,** sodass der Verlust aus einem solchen Vorgang nicht als Kosten in die Kostenrechnung eingebracht werden darf.

1 Siehe Fußnote auf S. 186.

Wodurch unterscheiden sich Aufwendungen und Kosten voneinander?

Zusammenfassung

- Unter **Aufwendungen** wird der **„Verzehr"** vorher zugeflossener Werte im Unternehmen an Gütern, Diensten und Abgaben während einer Rechnungsperiode verstanden.
- Aufwendungen lassen sich unterscheiden in
  - **betriebliche Aufwendungen = Kosten**
  - **neutrale Aufwendungen = Nichtkosten**
- Unter **Kosten** wird der Werteverzehr an Gütern, Diensten und Abgaben verstanden, der zur Erreichung des Betriebszwecks in einer Rechnungsperiode getätigt wird.
- Zu den **Neutralen Aufwendungen** gehören **betriebsfremde, betriebliche periodenfremde** und **außerordentliche Aufwendungen** sowie Verluste aus Vermögensabgängen und aus Schadensfällen. Sie dürfen **nicht** in die Kostenrechnung übernommen werden. Im Kontenrahmen sind sie in den Kontengruppen 69, 74 bis 77 enthalten.

AUFGABEN

290

1. *Nennen Sie wichtige Aufgaben der Kosten- und Leistungsrechnung.*
2. *Beschreiben Sie, worin sich*
   a) *Aufwendungen und Kosten,*
   b) *Kosten und neutrale Aufwendungen*
   voneinander unterscheiden.
3. *Geben Sie typische Beispiele mit den zugehörigen Konten an:*
   a) *für Kosten,*
   b) *für neutrale Aufwendungen.*
4. a) *Erträge > Aufwendungen =* •••
   b) *Leistungen < Kosten =* •••
   c) *Erträge < Aufwendungen =* •••

291

Die Aufwendungen der Finanzbuchhaltung sind entweder betrieblich oder neutral.

Ordnen Sie die folgenden Aufwandsarten nach betrieblichen oder neutralen Aufwendungen:

a) Lohnzahlungen
b) Verlust aus Wertpapierverkäufen
c) Abschreibungen auf Sachanlagen
d) Brandschaden im Warenlager
e) Abschreibungen auf ein vermietetes Lagergebäude
f) Verlust aus dem Verkauf einer nicht mehr benötigten Maschine
g) Gesetzliche soziale Aufwendungen
h) Gehaltszahlungen
i) Instandsetzungsaufwendungen für Fahrzeuge
j) Hoher Forderungsausfall durch Insolvenz eines Kunden
k) Nachzahlung von Betriebssteuern für vergangene Geschäftsjahre aufgrund einer Betriebsprüfung
l) Warenaufwendungen
m) Mietzahlung für gemietetes Lagergebäude
n) Überweisung der Kfz-Steuer für Betriebs-Lkw
o) Zinsaufwendungen
p) Aufwendungen für Altersversorgung der Arbeitnehmer
q) Zahlung der Gebäudeversicherung

Wodurch unterscheiden sich Erträge und Leistungen voneinander? 6.1.2

Erträge

Das GuV-Konto (vgl. S. 261) zeigt auf der rechten Seite (= Haben-Seite) die **gesamten Erträge** des Monats September. Im Einzelnen ist abzulesen,

- wie viel Geld Frau Kern aus dem **Verkauf von Waren** eingenommen hat oder einnehmen wird (vgl. die Position „Umsatzerlöse"),
- wie viel Geld sie dafür erhält, dass sie eigene betriebliche **Räumlichkeiten nicht selbst nutzt,** sondern anderen zur Verfügung stellt (vgl. Position „Mieterträge"),
- wie hoch das Entgelt ist, das Frau Kern dafür erhält, dass sie **Guthaben bei Kreditinstituten unterhält** (vgl. Position „Zinserträge").

Mit **Erträgen** bezeichnen wir den geldlichen Gegenwert für alle während einer Rechnungsperiode den Kunden zugeflossenen **Werte (= Umsatzerlöse).** Als Gegenleistung erhält Katja Kern Zahlungen von ihren Kunden, die das Eigenkapital erhöhen. Es kann auch sein, dass ein solcher erfolgswirksamer Vorgang eine nicht betriebliche Ursache hat.

Beispiel

Will Frau Kern wissen, wie viel Euro Erträge im Monat September ihrem Unternehmen insgesamt zugeflossen sind, so muss sie die **Summe aller Ertragspositionen** im GuV-Konto (vgl. S. 261) bilden.

Die Erträge im Monat September belaufen sich auf 1.280.000,00 €.

Leistungen

Für die Zwecke der Kosten- und Leistungsrechnung werden die Erträge eingeteilt in

- **betriebliche Erträge, die auch Leistungen heißen,** und
- **neutrale Erträge.**

Die Leistungen sind das **Ergebnis der eigentlichen betrieblichen Tätigkeit.** Sie entstehen vor allem beim **Warenverkauf.** Zu den Leistungen des Betriebes zählen:

- **Absatzleistungen**
  = **Umsatzerlöse** aus dem Verkauf von Waren;
- **Unentgeltliche Entnahme v. G. u. s. L.**
  = in der Abrechnungsperiode für **private Zwecke** entnommene Waren;
- **Aktivierte Eigenleistungen**
  = **selbst erstellte Anlagen,** die im eigenen Betrieb Verwendung finden.

Beispiel

Die Leistungen im Unternehmen Katja Kern bestehen im Monat September (vgl. GuV-Konto S. 261) aus

Umsatzerlösen in Höhe von insgesamt 1.250.000,00 €.

Neutrale Erträge

Außer den Leistungen gibt es im Großhandelsbetrieb auch Erträge, die in **keinem Zusammenhang** mit dem Einkauf, der Lagerung und dem Verkauf von Waren stehen oder dabei **unregelmäßig und/oder in außergewöhnlicher Höhe** anfallen. Sie werden als neutrale Erträge bezeichnet und **nicht in die KLR übernommen,** da sie sonst die Höhe der Leistungen verfälschen würden.

Wodurch unterscheiden sich Erträge und Leistungen voneinander?

Neutrale Erträge entstehen

- **bei der Verfolgung betriebsfremder Ziele**
  (z. B. Mieterträge, Zinserträge, Erträge aus Wertpapierverkäufen),
- **durch Erträge aus Anlagenabgängen und aus Wertkorrekturen**
  (z. B. Erträge aus dem Verkauf von Gegenständen des Anlagevermögens, Herabsetzung von Rückstellungen),
- **aus zwar betrieblichen, aber periodenfremden Erträgen**
  (z. B. Steuererstattung für zurückliegende Geschäftsjahre),
- **als außerordentliche Erträge aufgrund ungewöhnlicher und selten vorkommender Geschäftsfälle**
  (z. B. Steuererlass, Erträge aus Gläubigerverzicht).

Beispiel

Unter den Erträgen des Gewinn- und Verlustkontos von Seite 261 zählen die folgenden zu den **neutralen Erträgen:**

Mieterträge	28.000,00 €
Zinserträge	2.000,00 €
Neutrale Erträge	**30.000,00 €**

Erläuterung

Mieterträge entstehen im Unternehmen Kern dadurch, dass Frau Kern ein zum Betriebsvermögen gehörendes Gebäude **nicht betrieblich** nutzt, sondern an einen Außenstehenden vermietet hat. Dafür erhält sie monatliche Mieteinnahmen. Diese Einnahmen entspringen aber **nicht der eigentlichen betrieblichen Tätigkeit** des Unternehmens – nämlich dem Einkauf und Verkauf von Waren – und sind deswegen **nicht zu den Leistungen,** sondern zu den **neutralen Erträgen** zu rechnen.

Zinserträge ergeben sich im Unternehmen Kern dadurch, dass zurzeit nicht benötigte flüssige Mittel verzinslich (z. B. in Form von Termingeld) angelegt werden. Die hieraus dem Unternehmen zufließenden Zinsen haben **mit der eigentlichen betrieblichen Tätigkeit nichts zu tun** und gehören deswegen zu den **neutralen Erträgen.**

Zusammenfassung

- Unter **Erträgen** wird der **geldliche Gegenwert aller** aus dem Unternehmen **abfließenden Werte** innerhalb einer Rechnungsperiode (z. B. Monat) verstanden. Erträge sind also erfolgswirksam; sie erhöhen das Eigenkapital.
- Erträge lassen sich einteilen in:
  - **betriebliche Erträge (= Leistungen)**
  - **neutrale Erträge.**
- **Leistungen** sind das Ergebnis der geplanten betrieblichen Leistungserstellung und Leistungsverwertung. Zu den Leistungen des Großhandelsbetriebes zählen:
  - **Absatzleistungen** (= Umsatzerlöse),
  - **unentgeltliche Entnahme v. G. u. s. L.** und
  - **aktivierte Eigenleistungen.**
- Zu den **neutralen Erträgen** gehören **betriebsfremde, betriebliche außerordentliche** und **betriebliche periodenfremde Erträge.** Sie werden nicht in die KLR übernommen. Neutrale Erträge sind in den Kontengruppen „54 Sonstige betriebliche Erträge", „55/56 Erträge aus Beteiligungen und Wertpapieren", „57 Zinsen und ähnliche Erträge" und „58 Außerordentliche Erträge" enthalten.

6476266

292 Im Rechnungswesen unterscheidet man zwischen Aufwendungen und Kosten.

Geben Sie je ein Beispiel an für
a) *Aufwendungen, die zugleich Kosten sind,*
b) *Aufwendungen, die keine Kosten sind.* ■

293 Im Rechnungswesen unterscheidet man ebenso zwischen Erträgen und Leistungen.

Geben Sie je ein Beispiel an für
a) *Erträge, die zugleich Leistungen sind,*
b) *Erträge, die keine Leistungen sind.* ■

294 Die Erträge des Unternehmens sind entweder betrieblich oder neutral.

Ordnen Sie die folgenden Ertragsarten nach betrieblichen oder neutralen Erträgen:

a) Umsatzerlöse für Waren
b) Mieterträge
c) Ertrag aus dem Abgang eines Vermögensgegenstandes
d) Selbst erstellte Maschine für die Verwendung im eigenen Betrieb
e) Zinsgutschrift der Bank
f) Provisionsertrag aus einem Gelegenheitsgeschäft
g) Unentgeltliche Entnahme von Waren für private Zwecke
h) Erträge aus Wertpapierverkäufen
i) Erträge aus bereits abgeschriebenen Forderungen
j) Erstattung zu viel entrichteter Betriebssteuern für vergangene Geschäftsjahre durch das Finanzamt
k) Erträge aus der Herabsetzung von Rückstellungen ■

295 In der Buchhaltung eines Großhandelsbetriebes schließen die Erfolgskonten mit folgenden Salden ab:

	€
Umsatzerlöse für Waren	850.000,00
Mieterträge	45.000,00
Zinserträge	20.000,00
Warenaufwendungen	420.000,00
Reparaturen	9.000,00
Löhne	150.000,00
Gehälter	100.000,00
Gesetzliche soziale Aufwendungen	40.000,00
Verluste aus Sachanlagenabgängen	15.000,00
Kraftfahrzeugsteuer (Betrieb)	10.000,00
Zinsaufwendungen	25.000,00
Außerordentliche Aufwendungen	60.000,00

1. *Ermitteln Sie im Gewinn- und Verlustkonto das Gesamtergebnis des Unternehmens.*
2. *Berechnen Sie in gesonderten Aufstellungen:*
   a) *die Kosten und die Leistungen,*
   b) *die neutralen Aufwendungen und neutralen Erträge.*
3. *Wie hoch ist die Differenz aus Leistungen minus Kosten, also das Betriebsergebnis?*
4. *Wie hoch ist die Differenz aus neutralen Erträgen minus neutralen Aufwendungen, also das Neutrale Ergebnis?* ■

6.2 Im Unternehmen Katja Kern e. Kffr. werden Kosten und Leistungen mithilfe der Ergebnistabelle ermittelt

Abgrenzungsrechnung

Im vorhergehenden Abschnitt haben wir Ihnen einen Überblick über wichtige Begriffe der Kosten- und Leistungsrechnung gegeben und zeigen Ihnen im Folgenden ein Verfahren, wie **außerhalb der Finanzbuchhaltung in einer Tabelle** aus den Zahlen des Gewinn- und Verlustkontos die Kosten und Leistungen ermittelt werden. Die hierfür verwendete Tabelle heißt **Ergebnistabelle.** In ihr können auf recht einfache Weise **aus den gesamten Aufwendungen und Erträgen einer Rechnungsperiode die neutralen Aufwendungen und Erträge abgegrenzt oder** – bildhafter ausgedrückt – **herausgefiltert werden,** sodass am Ende die Kosten und Leistungen übrig bleiben. Der Buchhalter bezeichnet diesen Vorgang auch als **Abgrenzungsrechnung.**

Ziele der Abgrenzungsrechnung

Ein wesentliches Ziel der Abgrenzungsrechnung ist es, die Kosten und Leistungen einer Rechnungsperiode **vollständig und** nach Kosten- und Leistungsarten **gegliedert** zu erfassen, um sie für **weiter reichende Ziele,** z. B.

- Ermittlung des Betriebsergebnisses,
- Erstellung von Vorkalkulationen,
- Erstellung von Nachkalkulationen,
- Kontrolle des Kostenverbrauchs in einzelnen Betriebsabteilungen

zu verwenden.

6.2.1 Neutrale Aufwendungen und Erträge werden von Kosten und Leistungen abgegrenzt

Situation

Frau Kern möchte sehr gerne erfahren, zu welchem Ergebnis **(Betriebsgewinn** oder **Betriebsverlust)** die betrieblichen Tätigkeiten in ihrem Unternehmen geführt haben. Sie weiß bisher aus dem Gewinn- und Verlustkonto (vgl. Seite 261), dass sie einen Monatsüberschuss von insgesamt 55.000,00 € erzielt hat. Diese Zahl sagt ihr aber noch nichts darüber aus, wie gut oder schlecht sie ihren Betriebszweck (vgl. Seite 262) erreicht hat. Die dafür erforderliche Zahl, nämlich das **Betriebsergebnis,** gewinnt sie durch die **Abgrenzungs- und Betriebsergebnisrechnung,** die sie in der folgenden vereinfachten **Ergebnistabelle** durchführt:

Ergebnistabelle						
❶ Finanzbuchhaltung (= Rechnungskreis I)			❷ Kosten- und Leistungsrechnung (= Rechnungskreis II)			
Gesamtergebnisrechnung der FB			❸ Abgrenzungsrechnung		❹ Betriebsergebnisrechnung	
Kontenklassen 5, 6, 7	Aufwendungen (Klassen 6, 7)	Erträge (Klasse 5)	neutrale Aufwendungen	neutrale Erträge	Kosten	Leistungen
❺ Abstimmung:	Gesamtergebnis	=	Neutrales Ergebnis (Abgrenzungsergebnis)	+	Betriebsergebnis	

Neutrale Aufwendungen und Erträge werden von Kosten und Leistungen abgegrenzt

Aufbau der Ergebnistabelle

Die Ergebnistabelle ist folgendermaßen aufgebaut:

❶ Sie spiegelt das **Zweikreissystem** des Kontenrahmens (vgl. S. 93 f.) wider: In ihrem **linken Teil** mit der Überschrift **„Finanzbuchhaltung (= Rechnungskreis I)"** nimmt sie **alle Aufwands- und Ertragskonten mit ihren jeweiligen Salden** aus den Kontenklassen 5, 6 und 7 der Finanzbuchhaltung auf. Damit wird in diesem Teil der Inhalt des GuV-Kontos aus dem Rechnungskreis I (= RK I) wiedergegeben und das **Gesamtergebnis der Unternehmung ausgewiesen.**

❷ Der **rechte Teil** der Tabelle ist der **Kosten- und Leistungsrechnung (= Rechnungskreis II)** vorbehalten. Er wird unterteilt in die **Abgrenzungsrechnung** und die **Betriebsergebnisrechnung.**

❸ Die **Abgrenzungsrechnung** übernimmt aus dem linken Teil der Tabelle, dem RK I, die **neutralen Aufwendungen und Erträge.** Sie schließt mit dem **Neutralen Ergebnis** (Neutraler Gewinn oder Neutraler Verlust) ab.

❹ Die **Betriebsergebnisrechnung** übernimmt aus dem linken Teil der Tabelle **alle Kosten und Leistungen** und ermittelt daraus das **Betriebsergebnis.**

❺ Durch dieses Verfahren lassen sich in einer Tabelle das **Gesamtergebnis der FB** sowie das **Neutrale Ergebnis** und das **Betriebsergebnis der KLR** übersichtlich darstellen. Ebenso ist es möglich, die **Ergebnisse der beiden Rechnungskreise** auf ihre Richtigkeit hin **abzustimmen.**

Beispiel

Frau Kern erstellt nach den obigen Grundsätzen aus dem Gewinn- und Verlustkonto für den Monat September eine Ergebnistabelle. Hierbei untersucht sie die **Positionen des GuV-Kontos** dahingehend, ob diese dem **Betriebszweck** dienen und somit in die **Betriebsergebnisrechnung** hineingehören oder ob sie **„neutral"** sind und somit in die **Abgrenzungsrechnung** gehören. Sie berücksichtigt hierbei, dass

1. die Mieterträge für ein vermietetes Gebäude erzielt werden und dass dieses Gebäude mit 2.000,00 € abgeschrieben wurde. Diese 2.000,00 € sind in den Abschreibungen auf Sachanlagen enthalten.
2. in der GuV-Position „Betriebliche Steuern" auch Grundsteuern enthalten sind, von denen 1.000,00 € auf das vermietete Gebäude entfallen.

Gewinn- und Verlustkonto
für den Monat September ..

Soll					Haben
	Warenaufwendungen für			Umsatzerlöse für	
6070	Druckpapier	500.000,00	5110	Druckpapier	620.000,00
6075	Kopierpapier	300.000,00	5115	Kopierpapier	380.000,00
6080	Umschlagkarton	180.000,00	5120	Umschlagkarton	225.000,00
6085	Saugpapier	20.000,00	5125	Saugpapier	25.000,00
6140	Frachten und Fremdlager	10.000,00	5400	Mieterträge	28.000,00
6200	Löhne	49.000,00	5710	Zinserträge	2.000,00
6300	Gehälter	33.000,00			
6400	Soziale Aufwendungen	14.000,00			
6520	Abschreibungen auf Sachanl.	25.000,00			
6700	Mieten	15.000,00			
6850	Reisekosten	16.000,00			
6960	Verluste aus Anl.-Abgang	25.000,00			
70..	Betriebliche Steuern	18.000,00			
7510	Zinsaufwendungen	20.000,00			
	Monatsüberschuss	**55.000,00**			
		1.280.000,00			**1.280.000,00**

Neutrale Aufwendungen und Erträge werden von Kosten und Leistungen abgegrenzt

Ergebnistabelle						
Finanzbuchhaltung (= Rechnungskreis I)			**Kosten- und Leistungsrechnung (= Rechnungskreis II)**			
Gesamtergebnisrechnung der FB			**Abgrenzungsrechnung**		**Betriebsergebnisrechnung**	
Konto	Aufwendungen	Erträge	neutrale Aufwendungen	neutrale Erträge	Kosten	Leistungen
5110		620.000				620.000
5115		380.000				380.000
5120		225.000				225.000
5125		25.000				25.000
5400		28.000		28.000		
5710		2.000		2.000		
6070	500.000				500.000	
6075	300.000				300.000	
6080	180.000				180.000	
6085	20.000				20.000	
6140	10.000				10.000	
6200	49.000				49.000	
6300	33.000				33.000	
6400	14.000				14.000	
6520	25.000		2.000		23.000	
6700	15.000				15.000	
6850	16.000				16.000	
6960	25.000		25.000			
70 . .	18.000		1.000		17.000	
7510	20.000				20.000	
	1.225.000	1.280.000	28.000	30.000	1.197.000	1.250.000
	55.000		**2.000**		**53.000**	
	1.280.000	1.280.000	30.000	30.000	1.250.000	1.250.000

Abstimmung der Ergebnisse

1. Gesamtergebnis im Rechnungskreis I		**(+) 55.000,00 €**
2. Neutraler Gewinn	(+) 2.000,00 €	
3. Betriebsgewinn	(+) 53.000,00 €	
4. Gesamtergebnis im Rechnungskreis II		**(+) 55.000,00 €**

Erläuterungen zur Ergebnistabelle

Nachdem die Salden aller Erfolgskonten (= Ergebniskonten) aus dem Gewinn- und Verlustkonto der FB in die linken Spalten der Ergebnistabelle (Aufwendungen und Erträge im Rechnungskreis I) **übernommen** und zum **Gesamtergebnis** zusammengefasst worden sind, erfolgt die **Übertragung dieser Salden in die Betriebsergebnisrechnung oder in die Abgrenzungsrechnung** nach folgenden Überlegungen:

❶ **In die Betriebsergebnisrechnung** werden die Salden aus dem RK I dann übertragen,

- wenn es sich um **Erträge handelt, die in voller Höhe Leistungen darstellen,** und
- wenn es sich um **Aufwendungen handelt, die in voller Höhe Kosten darstellen.**

So überträgt Frau Kern z. B. die Umsatzerlöse (Konten 5110, 5115, 5120, 5125) aus der Ertragsspalte im RK I in die Spalte **„Leistungen"** der Betriebsergebnisrechnung und die Salden der Konten 6070, 6075, 6080, 6085, 6140, 6200, 6300, 6400, 6700, 6850 und 7510 überträgt sie aus der Aufwandsspalte im RK I als Kosten in die Spalte **„Kosten"** der Betriebsergebnisrechnung.

6476270

Neutrale Aufwendungen und Erträge werden von Kosten und Leistungen abgegrenzt

❷ **In die Abgrenzungsrechnung** werden die Salden aus dem RK I dann übertragen,

▶ wenn es sich **in voller Höhe um neutrale Erträge oder Aufwendungen handelt.**

So überträgt Frau Kern die Salden der Konten 5400 und 5710 aus dem RK I in die **Spalte „Neutrale Erträge"** der Abgrenzungsrechnung. Die Mieterträge und die Zinserträge werden somit **von der Betriebsergebnisrechnung ferngehalten.**

Bei den neutralen Aufwendungen verfährt Frau Kern entsprechend: Das Konto „6960 Verluste aus Sachanlagenabgängen" enthält einen nicht dem Betriebszweck dienenden Aufwand von 25.000,00 €, der in die **Spalte „Neutrale Aufwendungen"** der Abgrenzungsrechnung übertragen und damit von der Betriebsergebnisrechnung ferngehalten wird.

❸ **Besondere Beachtung** verdienen das Konto **„6520 Abschreibungen auf Sachanlagen"** und die Kontengruppe **„70 . . Betriebliche Steuern":**

Von den bilanzmäßigen Abschreibungen in Höhe von 25.000,00 € sind zunächst 2.000,00 € als **neutraler Aufwand** in die Abgrenzungsrechnung einzustellen. Dieser Betrag hat mit den Abschreibungen auf das **betrieblich genutzte** Anlagevermögen nichts zu tun, da er auf das von Frau Kern **vermietete Gebäude** entfällt. Er wird in die Spalte **„Neutrale Aufwendungen"** der Abgrenzungsrechnung eingesetzt und damit **von der Betriebsergebnisrechnung ferngehalten.** In die Spalte „Kosten" der Betriebsergebnisrechnung ist nur noch der Restbetrag von 23.000,00 € einzusetzen.

Entsprechend verfährt Frau Kern bei der Kontengruppe „70 . . Betriebliche Steuern": Hier werden 1.000,00 € Grundsteuer auf das **vermietete Gebäude** als neutraler Aufwand eingesetzt und damit von der Betriebsergebnisrechnung abgegrenzt. Der Restbetrag der betrieblichen Steuern (= 17.000,00 €) gilt als Kosten und wird also in die Spalte „Kosten" der Betriebsergebnisrechnung eingesetzt.

❹ **Ausweis der Einzelergebnisse.** Während das GuV-Konto auf Seite 261/269 nur das Gesamtergebnis der Unternehmung für den Monat September in Höhe von 55.000,00 € ausweist, lassen sich aus der Ergebnistabelle auf Seite 270 zusätzlich die Teilergebnisse

Neutrales Ergebnis (Neutraler Gewinn) .... **2.000,00 €**
und
Betriebsergebnis (Betriebsgewinn) .... **53.000,00 €**

ablesen. Die Ergebnistabelle macht damit in der Spalte „Betriebsergebnisrechnung" eine für die Unternehmensleitung wichtige Aussage über das Ergebnis aus der eigentlichen betrieblichen Tätigkeit. Im obigen Beispiel stammt der unternehmerische Erfolg fast ausschließlich aus der betrieblichen Tätigkeit. Die sonstigen Vorgänge, die nichts mit regelmäßigen, planvollen betrieblichen Geschäftsfällen zu tun haben, führen zu einem neutralen Gewinn von nur 2.000,00 €.

❺ **Kosten und Leistungen.** Die Ergebnistabelle verdeutlicht, dass das Betriebsergebnis der Abrechnungsperiode (= Monat) aus Absatzleistungen (= Umsatzerlösen) in Höhe von **1.250.000,00 €** besteht und durch den Einsatz von insgesamt **1.197.000,00 €** Kosten erzielt wurde.

❻ **Wirtschaftlichkeit.** Für Frau Kern ist die Wirtschaftlichkeit, mit der Betriebsmittel, Personal und Waren eingesetzt wurden, um Umsatzerlöse zu erzielen, eine wichtige Kennzahl zur Beurteilung ihres betrieblichen Handelns. Sie berechnet diese Zahl, indem sie **die Leistungen durch die Kosten dividiert:**

$$\textbf{Wirtschaftlichkeit} = \frac{\textbf{Leistungen}}{\textbf{Kosten}} = \frac{1.250.000,00\ €}{1.197.000,00\ €} = \textbf{1,044}$$

Diese Zahl besagt, dass für je 1,00 € eingesetzte Kosten 1,04 € Umsatzerlöse ins Unternehmen zurückgeflossen sind.

Neutrale Aufwendungen und Erträge werden von Kosten und Leistungen abgegrenzt

Zusammenfassung

- In der **Ergebnistabelle** werden die neutralen Aufwendungen und Erträge von den Kosten und Leistungen abgetrennt. Sie ermöglicht damit eine **Abgrenzung des Neutralen Ergebnisses vom Betriebsergebnis.**
- Die Ergebnistabelle macht Aussagen über die **Höhe der Kosten und der Leistungen** einer Rechnungsperiode und ermöglicht so die Berechnung der **Wirtschaftlichkeit.**

AUFGABEN

296 Der Finanzbuchhaltung der Möbelgroßhandlung Schneider OHG entnehmen wir für den Monat Dezember .. folgende Aufwendungen und Erträge:

Konto	Bezeichnung	€
5100	Umsatzerlöse für Waren	1.280.000,00
5400	Mieterträge	14.000,00
5420	Unentgeltliche Entnahme von Waren	15.000,00
5460	Erträge aus dem Abgang von Vermögensgegenständen	56.000,00
5480	Erträge aus der Herabsetzung von Rückstellungen	30.000,00
5710	Zinserträge	4.000,00
6060	Warenaufwendungen	330.000,00
6160	Fremdinstandsetzung	3.000,00
6200	Löhne	520.000,00
6300	Gehälter	130.000,00
6400	Soziale Aufwendungen	140.000,00
6520	Abschreibungen auf Sachanlagen	60.000,00
6850	Reisekosten	12.000,00
6930	Verluste aus Schadensfällen	40.000,00
7000	Gewerbesteuer	35.000,00
7090	Sonstige Betriebssteuern	10.000,00
7400	Abschreibungen auf Finanzanlagen	6.000,00
7510	Zinsaufwendungen	10.000,00

Aufgaben für die Erstellung der Ergebnistabelle

1. *Übernehmen Sie die Aufwendungen und Erträge der Finanzbuchhaltung in die Gesamtergebnisrechnung des Rechnungskreises I der Ergebnistabelle.*
2. *Führen Sie im Rechnungskreis II die Abgrenzungsrechnung durch.*
3. *Die betrieblichen Aufwendungen und Erträge sind entsprechend als Kosten und Leistungen in die Betriebsergebnisrechnung einzubringen.*
4. *Errechnen Sie* a) *das Neutrale Ergebnis (Abgrenzungsergebnis),*
   b) *das Betriebsergebnis,*
   c) *das Gesamtergebnis der Unternehmung.*
5. *Stimmen Sie das Gesamtergebnis des Rechnungskreises I mit dem Gesamtergebnis des Rechnungskreises II nach folgendem Schema ab:*

Abstimmung der Rechnungskreise I und II

1. Gesamtergebnis im Rechnungskreis I		.... €
2. Neutrales Ergebnis	.... €	↑
3. Betriebsergebnis	.... €	↓
4. Gesamtergebnis im Rechnungskreis II (2. + 3.)		.... €

297

Die FB der Textilgroßhandlung Jan Wilhelm e. K. hat für das 1. Quartal .. folgende Aufwendungen und Erträge erfasst:

		€
5110	Umsatzerlöse, Warengruppe I	1.270.500,00
5120	Umsatzerlöse, Warengruppe II	800.000,00
5400	Mieterträge	25.200,00
5420	Unentgeltliche Entnahme von Waren	42.000,00
5430	Sonstige Erträge (neutral)	11.500,00
5460	Erträge aus dem Abgang von Vermögensgegenständen	1.900,00
5500	Erträge aus Beteiligungen	8.200,00
57 ..	Zins- und ähnliche Erträge	4.100,00
6070	Warenaufwendungen, Warengruppe I	700.000,00
6075	Warenaufwendungen, Warengruppe II	550.000,00
6200	Löhne	298.000,00
6300	Gehälter	101.000,00
6400	Soziale Aufwendungen	185.100,00
6520	Abschreibungen auf Sachanlagen	92.500,00
6570	Abschreibungen auf Umlaufvermögen	31.200,00
6700	Mieten und Pachten	4.900,00
6870	Aufwendungen für Werbung	12.200,00
6960	Verluste aus dem Abgang von Vermögensgegenständen	55.600,00
7000	Gewerbesteuer	22.400,00

1. *Erstellen Sie die Ergebnistabelle entsprechend der Aufgabenstellung in der Aufgabe 296.*
2. *Beurteilen Sie die Erfolgslage des Unternehmens.* ■

298

Die FB der Sanitärgroßhandlung Heinz Schnell e. K. weist für das 4. Quartal .. folgende Aufwendungen und Erträge aus:

		€
5110	Umsatzerlöse, Warengruppe I	981.500,00
5120	Umsatzerlöse, Warengruppe II	414.200,00
5400	Mieterträge	30.000,00
5460	Erträge aus dem Abgang von Vermögensgegenständen	24.800,00
5480	Erträge aus der Herabsetzung von Rückstellungen	22.500,00
5710	Zinserträge	7.800,00
5800	Außerordentliche Erträge	8.200,00
6070	Warenaufwendungen, Warengruppe I	475.000,00
6075	Warenaufwendungen, Warengruppe II	418.500,00
6160	Fremdinstandsetzung	39.600,00
6200	Löhne	135.000,00
6300	Gehälter	110.000,00
6400	Soziale Aufwendungen	65.000,00
6420	Beiträge zur Berufsgenossenschaft	13.200,00
6440	Aufwendungen für Altersversorgung	28.400,00
6520	Abschreibungen auf Sachanlagen	42.800,00
6700	Aufwendungen für Mieten und Pachten	21.200,00
6870	Aufwendungen für Werbung	36.100,00
6960	Verluste aus dem Abgang von Maschinen	2.200,00
7000	Gewerbesteuer	33.900,00
7030	Kfz-Steuer (Betrieb)	8.400,00
7400	Abschreibungen auf Finanzanlagen	5.200,00

1. *Erstellen Sie die Ergebnistabelle.*
2. *Beurteilen Sie die Erfolgssituation des Unternehmens.* ■

6.2.2 Wie werden kalkulatorische Kosten in der Ergebnistabelle berücksichtigt?

Situation

Frau Kern hat in der Ergebnistabelle von Seite 270 alle Aufwendungen, die regelmäßig und/oder planvoll zum Erreichen der betrieblichen Zwecke angefallen waren, als Kosten in die Betriebsergebnisrechnung übernommen. Sie hat hierbei – unter Beachtung der Umsatzerlöse – einen Betriebsgewinn von 53.000,00 € ausgewiesen. Ihr ist bewusst, dass ihr dieser Gewinn so nicht zur freien Verfügung steht, da sie noch **nicht alle Kosten berücksichtigt** hat bzw. die **Höhe einzelner Kosten noch verändern** muss. Hierdurch wird der Gewinn, den sie für den Betrieb oder für sich verwenden kann, niedriger als 53.000,00 € ausfallen. **Folgende Überlegungen stellt sie an:**

❶ Sie hat bisher nicht berücksichtigt, dass sie für **ihre Mitarbeit im eigenen Unternehmen** eine „Entlohnung" zu beanspruchen hat. Sie kann sich zwar kein Gehalt berechnen und buchen, so wie sie es für ihre Angestellten und Arbeiter macht – schließlich ist sie Unternehmerin und kann nicht mit sich selbst einen Arbeitsvertrag schließen –, aber ihre Arbeitskraft hat einen „Wert", den sie als **Kosten in der Betriebsergebnisrechnung** ansetzt. Dieser „Lohn" für die unternehmerische Tätigkeit heißt **Unternehmerlohn.** Frau Kern kalkuliert ihn in die Verkaufspreise mit ein und lässt sich so diesen Lohn über die Umsatzerlöse von ihren Kunden vergüten.

❷ Die **Zinsaufwendungen** hat Frau Kern mit 20.000,00 € als Kosten übernommen. In diesen Aufwendungen ist aber nur die Verzinsung des tatsächlichen langfristigen Fremdkapitals (Hypotheken- und Darlehensschulden) enthalten. Die **Verzinsung des eingesetzten Eigenkapitals** fehlt unter den Kosten. Da sie dieses Eigenkapital zur Finanzierung des Betriebsvermögens eingesetzt hat – sie hätte es ja auch verzinslich anlegen können –, steht ihr eine Verzinsung des Eigenkapitals zu. **Anstelle der tatsächlichen Fremdkapitalzinsen** will sie also **kalkulatorische Zinsen** vom **gesamten** betriebsnotwendigen Kapital als Kosten ansetzen.

❸ Die **Abschreibungen auf das Anlagevermögen** hat Frau Kern in der **Finanzbuchhaltung** mit einem Wert (23.000,00 €) berechnet und gebucht, **der für die Kostenrechnung ungeeignet ist.** Bei der Berechnung dieser bilanzmäßigen Abschreibungen hat sie sich an die handelsrechtlichen Vorschriften gehalten, also z. B. ausgehend von den **Anschaffungskosten** degressiv abgeschrieben. **In der Kostenrechnung** möchte sie aus Gründen des Kostenvergleichs gleichmäßig (also **linear) und** von den zukünftigen (gestiegenen) **Wiederbeschaffungskosten** abschreiben, damit sie demnächst auch in der Lage ist, aus den über die Umsatzerlöse „verdienten" Abschreibungen die teureren Ersatzanlagen zu beschaffen. **Anstelle der bilanzmäßigen Abschreibungen** will sie also in der Betriebsergebnisrechnung **kalkulatorische Abschreibungen** als Kosten ansetzen.

Mit dem Ansatz kalkulatorischer Kosten in der Betriebsergebnisrechnung – anstelle der entstandenen Aufwendungen aus der Finanzbuchhaltung – folgt Frau Kern einem **wesentlichen Grundsatz der Kostenrechnung:**

In der Betriebsergebnisrechnung werden alle Kosten verursachungs- und periodengerecht in ihrer tatsächlichen Höhe erfasst.

Damit wird auch deutlich, dass die Ausgestaltung der Kostenrechnung durch keine rechtlichen Vorschriften eingeengt wird, sondern ihre Grenze in den Marktgegebenheiten (Konkurrenzsituation, Verhalten der Nachfrager) findet.

6476274

Beispiel

Frau Kern setzt ihren monatlichen Unternehmerlohn auf **10.000,00 €** fest. Dieser Betrag soll als Kosten in die Betriebsergebnisrechnung eingebracht werden.

Nachfolgend zeigen wir das Verfahren, nach dem der kalkulatorische Unternehmerlohn in die Ergebnistabelle eingesetzt wird, und erläutern die Auswirkungen. Ziehen Sie zum Vergleich die Ergebnistabelle von Seite 270 heran.

Ergebnistabelle						
Finanzbuchhaltung (= RK I)			**Kosten- und Leistungsrechnung (= RK II)**			
Gesamtergebnisrechnung der FB			**Abgrenzungsrechnung**		**Betriebsergebnisrechnung**	
Konto	Aufwendungen	Erträge	neutrale Aufwendungen	neutrale Erträge	Kosten	Leistungen
5110		620.000				620.000
5115		380.000				380.000
5120		225.000				225.000
5125		25.000				25.000
5400		28.000		28.000		
5710		2.000		2.000		
6070	500.000				500.000	
6075	300.000				300.000	
6080	180.000				180.000	
6085	20.000				20.000	
6140	10.000				10.000	
6200	49.000				49.000	
6300	33.000				33.000	
6400	14.000				14.000	
6520	25.000		2.000		23.000	
6700	15.000				15.000	
6850	16.000				16.000	
6960	25.000		25.000			
70..	18.000		1.000		17.000	
7510	20.000				20.000	
U.-Lohn				**10.000** ⟷	**10.000**	
	1.225.000	1.280.000	28.000	40.000	1.207.000	1.250.000
	55.000		**12.000**		**43.000**	
	1.280.000	1.280.000	40.000	40.000	1.250.000	1.250.000

Abstimmung der Ergebnisse

1. Gesamtergebnis im Rechnungskreis I		**(+) 55.000,00 €**
2. Neutraler Gewinn	(+) 12.000,00 €	
3. Betriebsgewinn	(+) 43.000,00 €	
4. Gesamtergebnis im Rechnungskreis II		**(+) 55.000,00 €**

Erläuterungen

❶ Der kalkulatorische Unternehmerlohn von 10.000,00 € wird **zunächst in die Spalte „Kosten" der Betriebsergebnisrechnung eingesetzt.** Er geht damit (zusammen mit den übrigen Kosten) in die Preiskalkulation ein. Im Normalfall ist er also **in den Umsatzerlösen enthalten** und fließt in den Finanzmitteln (z. B. Banküberweisung

Kalkulatorischer Unternehmerlohn

von Kunden) dem Unternehmen zu. Im vorstehenden Beispiel bewirkt die zusätzliche Berücksichtigung des Unternehmerlohns, dass der Betriebsgewinn von vorher 53.000,00 € (vgl. S. 270) auf nunmehr **43.000,00 € sinkt,** ohne dass sich an den Aufwendungen oder Erträgen der Finanzbuchhaltung etwas verändert hätte.

❷ Danach ist der Unternehmerlohn als **Ertrag** in der Spalte **„Neutrale Erträge" der Abgrenzungsrechnung** aufzuschreiben. Das Aufschreiben als Ertrag ist erforderlich, um einen Ausgleich für den **zusätzlich als Kosten** eingesetzten Unternehmerlohn in der Spalte „Kosten" der Betriebsergebnisrechnung herzustellen. Dadurch **steigt der neutrale Gewinn** von vorher 2.000,00 € (vgl. S. 270) **auf nunmehr 12.000,00 €.**

❸ Insgesamt bleibt durch dieses Verfahren der Gesamtgewinn im RK II von 55.000,00 € bestehen und stimmt nach wie vor mit dem Gesamtgewinn im RK I überein, es erfolgt lediglich eine Verlagerung vom Betriebsgewinn auf den Neutralen Gewinn:

Neutraler Gewinn unter Beachtung des Unternehmerlohns	12.000,00 €
Betriebsgewinn unter Beachtung des Unternehmerlohns	43.000,00 €
Gesamtgewinn in der KLR (= RK II)	**55.000,00 €**

❹ Dieses Vorgehen zur **Einsetzung des kalkulatorischen Unternehmerlohns** in die Ergebnistabelle **entspricht** der **Buchung:**

Kosten der Betriebsergebnisrechnung
an **Neutrale Erträge** der Abgrenzungsrechnung

Auswirkung

Sofern über die Umsatzerlöse der in die Preise einkalkulierte Unternehmerlohn an das Unternehmen zurückfließt, hat seine Berücksichtigung unter den Kosten **keinen Einfluss auf das Betriebsergebnis.**

Im Neutralen Ergebnis bewirkt der Unternehmerlohn durch seine Buchung als Ertrag in der Spalte „Neutrale Erträge" eine Erhöhung der Erträge. **Er hat damit Einfluss auf das Neutrale Ergebnis.**

Auf das Gesamtergebnis im Rechnungskreis I (= FB) **wirkt der in den Umsatzerlösen enthaltene Unternehmerlohn Gewinn erhöhend,** da ihm hier kein entsprechender Aufwand gegenübersteht.

Zusammenfassung

- **Bei Einzelunternehmungen und Personengesellschaften** wird für die mitarbeitenden Inhaber ein angemessener **Unternehmerlohn** in die Betriebsergebnisrechnung und in die Preiskalkulation einbezogen.
- Der kalkulatorische Unternehmerlohn stellt einen echten **Kostenbestandteil** in der KLR dar, dem kein Aufwand und keine Ausgabe in der Finanzbuchhaltung gegenüberstehen.
- Der kalkulatorische Unternehmerlohn wird in die Spalte „Kosten" der Betriebsergebnisrechnung eingesetzt und in der Spalte „Neutrale Erträge" der Abgrenzungsrechnung als Ertrag gegengebucht.
- Bei vollem **Kostenersatz über die Umsatzerlöse** hat der kalkulatorische Unternehmerlohn keinen Einfluss auf die Höhe des Betriebsergebnisses. Das Neutrale Ergebnis und das Gesamtergebnis werden durch ihn Gewinn erhöhend beeinflusst.

6476276

Situation

In der Ergebnistabelle auf Seite 270 hat Frau Kern die in der Finanzbuchhaltung gebuchten Fremdkapitalzinsen in Höhe von 20.000,00 € als Kosten in die Betriebsergebnisrechnung übernommen. Das ist grundsätzlich richtig, da die Fremdkapitalzinsen einen betrieblichen Aufwand darstellen. Es stellt sich aber die Frage, ob es **zweckmäßig** ist, diesen Betrag als Kosten anzusetzen. Frau Kern kann zu Recht erwarten, dass ihr in den Umsatzerlösen eine angemessene Verzinsung des eingesetzten Eigenkapitals zukommt. Um das zu erreichen, werden in der KLR **Zinsen für das gesamte im Unternehmen für betriebliche Zwecke eingesetzte Kapital** berechnet und als Kosten gebucht. Das geschieht z. B. in der Weise, dass Frau Kern ❶ das betriebsnotwendige Kapital bestimmt, ❷ davon Zinsen berechnet und ❸ diese Zinsen anstelle der tatsächlich gezahlten Fremdkapitalzinsen als Kosten in die Betriebsergebnisrechnung einsetzt.

Beispiel 1

Frau Kern ermittelt auf der Grundlage ihrer Bilanz (vgl. Seite 26) das folgende **betriebsnotwendige Kapital,** das sie mit **7,5 %/Jahr kalkulatorisch** verzinsen will:

Anlagevermögen:		Grundstücke und Gebäude	1.255.500,00 €
	–	Wert des vermieteten Gebäudes	255.500,00 €
	+	Betriebs- und Geschäftsausstattung	494.500,00 €
Umlaufvermögen:	+	Waren	2.550.000,00 €
	+	Forderungen a. LL	366.250,00 €
	+	Kassen- und Bankguthaben	333.750,00 €
		Betriebsnotwendiges Vermögen	4.744.500,00 €
	–	**Abzugskapital** (z. B. Liefererverbindlichkeiten ohne Skonto, Kundenanzahlungen)	344.500,00 €
		Betriebsnotwendiges Kapital	**4.400.000,00 €**

Die kalkulatorischen Zinsen **für das Jahr** betragen dann:

$$\text{Zinsen/Jahr} = \frac{4.400.000{,}00\,€ \cdot 7{,}5\,\%}{100\,\%} = 330.000{,}00\,€$$

und **für den Monat:**

Zinsen/Monat = 330.000,00 € : 12 = **27.500,00 €.**

Erläuterungen

❶ **Zum betriebsnotwendigen Anlagevermögen** zählen nur solche **Anlagegüter,** die **dauernd** dem eigentlichen **Betriebszweck dienen.** Nicht betriebsnotwendige Anlagen, wie z. B. vermietete Gebäude oder stillgelegte Anlagen, werden nicht berücksichtigt. Dagegen gehören Reserveanlagen (z. B. in Reserve gehaltene Stromerzeuger) stets zum betriebsnotwendigen Anlagevermögen.

❷ **Zum betriebsnotwendigen Umlaufvermögen** gehören alle dem eigentlichen **Betriebszweck** dienenden Vermögensgegenstände. Nicht dazu zählen z. B. Wertpapiere, die als liquide Reserve gehalten werden.

❸ Das **Abzugskapital** besteht aus solchen **Fremdkapitalposten,** die dem Unternehmen **zinslos** zur Verfügung stehen, wie z. B. Anzahlungen von Kunden, sonstige Verbindlichkeiten, Rückstellungen und Verbindlichkeiten a. LL, sofern kein Skontoabzug möglich ist.

Beispiel 2

Katja Kern ersetzt in der Betriebsergebnisrechnung der Ergebnistabelle (vgl. S. 275) die Fremdkapitalzinsen (20.000,00 €) durch die monatlichen kalkulatorischen Zinsen in Höhe von 27.500,00 €.

Kalkulatorische Zinsen

Ergebnistabelle						
Finanzbuchhaltung (= RK I)			**Kosten- und Leistungsrechnung (= RK II)**			
Gesamtergebnisrechnung der FB			**Abgrenzungsrechnung**		**Betriebsergebnis-rechnung**	
Konto	Aufwen-dungen	Erträge	neutrale Auf-wendungen	neutrale Erträge	Kosten	Leistungen
5110		620.000				620.000
5115		380.000				380.000
5120		225.000				225.000
5125		25.000				25.000
5400		28.000		28.000		
5710		2.000		2.000		
6070	500.000				500.000	
6075	300.000				300.000	
6080	180.000				180.000	
6085	20.000				20.000	
6140	10.000				10.000	
6200	49.000				49.000	
6300	33.000				33.000	
6400	14.000				14.000	
6520	25.000		2.000		23.000	
6700	15.000				15.000	
6850	16.000				16.000	
6960	25.000		25.000			
70 . .	18.000		1.000		17.000	
7510	20.000		**20.000**	**27.500** ⟷	**27.500**	
U.-Lohn				10.000	10.000	
	1.225.000	1.280.000	48.000	67.500	1.214.500	1.250.000
	55.000		**19.500**		**35.500**	
	1.280.000	1.280.000	67.500	67.500	1.250.000	1.250.000

Abstimmung der Ergebnisse

1. Gesamtergebnis im Rechnungskreis I		**(+) 55.000,00 €**
2. Neutraler Gewinn	(+) 19.500,00 €	
3. Betriebsgewinn	(+) 35.500,00 €	
4. Gesamtergebnis im Rechnungskreis II		**(+) 55.000,00 €**

Erläuterungen

❶ **Die Fremdkapitalzinsen** (vgl. Konto 7510) werden mit 20.000,00 € in die Spalte **„Neutrale Aufwendungen"** der „Abgrenzungsrechnung" übertragen und damit von der Betriebsergebnisrechnung ferngehalten.

❷ **Die kalkulatorischen Zinsen** werden mit 27.500,00 € in die Spalte **„Kosten"** der Betriebsergebnisrechnung eingetragen und als Ertrag in der Spalte **„Neutrale Erträge"** der „Abgrenzungsrechnung" **gegengebucht.** Der Betriebsgewinn fällt dadurch um 7.500,00 € niedriger aus als vor der Berücksichtigung der kalkulatorischen Zinsen und beträgt nunmehr 35.500,00 €.

❸ In den **Abgrenzungsrechnung** stehen sich Fremdkapitalzinsen (20.000,00 €) und kalkulatorische Zinsen (27.500,00 €) gegenüber. In diesem Fall ergibt sich daraus ein **neutraler Gewinn** von 7.500,00 €. Um diesen Betrag fällt der neutrale Gewinn höher aus als zuvor und beträgt nunmehr 19.500,00 €.

Situation

Frau Kern hat die in der Finanzbuchhaltung gebuchten **bilanzmäßigen Abschreibungen** (vgl. Konto 6520) in Höhe von 23.000,00 € als Kosten in die Betriebsergebnisrechnung übernommen (vgl. S. 270). Dagegen ist grundsätzlich nichts einzuwenden, da Abschreibungen betriebliche Aufwendungen darstellen. Es zeigt sich aber, dass die **bilanzmäßigen Abschreibungen als Kosten ungeeignet** sind, da Frau Kern sie nach handelsrechtlichen Vorschriften berechnet, z. B. schreibt sie in der FB degressiv von den Buchwerten mit hohen Anfangsbeträgen und fallenden Folgebeträgen ab (vgl. S. 189 f.).

Solche von Jahr zu Jahr fallenden Abschreibungsbeträge eignen sich nicht für die Kostenrechnung, da sie die **tatsächliche Wertminderung** nicht zutreffend angeben. Außerdem wird in der Kostenrechnung auf gleich hohe Belastung jeder Rechnungsperiode mit Abschreibungen Wert gelegt, damit **Kostenvergleiche** möglich sind. Frau Kern hat noch einen wichtigen Grund, warum sie die bilanzmäßigen Abschreibungen nicht in die Betriebsergebnisrechnung übernimmt: **Bilanzmäßig** darf sie nur von den **Anschaffungskosten** abschreiben, sodass sie nach Ablauf der Nutzungsdauer in den Umsatzerlösen auch nur die bilanzmäßigen Abschreibungen in Höhe der Anschaffungskosten zurückerhält. Wenn nun in der Zwischenzeit die Anschaffungskosten für die Ersatzanlage gestiegen sind, dann kann Frau Kern die Ersatzanlage nur mit zusätzlichen Finanzmitteln (aus Krediten oder aus dem Gewinn) anschaffen. Und das will sie vermeiden, indem sie in die Betriebsergebnisrechnung anstelle der bilanzmäßigen Abschreibungen die sog. **kalkulatorischen Abschreibungen** einsetzt, **die sie von den (vermutlich höheren) Wiederbeschaffungskosten nach der linearen Abschreibungsmethode berechnet.**

Beispiel 1

Frau Kern berechnet die **monatlichen kalkulatorischen Abschreibungen** nach folgenden **geschätzten** Wiederbeschaffungskosten:

Anlagevermögen	Wiederbeschaffungskosten	Abschr.-Satz	Abschreibungsbetrag
Gebäude (ohne Grundstücke, ohne vermietete Gebäude)	2.800.000,00 €	4 %	112.000,00 €
Betriebs- und Geschäftsausstattung	1.000.000,00 €	20 %	200.000,00 €
Summe der jährlichen kalkulatorischen Abschreibungen			312.000,00 €
monatliche kalkulatorische Abschreibungen			**26.000,00 €**

Zusammenfassung

- **Kalkulatorische Abschreibungen** sind Kosten, die **anstelle der bilanzmäßigen Abschreibungen** in die Betriebsergebnisrechnung eingesetzt werden.
- Sie werden in der Regel nach der **linearen Abschreibungsmethode** von den (gestiegenen) **Wiederbeschaffungskosten** berechnet und sichern damit die **Substanzerhaltung** des Unternehmens, sofern sie **über die Umsatzerlöse voll erwirtschaftet** werden können.

Beispiel 2

Frau Kern ersetzt in der Betriebsergebnisrechnung der Ergebnistabelle (vgl. S. 278) die bilanzmäßigen Abschreibungen (23.000,00 €) durch die monatlichen kalkulatorischen Abschreibungen in Höhe von 26.000,00 €.

Kalkulatorische Abschreibungen

Ergebnistabelle						
Finanzbuchhaltung (= RK I)			Kosten- und Leistungsrechnung (= RK II)			
Gesamtergebnisrechnung der FB			Abgrenzungsrechnung		Betriebsergebnisrechnung	
Konto	Aufwendungen	Erträge	neutrale Aufwendungen	neutrale Erträge	Kosten	Leistungen
5110		620.000				620.000
5115		380.000				380.000
5120		225.000				225.000
5125		25.000				25.000
5400		28.000		28.000		
5710		2.000		2.000		
6070	500.000				500.000	
6075	300.000				300.000	
6080	180.000				180.000	
6085	20.000				20.000	
6140	10.000				10.000	
6200	49.000				49.000	
6300	33.000				33.000	
6400	14.000				14.000	
6520	25.000		**25.000**	**26.000** ⟷	**26.000**	
6700	15.000				15.000	
6850	16.000				16.000	
6960	25.000		25.000			
70 . .	18.000		1.000		17.000	
7510	20.000		20.000	27.500	27.500	
U.-Lohn				10.000	10.000	
	1.225.000	1.280.000	71.000	93.500	1.217.500	1.250.000
	55.000		**22.500**		**32.500**	
	1.280.000	1.280.000	93.500	93.500	1.250.000	1.250.000

Abstimmung der Ergebnisse

1. Gesamtergebnis im Rechnungskreis I		**(+) 55.000,00 €**
2. Neutraler Gewinn	(+) 22.500,00 €	
3. Betriebsgewinn	(+) 32.500,00 €	
4. Gesamtergebnis im Rechnungskreis II		**(+) 55.000,00 €**

Erläuterungen

❶ **Die bilanzmäßigen Abschreibungen** (vgl. Konto 6520) werden mit ihrem vollen Betrag (und nicht nur mit 2.000,00 €) in die Spalte „Neutrale Aufwendungen" der Abgrenzungsrechnung übertragen und damit von der Betriebsergebnisrechnung ferngehalten.

❷ **Die kalkulatorischen Abschreibungen** werden mit 26.000,00 € in die Spalte **„Kosten"** der Betriebsergebnisrechnung eingetragen und als Ertrag in der Spalte **„Neutrale Erträge"** der Abgrenzungsrechnung gegengebucht. Der Betriebsgewinn fällt dadurch um 3.000,00 € niedriger aus als vor der Berücksichtigung der kalkulatorischen Abschreibungen und beträgt nunmehr 32.500,00 €.

❸ In der **Abgrenzungsrechnung** stehen sich nun bilanzmäßige Abschreibungen (25.000,00 €) als Aufwand und kalkulatorische Abschreibungen (26.000,00 €) als Ertrag gegenüber. Der neutrale Gewinn wird um 3.000,00 € höher ausgewiesen und beträgt nunmehr insgesamt 22.500,00 €.

6476280

Zusammenfassung der kalkulatorischen Kosten

Zusammenfassung

- **Aufgabe der kalkulatorischen Kosten.** Die kalkulatorischen Kosten sorgen dafür, dass bestimmte Aufwandsarten mit solchen Wertansätzen in die Kosten- und Leistungsrechnung eingebracht werden, die den verursachungsgerechten Kosten entsprechen, auch wenn sie in der Erfolgsrechnung der Finanzbuchhaltung, z. B. aus handelsrechtlichen Gründen, **nicht oder in anderer Höhe angefallen sind.** Dadurch wird die Kosten- und Leistungsrechnung **genauer, von Schwankungen** einzelner Aufwendungen (z. B. degressive Abschreibung in der Handelsbilanz) **befreit** und ein **Kostenvergleich** mit einzelnen Perioden oder branchengleichen Betrieben **ist möglich.**
- **Arten der kalkulatorischen Kosten.** Die meisten Aufwendungen der Finanzbuchhaltung können unverändert als Kosten übernommen werden. In diesen Fällen spricht man von **aufwandsgleichen Kosten** oder **Grundkosten.**

  Anderskosten. Einige Aufwendungen der Finanzbuchhaltung stellen zwar betrieblichen Aufwand dar, **eignen sich aber in ihrer Höhe nicht für die Kostenrechnung.** Sie werden deshalb mit **einem anderen Wert in der KLR** angesetzt, als sie in der FB gebucht wurden. Kosten dieser Art heißen **Anderskosten;** sie sind **aufwandsungleiche Kosten.** Dazu rechnen z. B. **kalkulatorische Abschreibungen, kalkulatorische Zinsen auf das Fremdkapital** und **kalkulatorische Wagnisse.**

  Zusatzkosten. Einigen Kosten der KLR liegt gar **kein Aufwand in der FB** zugrunde. Es handelt sich um **aufwandslose Kosten (= Zusatzkosten).** Sie dürfen in der FB nicht erfasst werden, da mit ihnen **keine Geldausgaben** verbunden sind. In der KLR werden sie dagegen als echte Kosten **zusätzlich** berücksichtigt. Zu ihnen zählen der **kalkulatorische Unternehmerlohn** bei Einzelunternehmungen und Personengesellschaften und die **kalkulatorischen Zinsen auf das** betriebsnotwendige **Eigenkapital.**
- Durch das Einbringen der kalkulatorischen Kosten in die Betriebsergebnisrechnung bezweckt der Unternehmer die **vollständige Erfassung der Kosten,** um das Betriebsergebnis berechnen zu können, das ihm den „wahren" Erfolg seiner betrieblichen Tätigkeit mitteilt.
- Die mit den **Umsatzerlösen** in das Unternehmen **zurückfließenden kalkulatorischen Kosten** stehen als **flüssige Finanzierungsmittel zur Verfügung.** Sie werden durch die in der FB gebuchten Aufwendungen vor der Ausschüttung bewahrt.

Das folgende **Schaubild** verdeutlicht den **Zusammenhang zwischen** den **Aufwendungen** der Finanzbuchhaltung **und** den **Kosten** der Kosten- und Leistungsrechnung.

Aufwendungen der Finanzbuchhaltung			
Neutrale Aufwendungen	Betriebliche Aufwendungen	Betriebliche Aufwendungen	
	=	≠	
	Grundkosten	Anderskosten	Zusatzkosten
	Kosten der Kosten- und Leistungsrechnung		

6.2.3 Was lässt sich aus der Ergebnistabelle erkennen?

Die Ergebnistabelle von Seite 280 bedarf nun keiner weiteren Veränderungen mehr, um das zuvor formulierte Ziel **„Erfassung aller Kosten und Leistungen einer Rechnungsperiode"** zu erreichen und Frau Kern kann sich nunmehr der Frage zuwenden:

Was sagen mir die in der Ergebnistabelle ausgewiesenen Zahlen?

Betriebsergebnis

Das Betriebsergebnis, im vorliegenden Fall ein **Betriebsgewinn** für den Monat September in Höhe von **32.500,00 €,** sagt aus, dass es das Unternehmen Kern über die Umsatzerlöse nicht nur geschafft hat, **alle Kosten** – einschließlich der gesamten kalkulatorischen Kosten – **zu „verdienen",** sondern auch noch einen **Überschuss** von 32.500,00 € zu erwirtschaften. Da in den Kosten bereits der Unternehmerlohn, die Verzinsung des Eigenkapitals sowie die Sicherung der Ersatzinvestitionen über die kalkulatorischen Abschreibungen enthalten sind, stellt dieser Überschuss einen **Restgewinn** dar.

- Mit diesem Restgewinn kann Frau Kern ihr **allgemeines Unternehmerrisiko** abdecken. Er ist also ihr „Polster", mit dem sie schlechtere Monate oder Jahre ausgleichen kann, wenn z. B. der Umsatz rückläufig sein sollte und nicht mehr die Kosten in voller Höhe deckt.
- Er ist aber auch ihre **Finanzierungsquelle für neue Investitionen,** wenn sie z. B. eine Vergrößerung ihres Unternehmens plant. Sie ist dann nicht auf Kredite der Banken angewiesen, sondern kann die Investition aus **eigenen Mitteln** bestreiten.

Frau Kern wird in diesen Fällen den Betriebsgewinn in ihrem Unternehmen belassen. Sie führt ihn ihrem Eigenkapital zu (vgl. Seite 49 f.). Zugleich steht er ihr in den Vermögensposten zur Verfügung. Natürlich könnte sie diesen Gewinn auch für private Zwecke verwenden (vgl. Seite 82 f.).

Umsatzrentabilität

Der Betriebsgewinn von 32.500,00 € ist zunächst nur eine Zahl, die nicht mehr oder nicht weniger aussagt, als dass das Unternehmen Kern einen Überschuss erzielt hat. Sie sagt noch nichts darüber aus, **ob dieser Überschuss** (im Vergleich mit früheren Rechnungsperioden oder im Vergleich mit anderen Unternehmen der gleichen Branche) **angemessen** ist. Um das festzustellen, rechnet Frau Kern aus dem **Betriebsgewinn** und den **Umsatzerlösen** die **Umsatzrentabilität in Prozent** aus:

$$\textbf{Umsatzrentabilität} = \frac{\textbf{Betriebsgewinn} \cdot \textbf{100 \%}}{\textbf{Umsatzerlöse}} = \frac{32.500{,}00\text{ €} \cdot 100\ \%}{1.250.000{,}00\text{ €}} = \textbf{2,6 \%}$$

Die Umsatzrentabilität gibt die **Ertragskraft des Unternehmens** an, in diesem Fall, wie viel Prozent des Umsatzes auf den Betriebsgewinn entfallen. Da Frau Kern weiß, dass eine **Umsatzrentabilität über 2 % in ihrer Branche als gut** bezeichnet wird, kann sie jetzt abschätzen, dass in ihrem Unternehmen sehr rentabel gearbeitet worden ist.

Wirtschaftlichkeit

Mit der Wirtschaftlichkeit „misst" Frau Kern, ob die eingesetzten Faktoren (Arbeitskräfte, Sachanlagen, Waren) in ihrem Unternehmen „kostengünstig" gearbeitet haben, indem sie die Leistungen (= Umsatzerlöse) durch die Kosten dividiert:

$$\textbf{Wirtschaftlichkeit} = \frac{\textbf{Leistungen}}{\textbf{Kosten}} = \frac{1.250.000{,}00\text{ €}}{1.217.500{,}00\text{ €}} = \textbf{1,03}$$

Die Wirtschaftlichkeitszahl 1,03 besagt, dass das Unternehmen Kern für je 1,00 € Kosten Leistungen von 1,03 € geschaffen hat. Das ist eine nicht zufrieden stellende Zahl (vgl. auch Seite 271).

6476282

Ein Großhandelsunternehmen verfügt über folgende betriebsnotwendige Vermögenswerte: 299

Anlagevermögen:	Gebäude	750.000,00 €
	Betriebs- und Geschäftsausstattung	390.000,00 €
	Fuhrpark	260.000,00 €
Umlaufvermögen:	Waren	530.000,00 €
	Kundenforderungen	280.000,00 €
	Zahlungsmittel	190.000,00 €

Das Abzugskapital besteht aus Lieferantenkrediten in Höhe von 200.000,00 €. Der kalkulatorische Zinssatz wird mit 9 % angesetzt.
Die Fremdkapitalzinsen betragen im Geschäftsjahr 135.000,00 €.

1. *Ermitteln Sie das betriebsnotwendige Kapital sowie die jährlichen und monatlichen kalkulatorischen Zinsen.*
2. *Erstellen Sie die Ergebnistabelle.* ■

Auf einen Lkw mit Anschaffungskosten von 120.000,00 € werden 12,5 % bilanzmäßig linear abgeschrieben. Die kalkulatorische Abschreibung beträgt 15 % der Wiederbeschaffungskosten von 140.000,00 €. 300

1. *Stellen Sie den Vorgang in einer Ergebnistabelle dar.*
2. *Welche Auswirkung auf das Gesamtergebnis haben die kalkulatorischen Abschreibungen bei vollem Kostenersatz?* ■

Die in der Finanzbuchhaltung für das Jahr .. erfassten Fremdkapitalzinsen betragen 72.000,00 €. Die kalkulatorischen Zinsen werden in der Kosten- und Leistungsrechnung mit 90.000,00 € verrechnet. 301

1. *Um wie viel € übersteigen die Zusatzkosten, die durch die Verrechnung der kalkulatorischen Zinsen entstehen, die Fremdkapitalzinsen?*
2. *Welche Zinsen beeinflussen in welcher Höhe*
   a) das Gesamtergebnis, b) das Betriebsergebnis, c) das Neutrale Ergebnis? ■

Der Großhändler Eberhard Naumann e. K. berechnet für seine Arbeitsleistung einen kalkulatorischen Unternehmerlohn von 12.000,00 € monatlich. 302

1. *Wie wird der Vorgang in der Ergebnistabelle erfasst?*
2. *Zeigen Sie in der Ergebnistabelle auf, wie sich der kalkulatorische Unternehmerlohn auf die Kosten und auf das Gesamtergebnis auswirkt, wenn voller Kostenersatz über die Umsatzerlöse möglich ist.*
3. *Weshalb bezeichnet man den Unternehmerlohn auch als Zusatzkosten?* ■

Ein Unternehmen hat aufgrund der angespannten Wirtschaftslage im abgelaufenen Jahr seine Waren unter Selbstkosten verkauft. Folgende Angaben aus der Finanzbuchhaltung und der Kosten- und Leistungsrechnung liegen vor: 303

Umsatzerlöse	1 140.000,00 €
Kosten (ohne Abschreibungen und Zinsen)	1.030.000,00 €
Bilanzmäßige Abschreibungen	33.000,00 €
Gezahlte Fremdkapitalzinsen	39.000,00 €
Kalkulatorische Abschreibungen	90.000,00 €
Kalkulatorische Zinsen	56.000,00 €

1. *Erstellen Sie die Ergebnistabelle.*
2. *Begründen Sie, warum trotz eines Betriebsverlustes ein Unternehmungsgewinn entsteht.* ■

AUFGABEN

304 *Ermitteln Sie die kalkulatorischen Abschreibungen für die laufende Abrechnungsperiode:*

a) Gebäude:	4 %	von den Wiederbeschaffungskosten	2.400.000,00 €
b) BGA:	15 %	von den Wiederbeschaffungskosten	520.000,00 €
c) Fuhrpark:	20 %	von den Wiederbeschaffungskosten	840.000,00 €

305 Der Summenbilanz eines Großhandelsunternehmens sind folgende Angaben entnommen:

0840 Fuhrpark (Buchwert)	675.000,00 €
0860 Geschäftsausstattung (Buchwert)	274.400,00 €

Abschlussangaben

1. Bilanzmäßige Abschreibungen: geometrisch-degressiv[1]
   15 % auf 0840 vom Buchwert
   20 % auf 0860 vom Buchwert
2. Kalkulatorische Abschreibungen: linear

10 % auf 0840 von den Wiederbeschaffungskosten	1.240.000,00 €
15 % auf 0860 von den Wiederbeschaffungskosten	830.000,00 €

Erstellen Sie die Ergebnistabelle.

306 Die FB der Eisenwarengroßhandlung Klaus Barth e. K., Stuttgart, hat für den Monat September folgende Aufwendungen und Erträge erfasst:

		€
5100	Umsatzerlöse für Waren	2.180.000,00
5400	Mieterträge	9.000,00
5460	Erträge aus dem Abgang von Vermögensgegenständen des Anlagevermögens	8.000,00
5710	Zinserträge	5.000,00
6060	Warenaufwendungen	940.000,00
6140	Frachten	10.000,00
6200	Löhne	210.000,00
6300	Gehälter	430.000,00
6400	Gesetzliche soziale Aufwendungen	170.000,00
6520	Abschreibungen auf Sachanlagen	160.000,00
6700	Mieten	80.000,00
68..	Aufwendungen für Kommunikation	20.000,00
6950	Abschreibungen auf Forderungen (neutral)	26.000,00
70..	Betriebliche Steuern	70.000,00
7510	Zinsaufwendungen	22.000,00

Angaben aus der KLR	€
Die kalkulatorischen Abschreibungen betragen monatlich	120.000,00
Die kalkulatorischen Zinsen sind noch für den Monat September zu ermitteln und zu verrechnen:	
Betriebsnotwendiges Kapital	7.000.000,00
Kalkulatorischer Zinssatz (pro Jahr)	7 %
Der kalkulatorische Unternehmerlohn beträgt monatlich	10.000,00

1. *Ermitteln Sie das Betriebsergebnis in der Ergebnistabelle.*
2. *Errechnen Sie die Handlungskosten (= Kosten ohne Warenaufwendungen) für den Abrechnungsmonat.*
3. *Werten Sie die Ergebnistabelle aus (vgl. Seite 282).*

1 Siehe S. 189 f.

In der Finanzbuchhaltung eines Großhandelsunternehmens wurden im abgelaufenen Jahr Kosten (ohne kalkulatorische Abschreibungen) in Höhe von 1.620.000,00 € gebucht. Die Erlöse betrugen 2.110.000,00 €. Die Anlagen (Buchwert 350.000,00 €) werden mit 20 % geometrisch-degressiv[1] abgeschrieben. In der Kostenrechnung veranschlagt man die tatsächliche Wertminderung dieser Anlagen mit linear 15 % der Wiederbeschaffungskosten von 420.000,00 €. 307

Erstellen Sie eine Ergebnistabelle und ermitteln Sie das Betriebsergebnis, das Neutrale Ergebnis und das Gesamtergebnis. ■

Der Summenbilanz eines Großhandelsunternehmens sind folgende Angaben entnommen: 308

0840 Fuhrpark	340.000,00 €
0860 Geschäftsausstattung	860.000,00 €

Abschlussangaben

1. Bilanzmäßige Abschreibungen:

15 % auf 0840 von den Anschaffungskosten	500.000,00 €
20 % auf 0860 von den Anschaffungskosten	1.110.000,00 €

2. Kalkulatorische Abschreibungen:

10 % auf 0840 von den Wiederbeschaffungskosten	540.000,00 €
15 % auf 0860 von den Wiederbeschaffungskosten	1.240.000,00 €

Erstellen Sie die Ergebnistabelle. ■

309

Auszug aus der Summenbilanz eines Unternehmens für den Monat Juli . .		Soll	Haben
05/08..	Anlagen	240.000,00	–
24/28..	Finanzkonten	860.000,00	570.000,00
3000	Eigenkapital	–	450.000,00
4200	Verbindlichkeiten gegenüber Banken	–	50.000,00
5100	Umsatzerlöse für Waren	–	1.100.000,00
5400	Mieterträge	–	12.300,00
6060	Warenaufwendungen	740.000,00	–
62–64	Löhne, Gehälter, Soziale Aufwendungen	150.000,00	–
6520	Abschreibungen auf Sachanlagen	–	–
6700	Mieten	13.800,00	–
6850	Reisekosten	30.000,00	–
6900	Versicherungsbeiträge	20.000,00	–
6950	Abschreibungen auf Forderungen (neutral)	40.000,00	–
70/77..	Betriebliche Steuern	60.000,00	–
7510	Zinsaufwendungen	28.500,00	–
		2.182.300,00	2.182.300,00

Abschlussangaben	€
1. Bilanzmäßige Abschreibungen auf Anlagen	20.000,00
Kalkulatorische Abschreibungen auf Anlagen	17.000,00
2. Kalkulatorische Zinsen auf das betriebsnotwendige Kapital	30.000,00
3. Kalkulatorischer Unternehmerlohn	15.000,00
4. Die Buchbestände entsprechen im Übrigen den Inventurwerten.	

1. *Erstellen Sie die Ergebnistabelle und geben Sie das Betriebsergebnis an.*
2. *Ermitteln Sie die Handlungskosten (= Kosten ohne Warenaufwendungen) für den Abrechnungsmonat.*
3. *Werten Sie die Ergebnistabelle aus (vgl. Seite 282).* ■

1 Siehe S. 189 f.

AUFGABEN

310 Die Buchhaltung der Mayer KG schließt mit folgenden Aufwendungen und Erträgen ab:

		€
5100	Umsatzerlöse für Waren	1.180.000,00
5400	Mieterträge	9.800,00
5420	Unentgeltliche Entnahme von Waren	15.000,00
5460	Erträge aus dem Abgang von Verm.-Gegenst. (AV)	42.000,00
5710	Zinserträge	4.500,00
6060	Warenaufwendungen	480.000,00
6200	Löhne	110.000,00
6300	Gehälter	185.000,00
6400	Gesetzliche soziale Aufwendungen	45.000,00
6520	Abschreibungen auf Sachanlagen	120.000,00
6700	Mieten, Pachten	43.000,00
6960	Verluste aus dem Abgang von Verm.-Gegenst. (UV)	22.000,00
7510	Zinsaufwendungen	3.500,00

Die kalkulatorischen Abschreibungen auf Sachanlagen betragen	140.000,00
Der kalkulatorische Unternehmerlohn wird angesetzt mit	15.000,00
Als kalkulatorische Zinsen sind zu verrechnen	18.000,00

1. *Führen Sie die Gesamtergebnisrechnung, die Abgrenzungsrechnung und die Betriebsergebnisrechnung in der Ergebnistabelle durch.*
2. *Werten Sie die Ergebnistabelle aus (vgl. Seite 282).*

311 Die Gewinn- und Verlustrechnung eines Großhandelsunternehmens weist folgende Beträge aus:

		€
5100	Umsatzerlöse für Waren	775.000,00
5400	Mieterträge	14.200,00
5420	Unentgeltliche Entnahme von Waren	25.900,00
5460	Erträge aus dem Abgang von Verm.-Gegenst. (AV)	41.600,00
5480	Erträge aus der Auflösung von Rückstellungen	18.700,00
5710	Zinserträge	13.250,00
6060	Warenaufwendungen	355.600,00
6200	Löhne	74.700,00
6300	Gehälter	31.800,00
6400	Gesetzliche soziale Aufwendungen	24.300,00
6520	Abschreibungen auf Sachanlagen	78.900,00
6900	Versicherungsbeiträge	18.100,00
6950	Abschreibungen auf Forderungen (neutral)	15.800,00
6960	Verluste aus dem Abgang von Verm.-Gegenst. (UV)	7.500,00
7000	Gewerbesteuer	21.300,00
7510	Zinsaufwendungen	1.250,00

Der kalkulatorische Unternehmerlohn beträgt	62.000,00
Die kalkulatorischen Zinsen belaufen sich auf	18.300,00
Die kalkulatorischen Abschreibungen auf Sachanlagen betragen	72.500,00
Die kalkulatorischen Abschreibungen auf Forderungen betragen	5.000,00

1. *Ermitteln Sie in der Ergebnistabelle das Gesamtergebnis der Unternehmung, das Neutrale Ergebnis und das Betriebsergebnis.*
2. *Werten Sie die Ergebnistabelle aus (vgl. Seite 282).*

6476286

6.3 Im Unternehmen Katja Kern e. Kffr. werden die Verkaufspreise mit einheitlichem Handlungskostensatz kalkuliert

Situation

Nachdem Frau Kern die Kosten sorgfältig ermittelt hat, kommt es ihr darauf an, die **Verkaufspreise** ihrer Waren mithilfe der **Zuschlagskalkulation** zu berechnen. Hierbei geht sie von folgenden **Annahmen** aus:

❶ Die **Kalkulation hat das Ziel,** den **Preis einer Ware zu berechnen,** der unter **Einrechnung aller anteiligen Kosten und eines angemessenen Gewinns** vom Kunden zu fordern ist. Dieser Preis stellt somit sicher, dass dem Unternehmen über die Umsatzerlöse so viele Finanzmittel zufließen, dass seine Existenz auf Dauer gesichert ist. Von der Konkurrenzsituation auf dem jeweiligen Absatzmarkt hängt es ab, ob dieser Preis auch tatsächlich und immer gefordert werden kann. Auf jeden Fall hat dieser Preis eine **Kontrollfunktion:** Wird er unterschritten, so muss das Unternehmen auf einen Teil des Gewinns und/oder den Ersatz von Kosten (z. B. der kalkulatorischen Kosten) verzichten.

❷ Der **Verkaufspreis** wird mithilfe eines Kalkulationsverfahrens, der **Zuschlagskalkulation,** berechnet. Die Zuschlagskalkulation geht vom **Listeneinkaufspreis** einer Ware aus (vgl. Seite 130 f.) und rechnet schrittweise die anteiligen Kosten und sonstigen Zuschläge ein. Für dieses Kalkulationsverfahren verwendet Frau Kern das folgende **Kalkulationsschema:**

	Listeneinkaufspreis	Bezugskalkulation
–	Liefererrabatt	
	Zieleinkaufspreis	
–	Liefererskonto	
	Bareinkaufspreis	
+	Bezugskosten	
	Bezugspreis (= Einstandspreis)	
+	Handlungskosten	Selbstkosten- und Verkaufskalkulation
	Selbstkostenpreis	
+	Gewinn	
	Barverkaufspreis	
+	Kundenskonto	
	Rechnungspreis (= Zielverkaufspreis)	
+	Kundenrabatt	
	Angebotspreis	

Bezugskalkulation

Der obere Teil dieses Kalkulationsschemas, die Bezugskalkulation, ist Ihnen schon aus dem **Angebotsvergleich** bekannt. Wir gehen an dieser Stelle nicht mehr darauf ein und verweisen auf die ausführliche Darstellung auf den Seiten 130 f. Zur besseren Einarbeitung in die Kalkulation ist es günstig, wenn Sie diese Seiten im Buch wiederholen.

Bezugspreis

In den nachfolgenden Ausführungen gehen wir immer vom Bezugspreis aus, also von dem Preis, den der Käufer nach Abzug der Nachlässe und Einrechnung der Bezugskosten zahlen muss, bis die Ware in seinem Lager eingetroffen ist.

6.3.1 Wodurch unterscheiden sich Einzelkosten und Gemeinkosten voneinander?

Für das Verständnis der Zuschlagskalkulation ist es wichtig, zunächst Einzelkosten und Gemeinkosten voneinander zu unterscheiden. Wir wollen Ihnen den Unterschied an zwei typischen Beispielen verdeutlichen.

Beispiel

In der Ergebnistabelle auf Seite 280 sind alle Kosten für den Monat September erfasst. Unter anderem finden Sie darin die Positionen:

6070	**Warenaufwendungen für Druckpapier**	**500.000,00 €**
6520	**Kalkulatorische Abschreibungen auf Sachanlagen**	**26.000,00 €**

Die **Warenaufwendungen** für Druckpapier sind Kosten, die von einer ganz bestimmten Warengruppe, nämlich Druckpapier, verursacht wurden. Sie können deshalb auch **eindeutig dieser Warengruppe zugerechnet werden.** Dagegen sind die **kalkulatorischen Abschreibungen** auf Sachanlagen für alle Anlagen im Unternehmen berechnet und gebucht worden, ohne dass gesagt werden kann, welche Warengruppe diese Abschreibungen verursacht hat (z. B. dadurch, dass bestimmte Waren auf Lastkraftwagen transportiert wurden, für die Abschreibungen angefallen sind). **Die Abschreibungen lassen sich also nicht ohne weiteres einer bestimmten Warengruppe zuordnen.**

Einzelkosten

Alle **Kosten,** die die Eigenschaft haben, dass sie **unmittelbar einer bestimmten Ware oder Warengruppe zugeordnet** werden können, weil sie von dieser Ware oder Warengruppe verursacht wurden, heißen **Einzelkosten.** Zu den Einzelkosten im Unternehmen Katja Kern gehören vor allem:

- **Warenaufwendungen** der Kontenklasse 6,
- **Bezugskosten** für einzelne Waren oder Warengruppen

Vereinfacht gehen wir davon aus, dass die auf den Konten 6070, 6075, 6080 und 6085 (vgl. Ergebnistabelle Seite 280) gebuchten Nettowarenaufwendungen die Einzelkosten der jeweiligen Warengruppe sind (Warenaufwand = Wareneinsatz). Ebenso stellt der kalkulierte Bezugspreis einer Ware deren Einzelkosten je Wareneinheit dar (vgl. S. 130 f.).

Gemeinkosten

Gemeinkosten lassen sich **nicht unmittelbar einer einzelnen Ware oder Warengruppe zurechnen,** weil sie für alle Waren des Unternehmens angefallen sind. Zu den Gemeinkosten im Unternehmen Katja Kern gehören – ausgenommen die Warenaufwendungen – **alle sonstigen Kosten der Kontenklassen 6 und 7** und die **kalkulatorischen Kosten** (vgl. Ergebnistabelle S. 280):

- **Frachten und Fremdlager,**
- **Löhne und Gehälter,**
- **Soziale Aufwendungen,**
- **Kalkulatorische Abschreibungen auf Sachanlagen,**
- **Mieten,**
- **Reisekosten,**
- **Betriebliche Steuern,**
- **Kalkulatorische Zinsen,**
- **Kalkulatorischer Unternehmerlohn.**

Handlungskosten

Diese Gemeinkosten heißen im Großhandelsbetrieb auch **Handlungskosten.**

6476288

6.3.2 Wie werden der einheitliche Handlungskostensatz berechnet und die Selbstkosten kalkuliert?

Situation

Frau Kern möchte gerne die Selbstkosten der eingekauften Waren, z. B. die **Selbstkosten für eine Packung Saugpapier, berechnen.** Unter Selbstkosten verstehen wir die **Kosten für eine Ware,** die durch deren **Einkauf, Lagerung, Verwaltung und Vertrieb verursacht** wurden. Beim Verkauf dieser Ware müssen über die Erlöse mindestens diese Kosten an das Unternehmen zurückfließen, wenn kein Verlust entstehen soll. Das Problem besteht nun darin, dass die meisten der bei diesen betrieblichen Tätigkeiten anfallenden Kosten Gemeinkosten sind, die nicht direkt für eine bestimmte Ware entstanden sind. Es kann z. B. nicht gesagt werden, wie viel der gezahlten Gehälter für die Angestellten auf die Warengruppe Druckpapier, wie viel auf die Warengruppe Saugpapier usw. entfallen sind. Frau Kern löst dieses Problem folgendermaßen:

❶ Sie kennt die **Warenaufwendungen** (= Einzelkosten) des Monats September für jede Warengruppe aus der Ergebnistabelle (vgl. Seite 280).

❷ Sie kann die **gesamten Handlungskosten** für denselben Monat ermitteln, indem sie die nicht zu den Warenaufwendungen gehörenden Kosten in der Ergebnistabelle auf Seite 280 addiert.

❸ Sie setzt die gesamten **Handlungskosten** und die gesamten **Warenaufwendungen** in ein **Prozentverhältnis** zueinander, indem sie die **Handlungskosten durch die Warenaufwendungen dividiert.**

❹ Auf diese Weise ermittelt sie einen **Handlungskostenzuschlagssatz in Prozent auf die Einzelkosten** (z. B. auf den Bezugspreis!), mit dem sie die **anteiligen Handlungskosten für jede Ware** berechnen kann, sodass beim Verkauf dieser Waren kein Verlust entsteht.

Beispiel 1

Aus der Ergebnistabelle der Unternehmung Kern auf Seite 280 lassen sich folgende Zahlen berechnen:

Warenaufwendungen (= Wareneinsatz) insgesamt:	
Wareneinsatz für Druckpapier	500.000,00 €
Wareneinsatz für Kopierpapier	300.000,00 €
Wareneinsatz für Umschlagkarton	180.000,00 €
Wareneinsatz für Saugpapier	20.000,00 €
	1.000.000,00 €
Handlungskosten insgesamt:	
Frachten und Fremdlager	10.000,00 €
Löhne und Gehälter	82.000,00 €
Soziale Aufwendungen	14.000,00 €
Mieten	15.000,00 €
Reisekosten	16.000,00 €
Betriebliche Steuern	17.000,00 €
Kalkulatorische Kosten insgesamt	63.500,00 €
	217.500,00 €

$$\textbf{Zuschlagssatz für Handlungskosten (Handlungskostensatz)} = \frac{\textbf{Handlungskostensatz} \cdot \textbf{100 \%}}{\textbf{Wareneinsatz}}$$

$$\textbf{Handlungskostensatz} = \frac{217.500,00\ € \cdot 100\ \%}{1.000.000,00\ €} = \textbf{21,75 \%}$$

Aufgrund der obigen Rechnung legt Frau Kern den einheitlichen Handlungskostensatz auf 22 % fest.

Wie werden der einheitliche Handlungskostensatz berechnet und die Selbstkosten kalkuliert?

Selbstkostenkalkulation

Der Handlungskostensatz von 22 % besagt, dass auf den Bezugspreis einer jeden Ware ein (durchschnittlicher) Zuschlag von 22 % berechnet werden muss, damit jede Ware einen so hohen Anteil an den Handlungskosten trägt, dass beim Verkauf **aller** Waren die **gesamten** Handlungskosten über die Umsatzerlöse an das Unternehmen zurückfließen. Mithilfe der Selbstkostenkalkulation kann nun berechnet werden, **wie viel Euro eine Wareneinheit insgesamt kostet.**

Beispiel 2

Aufgrund der **Bezugskalkulation** von Seite 132 hatte sich ein **Bezugspreis für eine Packung** (= 2 Rollen) Saugpapier in Höhe von 2 · 0,525 € **= 1,05 €** ergeben.

Frau Kern hat einen für alle Warengruppen geltenden durchschnittlichen Handlungskostensatz von 22 % berechnet (s. o.).

Wie hoch ist der Selbstkostenpreis für eine Packung Saugpapier?

	Bezugspreis für eine Packung Saugpapier	**1,05 €**
+	**22 % Handlungskosten**	**0,23 €**
	Selbstkostenpreis für eine Packung	**1,28 €**

Berechnung der anteiligen Handlungskosten:

100 % ~ 1,05 €
22 % ~ x €

$$x\,€ = \frac{1{,}05\,€ \cdot 22\,\%}{100\,\%} = 0{,}231\,€\text{, gerundet} = 0{,}23\,€$$

Bei einem Selbstkostenpreis von 1,28 € deckt jede Packung Saugpapier alle von ihr verursachten Kosten.

Zusammenfassung

- Der Großhändler setzt den **Verkaufspreis** für eine Ware so hoch fest, dass in ihm außer dem Bezugspreis auch die anteiligen Handlungskosten, ein angemessener Gewinn und Zuschläge für Rabatt und Skonto enthalten sind. Für diese Rechnung benutzt er das **Kalkulationsschema der Zuschlagskalkulation** (vgl. Seite 287).
- Dieses Kalkulationsschema geht vom **Bezugspreis als Einzelkosten** für die Wareneinheit aus. Die **Handlungskosten als Gemeinkosten** werden über einen Handlungskostensatz anteilig auf den Bezugspreis aufgeschlagen.

  Einzelkosten sind alle Kosten, die **unmittelbar** von einer bestimmten **Ware** oder **Warengruppe verursacht** werden. Sie können dieser Ware **direkt** zugerechnet werden.

  Gemeinkosten fallen **für alle Waren gemeinsam** oder für das Unternehmen insgesamt an. Sie können nicht direkt einer bestimmten Ware zugeordnet, sondern nur **indirekt über einen Zuschlagssatz** in Prozent **anteilig den Einzelkosten zugerechnet** werden.
- **Der Handlungskostensatz** ist ein **Prozentsatz,** der aus den **gesamten Handlungskosten eines Monats und** den **gesamten Wareneinsätzen desselben Monats** berechnet wird. Er gibt an, wie viel Prozent des Bezugspreises als anteilige Handlungskosten in den Bezugspreis eingerechnet werden müssen.
- **Bezugspreis und anteilige Handlungskosten zusammen** ergeben den **Selbstkostenpreis einer Ware.** Dieser Preis nennt die anteiligen Kosten, die eine Wareneinheit (z. B. als Stück) mindestens beim Verkauf erbringen muss. Dadurch wird sichergestellt, dass beim Verkauf aller Waren auch alle Kosten an das Unternehmen zurückfließen.

Die Elektrogroßhandlung Krüger KG, Düsseldorf, bezieht 50 Heizlüfter mit Thermostat zum Bezugspreis von 45,00 € je Stück. **312**

Ermitteln Sie den Handlungskostensatz aus der Ergebnistabelle des vergangenen Geschäftsjahres und die anteiligen Handlungskosten für einen Heizlüfter.

Kosten		Leistungen	
Warenaufwendungen	1.650.000,00	Umsatzerlöse für Waren	2.294.000,00
Gehälter	230.000,00		
Soziale Aufwendungen	47.500,00		
Mieten und Pachten	36.500,00		
Steuern/Abgaben	54.000,00		
Reise/Werbung	65.000,00		
Abschreibungen	26.000,00		

Errechnen Sie die Handlungskostensätze. **313**

	Warenaufwendungen	Handlungskosten	Handlungskostenzuschlagssatz
a)	980.500,00	313.760,00	?
b)	1.045.000,00	438.900,00	?
c)	1.312.000,00	367.360,00	?
d)	2.080.000,00	748.800,00	?
e)	2.460.000,00	947.100,00	?
f)	3.530.000,00	1.447.300,00	?

Die Ergebnistabelle der Hofstetter KG zeigt am Ende einer Abrechnungsperiode folgende Kosten und Leistungen: **314**

Kosten		Leistungen	
Warenaufwendungen	2.000.000,00	Umsatzerlöse für Waren	3.400.000,00
Löhne	300.000,00	Unentgeltliche Entnahme von Waren	25.000,00
Gehälter	320.000,00		
Ges. soziale Aufwendungen	130.000,00		
Mieten	60.000,00		
Betriebliche Steuern	90.000,00		
Aufw. f. Beiträge	40.000,00		
Aufw. f. Kommunikation	207.000,00		
Kalkulat. Abschreibungen	90.000,00		
Kalkulatorische Zinsen	70.000,00		
insgesamt	**3.307.000,00**	insgesamt	**3.425.000,00**

Berechnen Sie den Handlungskostensatz. ■

Die Hofstetter KG bezieht 50 Herrensporträder zum Listenpreis von 180,00 € je Fahrrad und 50 Damensporträder zum Listenpreis von 165,00 € je Fahrrad. Der Einkaufsrabatt beträgt 12 %. Für Zahlung innerhalb der vereinbarten Frist werden 2 % Liefererskonto gewährt. Die Verpackung für die gesamte Sendung wird mit 320,00 € in Rechnung gestellt. Für Bahn- und Hausfracht fallen insgesamt 580,00 € an. (Verpackung, Bahn- und Hausfracht sind nach dem Wert [= Zieleinkaufspreis] zu verteilen.) **315**

1. *Berechnen Sie den Bezugspreis für ein Herren- und ein Damensportrad.*
2. *Berechnen Sie mithilfe des Handlungskostensatzes aus Aufgabe 314 den Selbstkostenpreis für ein Herren- und ein Damenfahrrad.* ■

6.3.3 Wie wird der Verkaufspreis kalkuliert?

Situation

Frau Kern überlegt, was passiert, wenn sie die Waren zu deren Selbstkostenpreisen verkaufen würde: In diesem Fall erhielte sie **alle Kosten** – einschließlich der kalkulatorischen Kosten (vgl. Handlungskosten, S. 289) – über die Umsatzerlöse zurück, hätte aber darüber hinaus **keinen Gewinn** erzielt. Genau betrachtet, wäre diese Situation gar nicht schlecht: Verkauft sie alle in einem Monat eingekauften Waren zu den Selbstkostenpreisen (wahrscheinlich nicht im gleichen Monat, aber doch innerhalb kurzer Zeit danach), dann erhält sie so viele Umsatzerlöse, dass sie **alle tatsächlich angefallenen Kosten des Monats** (z. B. Löhne, Gehälter, Mieten, Steuern, Reise- und Werbekosten, usw.) damit abdecken kann. Zusätzlich erhält sie auch das Geld für die **eingerechneten kalkulatorischen Abschreibungen, die kalkulatorischen Zinsen und den kalkulatorischen Unternehmerlohn** zurück. Sie kann damit auf Dauer Ersatzanlagen auch zu erhöhten Wiederbeschaffungskosten kaufen, sie hat eine angemessene Verzinsung für ihr eingesetztes Eigenkapital erhalten und sie bekommt ein Entgelt für ihre Arbeitskraft, gewissermaßen ein „Gehalt", von dem sie leben kann. So gesehen ist ihre Existenz und die Existenz ihres Unternehmens auf Dauer gesichert.

Trotzdem will Frau Kern mit folgender Begründung den **Selbstkostenpreis einer jeden Ware um einen Gewinn erhöhen** (vgl. auch Ausführungen auf Seite 282):

❶ Sie plant z. B. eine Vergrößerung ihres Unternehmens **(= Erweiterungsinvestition)** oder eine **Veränderung ihres Sortiments** und benötigt dafür Geld. Dieses Geld will sie über einen **Gewinnaufschlag** „verdienen".

❷ Sie muss immer damit rechnen, dass für ihr Unternehmen auch einmal „magere Jahre" kommen, in denen sie Absatz- und Umsatzeinbußen hinnehmen muss. Um dieses **„allgemeine Unternehmerrisiko"** abdecken zu können, benötigt sie ein finanzielles Polster, das sie sich über einen Gewinnaufschlag verschafft.

6.3.3.1 Berechnung des Gewinnzuschlags und des Barverkaufspreises

Gewinnzuschlag

Jede verkaufte Ware soll über ihren Erlös einen Anteil zum Gewinn beitragen. Dies wird dadurch erreicht, dass man vom Selbstkostenpreis der Ware einen bestimmten Prozentsatz als Gewinn berechnet und zum Selbstkostenpreis hinzuaddiert. Die Höhe dieses Gewinnzuschlagssatzes legt der Unternehmer grundsätzlich selbst fest. Er kann sich dabei an die veröffentlichten Branchenzahlen halten oder aus den Zahlen seiner Betriebsergebnisrechnung einen eigenen Zuschlagssatz berechnen.

Beispiel 1

Frau Kern entnimmt der Ergebnistabelle von Seite 280 folgende Zahlen und berechnet daraus einen **durchschnittlichen Gewinnzuschlagssatz:**

Kosten insgesamt (= gesamte Selbstkosten)	1.217.500,00 €
Betriebsgewinn	32.500,00 €

$$\textbf{Gewinnzuschlagssatz} = \frac{\textbf{Gewinn} \cdot \textbf{100 \%}}{\textbf{Selbstkosten}} = \frac{32.500,00\ € \cdot 100\ \%}{1.217.500,00\ €} = \textbf{2,67 \%}$$

Frau Kern legt aufgrund dieser Rechnung den Gewinnzuschlag auf 3 % fest. Diesen Zuschlagssatz verwendet sie bei allen zukünftigen Kalkulationen.

Berechnung des Gewinnzuschlags und des Barverkaufspreises

Kalkulation des Barverkaufspreises

Wir führen das Beispiel von Seite 290 fort. Der dort errechnete Selbstkostenpreis für eine Packung Saugpapier ist die Grundlage für die nun anstehende Berechnung des Barverkaufspreises. Der Barverkaufspreis bezeichnet den **Warenpreis, den der Unternehmer unbedingt erzielen will.** Er wird ihn nur in Ausnahmefällen unterschreiten (z. B. starke Konkurrenz oder Verschlechterung der Absatzlage).

Beispiel 2

Auf der Grundlage des Selbstkostenpreises für eine Packung Saugpapier in Höhe von **1,28 €** (vgl. S. 290) und des festgelegten Gewinnzuschlags von **3 %** berechnet Frau Kern den Barverkaufspreis für eine Packung Saugpapier:

	Selbstkostenpreis für eine Packung Saugpapier	**1,28 €**
+	**3 % Gewinn**	**0,04 €**
	Barverkaufspreis für eine Packung Saugpapier	**1,32 €**

Berechnung des Gewinns:

100 % ~ 1,28 €
3 % ~ x €

$$x\,€ = \frac{1{,}28\,€ \cdot 3\,\%}{100\,\%} = 0{,}04\,€\ \textbf{Gewinn}$$

6.3.3.2 Berücksichtigung von Kundenskonto und Kundenrabatt in der Verkaufskalkulation

Situation

Im Geschäftsverkehr mit den Kunden ist es durchaus üblich, **„Kaufanreize"** zu geben. Ein solcher „Kaufanreiz" kann darin bestehen, dass Frau Kern ihren Kunden ein längeres Zahlungsziel (z. B. von 40 Tagen, vgl. Ausgangsrechnung auf Seite 153) einräumt. Natürlich tut sie dies nicht umsonst: Sie rechnet in den Verkaufspreis einen **Zinszuschlag in Form des Kundenskontos** ein (z. B. 2 %). Der Kunde zahlt somit einen höheren Preis, wenn er das Zahlungsziel ausnutzen will. Andererseits kann er den Rechnungspreis um den Skontoaufschlag vermindern, wenn er die Rechnung innerhalb einer kurzen Frist (z. B. in 10 Tagen, vgl. Ausgangsrechnung auf Seite 153) bezahlt. Für Frau Kern, die den Verkaufspreis kalkuliert, ergibt sich nun das folgende rechnerische Problem:

❶ Sie will den Barverkaufspreis (im obigen Beispiel also 1,32 € je Packung) in **voller Höhe** vom Kunden haben.

❷ Sie muss dem Kunden einen Rechnungspreis nennen, in den der Skontozuschlag (2 %) schon eingerechnet ist.

❸ Der Kunde entscheidet, ob er Skonto ausnutzt oder das Zahlungsziel in Anspruch nimmt. Nutzt er den Skonto aus, **so rechnet er ihn vom Rechnungspreis aus** und subtrahiert ihn.

❹ Der **Rechnungspreis entspricht also beim Skontoabzug 100 %** und der **Barverkaufspreis** ist der um 2 % Skonto verminderte Betrag **(= 98 %).**

Beispiel 1

Frau Kern kalkuliert den Skontoaufschlag auf den Barverkaufspreis, um den Rechnungspreis zu erhalten. Sie legt hierbei einen Skontoaufschlag von 2 % zugrunde und geht vom Barverkaufspreis (1,32 €, s. o.) aus.

98 % ~ 1,32 €
2 % ~ x €

$$x\,€ = \frac{1{,}32\,€ \cdot 2\,\%}{98\,\%} = 0{,}03\,€\ \textbf{Skonto}$$

Berücksichtigung von Kundenskonto und Kundenrabatt in der Verkaufskalkulation

	Selbstkostenpreis für eine Packung Saugpapier	1,28 €
+	3 % Gewinn	0,04 €
	Barverkaufspreis für eine Packung Saugpapier	1,32 €
+	2 % Kundenskonto	0,03 €
	Rechnungspreis (= Zielverkaufspreis)	1,35 €

Kundenrabatt

Einen weiteren **„Kaufanreiz"** kann Frau Kern ihren Kunden dadurch bieten, dass sie ihnen bei Abnahme größerer Mengen einen **Mengenrabatt** gewährt (vgl. hierzu die Rabattstaffel auf Seite 151). Kunden, die geringere Mengen kaufen, haben dann einen höheren Preis zu zahlen. Das rechnerische Problem bei der Rabattberechnung entspricht dem bei der Skontoberechnung: Bestellt ein Kunde eine größere Menge und erhält dafür z. B. 10 % Rabatt, **so zieht Frau Kern diesen Rabatt vom Angebotspreis ab** und stellt nur den um Rabatt verminderten Betrag in Rechnung. **Der Angebotspreis entspricht also 100 %, der Rechnungspreis nur noch 90 %.**

Beispiel 2

Frau Kern kalkuliert den Aufschlag für Kundenrabatt, um den Angebotspreis zu erhalten. Sie legt dabei einen Rabattzuschlag von 10 % zugrunde und geht vom (bekannten) Rechnungspreis (s. Beispiel 1) aus:

90 % ~ 1,35 €
10 % ~ x €

$$x\ € = \frac{1{,}35\ € \cdot 10\ \%}{90\ \%} = \mathbf{0{,}15\ €\ Rabatt}$$

	Selbstkostenpreis für eine Packung Saugpapier	1,28 €
+	3 % Gewinn	0,04 €
	Barverkaufspreis für eine Packung Saugpapier	1,32 €
+	2 % Kundenskonto	0,03 €
	Rechnungspreis (= Zielverkaufspreis)	1,35 €
+	10 % Kundenrabatt	0,15 €
	Angebotspreis für eine Packung Saugpapier	1,50 €

Aufgrund der obigen Kalkulation legt Frau Kern den Angebotspreis für eine Packung Saugpapier auf 1,50 € fest.

Zusammenfassung

- Die **Verkaufskalkulation geht vom Selbstkostenpreis aus.** Sie wird schrittweise durch Einrechnung des Gewinnzuschlags, des Kundenskontos und des Kundenrabatts bis zum **Angebotspreis** fortgeführt.
- **Der einzurechnende Gewinn** muss so hoch ausfallen, dass er das allgemeine Unternehmerrisiko abdeckt und Finanzmittel für Erweiterungsinvestitionen zur Verfügung stellt. **Eigenkapitalverzinsung** und **Unternehmerlohn** sind in der Regel **nicht im Gewinn enthalten,** sondern werden als **Teil der Handlungskosten kalkuliert** und sind damit **anteilig im Handlungskostenzuschlag** enthalten.
- **Kundenskonto und Kundenrabatt** stellen **Verkaufszuschläge als Kaufanreize** dar, die vom Verkäufer entweder für Zahlung innerhalb bestimmter Fristen (= Kundenskonto) oder für die Abnahme bestimmter Warenmengen (= Mengenrabatt) gewährt werden. **Kundenskonto** wird bei der **Vorwärtskalkulation** in den **Barverkaufspreis, Kundenrabatt** in den **Rechnungspreis** eingerechnet. Bei dieser Rechnung ist **jeweils vom verminderten Grundwert** (i. H.) auszugehen.

6476294

Zusammenfassung der Kalkulationsschritte 6.3.4

Bisher wurde die Zuschlagskalkulation in ihrem stufenweisen Aufbau als Bezugs-, Selbstkosten- und Verkaufskalkulation dargestellt. Das nachfolgende Beispiel zeigt die **Kalkulation** eines Artikels vom **Listeneinkaufspreis bis zum Angebotspreis** auf der Grundlage des Kalkulationsschemas von Seite 287.

Beispiel

Die Papiergroßhandlung Kern kalkuliert auf der Grundlage des Angebotes der Papiermühle AG (vgl. S. 131) den Angebotspreis für eine Packung Saugpapier. Als innerbetriebliche Zuschläge sind zu berücksichtigen: 22 % Handlungskosten, 3 % Gewinn, 2 % Kundenskonto, 10 % Kundenrabatt.

	Listeneinkaufspreis	**1,25 €**			
–	**20 % Liefererrabatt**	**0,25 €**			
	Zieleinkaufspreis	**1,00 €**			
–	**2 % Liefererskonto**	**0,02 €**			
	Bareinkaufspreis	**0,98 €**			
+	**Bezugskosten** (vgl. S. 132)	**0,07 €**			
	Bezugspreis je Packung	**1,05 €**			
+	**22 % Handlungskosten**	**0,23 €**			
	Selbstkostenpreis	**1,28 €**			
+	**3 % Gewinn**	**0,04 €**			
	Barverkaufspreis	**1,32 €**	~	98 % ↓	
+	**2 % Kundenskonto**	**0,03 €**	~	2 % ↓	
	Rechnungspreis (Zielverkaufspreis)	**1,35 €**	~	100 % ↓	~ 90 % ↓
+	**10 % Kundenrabatt**	**0,15 €**			~ 10 % ↓
	Angebotspreis für eine Packung	**1,50 €**			~ 100 % ↓

Den Angebotspreis setzt Frau Kern auf 1,50 € je Packung fest.

AUFGABEN

316 Die Selbstkosten für Verpackungsfolie betragen für 200 000 m Folie 610.000,00 €. Das Angebot an einen Kunden wird mit 12 % Gewinn, 3 % Kundenskonto und 20 % Mengenrabatt kalkuliert.

Wie hoch ist der Angebotspreis insgesamt und für 100 m Folie? ■

317 Eine Großhandlung bietet repräsentative Keramikvasen aus Italien an. Den Bezugspreis hat sie mit 34,50 € je Vase kalkuliert.

Berechnen Sie den Angebotspreis unter Berücksichtigung folgender Zuschläge: 42 % Handlungskosten, 10 % Gewinn, 35 % Verkaufsrabatt bei einer Mindestabnahme von 50 Stück, 3 % Verkaufsskonto. ■

318 Aus der Ergebnistabelle einer Großhandlung sind die folgenden Zahlen entnommen worden:

Warenaufwendungen der Rechnungsperiode	425.000,00 €
Handlungskosten	255.000,00 €
Gewinn	153.000,00 €

1. *Berechnen Sie die Zuschlagssätze für Handlungskosten und Gewinn.*
2. *Kalkulieren Sie auf der Grundlage dieser Zuschlagssätze den Angebotspreis für folgenden Artikel: Rechnungspreis 820,00 €, 2,5 % Einkaufsskonto, 10,50 € Bezugskosten, 3 % Verkaufsskonto, 5 % Verkaufsrabatt.* ■

AUFGABEN

319 Die aufbereitete Ergebnistabelle eines Großhandelsunternehmens weist für die abgelaufene Rechnungsperiode folgende Zahlen aus:

Auszug aus der Ergebnistabelle		
Warenaufwendungen	420.000,00 €	–
gesamte Handlungskosten	168.000,00 €	–
Umsatzerlöse	–	676.200,00 €
	588.000,00 €	676.200,00 €
Betriebsgewinn	88.200,00 €	
	676.200,00 €	676.200,00 €

1. *Berechnen Sie den Handlungskosten- und den Gewinnzuschlag.*
2. *Kalkulieren Sie auf dieser Grundlage den Angebotspreis einer Ware unter Berücksichtigung folgender Angaben:*
   260,00 € Listeneinkaufspreis, 15 % Liefererrabatt, 2 % Bezugskosten, 3 % Kundenskonto, 10 % Kundenrabatt. ■

320 Für einen hochwertigen Taschenrechner, der vom Hersteller zum Listeneinkaufspreis von 35,00 € je Stück angeboten wird, kalkuliert ein Großhändler den Angebotspreis aufgrund folgender Angaben:

8 % Liefererrabatt, 2 % Liefererskonto, 3 % Bezugskosten, 65 % Handlungskosten, 10 % Gewinn, 1,5 % Kundenskonto, 5 % Kundenrabatt. ■

321 Der Bezugspreis einer Ware beläuft sich auf 136,00 €. Die innerbetrieblichen Kalkulationszuschläge betragen:

55 % Handlungskosten, 6 % Gewinn, 2 % Kundenskonto, 5 % Kundenrabatt.

Berechnen Sie den Angebotspreis. ■

322 Der MAGRO-Markt bezieht vom Erzeugergroßmarkt Speisekartoffeln im Bruttogewicht von 25 000 kg, Tara 4 %. Der Preis für 100 kg beträgt 8,00 €.

Kalkulieren Sie den Angebotspreis für einen 25-kg-Sack unter Berücksichtigung folgender Angaben: 5 % Liefererrabatt, 2 % Liefererskonto, 65 % Handlungskostenzuschlag, 8 % Gewinnzuschlag, 2 % Kundenskonto, 10 % Kundenrabatt. ■

323 Ein Werkzeugmaschinen-Großhändler bietet eine Drehmaschine nach folgenden Angaben an:

Bezugspreis 35.000,00 €, 40 % Handlungskosten, 15 % Gewinn, 2 % Kundenskonto.

Berechnen Sie den Angebotspreis. ■

324 Eine Ladenkette importiert aus Japan 1 000 Digitalkameras, Listeneinkaufspreis 40.000,00 €. Mengenrabatt: 10 %. Der Rechnungsausgleich erfolgt nach 10 Tagen mit 2 % Skontoabzug. Der Lkw-Spediteur berechnet für den Transport aus dem Freihafen bis zum Empfänger 835,00 € Fracht. Es sind 10 % Zoll vom Zieleinkaufspreis zu entrichten.

1. *Wie hoch ist der Bezugspreis für eine Kamera?*
2. *Wie hoch ist der Ladenpreis (einschl. 19 % Umsatzsteuer auf den Zielverkaufspreis) für eine Kamera, wenn 55 % Handlungskosten, 5 % Gewinn und 2 % Kundenskonto zu berücksichtigen sind?* ■

6476296

Eine Lebensmittelgroßhandlung beschließt das Geschäftsjahr mit folgenden Kosten und Erlösen: 325

Auszug aus der Ergebnistabelle (Betriebsergebnisrechnung)

Kosten	€	Leistungen	€
Warenaufwendungen	800.000,00	Umsatzerlöse für Waren	1.620.000,00
Personalkosten	265.000,00		
Miete	60.000,00		
Kalkulatorische Zinsen	12.000,00		
Werbekosten	45.000,00		
Transportkosten	33.000,00		
Betriebliche Steuern	74.000,00		
Aufwend. für Kommunikation	21.000,00		
Kalkulatorische Abschreibungen	130.000,00		
Betriebsgewinn	180.000,00		
	1.620.000,00		1.620.000,00

1. *Berechnen Sie den Handlungskosten- und den Gewinnzuschlag.*
2. *Kalkulieren Sie den Angebotspreis für eine neu ins Sortiment aufzunehmende Ware: Listeneinkaufspreis 420,00 €, 8 % Liefererrabatt, 2 % Liefererskonto, 12,50 € Bezugskosten, 1 % Kundenskonto, 5 % Kundenrabatt.* ■

Im Monat Juni zeigten die Warenkonten einer Großhandlung folgende Bewegungen: 326

		€
1. Anfangsbestand:	Waren Sorte A	100.000,00
	Waren Sorte B	150.000,00
2. Verkäufe:	Waren Sorte A, netto	323.680,00
	Waren Sorte B, netto	404.000,00
3. Eingänge:	Waren Sorte A, Warenwert	240.000,00
	Waren Sorte B, Warenwert	260.000,00
4. Bezugskosten:	Waren Sorte A, netto	2.500,00
	Waren Sorte B, netto	3.500,00
5. Rücksendungen von Waren Sorte A an Lieferer, Warenwert		5.000,00
6. Rücksendungen von Waren Sorte B von Kunden, Warenwert		4.000,00
7. Lieferer gewährt Preisnachlass für Waren Sorte B, netto		6.000,00
8. Kunde erhält Preisnachlass für Waren Sorte A, netto		8.000,00
9. Schlussbestand:	Waren Sorte A	137.500,00
	Waren Sorte B	135.500,00

1. *Führen Sie die Warenkonten und schließen Sie sie über das GuV-Konto ab.*
2. *Bestimmen Sie die Warenaufwendungen der Waren Sorte A und B und den gemeinsamen Handlungskostenzuschlag, wenn die gesamten Kosten der Rechnungsperiode 160.400,00 € betragen.*
3. *Berechnen Sie den Gewinn in Prozent der Selbstkosten.*
4. *Kalkulieren Sie einen Artikel, der zum Listenpreis von 415,00 € mit 12 % Liefererrabatt, 2 % Liefererskonto sowie 13,50 € Bezugskosten eingekauft wird. Für Kundenskonto sind 1,5 % einzurechnen.* ■

6.3.5 Katja Kern wendet die Zuschlagskalkulation auf Sonderfälle an

Das Schema der Zuschlagskalkulation, so wie wir es auf Seite 295 vollständig dargestellt haben, eignet sich auch dann, wenn der Großhändler in bestimmten Marktsituationen **den aufwendbaren Einkaufspreis** oder **den tatsächlich erzielbaren Gewinn** errechnen will.

6.3.5.1 Rückwärtskalkulation

Aufwendbarer Einkaufspreis

Die Marktlage, in der sich der Händler befindet, ist in der Regel dadurch gekennzeichnet, dass er den **Verkaufspreis seiner Waren nicht frei festsetzen** kann. Die Konkurrenzsituation, die vom Hersteller vorgegebenen Richtpreise oder behördliche Preisfestsetzungen **legen die Verkaufspreise oft nach oben** fest. Eine Unterschreitung der Verkaufspreise ist nur bei besonders günstiger Kostenlage gegenüber der Konkurrenz oder durch Anwendung der Preisdifferenzierung (vgl. Kapitel „Deckungsbeitragsrechnung", S. 316 f.) möglich.

Für den Händler ergibt sich hieraus die Notwendigkeit, vor der Aufnahme einer Ware in das Sortiment zu prüfen, wie hoch der **aufwendbare Einkaufspreis** sein darf, wenn die kalkulatorischen Zuschläge in voller Höhe abgedeckt werden sollen.

Rückwärtsrechnung

Bei der Durchführung dieser Kontrollrechnung werden in das Kalkulationsschema für die Zuschlagskalkulation **zunächst der vorgegebene Verkaufspreis** (z. B. Angebotspreis) und die **innerbetrieblichen Kalkulationszuschläge** eingetragen. Die Rechnung erfolgt dann **stufenweise rückwärts.**

Beispiel

Frau Kern kalkuliert den Angebotspreis für das neu ins Sortiment aufgenommene Saugpapier nach dem auf Seite 295 dargestellten Rechenschema.

Ein Kunde ist bereit, eine größere Menge an Saugpapier zu einem Angebotspreis von **1,38 € je Packung** abzunehmen.

*Zu welchem Preis müsste Frau Kern das Saugpapier einkaufen, um **alle Kalkulationszuschläge** berücksichtigen zu können?*

			€						
	Listeneinkaufspreis		1,15						100 % ↑
−	Lief.-Rabatt	20 %	0,23						+ 20 %
	Zieleink.-Preis		0,92					100 % ↑	80 %
−	Lief.-Skonto	2 %	0,02					+ 2 %	
	Bareink.-Preis		0,90					98 %	
+	Bezugskosten		0,07						
	Bezugspreis		0,97				100 % ↑		
+	Handlungsk.	22 %	0,21				− 22 %		
	Selbstk.-Preis		1,18			100 % ↑	122 %		
+	Gewinn	3 %	0,04			− 3 %			
	Barverk.-Preis		1,22		98 % ↑	103 %			
+	Kundenskonto	2 %	0,02		− 2 %				
	Rechnungspreis		1,24	~ 90 % ↑	100 %				
+	Kundenrabatt	10 %	0,14	~ 10 %					
	Angebotspreis		1,38	~ 100 %					

Um den Auftrag des Kunden annehmen zu können, müsste Frau Kern mit ihrem Lieferer einen Listeneinkaufspreis von **1,15 €** statt 1,25 € (vgl. S. 295) aushandeln.

6476298

Grundlage der Differenzkalkulation

Die Kalkulationsfreiheit des Händlers wird durch die **gleichzeitige Vorgabe des Einkaufs- und des Verkaufspreises** noch weitgehender eingeschränkt, als dies bei der Vorgabe des Verkaufspreises bereits der Fall ist. In der Praxis liegen vor der Aufnahme einer Ware in das Sortiment mehrere Angebote mit bestimmten Listeneinkaufspreisen vor; zugleich wird der Verkaufspreis (z. B. aufgrund starker Konkurrenz) nur in geringem Umfang beeinflussbar sein.

Tatsächlich erzielbarer Gewinn

In dieser Situation obliegt es der **Einkaufsabteilung,** auf der Basis der Bezugspreise das **günstigste Angebot** zu ermitteln. Der **Kalkulationsabteilung** kommt die Aufgabe zu, den **tatsächlich erzielbaren Gewinn** zu bestimmen. Hierzu wird zunächst im Schema der Zuschlagskalkulation **der Selbstkostenpreis berechnet** und danach – **ausgehend vom Angebotspreis – durch Rückwärtskalkulation der Barverkaufspreis** ermittelt. Die Differenz zwischen dem Selbstkostenpreis und dem Barverkaufspreis ergibt den **Gewinn (Barverkaufspreis > Selbstkostenpreis)** oder den **Verlust (Barverkaufspreis < Selbstkostenpreis)** beim Verkauf einer Wareneinheit. Die Geschäftsleitung hat dann zu entscheiden, ob ein errechneter Gewinn angemessen ist, sodass die Ware in das Sortiment aufgenommen werden kann.

Beispiel

Das Unternehmen Kern bezieht Saugpapier von der Papiermühle AG zu den auf den Seiten 131 f. genannten Bedingungen (vgl. auch die Kalkulation auf Seite 295). Ein Kunde von Frau Kern ist bereit, eine größere Menge an Saugpapier zu einem Angebotspreis von **1,45 € je Packung** abzunehmen.

*Mithilfe der Differenzkalkulation soll festgestellt werden, ob sich die Annahme des Auftrags – auf der Kalkulationsbasis von 1 000 Packungen – lohnt, wenn **alle Kalkulationszuschläge** berücksichtigt werden.*

			€			
	Listeneinkaufspreis		1.250,00	~ 100 % ↓		
–	Lief.-Rabatt	20 %	250,00	~ 20 %		
	Zieleink.-Preis		1.000,00	~ 80 % ↓	~ 100 % ↓	
–	Lief.-Skonto	2 %	20,00		~ 2 %	
	Bareink.-Preis		980,00		~ 98 % ↓	
+	Bezugskosten		70,00			
	Bezugspreis		1.050,00			~ 100 % ↓
+	Handlungsk.	22 %	231,00			~ 22 %
	Selbstk.-Preis		1.281,00			~ 122 % ↓
	Verlust b. 1 000 Packg.		2,10			
	Barverk.-Preis		1.278,90		~ 98 % ↑	
–	Kundenskonto	2 %	26,10		~ 2 %	
	Rechnungspreis		1.305,00	~ 90 % ↑	~ 100 %	
–	Kundenrabatt	10 %	145,00	~ 10 %		
	Angebotspreis		1.450,00	~ 100 %		

Die Annahme des Auftrags empfiehlt sich, obwohl ein Verlust von 2,10 €/1 000 Packungen erzielt wird. Entscheidend hierbei ist, dass der Auftrag **alle Kosten** – einschließlich der kalkulatorischen Kosten – deckt. In diesem Fall würde Frau Kern lediglich **auf den Ersatz des Unternehmerrisikos verzichten** (vgl. Seite 282). Dadurch, dass sie einen Angebotspreis von 1,45 € je Packung (statt 1,50 €, vgl. Seite 295) akzeptiert, erhält sie keinen Restgewinn mehr (vgl. Seite 282) und büßt einen geringen Teil der kalkulatorischen Kosten ein.

AUFGABEN

327 Aus Konkurrenzgründen muss der Angebotspreis für ein Küchengerät von 64,00 € auf 58,00 € gesenkt werden. Bisher wurde mit 3 % Verkaufsskonto, 8 % Gewinn und 24 % Handlungskosten kalkuliert. *Wie hoch darf der neue Bezugspreis höchstens sein, wenn auch auf einen Gewinn verzichtet wird?* ■

328 Eine Großhandlung verkauft an eine Winzergenossenschaft 20 000 Probiergläser mit Werbeaufdruck zu 40,00 € je 100 Stück unter folgenden Bedingungen: Einkaufsrabatt 20 %, Einkaufsskonto 2 %, Bezugskosten 15,00 € je 1 000 Stück. Handlungskosten 32 %, Gewinn 12 %, Verkaufsrabatt 8 %, Verkaufsskonto 1,5 %. *Errechnen Sie den Listeneinkaufspreis für ein Glas.* ■

329 Ein Personalcomputer soll dem Einzelhandel zu 1.200,00 € angeboten werden. *Zu welchem Zieleinkaufspreis muss ein Großhändler den Computer beim Hersteller einkaufen, wenn er seiner Kalkulation folgende Abzüge und Zuschläge zugrunde legt: Einkaufsskonto 3 %, Bezugskosten 4,5 %, Handlungskosten 20 %, Gewinn 6 %, Verkaufsskonto 2 %, Verkaufsrabatt 7 %?* ■

330 Eine Möbelgroßhandlung erweitert ihr Sortiment um das exklusive Jugendzimmer „Studio" und gibt ihren Kunden folgende Preisempfehlung einschl. USt:
für das Etagenbett 370,00 €, für einen Schreibtisch 185,00 €,
für den Kleiderschrank 420,00 €, für einen Stuhl 64,50 €.
Wie hoch darf der Bezugspreis für die Einzelteile höchstens sein, wenn 10 % Gewinn erzielt werden sollen und folgende Zuschläge zu berücksichtigen sind: Kundenrabatt 20 %, Kundenskonto 3 %, Handlungskosten 42 %? ■

331 Für einen DVD-Player legt der Hersteller einen unverbindlichen Richtpreis von 120,00 € fest. Beim Verkauf an den Großhändler gewährt der Hersteller auf den Richtpreis 50 % Rabatt mit der Maßgabe, dem Einzelhändler einen Wiederverkäuferrabatt in Höhe von 25 % (des Richtpreises) einzuräumen. Der Großhändler kalkuliert mit 1,50 € Bezugskosten je Gerät, 40 % Handlungskosten und 3 % Kundenskonto. Er ist bereit, dieses Gerät in das Sortiment aufzunehmen, wenn er mindestens 5 % Gewinn erzielt. *Lohnt sich für den Großhändler die Aufnahme dieses Gerätes in das Sortiment?* ■

332 Zur Abrundung seines Sortiments will ein Großhändler einen zusätzlichen Gerätetyp auf Lager nehmen. Ihm liegen die Angebote von drei Herstellern vor:

	Angebot A	Angebot B	Angebot C
Unverbindlicher Richtpreis	1.250,00 €	1.180,00 €	1.310,00 €
Wiederverkäuferrabatt	40 %	35 %	45 %
Liefererskonto	1 %	–	2 %
Bezugskosten	15,00 € je Gerät	2 % auf Bareinkaufspreis	18,00 € je Gerät
Handlungskosten	30 %		
Kundenskonto	2 %		
Kundenrabatt	20 %		

(Handlungskosten, Kundenskonto und Kundenrabatt gelten für alle drei Angebote.)

1. *Wählen Sie das Angebot mit dem niedrigsten Bezugspreis je Gerät aus.*
2. *Berechnen Sie bei diesem Angebot den Stückgewinn in € und Prozent.*
3. *Zu welchem Angebotspreis könnte der Händler das Gerät an den Einzelhandel weitergeben, wenn er seiner Kalkulation einen Gewinn von 5 % zugrunde legt?* ■

6476300

Kalkulationszuschlag

Sofern die Verkaufspreise mehrerer Waren oder Warengruppen stufenweise mit **gleichen Zuschlagssätzen** kalkuliert werden, lässt sich die Preisberechnung dadurch vereinfachen, dass man die einzelnen Zuschlagssätze zu einem **einzigen Zuschlagssatz** zusammenfasst, der die unmittelbare Berechnung des Verkaufspreises zulässt. Der aus den Einzelzuschlägen gebildete Zuschlagssatz heißt **Kalkulationszuschlag.** Er enthält nur die **innerbetrieblichen Zuschläge für Handlungskosten, Gewinn und Verkaufskosten.** Die Bezugskalkulation ist auch bei diesem vereinfachten Kalkulationsverfahren für jede Ware oder Warengruppe gesondert durchzuführen, da sie in der Regel auf unterschiedlichen Einkaufsbedingungen beruht.

Beispiel 1

Im Großhandelsunternehmen Kern wird der Verkaufspreis des Artikels „Saugpapier" mit folgenden Einzelzuschlägen kalkuliert:

22 % Handlungskosten, 3 % Gewinn, 2 % Kundenskonto, 10 % Kundenrabatt.

Ausgehend von einem ***angenommenen Bezugspreis von 100,00 €*** *ist der Kalkulationszuschlag zu berechnen.*

	Bezugspreis	**100,00 €**
+	**22 % Handlungskosten**	**22,00 €**
	Selbstkostenpreis	**122,00 €**
+	**3 % Gewinn**	**3,66 €**
	Barverkaufspreis	**125,66 €**
+	**2 % Kundenskonto**	**2,56 €**
	Zielverkaufspreis	**128,22 €**
+	**10 % Kundenrabatt**	**14,25 €**
	Angebotspreis	**142,47 €**

$$\text{Kalkulationszuschlag} = \frac{(\text{Angebotspreis} - \text{Bezugspreis}) \cdot 100\ \%}{\text{Bezugspreis}}$$

$$= \frac{(142{,}47\ € - 100{,}00\ €) \cdot 100\ \%}{100{,}00\ €} = 42{,}47\ \% \sim 42{,}5\ \%$$

Beispiel 2

Für die Warengruppe „Saugpapier" ist ein Kalkulationszuschlag von 42,5 % ermittelt worden (s. o.). Der Bezugspreis für Saugpapier beträgt 1,05 € je Packung.

Der Angebotspreis ist zu berechnen (vgl. Seite 294).

	Bezugspreis	**1,05 €**	↓	**~ 100,0 %**
+	**42,5 % Kalkulationszuschlag**	**0,45 €**		**~ 42,5 %**
	Angebotspreis	**1,50 €**		**~ 142,5 %**

Handelsspanne

Bei vorgegebenem Angebotspreis ist es zur Bestimmung des **aufwendbaren Bezugspreises** vorteilhaft, die Handelsspanne anzuwenden und nicht eine stufenweise Rückwärtsrechnung durchzuführen. Mithilfe der Handelsspanne lässt sich – ausgehend vom Angebotspreis – der Bezugspreis in einem Rechenschritt ermitteln.

Beispiel 3

Aus den Zahlen des 1. Beispiels ist die Handelsspanne zu berechnen.

$$\text{Handelsspanne} = \frac{(\text{Angebotspreis} - \text{Bezugspreis}) \cdot 100\ \%}{\text{Angebotspreis}}$$

$$= \frac{(142{,}47\ € - 100{,}00\ €) \cdot 100\ \%}{142{,}47\ €} = 29{,}8\ \% \sim 30\ \%$$

Kalkulationszuschlag und Handelsspanne

Beispiel 4 Das Unternehmen Katja Kern bietet dem Einzelhandel Saugpapier zum Angebotspreis von 1,50 € je Packung (vgl. Seite 295) an. Es kalkuliert mit einer Handelsspanne von 30 %.

Wie hoch darf der Bezugspreis sein?

	Bezugspreis	**1,05 €**	~ 70 %
(+)	**30 % Handelsspanne**	**0,45 €**	~ 30 %
	Angebotspreis	**1,50 €**	~ 100 %

100 % ~ 1,50 €
70 % ~ x €

$$x\ € = \frac{1{,}50\ € \cdot 70\ \%}{100\ \%} = 1{,}05\ €$$

Das Ergebnis stimmt mit der Kalkulation auf Seite 295 überein.

AUFGABEN

333 Ein Großhändler kalkuliert mit folgenden Einzelzuschlägen:
35 % Handlungskosten, 8 % Gewinn, 2 % Kundenskonto, 5 % Kundenrabatt.

Welchen Kalkulationszuschlag und welche Handelsspanne müsste er in Ansatz bringen?

334 Der Bezugspreis einer Ware beträgt 819,00 €, der kalkulierte Angebotspreis 1.260,00 €.

1. *Mit welcher Handelsspanne rechnet der Großhändler?*
2. *Wie hoch ist der Kalkulationszuschlag?*

335 In der Warengruppe „Haushaltsporzellan" kalkulierte ein Großhändler bisher mit einer Handelsspanne von 50 %.

Aufgrund verschärfter Konkurrenz sollen die Angebotspreise dieser Warengruppe um 10 % gesenkt werden.

Mit welcher Handelsspanne ist nunmehr zu kalkulieren?

336 In den drei Hauptabteilungen eines Großhandelsunternehmens wird mit folgenden Zuschlägen kalkuliert:

Abteilung	Handlungskosten	Gewinn	Kundenskonto	Kundenrabatt
A	65 %	3 %	2 %	10 %
B	48 %	4 %	–	15 %
C	54 %	5 %	1 %	8 %

1. *Berechnen Sie jeweils den Kalkulationszuschlag und die Handelsspanne.*
2. In das Sortiment der Abteilung A wird ein Küchengerät zum Listeneinkaufspreis von 74,00 € aufgenommen. Der Liefererrabatt beträgt 15 %, der Liefererskonto 2 %, die Bezugskosten betragen 3,40 € je Gerät.
   Bestimmen Sie mithilfe des Kalkulationszuschlags den Angebotspreis.
3. In das Sortiment der Abteilung C soll ein Gerät aufgenommen werden, das zum Bezugspreis von 145,00 € eingekauft und aus Konkurrenzgründen zum Angebotspreis von 254,50 € an den Einzelhandel abgegeben wird.
   Überprüfen Sie, ob Kalkulationszuschlag und Handelsspanne eingehalten werden.

6.4 Das Unternehmen Katja Kern e. Kffr. führt einen Betriebsabrechnungsbogen (= Kostenstellenrechnung)

6.4.1 Welche Vorteile hat die Kostenstellenrechnung gegenüber der einheitlichen Zuschlagskalkulation?

Im vorhergehenden Kapitel 6.3 haben wir gezeigt, wie Verkaufspreise mithilfe der Zuschlagskalkulation berechnet werden können. Hierbei legten wir einen einheitlichen Zuschlagssatz für die Handlungskosten zugrunde, d. h., **alle Waren oder Warengruppen wurden mit dem gleichen Zuschlagssatz kalkuliert.** Dieses Vorgehen entspricht nur dann dem wesentlichen Grundsatz der Kostenrechnung, dass nämlich die Handlungskosten **verursachungsgerecht** auf die einzelnen Waren oder Warengruppen verteilt werden sollen, **wenn alle Waren (oder Warengruppen) im Verhältnis zu ihren Bezugspreisen annähernd gleiche Kosten verursachen.** Sobald eine Ware oder Warengruppe – z. B. wegen eines höheren Aufwandes bei der Lagerung und Pflege oder sorgfältigerer Verpackung – höhere Handlungskosten verursacht als eine andere, gibt die Kalkulation mit einheitlichem Zuschlagssatz nicht mehr die verursachungsgerechten Kosten an: Eine Ware, die tatsächlich einen geringeren Anteil an den Handlungskosten hat, wird über den einheitlichen Zuschlagssatz mit zu hohen Kosten belastet. Eine Ware, die tatsächlich höhere Handlungskosten verursacht, wird mit zu niedrigen Kosten belastet.

Situation

Um zu möglichst verursachungsgerechten Kosten für jede Ware (oder Warengruppe) zu gelangen, geht Frau Kern folgendermaßen vor:

❶ Die **Einzelkosten** (= Warenaufwendungen) werden direkt aufgrund der Zahlen der Betriebsergebnisrechnung den einzelnen Warengruppen zugerechnet.

❷ Die **Gemeinkosten** (= Handlungskosten) werden zunächst nach den **Betriebsabteilungen** getrennt aufgeschrieben, in denen sie entstanden sind. Solche Betriebsabteilungen können im Großhandel sein: Fuhrpark, Einkauf, Lager, Verwaltung, Verkaufsabteilungen für jede Warengruppe. Sie heißen in der Kostenrechnung **Kostenstellen.** Die Tabelle, mit deren Hilfe diese Aufteilung vorgenommen wird, heißt **Betriebsabrechnungsbogen** (abgekürzt: **BAB**, vgl. Seite 305 f.) und die entsprechende Tätigkeit **„Kostenstellenrechnung“.** Am Ende der Tabelle kann so abgelesen werden, wie viel Euro Handlungskosten insgesamt in der jeweiligen Abteilung angefallen sind. Wenn diese Tabelle monatlich aufgestellt wird, hat Frau Kern eine **Kontrolle über den Kostenverbrauch** in den Abteilungen über die Monate hinweg.

❸ Anschließend werden die Handlungskosten aus den „Neben“-Abteilungen auf die **Verkaufsabteilungen für die einzelnen Warengruppen** (z. B. „Druckpapier“, „Kopierpapier“, „Umschlagkarton“, „Saugpapier“) verteilt, in denen bereits die Warenaufwendungen (siehe unter ❶) erfasst wurden.

❹ Somit hat Frau Kern jetzt die Möglichkeit, z. B. für die Verkaufsabteilung „Druckpapier“ aus dem BAB abzulesen, wie hoch die Warenaufwendungen und die Handlungskosten dieser Warengruppe im Monat September .. waren (vgl. S. 308). Aus diesen beiden Zahlen kann sie nun den speziell für die Kalkulation von Druckpapier geltenden Handlungskostenzuschlagssatz berechnen (vgl. Rechnung auf Seite 289). Auf die gleiche Weise kann sie für alle Warengruppen getrennte Zuschlagssätze für Handlungskosten berechnen und so ihre Kalkulation genauer gestalten und die Kosten sorgfältiger kontrollieren.

Welche Vorteile hat die Kostenstellenrechnung gegenüber der einheitlichen Zuschlagskalkulation?

Kostenstellen

Wir haben bereits erwähnt, dass Betriebsabteilungen, in denen Kosten entstehen, zu Kostenstellen erklärt werden, um die Handlungskosten über die Kostenstellen verursachungsgerechter auf die Warengruppen verteilen und um die Kosten von Monat zu Monat besser kontrollieren zu können. Die Aufteilung des Großhandelsbetriebes in Kostenstellen ist nach folgenden Gesichtspunkten möglich:

Kostenstellen im Großhandelsbetrieb

Verursachungsbereiche	Kostenstellen	Bezeichnung
Verkaufsabteilungen	nach Warengruppen geordnete Verkaufsabteilungen	**Hauptkostenstellen**
Betriebliche Teilbereiche	Einkauf, Vertrieb, Lager, Verwaltung u. a.	**Hilfskostenstellen**
Allgemeine Bereiche	Geschäftsführung, Fuhrpark, Sozialeinrichtungen, EDV u. a.	**Allgemeine Kostenstellen**

Da für jede Warengruppe ein eigener Handlungskostenzuschlagssatz ermittelt werden soll, ist es sinnvoll, die **Hauptkostenstellen** (z. B. räumlich getrennte Verkaufsabteilungen) nach den **Warengruppen** auszurichten. Die **Hilfskostenstellen** stimmen in der Regel mit denjenigen Betriebsabteilungen überein, die den Hauptkostenstellen **Hilfsdienste** leisten. Die **Allgemeinen Kostenstellen** übernehmen Aufgaben für den **Gesamtbetrieb.** Die hier anfallenden Kosten lassen sich keiner der zuvor genannten Kostenstellen ausschließlich zuordnen.

Kostenträger

Die in einer Abrechnungsperiode **verkauften Waren jeder Warengruppe** heißen in der Kostenrechnung **Kostenträger** dieser Abrechnungsperiode. Sie „tragen" die durch ihren Einkauf, ihre Lagerung und ihren Verkauf verursachten Einzel- und Gemeinkosten und erzielen beim Verkauf die Umsatzerlöse.

Übersicht über den Zusammenhang zwischen Kostenarten, Kostenstellen und Kostenträgern

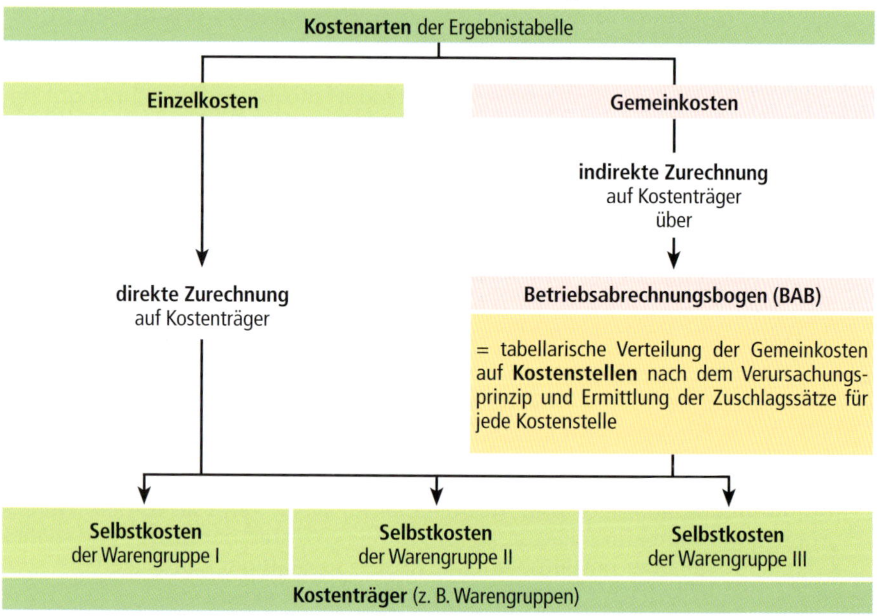

Beispiel

Im Unternehmen Kern wird zur Verteilung der Gemeinkosten auf die Kostenstellen folgender Betriebsabrechnungsbogen verwendet:

Betriebsabrechnungsbogen der Unternehmung Katja Kern e. Kffr., Papiergroßhandlung, Köln									
Kosten-arten	**Zahlen der Betriebs-ergebnis-rechnung**	**Vertei-lungs-schlüssel**	**Allg. Kosten-stelle: Fuhrpark**	**Hilfs-kosten-stelle: Verwaltg./ Lager**	**Hauptkostenstellen** (Verkaufsabteilungen)				
					Druck-papier	**Kopier-papier**	**Umschlag-karton**	**Saug-papier**	**Summe**
Einzelkosten									
Summe									
Gemeinkosten									
Summe									

Erläuterungen zum Betriebsabrechnungsbogen:

Der Betriebsabrechnungsbogen ist als **Tabelle** aufgebaut.

In die ersten beiden Spalten werden **alle Kostenarten** mit ihren **Bezeichnungen** und ihren **Geldbeträgen** aus der Betriebsergebnisrechnung (vgl. Seite 280) übernommen. In der dritten Spalte wird vermerkt, wie die Verteilung der Gemeinkosten auf die nachfolgend aufgeführten Kostenstellen vorzunehmen ist. Diese Verteilung kann auf der Grundlage von **Belegen** (z. B. Verteilung der Gehälter nach den **Gehaltslisten**), auf der Grundlage von **Bezugsgrößen** (z. B. Verteilung der Miete nach den **Raumgrößen** der einzelnen Abteilungen) oder auf der Grundlage von **Erfahrungswerten** (z. B. Verteilung der kalkulatorischen Kosten nach **Verhältniszahlen**) erfolgen.

In den nachfolgenden Spalten sind alle Kostenstellen aufgeführt, die das Unternehmen eingerichtet hat. Hierbei wird auf folgende Anordnung geachtet: Zunächst wird die **Allgemeine Kostenstelle** (hier: Fuhrpark) aufgeschrieben, die für alle übrigen Kostenstellen Dienste ausführt. Daran schließen sich alle **Hilfskostenstellen** an (hier: Verwaltung/Lager), die für die Hauptkostenstellen Aufgaben übernehmen. Am Ende der Tabelle stehen die **Hauptkostenstellen,** die hier nach den Verkaufsabteilungen für die einzelnen Papierarten eingerichtet wurden. Die Papierarten sind zugleich die **Kostenträger** im Unternehmen.

In der **letzten Zeile** des Betriebsabrechnungsbogens wird die Summe der Gemeinkosten für jede Kostenstelle gebildet. Diese Zahlen geben an, wie viel Euro Gemeinkosten jede Kostenstelle verursacht hat. Vergleicht man die Gemeinkostensummen einer Kostenstelle über mehrere Monate, dann lässt sich eine vereinfachte Kostenkontrolle durchführen.

6.4.3 Wie werden die Gemeinkosten auf die Kostenstellen aufgeteilt?

Beispiel Das Unternehmen Kern erstellt für den Monat September einen Betriebsabrechnungsbogen. Hierfür werden die in der Betriebsergebnisrechnung auf Seite 280 aufgeführten Kosten und Leistungen zugrunde gelegt. Unter diesen Kosten sind die Warenkosten (Konten 6070, 6075, 6080, 6085) **Einzelkosten** (vgl. Seite 288); sie können unmittelbar den Hauptkostenstellen zugewiesen werden. Die übrigen Kosten sind **Gemeinkosten** (= Handlungskosten, vgl. Seite 288). Sie bedürfen einer Verteilung auf die Kostenstellen. Im nachfolgenden Betriebsabrechnungsbogen ist diese Verteilung vorgenommen worden.

Betriebsabrechnungsbogen
der Unternehmung Katja Kern e. Kffr., Papiergroßhandlung, Köln

Kosten-arten	Zahlen der Betriebs-ergebnis-rechnung	Vertei-lungs-schlüssel	Allg. Kosten-stelle: Fuhrpark	Hilfs-kosten-stelle: Verwaltg./Lager	Hauptkostenstellen (Verkaufsabteilungen)				
					Druck-papier	Kopier-papier	Umschlag-karton	Saug-papier	Summe
Einzelkosten									
6070	500.000				500.000				
6075	300.000					300.000			
6080	180.000						180.000		
6085	20.000							20.000	
Summe	**1.000.000**				**500.000**	**300.000**	**180.000**	**20.000**	**1.000.000**
Gemeinkosten									
6140	10.000	Rechnung	1.000	9.000	–	–	–	–	–
6200	49.000	Lohnliste	14.000	35.000	–	–	–	–	–
6300	33.000	Geh.-Liste	–	8.000	12.500	5.500	4.500	2.500	–
6400	14.000	L.-/G.-Liste	2.000	7.000	2.000	1.500	1.500	–	–
6520	26.000	Anl.-Werte	6.000	7.500	5.000	4.000	3.000	500	–
6700	15.000	m^2	3.000	8.000	2.000	1.000	1.000	–	–
6850	16.000	Rechnung	2.000	14.000	–	–	–	–	–
70..	17.000	Verh.-Zahl	1.000	11.500	2.000	1.000	1.000	500	–
7510	27.500	Kapital	6.000	10.500	4.500	4.000	2.000	500	–
U.-Lohn	10.000	Verh.-Zahl	1.000	6.000	1.000	1.000	1.000	–	–
Summe	**217.500**		**36.000**	**116.500**	**29.000**	**18.000**	**14.000**	**4.000**	**217.500**

Einzelkosten Im oberen Abschnitt des BAB sind die Einzelkosten (= Warenaufwendungen) aufgeführt. Sie werden direkt auf die Hauptkostenstellen übertragen.

Verteilung der Gemeinkosten Die Gemeinkosten (= Handlungskosten) sind verursachungsgerecht auf die einzelnen Kostenstellen zu verteilen. Im Folgenden zeigen wir an einigen Beispielen, wie diese Verteilung vorgenommen wurde.

Die **Ausgangsfrachten** (Konto 6140), die **Löhne** (Konto 6200), die **Gehälter** (Konto 6300), die **Sozialen Aufwendungen** (Konto 6400) und die **Reisekosten** (Konto 6850) wurden aufgrund der vorliegenden Belege (z. B. Lohn- und Gehaltslisten, Rechnungen, Quittungen) verteilt. In diesen Belegen ist aufgeführt, für welche Kostenstellen und in welcher Höhe die Kosten angefallen sind. Diese Belege führen wir hier nicht auf.

Die kalkulatorischen Abschreibungen (Konto 6520) wurden **im Verhältnis der Wiederbeschaffungskosten** (abgekürzt **WK**) verteilt. Die Wiederbeschaffungskosten der Anlagen betragen insgesamt **3.800.000,00 €** (vgl. hierzu Seite 279) und verteilen sich wie folgt auf die Kostenstellen:

6476306

Wie werden die Gemeinkosten auf die Kostenstellen aufgeteilt?

WK insgesamt	Fuhrpark	Verwaltg./ Lager	Druckpapier	Kopierpapier	Umschlag-karton	Saugpapier
3.800.000	877.000	1.096.000	731.000	585.000	439.000	72.000

Insgesamt sind 26.000,00 € kalkulatorische Abschreibungen auf insgesamt 3.800.000,00 € WK zu verteilen. Auf die Kostenstelle „Fuhrpark“ mit 877.000,00 € WK entfallen dann

3.800.000,00 € ~ 26.000,00 €
877.000,00 € ~ x €

$$x\,€ = \frac{26.000,00\,€ \cdot 877.000,00\,€}{3.800.000,00\,€} = 6.000,53\,€;$$

abgerundet **6.000,00 €**

Die Allgemeine Kostenstelle „Fuhrpark“ hat also 6.000,00 € kalkulatorische Abschreibungen zu übernehmen. Nach der gleichen Rechnung lassen sich die Anteile der übrigen Kostenstellen an den kalkulatorischen Abschreibungen berechnen.

Die Miete (Konto 6700) wurde **im Verhältnis der Raumgrößen** (in m^2) auf die einzelnen Kostenstellen verteilt. Folgende Raumgrößen sollen vorliegen:

Raumgröße	Fuhrpark	Verwaltg./ Lager	Druckpapier	Kopierpapier	Umschlag-karton	Saugpapier
1 200 m^2	240 m^2	640 m^2	160 m^2	80 m^2	80 m^2	–

Die Miete für insgesamt 1 200 m^2 beträgt 15.000,00 €. Davon entfallen auf den Fuhrpark:

1 200 m^2 ~ 15.000,00 €
240 m^2 ~ x €

$$x\,€ = \frac{15.000,00\,€ \cdot 240\,m^2}{1\,200\,m^2} = \mathbf{3.000,00\,€}$$

Die Allgemeine Kostenstelle „Fuhrpark“ wird also mit 3.000,00 € Mietanteil belastet. Auf die gleiche Weise lassen sich die Anteile der übrigen Kostenstellen berechnen.

Die betrieblichen Steuern (Konto 70 ..) werden **nach einem betriebsintern festgelegten Schlüssel** (= Verhältniszahlen) auf die einzelnen Kostenstellen verteilt. Hierfür sind im Unternehmen Kern folgende Verhältniszahlen ermittelt worden:

Verh.-Zahlen	Fuhrpark	Verwaltg./ Lager	Druckpapier	Kopierpapier	Umschlag-karton	Saugpapier
34	2	23	4	2	2	1

Die betrieblichen Steuern von insgesamt 17.000,00 € sind auf insgesamt 34 „Anteile“ zu verteilen. Die Allgemeine Kostenstelle „Fuhrpark“ hat hiervon 2 „Anteile“ zu übernehmen:

34 Anteile ~ 17.000,00 €
2 Anteile ~ x €

$$x\,€ = \frac{17.000,00\,€ \cdot 2}{34} = \mathbf{1.000,00\,€}$$

Die Allgemeine Kostenstelle „Fuhrpark“ wird also mit einem Anteil an den betrieblichen Steuern in Höhe von 1.000,00 € belastet.

Die kalkulatorischen Zinsen wurden nach dem in den einzelnen Kostenstellen investierten **betriebsnotwendigen Kapital** verteilt. Diese Rechnung zeigen wir hier nicht.

Den kalkulatorischen Unternehmerlohn verteilt Frau Kern nach folgenden Verhältniszahlen (führen Sie die Rechnung selbstständig durch!):

Verh.-Zahlen	Fuhrpark	Verwaltg./ Lager	Druckpapier	Kopierpapier	Umschlag-karton	Saugpapier
10	1	6	1	1	1	–

Wie werden die Gemeinkosten auf die Kostenstellen aufgeteilt?

Verteilung der Gemeinkosten aus der Allgemeinen Kostenstelle „Fuhrpark“ und aus der Hilfskostenstelle „Verwaltung/Lager“ auf die Hauptkostenstellen

Situation

Eine wichtige Aufgabe des Betriebsabrechnungsbogens ist es, jeder **Hauptkostenstelle** einen eigenen Handlungskostensatz zuzuweisen. Im vorliegenden BAB (vgl. Seite 306) ist das noch nicht möglich, da noch nicht **alle** Gemeinkosten (= Handlungskosten) den vier Hauptkostenstellen zugerechnet sind. Zunächst sind die Gemeinkosten der Allgemeinen Kostenstelle „Fuhrpark“ und der Hilfskostenstelle „Verwaltung/Lager“ auf die vier Hauptkostenstellen zu verteilen. Diese Verteilung erfolgt mithilfe von **Verhältniszahlen,** in denen sich widerspiegelt, in welchem Umfang die Hauptkostenstellen Dienste der Allgemeinen Kostenstelle und der Hilfskostenstelle in Anspruch nehmen. Im Unternehmen Kern wird dabei folgendermaßen vorgegangen:

❶ Die Gemeinkosten der Allgemeinen Kostenstelle „Fuhrpark“ werden im Verhältnis **5 : 4 : 3 : 0** auf die vier Hauptkostenstellen „Druckpapier“, „Kopierpapier“, „Umschlagkarton“ und „Saugpapier“ verteilt.

❷ Von den Gemeinkosten der Hilfskostenstelle „Verwaltung/Lager“ werden **500,00** € der Hauptkostenstelle „Saugpapier“ zugerechnet. Der Restbetrag von 116.000,00 € wird im Verhältnis **14 : 9 : 6** auf die Hauptkostenstellen „Druckpapier“, „Kopierpapier“ und „Umschlagkarton“ verteilt.

Betriebsabrechnungsbogen
der Unternehmung Katja Kern e. Kffr., Papiergroßhandlung, Köln

Kostenarten	Zahlen der Betriebsergebnisrechnung	Verteilungsschlüssel	Allg. Kostenstelle: Fuhrpark	Hilfskostenstelle: Verwaltg./Lager	Hauptkostenstellen (Verkaufsabteilungen)				
					Druckpapier	Kopierpapier	Umschlagkarton	Saugpapier	Summe
Einzelkosten									
6070	500.000				500.000				
6075	300.000					300.000			
6080	180.000						180.000		
6085	20.000							20.000	
Summe	**1.000.000**				**500.000**	**300.000**	**180.000**	**20.000**	**1.000.000**
Gemeinkosten									
6140	10.000	Rechnung	1.000	9.000	–	–	–	–	–
6200	49.000	Lohnliste	14.000	35.000	–	–	–	–	–
6300	33.000	Geh.-Liste	–	8.000	12.500	5.500	4.500	2.500	–
6400	14.000	L.-/G.-Liste	2.000	7.000	2.000	1.500	1.500	–	–
6520	26.000	Anl.-Werte	6.000	7.500	5.000	4.000	3.000	500	–
6700	15.000	m^2	3.000	8.000	2.000	1.000	1.000	–	–
6850	16.000	Rechnung	2.000	14.000	–	–	–	–	–
70 . .	17.000	Verh.-Zahl	1.000	11.500	2.000	1.000	1.000	500	–
7510	27.500	Kapital	6.000	10.500	4.500	4.000	2.000	500	–
U.-Lohn	10.000	Verh.-Zahl	1.000	6.000	1.000	1.000	1.000	–	–
Summe	**217.500**		**36.000**	**116.500**	**29.000**	**18.000**	**14.000**	**4.000**	**–**
❶ Verteilung: Fuhrpark		5 : 4 : 3 : 0	→		15.000	12.000	9.000	0	
❷ Verteilung: Verwaltung/Lager		500,00 € 14 : 9 : 6		→	56.000	36.000	24.000	500	
Summe der Handlungskosten					**100.000**	**66.000**	**47.000**	**4.500**	**217.500**

Dieser Betriebsabrechnungsbogen erfüllt die gestellte Aufgabe: Er zeigt für jede Hauptkostenstelle an, wie hoch im Abrechnungsmonat September .. deren Einzelkosten (= Warenaufwendungen) und deren Gemeinkosten (= Handlungskosten) sind.

Verteilung der Gemeinkosten der Allgemeinen Kostenstelle „Fuhrpark"

Hauptkostenstelle	Verteilungsschlüssel		Wert je Anteil		Gemeinkosten je Hauptkostenstelle
Druckpapier	5	·	3.000,00 €	=	15.000,00 €
Kopierpapier	4	·	3.000,00 €	=	12.000,00 €
Umschlagkarton	3	·	3.000,00 €	=	9.000,00 €
Saugpapier	0	·	3.000,00 €	=	0,00 €
	12 Anteile			~	36.000,00 €
	1 Anteil			~	3.000,00 €

Verteilung der Gemeinkosten der Allgemeinen Kostenstelle „Verwaltung/Lager"

Hauptkostenstelle	Verteilungsschlüssel		Wert je Anteil		Gemeinkosten je Hauptkostenstelle
Druckpapier	14	·	4.000,00 €	=	56.000,00 €
Kopierpapier	9	·	4.000,00 €	=	36.000,00 €
Umschlagkarton	6	·	4.000,00 €	=	24.000,00 €
Saugpapier	500,00 €		–		500,00 €
	29 Anteile			~	116.000,00 €
	1 Anteil			~	4.000,00 €

Zusammenfassung

- **Kostenstellen sind Verkaufs- und Betriebsabteilungen,** die Gemeinkosten verursachen. Es lassen sich **Hauptkostenstellen, Hilfskostenstellen** und **Allgemeine Kostenstellen** unterscheiden. Die Hauptkostenstellen werden im Großhandelsbetrieb in der Regel nach den Warengruppen ausgerichtet.
- **Kostenstellen** werden eingerichtet, um die **Gemeinkosten** dort zu **erfassen, wo sie anfallen.** Dadurch ist es möglich, den Kostenverbrauch von Monat zu Monat zu kontrollieren.
- Die Verteilung der Gemeinkosten auf die Kostenstellen geschieht tabellarisch. Die hierfür benutzte Tabelle heißt **Betriebsabrechnungsbogen** (abgekürzt **BAB**). Der Betriebsabrechnungsbogen ist so aufgebaut, dass links die Kostenarten der Betriebsergebnisrechnung mit ihren Geldbeträgen und den Verteilungsschlüsseln stehen. Rechts davon sind die Kostenstellen in der Reihenfolge Allgemeine Kostenstellen – Hilfskostenstellen – Hauptkostenstellen aufgeführt.
- Der **Betriebsabrechnungsbogen (BAB)** stellt eine **Kontrollrechnung** dar. Er wird gewöhnlich **monatlich** nachträglich aus den Zahlen der Betriebsergebnisrechnung aufgestellt.
- Die **Verteilung der Gemeinkosten auf die Kostenstellen** geschieht meist **aufgrund von Belegen.** Die Belege (z. B. Lohnlisten, Rechnungen u. a.) weisen nicht nur die Beträge, sondern auch die Abteilungen (= Kostenstellen) aus, für die diese Kosten entstanden sind. Nicht alle Gemeinkosten lassen sich auf diese Weise verteilen. Bei manchen ist zwar ein Beleg vorhanden, aber sie sind für mehrere Kostenstellen angefallen. Dann ist eine **Verteilung** nur **mithilfe von Schlüsselzahlen** möglich (z. B. Verteilung der Miete nach der Raumgröße der Kostenstellen, Verteilung der freiwilligen sozialen Aufwendungen nach der Zahl der Beschäftigten in den einzelnen Kostenstellen, Verteilung der Abschreibungen nach den Anlagewerten usw.). In einigen Fällen liegen überhaupt keine Belege vor (z. B. beim kalkulatorischen Unter-

nehmerlohn). Dann erfolgt die **Verteilung nach Erfahrungswerten über Verhältniszahlen.**

- Die **Einzelkosten (= Warenaufwendungen)** bedürfen keiner Verteilung auf die Kostenstellen, da sie **direkt den Hauptkostenstellen zugerechnet** werden können.

6.4.4 Was lässt sich aus dem Betriebsabrechnungsbogen erkennen?

Beispiel 1 Die im Betriebsabrechnungsbogen auf Seite 308 ermittelten Einzelkosten (= Warenaufwendungen) und Gemeinkosten (= Handlungskosten) sollen dazu verwendet werden, die **Handlungskostenzuschlagssätze** für jede Hauptkostenstelle zu berechnen.

Betriebsabrechnungsbogen
der Unternehmung Katja Kern e. Kffr., Papiergroßhandlung, Köln

Kostenarten	Zahlen der Betriebsergebnisrechnung	Verteilungsschlüssel	Allg. Kostenstelle: Fuhrpark	Hilfskostenstelle: Verwaltg./Lager	Hauptkostenstellen (Verkaufsabteilungen)				
					Druckpapier	Kopierpapier	Umschlagkarton	Saugpapier	Summe
Einzelkosten									
6070	500.000				500.000				
6075	300.000					300.000			
6080	180.000						180.000		
6085	20.000							20.000	
Summe	**1.000.000**				**500.000**	**300.000**	**180.000**	**20.000**	**1.000.000**
Gemeinkosten									
6140	10.000	Rechnung	1.000	9.000	–	–	–	–	–
6200	49.000	Lohnliste	14.000	35.000	–	–	–	–	–
6300	33.000	Geh.-Liste	–	8.000	12.500	5.500	4.500	2.500	–
6400	14.000	L.-/G.-Liste	2.000	7.000	2.000	1.500	1.500	–	–
6520	26.000	Anl.-Werte	6.000	7.500	5.000	4.000	3.000	500	–
6700	15.000	m²	3.000	8.000	2.000	1.000	1.000	–	–
6850	16.000	Rechnung	2.000	14.000	–	–	–	–	–
70 . .	17.000	Verh.-Zahl	1.000	11.500	2.000	1.000	1.000	500	–
7510	27.500	Kapital	6.000	10.500	4.500	4.000	2.000	500	–
U.-Lohn	10.000	Verh.-Zahl	1.000	6.000	1.000	1.000	1.000	–	–
Summe	**217.500**		**36.000**	**116.500**	**29.000**	**18.000**	**14.000**	**4.000**	**–**
❶ Verteilung: Fuhrpark		5 : 4 : 3 : 0	→		15.000	12.000	9.000	0	
❷ Verteilung: Verwaltung/Lager		500,00 € 14 : 9 : 6		→	56.000	36.000	24.000	500	
Summe der Handlungskosten					**100.000**	**66.000**	**47.000**	**4.500**	**217.500**
Handlungskostenzuschlagssatz je Warengruppe					20 %	22 %	26,1 %	22,5 %	21,75 %

Berechnung der Zuschlagssätze

Für jede Warengruppe (= Hauptkostenstelle) wird aus den **Warenaufwendungen** und den **Handlungskosten** ein Prozentsatz gebildet (vgl. S. 289).

$$\textbf{Handlungskostenzuschlagssatz}\text{ für Druckpapier} = \frac{100.000{,}00\ € \cdot 100\ \%}{500.000{,}00\ €} = \mathbf{20\ \%}$$

$$\textbf{Handlungskostenzuschlagssatz}\text{ für Kopierpapier} = \frac{66.000{,}00\ € \cdot 100\ \%}{300.000{,}00\ €} = \mathbf{22\ \%}$$

Was lässt sich aus dem Betriebsabrechnungsbogen erkennen?

$$\textbf{Handlungskostenzuschlagssatz}\text{ für Umschlagkarton} = \frac{47.000{,}00\ €\cdot 100\ \%}{180.000{,}00\ €} = \mathbf{26{,}1\ \%}$$

$$\textbf{Handlungskostenzuschlagssatz}\text{ für Saugpapier} = \frac{4.500{,}00\ €\cdot 100\ \%}{20.000{,}00\ €} = \mathbf{22{,}5\ \%}$$

Zusätzlich ist im obigen BAB auch der einheitliche (oder durchschnittliche) Zuschlagssatz für Handlungskosten mit **21,75 %** angegeben. Er stimmt mit dem auf Seite 289 berechneten Prozentsatz überein und war dort auf **22 %** aufgerundet worden.

Auswertung

Die Zuschlagssätze für die einzelnen Warengruppen zeigen deutliche Abweichungen zum einheitlichen Zuschlagssatz. So beträgt der Zuschlagssatz für Druckpapier 20 % und liegt damit um 1,75 (bzw. 2) Prozentpunkte unter dem einheitlichen Zuschlagssatz. Der Zuschlagssatz für Umschlagkarton beträgt 26,1 % und liegt damit deutlich über dem einheitlichen Satz. Das hat Auswirkungen auf die Kalkulationen. Wir zeigen dies am Beispiel der Selbstkostenkalkulation für **100 Packungen Saugpapier** (vgl. Seite 290).

Kalkulation	einheitlicher Zuschlagssatz		Zuschlagssatz aus dem BAB	
Bezugspreis für 100 Packungen		105,00 €		105,00 €
+ **Handlungskosten**	22 %	23,10 €	22,5 %	23,63 €
Selbstkostenpreis		128,10 €		128,63 €

Bei 100 Packungen Saugpapier beträgt der Unterschied bereits 0,53 €, d. h., der Selbstkostenpreis auf der Grundlage des einheitlichen Zuschlagssatzes wäre um 0,53 € **zu niedrig** angesetzt worden. Diese Ware würde nicht alle Kosten, die sie verursacht hat, tragen.

Zusammenfassung

- Im BAB werden zunächst die **Gemeinkosten** auf die Kostenstellen verteilt.
- Die Kosten der **Allgemeinen Kostenstellen** und der **Hilfskostenstellen** werden danach aufgrund von Verteilungsschlüsseln (= Verhältniszahlen) **auf die Hauptkostenstellen** umgerechnet. Der BAB weist dann die **gesamten Handlungskosten für jede Warengruppe** (= Kostenträger) aus.
- Aus den Handlungskosten und den Warenaufwendungen wird **für jeden Kostenträger** ein **gesonderter Handlungskostenzuschlagssatz** berechnet. Mithilfe dieser Zuschlagssätze lassen sich **warengruppenbezogene Kalkulationen** durchführen.
- Die Kalkulation des Verkaufspreises einer Ware heißt auch **Kostenträgerstückrechnung.**

AUFGABE 337

Die Bezugspreise für je eine Palette Papier oder Karton betragen:

1 Palette Druckpapier	1.400,00 €
1 Palette Kopierpapier	800,00 €
1 Palette Umschlagkarton	1.312,50 €

1. *Kalkulieren Sie mithilfe der im obigen BAB errechneten Zuschlagssätze für Handlungskosten die Selbstkostenpreise für je eine Palette jeder Warensorte.*
2. *Stellen Sie die Abweichungen gegenüber den Kalkulationen mit dem einheitlichen Zuschlagssatz von 22 % fest.* ■

Was lässt sich aus dem Betriebsabrechnungsbogen erkennen?

Beispiel 2 In den Betriebsabrechnungsbogen von Seite 308 sollen die Nettoumsatzerlöse aus der Betriebsergebnisrechnung (vgl. Seite 280) aufgenommen werden, sodass im BAB eine Aussage zur **Erfolgssituation** jeder Warengruppe gemacht werden kann. Diese Erweiterung des BAB heißt **Kostenträgerzeitrechnung.**

Betriebsabrechnungsbogen
der Unternehmung Katja Kern e. Kffr., Papiergroßhandlung, Köln

Kostenarten	Zahlen der Betriebsergebnisrechnung	Verteilungsschlüssel	Allg. Kostenstelle: Fuhrpark	Hilfskostenstelle: Verwaltg./Lager	Hauptkostenstellen (Verkaufsabteilungen)				
					Druckpapier	Kopierpapier	Umschlagkarton	Saugpapier	Summe
Einzelkosten									
6070	500.000				500.000				
6075	300.000					300.000			
6080	180.000						180.000		
6085	20.000							20.000	
Summe	**1.000.000**				**500.000**	**300.000**	**180.000**	**20.000**	**1.000.000**
Gemeinkosten									
6140	10.000	Rechnung	1.000	9.000	–	–	–	–	–
6200	49.000	Lohnliste	14.000	35.000	–	–	–	–	–
6300	33.000	Geh.-Liste	–	8.000	12.500	5.500	4.500	2.500	–
6400	14.000	L.-/G.-Liste	2.000	7.000	2.000	1.500	1.500	–	–
6520	26.000	Anl.-Werte	6.000	7.500	5.000	4.000	3.000	500	–
6700	15.000	m^2	3.000	8.000	2.000	1.000	1.000	–	–
6850	16.000	Rechnung	2.000	14.000	–	–	–	–	–
70..	17.000	Verh.-Zahl	1.000	11.500	2.000	1.000	1.000	500	–
7510	27.500	Kapital	6.000	10.500	4.500	4.000	2.000	500	–
U.-Lohn	10.000	Verh.-Zahl	1.000	6.000	1.000	1.000	1.000	–	–
Summe	**217.500**		**36.000**	**116.500**	**29.000**	**18.000**	**14.000**	**4.000**	**–**
❶ Verteilung: Fuhrpark		5 : 4 : 3 : 0	→		15.000	12.000	9.000	0	
❷ Verteilung: Verwaltung/Lager		500,00 € 14 : 9 : 6		→	56.000	36.000	24.000	500	
Summe der Handlungskosten					**100.000**	**66.000**	**47.000**	**4.500**	**217.500**
Selbstkosten des Abrechnungsmonats (Warenaufwendungen plus Handlungskosten)					**600.000**	**366.000**	**227.000**	**24.500**	**1.217.500**
Nettoumsatzerl. d. Abrechnungsmonats (vgl. S. 280)					620.000	380.000	225.000	25.000	1.250.000
Betriebsgewinn/-verlust je Kostenträger und insg.					(+) 20.000	(+) 14.000	(–) 2.000	(+) 500	(+) 32.500
Gewinnzuschlagssätze je Kostenträger und insges.					**3,3 %**	**3,8 %**	**(– 0,88 %)**	**2,0 %**	**2,7 %**

Auswertung Der BAB ermöglicht es, aus den Warenaufwendungen und den Handlungskosten die **Selbstkosten für jeden Kostenträger** zu berechnen. In der Zeile „Selbstkosten des Abrechnungsmonats" finden Sie diese Angaben. In die nachfolgende Zeile sind die **Nettoumsatzerlöse für jeden Kostenträger** aus der Betriebsergebnisrechnung (vgl. Seite 280) eingetragen worden. Subtrahiert man die Nettoumsatzerlöse und die Selbstkosten voneinander, so erhält man den **Betriebsgewinn oder Betriebsverlust für jede Warenart und insgesamt.** Sie finden diese Angaben in der Zeile „Betriebsgewinn/-verlust je Kostenträger und insgesamt". Auffallend hieran ist, dass die Warengruppe „Umschlagkarton" einen **Verlust** in Höhe von 2.000,00 € erwirtschaftet hat und dass die erst nachträglich in das Sortiment aufgenommene Warengruppe „Saugpapier" bereits mit einem Gewinn von 500,00 € abschließt. Aussagefähig sind auch die errechneten Gewinnzuschlagssätze (Berechnung s. Seite 292). Im Unternehmen Kern wird allen Kalkulationen ein Gewinnzuschlag von **3 %** zugrunde gelegt (vgl. Seite 292). Der BAB zeigt, dass die beiden ersten Warengruppen diese Vorgabe übertreffen (3,3 % bzw. 3,8 % Gewinn) und dass die Warengruppe „Saugpapier" mit 2 % deutlich unter dieser Vorgabe bleibt. Ein wenig Sorgen bereitet die Warengruppe „Umschlagkarton" mit einem Verlust von 0,88 %.

6476312

Kalkulieren Sie auf der Grundlage der Bezugspreise aus Aufgabe 337, Seite 311, sowie der in den Betriebsabrechnungsbögen auf Seite 310 und Seite 312 ermittelten Handlungskostenzuschlagssätze und Gewinnzuschlagssätze die Barverkaufspreise für jede Warenart. ■ 338

Aus den Zahlen der Ergebnistabelle ist der BAB für den Monat Juli zu erstellen. 339

Kosten-arten	Zahlen der BER	Hilfskostenstellen		Hauptkostenstellen		
		Lager	Verwaltg.	W.-Gruppe 1	W.-Gruppe 2	W.-Gruppe 3
Löhne	8.000,00	1.000,00	4.200,00	1.000,00	1.000,00	800,00
Gehälter	35.000,00	4.000,00	20.000,00	4.000,00	4.000,00	3.000,00
Mieten	12.000,00	vgl. unten				
Werbung	6.000,00	–	6.000,00	–	–	–
Bürokosten	45.000,00	4.000,00	20.000,00	9.000,00	6.000,00	6.000,00
Kalk. Abschr.	10.000,00	vgl. unten				

Die Mietkosten sind nach den Raumgrößen

Lager: 375 m², Verwaltung: 250 m², Verkauf W.-Gruppe 1: 250 m², Verkauf W.-Gruppe 2: 375 m², Verkauf W.-Gruppe 3: 250 m²

auf die Kostenstellen umzulegen, die kalkulatorischen Abschreibungen nach dem Schlüssel 3 : 2 : 1 : 2 : 2.

Die Kosten der Hilfskostenstellen werden nach folgenden Schlüsseln auf die Hauptkostenstellen abgewälzt:

1. Umlage Lager: 2 : 2 : 1, 2. Umlage Verwaltung: 4 : 2 : 2.

Die Warenaufwendungen und die Nettoumsatzerlöse betrugen im Abrechnungsmonat:

Warengruppen	Warenaufwendungen	Nettoumsatzerlöse
Warengruppe 1	104.375,00 €	185.370,00 €
Warengruppe 2	79.000,00 €	142.042,00 €
Warengruppe 3	60.700,00 €	103.797,00 €

1. *Ermitteln Sie im BAB die Handlungskosten für jede Warengruppe.*
2. *Berechnen Sie für jede Warengruppe den Handlungskostenzuschlagssatz.*
3. *Bestimmen Sie den Betriebsgewinn für jede Warengruppe und insgesamt sowie die Gewinnzuschlagssätze für jede Warengruppe.*
4. *Ermitteln Sie die Kalkulationszuschläge für die drei Warengruppen, wenn der Großhändler in allen Warengruppen mit 2 % Verkaufsskonto und 5 % Verkaufsrabatt kalkuliert.*
5. *Kalkulieren Sie mit den Zuschlagssätzen den Barverkaufspreis für einen Artikel der Warengruppe 1, den der Großhändler zum Bezugspreis von 34,00 € gekauft hat.* ■

Eine Textilgroßhandlung führt in ihrer Kostenrechnung die nach Warengruppen gegliederten Abteilungen „Herrenoberbekleidung", „Damenoberbekleidung", „Kinderbekleidung" als Hauptkostenstellen. Zusätzlich ist die Abteilung „Lager/Verwaltung" als Hilfskostenstelle eingerichtet. Die Abteilung „Fuhrpark" ist Allgemeine Kostenstelle. Für den Monat Mai liegen folgende Zahlen vor: 340

Warenkosten: 6070 Herrenoberbekleidung .... 330.555,00 €
6075 Damenoberbekleidung .... 447.500,00 €
6080 Kinderbekleidung .... 226.000,00 €

AUFGABEN

Die Handlungskosten der Ergebnistabelle sind im nachfolgenden BAB aufgeführt und dort zum Teil bereits aufgeschlüsselt:

Kosten-arten	Zahlen der BER	Fuhr-park	Hilfskostenstelle Lager/Verwaltung	Hauptkostenstellen HOB	DOB	KB
Instandsetzung	40.000,00	vgl. unten				
Frachten	25.000,00	–	22.000	1.000	1.000	1.000
Pers.-Kosten	240.000,00	20.000	160.000	20.000	30.000	10.000
Mieten	30.000,00	vgl. unten				
Werbung	40.000,00	–	40.000	–	–	–
Steuern/Vers.	88.000,00	14.000	62.500	3.500	5.500	2.500
Betr.-Kosten	12.000,00	12.000	–	–	–	–
Kalk. Zinsen	15.000,00	3.000	9.000	1.000	1.000	1.000
Kalk. Abschr.	70.000,00	vgl. unten				

Die Mietkosten sind nach Raumgrößen aufzuteilen:

Fuhrpark:	300 m²,	HOB:	200 m²,
Lager/Verwaltung:	700 m²,	DOB:	200 m²,
		KB:	100 m².

Die Instandsetzungen sind im Verhältnis 2 : 11 : 1 : 1 : 1 und die kalkulatorischen Abschreibungen im Verhältnis 4 : 6 : 1 : 2 : 1 auf die Kostenstellen zu verteilen.

Die Kosten der Allgemeinen Kostenstelle „Fuhrpark" sind im Verhältnis 2 : 2 : 1 auf die Hauptkostenstellen abzuwälzen.

Für die Umlage der Hilfskostenstelle auf die Hauptkostenstellen gilt folgender Verteilungsschlüssel: 3 : 5 : 2.

Die **Nettoumsatzerlöse** betrugen im Abrechnungszeitraum:

	HOB	DOB	KB
Nettoumsatzerlöse	550.000,00 €	751.800,00 €	381.375,00 €

1. *Ermitteln Sie im BAB die Handlungskosten für jede Warengruppe und die zugehörigen Handlungskostenzuschläge in Prozent.*
2. *Berechnen Sie die Selbstkosten für jede Warengruppe und insgesamt.*
3. *Bestimmen Sie den Betriebsgewinn für jede Warengruppe und insgesamt sowie die Gewinnzuschlagssätze für jede Warengruppe.*
4. *Führen Sie für den Artikel „Herrenoberhemd" eine Nachkalkulation mit den im BAB ermittelten Zuschlagssätzen durch: Bezugspreis für ein Hemd: 12,50 €, Barverkaufspreis 24,00 €.*
5. *Führen Sie die Kalkulation für ein Damenkleid durch, das vom Hersteller zum Bezugspreis von 98,00 € angeboten wird. Beim Großhändler fallen zusätzlich 2 % Verkaufsskonto und 10 % Verkaufsrabatt an.* ■

341 Zur Aufstellung des BAB werden in einem Möbelhaus im Monat Februar folgende Zahlen der Ergebnistabelle entnommen:

Kostenarten	€-Betrag	Verteilungsgrundlage
Instandsetzung	88.000,00	Rechnungen
Löhne	40.000,00	Lohnlisten
Gehälter	170.000,00	Gehaltslisten
Soziale Aufwendungen	35.000,00	Lohn-/Gehaltslisten
Mieten/Pachten	15.000,00	Raumgröße
Werbung/Reise	56.000,00	Artikelgruppen
Versicherungen	12.000,00	Artikelgruppen
Steuern	24.000,00	Beschäftigtenzahl
Kalk. Abschreibungen	75.000,00	Anlagewerte
	515.000,00	

Der Betrieb hat nachstehende Kostenstellen eingerichtet:

Allgemeine Kostenstelle: 1. Fuhrpark
Hilfskostenstelle: 2. Einkauf/Lager/Verwaltung
Hauptkostenstellen: 3. Küchenmöbel
4. Wohnmöbel
5. Schlafzimmer
6. Kleinmöbel

1. *Stellen Sie den BAB für die sechs Kostenstellen nach folgenden Angaben auf:*

Kosten-arten	Allg. K.-St. 1	Hilfskostenstelle 2	Hauptkostenstellen 3	4	5	6
Instandsetzung	3 :	8 :	1 :	2 :	1 :	1
Löhne	10.000	30.000	–	–	–	–
Gehälter	65.000	86.000	4.000	5.000	5.000	5.000
Soz. Aufwendungen	6.000	29.000	–	–	–	–
Mieten	4.500	4.000	1.500	3.000	1.500	500
Werbung	–	40.000	4.000	6.000	4.000	2.000
Versicherungen	–	10.000	–	2.000	–	–
Steuern	3 :	7 :	3 :	5 :	4 :	2
Kalk. Abschreib.	3 :	6 :	1 :	2 :	2 :	1

2. *Legen Sie die Gemeinkosten der Allg. Kostenstelle „Fuhrpark" auf die anderen Kostenstellen im Verhältnis 2 : 3 : 4 : 2 : 1 um.*
3. *Die Gemeinkosten der Hilfskostenstelle sind danach nach folgendem Schlüssel auf die Hauptkostenstellen umzulegen: 2 : 4 : 4 : 2.*
4. *Die Warenaufwendungen und die Nettoumsatzerlöse betrugen im Abrechnungsmonat:*

Warengruppen	Warenaufwendungen	Nettoumsatzerlöse
I Küchenmöbel	350.000,00 €	598.850,00 €
II Wohnmöbel	400.000,00 €	672.000,00 €
III Schlafzimmer	430.000,00 €	642.850,00 €
IV Kleinmöbel	137.000,00 €	246.600,00 €

5. *Errechnen Sie für jede Hauptkostenstelle die Handlungskosten und die Handlungskostenzuschlagssätze.*
6. *Ermitteln Sie den Betriebsgewinn für jede Warengruppe und insgesamt.*
7. *Bestimmen Sie die Gewinnzuschlagssätze.*
8. Eine Einbauküche kann vom Großhändler zum Bezugspreis von 3.500,00 € erworben werden. Aus Konkurrenzgründen wird diese Küche zum Barverkaufspreis von 6.000,00 € an den Einzelhandel veräußert.
Prüfen Sie, ob die im BAB ermittelten Zuschlagssätze eingehalten wurden.
9. *Kalkulieren Sie den Angebotspreis für einen Wohnzimmerschrank, den der Großhändler zum Bezugspreis von 1.450,00 € einkauft. Zu berücksichtigen sind 2 % Kundenskonto und 5 % Kundenrabatt.* ■

6.5 Das Unternehmen Katja Kern e. Kffr. passt sich dem Absatzmarkt mithilfe der Deckungsbeitragsrechnung an

Situation

Im Unternehmen Kern werden die Verkaufspreise – ausgehend von den Bezugspreisen – mithilfe der im BAB ermittelten **Zuschlagssätze für Handlungskosten und Gewinn** kalkuliert. In die Verkaufspreise werden also **alle Kosten** anteilig über den Handlungskostenzuschlagssatz eingerechnet. Dieses Verfahren der Zuschlagskalkulation hat gewichtige **Nachteile:**

Frau Kern kann in wirtschaftlich angespannten Situationen mit schlechter Auftragslage die Verkaufspreise **nicht der Kostenstruktur ihres Unternehmens anpassen.** Damit ist Folgendes gemeint: Um in wirtschaftlich schlechten Zeiten Aufträge zu erhalten, ist es wichtig, Preiszugeständnisse zu machen. Wie hoch darf aber ein Preisnachlass ausfallen, ohne in **Zahlungsschwierigkeiten** zu kommen? Und welche Kosten lassen sich notfalls vorübergehend **aus der Kalkulation heraushalten** (= Verzicht auf Kostenersatz)?

Zahlungsschwierigkeiten ergeben sich für ein Unternehmen dann, wenn es über die Verkaufspreise nicht mehr diejenigen Kosten erstattet bekommt, die **kurzfristig zu Ausgaben** führen, das sind z. B. Personalkosten, Mieten, Steuerschulden.

Fixe Kosten/ Variable Kosten

Langfristig muss jedes Unternehmen darauf achten, dass über die Umsatzerlöse **alle** Kosten ersetzt werden, weil sonst Zahlungsschwierigkeiten auftreten und **keine Ersatzinvestitionen** möglich sind. Kurzfristig kann ein Unternehmen solche Kosten aus der Kalkulation heraushalten, die auch dann anfallen würden, wenn das Unternehmen keine Umsätze mehr tätigt. Ein **Beispiel** für solche Kosten sind die (kalkulatorischen) **Abschreibungen.** Sachanlagen werden jährlich mit einem vorbestimmten Betrag **unabhängig vom Umsatz** abgeschrieben. Abschreibungen fallen als **Kosten der Betriebsbereitschaft** selbst dann an, wenn überhaupt kein Umsatz getätigt wird. Kosten dieser Art heißen deshalb auch **beschäftigungsunabhängige Kosten** oder **fixe Kosten.** Anders herum formuliert bedeutet dieser Sachverhalt, dass das Unternehmen solche Kosten unbedingt in der Kalkulation berücksichtigen muss, **deren Höhe vom Umsatz abhängt:** Mit steigendem Umsatz steigen sie und mit sinkendem Umsatz gehen sie zurück. Ein **Beispiel** für solche Kosten sind die **Warenaufwendungen.** Kosten mit dieser Eigenschaft heißen **beschäftigungsabhängige Kosten** oder **variable Kosten.** Die Kenntnis dieser **Kostenstruktur,** also der Einteilung der gesamten Kosten in fixe und variable Kosten, ist für die Preisgestaltung von großer Bedeutung.

Beispiel

Die **Warenaufwendungen** für Druckpapier betragen im Monat September 500.000,00 €. Es handelt sich um **variable Kosten.** Im gleichen Monat fallen **Handlungskosten** für Druckpapier in Höhe von 100.000,00 € an (vgl. BAB Seite 310). Nehmen wir an, dass es sich hierbei in voller Höhe um **fixe Kosten** handelt, d. h., unabhängig von der Höhe der monatlichen Warenaufwendungen fallen Handlungskosten von etwa 100.000,00 € an. Untersuchen wir, wie sich der Handlungskostenzuschlagssatz verändert, wenn a) die Warenaufwendungen höher als 500.000,00 €, b) niedriger als 500.000,00 € sind.

	Ausgangssituation	a) höhere Warenaufwendungen	b) niedrigere Warenaufwendungen
Warenaufwendungen	500.000,00 €	600.000,00 €	400.000,00 €
Handlungskosten (fix)	100.000,00 €	100.000,00 €	100.000,00 €
Handlungskostensatz	**20 %**	**16 $^2/_3$ %**	**25 %**

6476316

Das Unternehmen Katja Kern e. Kffr. passt sich dem Absatzmarkt mithilfe der Deckungsbeitragsrechnung an

Mit **steigendem Wareneinsatz,** also dem Kennzeichen einer guten wirtschaftlichen Situation, in der die Preise stabil oder sogar leicht steigend sind, würde nach der obigen Rechnung mit einem niedrigeren Handlungskostensatz (16 ⅔ %) kalkuliert werden, was zu sinkenden Preisen führt. In wirtschaftlich schlechteren Zeiten mit **sinkendem Wareneinsatz und Preiszugeständnissen beim Warenverkauf** dagegen zeigt die obige Rechnung an, dass mit einem höheren Zuschlagssatz kalkuliert werden muss, was zu steigenden Preisen führt. Eine solche Entscheidung wäre aber in der jeweiligen wirtschaftlichen Lage unsinnig.

Wir werden im Folgenden zeigen, wie Frau Kern das Problem löst, ihre Kalkulation den Markterfordernissen anzupassen. Dazu unterscheiden wir zunächst genauer die fixen Kosten von den variablen Kosten.

6.5.1 Wodurch unterscheiden sich fixe Kosten und variable Kosten voneinander?

Variable Kosten

Variable Kosten haben die Eigenschaft, dass ihre Höhe vom **Umsatz** (allgemein ausgedrückt: von der **Beschäftigung**) abhängt: Steigt der Umsatz in einem Monat, so steigen auch die variablen Kosten, sinkt der Umsatz, so sinken auch die variablen Kosten. Wir gehen im folgenden Beispiel davon aus, dass die variablen Kosten **im gleichen Ausmaß** steigen oder fallen wie der Umsatz, d. h., wir betrachten hier die variablen Kosten nur in ihrer **proportionalen Abhängigkeit** vom Umsatz.

Beispiel

Im Unternehmen Katja Kern werden die bei der Papiermühle AG bestellten Saugpapiere (vgl. Seite 130 f.) in handelsübliche 4er-Packungen umgepackt. Dabei fallen Verpackungskosten von **0,25 € je 4er-Packung** an (= variable Stückkosten). Bei unterschiedlichen Absatzmengen ergeben sich folgende Verpackungskosten als gesamte variable Kosten:

Zahl der Packungen	0	1 000	2 000	3 000	4 000	5 000	6 000	7 000
variable Stückkosten	0	0,25	0,25	0,25	0,25	0,25	0,25	0,25
variable Kosten	0	250,00	500,00	750,00	1.000,00	1.250,00	1.500,00	1.750,00

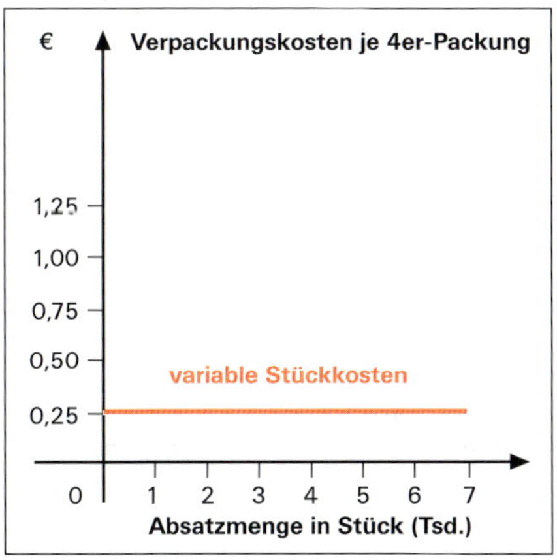

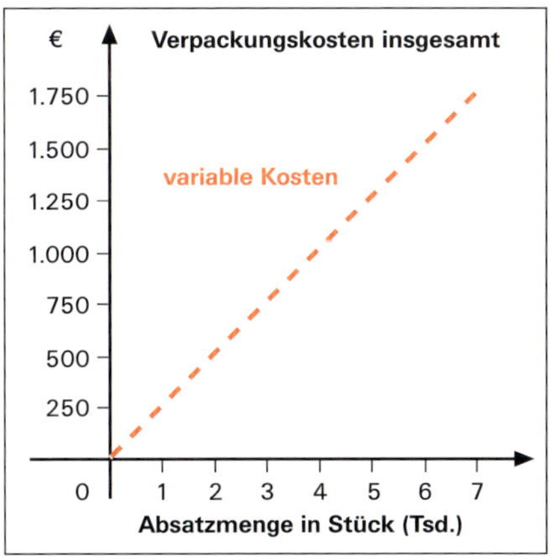

Wodurch unterscheiden sich fixe Kosten und variable Kosten voneinander?

Erläuterung Die Verpackungskosten nehmen mit steigender Absatzmenge insgesamt proportional zu. Sie verringern sich im gleichen Verhältnis, wie die Absatzmenge zurückgeht. Die auf eine 4er-Packung entfallenden Verpackungskosten bleiben bei schwankender Beschäftigung (= Absatzmenge) immer gleich hoch. Zu den variablen Kosten gehören – außer den Verpackungskosten – auch die **Warenaufwendungen,** die **Transportkosten** und die **Vertriebsprovisionen.**

Einzelkosten sind variable Kosten!

Fixe Kosten Alle Kosten, die von Abrechnungsperiode zu Abrechnungsperiode bei unveränderter Betriebsgröße in annähernd **gleicher Höhe unabhängig vom Leistungsumfang anfallen, heißen** fixe Kosten oder **Kosten der Betriebsbereitschaft.** Der überwiegende Teil der **Gemeinkosten gehört zu den fixen Kosten,** so z. B. Personalkosten, Mieten, Steuern, Beiträge, kalkulatorische Abschreibungen.

Beispiel Der in der Papiergroßhandlung Kern eingesetzte Lastkraftwagen wird monatlich mit 1.000,00 € kalkulatorisch abgeschrieben. Dieser Betrag soll gleichmäßig auf die mit dem Lkw transportierten Paletten verteilt werden.

Absatzmenge (Paletten in Stück)	fixe Kosten	fixe Stückkosten
1	1.000,00	1.000,00
100	1.000,00	10,00
200	1.000,00	5,00
300	1.000,00	3,33
400	1.000,00	2,50
500	1.000,00	2,00
600	1.000,00	1,67
.	.	.
.	.	.

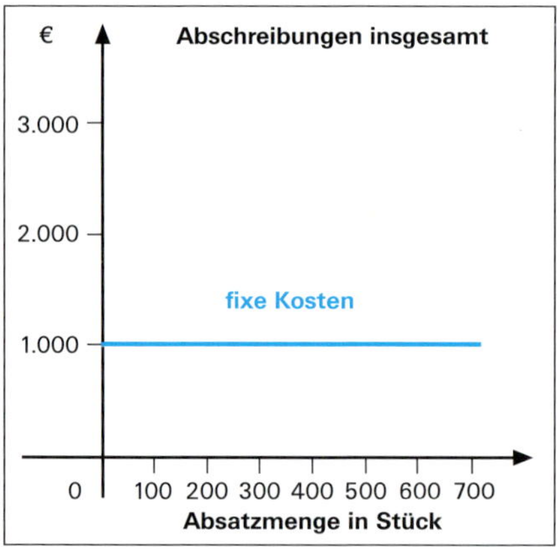

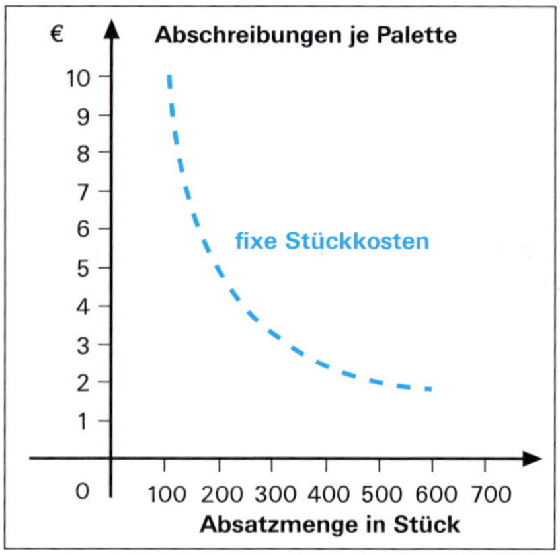

Erläuterung Die Abschreibungen verändern sich mit steigendem oder sinkendem Absatz nicht. Sie fallen in jeder Abrechnungsperiode in nahezu unveränderter Höhe an. Die auf ein Stück umgerechneten Abschreibungen verringern sich mit steigendem Absatz und erhöhen sich bei rückläufigem Absatz. Außer den Abschreibungen gehören auch die Gehälter, zum großen Teil die Löhne und die Steuern sowie die Mieten zu den fixen Kosten.

Gemeinkosten (Handlungskosten) sind überwiegend fixe Kosten.

1. *Unterscheiden Sie Einzel- und Gemeinkosten voneinander.* **342**
2. *Erläutern Sie die Aussage: „Einzelkosten sind variable Kosten, Gemeinkosten sind überwiegend fixe Kosten."*
3. *Warum ist es richtig, das Gehalt eines Angestellten im Lager als fixe Kosten zu betrachten?*
4. *Ordnen Sie folgende Kostenarten den variablen und/oder fixen Kosten zu: Kalkulatorische Abschreibungen, Gewerbesteuer, freiwillige soziale Aufwendungen, Energiekosten, Telefonkosten, Transportkosten, Werbekosten, Ausgangsfrachten.*
5. *Begründen Sie, warum Lohnkosten nicht eindeutig zu den variablen Kosten zu rechnen sind.*
6. *Unterscheiden Sie Lohnarten, die zu den Einzelkosten gehören, von solchen, die zu den Gemeinkosten zählen.*
7. *Aus welchem Grund können die fixen Kosten nicht direkt auf den einzelnen Kostenträger (Ware) umgerechnet werden?*
8. *Ein Betrieb mit hohem Anteil der variablen Kosten an den Gesamtkosten kann sich einer veränderten Beschäftigung leicht anpassen. Begründen Sie diese Aussage.*
9. *Warum wird ein Großhandelsbetrieb mit hohem Anteil der fixen Kosten an den Gesamtkosten darauf achten, dass stets mit guter Auslastung der Anlagen gearbeitet wird?* ■

Der Wareneinsatz (= Warenaufwendungen) soll in der Kostenrechnung zum festen Verrechnungspreis angesetzt werden. **343**

Der Verrechnungspreis ist als gewogener Durchschnittspreis aus folgenden Lieferungen des vergangenen Quartals zu bestimmen:

Lieferdatum	Liefermenge in kg	Bezugspreis je kg
..-01-15	12 500	80,00
..-01-23	8 500	76,00
..-02-18	10 000	82,00
..-03-05	7 000	85,00

Die Abschreibungen betragen in einem Großhandelsbetrieb monatlich 36.000,00 €. Die Verteilung auf die Kostenträger soll so vorgenommen werden, dass auf jedes eingekaufte Stück der gleiche Kostenanteil entfällt: **344**

Monat	Einkaufsmenge in Stück
August	32 000
September	30 000
Oktober	38 000

Bestimmen Sie für jeden Monat den auf ein Stück entfallenden Abschreibungsbetrag und stellen Sie die Abhängigkeit der Abschreibung von der Menge grafisch dar. ■

Ein Unternehmer kalkuliert mit variablen Stückkosten von 35,00 €/Stück und fixen Kosten von insgesamt 65.000,00 €/Monat. **345**

Wie viel Stück muss er in einem Monat mindestens absetzen, um bei einem Verkaufspreis von 61,00 €/Stück keinen Verlust zu erleiden? ■

6.5.2 Wie berechnet man den Deckungsbeitrag?

Deckungsbeitrag

Die Deckungsbeitragsrechnung verzichtet darauf, **alle** Kosten auf die Warengruppen (= Kostenträger) zu verteilen. Sie beschränkt sich auf die **Verteilung der variablen Kosten** (Einzelkosten und variable Gemeinkosten, vgl. Seiten 317/318), weil diese Kosten unmittelbar den Warengruppen zugerechnet werden können. Die fixen Kosten lassen sich nicht verursachungsgerecht den Warengruppen zuweisen und werden deshalb getrennt von den variablen Kosten erfasst und zu einem **„Kostenblock"** aufaddiert. Im Großhandelsbetrieb prüft man nun, ob jede Warengruppe nach Abzug der variablen Kosten von den Umsatzerlösen so viel Überschuss erwirtschaftet, dass die fixen Kosten voll gedeckt werden können. Nur dann erzielt das Unternehmen einen Betriebsgewinn. Dieser Überschuss, der sich als Differenz aus den **Umsatzerlösen minus den variablen Kosten** ergibt, heißt **Deckungsbeitrag.** Aus diesen Überlegungen ergibt sich das folgende **Grundschema der Deckungsbeitragsrechnung** in einem Großhandelsbetrieb mit mehreren Warengruppen:

Kalkulationsschema	Warengruppe I	Warengruppe II	Warengruppe III	Summe
Nettoumsatzerlöse	....	....	....	....
– Warenaufwendungen (Einzelkosten)	....	....	....	....
Warenrohgewinn	....	....	....	....
– variable Handlungskosten	....	....	....	....
Deckungsbeitrag	....	....	....	....
– fixe Kosten	–	–	–	....
Betriebserfolg				....

Erläuterung

Die Nettoumsatzerlöse für jede Warengruppe sind unter den Kontennummern 5110, 5115, 5120, 5125 usw. in der Betriebsergebnisrechnung verzeichnet und können dort entnommen werden.

Die Warenaufwendungen können unter den Kontenbezeichnungen 6070, 6075, 6080, 6085 usw. ebenfalls der Betriebsergebnisrechnung entnommen werden. Vermindert man die Umsatzerlöse um die Warenaufwendungen, so erhält man den **Warenrohgewinn** (auch **Bruttoerfolg** genannt) für jede Warengruppe und insgesamt.

Vom Warenrohgewinn sind die den Warengruppen direkt zurechenbaren (= variablen) **Handlungskosten** zu subtrahieren, um die **Deckungsbeiträge** jeder Warengruppe und insgesamt zu erhalten. Zu den variablen Handlungskosten zählen z. B. warenbezogene Verpackungen und Ausgangsfrachten.

Die Deckungsbeiträge geben an, mit wie viel Euro jede Warengruppe zur Deckung der fixen Kosten und zur Erzielung von Gewinn beiträgt.

Das Unternehmen erzielt einen **Betriebsgewinn,** wenn die Summe der Deckungsbeiträge größer ist als die insgesamt angefallenen fixen Kosten. Reichen die Deckungsbeiträge nicht aus, um die fixen Kosten zu decken, so ergibt sich ein **Betriebsverlust.**

Deckungsbeiträge > fixe Kosten = Betriebsgewinn
Deckungsbeiträge < fixe Kosten = Betriebsverlust

Aufteilung der Handlungskosten

Um die obige Kalkulation anwenden zu können, ist es erforderlich, die Handlungskosten in ihre variablen und fixen Kostenbestandteile aufzuteilen. Dies kann nur durch eine Kostenuntersuchung im jeweiligen Betrieb vorgenommen werden. Im folgenden Beispiel unterstellen wir, dass eine solche Untersuchung erfolgt ist und zu den im nachfolgenden Beispiel genannten Aufteilungsmerkmalen geführt hat.

Wie berechnet man den Deckungsbeitrag?

Beispiel

Im Unternehmen Kern wird aus den Zahlen der Betriebsergebnisrechnung von Seite 280 folgende Aufteilung der Warenaufwendungen und Handlungskosten in **variable und fixe Kosten** vorgenommen:

Kostenart	Betrag	Aufteilungs-merkmal	variable Kosten	fixe Kosten
6070 Druckpapier	500.000,00	variabel	500.000,00	–
6075 Kopierpapier	300.000,00	variabel	300.000,00	–
6080 Umschlagkarton	180.000,00	variabel	180.000,00	–
6085 Saugpapier	20.000,00	variabel	20.000,00	–
Zwischensumme: **Warenaufwendungen**	**1.000.000,00**		**1.000.000,00**	–
6140 Frachten u. Fremdl.	10.000,00	variabel	10.000,00	–
6200 Löhne	49.000,00	3 : 4	21.000,00	28.000,00
6300 Gehälter	33.000,00	fix	–	33.000,00
6400 Soz. Aufwend.	14.000,00	2 : 5	4.000,00	10.000,00
6520 Kalk. Abschreib.	26.000,00	fix	–	26.000,00
6700 Mieten	15.000,00	fix	–	15.000,00
6850 Reisekosten	16.000,00	3 : 1	12.000,00	4.000,00
70 . . Betriebl. Steuern	17.000,00	fix	–	17.000,00
7510 Kalkulat. Zinsen	27.500,00	fix	–	27.500,00
Unternehmerlohn	10.000,00	fix	–	10.000,00
Zwischensumme: **Handlungskosten**	**217.500,00**		**47.000,00**	**170.500,00**

Von den variablen Handlungskosten entfallen auf die einzelnen Warengruppen:

Kostenart	Betrag	Druckpapier	Kopierpapier	Umschl.-Kart.	Saugpapier
Frachten u. Fremdl.	10.000,00	4.000,00	3.000,00	3.000,00	0,00
Löhne	21.000,00	9.000,00	5.000,00	5.000,00	2.000,00
Soz. Aufwend.	4.000,00	2.000,00	1.000,00	1.000,00	0,00
Reisekosten	12.000,00	3.000,00	3.000,00	4.000,00	2.000,00
Summe	**47.000,00**	**18.000,00**	**12.000,00**	**13.000,00**	**4.000,00**

Auf dieser Grundlage ist die **Deckungsbeitragskalkulation** nach dem Schema von Seite 320 durchzuführen.

Kalkulationsschema	Druck-papier	Kopier-papier	Umschlag-karton	Saug-papier	Summe
Nettoumsatzerlöse	620.000,00	380.000,00	225.000,00	25.000,00	1.250.000,00
– Warenaufwendg.	500.000,00	300.000,00	180.000,00	20.000,00	1.000.000,00
Warenrohgewinn	120.000,00	80.000,00	45.000,00	5.000,00	250.000,00
– var. Handlungskosten	18.000,00	12.000,00	13.000,00	4.000,00	47.000,00
Deckungsbeitrag	**102.000,00**	**68.000,00**	**32.000,00**	**1.000,00**	**203.000,00**
– fixe Kosten	–	–	–	–	**170.500,00**
Betriebsgewinn					**32.500,00**

Auswertung

Aus der obigen Kalkulation ist abzulesen, dass alle vier Warengruppen **positive Deckungsbeiträge** erzielen, d. h., bei allen Warengruppen liegen die Umsatzerlöse über deren variablen Kosten. Alle Warengruppen leisten somit über ihre positiven Deckungsbeiträge einen Beitrag zur Deckung der fixen Kosten. Da die Summe der Deckungsbeiträge mit 203.000,00 € über den fixen Kosten (170.500,00 €) liegt, erwirtschaftet das Unternehmen einen **Betriebsgewinn** von 32.500,00 € (vgl. auch BAB, Seite 312).

Wie berechnet man den Deckungsbeitrag?

Ertragskraft der Warengruppen

Aussagefähig ist der Prozentanteil der Deckungsbeiträge an den Umsatzerlösen jeder Warengruppe. Mit dieser Prozentzahl lässt sich feststellen, wie **ertragsstark** oder **ertragsschwach** eine Warengruppe ist.

	Druckpapier	Kopierpapier	Umschlagkarton	Saugpapier
Deckungsbeitrag	102.000,00 €	68.000,00 €	32.000,00 €	1.000,00 €
Umsatzerlöse	620.000,00 €	380.000,00 €	225.000,00 €	25.000,00 €
Deckungsbeitrag in Prozent des Umsatzes	16,5 %	17,9 %	14,2 %	4,0 %

Im obigen Beispiel sind die Warengruppen „Druckpapier" und „Kopierpapier" ertragsstärker als die Warengruppen „Umschlagkarton" und „Saugpapier". Besondere Aufmerksamkeit lenken wir auf die Warengruppe **„Umschlagkarton".** Diese Warengruppe hat nach der Betriebsabrechnung von Seite 312 mit einem **Verlust** von 2.000,00 € (= 0,88 %) abgeschlossen. Hiernach hätte es nahe gelegen, **diese Warengruppe aus dem Sortiment herauszunehmen.** Erst die Kalkulation nach Deckungsbeiträgen zeigt, dass eine solche Entscheidung **falsch** gewesen wäre. Denn diese Warengruppe erzielt einen recht **hohen positiven Deckungsbeitrag** und leistet damit ihren Beitrag zur Deckung der fixen Kosten. Der Betriebsabrechnungsbogen kann hierüber keine Aussage machen, da in ihm keine Unterscheidung nach fixen und variablen Kosten getroffen, sondern eine Aufteilung aller Handlungskosten nach den verursachenden Kostenstellen vorgenommen wird.

Optimale Sortimentgestaltung

Das zuvor gezeigte Verfahren zur Bestimmung der Ertragskraft einzelner Warengruppen wird genutzt, um das Warensortiment auf einen **möglichst hohen Gesamtertrag** auszurichten. Hierzu werden die Warengruppen nach ihrer **Ertragskraft** in eine **Rangfolge** gebracht, in der sie im Sortiment gepflegt werden:

1. Rang: Warengruppe **„Kopierpapier"** mit .... **17,9 %**
2. Rang: Warengruppe **„Druckpapier"** mit .... **16,5 %**
3. Rang: Warengruppe **„Umschlagkarton"** mit .... **14,2 %**
4. Rang: Warengruppe **„Saugpapier"** mit .... **4,0 %**

AUFGABEN

346

1. *Worin besteht der Vorteil der Deckungsbeitragsrechnung gegenüber der Vollkostenrechnung?*
2. *Was versteht man unter „Deckungsbeitrag"?*
3. *Unterscheiden Sie variable Kosten und fixe Kosten voneinander.*
4. *Nennen Sie Beispiele für variable und fixe Handlungskosten.*
5. *Warum ist es grundsätzlich vorteilhaft, einen Artikel nicht aus dem Sortiment herauszunehmen, wenn er einen positiven Deckungsbeitrag erzielt?*

347

In einer Großhandlung werden die drei Warengruppen A, B und C geführt. Im Monat Juni wurden folgende Umsatzerlöse und Kosten ermittelt:

	Warengruppen		
	A	B	C
Nettoumsatzerlöse	124.000,00	165.000,00	84.000,00
Warenaufwendungen (Einzelkosten)	77.500,00	110.000,00	60.000,00
variable Handlungskosten	15.500,00	16.500,00	15.000,00
fixe Handlungskosten insgesamt		28.000,00	

Bestimmen Sie die Deckungsbeiträge jeder Warengruppe und insgesamt sowie das Betriebsergebnis.

6476322

Eine Textilgroßhandlung hat aufgrund ihrer Vollkostenrechnung für den Monat April in den drei Warengruppen Herrenoberbekleidung, Damenoberbekleidung und Kinderbekleidung folgende Erlöse und Kosten festgestellt: 348

	Herrenoberbekleidung	Damenoberbekleidung	Kinderbekleidung	insgesamt
Nettoumsatzerlöse	602.550,00	838.800,00	426.250,00	1.867.600,00
Warenaufwendungen	329.600,00	466.000,00	220.000,00	1.015.600,00
Handlungskosten	180.000,00	280.000,00	100.000,00	560.000,00

Aufgrund einer Kostenanalyse ist festgestellt worden, dass 20 % der Handlungskosten variable Gemeinkosten sind. Die restlichen Handlungskosten gelten als fix.

1. *Berechnen Sie den Deckungsbeitrag für jede Warengruppe und insgesamt.*
2. *Bestimmen Sie den Betriebsgewinn.*
3. *Errechnen Sie die Ertragskraft der einzelnen Warengruppen.*
4. *Legen Sie die optimale Sortimentgestaltung fest.* ■

In einer Großhandlung mit den drei Warengruppen I, II und III wurden für den Monat November folgende Erlöse und Kosten ermittelt: 349

Warenaufwendungen:	6070 Warengruppe I	220.000,00 €
	6075 Warengruppe II	340.000,00 €
	6080 Warengruppe III	180.000,00 €
Umsatzerlöse:	5110 Warengruppe I	365.000,00 €
	5120 Warengruppe II	510.000,00 €
	5130 Warengruppe III	250.000,00 €

Die Handlungskosten betrugen im Monat November insgesamt 350.000,00 €. Sie verteilen sich aufgrund der durchgeführten Kostenstellenrechnung wie folgt auf die einzelnen Warengruppen:

	Warengruppe I	Warengruppe II	Warengruppe III
Handlungskosten	100.000,00 €	160.000,00 €	90.000,00 €

25 % der Handlungskosten gelten als variable Gemeinkosten.
Der Rest der Handlungskosten ist fix.

1. *Ermitteln Sie die Deckungsbeiträge für jede Warengruppe und insgesamt sowie das Betriebsergebnis.*
2. *Geben Sie die optimale Sortimentgestaltung an.* ■

Zur Untersuchung der Kosten- und Ertragssituation ist aus drei Warengruppen je eine Ware repräsentativ ausgewählt worden. Für diese Waren wurden folgende Angaben ermittelt: 350

	Ware A	Ware B	Ware C
Bezugspreis je Stück	36,00 €	46,50 €	26,00 €
variable Handlungskosten je Stück	21,00 €	26,00 €	12,00 €
Barverkaufspreis je Stück	63,00 €	75,00 €	42,00 €
Absatzmenge	1 300 Stück	1 200 Stück	1 500 Stück
fixe Kosten	12.500,00 €		

1. *Bestimmen Sie den Deckungsbeitrag für jede Ware.*
2. *Berechnen Sie den Betriebserfolg.*
3. Von der Ware A können monatlich 1 250 Stück und von der Ware C 1 480 Stück abgesetzt werden. *Wie viel Stück müssten von der Ware B verkauft werden, damit ein Gewinn von 10.000,00 € erzielt wird?* ■

AUFGABEN

351 In einer Großhandlung mit vier Warengruppen wurden im Monat August folgende Erlöse und Kosten ermittelt:

	WG I	WG II	WG III	WG IV
Nettoumsatzerlöse	210.000,00	184.000,00	244.000,00	112.000,00
Warenaufwendungen	130.000,00	118.000,00	168.000,00	81.000,00
variable Gemeinkosten	28.000,00	16.500,00	34.000,00	12.000,00
fixe Kosten	67.400,00			

Bestimmen Sie die Deckungsbeiträge, das Betriebsergebnis und die ertragsoptimale Rangfolge der Warengruppen. ■

352 Ein Hobby- und Baumarkt führt eine selbstständige Abteilung mit den Warengruppen „Gartengeräte" und „Gartenmöbel". Für den abgelaufenen Monat liegen aus der Buchhaltung und der Kostenrechnung folgende Zahlen vor:

	Warengruppe Gartengeräte	Warengruppe Gartenmöbel
Umsatzerlöse, brutto	70.000,00	48.000,00
Erlösberichtigungen	2.500,00	1.200,00
Frachten (Einzelkosten)	600,00	300,00
Warenaufwendungen	38.100,00	25.600,00
variable Handlungskosten	8.500,00	5.100,00
fixe Kosten	22.500,00	

1. *Berechnen Sie die Deckungsbeiträge für jede Warengruppe und insgesamt.*
2. *Berechnen Sie den Betriebserfolg und die optimale Sortimentgestaltung.* ■

353 In einer Großhandlung wird der monatliche Betriebserfolg für vier Warengruppen mithilfe der Deckungsbeitragsrechnung ermittelt. Für den Monat September liegen folgende Zahlen vor:

	Warengruppe A	Warengruppe B	Warengruppe C	Warengruppe D
Bezugspreis/Stück	80,00	64,00	124,00	48,00
Barverkaufspreis/Stück	125,00	90,00	128,00	67,50
Absatz in Stück	2 400	3 200	1 800	4 600

Die Handlungskosten betragen nach den Aufzeichnungen in der Betriebsergebnisrechnung insgesamt 330.000,00 €. Sie gliedern sich wie folgt auf:

Kostenart	Betrag	fix : variabel	fixe Handlungskosten	variable Handlungskosten			
				WG A	WG B	WG C	WG D
Frachten	40.000,00	variabel	–	8.000,00	7.000,00	12.000,00	13.000,00
Löhne	50.000,00	4 : 1	40.000,00	4.000,00	2.000,00	3.000,00	1.000,00
Gehälter	30.000,00	fix	30.000,00	–	–	–	–
soz. Aufwend.	24.000,00	5 : 1	20.000,00	1.500,00	500,00	1.500,00	500,00
kalk. Abschr.	60.000,00	fix	60.000,00	–	–	–	–
Mieten	16.000,00	fix	16.000,00	–	–	–	–
Werbung	35.000,00	3 : 4	15.000,00	5.500,00	4.500,00	6.000,00	4.000,00
Beiträge	5.000,00	fix	5.000,00	–	–	–	–
betr. Steuern	18.000,00	2 : 1	12.000,00	2.500,00	1.000,00	1.500,00	1.000,00
kalk. Zinsen	42.000,00	fix	42.000,00	–	–	–	–
Untern.-Lohn	10.000,00	fix	10.000,00	–	–	–	–
insgesamt	330.000,00		250.000,00	21.500,00	15.000,00	24.000,00	19.500,00

1. *Berechnen Sie die Deckungsbeiträge für jede Warengruppe und insgesamt.*
2. *Berechnen Sie den Betriebserfolg.*
3. *Erläutern Sie die Erfolgssituation der Warengruppe C.*
4. *Beurteilen Sie die Ertragskraft der einzelnen Warengruppen.* ■

6476324

Katja Kern entscheidet die Annahme von Zusatzaufträgen mithilfe der variablen Kosten

6.5.3

Zusatzaufträge

Unter **Zusatzaufträgen** wollen wir alle Aufträge verstehen, die in wirtschaftlich schwierigen Zeiten zusätzlich zu den laufenden Aufträgen zu Sonderkonditionen (z. B. niedrigere Preise, längere Zahlungsfristen, günstigere Lieferungsbedingungen) angenommen werden. Der Großhändler ist zur Annahme solcher Aufträge bereit,

- um die vorhandene Kapazität an Arbeitskräften, Fahrzeugen und Maschinen besser nutzen zu können und
- um das Betriebsergebnis zu verbessern.

Gerade der letzte Punkt ist für den Großhändler von besonderem Interesse. Um aber entscheiden zu können, ob ein Zusatzauftrag das Betriebsergebnis verbessert, genügt nicht die Kenntnis des Barverkaufspreises auf Vollkostenbasis. Vielmehr muss der Großhändler über die **variablen Kosten des Zusatzauftrags** Bescheid wissen.

Beispiel

Frau Kern kann einen Zusatzauftrag von einem neuen Kunden über **60 Paletten Kopierpapier** erhalten, wenn sie einen Verkaufspreis von **900,00 € je Palette** akzeptiert. Um zu sehen, wie dieser Auftrag sich auf ihren Betriebsgewinn auswirkt, untersucht sie zunächst die bisherige Kosten- und Absatzsituation für die vier Warengruppen (vgl. Situation Seite 316).

	Druckpapier	Kopierpapier	Umschlagkarton	Saugpapier
Bezugspreis je Einheit (vgl. S. 311, Aufg. 337)	1.400,00 € (je Palette)	800,00 € (je Palette)	1.312,50 € (je Palette)	105,00 € (je 100 Packg.)
+ **Handlungskosten** (vgl. BAB S. 310)	20 % 280,00 €	22 % 176,00 €	26,1 % 342,56 €	22,5 % 23,63 €
Selbstkostenpreis	1.680,00 €	976,00 €	1.655,06 €	128,63 €
+ **3 % Gewinn**	50,40 €	29,28 €	49,65 €	3,86 €
Barverkaufspreis	1.730,40 €	1.005,28 €	1.704,71 €	132,49 €
gerundeter Preis (von Frau Kern so festgelegt)	**1.732,00 €**	**1.005,30 €**	**1.704,50 €**	**133,00 €**
Absatzmenge	**358 Paletten**	**378 Paletten**	**132 Paletten**	**188 Großpackg.**
Umsatzerlöse (gerundet)	**620.000,00 €**	**380.000,00 €**	**225.000,00 €**	**25.000,00 €**
– **variable Kosten** (vgl. S. 321)	**518.000,00 €**	**312.000,00 €**	**193.000,00 €**	**24.000,00 €**
Deckungsbeitrag	102.000,00 €	68.000,00 €	32.000,00 €	1.000,00 €
variable Kosten je Einheit (= var. Stückkosten, gerundet)	518.000,00 € / 358 Paletten = 1.446,93 €	312.000,00 € / 378 Paletten = **825,40 €**	193.000,00 € / 132 Paletten = 1.462,12 €	24.000,00 € / 188 Großpackg. = 127,66 €

Erläuterungen

❶ In der obigen Kosten- und Absatzsituation erzielt jede Warengruppe einen positiven Deckungsbeitrag und die Summe der Deckungsbeiträge (= 203.000,00 €) **übersteigt die fixen Kosten** (= 170.500,00 €, vgl. S. 321), sodass ein Betriebsgewinn von 32.500,00 € erzielt wird.

❷ Der Zusatzauftrag für Kopierpapier ist zu einem Preis zu akzeptieren (= 900,00 €), der deutlich **unter dem kalkulierten Barverkaufspreis** (= 1.005,30 €) liegt.

❸ Frau Kern muss prüfen, ob der Preis für den Zusatzauftrag noch **über den variablen Kosten** dieses Auftrages liegt. Dann lohnt sich die Annahme, weil ja über die bisherigen Umsatzerlöse bereits **alle Kosten** – insbesondere die fixen Kosten – gedeckt sind. Der Zusatzauftrag könnte also zu den variablen Kosten, die dieser Auftrag verursacht, angenommen werden.

Katja Kern entscheidet die Annahme von Zusatzaufträgen mithilfe der variablen Kosten

► Aus der vorstehenden Aufstellung ist zu entnehmen, dass die Warengruppe „Kopierpapier" **variable Stückkosten von 825,40 €** verursacht. Der Zusatzauftrag bringt also einen Überschuss des Verkaufspreises über die variablen Stückkosten von (900,00 € – 825,40 € =) **74,60 €** je Palette. Die zusätzlichen Umsatzerlöse betragen also 60 · 900,00 € = 54.000,00 €, die dadurch entstehenden zusätzlichen variablen Kosten 60 · 825,40 € = 49.524,00 €. **Der Betriebsgewinn erhöht sich um den Differenzbetrag von 4.476,00 €** (= 60 · 74,60 €).

Ergebnisrechnung

Die folgende **Ergebnisrechnung** verdeutlicht diese Situation:

Ergebnisrechnung	Druckpapier	Kopierpapier	Umschlagkarton	Saugpapier	insgesamt
Umsatzerlöse aus lfd. Absatz	620.000,00	380.000,00	225.000,00	25.000,00	1.250.000,00
+ Umsatzerlöse aus Zusatzauftrag	–	**54.000,00**	–	–	54.000,00
Umsatzerlöse insg.	620.000,00	434.000,00	225.000,00	25.000,00	1.304.000,00
– variable Kosten aus lfd. Absatz	518.000,00	312.000,00	193.000,00	24.000,00	1.047.000,00
– variable Kosten aus Zusatzauftrag	–	**49.524,00**	–	–	49.524,00
Deckungsbeitrag	102.000,00	72.476,00	32.000,00	1.000,00	207.476,00
– fixe Kosten	–	–	–	–	170.500,00
Betriebsgewinn					**36.976,00**

AUFGABEN

354 Ein Großhandelsunternehmen, das Spritzgussteile verkauft, schloss die Kostenrechnung im Monat Juni mit folgenden Zahlen ab:

Absatz	variable Gesamtkosten	fixe Gesamtkosten
8 400 Stück	126.000,00 €	84.000,00 €

Es wird damit gerechnet, dass in Zukunft ein Absatz von 7 500 Stück zum Preis von 30,00 € je Stück möglich ist.

1. *Errechnen Sie den Betriebserfolg bei der erwarteten Absatzlage.*
2. *Lohnt sich die Hereinnahme eines Zusatzauftrags über 1 500 Stück, der zum Preis von 22,00 € je Stück abgerechnet werden muss?*
3. *Zu welchem kostendeckenden Preis könnten 7 500 Stück angeboten werden?* ■

355 Ein Uhrengroßhändler verkauft zwei Funkuhren, Typ A und Typ B, unter folgenden Bedingungen:

Typ	monatlicher Absatz	variable Stückkosten	fixe Kosten	Verkaufspreis
A	6 000	35,00	140.000,00	75,00
B	4 000	56,00	200.000,00	120,00

1. *Errechnen Sie den Deckungsbeitrag sowie den Betriebsgewinn.*
2. *Bestimmen Sie, ob sich die Annahme eines Zusatzauftrags über 500 Uhren vom Typ A zum Preis von 40,00 € je Uhr lohnt.*
3. *Um Absatzeinbußen bei der Uhr von Typ B zu vermeiden, will der Unternehmer den Betriebsgewinn bei Uhr B vorübergehend auf 50.000,00 € senken. Ermitteln Sie den Verkaufspreis, zu dem eine Uhr unter dieser Bedingung angeboten werden kann.* ■

6476326

Preisuntergrenze

Die Preisuntergrenze gibt den Verkaufspreis an, den ein Großhandelsunternehmen für eine Ware fordern muss, um **kurzfristig** oder **langfristig** bestehen zu können. In wirtschaftlich schlechten Zeiten, die durch Absatzeinbußen gekennzeichnet sind, wird die Unternehmensleitung gezwungen sein die Verkaufspreise zu senken, um den Absatzrückgang aufzuhalten. Man muss aber wissen, in welchem Ausmaß die Preissenkung vorgenommen werden kann, ohne dass das Unternehmen in Schwierigkeiten gerät.

Langfristige Preisuntergrenze

Die langfristige Preisuntergrenze legt den Preis für eine Ware oder die Preise für mehrere Waren so fest, dass insgesamt (bei allen Warengruppen) **kostendeckende Umsatzerlöse** erzielt werden. Das Unternehmen kann in dieser Situation über längere Zeit fortgeführt werden, da alle Kosten gedeckt werden und somit auch Ersatzinvestitionen durchführbar sind. Zur Erhaltung der Arbeitsplätze und zur Stabilisierung des Absatzes wird die Unternehmensleitung diese Preisuntergrenze anstreben.

Beispiel

Frau Kern befürchtet, dass in der nächsten Zeit der Absatz für die Warengruppe „Umschlagkarton" bei dem derzeitigen Preis rückläufig sein wird. Um den Absatzrückgang aufzuhalten, ist sie bereit den Verkaufspreis dieser Warengruppe so weit zu senken, dass **insgesamt gerade noch alle Kosten gedeckt werden.** Das Unternehmen erzielt dann **keinen Betriebsgewinn** mehr.

Das Unternehmen Kern hat bisher einen **Betriebsgewinn von 32.500,00 €** erzielt (vgl. Seite 321). Um diesen Betrag können die Umsatzerlöse bei der Warengruppe „Umschlagkarton" niedriger ausfallen. Diese Warengruppe hat bisher bei einer Absatzmenge von **132 Paletten** und einem Verkaufspreis von **1.704,50 €** (vgl. Seite 325) einen Umsatzerlös von **225.000,00 €** (vgl. Seite 321) erzielt. Die durch Preissenkung angestrebten Umsatzerlöse betragen dann:

	Bisherige Umsatzerlöse (vgl. Seite 321)	**225.000,00 €**
–	**Bisheriger Betriebsgewinn** (vgl. Seite 321)	**– 32.500,00 €**
	Angestrebte Umsatzerlöse	**192.500,00 €**
	Absatzmenge	**132 Paletten**
	Herabgesetzter Verkaufspreis (192.500,00 A : 132 Paletten =)	**1.458,33 €**

Auf der Grundlage des neuen Verkaufspreises für die Warengruppe „Umschlagkarton" ergibt sich folgende Ergebnisrechnung (vgl. auch Seite 321):

Ergebnisrechnung	Druckpapier	Kopierpapier	Umschlagkarton	Saugpapier	Summe
Nettoumsatzerlöse	620.000,00	380.000,00	192.500,00	25.000,00	1.217.500,00
– Warenaufwendgn.	500.000,00	300.000,00	180.000,00	20.000,00	1.000.000,00
Warenrohgewinn	120.000,00	80.000,00	12.500,00	5.000,00	217.500,00
– var. Handl.-Kosten	18.000,00	12.000,00	13.000,00	4.000,00	47.000,00
Deckungsbeitrag	**102.000,00**	**68.000,00**	**– 500,00**	**1.000,00**	**170.500,00**
– fixe Kosten	–	–	–	–	**170.500,00**
Betriebsgewinn					**0,00**

Selbstverständlich kann das Unternehmen die Preissenkung auch bei mehreren (oder allen) Warengruppen vornehmen. Dazu wird der Betriebsgewinn (im Beispiel 32.500,00 €) anteilig auf die Warengruppen verteilt und die Umsatzerlöse und damit die Verkaufspreise werden entsprechend herabgesetzt.

Kurzfristige Preisuntergrenze

Die kurzfristige Preisuntergrenze (= absolute Preisuntergrenze) legt den Preis (oder die Preise) fest, der genau die **variablen Kosten** der jeweiligen Warengruppe deckt. **Die Verkaufspreise sind in diesem Fall also gleich den variablen Stückkosten.** In Höhe der gesamten fixen Kosten (= Kosten der Betriebsbereitschaft) ergibt sich dann ein **Betriebsverlust.** Das Unternehmen kann nur kurzfristig auf den Ersatz der ohnehin anfallenden fixen Kosten verzichten und wird nur in wirtschaftlichen Notfällen diese Preisuntergrenze anstreben.

Beispiel Im Unternehmen Kern werden die kurzfristigen Preisuntergrenzen für alle Warengruppen nach folgender Rechnung ermittelt (die Zahlen sind der Tabelle von Seite 325 entnommen):

Kurzfristige Preisuntergrenze	Druckpapier	Kopierpapier	Umschlagkarton	Saugpapier
variable Kosten / Absatzmenge	518.000,00 € / 358 Paletten = **1.446,93 €**	312.000,00 € / 378 Paletten = **825,40 €**	193.000,00 € / 132 Paletten = **1.462,12 €**	24.000,00 € / 188 Packungen = **127,66 €**

Liquiditätsorientierte Preisuntergrenze

Die Ausrichtung der Verkaufspreise nach der kurzfristigen Preisuntergrenze kann ein Unternehmen in **Liquiditätsschwierigkeiten** bringen. Da in der kurzfristigen Preisuntergrenze nur die variablen Kosten erfasst werden, bleiben diejenigen fixen Kosten, **die kurzfristig zu Ausgaben führen,** unberücksichtigt; das sind insbesondere Mietaufwendungen, betriebliche Steuern, Gehälter, Löhne, Soziale Aufwendungen, Versicherungsbeiträge. Die liquiditätsorientierte Preisuntergrenze wird nach folgender Rechnung festgelegt:

$$\textbf{Liquiditätsorientierte Preisuntergrenze} = \frac{\textbf{variable Kosten + ausgabewirksame fixe Kosten}}{\textbf{Absatzmenge}}$$

AUFGABEN

356

1. *Erklären Sie die Begriffe kurzfristige, langfristige und liquiditätsorientierte Preisuntergrenze.*
2. *Begründen Sie, warum ein Großhandelsbetrieb langfristig nicht existieren kann, wenn die Umsatzerlöse gerade die gesamten Kosten decken.* ■

357 In einem Großhandelsbetrieb wird eine Warengruppe zu variablen Stückkosten in Höhe von 45,00 € und fixen Kosten je Abrechnungsperiode in Höhe von 120.000,00 € kalkuliert. Die monatliche Absatzmenge beträgt 5 000 Stück.

Geben Sie die langfristige und kurzfristige Preisuntergrenze an. ■

358 Eine Großhandlung führt drei Warengruppen. Die KLR liefert folgende Daten:

	WG I	WG II	WG III
Verkaufspreis	62,50 €	36,00 €	40,00 €
variable Stückkosten	40,00 €	20,00 €	25,00 €
fixe Kosten		460.000,00 €	
Absatzmenge	8 000 Stück	10 000 Stück	20 000 Stück

1. *Bestimmen Sie die Deckungsbeiträge sowie das Betriebsergebnis.*
2. *Bei der WG II liegen Absatzschwierigkeiten vor. Der Preis dieser Warengruppe soll so weit gesenkt werden, dass deren Erlös gerade noch die variablen Kosten deckt. Zu welchem Preis muss die Ware angeboten werden?*
3. *Der Unternehmer strebt die langfristige Preisuntergrenze an, um den Absatz der Warengruppe II halten zu können. Bei welchem Preis wird die langfristige Preisuntergrenze erreicht, wenn Preise und Kosten der übrigen Warengruppen unverändert bleiben?* ■

6.5.5 Welche Entscheidungen lassen sich mithilfe des Stückdeckungsbeitrags treffen?

Situation

Frau Kern sucht nach einer „Maßzahl" für ihre vier Warengruppen, mit der sie veränderte Absatz- oder Kostensituationen schnell einschätzen kann (z. B. einem Kunden durch Zugeständnisse im Preis entgegenkommen, die absolute Preisuntergrenze im Auge behalten, die Erhöhung der Einkaufspreise in ihren Auswirkungen auf den Erfolg beachten, wissen, welche Absatzmenge bei einer Warengruppe erforderlich ist, damit diese Warengruppe Gewinn erzielt). Ihr Mitarbeiter aus der „Kostenrechnung", mit dem sie ihr Problem bespricht, macht ihr den Vorschlag, den **Stückdeckungsbeitrag** als „Maßzahl" zu verwenden. Er stellt ihr dazu folgende Rechnung auf:

Berechnung des Stückdeckungsbeitrags	Druckpapier	Kopierpapier	Umschlag-karton	Saugpapier
Barverkaufspreis (s. S. 325)	1.732,00 €	1.005,30 €	1.704,50 €	133,00 €
– **variable Stückkosten** (s. S. 325)	1.446,93 €	825,40 €	1.462,12 €	127,66 €
Stückdeckungsbeitrag	**285,07 €**	**179,90 €**	**242,38 €**	**5,34 €**

Erläuterung

Jede verkaufte Palette oder Großpackung Papier erzielt den oben angegebenen **positiven Stückdeckungsbeitrag,** d. h., der positive Stückdeckungsbeitrag gibt an, um wie viel Euro der **Verkaufspreis über den variablen Stückkosten** liegt. Mit diesem Betrag trägt jede verkaufte Wareneinheit zur Deckung der fixen Kosten und zur Erzielung von Gewinn bei. Wäre der Stückdeckungsbeitrag **negativ,** so lägen die variablen Kosten über dem Verkaufspreis.

❶ Was sagt der Stückdeckungsbeitrag hinsichtlich des Betriebserfolgs aus?

Ein positiver Stückdeckungsbeitrag verbessert in jedem Fall den Betriebserfolg. Da im obigen Beispiel alle vier Warengruppen positive Stückdeckungsbeiträge erzielen, kann die Erfolgssituation insgesamt als „gut" eingeschätzt werden. Frau Kern sollte darauf achten, dass vor allem die Warengruppen mit den höchsten Stückdeckungsbeiträgen verkauft werden. Die Vermutung liegt nahe, dass diese Warengruppen ertragsstark sind. Sehen Sie sich in diesem Zusammenhang die Prozentzahlen auf Seite 322 an, die etwas über die Ertragskraft der einzelnen Warengruppen aussagen.

Ein Stückdeckungsbeitrag gleich null trägt nicht mehr zur Deckung der fixen Kosten bei. Er besagt, dass die zugehörige Ware genau zu ihren variablen Stückkosten verkauft wird. In dieser Situation ist die **absolute Preisuntergrenze** (vgl. Seite 328) erreicht. Für Frau Kern geht der Preisspielraum nur bis zu dieser Grenze.

Ein negativer Stückdeckungsbeitrag verschlechtert in jedem Fall den Betriebserfolg. In diesem Fall deckt der Verkaufspreis noch nicht einmal die variablen Stückkosten. Zur Deckung der fixen Kosten trägt er ohnehin nicht bei. In dieser Situation sollte Frau Kern überlegen, ob eine solche Ware nicht ganz aus dem Sortiment herauszunehmen ist. Auch für kurze Zeit kann eine solche Lage nicht hingenommen werden, weil sonst das Unternehmen in seinem Bestand gefährdet ist.

AUFGABE 359

Nehmen Sie zu der Frage Stellung, welche Warengruppen Frau Kern vorrangig im Absatz fördern sollte, um ihren Betriebserfolg möglichst groß zu machen. ■

Welche Entscheidungen lassen sich mithilfe des Stückdeckungsbeitrags treffen?

❷ Wie lässt sich über den Stückdeckungsbeitrag feststellen, welche Auswirkung eine Preissenkung oder -erhöhung auf den Betriebserfolg hat?

Beispiel Frau Kern möchte die Absatzsituation bei der Warengruppe „Umschlagkarton" verbessern. Sie weiß durch Befragung ihrer Kunden, dass sie bei einer Preissenkung um **50,00 € je Palette 40 Paletten** mehr absetzen könnte.

Welche Auswirkung hätte diese Preissenkung auf den Betriebsgewinn?

Bei einer Preissenkung um 50,00 € je Palette würde sich der Stückdeckungsbeitrag auch um diesen Betrag verringern. Die Auswirkung dieser Preissenkung lässt sich also über den Stückdeckungsbeitrag wie folgt berechnen:

Umschlagkarton	Stückdeckungsbeitrag	Absatzmenge	Gesamter Deckungsbeitrag
Bisherige Situation	242,38 €	132 Paletten	31.994,16 €
Situation nach der Preissenkung	192,38 €	172 Paletten	33.089,36 €

Erläuterung Offensichtlich gelingt es Frau Kern in dieser Situation, durch Senkung des Preises eine so große Zunahme des Absatzes zu erreichen, dass der Deckungsbeitrag von 31.994,16 € auf 33.089,36 €, also um **1.095,20 €,** zunimmt. Um diesen Betrag würde auch der **Betriebsgewinn steigen.**

AUFGABE

360 Frau Kern hat den Stückdeckungsbeitrag für Kopierpapier mit 179,90 € berechnet (vgl. Seite 329). Sie möchte den Verkaufspreis für Kopierpapier um 5 % heraufsetzen, rechnet dabei aber mit einem Absatzrückgang von bisher 378 Paletten auf 350 Paletten.

Welche Auswirkung würde die Preiserhöhung auf den Betriebserfolg haben? ■

❸ Wie lässt sich mithilfe des Stückdeckungsbeitrags die Gewinnschwellenmenge (= Break-even-Point) berechnen?

Die Gewinnschwellenmenge bezeichnet diejenige Absatzmenge, bei der die **Deckungsbeiträge insgesamt gerade die Höhe der fixen Kosten** erreichen. Wird diese Absatzmenge überschritten, erzielt das Unternehmen einen Betriebsgewinn.

Beispiel Frau Kern will erreichen, dass die Warengruppe „Saugpapier" in der nächsten Abrechnungsperiode einen Beitrag von **2.750,00** € zur Deckung der fixen Kosten leistet. Bisher beträgt der Beitrag nur 1.000,00 € (vgl. Seite 325).

Wie viele Großpackungen Saugpapier müssten dazu abgesetzt werden?

Da beim Verkauf einer jeden Großpackung Saugpapier ein Stückdeckungsbeitrag von 5,34 € erzielt wird (vgl. Seite 329), ist hier die Frage zu klären: Wie viel verkaufte Stück erbringen einen Beitrag zur Deckung der fixen Kosten von 2.750,00 €, also

$$x \cdot 5{,}34\,€ = 2.750{,}00\,€ \longleftrightarrow x = \frac{2.750{,}00\,€}{5{,}34\,€} = \mathbf{515}$$

Bei einer Absatzmenge von mindestens **515 Großpackungen** wird das gewünschte Ziel erreicht. Allgemein gilt:

$$\frac{\textbf{Beitrag zur Deckung der fixen Kosten}}{\textbf{Stückdeckungsbeitrag}} = \textbf{Gewinnschwellenmenge}$$

6476330

Ein Großhändler bietet exklusive Badewannenarmaturen zum Preis von 85,00 € je Stück an. Er gewährt dem Einzelhändler 15 % Verkaufsrabatt. **361**

Beim Einkauf sind zu berücksichtigen:

45,00 € Listeneinkaufspreis je Stück, 10 % Einkaufsrabatt, 2 % Einkaufsskonto, Bezugskosten je Stück 0,31 €. Die variablen Handlungskosten betragen 18,00 €.

1. *Berechnen Sie den Deckungsbeitrag je Stück.*
2. *Um wie viel Prozent ließe sich der Barverkaufspreis senken, sodass gerade noch die variablen Handlungskosten gedeckt werden?*
3. Der Großhändler plant zur Steigerung des Absatzes eine Senkung des Preises um 8,00 € je Stück. *Wie viel Stück müsste er zusätzlich verkaufen, um das gleiche Ergebnis wie zuvor zu erreichen (bisheriger Absatz: 60 Armaturen)?*
4. Der Großhändler setzt zur Verbesserung der Absatzlage den Deckungsbeitrag auf 12,00 € je Stück fest. Er rechnet dadurch mit einer Absatzsteigerung von 60 Stück auf 85 Stück je Monat. *Um wie viel € erhöht sich dadurch der gesamte Deckungsbeitrag dieser Armatur?* ■

Ein Maschinengroßhändler führt u. a. in der Warengruppe „Handwerkerbedarf" Bohrmaschinen, Bohrständer und Zubehör. Die folgende Übersicht zeigt die Deckungsbeiträge und Absatzmengen für zwei aufeinander folgende Monate: **362**

	Januar		Februar	
	Deckungsbeitrag je Sück	Absatzmenge	Deckungsbeitrag je Stück	Absatzmenge
Handbohrmaschinen	44,00	50	20,00	90
Bohrständer	22,00	20	22,00	40
Zubehör	8,00	40	8,00	60

Die fixen Kosten betragen in beiden Monaten je 1.800,00 €.

1. *Berechnen Sie den Deckungsbeitrag für jede Ware in beiden Monaten.*
2. *Worauf führen Sie die Verbesserung des Betriebsergebnisses zurück?*
3. Für den Monat März will der Großhändler erreichen, dass der Artikel „Zubehör" einen Beitrag zur Deckung der fixen Kosten von 576,00 € leistet. *Wie viel Stück müssten verkauft werden (Gewinnschwellenmenge)?* ■

363

1. *Was versteht man unter „absoluter Preisuntergrenze"?*
2. *Wie kann trotz Preissenkung bei einem Artikel eine Verbesserung des Betriebserfolgs erreicht werden?*
3. Ein Großhändler senkt den Deckungsbeitrag einer Ware von 34,00 € auf 26,00 € und rechnet dadurch mit einer Absatzsteigerung von 120 Stück auf 210 Stück. *Reicht diese Absatzsteigerung aus, um den gleichen Warengewinn zu erzielen wie zuvor?*
4. *Wie wird der Deckungsbeitrag je Stück brechnet?*
5. *Welche Auswirkung auf den Betriebserfolg ergibt sich,*
   a) *wenn der Deckungsbeitrag je Stück größer als null ist,*
   b) *wenn der Deckungsbeitrag je Stück kleiner als null ist?*
6. Zur Steigerung des Absatzes senkt ein Großhändler den Deckungsbeitrag einer Ware von 16,50 € je Stück auf 11,00 € je Stück. *Wie groß muss die Zunahme des Absatzes in Prozent sein, um den Betriebserfolg zu halten?* ■

7 AUFGABEN zur Wiederholung und Vertiefung

364 *Welcher der folgenden Geschäftsfälle führt zu 1. einem Aktivtausch, 2. einem Passivtausch, 3. einer Aktiv-Passivmehrung, 4. einer Aktiv-Passivminderung?*

a) Wareneinkauf auf Ziel
b) Warenverkauf auf Ziel
c) Banküberweisung an Lieferer zum Rechnungsausgleich
d) Unser Kunde überweist fällige Rechnung durch Banküberweisung.
e) Banküberweisung der Gehälter
f) Zinsgutschrift der Bank
g) Kauf eines Pkw-Anhängers gegen Bankscheck
h) Kapitaleinlage des Geschäftsinhabers durch Bankeinzahlung
i) Abschreibung auf Betriebs- und Geschäftsausstattung
j) Banküberweisung der Umsatzsteuerzahllast
k) Umwandlung einer Liefererschuld in eine Darlehensschuld ■

365 *Welcher der in der vorstehenden Aufgabe genannten Geschäftsfälle bewirkt*

1. eine Erhöhung der Bilanzsumme,
2. eine Verminderung der Bilanzsumme,
3. keine Veränderung der Bilanzsumme? ■

366 *Was bedeutet der Buchungssatz „Warenbestand an Wareneingang"?*

1. Zum Jahresschluss ergibt sich ein Minderbestand an Waren.
2. Zum Jahresschluss ergibt sich ein Mehrbestand an Waren.
3. Zum Jahresschluss liegt keine Bestandsveränderung an Waren vor. ■

367 *Wie wirkt sich eine Warenbestandsminderung auf den Jahreserfolg aus?*

1. Sie erhöht den Jahresgewinn.
2. Sie vermindert den Jahresgewinn.
3. Sie erhöht den Jahresverlust.
4. Sie vermindert den Jahresverlust.
5. Sie hat keine Auswirkungen auf den Jahreserfolg. ■

368 Die Möbelgroßhandlung Peter Schreiner e. K. hat am 5. Januar . . beim Autohaus Tiborius KG einen Lkw gekauft und folgende Rechnung (verkürzt) erhalten:

ER 306	
Lkw S 404	82.500,00 €
+ Werbeaufschrift	3.720,00 €
+ Zulassungskosten	180,00 €
	86.400,00 €
+ 19 % Umsatzsteuer	16.416,00 €
	102.816,00 €

Die Anlagenkartei des o. g. Lkw ist zu ergänzen:

Konto-Nr.: 0840/23		**Bezeichnung der Anlage:** Lkw S 404		**Standort:** Fuhrpark
Lieferer: Autohaus Tiborius KG		**Anschaffungskosten:** ?		
Nutzungsdauer: 9 Jahre		**AfA-Satz:** ?		**AfA-Methode:** linear
Datum	**Beleg**	**Zugang in €**	**AfA/Abgang in €**	**Bestand in €**
. .- 01-05	ER 306	?	?	?

1. *Ermitteln Sie* a) die Anschaffungskosten des Lkw,
b) den Abschreibungsbetrag (AfA) für die Anlagenkartei,
c) den Buchwert am Ende des ersten Nutzungsjahres.

6476332

2. *Bilden Sie die Buchungssätze*
   a) zur Erfassung der Eingangsrechnung ER 306,
   b) zur Erfassung der Abschreibung,
   c) zum Abschluss des Kontos Abschreibungen auf Sachanlagen,
   d) zum Abschluss des Kontos Fuhrpark. ■

Ergänzen Sie: **369**

a) Erträge > Aufwendungen = ?
b) Vorsteuer > Umsatzsteuer = ?
c) Umsatzerlöse > Warenaufwendungen = ?
d) Aufwendungen > Erträge = ?
e) Umsatzsteuer > Vorsteuer = ?
f) Warenaufwendungen > Umsatzerlöse = ?
g) Warenanfangsbestand > Warenschlussbestand = Gewinnauswirkung: + oder –?
h) Warenanfangsbestand < Warenschlussbestand = Gewinnauswirkung: + oder –? ■

Bei den nachstehenden Geschäftsfällen ist zu prüfen, ob sie **370**

1. den Jahresgewinn erhöhen.
2. den Jahresgewinn vermindern.
3. den Jahresverlust erhöhen.
4. den Jahresverlust vermindern.
5. keinen Einfluss auf das Jahresergebnis haben.
6. eine Bilanzverkürzung bewirken.
7. eine Bilanzverlängerung bewirken.

Beachten Sie: Es können mehrere Ergebnisse zutreffen.

a) Kauf einer Verpackungsmaschine auf Ziel
b) Zahlung von Darlehenszinsen
c) Abschreibung auf Betriebs- und Geschäftsausstattung
d) Banküberweisung an den Lieferer abzüglich Skonto
e) Aufnahme eines Darlehens bei der Bank
f) Lastschrift der Bank für Zinsen
g) Zinsgutschrift der Bank
h) Barentnahme aus der Geschäftskasse für Privatzwecke ■

Der Möbelgroßhändler Peter Schreiner e. K. hat von einer Geschäftsreise folgende Belege zu buchen: **371**

HOTEL HUBERTUS
Landhotel

26160 Bad Zwischenahn-Dreibergen
Tel. 04403 8376
Fax 04403 8377
Steuer-Nr. 065 113 22869

Beleg Nr. 167

Rechnung 1 205 Datum: ..-06-28

4 Übernachtungen je 90,00 €	360,00 €
+ 19 % Umsatzsteuer	68,40 €
Rechnungsbetrag	428,40 €

Betrag durch Bankscheckkarte dankend erhalten.

TANK-STATION ILKA PETZOLD E. K.
RAIFFEISENSTR. 52, 26180 RASTEDE
TEL. 04402 82545
Steuer-Nr. 065 234 66257

Beleg Nr. 168

*SUPER BLEIFREI 47,64 EUR *
* ZP 2 33,81 l *

ZWISCHENSUMME 47,64

UST-BRUTTOUMS. 47,64
19,00 % UST
BAR 47,64

BON	DATUM	BED	KASS
0282	..-06-29	0002	0001

AUFGABEN zur Wiederholung und Vertiefung

372 In der Möbelgroßhandlung Peter Schreiner e. K. wurden Nachlässe, Boni und Skonti brutto gebucht:

Auszug aus der Summenbilanz	Soll	Haben
6060 Wareneingang	450.000,00	–
6061 Warenbezugskosten	25.000,00	–
6062 Nachlässe/Rücksendungen	–	23.800,00
6063 Liefererskonti	–	9.520,00
6064 Liefererboni	–	17.850,00
2600 Vorsteuer	18.000,00	–

1. *Ermitteln Sie die Vorsteuerberichtigungen.*
2. *Bilden Sie die entsprechenden Buchungssätze.*
3. *Ermitteln Sie die Anschaffungskosten der Waren.* ■

373 Anschaffung eines Verpackungsautomaten am 10. Januar. Der Lieferer stellt Folgendes in Rechnung: Nettopreis 48.000,00 €, Transportkosten 2.500,00 €, Montagekosten 2.100,00 €, 19 % Umsatzsteuer. Die Fundamentierungskosten einer ortsansässigen Bauunternehmung betragen 2.800,00 € zuzüglich 19 % Umsatzsteuer. Alle Rechnungen werden unter Abzug von 2 % Skonto durch Banküberweisung beglichen. Die betriebsgewöhnliche Nutzungsdauer beträgt zehn Jahre. Lineare AfA-Methode.

1. *Ermitteln Sie die Anschaffungskosten.*
2. *Berechnen Sie den jährlichen Abschreibungsbetrag.*
3. *Ermitteln Sie den Abschreibungssatz.*
4. *Bilden Sie die Buchungssätze zur Erfassung der Eingangsrechnungen.*
5. *Bilden Sie die Buchungssätze für den Rechnungsausgleich durch Banküberweisung.*
6. *Nennen Sie den Buchungssatz für die Abschreibung.*
7. *Wie lautet der Abschlussbuchungssatz des Kontos Abschreibungen auf Sachanlagen?*
8. *Wie hoch ist der Buchwert des Automaten am Ende des achten Jahres?* ■

374 Der folgende Bankkontoauszug der Möbelgroßhandlung Peter Schreiner e. K. ist auszuwerten:

Kontoauszug — Stadtsparkasse Nürnberg

Konto-Nr.	Datum	Ausz.-Nr.	Blatt	Buchungstag	PN-Nr.	Wert	Umsatz
119 233 815	..-12-29	67	1				
Überweisung MÖBELWERKE GMBH, PFORZHEIM RE 7 654 VOM 20. DEZ. .. - 2 % SKONTO (KONTO 60 004)				12-29	0677	12-29	18.659,20 S

PETER SCHREINER E. K.
MÖBELGROSSHANDEL
HERZOGSTRASSE 56
90451 NÜRNBERG

Alter Saldo: H 277.208,60 EUR
Neuer Saldo: H 258.549,40 EUR

1. *Ermitteln Sie*
   a) den Rechnungsbetrag der Möbelwerke GmbH vom 20. Dezember, den Warenwert und die auf der Rechnung ausgewiesene Umsatzsteuer,
   b) den Bruttoskontobetrag,
   c) die Steuerkorrektur aufgrund der Skontoausnutzung,
   d) den Nettoskontobetrag.
2. *Bilden Sie den Buchungssatz*
   a) für die Erfassung der Eingangsrechnung,
   b) für die Banklastschrift bei Nettobuchung des Skontos. ■

AUFGABEN zur Wiederholung und Vertiefung

Die Umsatzsteuerkonten der Möbelgroßhandlung Peter Schreiner e. K. weisen zum 31. Dezember folgende Summen aus: 375

Auszug aus der Summenbilanz	Soll	Haben
2600 Vorsteuer	120.500,00	88.300,00
4800 Umsatzsteuer	143.450,00	163.400,00
8010 Schlussbilanzkonto	–	–

1. *Übertragen Sie die Summen auf die entsprechenden Konten.*
2. *Führen Sie den kontenmäßigen Abschluss der Steuerkonten durch.*
3. *Bilden Sie den Abschlussbuchungssatz.* ■

Woraus setzt sich der Jahresabschluss der Einzelunternehmen und Personengesellschaften zusammen? Welche Aussagen sind a) falsch und b) richtig? 376

1. Der Jahresabschluss umfasst das Inventar, die Schlussbilanz und die Gewinn- und Verlustrechnung.
2. Die Schlussbilanz bildet den Jahresabschluss.
3. Der Jahresabschluss besteht aus Eröffnungsbilanz, Schlussbilanz und GuV-Rechnung.
4. Schlussbilanz und GuV-Rechnung bilden den Jahresabschluss. ■

In der Möbelgroßhandlung Peter Schreiner e. K. befinden sich zum 31. Dezember noch 100 Tische am Lager, die für 200,00 € angeschafft wurden. Zum Bilanzstichtag beträgt der Tagespreis 240,00 € je Tisch. 377

Mit welchem Wert sind die Tische in Inventar und Schlussbilanz einzusetzen?

1. Zum jetzigen Tageswert von 24.000,00 €.
2. In Höhe der Anschaffungskosten von 20.000,00 €.
3. Zum Durchschnittspreis von 22.000,00 €.
4. Zum Anschaffungswert von 20.000,00 € abzüglich einer üblichen Abschreibung. ■

Der folgende Kontoauszug der Möbelgroßhandlung Peter Schreiner e. K. ist auszuwerten: 378

Kontoauszug — Stadtsparkasse Nürnberg

Konto-Nr.	Datum	Ausz.-Nr.	Blatt	Buchungstag	PN-Nr.	Wert	Umsatz
119 233 815	..-12-30	68	1				
GUTSCHRIFT				12-30	8744	12-30	9.621,15 H

STADTWERKE NÜRNBERG
RE 4 541 VOM 22. DEZ. .. – 2 % SKONTO
(KONTO 10 004)

PETER SCHREINER E. K.
MÖBELWERKE
HERZOGSTRASSE 56
90451 NÜRNBERG

Alter Saldo: H 258.549,40 EUR
Neuer Saldo: H 268.170,55 EUR

1. *Ermitteln Sie aus dem Überweisungsbetrag den Rechnungsbetrag der Ausgangsrechnung sowie den Warenwert und die Umsatzsteuer.*
2. *Bilden Sie den Buchungssatz zur Erfassung der Ausgangsrechnung.*
3. *Ermitteln Sie die Steuerkorrektur aufgrund der Skontoausnutzung.*
4. *Buchen Sie die Bankgutschrift bei Nettobuchung des Skontos.* ■

AUFGABEN zur Wiederholung und Vertiefung

379 Die Zahlungsbedingungen in der Ausgangsrechnung an die Stadtwerke Nürnberg (siehe vorgehende Aufgabe) lauteten: „Zahlbar innerhalb von 10 Tagen mit 2 % Skonto oder nach spätestens 30 Tagen ohne Abzug."

Ermitteln Sie den Jahreszinssatz, der dem gewährten Skonto entspricht. ■

380 *Auf welchen Konten werden die folgenden Geschäftsfälle im Haben gebucht?*

a) Zielverkauf von Waren.
b) Kunde erhält Preisnachlass wegen Mängelrüge.
c) Unser Kunde löst Barscheck für Umsatzbonus ein.
d) Lastschrift unseres Lieferers wegen unberechtigten Skontoabzugs.
e) Entnahme von Waren für private Zwecke.
f) Wareneinkauf auf Ziel.
g) Zum 31. Dezember ergibt sich ein Vorsteuerüberhang.
h) Unser Lieferer gewährt Preisnachlass wegen Mängelrüge.
i) Wir erhalten Provision durch Banküberweisung.
j) Zum 31. Dezember ergibt sich eine Umsatzsteuerzahllast. ■

381 Man unterscheidet Ausgaben, Aufwendungen und Kosten.

Nennen Sie je ein Beispiel für

a) Kosten, die kein Aufwand sind,
b) Ausgaben, die keine Kosten sind,
c) Ausgaben, die sowohl Aufwendungen als auch Kosten sind. ■

382 Die Finanzbuchhaltung der Großhandlung P. Zechner OHG weist für das 1. Quartal .. folgende Aufwendungen und Erträge aus:

5110	Umsatzerlöse, Warengruppe 1	861.500,00
5115	Umsatzerlöse, Warengruppe 2	534.200,00
5400	Mieterträge	30.000,00
5420	Entnahme v. G. u. s. L.	5.200,00
5460	Erträge aus dem Abgang von Vermögensgegenständen	24.800,00
5490	Periodenfremde Erträge	30.700,00
5710	Zinserträge	7.800,00
6070	Wareneingang, Warengruppe 1	225.000,00
6075	Wareneingang, Warengruppe 2	168.500,00
6160	Fremdinstandsetzung	39.600,00
6200	Löhne	335.000,00
6300	Gehälter	310.000,00
6400	Gesetzliche Soziale Aufwendungen	165.000,00
6440	Aufwendungen für Altersversorgung	28.400,00
6495	Sonstige soziale Aufwendungen	13.200,00
6520	Abschreibungen auf Sachanlagen	42.800,00
6700	Mieten, Pachten	25.200,00
6850	Reisekosten	32.100,00
6960	Verluste aus dem Abgang von AV	2.200,00
7000	Gewerbesteuer	34.900,00
7030	Kfz-Steuer (Betrieb)	7.400,00

Es sind keine Bestandsveränderungen bei Waren zu berücksichtigen.

1. *Erstellen Sie die Ergebnistabelle.*
2. *Beurteilen Sie die Erfolgssituation des Unternehmens.* ■

6476336

AUFGABEN zur Wiederholung und Vertiefung

383

Die Gehaltsliste der Möbelgroßhandlung Peter Schreiner e. K. weist für Januar folgende Summen aus:

Brutto-gehälter	Steuer-abzüge	Sozial-versicherung	Verrechnete Vorschüsse	Auszahlung (Bank)	Arbeitgeber-anteil zur SV
17.897,00	2.467,89	3.245,67	800,00	11.383,44	3.135,67

Das Konto „2650 Forderungen an Mitarbeiter" weist einen Bestand von 4.800,00 € aus.

1. *Bilden Sie die Buchungssätze*
   a) für den SV-Bankeinzug durch die gesetzliche Krankenkasse,
   b) für die Zahlung der Gehälter durch Banküberweisung,
   c) für die Erfassung des Arbeitgeberanteils zur Sozialversicherung.
2. *Ermitteln Sie die gesamten Personalkosten des Monats Januar.*
3. *Buchen Sie aufgrund des folgenden Belegs die Überweisung der einbehaltenen Lohnsteuer, Solidaritätszuschläge und Kirchensteuer.*

Kontoauszug Stadtsparkasse Nürnberg

Konto-Nr.	Datum	Ausz.-Nr.	Blatt	Buchungstag	PN-Nr.	Wert	Umsatz
119 233 815	..-02-12	9	1				
FA NÜRNBERG, STEUER-NR. 065 136 34887 LT. LST-ANMELDUNG JANUAR ..				02-12	8744	02-12	2.467,89 S

PETER SCHREINER E. K.
MÖBELGROSSHANDEL
HERZOGSTRASSE 56
90451 NÜRNBERG

Alter Saldo: H 214.966,40 EUR
Neuer Saldo: H 212.498,51 EUR

384

Man unterscheidet Einnahmen, Erträge und Leistungen.
Nennen Sie je ein Beispiel für
a) Einnahmen, die sowohl Erträge als auch Leistungen darstellen,
b) Einnahmen, die weder Erträge noch Leistungen sind,
c) Erträge, die keine Leistungen darstellen. ■

385

Stellen Sie fest, ob es sich bei den unten stehenden Sachverhalten zum 31. Dezember jeweils um eine Aktive Rechnungsabgrenzung (I), Passive Rechnungsabgrenzung (II), Sonstige Forderung (III) oder Sonstige Verbindlichkeit (IV) handelt. Nennen Sie auch den entsprechenden Buchungssatz.

a) Die Miete für eine vermietete Lagerhalle steht am 31. Dez. noch aus: 2.500,00 €.
b) Die Kfz-Steuer wurde am 1. Aug. von uns für ein Jahr überwiesen: 480,00 €.
c) Die zugesicherte Provision haben wir noch nicht erhalten: 1.500,00 €.
d) Die Löhne für die Lohnwoche vom 28. Dez. bis 31. Dez. werden am 3. Jan. nächsten Jahres überwiesen. Auf das alte Jahr entfallen 5.700,00 €.
e) Darlehenszinsen in Höhe von 4.800,00 € wurden von uns am 1. Dezember für drei Monate im Voraus überwiesen.
f) Die Dezembermiete für eine angemietete Lagerhalle wird von uns erst am 2. Januar nächsten Jahres überwiesen: 2.800,00 €.
g) Der Mieter unserer Lagerhalle hatte mit der Dezembermiete am 1. Dezember auch bereits die Januarmiete überwiesen: insgesamt 6.000,00 €. ■

AUFGABEN zur Wiederholung und Vertiefung

386 *Wie wirkt sich eine „Passive Rechnungsabgrenzung" auf den Erfolg des Abschlussjahres aus?*

a) Der Jahresgewinn erhöht sich.
b) Der Jahresgewinn wird vermindert.
c) Der Jahresverlust erhöht sich.
d) Der Jahresverlust wird vermindert. ■

387 *Welche Aussage kennzeichnet zutreffend die Folge einer nicht durchgeführten zeitlichen Abgrenzung in Form der „Aktiven Rechnungsabgrenzung"?*

a) Die Erträge im alten Jahr sind zu niedrig.
b) Die Aufwendungen im alten Jahr sind zu niedrig.
c) Die Erträge im alten Jahr sind zu hoch.
d) Die Aufwendungen im alten Jahr sind zu hoch. ■

388 *Kennzeichnen Sie richtige Aussagen über die „Abschreibungen auf Sachanlagen" mit einer 1, falsche Aussagen mit einer 9:*

1. Die Bilanzsumme verringert sich.
2. Der Jahresgewinn wird beeinflusst.
3. Die Anschaffungskosten werden über die Nutzungsjahre verteilt.
4. Die Abschreibung bewirkt eine Aktiv-Passivminderung.
5. Stille Reserven werden aufgelöst.
6. Die Bilanzsumme erhöht sich.
7. Die Vermögenswerte in der Bilanz werden berichtigt. ■

389 *Bilden Sie die Buchungssätze für folgende Belege:*

1. Eingangsrechnung: Warenwert	50.000,00 €	
– 10 % Mengenrabatt	5.000,00 €	
	45.000,00 €	
+ Fracht	850,00 €	
+ Verpackung	450,00 €	46.300,00 €
+ 19 % Umsatzsteuer		8.797,00 €
		55.097,00 €
2. Ausgangsrechnung: Warenwert	28.000,00 €	
– 5 % Mengenrabatt	1.400,00 €	
	26.600,00 €	
+ verauslagte Frachtkosten	2.450,00 €	29.050,00 €
+ 19 % Umsatzsteuer		5.519,50 €
		34.569,50 €
3. Briefbeleg: Gutschrift des Lieferers (Fall 1) für Rücksendung beschädigter Waren, netto	1.200,00 €	
+ 19 % Umsatzsteuer	228,00 €	1.428,00 €
4. Eingangsrechnung des Spediteurs: Warentransport an verschiedene Kunden	1.880,00 €	
+ 19 % Umsatzsteuer	357,20 €	2.237,20 €
5. Briefbeleg: 5 % Preisnachlass an Kunden (Fall 2) wegen Mängelrüge, netto	1.330,00 €	
+ 19 % Umsatzsteuer	252,70 €	1.582,70 €

390

Kontoauszug — Stadtsparkasse Nürnberg

Konto-Nr.	Datum	Ausz.-Nr.	Blatt	Buchungstag	PN-Nr.	Wert	Umsatz
119 233 815	..-02-15	10	1				
Überweisung RE 4 541 VOM ..-02-10 - 2 % SKONTO (KONTO 60 004)				02-15	8744	02-15	18.192,72 S

PETER SCHREINER E. K.
MÖBELGROSSHANDEL
HERZOGSTRASSE 56
90451 NÜRNBERG

Alter Saldo: H 212.498,51 EUR
Neuer Saldo: H 194.305,79 EUR

1. *Ermitteln Sie aus dem vorstehenden Beleg den Warenwert, die Umsatzsteuer und den Rechnungsbetrag der Eingangsrechnung.*
2. *Bilden Sie den Buchungssatz für die Eingangsrechnung.*
3. *Ermitteln Sie die Steuerkorrektur aufgrund des Rechnungsausgleichs.*
4. *Bilden Sie den Buchungssatz für den Rechnungsausgleich (Nettobuchung).* ■

391

Ein Großhandelsunternehmen setzte im Januar 52 000 Stück eines Artikels zum Preis von 6,50 € ab. Die variablen Kosten betrugen 119.600,00 €, die fixen Kosten 130.000,00 €.

Ermitteln Sie

1. den Deckungsbeitrag je Stück,
2. den Erfolg aus dem Verkauf dieses Artikels im Januar,
3. die Absatzmenge, bei der die Gewinnschwelle erreicht wird,
4. die Kosten an der Gewinnschwelle. ■

392

Das nachstehende Gewinn- und Verlustkonto einer Werkzeuggroßhandlung ist abzuschließen und auszuwerten.

1. *Ermitteln Sie*
   a) den Rohgewinn,
   b) das neutrale Ergebnis,
   c) das Betriebsergebnis,
   d) das Gesamtergebnis (Jahreserfolg),
   e) den durchschnittlichen Kalkulationszuschlag,
   f) die Rentabilität des Eigenkapitals (12.000 T€ Eigenkapital zum 1. Jan.),
   g) das Eigenkapital zum Jahresschluss.
2. *Bilden Sie die Buchungssätze für den Abschluss der Konten*
   a) Gewinn und Verlust, b) Eigenkapital.

Soll — Gewinn- und Verlustkonto (in T€) — Haben

Soll		Haben	
Wareneingang	13.400	Umsatzerlöse	29.560
Personalkosten	6.200	Zinserträge	110
Mieten	1.800		
Betriebliche Steuern	1.150		
Versicherungen	250		
Werbe- und Reisekosten	1.350		
Frachten und Fremdlager	120		
Büromaterial	130		
Abschreibungen	280		
Außerordentlicher Aufwand	40		

AUFGABEN zur Wiederholung und Vertiefung

393 *Ergänzen Sie:*

1. Deckungsbeitrag je Stück > 0 = ?
2. Deckungsbeitrag je Stück = 0 = ?
3. Deckungsbeitrag je Stück < 0 = ?
4. Summe der Deckungsbeiträge > fixe Kosten = ?
5. Summe der Deckungsbeiträge < fixe Kosten = ?

■

394 Ein Unternehmen hat aufgrund der angespannten Wirtschaftslage im abgelaufenen Jahr seine Waren unter Selbstkosten verkauft. Folgende Angaben aus der Finanzbuchhaltung und der Kosten- und Leistungsrechnung liegen vor:

Umsatzerlöse	949.800,00
Kosten (ohne Abschreibungen und Zinsen)	864.700,00
Bilanzmäßige Abschreibungen	27.600,00
Gezahlte Fremdkapitalzinsen	32.700,00
Kalkulatorische Abschreibungen	75.000,00
Kalkulatorische Zinsen	46.800,00

1. *Erstellen Sie die Ergebnistabelle.*
2. *Begründen Sie, warum trotz eines Betriebsverlustes ein Unternehmungsgewinn entsteht.*

■

395 *Bilden Sie die Buchungssätze für die Umbuchungen/Vorbereitenden Abschlussbuchungen zum Jahresschluss aufgrund der folgenden Buchungsanweisung.*

Buchungsanweisung Datum: ..-12-31 Beleg-Nr.:

Betreff: Umbuchungen/ Vorbereitende Abschlussbuchungen Buchungsdatum:

Buchungstext	Soll		Haben	
	Konto	Betrag	Konto	Betrag
2280 Warenmehrbestand				
2600 Vorsteuerübertragung				
3001 Privatentnahmen				
5101 Erlösbericht./Rücks				
5102 Kundenskonti				
6062 Nachlässe				
6063 Liefererskonti				

396 Die Möbelgroßhandlung Peter Schreiner e. K. hat von der Möbelfabrik Heider OHG folgendes Angebot erhalten: Esszimmertisch, rund, Ø 1,20 m, Eichefurnier. Listenpreis 710,00 €. 10 % Mengenrabatt bei Abnahme von 40 Stück. Lieferpauschale 400,00 €. 2 % Skonto bei Zahlung innerhalb von 14 Tagen.

1. *Ermitteln Sie für den Möbelgroßhandel Peter Schreiner e. K.*
   a) den Bezugspreis für einen Tisch,
   b) den Listenverkaufspreis bei 50 % Handlungskosten,
   20 % Gewinn,
   2 % Skonto,
   10 % Einführungsrabatt.
2. *Ermitteln Sie aus den obigen Angaben*
   a) den Kalkulationszuschlag,
   b) die Handelsspanne.

■

AUFGABEN zur Wiederholung und Vertiefung

Die Möbelfabrik Heider OHG verkaufte in einem Geschäftsjahr 16 900 Beistelltische Modell BT 404 zum Stückpreis von 127,00 €. Die variablen Stückkosten betragen 82,00 €. Die fixen Kosten im Geschäftsjahr betrugen 558.900,00 €. **397**

1. *Ermitteln Sie* a) den Stückdeckungsbeitrag,
   b) die Gewinnschwellenmenge,
   c) den Gewinn aus dem Verkauf der Tische insgesamt.
2. *Ermitteln Sie* a) die kurzfristige Preisuntergrenze,
   b) die langfristige Preisuntergrenze. ■

398

Auszug aus der Summenbilanz	Soll	Haben
2280 Warenbestand	980.000,00	–
5100 Umsatzerlöse für Waren	210.000,00	22.800.000,00
5101 Erlösberichtigungen	112.000,00	–
6060 Wareneingang	15.200.000,00	350.000,00
6061 Bezugskosten	780.000,00	–
6062 Nachlässe	–	430.000,00

Der Warenschlussbestand lt. Inventur beträgt 540.000,00 €.

1. *Bilden Sie die Buchungssätze*
   a) zum Abschluss der Konten aa) 5101 Erlösberichtigungen,
   ab) 6061 Bezugskosten,
   ac) 6062 Nachlässe;
   b) zur Erfassung der Warenbestandsveränderung;
   c) zum Abschluss der Konten ca) 5100 Umsatzerlöse für Waren,
   cb) 6060 Wareneingang.
2. *Ermitteln Sie*
   a) den Wareneinsatz,
   b) die Nettoumsatzerlöse,
   c) den Rohgewinn,
   d) den durchschnittlichen Lagerbestand,
   e) die Umschlagshäufigkeit,
   f) die durchschnittliche Lagerdauer,
   g) die Rentabilität des Eigenkapitals, wenn der Unternehmerlohn 120.000,00 €, der Unternehmungsgewinn 780.000,00 € und das Anfangseigenkapital 3.500.000,00 € betragen. ■

399

Buchungsanweisung Datum: ..-12-31 Beleg-Nr.:

Betreff: Zeitliche Abgrenzungen Buchungsdatum:

Buchungstext	Soll		Haben	
	Konto	Betrag	Konto	Betrag
1. Geschätzte Kosten einer im Januar n. J. notwendigen Gebäudereparatur 56.000,00 €.				
2. Unsere bereits für Januar n. J. gezahlte Lagermiete beträgt 7.500,00 €.				
3. Für das dem Kunden Hax GmbH gewährte Darlehen von 20.000,00 € werden die Zinsen (8 %) jeweils halbjährlich am 31. März und 30. September im Voraus gezahlt.				
4. Der Bonus eines Lieferers für das letzte Quartal steht noch aus: 5.800,00 €.				

8 HGB-Rechnungslegungsvorschriften (BilMoG)[1]

Das Handelsgesetzbuch enthält in seinem 3. Buch „Handelsbücher" eine geschlossene Darstellung der handelsrechtlichen Rechnungslegungsvorschriften. Sie gliedern sich (siehe auch Seite 90) in drei Abschnitte:

- 1. Abschnitt: **Vorschriften für alle Kaufleute:** §§ 238–263 HGB
- 2. Abschnitt: **Vorschriften für Kapitalgesellschaften:** §§ 264–335 HGB
- 3. Abschnitt: **Vorschriften für eingetragene Genossenschaften:** §§ 336–339 HGB

Wesentliche Vorschriften des ersten und zweiten Abschnitts, die im Lehrbuch in den entsprechenden Kapiteln zugrunde gelegt und auf den folgenden Seiten **zusammengestellt** werden, sollen den Lernerfolg mit dem Lehrbuch rechtlich noch vertiefen. Die Gesetze entsprechen dem **Bilanzrechtsmodernisierungsgesetz** (BilMoG) vom 9. März 2009.

8.1 Erster Abschnitt: Vorschriften für alle Kaufleute

§ 238 Buchführungspflicht

(1) Jeder Kaufmann ist verpflichtet Bücher zu führen und in diesen seine Handelsgeschäfte und die Lage seines Vermögens nach den Grundsätzen ordnungsmäßiger Buchführung ersichtlich zu machen. Die Buchführung muss so beschaffen sein, dass sie einem sachverständigen Dritten innerhalb angemessener Zeit einen Überblick über die Geschäftsvorfälle und über die Lage des Unternehmens vermitteln kann. Die Geschäftsvorfälle müssen sich in ihrer Entstehung und Abwicklung verfolgen lassen.

(2) Der Kaufmann ist verpflichtet, eine mit der Urschrift übereinstimmende Wiedergabe der abgesandten Handelsbriefe (Kopie, Abdruck, Abschrift oder sonstige Wiedergabe des Wortlauts auf einem Schrift-, Bild- oder anderen Datenträger) zurückzubehalten.

§ 239 Führung der Handelsbücher

(1) Bei der Führung der Handelsbücher und bei den sonst erforderlichen Aufzeichnungen hat sich der Kaufmann einer lebenden Sprache zu bedienen. Werden Abkürzungen, Ziffern, Buchstaben oder Symbole verwendet, muss im Einzelfall deren Bedeutung eindeutig festliegen.

(2) Die Eintragungen in Büchern und die sonst erforderlichen Aufzeichnungen müssen vollständig, richtig, zeitgerecht und geordnet vorgenommen werden.

(3) Eine Eintragung oder eine Aufzeichnung darf nicht in einer Weise verändert werden, dass der ursprüngliche Inhalt nicht mehr feststellbar ist. Auch solche Veränderungen dürfen nicht vorgenommen werden, deren Beschaffenheit es ungewiss lässt, ob sie ursprünglich oder erst später gemacht worden sind.

(4) Die Handelsbücher und die sonst erforderlichen Aufzeichnungen können auch in der geordneten Ablage von Belegen bestehen oder auf Datenträgern geführt werden, soweit diese Formen der Buchführung einschließlich des dabei angewandten Verfahrens den Grundsätzen ordnungsmäßiger Buchführung entsprechen. Bei der Führung der Handelsbücher und der sonst erforderlichen Aufzeichnungen auf Datenträgern muss insbesondere sichergestellt sein, dass die Daten während der Dauer der Aufbewahrungsfrist verfügbar sind und jederzeit innerhalb angemessener Frist lesbar gemacht werden können. Absätze 1 bis 3 gelten sinngemäß.

§ 240 Inventar

(1) Jeder Kaufmann hat zu Beginn seines Handelsgewerbes seine Grundstücke, seine Forderungen und Schulden, den Betrag seines baren Geldes sowie seine sonstigen Vermögensgegenstände genau zu verzeichnen und dabei den Wert der einzelnen Vermögensgegenstände und Schulden anzugeben.

(2) Er hat demnächst für den Schluss eines jeden Geschäftsjahrs ein solches Inventar aufzustellen. Die Dauer des Geschäftsjahrs darf zwölf Monate nicht überschreiten.

1 Einige Vorschriften können aus Platzgründen nur gekürzt wiedergegeben werden.

6476342

Die Aufstellung des Inventars ist innerhalb der einem ordnungsmäßigen Geschäftsgang entsprechenden Zeit zu bewirken.

(3) Vermögensgegenstände des Sachanlagevermögens sowie Roh-, Hilfs- und Betriebsstoffe können, wenn sie regelmäßig ersetzt werden und ihr Gesamtwert für das Unternehmen von nachrangiger Bedeutung ist, mit einer gleich bleibenden Menge und einem gleich bleibenden Wert angesetzt werden, sofern ihr Bestand in seiner Größe, seinem Wert und seiner Zusammensetzung nur geringen Veränderungen unterliegt. Jedoch ist in der Regel alle drei Jahre eine körperliche Bestandsaufnahme durchzuführen.

(4) Gleichartige Vermögensgegenstände des Vorratsvermögens sowie andere gleichartige oder annähernd gleichwertige bewegliche Vermögensgegenstände und Schulden können jeweils zu einer Gruppe zusammengefasst und mit dem gewogenen Durchschnittswert angesetzt werden.

§ 241 Inventurvereinfachungsverfahren

(1) Bei der Aufstellung des Inventars darf der Bestand der Vermögensgegenstände nach Art, Menge und Wert auch mithilfe anerkannter mathematisch-statistischer Methoden aufgrund von Stichproben ermittelt werden. Das Verfahren muss den Grundsätzen ordnungsmäßiger Buchführung entsprechen. Der Aussagewert des auf diese Weise aufgestellten Inventars muss dem Aussagewert eines aufgrund einer körperlichen Bestandsaufnahme aufgestellten Inventars gleichkommen.

(2) Bei der Aufstellung des Inventars für den Schluss eines Geschäftsjahrs bedarf es einer körperlichen Bestandsaufnahme der Vermögensgegenstände für diesen Zeitpunkt nicht, soweit durch Anwendung eines den Grundsätzen ordnungsmäßiger Buchführung entsprechenden anderen Verfahrens gesichert ist, dass der Bestand der Vermögensgegenstände nach Art, Menge und Wert auch ohne die körperliche Bestandsaufnahme für diesen Zeitpunkt festgestellt werden kann.

(3) In dem Inventar für den Schluss eines Geschäftsjahrs brauchen Vermögensgegenstände nicht verzeichnet zu werden, wenn

1. der Kaufmann ihren Bestand aufgrund einer körperlichen Bestandsaufnahme oder aufgrund eines nach Absatz 2 zulässigen anderen Verfahrens nach Art, Menge und Wert in einem besonderen Inventar verzeichnet hat, das für einen Tag innerhalb der letzten drei Monate vor oder der ersten beiden Monate nach dem Schluss des Geschäftsjahrs aufgestellt ist, und
2. aufgrund des besonderen Inventars durch Anwendung eines den Grundsätzen ordnungsmäßiger Buchführung entsprechenden Fortschreibungs- oder Rückrechnungsverfahrens gesichert ist, dass der am Schluss des Geschäftsjahrs vorhandene Bestand der Vermögensgegenstände für diesen Zeitpunkt ordnungsgemäß bewertet werden kann.

§ 241 a Befreiung von der Pflicht zur Buchführung und Erstellung eines Inventars

Einzelkaufleute, die an den Abschluss-Stichtagen von zwei aufeinander folgenden Geschäftsjahren nicht mehr als 500.000,00 € Umsatzerlöse und 50.000,00 € Jahresüberschuss aufweisen, brauchen die §§ 238 bis 241 nicht anzuwenden. Im Fall der Neugründung treten die Rechtsfolgen schon ein, wenn die Werte des Satzes 1 am ersten Abschluss-Stichtag nach der Neugründung nicht überschritten werden.

§ 242 Pflicht zur Aufstellung der Eröffnungsbilanz und des Jahresabschlusses

(1) Der Kaufmann hat zu Beginn seines Handelsgewerbes und für den Schluss eines jeden Geschäftsjahrs einen das Verhältnis seines Vermögens und seiner Schulden darstellenden Abschluss (Eröffnungsbilanz, Bilanz) aufzustellen. Auf die Eröffnungsbilanz sind die für den Jahresabschluss geltenden Vorschriften entsprechend anzuwenden, soweit sie sich auf die Bilanz beziehen.

(2) Er hat für den Schluss eines jeden Geschäftsjahrs eine Gegenüberstellung der Aufwendungen und Erträge des Geschäftsjahrs (Gewinn- und Verlustrechnung) aufzustellen.

(3) Die Bilanz und die Gewinn- und Verlustrechnung bilden den Jahresabschluss.

§ 243 Aufstellungsgrundsatz

(1) Der Jahresabschluss ist nach den Grundsätzen ordnungsmäßiger Buchführung aufzustellen.

(2) Er muss klar und übersichtlich sein.

(3) Der Jahresabschluss ist innerhalb der einem ordnungsmäßigen Geschäftsgang entsprechenden Zeit aufzustellen.

§ 244 Sprache, Währungseinheit

Der Jahresabschluss ist in deutscher Sprache und in Euro aufzustellen.

§ 245 Unterzeichnung

Der Jahresabschluss ist vom Kaufmann unter Angabe des Datums zu unterzeichnen. Sind mehrere persönlich haftende Gesellschafter vorhanden, so haben sie alle zu unterzeichnen.

§ 246 Vollständigkeit, Verrechnungsverbot

(1) Der Jahresabschluss hat sämtliche Vermögensgegenstände, Schulden, Rechnungsabgrenzungsposten sowie Aufwendungen und Erträge zu enthalten, soweit gesetzlich nichts anderes bestimmt ist.

(2) Posten der Aktivseite dürfen nicht mit Posten der Passivseite, Aufwendungen dürfen nicht mit Erträgen, Grundstücksrechte nicht mit Grundstückslasten verrechnet werden.

§ 247 Inhalt der Bilanz

(1) In der Bilanz sind das Anlage- und das Umlaufvermögen, das Eigenkapital, die Schulden sowie die Rechnungsabgrenzungsposten gesondert auszuweisen und hinreichend aufzugliedern.

(2) Beim Anlagevermögen sind nur die Gegenstände auszuweisen, die bestimmt sind, dauernd dem Geschäftsbetrieb zu dienen.

§ 249 Rückstellungen

(1) Rückstellungen sind für ungewisse Verbindlichkeiten und für drohende Verluste aus schwebenden Geschäften zu bilden. Ferner sind Rückstellungen zu bilden für

1. im Geschäftsjahr unterlassene Aufwendungen für Instandsetzung, die im folgenden Geschäftsjahr innerhalb von drei Monaten nachgeholt werden,
2. Gewährleistungen, die ohne rechtliche Verpflichtung erbracht werden.

(2) Für andere als die in Absatz 1 bezeichneten Zwecke dürfen Rückstellungen nicht gebildet werden. Rückstellungen dürfen nur aufgelöst werden, soweit der Grund hierfür entfallen ist.

§ 250 Rechnungsabgrenzungsposten

(1) Als Rechnungsabgrenzungsposten sind auf der Aktivseite Ausgaben vor dem Abschluss-Stichtag auszuweisen, soweit sie Aufwand für eine bestimmte Zeit nach diesem Tag darstellen.

(2) Auf der Passivseite sind als Rechnungsabgrenzungsposten Einnahmen vor dem Abschluss-Stichtag auszuweisen, soweit sie Ertrag für eine bestimmte Zeit nach diesem Tag darstellen.

(3) Ist der Erfüllungsbetrag einer Verbindlichkeit höher als der Ausgabebetrag, so darf der Unterschiedsbetrag in den Rechnungsabgrenzungsposten auf der Aktivseite aufgenommen werden. Der Unterschiedsbetrag ist durch planmäßige jährliche Abschreibungen zu tilgen, die auf die gesamte Laufzeit der Verbindlichkeit verteilt werden können.

§ 251 Haftungsverhältnisse

Unter der Bilanz sind, sofern sie nicht auf der Passivseite auszuweisen sind, Verbindlichkeiten aus der Begebung und Übertragung von Wechseln, aus Bürgschaften, Wechsel- und Scheckbürgschaften und aus Gewährleistungsverträgen sowie Haftungsverhältnisse aus der Bestellung von Sicherheiten für fremde Verbindlichkeiten zu vermerken; sie dürfen in einem Betrag angegeben werden. Haftungsverhältnisse sind auch anzugeben, wenn ihnen gleichwertige Rückgriffsforderungen gegenüberstehen.

§ 252 Allgemeine Bewertungsgrundsätze

(1) Bei der Bewertung der im Jahresabschluss ausgewiesenen Vermögensgegenstände und Schulden gilt insbesondere Folgendes:

1. Die Wertansätze in der Eröffnungsbilanz des Geschäftsjahrs müssen mit denen der Schlussbilanz des vorhergehenden Geschäftsjahrs übereinstimmen.
2. Bei der Bewertung ist von der Fortführung der Unternehmenstätigkeit auszugehen, sofern dem nicht tatsächliche oder rechtliche Gegebenheiten entgegenstehen.
3. Die Vermögensgegenstände und Schulden sind zum Abschluss-Stichtag einzeln zu bewerten.
4. Es ist vorsichtig zu bewerten, namentlich sind alle vorhersehbaren Risiken

und Verluste, die bis zum Abschluss-Stichtag entstanden sind, zu berücksichtigen, selbst wenn diese erst zwischen dem Abschluss-Stichtag und dem Tag der Aufstellung des Jahresabschlusses bekannt geworden sind; Gewinne sind nur zu berücksichtigen, wenn sie am Abschluss-Stichtag realisiert sind.

5. Aufwendungen und Erträge des Geschäftsjahrs sind unabhängig von den Zeitpunkten der entsprechenden Zahlungen im Jahresabschluss zu berücksichtigen.
6. Die auf den vorhergehenden Jahresabschluss angewandten Bewertungsmethoden sollen beibehalten werden.

(2) Von den Grundsätzen des Absatzes 1 darf nur in begründeten Ausnahmefällen abgewichen werden.

§ 253 Zugangs- und Folgebewertung

(1) Vermögensgegenstände sind höchstens mit den Anschaffungs- oder Herstellungskosten, vermindert um die Abschreibungen nach den Absätzen 3 bis 5, anzusetzen. Verbindlichkeiten sind zu ihrem Erfüllungsbetrag und Rückstellungen in Höhe des nach vernünftiger kaufmännischer Beurteilung notwendigen Erfüllungsbetrages anzusetzen.

(3) Bei Vermögensgegenständen des Anlagevermögens, deren Nutzung zeitlich begrenzt ist, sind die Anschaffungs- oder die Herstellungskosten um planmäßige Abschreibungen zu vermindern. Der Plan muss die Anschaffungs- oder Herstellungskosten auf die Geschäftsjahre verteilen, in denen der Vermögensgegenstand voraussichtlich genutzt werden kann. Ohne Rücksicht darauf, ob ihre Nutzung zeitlich begrenzt ist, sind bei Vermögensgegenständen des Anlagevermögens bei voraussichtlich dauernder Wertminderung außerplanmäßige Abschreibungen vorzunehmen, um diese mit dem niedrigeren Wert anzusetzen, der ihnen am Abschluss-Stichtag beizulegen ist. Bei Finanzanlagen können außerplanmäßige Abschreibungen auch bei voraussichtlich nicht dauernder Wertminderung vorgenommen werden.

(4) Bei Vermögensgegenständen des Umlaufvermögens sind Abschreibungen vorzunehmen, um diese mit einem niedrigeren Wert anzusetzen, der sich aus einem Börsen- oder Marktpreis am Abschluss-Stichtag ergibt. Ist ein Börsen- oder Marktpreis nicht festzustellen und übersteigen die Anschaffungs- oder Herstellungskosten den Wert, der den Vermögensgegenständen am Abschluss-Stichtag beizulegen ist, so ist auf diesen Wert abzuschreiben.

(5) Ein niedrigerer Wertansatz nach Absatz 3 Satz 3 oder 4 und Absatz 4 darf nicht beibehalten werden, wenn die Gründe dafür nicht mehr bestehen. Ein niedrigerer Wertansatz eines entgeltlich erworbenen Geschäfts- oder Firmenwertes ist beizubehalten.

§ 255 Bewertungsmaßstäbe

(1) Anschaffungskosten sind die Aufwendungen, die geleistet werden, um einen Vermögensgegenstand zu erwerben und ihn in einen betriebsbereiten Zustand zu versetzen, soweit sie dem Vermögensgegenstand einzeln zugeordnet werden können. Zu den Anschaffungskosten gehören auch die Nebenkosten sowie die nachträglichen Anschaffungskosten. Anschaffungspreisminderungen sind abzusetzen.

(2) Herstellungskosten sind die Aufwendungen, die durch den Verbrauch von Gütern und die Inanspruchnahme von Diensten für die Herstellung eines Vermögensgegenstandes, seine Erweiterung oder für eine über seinen ursprünglichen Zustand hinausgehende wesentliche Verbesserung entstehen. Dazu gehören die Materialkosten, die Fertigungskosten und die Sonderkosten der Fertigung sowie angemessene Teile der Materialgemeinkosten, der Fertigunsgemeinkosten und des Werteverzehrs des Anlagevermögens, soweit dieser durch die Fertigung veranlasst ist. Bei der Berechnung der Herstellungskosten dürfen angemessene Teile der Kosten der allgemeinen Verwaltung sowie angemessener Aufwendungen für soziale Einrichtungen des Betriebs, für freiwillige soziale Leistungen und für die betriebliche Altersversorgung einbezogen werden, soweit diese auf den Zeitraum der Herstellung entfallen. Forschungs- und Vertriebskosten dürfen nicht einbezogen werden.

(3) Zinsen für Fremdkapital gehören nicht zu den Herstellungskosten. Zinsen für Fremdkapital, das zur Finanzierung der Herstellung eines Vermögensgegenstands verwendet wird, dürfen angesetzt werden, soweit sie auf den Zeitraum der Herstellung entfallen; in diesem Falle gelten sie als Herstellungskosten des Vermögensgegenstandes.

(4) Der beizulegende Zeitwert entspricht dem Marktpreis. Soweit kein aktiver Markt besteht, anhand dessen sich der

Marktpreis ermitteln lässt, ist der beizulegende Zeitwert mithilfe allgemein anerkannter Bewertungsmethoden zu bestimmen. Lässt sich der beizulegende Zeitwert weder nach Satz 1 noch nach Satz 2 ermitteln, sind die Anschaffungs- oder Herstellungskosten gemäß § 253 Abs. 4 fortzuführen. Der zuletzt nach Satz 1 oder 2 ermittelte beizulegende Zeitwert gilt als Anschaffungs- oder Herstellungskosten im Sinn des Satzes 3.

§ 256 Bewertungsvereinfachungsverfahren

Soweit es den Grundsätzen ordnungsmäßiger Buchführung entspricht, kann für den Wertansatz gleichartiger Vermögensgegenstände des Vorratsvermögens unterstellt werden, dass die zuerst oder dass die zuletzt angeschafften oder hergestellten Vermögensgegenstände zuerst verbraucht oder veräußert worden sind. § 240 Abs. 3 und 4 ist auch auf den Jahresabschluss anwendbar.

§ 257 Aufbewahrung von Unterlagen, Aufbewahrungsfristen

(1) Jeder Kaufmann ist verpflichtet, die folgenden Unterlagen geordnet aufzubewahren:

1. Handelsbücher, Inventare, Eröffnungsbilanzen, Jahresabschlüsse, Einzelabschlüsse nach § 325 Abs. 2 a, Lageberichte, Konzernabschlüsse, Konzernlageberichte sowie die zu ihrem Verständnis erforderlichen Arbeitsanweisungen und sonstigen Organisationsunterlagen,
2. die empfangenen Handelsbriefe,
3. Wiedergaben der abgesandten Handelsbriefe,
4. Belege für Buchungen in den von ihm nach § 238 Abs. 1 zu führenden Büchern (Buchungsbelege).

(2) Handelsbriefe sind nur Schriftstücke, die ein Handelsgeschäft betreffen.

(3) Mit Ausnahme der Eröffnungsbilanzen und der Abschlüsse können die in Absatz 1 aufgeführten Unterlagen auch als Wiedergabe auf einem Bildträger oder auf anderen Datenträgern aufbewahrt werden, wenn dies den Grundsätzen ordnungsmäßiger Buchführung entspricht und sichergestellt ist, dass die Wiedergabe oder die Daten

1. mit den empfangenen Handelsbriefen und den Buchungsbelegen bildlich und mit den anderen Unterlagen inhaltlich übereinstimmen, wenn sie lesbar gemacht werden,
2. während der Dauer der Aufbewahrungsfrist verfügbar sind und jederzeit innerhalb angemessener Frist lesbar gemacht werden können.

Sind Unterlagen aufgrund des § 239 Abs. 4 Satz 1 auf Datenträgern hergestellt worden, können statt des Datenträgers die Daten auch ausgedruckt aufbewahrt werden; die ausgedruckten Unterlagen können auch nach Satz 1 aufbewahrt werden.

(4) Die in Absatz 1 Nr. 1 und 4 aufgeführten Unterlagen sind zehn Jahre, die sonstigen in Absatz 1 aufgeführten Unterlagen sechs Jahre aufzubewahren.

(5) Die Aufbewahrungsfrist beginnt mit dem Schluss des Kalenderjahrs, in dem die letzte Eintragung in das Handelsbuch gemacht, das Inventar aufgestellt, die Eröffnungsbilanz oder der Jahresabschluss festgestellt, der Einzelabschluss nach § 325 Abs. 2 a oder der Konzernabschluss aufgestellt, der Handelsbrief empfangen oder abgesandt worden oder der Buchungsbeleg entstanden ist.

§ 258 Vorlegung im Rechtsstreit

(1) Im Laufe eines Rechtsstreits kann das Gericht auf Antrag oder von Amts wegen die Vorlegung der Handelsbücher einer Partei anordnen.

1 Für die Steuerbilanz beträgt die Nutzungsdauer 15 Jahre.

Zweiter Abschnitt: Ergänzende Vorschriften für Kapitalgesellschaften 8.2

§ 264 Pflicht zur Aufstellung des Jahresabschlusses und des Lageberichtes

(1) Die gesetzlichen Vertreter einer Kapitalgesellschaft haben den Jahresabschluss (§ 242) um einen Anhang zu erweitern, der mit der Bilanz und der Gewinn- und Verlustrechnung eine Einheit bildet, sowie einen Lagebericht aufzustellen. Der Jahresabschluss und der Lagebericht sind von den gesetzlichen Vertretern in den ersten drei Monaten des Geschäftsjahrs für das vergangene Geschäftsjahr aufzustellen. Kleine Kapitalgesellschaften (§ 267 Abs. 1) brauchen den Lagebericht nicht aufzustellen; sie dürfen den Jahresabschluss auch später aufstellen, wenn dies einem ordnungsgemäßen Geschäftsgang entspricht, jedoch innerhalb der ersten sechs Monate des Geschäftsjahres.

(2) Der Jahresabschluss der Kapitalgesellschaft hat unter Beachtung der Grundsätze ordnungsmäßiger Buchführung ein den tatsächlichen Verhältnissen entsprechendes Bild der Vermögens-, Finanz- und Ertragslage der Kapitalgesellschaft zu vermitteln. Führen besondere Umstände dazu, dass der Jahresabschluss ein den tatsächlichen Verhältnissen entsprechendes Bild im Sinne des Satzes 1 nicht vermittelt, so sind im Anhang zusätzliche Angaben zu machen.

§ 265 Allgemeine Grundsätze für die Gliederung

(1) Die Form der Darstellung, insbesondere die Gliederung der aufeinander folgenden Bilanzen und Gewinn- und Verlustrechnungen, ist beizubehalten, soweit nicht in Ausnahmefällen wegen besonderer Umstände Abweichungen erforderlich sind.

(2) In der Bilanz sowie in der Gewinn- und Verlustrechnung ist zu jedem Posten der entsprechende Betrag des vorhergehenden Geschäftsjahrs anzugeben.

(5) Eine weitere Untergliederung der Posten ist zulässig. Neue Posten dürfen hinzugefügt werden, wenn ihr Inhalt nicht von einem vorgeschriebenen Posten gedeckt wird.

§ 266 Gliederung der Bilanz

(1) Die Bilanz ist in Kontoform aufzustellen. Dabei haben große und mittelgroße Kapitalgesellschaften **(§ 267 Abs. 3, 2)** auf der Aktivseite die in Absatz 2 und auf der Passivseite die in Absatz 3 bezeichneten Posten gesondert und in der vorgeschriebenen Reihenfolge auszuweisen. Kleine Kapitalgesellschaften **(§ 267 Abs. 1)** brauchen nur eine verkürzte Bilanz aufzustellen, in die nur die in den Absätzen 2 und 3 mit Buchstaben und römischen Zahlen bezeichneten Posten gesondert und in der vorgeschriebenen Reihenfolge aufgenommen werden.

(2) Gliederung der **Aktivseite** (3) Gliederung der **Passivseite** **§ 267 HGB**	**siehe Rückseite des Kontenrahmens (Faltblatt)**

§ 268 Vorschriften zu einzelnen Posten der Bilanz, Bilanzvermerke

(1) Die Bilanz darf auch unter Berücksichtigung der vollständigen oder teilweisen Verwendung des Jahresergebnisses aufgestellt werden. Wird die Bilanz unter Berücksichtigung der teilweisen Verwendung des Jahresergebnisses aufgestellt, so tritt an die Stelle der Posten „Jahresüberschuss/Jahresfehlbetrag" und „Gewinnvortrag/Verlustvortrag" der Posten „Bilanzgewinn/Bilanzverlust"; ein vorhandener Gewinn- oder Verlustvortrag ist in den Posten „Bilanzgewinn/Bilanzverlust" einzubeziehen und in der Bilanz oder im Anhang gesondert anzugeben.

(2) In der Bilanz oder im Anhang ist die Entwicklung der einzelnen Posten des Anlagevermögens darzustellen. Dabei sind, ausgehend von den gesamten Anschaffungs- und Herstellungskosten, die Zugänge, Abgänge, Umbuchungen und Zuschreibungen des Geschäftsjahrs sowie die Abschreibungen in ihrer gesamten Höhe gesondert aufzuführen. Die Abschreibungen des Geschäftsjahrs sind entweder in der Bilanz bei dem betreffenden Posten zu vermerken oder im Anhang in einer der Gliederung des Anlagevermögens entsprechenden Aufgliederung anzugeben.

(3) Ist das Eigenkapital durch Verluste aufgebraucht und ergibt sich ein Überschuss der Passivposten über die Aktivposten, so ist dieser Betrag am Schluss der Bilanz auf der Aktivseite gesondert unter der Bezeichnung „Nicht durch Eigenkapital gedeckter Fehlbetrag" auszuweisen.

(4) Der Betrag der Forderungen mit einer Restlaufzeit von mehr als einem Jahr ist bei jedem gesondert ausgewiesenen Posten zu vermerken.

(5) Der Betrag der Verbindlichkeiten mit einer Restlaufzeit bis zu einem Jahr ist bei jedem gesondert ausgewiesenen Posten zu vermerken. Erhaltene Anzahlungen auf Bestellungen sind, soweit Anzahlungen auf Vorräte nicht von dem Posten „Vorräte" offen abgesetzt werden, unter den Verbindlichkeiten gesondert auszuweisen.

(6) Ein nach § 250 Abs. 3 in den Rechnungsabgrenzungsposten auf der Aktivseite aufgenommener Unterschiedsbetrag ist in der Bilanz gesondert auszuweisen oder im Anhang anzugeben.

(7) Die in § 251 bezeichneten Haftungsverhältnisse sind gesondert unter der Bilanz oder im Anhang unter Angabe der gewährten Pfandrechte und sonstigen Sicherheiten anzugeben.

§ 270 Bildung bestimmter Posten

(2) Wird die Bilanz unter Berücksichtigung der vollständigen oder teilweisen Verwendung des Jahresergebnisses aufgestellt, so sind Entnahmen aus Gewinnrücklagen sowie Einstellungen in Gewinnrücklagen, die nach Gesetz, Gesellschaftsvertrag oder Satzung vorzunehmen sind oder aufgrund solcher Vorschriften beschlossen worden sind, bereits bei der Aufstellung der Bilanz zu berücksichtigen.

§ 271 Beteiligungen, Verbundene Unternehmen

(1) Beteiligungen sind Anteile an anderen Unternehmen, die bestimmt sind dem eigenen Geschäftsbetrieb durch Herstellung einer dauernden Verbindung zu jenen Unternehmen zu dienen. Dabei ist es unerheblich, ob die Anteile in Wertpapieren verbrieft sind oder nicht. Als Beteiligung gelten im Zweifel Anteile an einer Kapitalgesellschaft, die insgesamt den fünften Teil des Nennkapitals dieser Gesellschaft überschreiten.

§ 272 Eigenkapital

(1) Gezeichnetes Kapital ist das Kapital, auf das die Haftung der Gesellschafter für die Verbindlichkeiten der Kapitalgesellschaft gegenüber den Gläubigern beschränkt ist. Die nicht eingeforderten ausstehenden Einlagen auf das gezeichnete Kapital sind von dem Posten „Gezeichnetes Kapital" offen abzusetzen; der verbleibende Betrag ist als Posten „Eingefordertes Kapital" in der Hauptspalte der Passivseite auszuweisen; der eingeforderte, aber noch nicht eingezahlte Betrag ist unter den Forderungen gesondert auszuweisen und entsprechend zu bezeichnen.

(2) Als Kapitalrücklage sind auszuweisen

1. der Betrag, der bei der Ausgabe von Anteilen einschließlich von Bezugsanteilen über den Nennbetrag oder, falls ein Nennbetrag nicht vorhanden ist, über den rechnerischen Wert hinaus erzielt wird;
2. der Betrag, der bei der Ausgabe von Schuldverschreibungen für Wandlungsrechte und Optionsrechte zum Erwerb von Anteilen erzielt wird;
3. der Betrag von Zuzahlungen, die Gesellschafter gegen Gewährung eines Vorzugs für ihre Anteile leisten;
4. der Betrag von anderen Zuzahlungen, die Gesellschafter in das Eigenkapital leisten.

(3) Als Gewinnrücklagen dürfen nur Beträge ausgewiesen werden, die im Geschäftsjahr oder in einem früheren Geschäftsjahr aus dem Ergebnis gebildet worden sind. Dazu gehören aus dem Ergebnis zu bildende gesetzliche oder auf Gesellschaftsvertrag oder Satzung beruhende Rücklagen und andere Gewinnrücklagen.

(4) Für Anteile an einem herrschenden oder mit Mehrheit beteiligten Unternehmen ist eine Rücklage zu bilden. In die Rücklage ist ein Betrag einzustellen, der dem auf der Aktivseite der Bilanz für die Anteile an dem herrschenden oder mit Mehrheit beteiligten Unternehmen angesetzten Betrag entspricht. Die Rücklage, die bereits bei der Aufstellung der Bilanz zu bilden ist, darf aus vorhandenen frei verfügbaren Rücklagen gebildet werden. Die Rücklage ist aufzulösen, soweit die Anteile an dem herrschenden oder mit Mehrheit beteiligten Unternehmen veräußert, ausgegeben oder eingezogen werden oder auf der Aktivseite ein niedrigerer Betrag angesetzt wird.

§ 275 Gliederung der Gewinn- und Verlustrechnung

(1) Die Gewinn- und Verlustrechnung ist in Staffelform nach dem Gesamtkostenverfahren oder dem Umsatzkostenverfahren aufzustellen. Dabei sind die in Absatz 2 oder 3 bezeichneten Posten in der angegebenen Reihenfolge gesondert auszuweisen.

(2) Gliederung nach dem **Gesamtkostenverfahren**

(3) Gliederung nach dem **Umsatzkostenverfahren**

siehe Rückseite des Kontenrahmens (Faltblatt).

6476348

(4) Veränderungen der Kapital- und Gewinnrücklagen dürfen in der Gewinn- und Verlustrechnung erst nach dem Posten „Jahresüberschuss/Jahresfehlbetrag" ausgewiesen werden.

§ 276 Größenabhängige Erleichterungen

Kleine und mittelgroße Kapitalgesellschaften **(§ 267 Abs. 1, 2)** dürfen die Posten § 275 Abs. 2 Nr. 1 bis 5 oder Abs. 3 Nr. 1 bis 3 und 6 zu einem Posten unter der Bezeichnung „Rohergebnis" zusammenfassen.

§ 284 Anhang: Erläuterung der Bilanz und der Gewinn- und Verlustrechnung

(1) In den Anhang sind diejenigen Angaben aufzunehmen, die zu den einzelnen Posten der Bilanz oder der Gewinn- und Verlustrechnung vorgeschrieben oder die im Anhang zu machen sind, weil sie in Ausübung eines Wahlrechts nicht in die Bilanz oder in die Gewinn- und Verlustrechnung aufgenommen wurden.

(2) Im Anhang müssen

1. die auf die Posten der Bilanz und der Gewinn- und Verlustrechnung angewandten Bilanzierungs- und Bewertungsmethoden angegeben werden;
2. die Grundlagen für die Umrechnung in Euro angegeben werden, soweit der Jahresabschluss Posten enthält, denen Beträge zugrunde liegen, die auf fremde Währung lauten oder ursprünglich auf fremde Währung lauteten;
3. Abweichungen von Bilanzierungs- und Bewertungsmethoden angegeben und begründet werden; deren Einfluss auf die Vermögens-, Finanz- und Ertragslage ist gesondert darzustellen; ...
5. Angaben über die Einbeziehung von Zinsen für Fremdkapital in die Herstellungskosten gemacht werden.

§ 285 Sonstige Pflichtangaben im Anhang

Ferner sind im Anhang anzugeben:

1. zu den in der Bilanz ausgewiesenen Verbindlichkeiten
   a) der Gesamtbetrag der Verbindlichkeiten mit einer Restlaufzeit von mehr als fünf Jahren,
   b) der Gesamtbetrag der Verbindlichkeiten, die durch Pfandrechte oder ähnliche Rechte gesichert sind, unter Angabe von Art und Form der Sicherheiten;
8. bei Anwendung des Umsatzkostenverfahrens (§ 275 Abs. 3)
   a) der Materialaufwand des Geschäftsjahrs, gegliedert nach § 275 Abs. 2 Nr. 5,
   b) der Personalaufwand des Geschäftsjahrs, gegliedert nach § 275 Abs. 2 Nr. 6;
9. für die Mitglieder des Geschäftsführungsorgans, eines Aufsichtsrats, eines Beirats oder einer ähnlichen Einrichtung jeweils für jede Personengruppe
   a) die für die Tätigkeit im Geschäftsjahr gewährten Gesamtbezüge (Gehälter, Gewinnbeteiligungen, Aufwandsentschädigungen, Versicherungsentgelte, Provisionen und Nebenleistungen jeder Art);
10. alle Mitglieder des Geschäftsführungsorgans und eines Aufsichtsrats mit dem Familiennamen und mindestens einem ausgeschriebenen Vornamen. Der Vorsitzende eines Aufsichtsrats, seine Stellvertreter und ein etwaiger Vorsitzender des Geschäftsführungsorgans sind als solche zu bezeichnen;
11. Name und Sitz anderer Unternehmen, von denen die Kapitalgesellschaft oder eine für Rechnung der Kapitalgesellschaft handelnde Person mindestens den fünften Teil der Anteile besitzt;
12. Rückstellungen, die in der Bilanz unter dem Posten „sonstige Rückstellungen" nicht gesondert ausgewiesen werden, sind zu erläutern, wenn sie einen nicht unerheblichen Umfang haben.

§ 289 Lagebericht

(1) Im Lagebericht sind der Geschäftsverlauf einschließlich des Geschäftsergebnisses und die Lage der Kapitalgesellschaft so darzustellen, dass ein den tatsächlichen Verhältnissen entsprechendes Bild vermittelt wird. ...

(2) Der Lagebericht soll auch eingehen auf:

1. Vorgänge von besonderer Bedeutung, die nach dem Schluss des Geschäftsjahrs eingetreten sind;
2. die voraussichtliche Entwicklung der Kapitalgesellschaft;
3. den Bereich Forschung und Entwicklung.

§ 316 Pflicht zur Prüfung

(1) Der Jahresabschluss und der Lagebericht von Kapitalgesellschaften, die nicht

kleine im Sinne des **§ 267 Abs. 1** sind, sind durch einen Abschlussprüfer zu prüfen. Hat keine Prüfung stattgefunden, so kann der Jahresabschluss nicht festgestellt werden.

§ 318 Bestellung und Abberufung des Abschlussprüfers

(1) Der Abschlussprüfer des Jahresabschlusses wird von den Gesellschaftern gewählt.

§ 320 Vorlagepflicht, Auskunftsrecht

(1) Die gesetzlichen Vertreter der Kapitalgesellschaft haben dem Abschlussprüfer den Jahresabschluss und den Lagebericht unverzüglich nach Aufstellung vorzulegen. Sie haben ihm zu gestatten, die Bücher und Schriften der Kapitalgesellschaft sowie die Vermögensgegenstände und Schulden, namentlich die Kasse und die Bestände an Wertpapieren und Waren, zu prüfen.

§ 322 Bestätigungsvermerk

(1) Der Abschlussprüfer hat das Ergebnis der Prüfung in einem Bestätigungsvermerk zum Jahresabschluss oder zum Konzernabschluss zusammenzufassen. Der Bestätigungsvermerk hat Gegenstand, Art und Umfang der Prüfung zu beschreiben und dabei die angewandten Rechnungslegungs- und Prüfungsgrundsätze anzugeben; er hat ferner eine Beurteilung des Prüfungsergebnisses zu enthalten.

(4) Sind Einwendungen zu erheben, so hat der Abschlussprüfer seine Erklärung einzuschränken oder zu versagen.

§ 325 Offenlegung

(1) Die gesetzlichen Vertreter von Kapitalgesellschaften haben für diese den Jahresabschluss beim Betreiber des elektronischen Bundesanzeigers elektronisch einzureichen. Er ist unverzüglich nach seiner Vorlage an die Gesellschafter, jedoch spätestens vor Ablauf des zwölften Monats des dem Abschluss-Stichtag nachfolgenden Geschäftsjahrs, mit dem Bestätigungsvermerk oder dem Vermerk über dessen Versagung einzureichen. Gleichzeitig sind der Lagebericht, der Bericht des Aufsichtsrats, die nach § 161 des Aktiengesetzes vorgeschriebene Erklärung und, soweit sich dies aus dem eingereichten Jahresabschluss nicht ergibt, der Vorschlag für die Verwendung des Ergebnisses und der Beschluss über seine Verwendung unter Angabe des Jahresüberschusses oder Jahresfehlbetrags elektronisch einzureichen. Angaben über die Ergebnisverwendung brauchen von Gesellschaften mit beschränkter Haftung nicht gemacht zu werden, wenn sich anhand dieser Angaben die Gewinnanteile von natürlichen Personen feststellen lassen, die Gesellschafter sind. Werden zur Wahrung der Frist nach Satz 2 oder Absatz 4 Satz 1 der Jahresabschluss und der Lagebericht ohne die anderen Unterlagen eingereicht, sind der Bericht und der Vorschlag nach ihrem Vorliegen, die Beschlüsse nach der Beschlussfassung und der Vermerk nach der Erteilung unverzüglich einzureichen. Wird der Jahresabschluss bei nachträglicher Prüfung oder Feststellung geändert, ist auch die Änderung nach Satz 1 einzureichen. Die Rechnungslegungsunterlagen sind in einer Form einzureichen, die ihre Bekanntmachung nach Absatz 2 ermöglicht.

(2) Die gesetzlichen Vertreter der Kapitalgesellschaft haben für diese die in Absatz 1 bezeichneten Unterlagen jeweils unverzüglich nach der Einreichung im elektronischen Bundesanzeiger bekannt machen zu lassen.

6476350

Titelfoto

Ilya Zlatyev/shutterstock
Yuri Arcurs/shutterstock